ADMINISTRAÇÃO
DE PRODUÇÃO E OPERAÇÕES

O GEN | Grupo Editorial Nacional – maior plataforma editorial brasileira no segmento científico, técnico e profissional – publica conteúdos nas áreas de ciências sociais aplicadas, exatas, humanas, jurídicas e da saúde, além de prover serviços direcionados à educação continuada e à preparação para concursos.

As editoras que integram o GEN, das mais respeitadas no mercado editorial, construíram catálogos inigualáveis, com obras decisivas para a formação acadêmica e o aperfeiçoamento de várias gerações de profissionais e estudantes, tendo se tornado sinônimo de qualidade e seriedade.

A missão do GEN e dos núcleos de conteúdo que o compõem é prover a melhor informação científica e distribuí-la de maneira flexível e conveniente, a preços justos, gerando benefícios e servindo a autores, docentes, livreiros, funcionários, colaboradores e acionistas.

Nosso comportamento ético incondicional e nossa responsabilidade social e ambiental são reforçados pela natureza educacional de nossa atividade e dão sustentabilidade ao crescimento contínuo e à rentabilidade do grupo.

HENRIQUE L. CORRÊA | CARLOS A. CORRÊA

ADMINISTRAÇÃO
DE PRODUÇÃO E OPERAÇÕES

Manufatura e serviços: uma abordagem estratégica

Colaboração de **Roberto Miguel Fuentes Rivera** e
Wandick Leão Féres na atualização desta edição

5ª EDIÇÃO

- Os autores deste livro e a editora empenharam seus melhores esforços para assegurar que as informações e os procedimentos apresentados no texto estejam em acordo com os padrões aceitos à época da publicação, e *todos os dados foram atualizados pelos autores até a data de fechamento do livro*. Entretanto, tendo em conta a evolução das ciências, as atualizações legislativas, as mudanças regulamentares governamentais e o constante fluxo de novas informações sobre os temas que constam do livro, recomendamos enfaticamente que os leitores consultem sempre outras fontes fidedignas, de modo a se certificarem de que as informações contidas no texto estão corretas e de que não houve alterações nas recomendações ou na legislação regulamentadora.
- Data de fechamento do livro: 30/06/2022
- Os autores e a editora se empenharam para citar adequadamente e dar o devido crédito a todos os detentores de direitos autorais de qualquer material utilizado neste livro, dispondo-se a possíveis acertos posteriores caso, inadvertida e involuntariamente, a identificação de algum deles tenha sido omitida.
- **Atendimento ao cliente: (11) 5080-0751 | faleconosco@grupogen.com.br**
- Direitos exclusivos para a língua portuguesa
  Copyright © 2022 *by*
  Editora Atlas Ltda.
  Uma editora integrante do GEN | Grupo Editorial Nacional
  Travessa do Ouvidor, 11
  Rio de Janeiro – RJ – 20040-040
  www.grupogen.com.br
- Reservados todos os direitos. É proibida a duplicação ou reprodução deste volume, no todo ou em parte, em quaisquer formas ou por quaisquer meios (eletrônico, mecânico, gravação, fotocópia, distribuição pela Internet ou outros), sem permissão, por escrito, da Editora Atlas Ltda.
- Capa: Manu | OFÁ Design
- Editoração eletrônica: Sílaba Produção Editorial
- Ficha catalográfica

CIP-BRASIL. CATALOGAÇÃO NA PUBLICAÇÃO
SINDICATO NACIONAL DOS EDITORES DE LIVROS, RJ

C842a
5. ed.

Corrêa, Henrique L.

Administração de produção e operações: manufatura e serviços: uma abordagem estratégica / Henrique L. Corrêa, Carlos A. Corrêa. – 5. ed. – Barueri [SP] : Atlas, 2022.

Inclui bibliografia e índice
ISBN 978-65-5977-325-1

1. Administração. 2. Administração de produção. 3. Organizações. I. Corrêa, Carlos A. II. Título.

22-77784 CDD: 658.5
CDU: 005

Gabriela Faray Ferreira Lopes – Bibliotecária – CRB-7/6643

À Clara e à Camila;
À Ilizete, à Julia & família, ao Rafael & família e ao Edgard & família;
À nossa inesquecível irmã, Sonia e aos nossos pais (*in memoriam*), Szonya e Alberto.

SOBRE OS AUTORES

CARLOS CORRÊA é doutor em Administração pela Escola de Administração de Empresas de São Paulo da Fundação Getulio Vargas (FGV EAESP). É graduado em Engenharia Mecânica pela Escola de Engenharia de São Carlos da Universidade de São Paulo (EESC-USP), onde também foi professor. Hoje é professor da Fundação Instituto de Administração (FIA) e da Fundação Dom Cabral (FDC) em numerosos programas de educação executiva e MBA. Antes de voltar a dedicar-se em tempo integral à carreira acadêmica e de consultoria, acumulou mais de 20 anos de experiência como executivo sênior da área industrial de empresas multinacionais da indústria automobilística, como a Ford e a Magneti Marelli. Consultor com larga experiência em empresas médias e grandes, na área de administração de produção e gestão de operações em manufatura e em serviços.

HENRIQUE CORRÊA, Ph.D (Warwick University, UK), é Steinmetz Chair of Management e Professor of Operations Management na Crummer Graduate School of Business, no Rollins College, nos Estados Unidos. Foi professor da Universidade de São Paulo (USP) e da FGV EAESP. É professor convidado de instituições como a FIA, a Porto Business School, em Portugal, o MIP Politecnico di Milano, na Itália, o IPADE Business School, no México, entre outras. Tem publicado extensivamente em periódicos acadêmicos como o *European Journal of Operational Research*, o *International Journal of Operations and Production Management*, entre muitos outros. Autor e coautor de outros 11 livros na área de administração de operações e de cadeias de suprimento, tem sido consultor de empresas como Unilever, Heineken, Diageo, Ferrero, Pepsico, Natura, General Motors, Hewlett Packard entre outras.

PREFÁCIO

Escrever este livro nos deu muito prazer. A gestão de produção e operações é uma área instigante que tem mudado bastante nas últimas décadas, em vários sentidos. Quatro talvez sejam os principais:

- Em primeiro lugar, tornou-se mais estratégica, à medida que fica cada vez mais claro seu potencial de contribuição para o desempenho estratégico das organizações em que se insere. Bem gerenciada, a área de produção e operações pode ser uma formidável arma competitiva, capaz de prover os meios para a organização obter vantagens competitivas sustentáveis. Mal gerenciada, entretanto, pode ser uma pedra no caminho do desempenho estratégico organizacional.
- Em segundo lugar, ampliou definitivamente seu escopo de atuação, de exclusivamente fabril para um escopo que inclui a gestão dos tão importantes serviços – não só em relação às empresas tradicionalmente consideradas "prestadoras de serviços", como hospitais, companhias aéreas e escolas, mas também em relação às parcelas crescentes de serviços que as empresas manufatureiras têm oferecido a seus clientes como forma de se diferenciarem da concorrência.
- Em terceiro lugar, estendeu seu horizonte de preocupações, da gestão apenas de unidades operacionais (as fábricas individuais, as unidades individuais de prestação de serviços) para a gestão de redes de unidades operacionais interativas, as chamadas "redes de suprimentos".
- Em quarto lugar, mais recentemente, incorporou preocupações essenciais sobre sustentabilidade. Hoje, ao lidar com produção e operações, o gestor deve ter em mente não apenas o tradicional "lucro" como objetivo, mas visar obter lucro enquanto preserva e, se possível, melhora, o planeta (sustentabilidade ambiental) e a vida e a saúde das pessoas (responsabilidade social).

Essas quatro grandes mudanças têm feito com que a área se reinvente, já que as tradicionais técnicas desenvolvidas principalmente nos três primeiros quartos do século XX e com inspiração Taylorista e Fordista não são mais suficientes, sozinhas, para resolver novas questões, crescentemente complexas, encaradas pelos gestores de operações: globalização, tecnologia em desenvolvimento acelerado, concorrentes cada vez mais competentes, clientes consequentemente cada vez mais exigentes, leis cada vez mais restritivas, comunidades cada vez mais opinativas e influentes e outros fatores.

Neste livro, procuramos dar nossa contribuição para que as implicações dessas novas realidades e as técnicas para lidar com elas fiquem mais disponíveis para os leitores brasileiros interessados na área. Procuramos, inclusive, ir um pouco adiante e ousamos incluir o tratamento de temas normalmente não encontrados em livros-textos disponíveis no mercado, tanto brasileiro, como internacional. Também fizemos refletir na estrutura do livro nossa visão de como a área deveria ser ensinada.

Em termos gerais, as características distintivas deste livro em relação aos outros livros sobre o tema disponíveis no mercado brasileiro são:

- A abordagem adotada é a da **gestão estratégica** de produção e operações, ou seja, sempre que temas são tratados, procuramos contextualizá-los estrategicamente, quanto às implicações do uso das técnicas para a forma de a empresa desempenhar-se no ambiente em que se insere.
- Procuramos, ao longo do livro, tratar de forma equilibrada a gestão de operações fabris e de operações de serviços, inclusive propondo uma nova forma de classificar atividades e tarefas, mais adequada à gestão de operações.
- Procuramos também considerar a gestão de produção e operações, nunca esquecendo que as unidades de operações gerenciadas inserem-se numa rede de unidades de operações, já que num ambiente em que as terceirizações são tão frequentes o tratamento dicotomicamente diferenciado, de operações internas e externas, é cada vez menos apropriado.

- Incluímos no livro grande quantidade de exemplos ilustrativos de boas práticas em operações, exemplificando na maioria das vezes com situações contemporâneas de empresas brasileiras. Todos os capítulos iniciam-se com uma narrativa que traz, por exemplo, notícias recentes saídas na mídia de grande circulação que se relacionam com o tema tratado a seguir. Com isso, imaginamos que os alunos que estejam iniciando-se na área possam identificar os temas com situações correntes e familiares.

- Seguindo uma tendência no ensino de assuntos relacionados com a gestão, incluímos, ao final de todos os capítulos, casos (sempre que possível e adequado) de empresas brasileiras para estudo, além de vários exercícios numéricos. Também incluímos, ao final dos capítulos, um resumo e questões conceituais para discussão e checagem de conhecimentos, além da sugestão de atividades em classe.

- Em todos os capítulos, procuramos incluir uma lista de livros, artigos (bibliografia e leitura adicional recomendada) e *websites* que poderão suportar um aprofundamento dos leitores nos temas, se acharem necessário.

- Incluímos um capítulo sobre "avaliação de desempenho", baseado no estado da arte da pesquisa mundial no tema. Não temos conhecimento de outro livro de gestão de produção e operações que traga um capítulo inteiro dedicado ao tema. Acreditamos que este é um assunto que merece tratamento mais aprofundado – as medidas de avaliação de desempenho são uma importante alavanca para implantação da estratégia de operações, visto que podem ser usadas para influenciar comportamento dos tomadores de decisões operacionais.

- Incluímos um capítulo, na primeira parte do livro, que trata e traz à discussão temas contemporâneos e relevantes para a gestão de produção e operações: ética, sustentabilidade e segurança. Não entramos, evidentemente, em julgamentos de valor sobre esses temas, mas chamamos a atenção para a importância de discuti-los dentro das organizações produtivas e orientamos sobre como encaminhar essas discussões.

- Baseamos o desenvolvimento dos capítulos num quadro geral de referência que serve de mapa para que o estudante/leitor sempre saiba onde se insere o tema que está estudando, numa perspectiva mais geral e estratégica.

- Incluímos, em todos os capítulos onde isso é pertinente, quadros em que exploramos as novas tecnologias normalmente associadas à Indústria 4.0 e como elas estão impactando as diferentes áreas da administração de produção e operações com exemplos contemporâneos e práticos.

- Incluímos em vários capítulos *weblinks* (apoiados por QR Codes para facilitar acesso) para o *website* de apoio ao livro onde, com apoio da equipe da FlexSim® e do professor e pesquisador Lucas Antonio Risso, há modelos animados de simulação demonstrando dinamicamente alguns conceitos tratados.

- Por último, procuramos inovar ao acrescentar uma dimensão importante na discussão dos temas: a dimensão histórica. Começamos pelo Capítulo 1, onde fazemos um breve passeio pela história do desenvolvimento da área de gestão de produção e operações. Depois, sempre que adequado, procuramos localizar os temas tratados numa perspectiva histórica, para que o leitor sempre tenha em mente o fluxo histórico de desenvolvimentos em que se inserem os temas tratados.

A estruturação deste livro também foi objeto de longas discussões, e o resultado reflete como vemos o ensino da área de produção e operações. Preferimos partir de visões mais gerais e estratégicas para as mais particulares, em vez de seguirmos o exemplo de muitos livros que fazem o contrário. A primeira metade do livro trata de questões gerais, conceituais e aplicáveis, de forma genérica a produção e operações. Refere-se às competências que, obrigatoriamente, um leitor que pretenda entender a essência da área deve ter. A segunda parte torna-se mais técnica e ferramental, embora não menos estratégica. Achamos que essa estrutura favorece que o estudante/leitor desenvolva entendimento mais adequado da área e, ao mesmo tempo, acreditamos que as abordagens mais amplas e estratégicas podem ter papel muito mais marcante em criar interesse no estudante que começa a estudar a área do que os temas técnicos mais detalhados.

Materializamos essa visão organizando o livro em quatro partes distintas:

Parte I – Administração de produção e operações – fundamentos estratégicos.
Parte II – Produtos e processos em produção e operações.
Parte III – Instalações em produção e operações.
Parte IV – Planejamento e controle em produção e operações.

As Partes I e II foram concebidas para serem usadas em disciplinas introdutórias de gestão de produção e operações. Procuram, em seu conjunto, dar noção geral da gestão de produção e operações, essencial para o entendimento global da área (por exemplo, adequada para servir de base para a disciplina Administração da Produção I dos cursos de Administração, Gestão de Operações, em programas de MBA em diversas disciplinas essenciais do curso de Engenharia de Produção).

As Partes III e IV foram desenhadas para serem empregadas em disciplinas mais específicas e ferramentais (como Administração da Produção II, do curso de Administração), em matérias eletivas (como Planejamento e Controle da Produção, Gestão de Materiais e outras), no curso de Gestão de Operações e em cursos de MBA, dependendo do aprofundamento que se pretenda. As Partes III e IV também podem servir também a diversas disciplinas dos cursos de Engenharia de Produção e Administração, já que nelas constam abordagens aprofundadas de temas como planejamento mestre de produção, gestão de estoques, *Just in Time/Lean* e outros.

Esperamos que os leitores profissionais práticos, alunos e professores considerem essa estruturação interessante. Ela reflete a experiência dos autores de mais de 60 anos combinados atuando como executivos de operações, consultores e/ou ensinando o tema no Brasil e no exterior, em cursos de graduação, pós-graduação *lato* e *stricto sensu* e em educação executiva.

Nesta quinta edição, mantivemos o formato geral dos capítulos desenvolvido na quarta edição, para facilidade de leitura e adoção por professores, além de atualizarmos todos os casos, exemplos e muitas das figuras ao longo do texto. Por exemplo, deixamos explícitos os objetivos de aprendizado de cada capítulo, incluímos resumos ao final dos capítulos, sugestões para atividades a serem desenvolvidas em classe, entre outros recursos, incluindo material adicional de apoio ao aprendizado (como modelos de simulação e tópicos extras) no *website* do livro, e um completo Manual do Professor com gabaritos, disponíveis aos professores adotantes do livro no *site* do GEN | Atlas.

Também demos, nesta quinta edição, um tratamento cuidadoso às novas tecnologias relacionadas com a Indústria 4.0 na forma de quadros ilustrativos e instigantes sobre tecnologias e suas implicações para os temas tratados nos capítulos em que esta discussão é pertinente.

Além disso, revisamos o texto inteiro do livro de forma completa e exaustiva, reescrevendo e atualizando partes substanciais e tornando a leitura dos capítulos mais integrada, ágil, leve e dinâmica.

Esperamos que com isso os nossos leitores e professores aproveitem ainda mais nossa obra sobre esse tema tão contemporâneo e crescentemente importante.

Henrique Luiz Corrêa
Carlos Alberto Corrêa

AGRADECIMENTOS

Muitas pessoas contribuíram para que este nosso esforço se realizasse. Mesmo correndo o risco de pecar por esquecer de nomear algumas dessas pessoas, não podemos deixar de agradecer:

Ao nosso Editor original, Ailton B. Brandão, representando a Editora Atlas, que nos apoiou, como de costume, também neste projeto, e desde seu início.

À nossa Editora atual, Mayara Blaya, e a toda a equipe do GEN | Atlas, principalmente Ana Paula Ribeiro e Michelle Cerri, que tanto nos têm apoiado em todo o necessário para que continuamente melhoremos este livro.

Aos pesquisadores e professores Roberto Miguel Fuentes Rivera e Wandick Leão Féres pelas suas excelentes contribuições à quinta edição.

Ao pesquisador e professor Lucas Antonio Risso e à equipe da FlexSim® Brasil, principalmente Rodrigo Jezzini Lamas e Michael Machado, pelas contribuições ao desenvolvimento dos modelos de simulação que disponibilizamos no *website* do livro.

Ao engenheiro Rafael Corrêa, pela primeira revisão dos manuscritos e pesquisas na Internet, assim como na revisão bibliográfica extensa, com vistas à definição dos exercícios ao final dos capítulos.

Ao professor Ricardo Sarmento Costa, pelas discussões instrutivas sobre simulação usada para resolver problemas de operações e pelas contribuições diretas a este livro.

Às nossas famílias, que mais uma vez nos apoiaram, perdoando nossa ausência em noites, em fins de semana e feriados, dedicados às pesquisas para a produção deste livro.

Ao professor Irineu Gianesi, do Insper, e ao professor Mauro Caon (*in memoriam*), coautores em outros livros, com quem muitas das discussões aqui presentes se originaram e desenvolveram.

Ao professor Sérgio Elias, da Universidade Federal do Ceará, sempre muito atento e generoso nas suas sugestões de correções e melhoramento dos nossos livros.

Aos nossos alunos em cursos de pós-graduação e educação executiva da Crummer Graduate School of Business, do Politecnico di Milano, da Porto Business School, do IPADE, da FIA, da Fundação Dom Cabral, da FGV EAESP e de outras instituições, que, às vezes, até de forma inconsciente, fizeram-nos refletir sobre os temas aqui tratados.

Aos executivos das empresas com quem temos trabalhado, que nos têm permitido testar ideias e aplicar conceitos, por 30 anos de práticas.

Ao Meyer Cohen, da W/Brasil, pelos *insights* na matriz importância-desempenho, desenvolvida no Capítulo 2.

Aos nossos colegas professores da Crummer Graduate School of Business, da FIA, do Politecnico di Milano, da Fundação Dom Cabral, da Porto Business School, do IPADE, FGV EAESP e da Escola Politécnica da USP, pelo apoio e encorajamento constantes.

Aos colegas da Fundação Fritz Müller e aos executivos de empresas membros do PAEX, um programa inteligente que nos tem permitido testar boa parte de nossas ideias e conceitos.

Aos colegas da Coppead/UFRJ, professor Kleber Figueiredo, professor Paulo Fleury, professor Maurício Lima, e, especialmente, o professor Peter F. Wanke, coautor em numerosos trabalhos, com quem temos tido uma parceria profícua em pesquisa e na geração e discussão de ideias.

Ao professor Martin K. Starr, do Rollins College, que tem sido, nos últimos 15 anos, um mentor, brilhante interlocutor e um grande amigo que, com sua sabedoria e experiência, tem-nos ajudado sobremaneira no entendimento da área de operações, em sua essência.

Ao professor Nigel Slack, uma referência sempre presente, além de um grande amigo.

E, finalmente, à equipe editorial do GEN | Atlas, que sempre faz um trabalho excelente, corrigindo nossos erros, endireitando nosso português e dando mais sentido aos nossos originais, nem sempre claros.

RECURSOS DIDÁTICOS

MODELOS DE SIMULAÇÃO – *SOFTWARE* FLEXSIM®

Instruções para acesso

Para auxiliar o aprendizado, este livro conta com modelos de simulação de processos e com exemplos em vídeos disponíveis em diversos capítulos.

O acesso ao material é gratuito e pode ser realizado mediante simples cadastro.

Além disso, é possível acessar o conteúdo por meio do QR code ao lado, o qual irá direcioná-lo a uma página exclusiva no Fórum da FlexSim®, que contém a descrição do conteúdo e os arquivos referentes aos modelos de simulação, em extensão *.fsm.

uqr.to/16fq1

O QR code ao lado dará acesso a uma *playlist* no YouTube com os vídeos de simulações relacionados à obra.

uqr.to/198kf

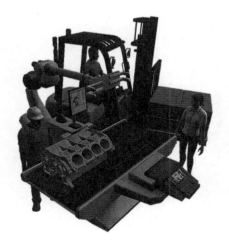

Os modelos de simulação e os vídeos apresentados foram construídos com o *Software* FlexSim®, plataforma digital 3D, que possui uma versão gratuita, denominada FlexSim® Express, disponível para *download* na URL https://www.flexsim.com/pt/.

Dessa forma, você poderá explorar os modelos para melhor usufruir dos arquivos de simulação criados para facilitar e enriquecer as suas discussões e o seu aprendizado.

Em caso de dúvidas, sugestões e observações, entre em contato com a equipe FlexSim Brasil:

suporte@flexsimbrasil.com.br
rodrigo.lamas@flexsimbrasil.com.br
https://www.instagram.com/flexsimbrasil/
https://www.facebook.com/flexsimbrasil/

Material Suplementar

Este livro conta com os seguintes materiais suplementares:

- Modelos de simulação (acesso por QR Code – veja a página de Recursos Didáticos).
- Textos complementares: Therbligs; Manutenção e confiabilidade em produção e operações; Estudo de tempos; Contribuições ao desenvolvimento do pensamento sobre qualidade (requer PIN).
- Manual do Professor com estudos de caso e exercícios para cada capítulo (exclusivo para professores).
- Manual do Professor com atividades para a sala de aula (exclusivo para professores).
- Apresentações para uso em sala de aula (exclusivo para professores).

O acesso ao material suplementar é gratuito. Para o material que requer PIN, basta que o leitor se cadastre e faça seu *login* em nosso *site* (www.grupogen.com.br), clicando em Ambiente de aprendizagem, no *menu* superior do lado direito. Em seguida, clique no *menu* retrátil ▤ e insira o código (PIN) de acesso localizado na orelha deste livro.

O acesso ao material suplementar online fica disponível até seis meses após a edição do livro ser retirada do mercado.

Caso haja alguma mudança no sistema ou dificuldade de acesso, entre em contato conosco (gendigital@grupogen.com.br).

SUMÁRIO

Parte I
Administração de produções e operações – fundamentos estratégicos

CAPÍTULO 1
Introdução e evolução histórica da gestão de produção e operações, 3

1.1 Introdução, 3
1.2 Conceitos, 4
    1.2.1 Gestão de produção e operações, 4
    1.2.2 Evolução histórica da área – origens, 5
    1.2.3 Operações ao longo do século XX, 8
    1.2.4 Papel estratégico da área de gestão de operações hoje, 14
    1.2.5 Quadro geral de referência para gestão estratégica de produção e operações, 14
1.3 Estudo de caso, 15
1.4 Resumo, 16
1.5 Exercícios, 16
1.6 Atividades para sala de aula, 16
1.7 Bibliografia e leitura adicional recomendada, 16

CAPÍTULO 2
Estratégia de produção e operações, 19

2.1 Introdução, 19
2.2 Conceitos, 21
    2.2.1 Gestão de operações e estratégia de operações, 21
    2.2.2 Gestão estratégica de produção e operações, 23
    2.2.3 Elementos estratégicos: clientes e concorrência, 30
    2.2.4 Áreas de decisão em produção e operações, 35
    2.2.5 Estabelecendo prioridades de ação, 35
    2.2.6 Repensar a estratégia: quando?, 36
2.3 Estudo de caso, 37
2.4 Resumo, 40
2.5 Exercícios, 40
2.6 Atividade para sala de aula, 40
2.7 Bibliografia e leitura adicional recomendada, 41

CAPÍTULO 3
Redes de operações na cadeia de valor, 43

3.1 Introdução, 43
3.2 Conceitos, 45
    3.2.1 Evolução de tecnologias de produto, processo e gestão: novas abordagens, 45
    3.2.2 Comprar ou fazer?, 48
    3.2.3 Tipos de relacionamento com fornecedores, 51
    3.2.4 Gestão de redes de suprimento, 52
    3.2.5 Modelos contemporâneos de distribuição de *e-business* (ao consumidor), 57
3.3 Estudos de caso, 57
3.4 Resumo, 62
3.5 Exercícios, 63
3.6 Atividades para sala de aula, 63
3.7 Bibliografia e leitura adicional recomendada, 63

CAPÍTULO 4
Pacotes de valor gerados e entregues pelas operações – compostos bens-serviços, 65

4.1 Introdução, 65
4.2 Conceitos, 66
    4.2.1 Os pacotes de valor bens-serviços, 66
    4.2.2 A falácia da dicotomia bens-serviços, 69
    4.2.3 *Front office* (linha de frente) e *back office* (retaguarda), 77
4.3 Estudo de caso, 78
4.4 Resumo, 79
4.5 Exercícios, 79
4.6 Atividades para sala de aula, 79
4.7 Bibliografia e leitura adicional recomendada, 79

CAPÍTULO 5
Medidas e avaliação de desempenho em produção e operações, 81

5.1 Introdução, 81
5.2 Conceitos, 82
    5.2.1 Avaliação de desempenho, 82

5.2.2 Medição de desempenho, 84
5.2.3 Medidas de desempenho: evolução no tempo, 85
5.2.4 O que medir?, 87
5.2.5 O que faz uma boa medida de desempenho?, 89
5.2.6 Gestão do sistema de avaliação de desempenho como um processo, 93
5.2.7 Medidas de desempenho para redes de operações e suprimento, 94
5.2.8 Produtividade, 94

5.3 Estudo de caso, 96
5.4 Resumo, 97
5.5 Exercícios, 97
5.6 Atividades para sala de aula, 98
5.7 Bibliografia e leitura adicional recomendada, 98

CAPÍTULO 6
Qualidade e melhoramento em produção e operações, 101

6.1 Introdução, 101
6.2 Conceitos, 104
6.2.1 Histórico, 104
6.2.2 Bases da qualidade pós-taylorista, 104
6.2.3 Planejamento e controle da qualidade, 104
6.2.4 As sete ferramentas para a qualidade, 112
6.2.5 Controle estatístico do processo (CEP), 120
6.2.6 Melhoramentos em operações, 130
6.2.7 Gestão estratégica do melhoramento, 134

6.3 Estudo de caso, 139
6.4 Resumo, 140
6.5 Exercícios, 141
6.6 Atividades para sala de aula, 142
6.7 Bibliografia e leitura adicional recomendada, 142

CAPÍTULO 7
Ética, sustentabilidade e segurança em produção e operações, 143

7.1 Introdução, 143
7.2 Conceitos, 145
7.2.1 Ética, 146
7.2.2 Sustentabilidade, 148
7.2.3 Saúde e segurança no trabalho, 151

7.3 Estudos de caso, 156
7.4 Resumo, 158
7.5 Exercícios, 158
7.6 Atividades para sala de aula, 159
7.7 Bibliografia e leitura adicional recomendada, 159

PARTE II
PRODUTOS E PROCESSOS EM PRODUÇÃO E OPERAÇÕES

CAPÍTULO 8
Previsões e gestão de demanda em produção e operações, 163

8.1 Introdução, 163
8.2 Conceitos, 164
8.2.1 Por que previsões em produção e operações?, 164
8.2.2 Principais erros cometidos pelas empresas quanto a previsões, 165
8.2.3 "Lei dos grandes números" ou *risk pooling* e seu efeito nas previsões, 166
8.2.4 Decisões diferentes requerem níveis diferentes de agregação dos dados, 168
8.2.5 Processo de previsão, 169
8.2.6 Previsões: métodos de tratamento de informações, 172
8.2.7 Modelos quantitativos para demanda relativamente estável, 174
8.2.8 Erros de previsão, 177
8.2.9 Uso de métodos quantitativos com a presença de tendência e ciclicidades, 179
8.2.10 Evitar fazer previsões em cadeias de suprimento, 183
8.2.11 Gestão de demanda: mais que apenas previsões de vendas, 184

8.3 Estudo de caso, 185
8.4 Resumo, 186
8.5 Exercícios, 187
8.6 Atividades para sala de aula, 188
8.7 Bibliografia e leitura adicional recomendada, 188

CAPÍTULO 9
Gestão de projetos, 189

9.1 Introdução, 189
9.2 Conceitos, 190
9.2.1 As origens da gestão de projetos, 190
9.2.2 A emergência da importância de projetos, 190
9.2.3 Visão geral sobre o processo de gestão de projeto, 191
9.2.4 Definição e organização do projeto, 194
9.2.5 Planejamento do projeto, 197
9.2.6 Gerenciamento e controle do projeto, 204
9.2.7 Tecnologia para gestão de projetos, 205

9.3 Estudo de caso, 207
9.4 Resumo, 208
9.5 Exercícios, 208

9.6 Atividades para sala de aula, 210
9.7 Bibliografia e leitura adicional recomendada, 211

CAPÍTULO 10
Projeto do produto e seleção de processos (bens e serviços), 213

10.1 Introdução, 213
10.2 Conceitos, 214
    10.2.1 Por que projeto do produto e de processos?, 214
    10.2.2 Evolução do pensamento sobre projeto do produto e do processo, 215
    10.2.3 Fases do desenvolvimento de um produto, 216
    10.2.4 Voz do cliente e QFD (desdobramento da qualidade), 219
    10.2.5 Projeto para manufatura, 222
    10.2.6 Ciclo de vida do produto, 224
    10.2.7 Tipos de processo produtivo, 225
    10.2.8 Matriz produto-processo em operações fabris, 228
    10.2.9 Matriz produto-processo em operações de serviço, 232
    10.2.10 Engenharia simultânea em três dimensões, 234
    10.2.11 Análise de processos, 235
10.3 Estudos de caso, 238
10.4 Resumo, 239
10.5 Exercícios, 239
10.6 Atividades para sala de aula, 239
10.7 Bibliografia e leitura adicional recomendada, 240

CAPÍTULO 11
Projeto, medidas do trabalho e ergonomia, 241

11.1 Introdução, 241
11.2 Conceitos, 242
    11.2.1 Projeto do trabalho, 242
    11.2.2 Respeito às limitações, 259
11.3 Estudo de caso, 260
11.4 Resumo, 261
11.5 Exercícios, 261
11.6 Atividades para sala de aula, 262
11.7 Bibliografia e leitura adicional recomendada, 262

CAPÍTULO 12
Pessoas e sua organização em produção e operações, 263

12.1 Introdução, 263
12.2 Conceitos, 264
    12.2.1 Por que gestão de pessoas e sua organização?, 264
    12.2.2 Tornar a empresa uma "empresa preferida", 264
    12.2.3 A guerra por talentos, 266
    12.2.4 Recrutamento e seleção de colaboradores em operações, 266
    12.2.5 O trabalho do funcionário que atua com alta interação com o cliente, 267
    12.2.6 Treinamento, recompensa e motivação, 268
    12.2.7 Avaliação do desempenho dos funcionários em operações, 270
    12.2.8 Funcionários terceirizados, 271
    12.2.9 Organização em operações, 271
12.3 Estudo de caso, 274
12.4 Resumo, 275
12.5 Exercícios, 276
12.6 Atividades para sala de aula, 276
12.7 Bibliografia e leitura adicional recomendada, 276

PARTE III
INSTALAÇÕES EM PRODUÇÃO E OPERAÇÕES

CAPÍTULO 13
Localização e arranjo físico de unidades da rede de operações, 279

13.1 Introdução, 279
13.2 Conceitos, 280
    13.2.1 Análise de localização, 280
    13.2.2 Arranjo físico, 286
13.3 Estudo de caso, 299
13.4 Resumo, 299
13.5 Exercícios, 300
13.6 Atividades para sala de aula, 301
13.7 Bibliografia e leitura adicional recomendada, 301

CAPÍTULO 14
Capacidade produtiva e filas em unidades da rede de operações, 303

14.1 Introdução, 303
14.2 Conceitos, 304
    14.2.1 Por que gerenciar capacidade produtiva?, 304
    14.2.2 O que é capacidade produtiva e que decisões estão envolvidas em sua gestão?, 304
    14.2.3 Medidas de capacidade produtiva (*input* e *output*), 306
    14.2.4 Gestão estratégica de capacidade, 307

14.2.5 Gestão tática de capacidade, 309
14.2.6 A gestão de capacidade em operação depende do grau de estocabilidade do produto, 311
14.2.7 Gestão de filas e fluxos, 316
14.2.8 Objetivos e avaliação de sistemas de fila, 317
14.2.9 Tipos de sistemas de fila, 317
14.2.10 Teoria das filas: o funcionamento de sistemas simples, 320
14.2.11 Modelos simples da teoria das filas, 320
14.2.12 Uso de simulação para análise de filas, 321

14.3 Estudo de caso, 326
14.4 Resumo, 327
14.5 Exercícios, 328
14.6 Atividades para sala de aula, 330
14.7 Bibliografia e leitura adicional recomendada, 330

CAPÍTULO 15
Teoria das restrições em redes de operações, 331

15.1 Introdução, 331
15.2 Conceitos, 331
    15.2.1 Por que teoria das restrições?, 331
    15.2.2 *Optimized production technology* (OPT), 332
    15.2.3 Ferramental analítico para uso de teoria das restrições em operações, 333
15.3 Estudo de caso, 345
15.4 Resumo, 346
15.5 Exercícios, 347
15.6 Atividades para sala de aula, 349
15.7 Bibliografia e leitura adicional recomendada, 349

PARTE IV
PLANEJAMENTO E CONTROLE EM PRODUÇÃO E OPERAÇÕES

CAPÍTULO 16
Planejamento mestre (agregado) de produção e operações (PMP), 353

16.1 Introdução, 353
16.2 Conceitos, 354
    16.2.1 Planejamento, 354
    16.2.2 Dinâmica do processo de planejamento, 355
    16.2.3 Integração de estratégias de marketing, manufatura, finanças e P&D, 360
    16.2.4 Planejamento de vendas e operações (PVO), 362
    16.2.5 Planejamento mestre de produção (operações) (PMP), 366
16.3 Estudo de caso, 371
16.4 Resumo, 372
16.5 Exercícios, 373
16.6 Atividades para sala de aula, 374
16.7 Bibliografia e leitura adicional recomendada, 374

CAPÍTULO 17
Gestão de estoques na rede de operações, 377

17.1 Introdução, 377
17.2 Conceitos, 378
    17.2.1 Estoques, 378
    17.2.2 Função dos estoques, 379
    17.2.3 Razões para o surgimento e a manutenção de estoques, 380
    17.2.4 Tipos de demanda que afetam os itens de estoque, 382
    17.2.5 Tipos de estoque, 382
    17.2.6 Modelo básico de gestão de estoques, 383
    17.2.7 Modelo de revisão periódica, 392
    17.2.8 Enfoque evolutivo para gestão de estoques, 394
    17.2.9 Curva ABC, 395
17.3 Estudo de caso, 396
17.4 Resumo, 398
17.5 Exercícios, 399
17.6 Atividades para sala de aula, 400
17.7 Bibliografia e leitura adicional recomendada, 400

CAPÍTULO 18
MRP – Cálculo de necessidade de materiais na rede de operações, 401

18.1 Introdução, 401
18.2 Conceitos, 402
    18.2.1 Por que calcular necessidade de materiais?, 402
    18.2.2 Estrutura de produto, 403
    18.2.3 Explosão de necessidades brutas, 403
    18.2.4 Escalonamento no tempo da obtenção dos itens, 403
    18.2.5 Cálculo de necessidades líquidas, 405
    18.2.6 Registro básico e processo do MRP, 408
    18.2.7 MRP: por que é difícil encontrar empresas que o usem bem?, 412
18.3 Estudo de caso, 413
18.4 Resumo, 421
18.5 Exercícios, 421

18.6 Atividades para sala de aula, 424
18.7 Bibliografia e leitura adicional recomendada, 424

CAPÍTULO 19
Sequenciamento, programação e controle de operações, 425

19.1 Introdução, 425
19.2 Conceitos, 426
    19.2.1 Sequenciamento, programação e controle de operações, 426
    19.2.2 Fatores que afetam o sequenciamento e a programação de produção e operações, 427
    19.2.3 Sistemas de sequenciamento, 428
    19.2.4 Sistemas de programação, 429
    19.2.5 Controle de produção e operações, 435
    19.2.6 Métodos de controle de operações, 435
19.3 Estudo de caso, 437
19.4 Resumo, 440
19.5 Exercícios, 441
19.6 Atividades para sala de aula, 442
19.7 Bibliografia e leitura adicional recomendada, 442

CAPÍTULO 20
Just in time (JIT) e operações enxutas (*lean*), 445

20.1 Introdução, 445
20.2 Conceitos, 446
    20.2.1 Como surgiu o *just in time/lean*?, 447
    20.2.2 Objetivos do JIT/*Lean*, 448
    20.2.3 Filosofia e pressupostos por trás do JIT/*Lean*: comparação com abordagem tradicional, 449
    20.2.4 Uso do JIT/*Lean*: fim para desperdícios e melhoria contínua, 453
    20.2.5 Fornecimento de materiais JIT/*Lean*, 454
    20.2.6 Planejamento, programação e controle da produção para JIT/*Lean*, 455
    20.2.7 Projeto do sistema de produção para JIT/*Lean*, 459
20.3 Estudo de caso, 468
20.4 Resumo, 469
20.5 Exercícios, 470
20.6 Atividades para sala de aula, 471
20.7 Bibliografia e leitura adicional recomendada, 471

Índice alfabético, 473

Parte I
ADMINISTRAÇÃO DE PRODUÇÃO E OPERAÇÕES – FUNDAMENTOS ESTRATÉGICOS

Nesta parte do livro, serão tratadas as questões mais estratégicas da administração de produção e operações. Os temas tratados referem-se, genericamente, a discussão, análise, criação e manutenção de um padrão coerente de decisões referentes à gestão de produção e operações que seja alinhado com os mercados visados, apoiando, assim, a organização no atingimento dos seus objetivos estratégicos. Os seguintes capítulos compõem a Parte I:

- **Capítulo 1** – Introdução e evolução histórica da gestão de produção e operações.
- **Capítulo 2** – Estratégia de produção e operações.
- **Capítulo 3** – Redes de operações na cadeia de valor.
- **Capítulo 4** – Pacotes de valor gerados e entregues pelas operações: compostos bens-serviços.
- **Capítulo 5** – Medidas e avaliação de desempenho em produção e operações.
- **Capítulo 6** – Qualidade e melhoramento em produção e operações.
- **Capítulo 7** – Ética, sustentabilidade e segurança em produção e operações.

CAPÍTULO 1

Introdução e evolução histórica da gestão de produção e operações

OBJETIVOS DE APRENDIZAGEM

- Entender e ser capaz de explicar o escopo da Administração de Produção e Operações (APO) hoje.
- Analisar as implicações estratégicas da APO e como ela pode ajudar as organizações a tornarem-se mais competitivas.
- Sintetizar como ocorreu a evolução e expansão de escopo da APO ao longo dos últimos 250 anos.
- Explicar que APO refere-se tanto a operações de manufatura quanto a operações prestadoras de serviço.
- Entender a lógica do quadro de referência básico deste livro, ao qual todos os demais capítulos referir-se-ão.

1.1 INTRODUÇÃO

O Aeroporto de Congonhas, convenientemente localizado próximo ao centro de São Paulo, é hoje um dos maiores aeroportos do Brasil em número anual de passageiros.

Fundado em 1936, esse aeroporto, até 2019, antes da pandemia de Covid, operava com nove empresas aéreas regulares, levando e trazendo, em média, aproximadamente 22,3 milhões de passageiros por ano.

Possui uma rede comercial com 67 lojas distribuídas entre as alas norte e sul e o saguão central, oferecendo aos usuários uma série de serviços que incluem lojas, agência de correio, lanchonetes, engraxataria, cabeleireiro, joalheiro, livraria, banco, drogaria, câmbio, caixas eletrônicos, locadoras de veículos, perfumaria e tabacaria.

Figura 1.1 Aeroporto de Congonhas.

O Aeroporto Internacional de Congonhas/São Paulo é, hoje, uma minicidade. A Infraero é a empresa responsável pela gestão não só do Aeroporto de Congonhas, mas também de 43 dos maiores aeroportos brasileiros, além de ser acionista minoritária (49%) de vários aeroportos que foram parcialmente privatizados. É assim que o *site* da Infraero informa sua missão e sua visão:

> **Missão**
> "Prover soluções aeroportuárias de excelência, criando valor para os clientes e contribuindo para o desenvolvimento do país."

> **Visão**
> "Ser um elo estratégico na execução de políticas públicas para o setor de aviação civil e referência no mercado de soluções aeroportuárias."

Algumas informações estatísticas sobre o Aeroporto de Congonhas impressionam. São, em média (dados de 2019), 60.932 passageiros, 592 voos e 159.124 kg de carga aérea movimentada por dia, com 12 pontes de embarque e 17 posições remotas, segundo a Infraero, fazendo dele o segundo maior aeroporto do Brasil, atrás apenas do Aeroporto Internacional de São Paulo/Guarulhos. Ocorrem movimentações para e de 30 localidades. Imagine gerenciar os recursos (sempre escassos) da Infraero, na gestão operacional de Congonhas, para atender às diretrizes colocadas pela sua diretoria corporativa (também presentes no *site* institucional da empresa).

São diretrizes da diretoria da Infraero:
- Definir os aeroportos da rede como Centros de Negócios, com autonomia, metas direcionadoras de sustentabilidade e prêmios por desempenho.
- Redirecionar a função comercial para melhor aproveitamento das oportunidades comerciais, com especialização e inserção de parcerias.
- Redefinir a atuação das estruturas direcionadas a dar apoio aos aeroportos.
- Tornar a Infraero competitiva, dentro de um mercado concorrencial, definindo um novo posicionamento para os seus negócios.
- Definir a sede da Infraero com papel normativo, fiscal e decisório, otimizando o tempo de resposta para as decisões estratégicas da empresa.

 PARA REFLETIR
Quais problemas operacionais enfrentados pela administração do Aeroporto de Congonhas você considera principais, levando em conta a multiplicidade de atores (empresas comerciais parceiras, empresas aéreas, funcionários, prestadores de serviço) dentro do aeroporto que afetam o seu desempenho operacional geral? E como mediria o desempenho operacional de um aeroporto como esse? Você incluiria medidas de satisfação dos vários clientes do Aeroporto de Congonhas (usuários, companhias aéreas, concessionários de lojas, restaurantes e outros serviços)? Como você vê o perfil e a formação do profissional adequado para trabalhar na gestão operacional desse aeroporto?

1.2 CONCEITOS

1.2.1 GESTÃO DE PRODUÇÃO E OPERAÇÕES

Resumidamente, a gestão de operações ocupa-se da atividade de gerenciamento estratégico dos recursos escassos (humanos, tecnológicos, informacionais e outros), de sua interação e dos processos que produzem e entregam bens e serviços, visando atender a necessidades e/ou desejos de qualidade, tempo e custo de seus clientes. Além disso, deve também compatibilizar esse objetivo com os objetivos de outros *stakeholders* (grupos de interesse), como os funcionários, a sociedade, o meio ambiente, o governo, e com as necessidades de eficiência no uso dos recursos que os objetivos estratégicos da organização requerem.

Toda organização, quer vise ela a lucro, quer não, tem dentro de si uma função de operações, pois gera algum "pacote de valor" a ser oferecido para seus clientes, que inclui algum composto de produtos e serviços (veja o Capítulo 4 para uma discussão aprofundada), mesmo que, dentro da organização, a função de operações não tenha esse nome. Clientes podem ser internos – outros setores da empresa – ou externos – usuários, externos à organização, dos bens e serviços produzidos.

Observe as diretrizes da diretoria da Infraero, apresentadas na seção anterior, e você terá noção clara do papel da gestão estratégica de operações de um complexo como o Aeroporto de Congonhas, que se encontra no cerne do atingimento de cada uma delas. Não por acaso, cada um dos itens a seguir refere-se a uma das partes deste livro:

- Na "Administração estratégica das operações" do aeroporto, nunca perdendo de vista que, num ambiente cada vez mais competitivo, de clientes e sociedade crescentemente exigentes e concorrentes cada vez mais competentes, os tomadores de decisões operacionais (os gestores de operações) devem sempre levar em conta seu impacto estratégico, tanto para os múltiplos grupos interessados como para a lucratividade da operação, que em última análise impacta a capacidade de reinvestimento.

- Na gestão de "Produtos e processos" oferecidos aos clientes, que inclui um composto adequado de bens materiais e serviços gerados e entregues nos níveis adequados de custo, tempo, qualidade e flexibilidade. Imagine conciliar interesses de grupos que podem ser bastante heterogêneos, como executivos atarefados, grupos de estudantes em viagem de turismo e delegações de clubes de futebol a caminho da cidade onde jogarão no dia seguinte, com séquitos de fãs ávidos por autógrafos. Além disso, a gestão de processos é necessária para garantir que não haja rupturas nos processos, tanto nos que envolvem os clientes (em linha de frente) como naqueles feitos em retaguarda.
- No "Projeto e gestão de instalações", onde se dará a geração e a entrega do pacote de valor ao cliente – isso inclui o dimensionamento da capacidade necessária para atender a níveis crescentes de demanda, o arranjo físico dos recursos e áreas dos aeroportos e a localização das unidades. Imagine a definição de arranjo físico e o dimensionamento dos balcões de *check-in*, das salas de embarque, dos equipamentos de segurança e das lojas.
- No "Planejamento e controle da rede de operações", ou seja, na gestão da complexa inter-relação de dezenas de suboperações que colaboram na geração e na entrega do pacote de valor oferecido aos clientes (sejam essas suboperações departamentos da própria Infraero ou empresas terceirizadas). Imagine a complexidade de definir o sequenciamento das aeronaves que compartilham as duas pistas principais de pouso e decolagem, incluindo a garantia de que passageiros e suas bagagens serão transportados com segurança, pontualidade e presteza.
- Na gestão de "Confiabilidade de processos" da operação, para garantir que o nível de geração e entrega do pacote de valor aos clientes tenha a confiabilidade e a qualidade esperadas, de forma a encarar clientes cada vez mais exigentes e concorrentes crescentemente habilitados, de forma confiável e segura.

1.2.2 EVOLUÇÃO HISTÓRICA DA ÁREA – ORIGENS

Pode-se dizer que a área de gestão de operações, hoje, tem seu escopo bastante bem definido. Faz parte do currículo da grande maioria das escolas de administração do mundo inteiro. Também é tratada em escolas de engenharia e carreiras correlatas e conta com vasta literatura.

Todos os principais temas da área são tratados neste livro.

Origens da área

As origens da gestão de operações são difíceis de rastrear. Operações, a rigor, sempre tiveram de ser gerenciadas, pois sempre houve organizações gerando e entregando pacotes de valor a clientes, tenha isso acontecido de forma explícita ou não.

Grandes projetos foram desenvolvidos na Antiguidade, como a Grande Muralha da China, as pirâmides no Egito, as estradas no Império Romano ou a construção das grandes catedrais europeias (veja a Figura 1.2). Certamente, construções com tais porte e sofisticação requereram grande esforço de coordenação e gestão, já há muitos séculos.

Figura 1.2 Catedral (*Duomo*) de Milão, Itália.

Há pouca informação na literatura sobre métodos gerenciais usados para a gestão desses empreendimentos, mas aparentemente não eram usados métodos sistematizados ou especializados. A natureza religiosa e política dos projetos, a falta de sistemas de contabilidade formais e a não premência de tempo parecem ter sido importantes fatores de alívio para pressões por eficiência ou eficácia na gestão.

Ao longo do tempo, a transformação dos grandes projetos quanto a sua natureza, de religiosa e política para empresarial, fez com que a preocupação com tempo e recursos mais escassos criasse as condições para o surgimento da preocupação com a gestão dos projetos (veja o Capítulo 9 para um tratamento contemporâneo do tema).

As primeiras menções na literatura

Figura 1.3 James Watt e seu motor a vapor.

Em termos de origens da área de gestão de operações como se a conhece hoje, muito se fala sobre o século XX, com as contribuições de Frederick Taylor, de Henry Ford, do casal Gilbreth e outros que se seguiram. Todos foram muito importantes para o desenvolvimento e a adoção da chamada **produção em massa** e para o desenvolvimento da área como um todo. Entretanto, talvez a mais relevante contribuição para que a indústria e sua gestão adquirissem as feições que têm hoje no mundo não date do século XX, mas do fim do século XVIII.

American System of Manufactures (ASM)

Segundo Abernathy e Corcoran (1983), o padrão de desenvolvimento industrial americano em termos de práticas de produção e estrutura de força de trabalho, consolidado no século XIX, criou um modelo sem precedentes ou rivais na gestão industrial de produtos complexos com base tecnológica. Esse modelo, hoje conhecido na literatura como Sistema Americano de Manufatura (*American System of Manufactures* – ASM), foi posteriormente adotado pela Grã-Bretanha, por França, Alemanha e Japão.

É interessante descrever as características básicas da manufatura inglesa e americana do período imediatamente após a Revolução Americana, que culminou com a Declaração de Independência de 1776.[1]

No mesmo ano de 1776, James Watt (1736-1819) (veja Figura 1.3) vendeu seu primeiro motor a vapor na Inglaterra (instalado inicialmente em fábricas de artefatos de ferro e aço) e disparou a Primeira Revolução Industrial. Essa revolução mudou a face da indústria, com uma mecanização crescente das tarefas. Avanços tecnológicos importantes facilitaram a substituição de mão de obra por máquinas e permitiram o desenvolvimento de economias de escala, tornando interessante o estabelecimento de unidades fabris.

No século XVIII, a Inglaterra era líder do mundo industrial e tecnológico e estava obtendo progressos revolucionários na produção de equipamentos têxteis, máquinas-ferramenta e motores a vapor. O progresso nesses mercados e setores industriais estava sendo prejudicado por fatores como temores dos artesãos independentes quanto a seu papel futuro, tradição, preferências dos consumidores por produtos de alta qualidade e personalização.

Intercambialidade de peças

Quando Eli Whitney, então já famoso nos Estados Unidos por ter inventado uma máquina revolucionária de processar algodão (*cotton gin*) (veja Figura 1.4), entrou em acordo com o governo em junho de 1798 para entregar 10.000 mosquetes (armas de fogo que lembram rifles) dois anos depois, a qualidade pobre da manufatura colonial ainda estava fresca na memória das pessoas.

O quartil final do século XVII nos Estados Unidos tinha sido dominado por indústrias de pequena escala, "caseiras" (*cottage industries*), mantidas predominantemente por artesãos e seus aprendizes que haviam sido treinados e influenciados pelos métodos europeus de produção, frequentemente pouco eficientes quanto ao uso de materiais e mão de obra.

---

[1] Também em 1776, o economista escocês Adam Smith (1723-1790) proclamou o final do sistema tradicional mercantilista e o início do moderno capitalismo no seu clássico livro *A riqueza das nações*, no qual articulou os benefícios da divisão do trabalho. Não por coincidência, Henry Ford, um dos mais visíveis propagadores de sistemas produtivos fundamentados na divisão do trabalho com sua linha de montagem móvel, mais de 150 anos depois, escreveu um livro cujo penúltimo capítulo intitula-se "A riqueza das nações".

Muito dependente de habilidades únicas e dos caprichos temperamentais dos mestres artesãos, a produção não era organizada por funções especializadas, mas pela tradição de o trabalhador elaborar o produto inteiro manualmente. Não é surpresa que os produtos finais variassem muito em qualidade e que imperfeições grosseiras fossem comuns.

Eli Whitney passou o ano anterior ao início de seu contrato com o governo construindo as ferramentas, os dispositivos e outros equipamentos de produção, que, tomados em seu conjunto, tornariam possível um fluxo ordeiro e integrado de produção em sua fábrica de mosquetes.

Organizando a fábrica para acomodar um processo regular de manufatura e construindo máquinas capazes de trabalhar dentro de limites estreitos de tolerâncias dimensionais, Whitney redefiniu a natureza das tarefas de manufatura. Não se tratava mais de coordenar os esforços de virtuosos individuais, mas de resolver o problema técnico de organização do processo (veja o Capítulo 10 para um tratamento contemporâneo do tema).

O contrato de 10.000 rifles entregues em dois anos não pôde ser honrado, pois o novo sistema requereu enorme quantidade de ajustes até que funcionasse continuamente. Whitney levou quase oito anos para entregar os 10.000 rifles contratados inicialmente. Entretanto, a maioria dos 10.000 foi produzida nos últimos dois anos. Em 1811, Whitney ganhou um contrato para entregar mais 15.000 mosquetes e estes, sim, puderam ser entregues em dois anos. O sistema se aperfeiçoava.[2]

Enquanto o conceito americano de componentes feitos a máquina, altamente intercambiáveis, baixava os custos de produção, nas fábricas iniciais que adotaram o ASM, orientadas a processo, era difícil e caro introduzir novos produtos. A empresa fabricante de máquinas de costura de Singer foi pioneira no desenvolvimento de uma organização de manufatura flexível o suficiente para assimilar avanços tecnológicos, enquanto oferecia variedade de produtos a custos baixos e qualidade uniforme (veja o Capítulo 10 para saber mais sobre a tecnologia de processos produtivos). Com o desenvolvimento tecnológico, a tendência natural foi que, gradualmente, a produção de partes das máquinas de costura foi sendo terceirizada para as oficinas de fornecedores especializados. Isso não ocorreu apenas na indústria de máquinas de costura, mas também com fabricantes de bicicletas e de carruagens.

A lógica era simples. Fontes externas de suprimento permitiam a fabricantes adquirir partes de forma muito mais barata. Houve, então, uma onda de **terceirização** (veja o Capítulo 3 para entender mais sobre as decisões de terceirização).

A rápida proliferação de oficinas especializadas de fornecedores de peças, moldes, ferramentas etc. ajudou a preparar o terreno para a primeira geração de fabricantes de automóveis. Os primeiros fabricantes de automóveis (como Henry Ford), em sua maioria, eram apenas **montadores** que compunham seus carros, em galpões alugados, a partir de componentes fornecidos por terceiros.

Figura 1.4 Eli Whitney e seu *cotton gin*, invento que mudou a face do sul dos EUA, pois, aumentando a produtividade da indústria têxtil, incentivou muito as plantações de algodão.

---

[2] Sobre Eli Whitney e seu trabalho, ver: https://www.eliwhitney.org/ew.htm. Acesso em: 23 mar. 2022.

As grandes ferrovias

Outro aspecto importante na evolução da gestão de operações é o papel que tiveram as ferrovias americanas. Elas praticamente iniciaram o desenvolvimento de uma Segunda Revolução Industrial, pois eram empreendimentos de grande porte que requeriam processos complexos de gestão. Para sua construção e operação, eram consumidas enormes quantidades de vários tipos de produto, entre eles o aço.

Em 1868, os Estados Unidos ainda eram um pequeno ator na indústria de aço. Em 1872, Andrew Carnegie (1835-1919) combinou uma inovação tecnológica no processo de produzir aço (método Bessemer) com as técnicas gerenciais desenvolvidas no setor ferroviário e obteve em sua usina de aço níveis de integração e eficiência nunca antes obtidos. Foi a primeira vez, por exemplo, que o *layout* (arranjo físico) fabril (veja o Capítulo 13) obedeceu ao fluxo produtivo. Carnegie tornou-se o mais eficiente produtor de aço do mundo.

1.2.3 OPERAÇÕES AO LONGO DO SÉCULO XX

Não foi, portanto, por acaso que uma das grandes contribuições para a gestão fabril veio da indústria de produção de aço. Era lá que trabalhava um analista chamado Frederick Taylor (1856-1915). Algumas de suas ideias serão discutidas a seguir, porque elas foram essenciais para a formação da gestão de operações do século XX.

Frederick Taylor

Coube a Frederick Taylor, em torno de 1901, o pioneirismo no desenvolvimento de técnicas efetivas objetivando sistematizar o estudo e a **análise** do trabalho (o que viria a ser a gênese da área de **estudo de tempos e movimentos** visando a eliminação de desperdícios e aumento de eficiência – veja o Capítulo 11).

Até o surgimento das ideias de Taylor, ninguém tinha sido capaz de despertar interesse em um quadro de referência robusto o suficiente para que se pudesse reivindicar para a gestão o *status* de disciplina, ou área definida do conhecimento. Foi Taylor quem propôs o uso do termo "*scientific management*" (administração científica) (Taylor, 1971). Foi também Taylor (e seus associados) quem tirou os conceitos do campo de meras ideias e de fato implementou seus princípios em um sem-número de fábricas.

A intenção de Taylor era claramente ligada à eficiência: fazer mais produtos com menos recursos. Ele sistematizou técnicas e princípios da administração científica (veja o Capítulo 11) que, em seu conjunto, contribuíram para um aumento substancial dos níveis de eficiência da indústria americana do início do século XX.

Taylor não trabalhou sozinho no desenvolvimento da chamada **administração científica**. Houve outros pioneiros. Vários foram seguidores de Taylor que trabalharam para aperfeiçoar seus métodos, como Frank Gilbreth, que levou adiante os estudos de tempos e movimentos, e Henry Gantt, notabilizado pelo desenvolvimento dos chamados "gráficos de Gantt", um método de controle de projetos (veja o Capítulo 9).

> **VOCÊ SABIA?**
> No início do século XX, a produção em larga escala, o uso de peças intercambiáveis produzidas por máquinas e a integração vertical já tinham feito dos Estados Unidos o país dos grandes fabricantes. Produções de alto volume eram comuns nos setores industriais de cigarros, aço, óleo, comida enlatada, alumínio e outros bens. Entretanto, a adaptação de motores de combustão interna a carruagens (criando os então chamados *horseless vehicles* ou "veículos sem cavalo") propiciou as condições para o surgimento de um setor industrial, provavelmente o mais influente no desenvolvimento das técnicas de gestão de operações ao longo do século XX: o setor automobilístico.

Henry Ford

Henry Ford nasceu em Dearborn, em 1863, filho de imigrantes irlandeses. Em 1888, iniciou suas experiências noturnas com motores, numa oficina construída nos fundos de sua casa, enquanto trabalhava de dia na Detroit Edison Company, de Thomas A. Edison. Montou em sua oficina caseira seu primeiro carro, um quadriciclo, que foi às ruas em 1896. Iniciava-se aí sua trajetória como produtor de carros.

Ford alugou, então, um galpão para continuar com seus experimentos. Montou mais alguns carros (o Arrow e o 999 – com o qual bateu o recorde americano de velocidade, segundo Maia, 2002) com o intuito de participar de corridas. Participou e ganhou. Era o prestígio de que precisava. Em 1903, Ford produziu o primeiro carro em sistema industrial, chamado de Modelo A. Vendeu 1.708 unidades no primeiro ano.

Ford modelo T

Em 1908, ocorreram dois eventos importantes. William Durant (anteriormente, um grande fabricante de carruagens) formou a General Motors Company (incorporando em torno de 25 empresas – 11 fabricantes recém-estabelecidos de automóveis e o restante, de peças e acessórios)[3] e Henry Ford anunciou seu novo Modelo T (veja a Figura 1.5).

---

[3] Ao contrário dos outros fabricantes de carros, que eram predominantemente montadores de peças compradas de fornecedores, por integração vertical, Durant e a General Motors já produziam em 1910 grande parte das peças usadas em suas montagens.

Figura 1.5 Henry Ford e seu lendário Modelo T.

"A forma de fazer automóveis", disse Ford a um de seus sócios em 1903, "é fazê-los todos iguais, fazê-los sair da fábrica exatamente iguais – da mesma maneira que um alfinete é igual a outro alfinete".

Os americanos gostaram muito do Modelo T (mais de 15 milhões de unidades foram vendidas de 1908 a 1927, quando foi descontinuado) e do homem que os fabricava. A demanda do Modelo T superou os sonhos mais otimistas de Ford.

A partir de 1913, Ford introduziu outra mudança de processo que faria com que seus índices de produtividade crescessem ainda mais: a linha de montagem móvel (veja o Capítulo 10).

Linha de montagem móvel

Henry Ford trouxe para o ambiente industrial, em escala nunca antes tentada, os princípios da administração científica e acrescentou a estes a ideia de padronização dos produtos e a de fazer produtos moverem-se enquanto estações de trabalho ficavam estáticas. A estratégia absolutamente focalizada de Henry Ford teve grande sucesso; o que fez representou a possibilidade de a Ford Motor Company tornar-se uma grande corporação já nos anos 1910.

Alfred Sloan e a General Motors Co.: diversificação

> **VOCÊ SABIA?**
> Pouca gente imagina que, em 1923, a Ford sozinha já produzia em torno de 2 milhões de carros por ano (Sloan Jr., 2001) (o Brasil, com cerca de 15 montadoras, produziu um total aproximado de 2,94 milhões de carros, caminhões e ônibus no ano de 2015).

O conceito de Henry Ford, de um modelo sem variações e vendido ao menor preço do mercado, expresso no Modelo T, dominava o grande mercado já fazia mais de uma década. A General Motors, que cresceu por aquisições de outras empresas, tinha nessa época sete linhas de veículos: Chevrolet (dois modelos bem diferentes entre si), Oakland (antecessor do Pontiac), Olds (mais tarde, Oldsmobile), Scripps-Booth, Sheridam, Buick e Cadillac.

Não havia na GM uma política abrangente de mercado e preços para o conjunto de suas linhas, e o resultado era a concorrência entre linhas. A empresa notou que seria necessário racionalizar custos e organizar a linha de produtos e seus preços, diminuindo as superposições. Seus executivos acreditavam que, nos anos subsequentes, a política de produtos da GM seria vencedora.

Do início para o meio da década 1920, de fato, a sociedade americana passava por alterações substanciais. Os mercados evoluíam e tornavam-se mais sofisticados. As pessoas tinham maior poder aquisitivo e, portanto, passavam a demandar produtos mais próximos de suas necessidades e desejos específicos. Criaram-se, então, as condições para que Alfred Sloan, então recém-empossado como CEO da General Motors, estruturasse uma política de segmentação de preço e da oferta de seus veículos. A resposta do mercado foi muito favorável, penalizando a política fordista tradicional.

A estratégia de Ford teve grande sucesso no início do século, mas o ambiente norte-americano de meados dos anos 1920, mais sofisticado, favoreceu a política de uma linha de produtos mais larga de Alfred Sloan.

A estratégia de Ford sofre um sério baque

Quando, tardiamente, Ford percebeu a ascensão da política de Alfred Sloan e da General Motors, decidiu alterar sua linha de produtos para fabricar o segundo Modelo A. Quase todas as 5.580 peças do novo Modelo A, de 1927, eram inteiramente novas. Assim, todas as fábricas da Ford tiveram de ser remodeladas praticamente do zero. Foi a maior transformação de uma fábrica na história da indústria norte-americana. Para realizá-la, Ford teve de fechar as fábricas por seis meses em 1927. Em termos de negócios, isso foi um desastre.

A General Motors ultrapassou nesse período a Ford como líder mundial em produção de veículos e manteve essa liderança até 2008, quando a Toyota assumiu essa condição.

Ao mesmo tempo que o mercado mudava, a mão de obra com a qual Taylor lidava no início do século havia mudado também.

A componente social do trabalho

Com o passar do tempo, as condições de trabalho preconizadas por Taylor e Ford, em geral repetitivas e tediosas, acabaram por fazer com que os trabalhadores apresentassem crescentes níveis de absenteísmo e até alcoolismo. Estudiosos começaram a notar que a abordagem exclusivamente técnica dada por Taylor e seu estudo do trabalho talvez fosse insuficiente. Alguma atenção deveria ser dada para os aspectos sociais do trabalho. Surgiram as primeiras iniciativas de abordagens hoje chamadas **sociotécnicas**. Para isso, a área de gestão de operações recebeu contribuições significativas de uma importante área do conhecimento: a psicologia aplicada ao trabalho (veja os Capítulos 11 e 12 para o desenvolvimento desses temas).

Motivação no trabalho

Desse período datam as primeiras iniciativas das organizações de estabelecer caixas de sugestões, clubes de funcionários, incentivos diferenciados, voltando muito mais atenção para o ambiente de trabalho e para fatores motivacionais.

A década de 1930, desde seu início, trouxe alguma turbulência para os mercados industriais americanos. O ano de 1929 foi o período da grande quebra da bolsa de valores de Nova York.

A demanda e a produção industrial caíram, e esforços ainda maiores foram direcionados para a redução de custos em processos produtivos. O tratamento de qualidade dessa época ainda era muito relacionado com a inspeção ao fim da linha, separando produtos bons dos ruins. Um analista chamado Walter Shewart, trabalhando para a Bell Labs, entretanto, já desenvolvia, em 1926, estudos para alterar essa visão tradicional da qualidade. Ele colocou ênfase em monitorar o processo de produção, o que passaria a ser conhecido como "controle estatístico do processo" (veja o Capítulo 6).

Os anos 1930 decorrem com certa turbulência e, em 1939, eclode a Segunda Guerra Mundial (II GM).

Esforços são direcionados pelas empresas manufatureiras para apoiar seus respectivos países no esforço de guerra. Áreas como a logística, o controle de qualidade e os métodos de produção mais eficientes acabaram por beneficiar-se desse esforço. Uma das áreas que mais progrediram na época da II GM foi a do uso de técnicas de programação e análise matemática para identificação de pontos mais favoráveis de operação. Essa foi a origem da pesquisa operacional.

Em 1936, um time de cientistas foi criado na *Royal Air Force* (Força Aérea Britânica) para analisar como operar o recém-criado equipamento de radar. Era natural referir-se ao grupo preocupado com pesquisa sobre como operar o equipamento mais que sobre como projetá-lo, daí a designação futura da área de conhecimento como "pesquisa operacional". O impacto positivo da pesquisa operacional durante os anos de conflito facilitou sua migração para problemas industriais e comerciais no período pós-guerra.

Desenvolve-se a área de planejamento e controle da produção

Seguiu-se a isso o estabelecimento de áreas como **planejamento, programação e controle de produção** (veja os Capítulos 16, 18 e 19), **controle de estoques** (veja o Capítulo 17), **previsões** (veja o Capítulo 8) e outras correlatas, acompanhadas mais tarde do surgimento de sociedades que congregam estudiosos e práticos interessados no tema, como a *American Production and Inventory Control Society* (APICS), fundada em 1957, hoje denominada *Association for Supply Chain Management* – ASCM (https://www.ascm.org), e o *Council of Logistics Management*, atualmente chamado *Council of Supply Chain Management Professionals* (http://www.cscmp.org), fundado em 1963 (Johnston, 1999).

A logística ganha impulso

A logística também evoluiu muito durante a II GM, porque uma guerra em escala mundial requeria que munições, alimentos e outros suprimentos, como peças sobressalentes de equipamentos e veículos de combate, fossem disponibilizados de forma eficiente nas várias frentes de batalha, em diversas regiões do mundo onde fossem necessários.

O ano de 1945 marca o fim da II GM. Os principais danos bélicos da guerra praticamente ocorreram na Europa e no Japão. Isso significa que, ao final da II GM, a capacidade produtiva mundial estava bem deprimida. Ao mesmo tempo, a capacidade de demanda, reprimida por muitos anos durante a guerra, estava vivendo um período de "bolha de consumo". Desequilibrava-se a relação entre suprimento e demanda.

Com isso, cria-se um mercado que favorece os ofertantes. É um mercado "comprador". Nessa situação, os clientes deixam de ser tão exigentes, pois o que querem são produtos – não necessariamente o melhor produto. Surgem as condições para uma nova onda de valorização dos modelos de produção em massa. As empresas veem nisso uma oportunidade de ganhar fatias importantes do mercado. Numa situação como essa, praticamente qualquer produto é vendido, não necessitando ser competitivamente superior.

Nasce o *Just in Time* na Toyota, no Japão do pós-guerra

No Japão, entretanto, esforços estavam sendo disparados pela indústria e pela sociedade no sentido da reconstrução e da retomada da atividade industrial. Tais esforços seriam as sementes do desenvolvimento do *Just in Time* (JIT) (veja o Capítulo 20), uma filosofia de produção desenvolvida na Toyota Motor Co. por um gerente de produção chamado Taiichi Ohno.

Atribui-se ao JIT parcela considerável de contribuição ao milagre industrial que levou o Japão a transformar-se, de um país arrasado pela guerra, em uma das maiores potências industriais do mundo em três décadas.

Em 15 de agosto de 1945, o Japão perdeu a guerra; essa data, entretanto, também marcou um reinício para a Toyota. Era uma empresa que tradicionalmente produzia teares para a indústria têxtil. Começou a produção de automóveis em 1934 e, em torno de 1940, interrompeu sua produção de veículos de passeio para apoiar o esforço nacional de guerra, produzindo apenas caminhões. Quando a II GM terminou, o presidente da empresa à época, Kiichiro Toyoda, falou: "Alcancemos os americanos em três anos (em termos de produtividade). Caso contrário, a indústria automobilística japonesa não sobreviverá." Isso significava multiplicar a produtividade japonesa por oito ou nove. Para realizar essa missão, os executivos da Toyota concluíram que tinham de conhecer os métodos americanos (ocidentais) de produção (Ohno, 1997). Mas Ohno e seus colegas sabiam que uma coisa que não podia acontecer num ambiente de recursos escassos como o Japão do pós-guerra era desperdício. Se fossem capazes de eliminar todo e qualquer desperdício, a produtividade decuplicaria. E essa se tornou a pedra fundamental do Sistema Toyota de Produção, renomeado mais tarde *Just in Time*.

Foi um sistema desenvolvido pela premência das necessidades e que obedecia a um raciocínio simples: identificação de desperdícios e trabalhar evolutivamente até achar formas de eliminá-los.

Deming e o movimento de qualidade no Japão

Paralelamente aos desenvolvimentos referentes ao nascimento do sistema *Just in Time*, outro desenvolvimento estava ocorrendo no Japão, ainda de baixa visibilidade, mas que teria enorme impacto futuro. Em certa medida, esse desenvolvimento deveu-se a um consultor americano que foi trabalhar no esforço de reconstrução do Japão, chamado W. Edwards Deming.

Em 1950, Deming começou a ensinar controle estatístico de qualidade para as empresas japonesas. É hoje considerado o pai do controle de qualidade (veja o Capítulo 6) no Japão. Não foi só Deming, entretanto, que foi ao Japão, ao final da guerra, ensinar técnicas de gestão de qualidade. Outros pioneiros foram muito importantes, como Joseph Juran, por exemplo (veja o Capítulo 6).

Nos anos 1950, o mundo industrial americano vive um período de grande afluência, as empresas americanas passam a ter escopo mundial de atuação e os Estados Unidos se tornam os líderes industriais incontestes. Essa afluência pode ter causado certo grau de complacência, como sugere Skinner (1969), e essa complacência só foi desafiada seriamente no fim dos anos 1960, quando, baseado nos programas de reconstrução da Europa (por exemplo, plano Marshall) e do Japão, empresas dessas regiões, que por escassez e necessidade haviam melhorado muito sua competência produtiva, passaram a desafiar a liderança das empresas americanas.

Os primeiros anos da computação, na década de 1950, trouxeram grande esperança também para a área de planejamento e controle de produção. Com os primeiros computadores, surgiram as primeiras aplicações, que eram voltadas a registrar os estoques de produtos e componentes usando novas técnicas de controle e gestão de estoques – as quais constituíam o que então já era considerada uma área do conhecimento (veja o Capítulo 17).

Ao final da década de 1960, mais do que reequilibrar suprimento e consumo, investimentos adicionais fizeram com que a capacidade produtiva mundial passasse a superar a capacidade de o mundo consumir produtos. Numa situação como essa, cria-se um mercado que passa a favorecer o comprador. O cliente vê-se na situação de poder escolher entre várias ofertas concorrentes. **Competitividade** passa a ser uma palavra cada vez mais constante no vocabulário do gestor de operações. Isso fica dramaticamente claro para a indústria ocidental, particularmente para a americana, no início dos anos 1970.

As indústrias japonesas destacam-se nos mercados mundiais

Nesse período, a indústria japonesa ganha níveis de competitividade sem precedentes em sua história, em mercados como os de automóveis, motocicletas, aparelhos elétricos e outros. Os produtos japoneses apresentam níveis superiores de desempenho aos dos concorrentes ocidentais em preço e qualidade. Em 1973, a indústria automobilística japonesa domina em torno de 20% do mercado doméstico americano (auxiliada adicionalmente pelo primeiro choque do petróleo, que favoreceu os pequenos e econômicos carros japoneses). O resultado foi logo sentido. Fábricas foram fechadas nos Estados Unidos e milhares de pessoas perderam seus empregos. Dispararam-se, nessa época, vários movimentos de contrarreação, tanto nas empresas quanto na academia americana. Fundamentais nessa tendência foram dois artigos escritos pelo acadêmico americano Wickham Skinner, da Universidade Harvard.

Wickham Skinner e o nascimento da "estratégia de manufatura"

O primeiro artigo, datado de 1969, era intitulado "Manufatura: o elo que falta na estratégia corporativa" (Skinner, 1969). Skinner identifica alguns motivos que estariam levando a indústria americana a perder competitividade. O argumento principal é de que a indústria americana era excessivamente reativa e operacional, quando na verdade a manufatura mereceria, pela natureza das decisões envolvidas, um tratamento estratégico:

- Em primeiro lugar, a manufatura envolveria a maior parcela do investimento em capital financeiro e humano das organizações.
- Em segundo lugar, Skinner argumenta que em operações, para as decisões de hoje serem bem tomadas, devem necessariamente ser apoiadas por uma boa visão de futuro, frequentemente com implicações de longo prazo.
- Em terceiro lugar, Skinner argumenta que as decisões de operações, uma vez surtindo efeito, são normalmente difíceis e caras de serem revertidas, e, em geral, permanecem exercendo influência por um período que pode chegar a décadas.
- O quarto e último argumento refere-se ao fato de que as opções estratégicas adotadas impactam diretamente as formas com que a empresa vai ser capaz de competir nos mercados do futuro. Skinner argumenta que a melhor forma de projetar e gerenciar operações produtivas dependerá sempre da forma com que se decide competir futuramente no mercado.

Gestão de operações: de operacional para estratégica

Origina-se, a partir dessa linha de argumentação, o conceito de estratégia de operações (veja o Capítulo 2).

O objetivo da estratégia de operações é garantir que a função de gerenciar os processos de produção e a entrega de valor ao cliente sejam totalmente alinhadas com a intenção estratégica da empresa quanto aos mercados que pretende servir. Para isso, é necessário incluir em todas as decisões tomadas em operações a consideração de elementos externos à organização, como o cliente e a concorrência. Trata-se de mudança substancial do paradigma taylorista. Ganham importância as interfaces entre a área de operações e outros setores da organização, como o setor comercial e o de marketing.

> **VOCÊ SABIA?**
> Os anos da "qualidade total": gurus como Feigenbaum, Juran e Deming (pioneiros que participaram ativamente da revolução da indústria japonesa do pós-guerra) passaram a ganhar a atenção do Ocidente. Foram também anos de franco desenvolvimento de tecnologias da informação. As primeiras versões dos sistemas integrados de gestão (*Enterprise Resource Planning* – ERP), chamados de sistemas MRP (*Material Requirements Planning*), foram desenvolvidas para melhor permitir às empresas a gestão eficiente de seus recursos materiais.

Além de bens, incorpora serviços

Outro desenvolvimento de grande importância para a área de gestão de operações, ocorrido nos anos 1970, foi a atenção dos pesquisadores e práticos da área voltada para as operações de **serviço** (veja o Capítulo 4 para uma discussão sobre o tema). O racional é bastante simples. Embora a ênfase da área de gestão de operações tenha sempre recaído sobre operações fabris, porcentagens que superam os 50% (e cada vez maiores) dos produtos nacionais brutos da maioria dos países advinham de atividades de serviço. Isso sinalizava claramente para a necessidade de colocar alguma atenção no melhoramento operacional da produção de serviços que, se por um lado guarda muita similaridade com operações fabris, por outro lado tem importantes diferenças e estas mereceriam alguma atenção.

Desde o início dos anos 1970, tem havido uma quase unanimidade de que serviços são, no mínimo, tão importantes quanto manufatura para a maioria das economias. Além disso, tem ficado crescentemente claro que os serviços são cada vez mais relevantes como arma competitiva, mesmo para operações de manufatura, que podem acrescentar serviços de valor agregado aos seus pacotes de valor para diferenciarem-se da concorrência.

> **VOCÊ SABIA?**
> Os anos 1980 foram, por excelência, o período do reinado no Ocidente da subárea de **qualidade**, na gestão de operações. Empresas ocidentais passaram a perceber que, muito em breve, a qualidade seria condição de permanência (e não mais vantagem competitiva) nos mercados mundiais. Várias abordagens foram desenvolvidas, talvez lideradas pela ideia geral de *Total Quality Management* (TQM) e secundadas por abordagens com base em certificações como a ISO 9000 (mecanismo de certificação de sistemas de qualidade).

De operações isoladas para análise de "redes de operações" ou cadeias de suprimento

Nos meados dos anos 1980, surge um desenvolvimento importante da área de gestão de operações. Note como os quase 200 anos de desenvolvimento de técnicas de gestão de operações narradas até agora foram, com raras exceções, voltados para melhorias de desempenho dentro das empresas. Quando, entretanto, se passa a ter uma perspectiva mais ampla, nota-se que as operações individuais não estão isoladas. Trabalham para operações-clientes e há operações-fornecedoras que para elas trabalham. Surge, então, a área de Administração de **cadeias de suprimento** (veja o Capítulo 3).

Cresce, nos anos 1990, a consciência de que o bom desempenho de um nó da rede está atrelado ao bom desempenho de outros nós dentro da cadeia a que pertence. Isso talvez ajude a explicar a avalanche de interesse que as técnicas de gestão de cadeias de suprimento ganharam nos anos 1980 e 1990, tanto na academia como nas empresas (Corrêa; Caon, 2002).

Tecnologicamente, os anos 1990 testemunham o aparecimento de uma evolução acelerada de ferramentas de telecomunicações, que passam a permitir uma gestão com fluidez de informação sem precedentes entre empresas. Isso deu oportunidade a grande desenvolvimento de técnicas de administração das cadeias de suprimento. Estas, com o movimento de globalização e quedas de tarifas alfandegárias dos anos 1990, tornam-se cadeias globais de suprimento.

De visar apenas ao lucro para visar à sustentabilidade de forma mais ampla

No início do século XXI, uma mudança substancial começou a tomar forma. Até os anos 1990, a gestão de operações com seu escopo expandido visava, quase exclusivamente, a prosperidade econômica (lucro) da organização. Uma mudança estava ocorrendo, entretanto. A sociedade organizada, como as organizações não governamentais e os governos, por meio de legislação, começaram a exigir que as operações e as redes de suprimento passassem a comprometer-se crescentemente com sustentabilidade ambiental e responsabilidade social junto às comunidades afetadas pela sua atuação. O termo **triple bottom line** (ou a tripla linha na parte de baixo dos demonstrativos financeiros) passou a ser uma constante no mundo empresarial, significando que as empresas não deveriam apenas focalizar o objetivo de lucro, mas também os de preservação ambiental e responsabilidade social.

Isso requer um novo conjunto de conceitos, técnicas e abordagens para os problemas de gestão de operações, que deve obrigatoriamente ser considerado pelos gestores de operações de hoje e do futuro.

A Indústria 4.0 surge para transformar uma vez mais a gestão de operações

O século XXI é um tempo em que o desenvolvimento de diversas tecnologias tem moldado a evolução de várias áreas do conhecimento. A administração de produção e operações (APO) não é exceção. Um conjunto mais influente de tecnologias que tem moldado a área de APO tem sido chamado de Indústria 4.0, ou "*Industrie* 4.0" (termo original em Alemão), que descreve um cenário futuro de produção industrial. Conforme definido pela Plattform Industrie 4.0 (https://www.plattform-i40.de/IP/Navigation/EN/Home/home.html), esse cenário é caracterizado por três aspectos principais:

- Um novo nível de organização e controle de toda a cadeia de valor (cadeia de suprimento) ao longo de todo o ciclo de vida dos produtos.
- Disponibilidade de todas as informações relevantes em tempo real, que é conseguida por meio da interligação de todas as instâncias, todos os processos e atores que participam da criação de valor.
- Criação de cadeias de valor multiempresas que sejam dinâmicas, otimizadas em tempo real e auto-organizadas por meio de interconexão.

Fica claro por essa definição que as tecnologias e sua combinação têm papel essencial no entendimento da Indústria 4.0. Embora a lista apresentada a seguir não seja exaustiva, ela traz tecnologias que, neste ponto do tempo, têm sido as mais citadas como relevantes, principalmente quando interagindo umas com as outras, para a Indústria 4.0.

Tecnologias de *hardware* da Indústria 4.0:

- Manufatura aditiva (impressão 3D).
- Veículos autônomos.
- Robótica avançada (adaptativa).
- Internet das coisas (IoT).

Tecnologias de *software* da Indústria 4.0:

- (*Big*) *Data analytics* & Inteligência artificial.
- *Machine learning*.
- Realidade virtual e Realidade aumentada.
- *Blockchain*.

Neste livro, discutiremos, sempre que isso fizer sentido e para cada capítulo em particular, os desenvolvimentos mais contemporâneos dessas tecnologias, assim como seu potencial impacto na gestão de produção e operações.

1.2.4 PAPEL ESTRATÉGICO DA ÁREA DE GESTÃO DE OPERAÇÕES HOJE

O papel estratégico da área de operações está, hoje, bastante estabelecido nos altos escalões de uma maioria de empresas. É frequente a existência do Vice-presidente de Operações, ou, em empresas estrangeiras (principalmente americanas), *Chief Operations Officer* (COO) – "executivo principal de operações". Entretanto, e paradoxalmente, no nível das unidades de operações propriamente dito, a tomada de decisões em muitas empresas ainda não obedece a uma consideração mais sistêmica de impactos nos resultados globais da organização. Isso talvez ocorra porque as lógicas baseadas num mundo do início do século XX, em que predominava a produção em massa e em que os princípios tayloristas tiveram por muito tempo tanto sucesso, arraigaram-se e perpetuaram-se por tradição oral e pelas rotinas organizacionais, acabando por se transformarem num paradigma difícil de ser alterado. Cumpre aos profissionais de gestão de operações do século XXI alterar esse quadro, para que, de fato, a área de operações dentro das organizações possa dar sua máxima contribuição ao atingimento de seus objetivos estratégicos.

1.2.5 QUADRO GERAL DE REFERÊNCIA PARA GESTÃO ESTRATÉGICA DE PRODUÇÃO E OPERAÇÕES

Gestão de operações foi definida, no início deste capítulo, como a atividade de gerenciamento estratégico dos recursos escassos (humanos, tecnológicos, informacionais e outros), de sua interação e dos processos que produzem e entregam produtos e serviços visando atender a necessidades e/ou desejos de qualidade, tempo e custo de seus clientes. Além disso, deve também compatibilizar esse objetivo com as necessidades de eficiência no uso dos recursos que os objetivos estratégicos da organização requerem.

Fica clara a relação entre a gestão de recursos e os resultados gerados para os vários grupos de interesse: a própria operação (cujos **recursos e competências** são constantemente afetados pelas experiências de **aprendizado** pelas quais a operação passa quando atua), aqueles que compram os bens e serviços produzidos (os **mercados visados** pela operação), aqueles que investiram recursos na expectativa de retornos sobre seu investimento (o **negócio** em que a operação se insere), aqueles membros da comunidade onde se situa a operação, que podem ver seus interesses afetados pela atuação da operação e outros fatores (o **ambiente** onde se localiza a operação). Os resultados alcançados pela operação, então, são examinados de vários pontos de vista, ou de acordo com várias visões, e afetam vários grupos de interesses. Mas como a operação ajuda a obter esses resultados? Por meio do desempenho operacional que apresenta, em termos de critérios como a **qualidade** de seus produtos em suas várias dimensões, o **custo** incorrido em produzir e entregar seus produtos, a **flexibilidade** com a qual atende às necessidades de seus clientes, a **velocidade** com a qual os atende e a **confiabilidade** com a qual faz tudo isso.

Como nem todos os critérios de desempenho são igualmente valorizados por todos os clientes, é importante, para que uma eficaz gestão estratégica da operação (dos seus recursos e competências) ocorra, que se analisem cuidadosamente os aspectos que são priorizados pelos mercados visados. Além disso, outros grupos de interesse também devem ser levados em conta na gestão estratégica de operações: o ambiente coloca tanto restrições (legais, quanto a níveis de poluição, por exemplo) quanto oportunidades (como oportunidades de aprendizado e melhoria oferecidas pela comunidade acadêmica e de pesquisa); o negócio, por meio de suas estratégias, define diretrizes para a gestão estratégica da operação e a influência.

Finalmente, para completar nosso quadro geral de referência, a ser seguido ao longo do livro, não se pode esquecer que, num ambiente competitivo, não basta ser **bom** no que se faz – é necessário ser suficientemente **melhor que a concorrência** no que se faz para merecer a preferência dos mercados visados. Em outras palavras, é necessário que, constantemente, a operação compare seu desempenho com o dos melhores concorrentes (uma prática também chamada *benchmarking*), para que possa mais adequadamente nortear sua gestão estratégica. Não se pode esquecer, também, que as características dos recursos e os níveis de competência da operação podem e devem exercer influência nas definições estratégicas do negócio. Isso porque, muitas vezes, competências desenvolvidas pela operação podem oferecer à organização oportunidades importantes de explorar novos mercados ou oferecer novas modalidades de produtos para seus clientes. Veja na Figura 1.6 o quadro completo, considerando esses dois últimos aspectos.

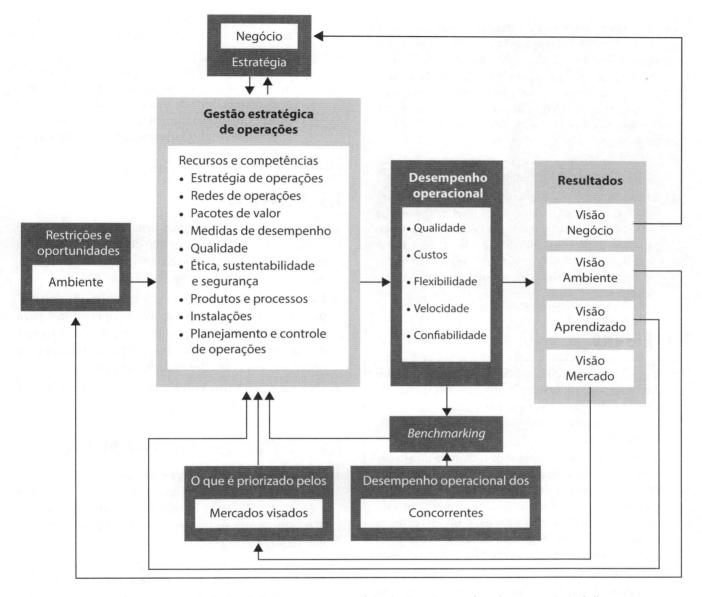

FIGURA 1.6 Quadro de referência completo para gestão estratégica de operações, que é o guia para o restante do livro.

Este quadro de referência apresentado na Figura 1.6 é uma espécie de "mapa de influências" relevante para a gestão estratégica de operações e é levado em conta em todas as partes deste livro. Em cada etapa do desenvolvimento dos conceitos e das técnicas, faremos menção ao quadro de referência, de modo que o leitor sempre saiba onde a técnica ou o conceito específico de que se está tratando se encontra no quadro geral.

1.3 ESTUDO DE CASO

GE: fabricante, prestadora de serviços ou ambas?

A GE Turbinas é uma das maiores fabricantes mundiais de motores para aviões. Ela se redefiniu recentemente como uma fornecedora de "serviços de empuxo", pois notou que as linhas aéreas, suas clientes, não precisam possuir as turbinas, necessitam do empuxo para executar sua atividade-fim: levar pontual, segura e confortavelmente seus passageiros dentro da fuselagem de um avião a seu destino. Em vez de terem especialistas em motores, combustão, fluidodinâmica e outras especialidades que não têm nada a ver com sua atividade-fim, as linhas aéreas preferem despender esse esforço atendendo bem a seus clientes.

Pense agora nas mudanças que essa decisão representou para a GE Turbinas. Ela agora assina um contrato de nível de serviço com suas clientes, por exemplo, garantindo 99,9% de disponibilidade de empuxo para suas aeronaves – isso significa tomar para si a responsabilidade pela manutenção, pela gestão de estoques de peças sobressalentes e até pelo financiamento (por meio da GE Financial Services) dos clientes. Isso significa que, no pacote de valor entregue pela GE (em que anteriormente predominava o bem físico – turbina), acresceram-se muitos elementos de serviços que têm, com suas particularidades, de ser gerados e entregues, e para isso os recursos e os processos que os geram têm de ter suas operações gerenciadas!

1. Quais implicações essa mudança trouxe para as operações da GE Turbinas?
2. Pense em empresas sobre as quais você tem algum conhecimento. Quais oportunidades, como esta da GE Turbinas (acrescentar pacotes de serviço mais ricos ao bem físico fornecido), essas empresas poderiam tentar explorar? E quais vantagens e desafios esse tipo de movimento traz para as empresas?

1.4 RESUMO

- A gestão de operações ocupa-se do gerenciamento dos recursos produtivos da organização, de sua interação e dos processos que produzem e entregam bens e serviços, visando atender às necessidades de seus clientes.
- A área de gestão de operações, como a conhecemos hoje, começou a se desenvolver na Primeira Revolução Industrial, mas teve seu maior progresso durante o século XX, com o advento da produção em massa de carros, com as técnicas desenvolvidas na Segunda Guerra Mundial e com as mudanças de mercado nos anos que se seguiram.
- Há cinco principais critérios competitivos cujo desempenho estratégico só pode ser alterado substancialmente por intermédio da gestão de operações:
  — Qualidade.
  — Custo.
  — Flexibilidade.
  — Velocidade.
  — Confiabilidade.
- Houve quatro expansões de escopo da área de gestão de operações durante o século XX:
  — De unicamente operacional, passa a ser encarada como estratégica (isso requereu integração com outras funções da empresa).
  — De ter foco exclusivamente em produtos físicos para incorporar a consideração de serviços.
  — De considerar como unidade de análise apenas a unidade produtiva para considerar "redes" de unidades produtivas (incluindo fornecedores e clientes) ou, em outras palavras, cadeias de suprimento.
  — De focar exclusivamente prosperidade econômica da organização para preocupar-se com a tripla linha de baixo do demonstrativo: prosperidade econômica (lucro), sustentabilidade ambiental (planeta) e responsabilidade social (pessoas).

1.5 EXERCÍCIOS

1. Por que, embora tenhamos uma evolução de quase 250 anos na área geral de gestão de operações, a gestão estratégica de operações só passou a ser uma preocupação mais explícita no final dos anos 1960?
2. Descreva e justifique as três "expansões de escopo" da área de gestão de operações: de operacional para estratégica, de operações fabris para também incluir operações de serviço e de operações em unidades para operações em redes de unidades de operação.
3. Quais as diferenças entre a gestão de operações e a estratégia de operações?

1.6 ATIVIDADES PARA SALA DE AULA

1. Por que consideramos que a gestão de operações, da forma como a vemos hoje, começou sua grande evolução com a Primeira Revolução Industrial? Isso quer dizer que, antes desse período, não havia operações que requeressem gestão?
2. Discuta o papel das crises pelas quais países e empresas passam (como as guerras, por exemplo) na evolução da gestão de operações.

1.7 BIBLIOGRAFIA E LEITURA ADICIONAL RECOMENDADA

ABERNATHY, W. J.; CORCORAN, J. E. Relearning from the old masters: lessons of the American system of manufacturing. *Journal of Operations Management*, v. 3, n. 4, p. 155-167, Aug. 1983.

BABBAGE, C. *On the economy of machinery and manufactures*. Charles Knight. Reprint Augustus M. Kelley. London, 1832.

CHANDLER, A. D. *The visible hand*: the managerial revolution in American business. Cambridge: Belknap Press, 1977.

CHASE, R. B. A classification and evaluation of research in operations management. *Journal of Operations Management*, v. 1, n. 1, p. 9-14, 1980.

CORRÊA, H. L. *Teoria geral da administração*: uma abordagem histórica da gestão de produção e operações. São Paulo: Atlas, 2003.

CORRÊA, H. L; CAON, M. *Gestão de serviços*. São Paulo: Atlas, 2002.

EMERSON, H. P.; NAEHRING, D. C. E. *Origins of industrial engineering*. Norcross: Institute of Industrial Engineers, 1984.

HAYES, R. H.; WHEELWRIGHT, S. *Restoring our competitive edge*. New York: Free Press, 1984.

HILL, T. *Manufacturing strategy*. Milton Keynes: Open University Press, 1985.

HOPP, W. J.; SPEARMAN, M. L. *Factory physics*. New York: Irwin, 1985.

HOUNSHELL, D. *From the American system to mass production 1800-1934*. The Johns Hopkins University Press, 1984.

JOHNSTON, R. Operations: from factory to service management. *International Journal of Service Industry Management*, London: MCB University Press, v. 5, n. 1, p. 49-63, 1994.

JOHNSTON, R. B. *The problem with planning*: the significance of theories of activity for operations management. 1999. Tese (Ph.D.) – School of Business Systems, Monash University, Melbourne, Australia, 1999.

KEYS, P. *Understanding the process of operational research*. New York: Wiley, 1995.

MAIA, A. M. *A era Ford*. Salvador: Casa da Qualidade, 2002.

OHNO, T. *O sistema Toyota de produção*. São Paulo: Bookman, 1997.

SAWIER, J. E. The social basis of the American system of manufacturing. *Journal of Economic History*, v. 14, n. 4, p. 375-376, 1954.

SKINNER, W. Manufacturing: the missing link in corporate strategy. *Harvard Business Review*, Boston, May/June 1969.

SKINNER, W. The focused factory. *Harvard Business Review*, Boston, May/June 1974.

SLACK, N. *The manufacturing advantage*. London: Mercury Books, 1991.

SLACK, N; LEWIS, M. *Operations strategy*. London: Pitman, 2002.

SLOAN JR., A. E. *Meus anos com a General Motors*. São Paulo: Negócio, 2001.

SMITH, A. *An inquiry into the nature and causes of the wealth of nations*. Chicago: Encyclopaedia Britannica, 1952. (Great Books of the Western World, v. 39.)

TAYLOR, F. *Princípios da administração científica*. São Paulo: Atlas, 1971.

TEDLOW, R. S. *Sete homens e os impérios que construíram*. São Paulo: Futura, 2002.

TREFETHEN, F. N. A history of operations research. *In*: McCOSKEY, J. F.; TREFETHEN, N. (eds.). *Operations research for management*. Baltimore: Johns Hopkins, 1954. v. 1, p. 3-35.

URWICK, L.; BRECH, E. F. L. *The making of scientific management*. London: Management Publications Trust, 1949.

WILD, R. *Concepts of operations management*. New York: Wiley, 1977.

WILSON, J. M. An historical perspective on operations management. *Production and Inventory Management Journal*, APICS, 1995.

WOMACK, J. P.; JONES, D. T.; ROOS, D. *The machine that changed the world*. New York: Rawson Associates, 1990.

Websites relacionados

http://www.abepro.org.br – Associação Brasileira de Engenharia de Produção, uma importante associação brasileira na área de administração de produção de operações. Acesso em: 12 fev. 2022.

https://www.ascm.org – The Association for Supply Chain Management (ASCM, antiga APICS) é uma organização que congrega profissionais da área de administração de produção e operações. Acesso em: 12 fev. 2022.

http://www.euroma-online.org – Associação Europeia de Administração de Operações (EUROMA). Tem objetivos mais acadêmicos. Acesso em: 12 fev. 2022.

http://www.infraero.gov.br – *site* da Infraero, empresa estatal que administra todos os aeroportos do Brasil. Acesso em: 12 fev. 2022.

http://www.poms.org – Production and Operations Management Society, a maior (em número de associados) associação acadêmica do mundo na área de administração de produção e operações. Acesso em: 12 fev. 2022.

CAPÍTULO 2
Estratégia de produção e operações

OBJETIVOS DE APRENDIZAGEM

- Discernir claramente entre a gestão de operações "tradicional" e a gestão estratégica de operações.
- Entender as contribuições que a função de operações pode dar à competitividade da organização.
- Analisar as diferentes formas de as empresas competirem no mercado por intermédio dos critérios competitivos das operações: custo, qualidade, velocidade, confiabilidade e flexibilidade.
- Discutir, entender e ser capaz de explicar as relações possíveis entre os diferentes critérios competitivos das operações e o importante conceito de foco em operações.
- Discutir, entender e ser capaz de explicar como se pode garantir que haja coerência e alinhamento entre os critérios competitivos mais relevantes para os mercados visados pela organização e as decisões de operações.
- Familiarizar-se com várias ferramentas práticas e com a forma de usá-las para garantir uma gestão estratégica de operações adequada.

2.1 INTRODUÇÃO

O Grupo Accor é uma grande corporação do ramo de hospitalidade. Tem 260.000 funcionários em mais de 140 países. De acordo com seu *site* (www.accor.com), 5.139 hotéis, com 753.344 quartos (dados do final de 2020), cobrem todos os segmentos, de hotéis econômicos a hotéis de alto luxo, para atender particularmente às necessidades dos clientes. A rede Accor vê-se como uma referência em hotéis *budget* (econômicos), com suas redes de hotéis F1 e Ibis (Ibis, Ibis Style e Ibis Budget); vê-se também como ator importante na faixa intermediária e de hotéis de luxo, atuando nestes com suas 20 marcas, entre elas Fairmont, Raffles Mercure, Novotel e Sofitel (os últimos três presentes no Brasil).

Tomemos o exemplo dos hotéis F1. Observe como o *site* da empresa descreve seu conceito de serviço:

> "No Hotel F1, você encontrará o conforto que você precisa para refrescar-se antes de retomar sua viagem. Todos os quartos são equipados com Wi-Fi, TV plana, um lavabo simples e uma escrivaninha. Nos quartos TRIO, com uma cama de casal e uma de solteiro sobre ela, em beliche, você terá o espaço necessário quando viaja em grupo de

três. Uma viagem de negócios ou um fim de semana com os amigos? Escolha duas camas de solteiro num quarto DUO. Nos Hotéis F1 há um café da manhã simples mas farto, em formato de *buffet*, incluído na diária. Há também disponíveis máquinas automáticas com lanches disponíveis para compra 24 horas por dia."

Agora observe como a empresa descreve o conceito dos seus hotéis Sofitel:

Sofitel é a marca premium do grupo Accor. Para estabelecer uma posição superior no setor altamente competitivo de hotéis de luxo, o grupo Accor trabalha com especialistas líderes, desde conhecidos arquitetos, passando pelos melhores decoradores até chefs de cozinha premiados. Nos mais importantes locais de negócios e de lazer, clientes diferenciados com um pendor para as artes, a cultura e o luxo sabem que os hotéis Sofitel sempre atenderão a suas expectativas... Sofitel incorpora o melhor da França na elegância dos projetos de interiores, nas acolhedoras boas-vindas, na sofisticação dos serviços e na arte da excepcional cozinha.

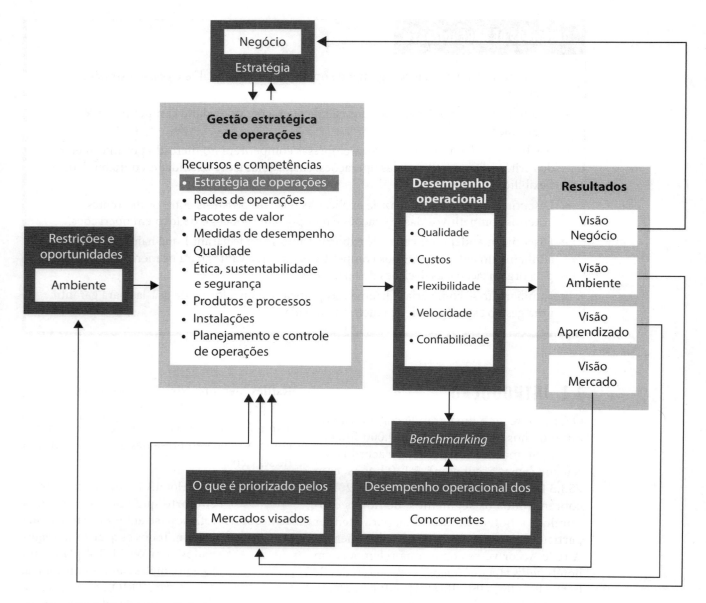

Figura 2.1 Quadro geral de referência de gestão estratégica de operações, com aspectos tratados no Capítulo 2 enfatizados com tarja cinza.

PARA REFLETIR

Consciente do que a corporação pretende criar como conceito para seus clientes nessas duas muito diferentes marcas de hotéis, pense na operação dos hotéis F1 e Sofitel.

Em sua opinião, por que a corporação Accor decidiu usar marcas e cadeias de hotéis diferentes para atender a seus hóspedes, em vez de usar uma só marca e uma só rede de hotéis? Imagine quais seriam as consequências de atender a clientes do tipo F1 e do tipo Sofitel em um mesmo estabelecimento.

Uma vez que as duas marcas são diferentes, as decisões de operações entre os hotéis também mostram diferenças. Reflita sobre essas diferenças quanto a instalações, pessoal, tecnologia e sistemas de garantia de qualidade. Pense sobre localização, tamanho e características de unidades e quartos; critérios de seleção de funcionários e necessidade de treinamentos; equipamentos e sistemas de informação; o que deve ser checado e como realizar essa checagem visando à qualidade.

Neste capítulo, será tratada a questão de desenvolvimento, formulação e implantação de estratégias de produção e operações. Os temas tratados referem-se, genericamente, às partes enfatizadas em cinza no quadro geral apresentado e descrito no Capítulo 1 (Figura 1.6) e reproduzido na Figura 2.1.

2.2 CONCEITOS

Estratégia de operações pode parecer, para alguns, até uma contradição em termos. Nas abordagens mais tradicionais, havia, de fato, três níveis de diferentes abrangências gerenciais mais ou menos distintos: a abrangência estratégica, a tática e a operacional. "Operacional", naquele caso, referia-se a uma abordagem mais de curto prazo, detalhada e predominantemente reativa. No caso do título deste capítulo, "operações" tem outro sentido: o que se pretende aqui é discutir a gestão, com **abordagem** estratégica, da **função** de operações dentro das organizações (veja o Capítulo 1). Isso significa considerar a gestão da função de operações levando em conta não só suas implicações de curto prazo, mas também de longo prazo. Significa também olhar para a gestão de operações não de forma reativa e introspectiva, olhando pouco para suas interfaces com outras funções, clientes e outros grupos de interesse internos e externos a quem serve, mas de forma proativa, contemplando os meios pelos quais a função de operações pode contribuir e alavancar a obtenção de vantagens competitivas sustentáveis no atingimento dos objetivos estratégicos da organização em que se insere.

2.2.1 GESTÃO DE OPERAÇÕES E ESTRATÉGIA DE OPERAÇÕES

Tradicionalmente, a gestão de operações era vista como algo operacional, visando **reagir**, *a posteriori*, da melhor forma possível, às ocorrências e solicitações da organização. Isso mudou muito a partir do final dos anos 1960 no mundo ocidental, conforme narrado no Capítulo 1. Nesse período, as empresas ocidentais tiveram que analisar e repensar as formas com que estavam gerenciando a sua produção, pois empresas japonesas e alemãs, como resultado de seu esforço de reconstrução após o final da Segunda Guerra Mundial, estavam apresentando desempenho superior em mercados tradicionalmente dominados por empresas americanas.

Nesse esforço, destacou-se o Prof. Wickham Skinner, autor de um artigo (Skinner, 1969) de grande importância. Nele, são identificados alguns motivos principais que justificam um tratamento estratégico da função de operações. Embora seus argumentos originais se referissem a operações industriais, os itens a seguir estendem os conceitos, para que fique claro que a argumentação se sustenta também para operações de serviço:

- **Em primeiro lugar, as operações (tanto em manufatura como em serviços) envolveriam, numa grande quantidade de situações, a maior parte do investimento em capital das organizações.** Pense, por exemplo, no investimento em hangares, aeroportos e aviões, na realização das operações de serviço da LATAM. Agora pense nas fábricas, nos centros de distribuição e nos armazéns onde as operações de manufatura da Natura acontecem.

- **Em segundo lugar, a maioria das decisões, em operações, inclui, normalmente, recursos físicos que têm por natureza "inércia" decisória.** Essa inércia refere-se ao tempo que decorre entre o momento da tomada de decisão e o momento em que essa decisão toma efeito. Muitas dessas decisões levam muito tempo para surtir efeito e, portanto, precisam ser baseadas numa visão de futuro estratégica e de longo prazo. Exemplos são aquisições de novas aeronaves (tipicamente, dois anos) pela LATAM ou a construção de um novo centro de distribuição automatizado da Natura (que também pode levar de um a dois anos).

- **Em terceiro lugar, Skinner argumenta que as decisões de operações, uma vez produzindo efeito, são normalmente difíceis e caras para reverter, permanecendo a exercer influência na forma que a empresa opera no mercado por um período como pode chegar a décadas.** Uma vez que uma nova aeronave chega ou que um centro de distribuição fica pronto, as empresas terão que conviver com essas decisões por longo tempo.

- O **quarto e último argumento refere-se ao fato de que as opções estratégicas adotadas quando se decide por determinada alternativa impactam diretamente as formas com que a empresa vai ser capaz de competir nos mercados.** Isso, em linhas gerais, é um contraste claro com as ideias de Taylor, do início do século XX (segundo as quais haveria "uma forma melhor" de se gerenciar a produção – veja o Capítulo 1).

O conceito de estratégia de operações evoluiu muito desde a época do pioneiro Skinner. O objetivo é garantir que os processos de produção e entrega de valor ao cliente sejam consistentemente alinhados com a intenção estratégica da empresa. Ganham, portanto, importância as interfaces entre a área de operações e outros setores da organização e entre as operações e o mundo exterior (clientes, concorrentes, fornecedores parceiros e outros grupos de interesse).

Um segundo artigo seminal de Skinner (1974), intitulado "A fábrica focalizada", aprofunda a discussão sobre os *trade-offs* e suas implicações estratégicas. Pense no projeto de um avião. Imagine que uma linha aérea decida encomendar um novo avião a um fabricante, que transporte 500 passageiros, tenha o menor custo operacional por milha/passageiro de todos os aviões em operação, seja supersônico e, ao mesmo tempo, capaz de pousar numa pista de apenas 500 metros de extensão. Esse pedido nem sequer seria levado a sério, pois o fabricante sabe que, com a tecnologia atual, é impossível para uma só aeronave ter todas essas características. Isso fica claro também quando olhamos para uma aeronave que serve como caça de combate e para uma que serve ao transporte em massa de passageiros (veja a Figura 2.2). Um caça tem grandes motores e um *design* apropriado a manobras bruscas, rápidas e flexíveis. Para isso, abre-se mão da eficiência no transporte de seus passageiros. Já um avião comercial é desenhado com objetivo de ser eficiente no transporte. O custo por milha/passageiro não pode ser alto e, portanto, é "diluído" por centenas de passageiros. Isso faz com que se abra mão da velocidade e da flexibilidade de manobras. Apenas ao se olhar um caça e um avião comercial, vê-se claramente qual é qual: as decisões de projeto são diferentes e influenciadas pelo propósito estratégico de cada uma das aeronaves.

Escolhas estratégicas é do que se está falando aqui, e **escolhas** estratégicas implicam **renúncias** estratégicas. Renuncia-se ao desempenho superior em um aspecto para privilegiar o desempenho em outro aspecto. É disso que tratam os *trade-offs*.

Se é, portanto, plausível, até para um leigo, que uma aeronave não possa ter desempenho excepcional em todos os critérios de desempenho simultaneamente, como, então, esperar que a fábrica ou unidade prestadora de serviço tenha desempenho excepcional em todos os critérios ao mesmo tempo? Isso não é, em geral, possível, pelos mesmos motivos tecnológicos e organizacionais que impedem que uma aeronave seja excepcional em todos os critérios de desempenho.

Diferença entre estratégia de operações e gestão de operações

A seguir, são apresentadas algumas definições presentes na literatura. Ao longo deste capítulo, entretanto, será apresentada uma abordagem alternativa que tenta conciliar as duas abordagens tradicionais: **estratégia de operações** e **gestão de operações** no que chamamos de **gestão estratégica de operações**.

Figura 2.2 Evidente contraste entre um avião caça e um avião comercial.

Gestão de operações

Gestão de operações é a atividade de gerenciamento dos recursos e processos produtivos que produzem o pacote de valor entregue ao cliente. A grande maioria das organizações possui uma função (e processos) com esse papel, embora muitas vezes não sejam chamados por esse nome (operações). Essas funções, em geral, processam insumos e usam, para isso, recursos de transformação. A gestão de operações preocupa-se em como essas funções, recursos e processos são gerenciados.

Estratégia de operações

Relacionada com a gestão, mas diferente, a estratégia de operações preocupa-se menos com processos individuais e detalhados e mais com o processo global da função de produção do negócio. Preocupa-se também em manter a área de operações adaptada às mudanças de fatores ambientais para que a operação possa melhor encarar os desafios futuros. Estratégia de operações preocupa-se com o desenvolvimento de longo prazo dos processos e recursos e com a criação de competências para que a organização possa ter níveis sustentáveis de vantagens competitivas. Em que pese a necessidade de reconhecer que há decisões no âmbito de operações que têm impacto diferente no resultado estratégico almejado, consideramos importante que esses dois grandes temas não sejam tratados de forma estanque, como sugere a literatura tradicional. Para isso, propomos uma abordagem conciliatória: a **gestão estratégica de operações**.

2.2.2 GESTÃO ESTRATÉGICA DE PRODUÇÃO E OPERAÇÕES

A abordagem aqui proposta, de **gestão estratégica de operações**, não é a tradicional, de tratar estratégia e gestão de operações como se fossem aspectos quase isolados um do outro. É importante perceber que as numerosas decisões operacionais que se tomam diariamente, quando têm seu efeito somado, podem ser tão ou mais relevantes que as grandes decisões estratégicas. Isso significa que é necessário dar direção estratégica para todas as decisões (e constantemente checar seu impacto estratégico), qualquer que seja o porte que tenham. Este capítulo descreve um ferramental necessário para definir a direção estratégica que se pretende dar à operação de uma organização. Ao longo de todos os outros capítulos, entretanto, explicitamos, para cada decisão discutida, quais implicações estratégicas estão envolvidas.

As múltiplas formas de competir no mercado

Conforme discutido anteriormente, porque há claros *trade-offs* envolvidos em decisões de produção e operações, é necessário ser preciso quando se definem os objetivos prioritários de produção e operações a perseguir – isso porque há situações em que o gestor deve optar por renunciar a níveis de desempenho superiores em alguns critérios para favorecer outros (afinal, essa é a natureza dos *trade-offs*!). Para que a decisão de renúncia seja acertada, é importante saber precisamente quais as prioridades dadas pelo cliente da operação quanto aos diferentes aspectos para que seja possível focar nos aspectos adequados. No sentido de auxiliar que as operações possam ter maior precisão sobre **em que** focalizar, propomos, na Figura 2.3, uma lista de aspectos (ou critérios) de desempenho como possivelmente relevantes.

Grandes objetivos	Subobjetivos	Descrição
Preço/custo	Custo de produzir	Custo de produzir o produto
	Custo de servir	Custo de entregar e servir o cliente
Velocidade	Acesso	Tempo e facilidade para ganhar acesso à operação
	Atendimento	Tempo para iniciar o atendimento
	Cotação	Tempo para cotar preço, prazo, especificação
	Entrega	Tempo para entregar o produto
Confiabilidade	Pontualidade	Cumprimento de prazos acordados
	Integridade	Cumprimento de promessas feitas
	Segurança	Segurança pessoal ou de bens do cliente, sustentabilidade, baixo risco
	Robustez	Manutenção do atendimento mesmo que algo dê errado

(continua)

(continuação)

Grandes objetivos	Subobjetivos	Descrição
Qualidade	Desempenho	Características primárias do produto
	Conformidade	Produto conforme as especificações
	Consistência	Produto sempre conforme as especificações
	Recursos	Características acessórias do produto
	Durabilidade	Tempo de vida útil do produto
	Confiabilidade	Probabilidade de falha do produto no tempo
	Limpeza	Asseio das instalações da operação
	Conforto	Conforto físico do cliente oferecido pelas instalações
	Estética	Características (das instalações e produtos) que afetam os sentidos
	Comunicação	Clareza, riqueza, precisão e frequência da informação
	Competência	Grau de capacitação técnica da operação
	Simpatia	Educação e cortesia no atendimento
	Atenção	Atendimento atento
Flexibilidade	Produtos	Habilidade de introduzir/modificar produtos economicamente
	Mix	Habilidade de modificar o mix produzido economicamente
	Entregas	Habilidade de mudar datas de entrega economicamente
	Volume	Habilidade de alterar volumes agregados de produção
	Horários	Amplitude de horários de atendimento
	Área	Amplitude de área geográfica na qual o atendimento pode ocorrer

Figura 2.3 Grandes objetivos e subobjetivos de operações.

Note que os grandes critérios listados têm subdimensões, muitas vezes necessárias para que se tenha uma visão mais precisa do que realmente importa para o cliente; entretanto, nem todos esses critérios são igualmente importantes para todos os tipos de negócio ou para todos os tipos de cliente.

Conflito (*trade-off*) entre aspectos de desempenho em operações

É importante observar que há relações conflituosas entre determinados pares de aspectos de desempenho. Pense, por exemplo, no conflito envolvido na operação do McDonald's, altamente focalizada em oferecer consistência de serviços (a repetição da experiência), quando passa a aceitar pedidos de sanduíches personalizados para os clientes. Há um *trade-off* entre qualidade/consistência e flexibilidade/customização nesse caso. Entretanto, há também pares de aspectos de desempenho que **não** representam conflito (*trade-off*); alguns podem até reforçar-se mutuamente. Imagine uma operação que elimine as falhas, reduzindo a geração de defeitos. Haverá muito menos necessidade de retrabalho, refugo de materiais e custos incorridos. Isso significa que qualidade/consistência pode até auxiliar a organização a **melhorar** seu desempenho em custo.

As relações entre critérios de desempenho em operações são de fato complexas. A Figura 2.4 ilustra uma possível forma de analisar e explicitar as possíveis relações de conflito e reforço mútuo entre os critérios de desempenho da operação.

Análise de foco operacional na prática: um exemplo de ferramental para análise

Quando existem *trade-offs* entre pares de critérios de desempenho em operações, isso significa que é impossível que uma operação apresente desempenho excepcional simultaneamente nos dois critérios, usando os mesmos recursos. Quando uma operação procura desempenho excelente simultaneamente em dois critérios de desempenho conflitantes entre si, a operação passa a sofrer de "desfocalização" e degradação de desempenho. Analisemos a questão de foco para uma unidade de operações, digamos um avião usado para prestar serviço de transporte transcontinental. O primeiro passo é identificar a quais públicos-alvo a unidade pretende servir. Digamos que os públicos-alvo sejam:

- Público 1: clientes de classe média, sensíveis a preço, viajando a turismo, de férias, muitas vezes em família, com hábitos não muito sofisticados, relativamente tolerantes, com espírito favorável.

- Público 2: executivos viajando a trabalho, que necessitam de boa noite de sono para estarem descansados em compromissos do dia seguinte; pagos pelas suas empresas, hábitos sofisticados; exigentes.
- Público 3: viajantes de alto poder aquisitivo, pouco sensíveis a preço, altamente exigentes e intolerantes a falhas; hábitos muito sofisticados, são viajantes frequentes, a lazer ou a trabalho.

Um primeiro passo é eleger um conjunto de aspectos de desempenho que seja abrangente o suficiente para descrever o que é importante para os diferentes públicos. Suponhamos que decidamos usar a lista de critérios definida anteriormente neste capítulo e que usemos uma escala de importância para descrever a importância dada aos critérios, por público. Numa situação prática real, essa análise deveria incluir levantamentos junto aos próprios clientes, utilizando para isso metodologia confiável.

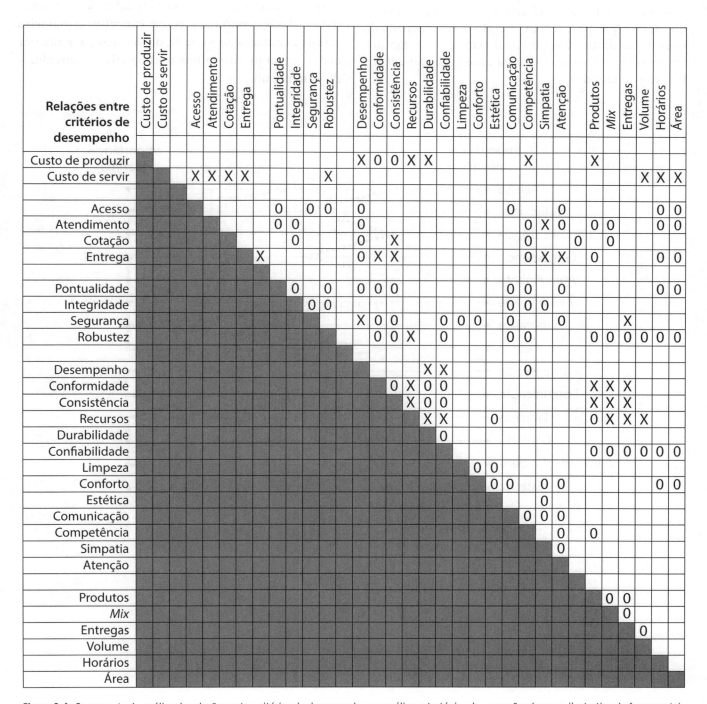

Figura 2.4 Ferramenta de análise de relações entre critérios de desempenho em análise estratégica de operações (apenas ilustrativa da ferramenta).

O resultado de uma análise simples ilustrativa encontra-se na Figura 2.5. Note que os chamados "perfis de importância" são substancialmente diferentes entre os vários públicos analisados. Essa é uma primeira indicação de que pode haver desfocalização de operações, se os diferentes públicos forem atendidos pelos mesmos recursos. Entretanto, perfis **diferentes** não significam, necessariamente, perfis **conflitantes**.

Como a questão de haver ou não *trade-offs* entre critérios de desempenho está ligada ao fato de os recursos de operações serem ou não capazes de apresentar altos desempenhos simultaneamente nos critérios, é necessário que, para termos a visão mais adequada da questão de desfocalização, analisemos a questão dos recursos produtivos que serão usados para atender aos públicos analisados.

Imaginemos uma "operação dos sonhos" para atender a cada um dos públicos visados, gerando um perfil de características desses recursos produtivos ideais para atender-lhes. O resultado poderia ser como observado na Figura 2.6. Os diferentes perfis da Figura 2.6 indicam que seria pouco provável que um só conjunto de decisões pudesse atender bem às necessidades de ambos – isso implica **conflito**. A solução é não usar os mesmos recursos para atender aos três públicos. Não é por acaso que as empresas aéreas usam a divisão clássica de seus recursos internos nas aeronaves: classe econômica, classe executiva e primeira classe. Segmenta-se a oferta do serviço para manter cada segmento focado nos seus objetivos individuais de desempenho.

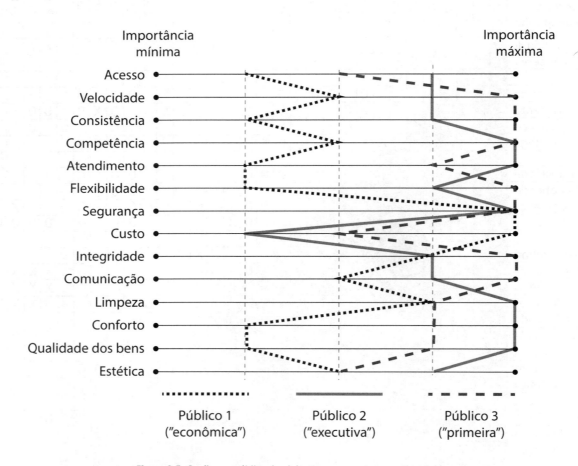

Figura 2.5 Perfis por público de viajantes em voos transcontinentais.

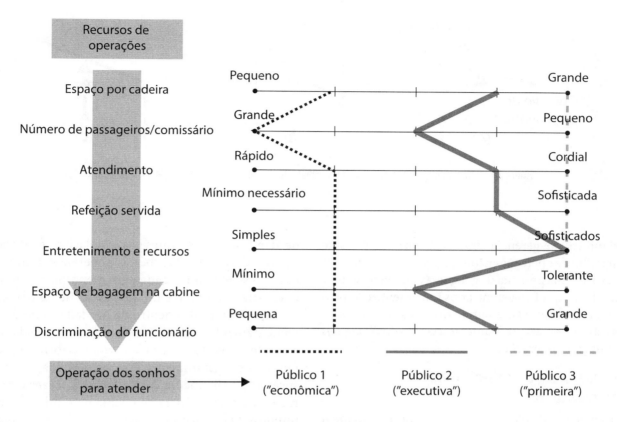

Figura 2.6 Análise de foco: a visão dos recursos produtivos.

Operações focalizadas: um conceito estratégico controverso

A função de operações é uma das mais complexas a se gerenciar dentro da organização. O nível de complexidade envolvido depende muito das decisões estratégicas corporativas e de marketing do negócio, por meio das quais as prioridades competitivas são estabelecidas. Prioridades competitivas são estabelecidas porque uma operação não pode ser excelente em todos os aspectos de desempenho ao mesmo tempo.

Daí a necessidade de foco em operações. A ideia de foco deveria, de acordo com essa visão, permear todo o processo de formulação e execução das estratégias de operações e de negócios.

Um dos modelos interessantes que descrevem *trade-offs* em operações é a analogia da "gangorra" de Slack (1993). A melhoria de um aspecto de desempenho (representada pelo nível de altura de um dos lados da gangorra subindo) compromete o desempenho do outro (o nível de altura do outro lado, que, necessariamente, baixa). Esquematicamente, essa ideia pode ser vista na Figura 2.7.

Quando se melhora o desempenho no objetivo (critério) 2, isso custa no desempenho do critério 1, ao menos no curto prazo (B). Pode-se, entretanto, recuperar o nível perdido de desempenho no critério 1 **sem perder a melhoria recentemente adquirida no critério 2** (C) – SE, e só se, seu "pivô" for movido para cima. Elevações **do pivô** de uma gangorra são mais difíceis de fazer (remover o pivô do apoio inicial, construir uma plataforma mais alta e fixar novamente o pivô no novo apoio) do que simplesmente alterar a posição da prancha (o que, literalmente, qualquer criança faz). Essa elevação pode ser mais consumidora de tempo e recursos mas, correspondentemente, traz mais benefício competitivo (por representar melhoramento simultâneo em dois critérios anteriormente conflitantes).

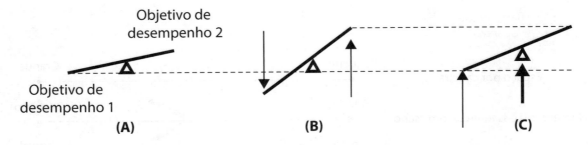

Figura 2.7 O movimento de gangorra de Slack (1993) representa a natureza dinâmica dos *trade-offs*.

Isso significa que gerenciar *trade-offs* entre critérios de desempenho de operações não significa apenas gerenciar a posição de uma prancha de gangorra com pivô estático, mas também significa gerenciar os movimentos do pivô da gangorra. Vamos agora sair do nível abstrato das analogias e discutir mais praticamente a gestão dos *trade-offs* em produção e operações.

Entendendo melhor os *trade-offs* entre critérios competitivos

Em razão dos *trade-offs*, é comum que empresas foquem alguns poucos critérios competitivos. Como proposto na discussão da analogia da gangorra, entretanto, *trade-offs* podem ser questionados.

Imagine uma operação de serviço que faça atendimento ao público. Foi constatado que o cliente tem tolerância para gastar até 10 minutos dentro da unidade. Imagine que, antes da inauguração, das cinco posições de atendimento presentes nas instalações, foi decidido que três deveriam estar abertas e operando. Entretanto, quando se abre a unidade para atendimento, nota-se que a fila resultante é tal que faz o cliente passar, na verdade, 15 minutos dentro da unidade, gerando descontentamento. No sentido de remediar rapidamente a questão, o gestor da unidade resolve abrir mais duas posições de atendimento. Essa ação rápida resulta em sucesso e a fila média cai de forma a trazer o tempo médio de permanência do cliente na unidade para 10 minutos. O que aconteceu nesse caso foi, tipicamente, uma manifestação de *trade-off*: o gerente trocou um desempenho melhorado em velocidade por um desempenho piorado em custo, pois, do ponto de vista do processo prestador de serviço, agora se necessita de cinco posições de atendimento em vez de três para atender ao mesmo número de clientes. Isso pode ser ilustrado pela "gangorra" da Figura 2.8.

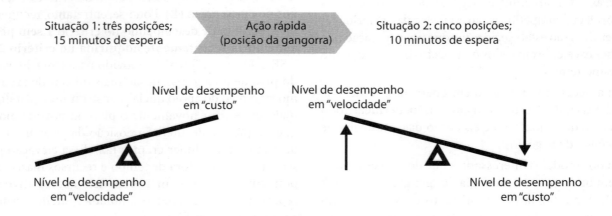

Fonte: Slack, 1993.

Figura 2.8 Representação dos *trade-offs* como uma gangorra.

Embora essa ação gerencial ilustre a reação a uma necessidade premente de reduzir o tempo de permanência do cliente na unidade de atendimento, o ideal seria o ilustrado pela situação 3 da Figura 2.9, que representa recuperar os níveis prejudicados em custo, mas sem comprometer os novos níveis de desempenho conseguidos em velocidade. Observe a nova posição desejável da gangorra: ela só é possível se o pivô se mover. Numa analogia com nossa situação da unidade prestadora de serviços, isso significa identificar qual aspecto da operação foi o responsável pela necessária penalização no desempenho do critério custo quando se melhorou o desempenho em velocidade. Uma das coisas que permaneceram constantes no processo de aumento de velocidade foi o tempo unitário de atendimento, que ficou inalterado quando saímos da situação 1 e fomos para a situação 2. Mas, se reduzirmos o tempo unitário de atendimento, será possível atender aos clientes com menos posições de atendimento, mantendo os níveis melhorados de velocidade.

Entretanto, compare o nível de esforço, tempo e, possivelmente, recursos alocados para as duas alterações:

Mover a posição da gangorra

Ação:

- abrir mais posições de atendimento.

Mover a posição do pivô identificado (reduzir tempo unitário de atendimento).

Ações possíveis:

- Treinar funcionários para maior agilidade.
- Alterar processos para maior fluidez.
- Automatizar procedimentos.
- *Empowerment* para decisões locais e mais rápidas.

O que se quer ressaltar aqui é que os *trade-offs* de fato existem entre alguns pares de critérios de desempenho. Entretanto, o gestor de operações não pode apenas aceitá-los. Deve, sempre que perceber a existência de um *trade-off*, buscar identificar o(s) pivô(s) e procurar formas de removê-lo(s) ou elevá-lo(s), pois dessa maneira poderá superar a concorrência simultaneamente em múltiplos critérios, sendo isso fonte de maior e mais duradoura vantagem competitiva.

INDÚSTRIA 4.0: ESTRATÉGIA DE PRODUÇÃO E OPERAÇÕES

A Indústria 4.0 denota uma nova revolução industrial centrada em sistemas ciberfísicos (CPS, na sigla em inglês) – em outras palavras, sistemas físicos cujas operações são monitoradas, controladas, coordenadas e integradas por algoritmos baseados num núcleo computacional e de comunicações.

Para uma gestão estratégica de operações adequada, a Indústria 4.0 permite estabelecer a conexão em tempo real de sistemas físicos e digitais inerentes às tecnologias emergentes que modelam processos de produção mais eficientes e que potencializam o equilíbrio de *trade-offs* tradicionais de operações entre os critérios de desempenho de custo, qualidade, velocidade, confiabilidade e flexibilidade (ver a Figura 2.2).

De forma individual ou coletiva, as tecnologias que sustentam a Indústria 4.0 podem melhorar e aliviar tensões entre os critérios, permitindo assim novas propostas de valor para o cliente. As tecnologias impulsionadas, como Manufatura Aditiva (AM) ou impressão 3D, Internet das Coisas (IoT), Inteligência Artificial (IA), Robótica Avançada, *Cobots* (robôs colaborativos), *Blockchain*, *Cloud Computing*, *Data Analysis* e *Digital Twin*, entre outras, paulatinamente ganham força impactando os diversos setores da fábrica, processos específicos e a arquitetura e *design* da cadeia de suprimento (ver a Figura 2.10).

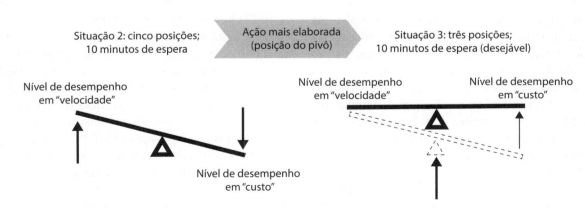

Figura 2.9 Consideração de ações sobre os pivôs das gangorras.

A Robótica e a AM, por exemplo, promovem flexibilidade e velocidade na entrega da produção. IoT, digitalização e *blockchain* permitem em tempo real diagnóstico, monitoramento, controle e otimização remota dos processos e atividades de produção, mesmo em localizações dispersas. IA, dispositivos vestíveis (por exemplo, relógios inteligentes), realidade aumentada (AR) e *Cobots* fortalecem a força de trabalho, ou podem mesmo chegar a substituí-la.

No entanto, o processo de implantação dessas tecnologias deve ainda enfrentar diversas implicações e limitações, desde a perda de interesse de sua implantação pelo aporte elevado de capital até a integração de recursos humanos altamente qualificados e que, em economias em desenvolvimento, representam grande desafio.

Estratégias de operação e o processo da cadeia de suprimento	Estratégias de operações e a arquitetura da cadeia de suprimento
■ Inteligência Artificial ■ Internet das Coisas ■ Blockchain ■ Cloud Computing	■ Robótica Avançada ■ *Cobots* ■ Manufatura Aditiva (Impressão 3D) ■ Digital Twin

Figura 2.10 Impactos potenciais da Indústria 4.0 na estratégia de produção e operações.

2.2.3 ELEMENTOS ESTRATÉGICOS: CLIENTES E CONCORRÊNCIA

Para efeitos práticos, o que se quer com a gestão estratégica de operações é criar um padrão de decisões coerente com a direção estratégica que se pretende para a organização. Isso implica que o tomador de decisão deveria sempre, em suas decisões, levar em conta alguns elementos estratégicos como os clientes e a concorrência. Só da consideração conjunta desses elementos é que uma decisão adequada poderá ser tomada. A Figura 2.11 ilustra a ideia.

A seguir, é apresentada uma metodologia simples que auxilia o analista de operações a, primeiro, entender a importância relativa dos vários critérios de desempenho operacional para o cliente a quem se pretende servir. Em seguida, auxilia a entender qual a posição relativa do desempenho operacional da operação, quando comparada a suas principais concorrentes. Finalmente, auxilia na análise simultânea de **importância** e de **desempenho** da unidade de operações analisada, para que se possam definir prioridades de melhoramento estratégico de operações de forma a maximizar o retorno em competitividade para o esforço de melhoria alocado.

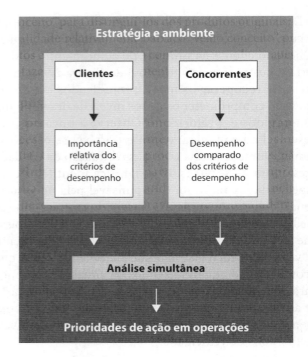

Figura 2.11 Abordagem genérica para gestão estratégica de operações.

Importância estratégica dos critérios: ganhadores de pedidos e qualificadores

No sentido de entender o processo de priorização dos critérios realizado pelos clientes, Hill (1985) introduz os conceitos de critérios **ganhadores de pedidos** e critérios **qualificadores**.

- **Critérios qualificadores**: são os critérios de desempenho pelos quais a empresa deve atingir um nível mínimo de desempenho que vai qualificá-la a competir por determinado mercado.
- **Critérios ganhadores de pedidos**: são critérios de desempenho pelos quais o cliente decide qual vai ser seu fornecedor, dentre os qualificados.
- **Critérios menos importantes**: são critérios que não influenciam muito a decisão de compra do cliente.

A Figura 2.12 ilustra a influência do desempenho de cada tipo de critério no benefício competitivo gerado. Para os critérios ganhadores de pedidos, incrementos de desempenho resultam em incrementos substanciais de benefício competitivo, indicando que qualquer esforço de aprimoramento nesse critério é recompensado. Para os critérios qualificadores, esforços para melhoria no desempenho serão recompensados somente se o nível qualificador for atingido; esforços que resultem em melhorias sem que se atinja o nível qualificador são pouco recompensados, da mesma forma que esforços adicionais após o atingimento

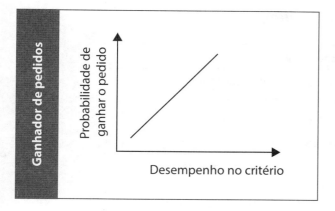
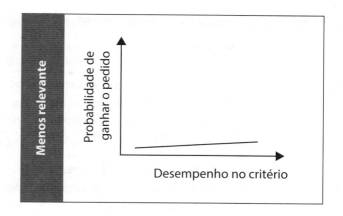

Fonte: Slack, 1993.
Figura 2.12 Critérios ganhadores de pedidos, qualificadores e pouco relevantes.

desse nível. Para critérios pouco relevantes, esforços de melhoria são sempre pouco compensados, ou seja, são critérios não valorizados pelos clientes.

Slack (1993), buscando uma ferramenta de uso mais prático, propõe uma escala de nove pontos para facilitar a análise e a classificação de cada critério competitivo. Essa escala está ilustrada na Figura 2.13.

É importante que se garanta que a priorização de critérios parta da visão dos clientes, qualquer que seja o método de pesquisa utilizado.

Critérios ganhadores de pedidos
1. Proporciona vantagem crucial junto aos clientes – é o principal impulso da competitividade.
2. Proporciona importante vantagem junto aos clientes – é sempre considerado.
3. Proporciona vantagem útil junto à maioria dos clientes – é normalmente considerado.
Critérios qualificadores
4. Precisa estar pelo menos marginalmente acima da média do setor.
5. Precisa estar em torno da média do setor.
6. Precisa estar a pouca distância da média do setor.
Critérios pouco relevantes
7. Normalmente não é considerado pelos clientes, mas pode tornar-se mais importante no futuro.
8. Muito raramente é considerado pelos clientes.
9. Nunca é considerado pelos clientes e provavelmente nunca o será.

Fonte: Slack, 1993.
Figura 2.13 Escala de nove pontos para a classificação dos critérios competitivos.

Benchmarking competitivo – comparação com o desempenho da concorrência

Melhor do que a concorrência
1. Consistente e consideravelmente melhor do que nosso melhor concorrente.
2. Consistente e claramente melhor do que nosso melhor concorrente.
3. Consistente e marginalmente melhor do que nosso melhor concorrente.
Igual à concorrência
4. Com frequência, marginalmente melhor do que nosso melhor concorrente.
5. Aproximadamente igual à maioria de nossos concorrentes.
6. Com frequência, a uma distância curta atrás de nossos principais concorrentes.
Pior do que a concorrência
7. Usual e marginalmente pior do que a maioria de nossos principais concorrentes.
8. Usualmente pior do que a maioria de nossos concorrentes.
9. Consistentemente pior do que a maioria de nossos concorrentes.

Fonte: adaptada de Slack, 1993.

Figura 2.14 Escala de nove pontos para avaliar o desempenho dos objetivos estratégicos em face da concorrência.

A priorização dos objetivos da função de operações tem dois momentos importantes: um deles, quando do projeto e implantação de um sistema de operações de uma empresa que começa a operar; o outro, quando a empresa já está em operação e já apresenta determinado desempenho que deve ser avaliado para que novo estabelecimento de prioridades seja feito. No primeiro caso, o estabelecimento de planos de ação parte diretamente dos objetivos priorizados pelo mercado, correlacionados às áreas de decisão estratégica do sistema de operações, como será visto mais adiante. No segundo caso, uma importante ferramenta deve ser utilizada: a análise de *gaps*, ou discrepâncias, entre o desempenho ideal e o real, por meio da **matriz importância × desempenho**.[1]

O importante é superar os concorrentes naqueles objetivos ou critérios de desempenho que o segmento de mercado visado prioriza.

As competências não exploradas ("oportunidades")

Em certas situações, quando se analisa a competitividade de determinadas unidades produtivas, identificam-se características que representam competências que certa operação possui, mas que por algum motivo não aparecem nas pesquisas tendo qualquer importância para o cliente, no presente. Entretanto, é importante identificá-las para que se possa eventualmente explorá-las no futuro. O que sugerimos nesse caso é atribuir a determinado critério que seja considerado uma competência bem estabelecida na organização, uma nota 10 no aspecto "importância".

Desempenho comparado à concorrência

A priorização dos critérios competitivos, para o desenvolvimento de planos de ação de melhoria, deve então ser feita utilizando a matriz importância × desempenho. Essa matriz de dupla entrada envolve duas dimensões: uma delas, já analisada, refere-se à importância relativa dada pelos clientes aos critérios de desempenho, utilizando a escala de 9 pontos mostrada na Figura 2.13 e mais o ponto "10" proposto acima; a outra envolve uma classificação, também com uma escala de nove pontos, do desempenho de cada objetivo comparado aos níveis de desempenho atingidos pelos concorrentes. A Figura 2.14 ilustra essa escala.

A utilização dessa escala, e da própria matriz, depende de se conhecer o desempenho dos concorrentes. Essa tarefa nem sempre é fácil.

O cruzamento das duas dimensões – importância dos critérios para o mercado e desempenho nos critérios comparado à concorrência – permite identificar regiões específicas na matriz importância × desempenho, conforme mostrado na Figura 2.15.

---

[1] Desenvolvida por Slack (1993).

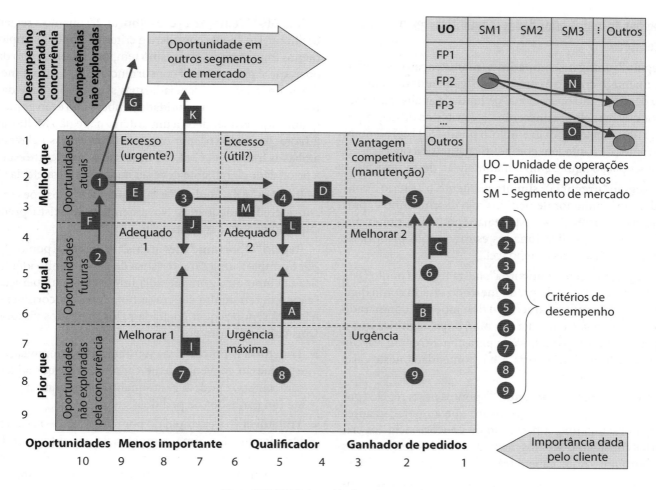

Figura 2.15 Matriz importância × desempenho.

Só é possível estabelecer uma matriz de importância e desempenho tendo em vista a análise de certo conjunto minimamente homogêneo de clientes (que chamamos "segmento de mercado") que compra um conjunto minimamente homogêneo de produtos (que chamamos "família de produtos"). Observe o quadro no extremo superior direito da Figura 2.15. O quadro simboliza a análise de uma Unidade de Operações (UO), que é um conjunto de recursos que interagem para gerar e entregar um pacote de valor ao cliente – pode ser uma agência de banco, um setor de fábrica, um departamento de empresa, por exemplo. Essa unidade de operações produz um conjunto de "Famílias de Produtos" (FP), representadas pelas linhas do quadro. Esse conjunto de famílias de produtos atende a um conjunto de Segmentos de Mercado (SM), representados pelas colunas do quadro. O cruzamento de famílias de produtos com segmentos de mercado define unidades de análise que merecem, cada uma delas, uma matriz **importância × desempenho**, como a representada na matriz principal da Figura 2.15. Observe que no eixo horizontal da matriz encontram-se as várias modalidades possíveis de **importância** (ganhadores de pedidos, qualificadores, menos importantes e oportunidades) dadas pelo segmento de mercado analisado, para os vários critérios competitivos, enquanto no eixo vertical da matriz encontram-se os vários graus de desempenho da operação, em relação aos vários critérios, comparativamente aos mais fortes concorrentes ("melhor que", "igual a" e "pior que"). Importante enfatizar:

- Para a matriz importância × desempenho ilustrada, cada ponto representado por um pequeno círculo preto com um número dentro representa um critério de desempenho. Será considerado que esse critério de desempenho tem certo nível de importância para o segmento analisado e, simultaneamente, certo grau de desempenho comparado à concorrência. Isso define uma posição particular na matriz importância × desempenho.

- Conforme a posição ocupada pelo ponto que representa um critério de desempenho, esse critério merecerá certo nível de prioridade nas ações de operações. Analisemos as várias possibilidades ilustradas na Figura 2.15, descrevendo as várias regiões da matriz.

Regiões de matriz prioridades competitivas em produção e operações

Região "vantagem competitiva (manutenção)": simultaneamente, o critério é considerado "ganhador de pedidos" e o desempenho operacional da unidade analisada é "melhor que" a melhor concorrência – critérios de desempenho nesta região (por exemplo, o ponto ⑤) representam as fontes de vantagem competitiva atuais da operação. A preocupação aqui é com a manutenção dessa posição.

Região "urgência": simultaneamente, o critério é considerado "ganhador de pedidos" e o desempenho é "pior que" a concorrência – a esta região (ponto ⑨, por exemplo), devem ser direcionados esforços com prioridade alta. Trajetória B recomendável.

Região "urgência máxima": nesta região (ponto ⑧), o critério considerado é o do mercado visado como qualificador e, simultaneamente, o desempenho comparado à concorrência é considerado pior, o que significa que a operação não está qualificada para concorrer em relação a esse critério. A trajetória A é recomendada neste caso, com urgência máxima.

Região "excesso (urgente?)": pontos nesta região (por exemplo, o ponto ③) significam que a operação apresenta desempenho superior ao da concorrência em critérios considerados pelos mercados visados como menos importantes. Aqui, cabem três possíveis cursos de ação:

- **Trajetória J**: se é possível realocar esses recursos, pode-se optar por reduzir deliberadamente o nível de desempenho neste critério para, com os recursos liberados, colaborar com investimentos nas melhorias representadas pelas trajetórias A e B, mais urgentes.
- **Trajetória M**: trata-se de migração no sentido horizontal; por exemplo, iniciativas de marketing e comunicação podem fazer com que algo que o cliente não reconhece como importante passe a ser um qualificador, podendo, entre outras consequências, afastar concorrentes importantes.
- **Trajetória K**: possível quando as outras duas trajetórias não são consideradas adequadas: olhar para alternativas na matriz produtos × mercados para identificar outro segmento de mercado, hoje não explorado, que valorize esse critério de desempenho. Isso significa trilhar a trajetória N ou a O para melhor conseguir capitalizar algo que a operação faça bem.

Região "excesso (útil?)": como o ponto ④, por exemplo. Nesse caso, duas trajetórias alternativas são normalmente disponíveis: D ou L. D significa persuadir os clientes e, com isso, capitalizar melhor uma superioridade em relação à melhor concorrência. Outro possível curso de ação é reduzir o nível de desempenho operacional para uma região mais adequada e, assim, liberar recursos para melhor uso.

Regiões "Melhorar 1" e "Melhorar 2": quanto à região Melhorar 1, o cliente considera o critério ⑦, por exemplo, menos importante e, ao mesmo tempo, o desempenho da operação é pior que o da concorrência. Nesse caso, a melhoria deve ser providenciada, mas sem a prioridade das regiões de urgência; a prioridade também não é tão grande quanto aquela a ser dada a um critério na região Melhorar 2 (como o ponto ⑥, por exemplo). Em outras palavras, ambas as trajetórias, C e I, são necessárias, mas, entre estas, a prioridade claramente deve ser dada para a trajetória C.

Regiões "Adequado 1" e "Adequado 2": posições são consideradas adequadas. Novamente, deve existir preocupação quanto à manutenção.

Região "Oportunidades atuais": neste caso (ponto ①, por exemplo), uma característica de desempenho identificada como uma competência importante da operação (e cujo desempenho supera já hoje o da concorrência) não está sendo sequer cogitada pelos mercados visados. Dois cursos de ação possível são:

- **Trajetória E**: procurar, via sensibilização, comunicação e persuasão, convencer o mercado visado de que aquela característica pode ser um qualificador e, quem sabe, até um ganhador de pedidos.
- **Trajetória G**: a exemplo do ponto ③, caso esta característica ligada a uma competência não esteja sendo hoje valorizada por esse par produto-mercado, investigar se não há outro par que valorizaria essa característica de desempenho.

Região "Oportunidades futuras": caso, por exemplo, do ponto ②. Um curso de ação possível seria, caso isso fosse considerado uma característica com potencial de tornar-se importante no futuro, investir na melhoria do desempenho para que no futuro o desempenho pudesse ser como o do ponto ① e, então, disparar os esforços característicos de pontos que se encontrem na região "Oportunidades atuais".

Da análise conjunta das posições e trajetórias, o gestor estratégico de operações terá noção mais clara de priorização, quanto à alocação de seus esforços e recursos escassos de melhoria operacional, sempre ligada às intenções estratégicas da organização.

 PARA REFLETIR

Como consumidor de serviços, você consegue pensar em exemplos de fornecedores que superam muito as suas expectativas em aspectos de desempenho que você não valoriza? Descreva duas situações em que isso ocorre. Para essas duas situações, pense em opções que o seu fornecedor poderia considerar a fim de mover os aspectos de desempenho para fora da região de excesso.

Essa matriz permite, portanto, priorizar o ataque ao aprimoramento do desempenho dos critérios competitivos, em termos de curto, médio e longo prazos. Tendo claras as prioridades, cumpre estabelecer os planos de ação para atingir o aprimoramento desejado.

2.2.4 ÁREAS DE DECISÃO EM PRODUÇÃO E OPERAÇÕES

Quando uma operação descobre que precisa disparar ações para que seus níveis de desempenho se alterem em determinados aspectos, é necessário entender quais são essas ações que, normalmente, se darão em termos de uma gestão adequada dos recursos de produção. Isso porque é por meio do desenvolvimento de recursos específicos que a empresa criará as competências certas e necessárias para alterar estrategicamente seu nível futuro de desempenho em determinado aspecto.

Como as decisões possíveis sobre os recursos produtivos de operações são muitas e múltiplas, agrupam-se essas decisões no que denominam áreas de decisão (ou áreas de competência). A seguir, uma lista de áreas de decisão que temos achado útil para praticar análises estratégicas em operações:

- Projeto de produtos e serviços: métodos, frequência de introdução de produtos, grau de customização; projeto para produção, projeto para uso, manutenção e reciclagem (veja os Capítulos 4, 7 e 10).
- Processo e tecnologia: equipamentos, forma de interação com o cliente, métodos de trabalho, nível de automação, integração e escala da tecnologia (veja o Capítulo 10).
- Instalações: quantidade de unidades, localização, *layout*, arquitetura, decoração, políticas de manutenção e limpeza (veja o Capítulo 13).
- Capacidade/demanda: acréscimos de capacidade (escala, momentos), gestão de demanda, ajustes (veja os Capítulos 8 e 14).
- Força de trabalho e projeto do trabalho: nível de qualificação, de autonomia, de polivalência, recrutamento, seleção e treinamento; remuneração e recompensa; motivação e *empowerment* (veja os Capítulos 11 e 12).
- Qualidade: políticas de prevenção e recuperação de falhas, garantias do serviço, padrões de serviço (veja os Capítulos 6 e 21).
- Organização: nível de amplitude de controle gerencial, estilos de liderança, formato geral da estrutura organizacional (veja o Capítulo 12).
- Filas e fluxos: políticas de disciplinas de priorização em filas; configuração das filas, políticas de gestão psicológica do cliente na fila; fluxos produtivos puxados ou empurrados (veja os Capítulos 14, 15 e 20).
- Sistemas de planejamento, programação e controle de produção: tipo e natureza de sistema, grau de automatização, grau de integração; natureza e tipo de sistemas de previsão e de controle (veja os Capítulos 16, 17, 18 e 19).
- Sistemas de informação: nível de integração, de acesso, de troca com fornecedores e clientes, políticas sobre o que acumular e como utilizar informações, inteligência de mercado (veja os Capítulos 5, 8 e 18).
- Redes de suprimento: políticas de estoque e de ressuprimento; lógica geral de relacionamento com fornecedores, decisões de comprar ou fazer, políticas de gestão da rede (veja o Capítulo 3).
- Gestão do relacionamento com o cliente: políticas quanto a fidelização, retenção, relacionamento, participação, comunicação, gestão de expectativas, treinamento do cliente (veja os Capítulos 4 e 6).
- Medidas de desempenho: métricas e relações entre métricas, frequência de mensuração, balanceamento do conjunto de métricas, ligações com reconhecimento, dinâmica de atualização, uso como indutor de atitude do funcionário e do cliente (veja o Capítulo 5).
- Sistemas de melhoria: políticas de aprendizado; gestão do conhecimento, políticas de melhoramento contínuo, sustentabilidade e reengenharia (veja os Capítulos 6 e 10).

Essas áreas de decisão funcionam como um *checklist* para o gestor estratégico ter um ponto de partida sobre o que trabalhar. Note que todos os temas são objeto de tratamento nas partes seguintes deste livro.

2.2.5 ESTABELECENDO PRIORIDADES DE AÇÃO

A definição de prioridades de ação estratégica de operações é feita, agora, relacionando os aspectos de desempenho identificados como prioritários, dados por seu posicionamento na matriz importância-desempenho e determinadas áreas de decisão estratégicas.

Nem todas as áreas de decisão têm influência forte sobre todos os aspectos de desempenho. A matriz mostrada na Figura 2.16 traz um exemplo de ferramenta que pode ser usada para auxiliar os gestores estratégicos a entenderem as relações, no seu caso específico, entre as áreas de decisão genericamente consideradas e os vários aspectos de desempenho. É desse entendimento conceitual que começa a surgir um entendimento real do gestor estratégico de operações quanto à operação que está gerenciando.

A partir da análise dos relacionamentos entre aspectos de desempenho e áreas de decisão, identificam-se as áreas de decisão que terão mais influência sobre os aspectos prioritários, para, então, explorar, dentro das áreas de decisão prioritárias, as opções estratégicas mais adequadas e as competências mais relevantes a serem criadas/mantidas para os padrões de decisão levarem a organização a vantagens competitivas mais sustentáveis.

2.2.6 REPENSAR A ESTRATÉGIA: QUANDO?

Na abordagem proposta, o processo de planejamento pode ser acionado por eventos relevantes e pelo tempo, em oposição a ser acionado somente pelo tempo, como as principais abordagens na literatura sugerem. Tal procedimento pode prevenir que a empresa atrase sua resposta a mudanças relevantes que ocorrem entre os pontos de replanejamento. O processo de planejamento também pode ser acionado por qualquer função que considere que alguma coisa relevante mudou ou pode vir a mudar relevantemente na área de interesse.

Critérios de desempenho	Áreas de decisão estratégica em operações: Projeto de produtos e serviços	Processo e tecnologia	Instalações	Capacidade/demanda	Força e projeto do trabalho	Gestão de qualidade	Organização	Filas e fluxos	Sistemas de planejamento	Sistemas de informação	Redes de suprimento	Gestão de relacionamento	Medidas de desempenho	Sistemas de melhoria
Custo de produzir	+	++	+	++	+	+		+	+	+	++		++	++
Custo de servir	+	+	++					++	+	+	++		++	++
Acesso	+	+	++	++				++		++			+	++
Atendimento				++	+	+		++		++	+	++	++	++
Cotação				+			+	++	++	+	+		+	++
Entrega	+			++		+		++	++		+		++	++
Pontualidade		+	+	++	+	+		+	++		+		++	++
Integridade					++					++		++	+	++
Segurança		+	++			+				++	+		+	++
Robustez	+	++				+	++		++	+			+	++
Desempenho	++	++		+	++	+		+			++		++	++
Conformidade	+	++				++					+		++	++
Consistência	+	++				++		+	+				++	++
Recursos	++										++		+	+
Durabilidade	++	+				+							+	++
Confiabilidade	+					+						++	+	++
Limpeza			+			+	+						++	++
Conforto	++		++	++		+		++					+	++
Estética	++		++										+	+
Comunicação	+	+		+	++		++		+	++	++	++	++	++
Competência	+				++		++				++	+	+	++
Simpatia	+				++	+	+					++	+	++
Atenção	+			++	++	+	+					++	++	++
Produtos	+	++		++	+		++			++	++		+	++
Mix	+	++		+	+		+		++				+	++
Entregas				++			++		++	+	+		+	++
Volume			+	++					+		++		+	++
Horários	+				++							++	+	+
Área	+		++									++	+	+

Legenda

+	Influência moderada
++	Influência forte
	Sem influência relevante

Figura 2.16 Matriz com relacionamentos possíveis entre aspectos de desempenho da operação de serviços e suas áreas de decisão (apenas ilustrativa da ferramenta).

2.3 ESTUDO DE CASO

MT Plásticos

(Parte A)

Originalmente, a companhia MT Plásticos foi uma das primeiras a se especializarem em injeção de produtos moldados industriais (componentes para outros produtos) de plástico. Embora fosse predominantemente uma empresa que trabalhava sob encomenda, no início da década de 2010, a MT diversificou suas atividades, começando a manufaturar artefatos de plástico para uso doméstico – baldes, tigelas para lavar pratos, escorredores de louça, contêineres para alimentos (do tipo *Tupperware*) e outros similares. Em 1996, a companhia foi comprada por um de seus maiores clientes, um conglomerado cujos interesses incluíam várias empresas de produção de bens de consumo durável – eletrodomésticos, ferramentas elétricas, brinquedos e outros. Depois da compra, a MT se tornou totalmente dependente de clientes internos ao grupo para colocar seus produtos plásticos industriais, ao mesmo tempo em que expandia sua outra linha, de produtos plásticos para uso doméstico, os quais a MT fornecia diretamente para grandes cadeias de varejistas (como Carrefour, Walmart ou Extra) e para atacadistas. Por volta de 2013, as atividades da companhia estavam divididas em aproximadamente 50%/50% em valor entre produtos industriais e produtos domésticos.

Em 2013, o grupo decidiu reorganizar-se em divisões, sendo cada uma delas "autossuficiente". Controversa que fosse, a intenção não explícita de um recém-empossado diretor executivo era reforçar o resultado de cada uma das divisões individuais e vendê-las separadamente a investidores. Como consequência, a MT Plásticos se viu repentinamente em uma das divisões, enquanto todos os seus clientes, internos ao grupo, estavam em outras. A MT foi, então, avisada pela administração da corporação que, em menos de um ano, os clientes internos ao grupo parariam de comprar seus produtos, já que outras divisões seriam encorajadas, durante esse período, a desenvolverem a capacidade de injetar seus próprios componentes plásticos.

Adicionalmente à pressão por achar alternativas para os negócios de injeção industrial, a empresa também percebeu que suas atividades referentes aos produtos domésticos começavam a sofrer pressões de pequenas firmas que passaram a representar ameaça, já que estavam conseguindo competir eficazmente nesse setor do mercado (tinham menos custos administrativos e algumas, dizia-se no mercado, não honram todos os seus compromissos fiscais). Nas palavras do atual diretor-gerente:

"Naquela época, os nossos – e, a rigor, os de todo o mundo – produtos domésticos eram vistos pelo consumidor como plástico antes e produtos domésticos depois. Ao mesmo tempo, estávamos sendo pressionados por pequenos fabricantes de fundo de quintal, alguns *duty free*, que conseguiam produzir com baixos custos. Nós precisávamos repensar o que estávamos fazendo e como estávamos competindo."

As alternativas em 2013

A administração da MT considerou que a empresa tinha três alternativas estratégicas:

- Aceitar a perda de metade das vendas, reduzir o tamanho da empresa rapidamente, respondendo ou antecipando-se à queda prevista da demanda. Os técnicos da empresa acreditavam que sua habilidade em aproveitar a nova tecnologia de moldes múltiplos[2] lhes permitiria reduzir os custos de manufatura dos produtos domésticos e, então, competir com sucesso com os pequenos concorrentes e seus baixos custos indiretos. Uma vez restabelecida, por meio de domínio tecnológico, como a concorrente de custo mais baixo, a MT poderia então expandir seus negócios novamente.

- Continuar com as mesmas atividades e achar clientes alternativos, fora do grupo, para as operações referentes aos produtos industriais. A grande vantagem desta estratégia, argumentavam alguns dos gerentes da empresa, é que ela capitalizaria pontos fortes da empresa. Qualquer outra alternativa dissiparia a combinação entre mercado e capacitação da empresa na área de produtos industriais.

- Buscar um negócio que substituísse total e progressivamente os produtos industriais à medida que estes fossem declinando. Novos produtos sugeridos incluíam uma linha própria de brinquedos de montar do tipo Lego, ou mesmo o desenvolvimento de uma linha de bonecas pequenas cujas roupas e acessórios fossem de plástico e produtos e acessórios de estilo marcante – por exemplo, para escritórios sofisticados –, a serem vendidos por lojas de *design*. A ideia geral desta estratégia era achar produtos que estariam sendo gradualmente substituídos por produtos de projeto e materiais mais sofisticados – para se

---

[2] Essa tecnologia envolve o uso de prensas de injeção de grande porte, que usam grandes e complexas matrizes, as quais produzem dois, quatro, seis ou mesmo oito produtos de cada vez (a cada fechamento do molde). Embora a mudança de matrizes múltiplas numa prensa seja tarefa longa e trabalhosa, uma vez em produção, as máquinas com moldes múltiplos produzem de forma muito eficiente.

manter na frente da concorrência mais simples e aumentar a lucratividade do negócio.

Questões para discussão

- Quais as vantagens e desvantagens das três alternativas, em termos de aproveitar oportunidades de mercado e capitalizar competências internas?
- Discuta quais seriam os critérios competitivos ganhadores de pedidos e qualificadores dos produtos da MT antes de 2013, e para cada um dos nichos visados pelas alternativas consideradas. Questione outras pessoas sobre suas opiniões quanto a quais seriam esses critérios. Houve consenso? O que você tira de conclusões sobre isso?
- Qual alternativa, na sua opinião, deveria ser adotada e quais os riscos envolvidos em sua adoção? Justifique.

(Parte B)

(Leia antes a apresentação do caso na Parte A.)

Ao final, e depois de muito debate, foi uma variante da última estratégia que venceu.

Produtos domésticos de novo conceito

A empresa foi persuadida pela opinião de um de seus jovens projetistas de produto. Seu argumento era de que a geração, então entrando na casa dos 30 anos de idade, estaria gastando mais do que as gerações anteriores com suas casas. Também seu estilo de vida seria tal que eles estariam prestando mais atenção ao *design*, à qualidade e à coordenação dos produtos que compram. Outra tendência crescente era a valorização da cozinha dentro das casas. As pessoas interessavam-se cada vez mais por culinária e por convidar os amigos para encontros sociais na cozinha, enquanto os anfitriões preparavam suas especialidades. Os revendedores e varejistas, clientes da MT, estariam, também, mudando seu perfil correspondentemente, e, portanto, os fabricantes deveriam também mudar e adaptar-se. Hoje, há várias lojas sofisticadas, verdadeiras butiques de cozinha que aumentam em importância, como potenciais clientes.

A partir dessa perspectiva inicial, a empresa estabeleceu uma determinação de projetar, produzir e vender linhas de produtos de moda, de alta qualidade, com bom *design* e coordenados, que iriam reverter a imagem dos produtos de consumo da empresa com a finalidade de competir em um segmento diferente e crescente do mercado. Esses novos produtos passaram a ser conhecidos dentro da empresa como "novo conceito" para distingui-los dos produtos originais, de qualidade relativamente baixa, o "velho conceito", produtos esses que a empresa continuou a produzir, apesar de fazê-lo em níveis levemente reduzidos.

A posição em 2019

Os produtos do novo conceito foram um grande sucesso, desde o lançamento dos primeiros, em 2004. Começando com produtos mais simples para cozinha e contêineres para alimentos, a empresa tinha, desde então, expandido a linha para incluir talheres, ferramentas, travessas (como saladeiras) mais sofisticadas, denominadas linha *table top* (ou linha que vai à mesa). Todos os produtos eram de alta qualidade, projetados com estilo e produzidos em cores coordenadas.

Por volta de 2019, as vendas tinham crescido mais de três vezes desde que o novo conceito foi introduzido. Veja alguns resultados numéricos ao final do caso. Os produtos do velho conceito ainda eram fabricados, mas apenas as linhas com alto volume de produção foram mantidas, principalmente porque alguns produtos do velho conceito eram razoavelmente lucrativos, embora não ao nível dos produtos do novo conceito. Os produtos plásticos industriais foram eliminados da linha da MT no fim de 2014.

A implantação do novo conceito

A empresa foi obrigada a mudar em vários aspectos desde 2013, de modo a implementar o novo conceito (*table top*). A manufatura, especialmente, teve algumas dificuldades. A entrada da nova linha de produtos trouxe consigo aumento significativo no número de tipos de matérias-primas, assim como em seus níveis de qualidade (consistência de cores ao longo do tempo, por exemplo, não crucial no velho conceito e não tão fácil de obter). No começo da mudança, houve muitas dificuldades técnicas que não haviam sido previstas. Essas dificuldades variaram de especificações técnicas das máquinas alocadas para fazer o trabalho até propriedades físicas (moldabilidade) das novas matérias-primas. O lançamento de novos produtos também se tornou uma fonte de irritação na fábrica, por ser agora muito mais frequente e os ciclos de vida dos produtos terem se tornado mais curtos, o que causa problemas, como testes constantes de matrizes para os lançamentos, o que diminui, por exemplo, os níveis de utilização de equipamentos. Ao mesmo tempo, o perfil da capacidade de produção disponível mudou substancialmente, passando para as máquinas de maior porte ao longo dos últimos anos. Com o propósito de manter os custos de produção baixos, a empresa comprou novas máquinas com a tecnologia de moldes-múltiplos. Isso fez com que a produtividade, especialmente em corridas longas, aumentasse, mas em compensação fez com que as trocas de produtos nas máquinas ficassem muito mais difíceis, porque as matrizes múltiplas eram muito maiores e mais difíceis de trocar. Todas essas mudanças alteraram também as relações industriais: "somos pagos como operadores, mas trabalhamos como técnicos", diziam os funcionários; faziam referência às formas de pagamento da empresa, baseadas na quantidade produzida. Como as paradas de máquina aumentaram muito para trocas de matrizes, os funcionários sentiram-se prejudicados. O planejamento e o controle da produção também mudaram. O *design* e o estilo do novo conceito introduzem uma complexidade extra, puramente pela quantidade adicional de componentes, embalagens e produtos envolvidos, para não falar das incertezas de demanda futura e questões de sazonalidade, muito maiores na nova linha: 46% das vendas da nova linha concentravam-se no Dia das Mães e no Natal.

Questões para discussão

- Quais são as diferenças-chave na forma que os produtos dos conceitos velho e novo competem no mercado? Use o conceito de critérios competitivos ganhadores de pedidos, qualificadores e menos importantes, identificação de perfil de produtos, entre outros que você considerar adequados para este caso.
- O que as diferenças na forma de competir dos dois tipos de produto implicam em termos de como a empresa deveria organizar sua manufatura? Considere os recursos tecnológicos, humanos, organizacionais e informacionais.
- Quais você considera os maiores problemas para a MT implantar a estratégia do novo conceito? Como você encaminharia possíveis soluções para esses problemas?

MT Plásticos – Apêndice

Algumas informações financeiras do período 2013-2019 (valores em mil dólares, ano terminando em 31 de dezembro) são apresentadas a seguir.

ATIVO FIXO	2013	2014	2015	2016	2017	2018	2019
Fábrica etc.	561	552	399	420	612	838	980
Matrizes	102	130	170	180	320	584	620
TOTAL	663	682	569	600	932	1.422	1.600
ATIVO CIRCULANTE							
Devedores	483	798	842	817	1.321	963	1.373
Estoques	262	532	1.029	1.259	1.559	2.243	2.567
TOTAL	745	1.330	1.871	2.076	2.880	3.206	3.940
ATIVO TOTAL	1.408	2.012	2.440	2.676	3.812	4.628	5.540
Capital inicial	50	50	50	50	50	50	50
Lucros retidos	280	420	530	570	830	1.760	2.660
Reservas de capital	450	530	820	880	1.120	790	490
TOTAL	780	1.000	1.400	1.500	2.000	2.600	3.200
PASSIVO CIRCULANTE							
Credores	626	532	628	1.134	1.774	1.744	1.765
Bancos	2	480	412	42	38	284	575
TOTAL	628	1.012	1.040	1.176	1.812	2.028	2.340
PASSIVO TOTAL	1.408	2.012	2.440	2.676	3.812	4.628	5.540
Vendas líquidas	2.522	2.872	4.212	4.466	5.108	5.394	8.021
Lucro líquido antes dos impostos	146	185	274	362	562	708	1.050

2.4 RESUMO

- A função de operações tem caráter estratégico porque: em geral, envolve a maioria dos recursos organizacionais, refere-se a muitos recursos físicos que têm grande inércia decisória, suas decisões são caras e difíceis de reverter e impactam diretamente as formas com que a empresa é capaz de competir no mercado.
- Estratégia de Operações e Gestão de Operações não deveriam ser encaradas como atividades estanques; é importante que se mantenha uma perspectiva estratégica ao se tomar qualquer decisão em operações.
- Há várias formas de competir no mercado, por exemplo, por meio de vantagens nos critérios: custo, velocidade, qualidade, flexibilidade e confiabilidade; em muitas circunstâncias, há conflito (*trade-off*) entre pares de critérios competitivos; é sempre importante garantir que as operações não se desfocalizem.
- Essencial para a gestão estratégica de operações é garantir que o padrão de decisões de operações em relação a todas as suas áreas de decisão seja coerente e alinhado com os critérios competitivos mais valorizados pelo mercado visado.
- Sempre que confrontado com uma situação de *trade-off* entre critérios competitivos, é importante que o gerente de operações analise a causa-raiz do conflito e tente eliminá-la por intermédio de melhorias de processo.
- Ser competitivo baseado em operações significa superar a melhor concorrência naqueles critérios competitivos que o mercado visado mais valoriza; a matriz importância-desempenho é uma importante ferramenta para priorizar ações de modo a atingir competitividade.
- Em gestão estratégica de operações, é essencial que o gestor tenha sempre suas prioridades de ação muito claras e bem justificadas.

2.5 EXERCÍCIOS

- Por que é necessário que as organizações desenvolvam uma gestão estratégica de operações?
- Explique o que são critérios competitivos em operações e dê exemplos.
- Discuta o conceito de *trade-offs* entre critérios competitivos de operações. Dê exemplos específicos.
- O que significa dizer que os *trade-offs* não são estáticos e fixos e que, usando a analogia da gangorra (Slack, 2002), é possível mover os "pivôs" dos *trade-offs*? Quais as implicações disso?
- O que significa o conceito de foco em gestão estratégica de operações? Quais as implicações de ter operações desfocalizadas estrategicamente?
- Como é possível identificar possíveis problemas de desfocalização estratégica em operações? Descreva o ferramental para essa identificação e seu uso.
- Que são os critérios competitivos "ganhadores de pedidos", "qualificadores" e "menos importantes"? Por que é importante conhecê-los quando se analisam operações? Dê exemplo desses critérios em operações com as quais você é habituado.
- Descreva a matriz importância × desempenho e discuta sua utilidade e seu uso. Quais são suas principais regiões e o que significam?
- Como se pode utilizar a matriz importância-desempenho para analisar possíveis competências presentes na operação e não suficientemente exploradas?
- Que são áreas de decisão estratégicas em gestão de operações?

2.6 ATIVIDADE PARA SALA DE AULA

Discuta com seu grupo quais seriam os critérios competitivos qualificadores e ganhadores de pedidos para as seguintes empresas (use a Figura 2.3):

- SEDEX dos correios servindo seus clientes.
- Um pronto-socorro atendendo pacientes.
- A Apple vendendo iPhones.
- A Bic vendendo canetas simples.
- Um *designer* vendendo vestidos de noiva sob encomenda.
- A Hering vendendo camisetas brancas.
- Junto com o seu grupo, eleja um restaurante de luxo da sua cidade; eleja também uma lanchonete de *fast food* com a qual todos tenham familiaridade. Gere uma lista priorizada de critérios competitivos (use a tabela da Figura 2.3 e os conceitos de critérios ganhadores de pedidos e qualificadores) importantes para esses dois restaurantes terem sucesso no mercado. Analise as diferenças e similaridades. Discuta, em seguida, como cada um dos restaurantes deveria definir e organizar suas áreas de decisão (use a lista do item 2.2.4) para garantirem que os critérios prioritários sejam atendidos. Analise as diferenças e similaridades que você encontrou em termos de como os dois restaurantes deveriam definir e organizar suas áreas de decisão. Tire suas conclusões.

2.7 BIBLIOGRAFIA E LEITURA ADICIONAL RECOMENDADA

CORRÊA, H. L.; CAON, M. *Gestão de serviços*. São Paulo: Atlas, 2002.

GUNASEKARAN, A. (ed.). *Agile manufaturing*: the 21st century competitive strategy. Amsterdam: Elsevier, 2001.

HAYES, R. H.; WHEELWRIGHT, S. *Restoring our competitive edge*. New York: Free Press, 1984.

HAYES, R. H.; PISANO, G. E.; UPTON, D. M. *Strategic operations*. New York: Free Press, 1996.

HILL, T. *Manufacturing strategy*. Milton Keynes: Open University Press, 1985.

JACOBS, F. R.; CHASE, R. B. *Operations and Supply Chain Management*. 14. ed. Boston: McGraw-Hill, Irwin, 2015.

PINE II, B. J. *Mass customisation*. Boston: Harvard Business School Press, 1993.

SKINNER, W. Manufacturing: the missing link in corporate strategy. *Harvard Business Review*, May/June 1969.

SKINNER, W. The focused factory. *Harvard Business Review*, May/June 1974.

SLACK, N. *Vantagem competitiva em manufatura*. São Paulo: Atlas, 1993.

SLACK, N.; CHAMBERS, S.; JOHNSTON, R. *Administração da produção*. 2. ed. São Paulo: Atlas, 2002.

SLACK, N.; LEWIS, M. *Operations strategy*. 4. ed. London: Pearson, 2015.

WILD, R. *Concepts of operations management*. New York: Wiley, 1977.

Websites relacionados

http://www.accor.com – Accor é o grupo empresarial ao qual pertencem os hotéis discutidos na abertura deste capítulo. Acesso em: 12 fev. 2022.

https://www.accenture.com/us-en/services/operating-models-index – Accenture é uma empresa de consultoria que trabalha com projetos de estratégia de operações. O *site* dá uma ideia de como as empresas de consultoria abordam a questão. Acesso em: 12 fev. 2022.

CAPÍTULO 3
Redes de operações na cadeia de valor

OBJETIVOS DE APRENDIZAGEM

- Entender a importância aumentada (e as razões disso) das redes de operações (ou redes de suprimento) na obtenção de vantagens competitivas em mercados crescentemente competitivos e complexos.
- Entender e saber explicar como se podem transformar as tradicionais relações conflituosas "ganha-perde" em relações "ganha-ganha" entre fornecedores e clientes em redes de operações.
- Ser capaz de analisar e conduzir decisões de comprar ou fazer (ou de terceirização) com uma perspectiva estratégica.
- Ser capaz de analisar e desenvolver portfólios de relacionamento com fornecedores em redes de operações.
- Entender e ser capaz de explicar as causas e os efeitos e de se aplicarem soluções para o chamado efeito chicote, que afeta a grande maioria das redes de operações.

3.1 INTRODUÇÃO

Você deve conhecer o McDonald's. Ele chegou ao Brasil em 1979, com a inauguração da primeira loja em Copacabana, no Rio de Janeiro.

Em mais de quatro décadas de história no país, o McDonald's consolidou sua posição como a maior rede de serviço rápido do Brasil, liderando esse segmento em número de clientes atendidos, volume de vendas, quantidade de restaurantes e número de cidades em que está presente.

O McDonald's também foi pioneiro no Brasil em diversas inovações tecnológicas, programas de treinamento e excelência no atendimento, transformando-se em modelo para todo o mercado de serviço rápido.

A rede de restaurantes é, ainda, a maior empregadora de jovens no país, oferecendo experiência profissional a quem nunca havia tido oportunidade de trabalhar.

Atualmente, o McDonald's Brasil conta com mais de 50 mil funcionários. Os mais de 1.000 pontos de venda estão distribuídos em 23 estados brasileiros e no Distrito Federal. Em 2020, foram atendidos, em média, 2 milhões de clientes a cada dia. Em 2019, o faturamento foi em torno de US$ 1,39 bilhão.

Por conta desse excelente desempenho, o Brasil encontra-se hoje entre os oito maiores mercados da corporação McDonald's em todo o planeta.

Food Town

A qualidade sempre foi um dos compromissos mais importantes do McDonald's Brasil. A atenção dada ao assunto é tanta que a empresa estimulou três de seus principais fornecedores a erguerem em São Paulo um complexo de excelência em produção e distribuição de alimentos, batizado de *Food Town*.

Essa "Cidade do Alimento", que funciona com toda a força desde o fim de 1999, é resultado de um investimento superior a US$ 70 milhões.

O empreendimento foi erguido pelas empresas JBS (processadora de carnes), Martin-Brower (empresa da área de logística e distribuição) e Aryzta (fabricante de pães), num terreno de 160 mil metros quadrados na região oeste da Grande São Paulo, no km 17,5 da rodovia Anhanguera.

Sua principal vantagem é a otimização dos processos, evidente na redução no tempo e no custo de transporte entre o fornecedor e o distribuidor, uma vez que estão localizados lado a lado.

A *Food Town* brasileira é a primeira do Sistema McDonald's na América Latina. Existem outras duas similares, uma na Alemanha e outra na Rússia. A *Food Town* permite uma produção de 45.000 pães por hora pela Aryzta e de 210 toneladas de carne (bovina e de frango) por dia pela JBS.

A frota de caminhões da Brapelco é composta por 120 veículos, responsáveis pela distribuição não apenas de pães e carnes, mas também de outros produtos, como condimentos, guardanapos, hortifrútis e bebidas. Todos os veículos são equipados para o transporte seguro de alimentos secos e perecíveis.

A *Food Town*, que abriga 850 funcionários no total, é o único centro que reúne produtores e distribuidores do McDonald's no Brasil.

Franqueados

A principal característica de um restaurante franqueado é que ele é fruto de uma parceria entre o empreendedor local e o McDonald's. Esse empreendedor também responde pela administração do restaurante, sempre em fina sintonia com a direção da empresa, o que garante a qualidade dos produtos e do atendimento. Assim, o *Big Mac* é sempre o mesmo, independentemente de a loja ser ou não franqueada.

Figura 3.1 Uma das lojas McDonald's.

Foi esse sistema de *franchising* que permitiu ao McDonald's tornar-se a rede de restaurantes mais bem-sucedida do planeta, com 39 mil estabelecimentos, presença em mais de 100 países e faturamento anual de US$ 19,21 bilhões (2020). No mundo, cerca de 80% dos restaurantes são operados por franqueados. O McDonald's repassa ao franqueado todo o conhecimento desenvolvido e aperfeiçoado ao longo de seus quase 50 anos de existência.

No Brasil, o franqueado passa por um treinamento intensivo e é o responsável pelo gerenciamento do restaurante. Se conseguir cumprir algumas condições, como operação de qualidade e disponibilidade de capital, o empreendedor pode ser proprietário de mais de uma franquia. Franqueados respondem por mais de 200 restaurantes em todo o país.

É impossível acompanhar a expansão do McDonald's Brasil nos últimos anos sem levar em conta a significativa participação dos franqueados nesse processo. A parceria, que teve início em 1987, solidificou-se ainda mais ao longo da década de 1990. Nesse período, pode-se dizer que as franquias foram as condutoras do crescimento da empresa no país.

Para ter uma ideia, o número total de restaurantes McDonald's cresceu quase 850% entre 1993 e 2020, saltando de 122 para 1.026 restaurantes em 27 anos. A evolução mais significativa ocorreu entre os estabelecimentos franqueados.

Foram muitos os parceiros que ajudaram o McDonald's a atingir essa condição. A oportunidade de grandes negócios atraiu uma consistente gama de investidores dispostos a prosperar com todo o prestígio dos arcos dourados.

Observe como a atuação dos parceiros (clientes, franqueados e fornecedores) é crucial para o desempenho da empresa no Brasil. A gestão de redes de suprimentos é a área, dentro da gestão de operações, que se ocupa da gestão integrada dessas inúmeras empresas que fazem parte de verdadeiras redes de relacionamentos clientes-fornecedores que trabalham para satisfazer seus clientes mais importantes, os usuários finais, pagantes, que são de fato a razão para que toda essa rede exista.

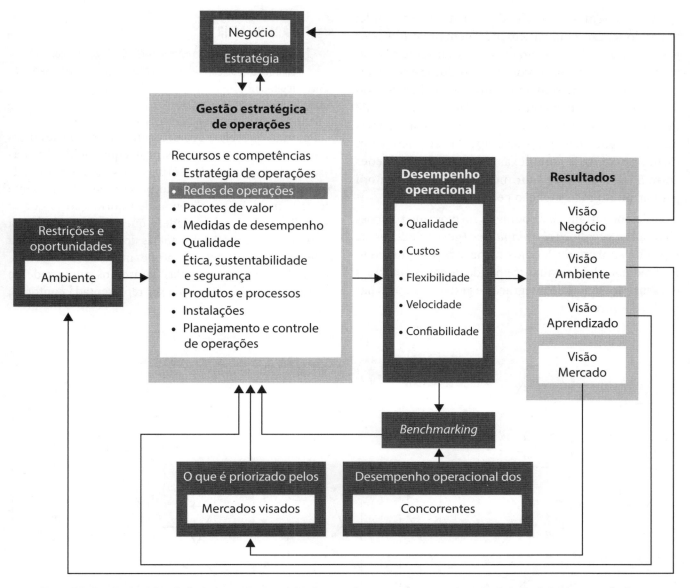

Figura 3.2 Quadro geral de referência de gestão estratégica de operações, com aspecto tratado no Capítulo 3 enfatizado com tarja cinza.

 PARA REFLETIR
Em sua opinião, como é o tipo de relacionamento que o McDonald's deve manter com seus fornecedores e clientes franqueados? Reflita também por que motivo o McDonald's não faz todas as operações ele mesmo.

Neste capítulo, é tratada a questão da gestão de redes de operações na cadeia de valor, o que de certa forma equivale à expressão "administração de cadeias de suprimento" encontrado na literatura e na prática das empresas.

Os temas tratados referem-se, genericamente, à parte enfatizada em preto no quadro geral apresentado e descrito no Capítulo 1 e reproduzido na Figura 3.2.

3.2 CONCEITOS

É fato, hoje, que as áreas de administração da cadeia de suprimento (também chamada *supply chain management*) e logística têm ganhado interesse crescente e sem precedentes (Corrêa, 2019). Esse interesse crescente é explicado por vários fatores, discutidos neste capítulo.

3.2.1 EVOLUÇÃO DE TECNOLOGIAS DE PRODUTO, PROCESSO E GESTÃO: NOVAS ABORDAGENS

Nunca em épocas passadas a tecnologia evoluiu a passos tão rápidos. Isso faz com que seja difícil para empresas manterem internamente os processos de atualização e desenvolvimentos tecnológicos em todas as áreas que concorrem para resultar nos produtos e serviços que oferecem ao mercado. Na esperança de evitar tornarem-se, como se diz, "medíocres em tudo, tentando ser excepcionais em tudo", têm preferido delegar a terceiros parcelas cada vez mais substanciais não só da produção de partes de seus produtos e serviços, mas também do desenvolvimento dessas partes. Isso aumentou tremendamente a quantidade e a intensidade de trocas nas interfaces entre as empresas: as cadeias de suprimento nas quais as empresas se encontram tornaram-se mais complexas. A gestão das relações entre nós das redes de suprimento passou, portanto, a ganhar muito mais atenção gerencial.

Hoje, encontram-se disponíveis no mercado soluções chamadas *supply chain managers* (gerenciadores de redes de suprimento), cujos fornecedores prometem ter o potencial de auxiliar tremendamente as empresas em seus problemas de integração e gestão das redes nas quais se inserem.

PARA REFLETIR

Bastam a sistematização e a automação dos fluxos de informação para que os problemas de gestão das redes de suprimento sejam resolvidos?

Por mais que sejam evoluções importantes, esses sistemas de informação ficam restritos à questão de sistematização de processos decisórios e de gestão e automatização de fluxos de informação, pois se trata efetivamente de nada mais do que sistemas de informação. O que se quer dizer é que, em verdade, a questão (vista de forma mais ampla) de gestão de cadeias de suprimento inclui a sistematização e a automação de informações, mas está longe de restringir-se a elas. Pensemos numa rede de suprimento típica, que pode ser representada conforme a Figura 3.3.

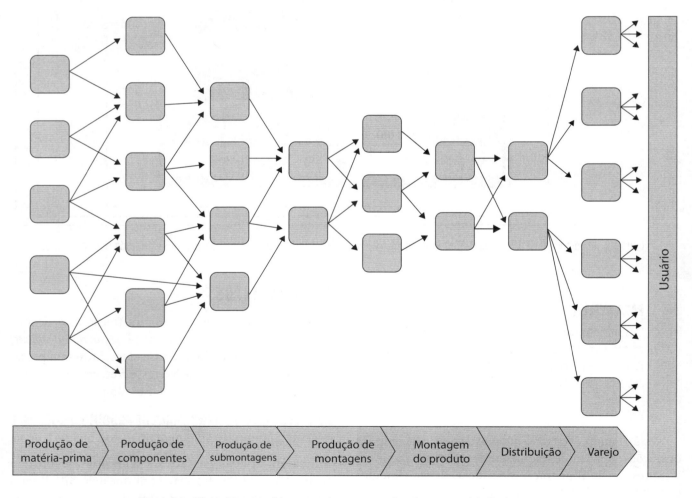

Figura 3.3 Atividades necessárias para entregar pacote de valor para usuário final pagante.

Na Figura 3.3, os quadrados arredondados não representam empresas, mas atividades que devem ocorrer para que o pacote de valor oferecido ao cliente atenda ou supere suas expectativas. Desse grande conteúdo de atividades, em grande parte definidas em termos da engenharia e projeto dos processos, qualquer empresa presente na rede necessita em algum momento decidir estrategicamente qual ou quais atividades irá executar com recursos próprios e qual ou quais irá terceirizar (ou delegar a terceiros). Trata-se da clássica decisão de comprar ou fazer (*make or buy decision*, na literatura internacional). As decisões de comprar ou fazer podem levar a maior ou menor integração vertical (quando a empresa decide comprar mais camadas de sua rede de suprimento), seja para a frente (comprando clientes ou passando a executar suas atividades), seja para trás (comprando fornecedores ou passando a executar suas atividades). Para um tratamento detalhado da decisão de comprar ou fazer, veja Corrêa (2019). A exemplo das redes de suprimento nas quais circulam predominantemente materiais com existência física, as empresas de serviços também têm de gerenciar redes de fornecimento que podem ser tão ou mais complexas que as redes de operações que elaboram produtos. Veja um exemplo da complexa rede de prestação de serviços de saúde na Figura 3.4.

Evolução do pensamento sobre redes de operações

Uma interessante evolução no pensamento sobre redes de operações ocorreu ao longo, principalmente, do século XX (Corrêa, 2017). Com a evolução tecnológica descrita anteriormente neste capítulo, e com o aumento da terceirização de atividades para outras empresas, ficou claro que as empresas passaram a fazer parte de redes de empresas que se inter-relacionam e que o desempenho dos **parceiros** da empresa na rede são tremendamente influentes no desempenho da empresa em si. As atividades gerenciais referentes ao relacionamento (transporte de produtos entre empresas, tipos de contrato, trocas de informação) não tinham recebido até então nem uma pequena fração da atenção gerencial que o gerenciamento interno das empresas tinha. Foi quando passou a ficar claro que valeria a pena para as empresas debruçarem-se sobre os relacionamentos entre si e sobre o desempenho das redes de empresas como um todo, não apenas com o desempenho isolado das empresas. Nesse esforço, surgiu a área que hoje é genericamente conhecida como administração de cadeias de suprimento.

Um exemplo interessante de gestão bem-sucedida de redes de suprimento é a Brasil Foods (que resultou da fusão da Perdigão com a Sadia e cresceu para tornar-se um gigante mundial na produção de alimentos), fabricante de produtos alimentícios como os derivados de

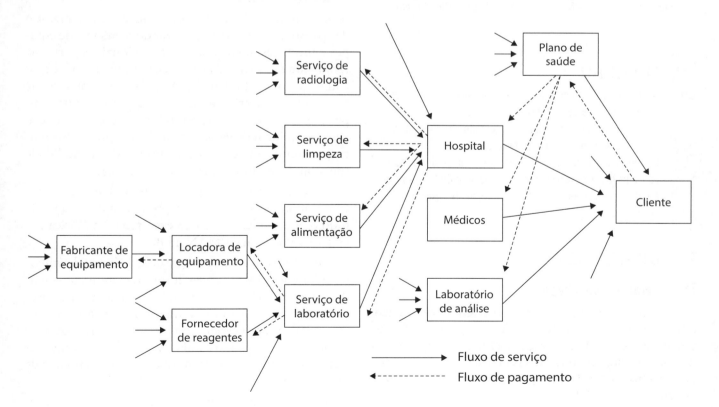

Figura 3.4 Ilustração simplificada de uma rede de suprimento de serviços de saúde.

carne de aves e suínos. Ela utiliza, para a tarefa de criar suínos e aves que servirão de insumo para seus processos de agregação de valor (cortes e produção de alimentos elaborados), uma grande quantidade de criadores, em geral pequenos e médios proprietários rurais, chamados "integrados" (veja a Figura 3.5), que recebem da Brasil Foods os pequenos suínos e aves (a partir de originação geneticamente controlada por criadouros da própria Brasil Foods), a assistência técnica necessária, as vacinas, muitas vezes a ração e outros insumos e cuidam para que os animais cresçam da forma especificada. Quando as curvas de crescimento assim requerem, a Brasil Foods chama determinados integrados para que eles entreguem os animais para abate e corte nas unidades de operação da empresa.

Figura 3.5 Exemplo de fazenda integrada da Sadia (Brasil Foods).

PARA REFLETIR

Pense em qual tipo de contrato/relacionamento seria o mais adequado para a Sadia estabelecer com seus "integrados". Considere aspectos como duração do contrato, exclusividade ou não, estabelecimento de remuneração etc.
Imagine agora a expansão das operações de produção da Sadia para uma região nova ou um novo país. Quais dificuldades você acredita que a Sadia enfrentaria para reproduzir este modelo de negócio?

3.2.2 COMPRAR OU FAZER?

Terceirização e criação de valor

Nas decisões de comprar ou fazer, ou terceirizar ou não, é sempre importante entender de forma clara as fontes potenciais de criação e alteração na lógica de apropriação de valor criado, para que a decisão obedeça a uma lógica objetiva, não a tendências ou modismos muitas vezes pouco compreendidos.

Tradicionalmente, em termos da prática das empresas, essas decisões de comprar ou fazer eram tomadas predominantemente com base no conceito de custos marginais ou, em termos um pouco mais rigorosos e acadêmicos, com base no conceito de custos de transação, analisado adiante neste capítulo. A partir dos anos 1990 (Hamel; Prahalad, 1994), passou a ficar claro que nas decisões de comprar ou fazer deveriam ser considerados questões mais estratégicas do que apenas os custos marginais envolvidos: uma das preocupações principais deveria ser com as chamadas competências centrais. O conceito de competências centrais é importante para a decisão de comprar ou fazer pois, como as competências centrais são potencialmente fontes de vantagem competitiva sustentável, elas não deveriam, portanto, ser terceirizadas.

Competências

Hamel e Prahalad (1994) definem competência do seguinte modo:

> "Uma competência é um conjunto de habilidades e tecnologias mais do que apenas uma única habilidade ou uma única tecnologia. Um exemplo é a Motorola e sua competência em produção de ciclos curtos (tempo que decorre entre o recebimento e o atendimento do pedido) que se apoia numa larga faixa de habilidades."

Competências centrais

Uma competência central representaria um somatório de aprendizados ocorridos cruzando fronteiras de equipes e unidades operacionais ou funcionais e, portanto, raramente é encontrada confinada em uma unidade ou equipe. Hamel e Prahalad (1994) definem então o que seriam três características necessárias para que uma competência seja considerada central (*core*): prover a criação desproporcional de valor para o cliente; prover diferenciação sobre a concorrência; e prover extendabilidade (possibilidade futura de abertura de mercados).

Entretanto, o racional por trás de competências centrais não advoga que uma empresa faça internamente tudo o que vende. Veja como exemplo uma fábrica peculiar da Volkswagen/MAN no Brasil.

Em 1996, com a inauguração de sua fábrica de ônibus e em Resende, a Volkswagen levou ao extremo uma tendência mundial de as montadoras reduzirem suas bases de fornecedores para um número menor de parceiros com quem estabeleceriam relações cooperativas de mais longo prazo, delegando a cada um parcelas crescentes de responsabilidade, tanto na produção como no projeto de peças e conjuntos.

A VW se relacionaria, então, apenas com sete "modulistas" que são fornecedores de grandes sistemas (ou módulos), os quais seriam responsáveis tanto pelas suas respectivas redes de suprimento como pela montagem dos módulos até a conexão desses módulos na linha de montagem da VW, de forma que nenhum funcionário da VW executaria qualquer operação de produção ou montagem.

Interessantemente, de cerca de 4.500 pessoas trabalhando na fábrica, apenas em torno de 500 eram funcionários da VW/MAN, mas nenhum deles montando o produto. Além das empresas modulistas, há ainda, convivendo dentro da planta, outras empresas envolvidas em atividades de suporte: logística interna, alimentação, limpeza, segurança, entre outras. Este é um exemplo em que a empresa não produz praticamente nenhum componente ou montagem de seu produto, mas mantém competências centrais. Estas são: o projeto da configuração do veículo, feito inteiramente pela própria VW/MAN; o domínio sobre atividades de pós-venda por meio de rede de concessionárias, importantíssimo no mercado de caminhões; a marca VW/MAN (apoiada por outras competências); e as atividades de coordenação, como aquisição dos componentes, manutenção de contratos de fornecimento, planejamento, programação e controle de produção etc. Estas atividades fazem da VW o grande maestro da sinfônica.

Para detalhes sobre essa interessante fábrica, veja Corrêa (2001).

PARA REFLETIR
Você consegue apontar os riscos e benefícios que a VW/MAN possui com essa configuração? Quais são?
Quais são as competências que a VW manteve como principais?
Por que você acha que, na fábrica de São José dos Pinhais (onde se fabricam o Golf e o Audi A3), inaugurada depois da fábrica de Resende, a VW optou por não terceirizar 100% das atividades de produção, mantendo para si, por exemplo, a produção de motores e outros itens?

Outro exemplo: a Nike pode não costurar o seu tênis, mas controla competências em logística, qualidade, *design*, desenvolvimento de produto, testemunhos de atletas, distribuição e *merchandising*, além de continuar manufaturando os componentes principais de produtos "carro-chefe", como o Nike Air.

Embora a expressão **competências centrais**, ou seu original *core competencies*, tenha entrado para o jargão gerencial de grande número de empresas, isso não significa que a definição de qual ou quais atividades são centrais para determinada organização tenha passado a ser tarefa simples – não é.

Contínuo de centralidade das competências

Faz sentido analisar as atividades e seu grau de centralidade não como algo dicotômico, mas como algo que, de fato, admite matizes entre o preto e o branco. Se consideramos as três variáveis propostas por Hamel e Prahalad (1994), podemos analisar as várias atividades dentro de uma organização segundo seu perfil nos contínuos da Figura 3.6.

A consideração combinada dos três aspectos daria o grau de centralidade da atividade. Uma atividade nitidamente central teria suas três classificações (seu perfil) mais à direita nos contínuos da Figura 3.6 como uma atividade representada pelo perfil 1. O perfil 2, por outro lado, representa uma atividade que é menos central que a representada pelo perfil 1, pois se encontra mais à esquerda nos contínuos.

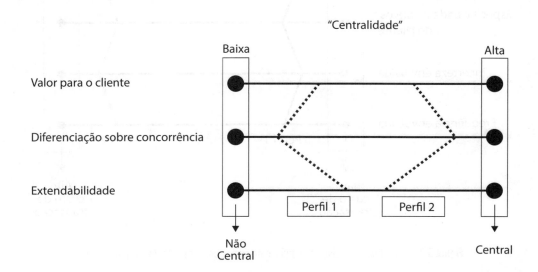

Figura 3.6 Diagrama ilustrativo para análise de centralidade de atividades.

Outra variável que influencia a decisão de comprar ou fazer é o custo de transação a ser incorrido pelo cliente.

Custos de transação

A parte da economia que trata dos custos de transação procura compreender por que as firmas existem e **fazem** coisas (em vez de **comprá-las** de terceiros). Uma **transação** é a transferência de um bem ou serviço entre unidades de operação tecnologicamente separadas.

Custos de transação são custos incorridos pelo cliente em decorrência da transação em si (excluído o custo do produto ou serviço adquirido) e só existem porque os mercados são imperfeitos – por exemplo, a informação nos mercados não é 100% disponível e as pessoas não são 100% perfeitas na sua capacidade de analisá-las ou 100% racionais nas suas decisões. Tais custos incluem a busca por informação sobre o fornecedor, os custos de não conhecê-lo perfeitamente, os custos de cotação, os custos de elaboração de contratos, os eventuais custos judiciais de fazer valer os contratos, entre outros.

A **análise de transações** visa à **minimização dos custos de transação**. Os custos de transação incorridos na relação de uma empresa com seus fornecedores na compra de um item são influenciados por pelo menos quatro fatores:

- O **número de fornecedores** potenciais – quanto maior, menores os custos de transação.
- A **especificidade de ativos** dedicados à transação – quanto maior a especificidade, maiores os custos de transação.
- O nível geral de **incerteza** em torno da transação – quanto maior a incerteza, maiores os custos de transação.
- A **frequência** com a qual as transações ocorrem – quanto mais frequentes, maiores os custos de transação.

A Figura 3.7 ilustra o processo de análise de custos de transação. Note que o Perfil 2 mostra uma situação em que o fornecimento está sujeito a maior custo de transação que o fornecimento ilustrado pelo Perfil 1.

A consideração simultânea das duas dimensões tratadas, que são importantes na consideração de comprar ou fazer – a centralidade e o custo de transação –, leva a várias possíveis situações de fornecimento quando plotadas num gráfico como o ilustrado na Figura 3.8. As posições relativas das atividades analisadas, quando plotadas no gráfico, ajudariam a definir não só se um item ou serviço deveria ser comprado ou feito internamente, mas também que tipo de relacionamento deveria ser estabelecido com o fornecedor correspondente no caso de a empresa resolver comprar o item ou serviço. As diversas posições relativas são discutidas a seguir.

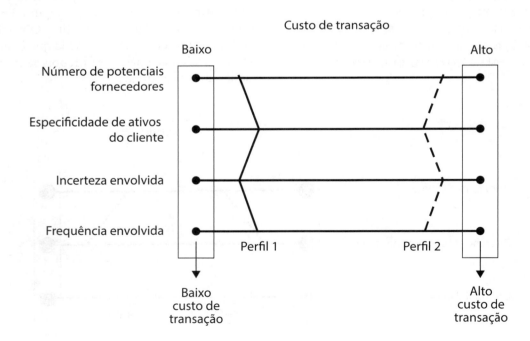

Figura 3.7 Diagrama ilustrativo para análise de custos de transação dos fornecedores.

3.2.3 TIPOS DE RELACIONAMENTO COM FORNECEDORES

O que propomos aqui é o estabelecimento de um portfólio de relacionamentos com diferentes fornecedores, em vez de tratá-los como se fossem todos iguais, estrategicamente, para a empresa que terceiriza. Para isso, uma abordagem interessante é analisar cada atividade numa matriz que tem no eixo "x" o nível de custos de transação envolvidos e no eixo "y" o nível de centralidade da atividade, ou seja, quão *core* ela é. Então, de acordo com a posição da atividade na matriz centralidade × custo de transação, diferentes tipos de relacionamento com fornecedores podem ser desejáveis. Veja a Figura 3.8.

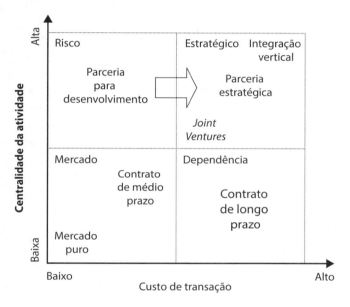

Figura 3.8 Portfólio de relações com fornecedores a partir da centralidade da atividade e custos de transação.

Mercado puro

O relacionamento do tipo mercado puro caracteriza-se por uma troca limitada de informações, em geral restringindo-se a especificação de compra, quantidades e prazos de entrega necessários, preço e condições de pagamento. Compras *spot* são típicas neste quadrante. Empresas, tradicionalmente, usam mecanismos como cotações para executar transações desse tipo.

> **VOCÊ SABIA?**
> As concorrentes Daimler-Chrysler, Ford e General Motors, nos Estados Unidos, estabeleceram em parceria o portal www.covisint.com para tentar reduzir seus custos com itens e serviços não centrais pelo aumento dos volumes comprados e, portanto, pelo aumento de poder de barganha junto aos fornecedores.

Integração vertical

No outro extremo diagonal da matriz, encontram-se materiais ou serviços que são centrais (*core*) para a empresa e cujo custo de transação dos fornecedores é muito alto. Para estes, a recomendação é clara: fazer, ou manter atividade dentro de casa, via integração vertical. O risco de não seguir essa recomendação é estratégico: tornar-se uma empresa vazia de fontes de vantagem competitiva e, em última análise, dispensável na rede de suprimento.

Contratos de médio e de longo prazo

Muitas vezes, empresas relacionam-se comercialmente por longos períodos sem ter entre si nenhum contrato formal que regule legalmente o relacionamento. Em situações nas quais crescem os custos de transação e a centralidade da atividade terceirizada, cresce também a conveniência em regular mais formalmente a relação entre terceirizado e contratante.

Uma faixa de durações pode ser estabelecida para esses contratos. Os contratos de média e longa duração estabelecem, frequentemente, níveis gerais de volumes e preços unitários decrescentes com determinada taxa ao longo dos anos de vigência.

Joint ventures

Situação em que custos de transação são altos e o fornecimento tem grau alto de centralidade pode requerer um tipo de ligação entre fornecedor e cliente que inclua níveis mais altos de especificidade de ativos e trocas de informação tão intensas como sensíveis. Os parceiros se unem para um empreendimento com alto grau de compartilhamento de custos e benefícios.

Parceria estratégica

Neste tipo de relacionamento, alto nível de comprometimento é exigido das partes. Normalmente, o nível de pressão acompanha o alto nível de comprometimento, pois se amarram mais intensamente os destinos dos parceiros, que se tornam profundamente dependentes. Uma intensa troca de informações (inclusive, muitas vezes sensíveis) é usual e a necessidade de confiança mútua é máxima.

Parceria para desenvolvimento

No caso da região da matriz em que há baixo custo de transação e alto grau de centralidade, o cliente vê-se numa desconfortável situação em que determinada atividade central está terceirizada, mas pode haver numerosos fornecedores passíveis de serem usados para realizá-la. Isso significa que a concorrência tem também acesso a esse grande número de fornecedores e que a atividade provavelmente não é tão diferenciada. Isso pode significar que a fonte de vantagem competitiva que a atividade é hoje talvez não seja sustentável e esforços podem ser compensadores no sentido de desenvolver um ou alguns poucos desses fornecedores para que possam diferenciar sua oferta de modo a migrar para o quadrante superior direito, o que virá acompanhado de esforços do cliente de intensificar o relacionamento – tornando possível podendo, a partir de certo ponto, incluir cláusulas de exclusividade ou mesmo integração vertical.

Sumariando, além de decisões adequadas de comprar ou fazer, a empresa deve também desenvolver a habilidade de desenhar um portfólio adequado de relacionamentos com os fornecedores para os quais resolva terceirizar atividades. Tratar homogeneamente fornecedores que tenham diferentes graus de importância estratégica pode ser um erro importante.

3.2.4 GESTÃO DE REDES DE SUPRIMENTO

A partir das discussões anteriores, fica claro que não basta mais para uma empresa ser excelente na gestão exclusiva de seus ativos para ter sucesso sustentável no ambiente competitivo de hoje e do futuro. Entretanto, a quem deve caber a tarefa de gerenciar a rede de suprimento, já que nenhum participante sozinho tem a propriedade acionária ou a superioridade hierárquica necessária para fazê-lo?

Elos fortes e elos fracos da rede de operações

Parece plausível que a responsabilidade repouse sobre algum dos participantes da própria rede, ou seja, sobre um dos elos da rede. Entre os elos da rede, há os que são mais fortes (compradores mais importantes, detentores de tecnologia – ou outra competência central relevante) e os que são menos fortes, os coadjuvantes da rede. Se algum dos elos lograr sucesso na tarefa de gerenciar a rede toda, induzindo comportamentos em seus vários elos, será um dos elos mais fortes (Corrêa, 2019). A iniciativa e a responsabilidade por iniciativas de gestão de redes de suprimento em geral recaem sobre os elos mais fortes da rede. Essas iniciativas visam principalmente substituir as relações ganha-perde, dentro da rede, por relações ganha-ganha.

Entretanto, nas relações tradicionais do tipo ganha-perde, em geral os elos mais fortes ficavam com o "ganha" e os mais fracos ficavam com o "perde". Isso pode levar a um paradoxo, no qual os elos fortes das redes, que têm maior probabilidade de êxito em liderar a gestão da rede para atingir o ganha-ganha, têm relativamente pouco interesse em disparar iniciativas de gestão de rede para isso, visto que não são aparentemente os maiores beneficiários, pelo menos a curto prazo.

Explorando o paradoxo que dificulta as iniciativas de gestão de redes de suprimento

O que então, do ponto de vista pragmático de negócio, faria com que os elos fortes se sensibilizassem para disparar iniciativas de gestão de rede que só eles, em princípio, têm o poder de fazer acontecer? Em geral, não são ocorrências internas à rede aquelas capazes de fazer os elos fortes tomarem essas iniciativas, mas externalidades à rede (Corrêa, 2019). Iniciativas dos elos fortes para desenvolver uma lógica de gestão de redes de suprimento são mais prováveis de ocorrer quando uma externalidade relevante põe em risco a rede como um todo e, por conseguinte, a até então segura posição dos elos fortes.

Alguns exemplos reforçam essa impressão. A General Motors do Brasil, como elo forte de sua rede, disparou uma importante iniciativa (ver caso para estudo ao final deste capítulo) de gestão de rede de suprimento, com custos orçados em algumas dezenas de milhões de dólares – não por acaso, em 1993, alguns anos depois da abertura do mercado brasileiro de carros para veículos importados e da decisão de numerosas empresas montadoras de estabelecer novas fábricas no Brasil.

A gestão de redes de suprimento tem a ver com exercer influência sobre toda a rede, elaborar políticas para o conjunto de nós e não para nós da rede de forma isolada.

Fluxos de materiais e efeito chicote

Quando se juntam as considerações sobre gestão de estoques e de administração de cadeias de suprimento, questões ligeiramente diferentes devem ser consideradas. Isso porque os modelos de gestão de estoques normalmente apresentados (veja o Capítulo 17) partem do pressuposto de que as empresas detentoras do estoque a ser gerenciado estão isoladas; em outras palavras, não levam em conta que a empresa, a rigor, é parte de uma rede de suprimento. Vejamos os efeitos dinâmicos que podem afetar o desempenho das redes de suprimento quando as técnicas convencionais são usadas; esses efeitos são genericamente chamados "efeito chicote".

Slack *et al.* (2015) apresentam uma ilustração do efeito chicote de forma simplificada: imagine a rede de suprimento da Figura 3.9.

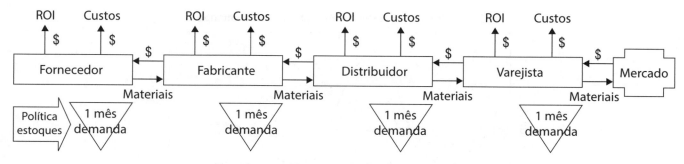

Figura 3.9 Ilustração de uma rede de suprimento fictícia.

Há um fluxo de materiais movendo-se da esquerda para a direita e um fluxo financeiro fluindo da direita para a esquerda. Note que cada ator da rede toma para si uma parte do dinheiro que recebe da venda dos materiais e serviços para pagar seus custos e garantir retorno sobre seu investimento, e repassa o restante na forma de pagamento pelos materiais e serviços que adquire dos fornecedores imediatos. A única exceção é o usuário final (representado pela figura "Mercado"), que na realidade não obtém nenhum pagamento contra os bens que adquire. Estes cessam de existir como bens de troca, em seu poder. Ele, portanto, é o único "alimentador" da rede quanto a valores monetários. Os outros atores da rede são apenas "repassadores". Considere, por simplicidade, que cada um dos vários atores da rede ilustrada é um estoquista (ou que mantém estoque) com uma política de um mês de cobertura. Isso significa que cada ator tem a política de iniciar o mês com um estoque que é equivalente a um mês de sua demanda percebida. Suponha também que a demanda do mercado ao longo dos últimos meses tem sido de 100 unidades por mês, até o mês 1. A partir do mês 2, haverá uma leve mudança: a demanda do mercado tornar-se-á de 95 unidades por mês, ainda de forma estável.

Acompanhe o que acontece com a demanda percebida pelos atores da rede a montante na tabela da Figura 3.10.

As linhas na Figura 3.10 representam meses; as colunas representam quatro dos diferentes nós da rede de suprimento – varejista, distribuidor, fabricante e fornecedor. Para cada nó e para cada mês, assinala-se a variação dos níveis de estoque (estoques inicial e final), resultantes da aplicação das políticas de estoque e do atendimento da demanda. As quantidades produzidas/compradas são também mostradas.

No mês 1, todos os atores da rede estão mantendo um mês de demanda (100 unidades) em estoque e adquirindo 100 unidades, estavelmente. Quando a demanda do mercado cai levemente para 95 unidades no mês 2, o varejista ajusta seus níveis de estoque para conformar-se a suas políticas – de forma a iniciar o mês 3 com 95 unidades em estoque. Para isso, adquire apenas 90 unidades, que passam a ser a demanda percebida pelo distribuidor no mês 2. O mesmo princípio de raciocínio aplica-se aos atores a montante com as demandas enxergadas por eles crescendo em amplitude quanto mais para trás na rede se encontrem. No próximo mês, o mesmo raciocínio se inverte e agora o "chicote" oscila no sentido contrário.

Mês	Fornecedor Produção	Est. inic. Est. final	Montadora Produção	Est. inic. Est. final	Distribuidor Compra	Est. inic. Est. final	Varejista Compra	Est. inic. Est. final	Mercado Demanda
1	100	100 / 100	100	100 / 100	100	100 / 100	100	100 / 100	100
2	20	100 / 60	60	100 / 80	80	100 / 90	90	100 / 95	95
3	180	60 / 120	120	80 / 100	100	90 / 95	95	95 / 95	95
4	60	120 / 90	90	100 / 95	95	95 / 95	95	95 / 95	95
5	100	90 / 95	95	95 / 95	95	95 / 95	95	95 / 95	95
6	95	95 / 95	95	95 / 95	95	95 / 95	95	95 / 95	95

Fonte: Slack *et al.* 2015.

Figura 3.10 Ilustração do efeito chicote numa rede de suprimento fictícia.

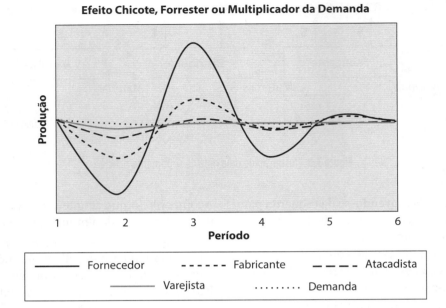

Figura 3.11 Ilustração gráfica do efeito chicote numa rede de suprimento fictícia.

Graficamente, o efeito pode ser visto na Figura 3.11. Embora fictícia, a situação descrita nessa ilustração reflete o que ocorre na realidade das redes de suprimento. O resultado é instabilidade severa nos programas de produção nas empresas a montante da rede, afetando negativamente as eficiências globais da rede, com empresas tendo de trabalhar horas extras quando o chicote oscila para cima e tendo de pagar caro períodos de ociosidade quando o chicote oscila para baixo. Isso leva a custos crescentes que no final das contas terão de ser pagos pelo único elo que alimenta a rede de valores monetários – o usuário final. Em outras palavras, essas ineficiências somam-se para contribuir com aumentos no preço do produto ao cliente final.

Fluxos de informações e a solução do efeito chicote

De forma simplificada, podemos, olhando para o exemplo fictício dado, perceber que uma das fontes de distorção para a demanda enxergada pelos diferentes elos da cadeia analisada é a miopia. Cada um dos elos enxerga apenas sua demanda imediata, que vem distorcida pelas políticas de estoque de seus clientes e dos clientes de seus clientes, e assim por diante. Como as políticas de estocagem dos clientes, clientes dos clientes e assim por diante são independentemente estabelecidas (já que não há coordenação da rede), as distorções ocorrem de forma a aumentar a amplitude da variação de demanda vista pelos elos, quanto mais a montante da rede estão.

Embora não seja algo trivial, hoje a tecnologia para permitir que redes inteiras trabalhem em uníssono no ritmo da ponta do varejo já se encontra disponível.

Implicações em logística nos diferentes pontos da cadeia

As implicações do efeito chicote são mais drásticas quanto mais a montante na rede se encontra o elo em questão, mas, em maior ou menor grau, os efeitos para os elos são:

- A demanda oscilante com amplitude alta não é previsível e, nos elos fabricantes (assim como seus fornecedores, fornecedores de seus fornecedores e assim por diante), leva à superutilização (com decorrentes custos de horas extras, contratações etc.) e subutilização (com decorrentes custos de ociosidade e mau uso do capital) de capacidade produtiva alternando-se, aumentando ainda mais os custos de produção da cadeia como um todo, que fatalmente serão repassados de elo em elo até o consumidor final, fazendo, de novo, com que o produto perca competitividade.

- A impossibilidade de manutenção de estoques de segurança tão altos nos elos intermediários que garantam altos níveis de disponibilidade no ponto de venda faz com que os níveis de serviço ao usuário final caiam. Numa situação em que a presença no ponto de venda é crescentemente importante, isso também conspira para uma degradação adicional da competitividade da rede como um todo.

INDÚSTRIA 4.0: ESTRATÉGIA DE PRODUÇÃO E OPERAÇÕES

Em mercados cada vez mais complexos e competitivos, as empresas precisam redefinir seus processos de manufatura e prestação de serviços para se tornarem adaptáveis e conexos ao longo das cadeias de valor e fases do ciclo de vida de seus produtos. A Indústria 4.0 (I4.0) e sua revolução de funcionalidades tecnológicas e de transformação digital permitem reconfigurar os modelos operacionais existentes, o que resulta em cadeias de suprimento globais, por meio de soluções que integram a automação com sistemas de *software* integrados, ciberfísicos (CPS) e Internet das Coisas (IoT), permitindo conectar dispositivos físicos habilitados para se comunicar e interagir entre si e até com seus clientes e fornecedores.

O acompanhamento tecnológico dos fluxos de materiais nas cadeias de suprimento não é novidade: o uso de etiquetas de identificação por radiofrequência (RFID) ainda mantém um papel fundamental nas redes de operações de numerosas indústrias, desde a identificação de custos totais por meio do *sourcing* até os processos de logística reversa.

Atualmente, novos componentes se incorporam de acordo com a aplicação, tipo de produto e demandas do mercado, como as impressões 3D que interferem diretamente no fluxo de materiais, métodos de fabricação e no efeito chicote, muito comum nas redes de operações (ver a Figura 3.12), a inteligência artificial (AI), realidade virtual (VR), realidade aumentada (AR), análise *big data*, computação em nuvem, interação homem-máquina, *cobots* ou o *blockchain* que permite certificar contratos e transações além de rastrear e proteger os circuitos de suprimento.

No Brasil, a JBS, segunda maior companhia de alimentos do mundo, iniciou em 2021 o cadastro de produtores mediante uma plataforma baseada em tecnologia *blockchain*, que permite aos fornecedores incluir seus próprios fornecedores a fim de cumprir os critérios socioambientais de criação de bovinos no bioma Amazônia.

Focada numa perspectiva estratégica, a adoção de tecnologia nos processos produtivos tem permitido desenvolver um ambiente integral, responsivo e preditivo no gerenciamento das cadeias de suprimento, acrescentando os níveis de customização de produtos, serviços e operações vinculadas ao compartilhamento de informação, produtividade de recursos, colaboração, flexibilidade e processo de tomada de decisões que se estende por toda a cadeia de valor, exemplificando, assim, os modelos de negócios resultantes da I4.0.

A imersão na transformação digital das redes de operações demanda um profundo entendimento das oportunidades tecnológicas, sua priorização e investimento. Portanto, é indispensável considerar os avanços em níveis gerenciais, organizacionais e estratégicos para sua adequada implementação.

Um novo modelo de gestão da cadeia baseado em VMI/AR

Uma das soluções possíveis para atenuar e, em alguns casos, eliminar o efeito chicote é o uso de modelos de VMI/AR (*Vendor Managed Inventory*/Reposição Automática) de gestão de estoques na rede de suprimento.

Nesse tipo de modelo, o que se pretende é uma redistribuição das atividades necessárias, dentro da rede de suprimento, para eles com maior vocação/competência para fazê-las. Um exemplo é a gestão dos estoques dos

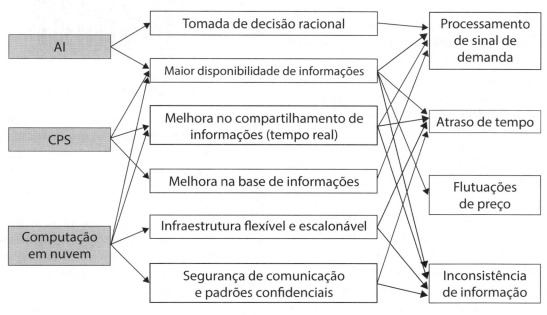

Figura 3.12 Impactos potenciais de I4.0 no efeito chicote.

atacadistas/distribuidores. Um fabricante que fornece produtos para, digamos, 250 distribuidores conhece a demanda nacional agregada de seus produtos muito melhor (na verdade, é o único elo na rede que consegue enxergar a demanda agregada) que qualquer de seus distribuidores. Com isso, é capaz (em outras palavras, pela sua posição na rede, tem maior vocação) de fazer previsões de demanda com maior acurácia que qualquer de seus distribuidores. Dessa forma, faz muito mais sentido do ponto de vista da gestão da rede que a atividade de previsão de demanda dos próprios distribuidores seja feita por algum elo que tenha conhecimento da demanda agregada. Como a grande dificuldade de fazer gestão de estoques em geral está em fazer as previsões de vendas, faz sentido que, já que o elo **fabricante** vai fazer as previsões de vendas dos distribuidores, faça também a gestão de seus estoques e das consequentes reposições desses estoques. Dessa forma, com uma gestão global dos processos de reposição para todos os distribuidores, é possível fazer uma gestão logística mais adequada, em que os custos logísticos podem ser diluídos, utilizando modos de transporte comuns para vários distribuidores. Dessa forma, com custos logísticos diminuídos, é possível fazer entregas mais frequentes e, portanto, de quantidades menores por produto, levando os estoques médios dos distribuidores a níveis reduzidos, com consequentes vantagens do ponto de vista dos custos dentro da rede de suprimento.

Há, entretanto, a necessidade de alguns elementos estarem presentes para que se possa instrumentalizar esse tipo de gestão de rede:

- Em primeiro lugar, é necessário que toda essa gestão parta da demanda do usuário final (*sell-out*). Isso significa que é necessário que o elo "gestor" (aquele que enxerga a demanda agregada) tenha a informação da demanda no ponto de venda.
- Em segundo lugar, para que essa informação (dado seu volume) seja percebida pelo elo gestor com a frequência e a capilaridade necessárias, é necessária uma infraestrutura de telecomunicações ágil e confiável que conecte os vários elos da rede (assim como, do ponto de vista do fluxo físico de materiais, uma infraestrutura logística confiável e ágil).
- Em terceiro lugar, é necessário que haja uma biblioteca de modelos gerenciais de gestão de estoques, previsões de vendas e modelos logísticos, de modo que se possam utilizar diferentes modelos para gerenciar diferentes situações, clientes, produtos, demandas etc.
- Em quarto lugar, é necessário que haja inteligência gerencial para que as alocações dos diversos modelos gerenciais (e sua parametrização) para as várias situações sejam feitas de forma adequada.

PARA REFLETIR
Códigos de barras e a GS1 Brasil

Desnecessário mencionar a necessidade e a importância de se estabelecerem padrões para que seja possível a comunicação automatizada entre as várias empresas de uma rede de suprimento que pretenda ter sua gestão mais integrada. Nesse sentido, a codificação de produtos que fluirão ao longo de elos das redes ganha papel essencial, assim como mecanismos de automação de reconhecimento desses produtos (como os códigos de barras usados hoje extensivamente para identificar entidades como produtos e contêineres, entre outros) que fluem pelas redes e que podem ser "lidos" de forma rápida e acurada por leitores óticos. A GS1 é uma organização que procura trabalhar garantindo integridade e padronização na forma com que os códigos de barras são alocados e gerenciados. O texto a seguir foi tirado do *site* da GS1 Brasil (http://www.gs1brasil.org).

A GS1 Brasil, Associação Brasileira de Automação, é uma associação multissetorial sem fins lucrativos, que tem como propósito implementar e disseminar padrões de identificação de produtos, como código de barras, levando melhoria para as cadeias de suprimento, colaborando, assim, para o processo de automação, desde a matéria-prima até o consumidor final.

A GS1 Brasil integra uma rede composta por 111 Organizações Membro ao redor do mundo, com sede em Bruxelas, sendo o padrão GS1 utilizado em 150 países, com mais de um milhão de empresas associadas.

Figura 3.13 Exemplo de código de barras.

A missão da GS1 é, conforme seu *site* na internet, "desempenhar um papel de liderança mundial, na melhoria do gerenciamento da cadeia de suprimento e demanda, através da criação e implementação de padrões multissetoriais, globais e abertos, baseados nas melhores práticas de negócio".

O uso do código de barras padrão EAN/UCC proporciona uma linguagem comum entre parceiros comerciais, permitindo que os produtos sejam reconhecidos por empresas do mundo inteiro, abrindo inúmeras oportunidades de negócio, ampliando o leque de fornecedores e favorecendo a abertura de mercado numa escala mundial.

A GS1 BRASIL criou os Grupos de Trabalho em diversos setores, nos quais empresas se encontram para discutirem padrões comuns e práticas de negócios mais eficientes, sinalizando para o mercado como usar as melhores tecnologias da automação.

O objetivo da GS1 é melhorar continuamente o gerenciamento da cadeia de suprimento e de outras transações de negócio, reduzindo seus custos e adicionando valor para produtos e serviços.

Questões para discussão

1. Quais as vantagens e os desafios para uma empresa que decide adotar códigos de barras em seus produtos?
2. Pesquise no *site* da GS1 que tipo de impacto a padronização de código de barras pode trazer para a gestão de redes de suprimento.
3. Pesquise no *site* da GS1 Brasil e descreva o que são etiquetas de identificação por radiofrequência (RFID). Liste as vantagens e desvantagens do RFID em comparação com os tradicionais códigos de barras.

3.2.5 MODELOS CONTEMPORÂNEOS DE DISTRIBUIÇÃO DE *E-BUSINESS* (AO CONSUMIDOR)

Em termos de operações de serviços, um dos aspectos mais complexos de gerenciamento logístico é encarado pelas operações que trabalham com varejo. Operações de varejo em geral requerem soluções sofisticadas de distribuição física, de gestão de estoques e níveis de serviço. Não é à toa que muitas vezes se mencionam grandes varejistas como detentores de boas práticas em termos de logística, como Walmart, CBD, Avon, Natura e outros. Um dos desenvolvimentos recentes em termos de práticas de varejo foi o do novo canal de distribuição baseado na internet. Durante o *boom* das empresas chamadas "ponto-com", no final dos anos 1990, muitos analistas e mesmo alguns gestores caíram na armadilha de negligenciar o fato de que, independentemente da facilidade da troca de informações que a internet representa para aqueles serviços que incluem o fornecimento de bens físicos (que não viajam por cabos óticos à velocidade da luz), as questões logísticas continuariam muito similares ao período pré-internet. Em outras palavras, não é porque um novo meio de comunicação passou a estar disponível que as empresas deixam de ter que fabricar ou transportar, até os usuários finais, os bens físicos que fornecem. Esse modo de fornecimento e distribuição continua, portanto, sujeito à necessidade de atingir economias de escala e escopo da mesma forma que os modelos de distribuição tradicionais.

3.3 ESTUDOS DE CASO

Genexis (www.genexis.com)

Hélcio Lima, vice-presidente de negócios estratégicos da Genexis, contempla através da ampla janela de seu escritório em São Paulo o bonito alaranjado do cair da tarde paulistana, que faz o pano de fundo para o impressionante perfil urbano do que um dia foi definido como a selva de concreto. Ele acaba de sair de uma reunião com o *board* de diretores da empresa, em que recebera o sinal verde para executar um projeto que poderia potencialmente projetar a Genexis para o mercado mundial, numa área de atuação nova e agregadora de substancial valor para os clientes: tornar-se efetivamente uma *Value-Added Network* (VAN) *provider*, deixando de ser meramente um *internet market place* nos moldes tradicionais.

Isso, de forma simplificada, significaria deixar de oferecer aos clientes apenas serviços de intermediação comercial, como leilões diretos e reversos, automação de pedidos e outros. Significaria efetivamente oferecer uma plataforma de informações, modelos gerenciais, inteligência negocial e de telecomunicações para que seus clientes – sejam eles distribuidores, fabricantes de medicamentos ou fornecedores da indústria – possam ter a segurança de que as decisões tomadas nos vários elos da rede sigam uma lógica adequada e coesa que faça com que a rede de suprimento em que se encontram tenha o máximo desempenho possível, isso sem perder foco nos seus negócios centrais.

Essa visão contrasta nitidamente com o modelo tradicional de gestão, em que cada elo de uma rede visa maximizar seu desempenho individual mesmo que em detrimento do desempenho de outros nós e, em última análise, da rede como um todo, com o correspondente malefício de longo prazo para todos os participantes da rede.

Hélcio sentia que esse era o momento exato para que a Genexis se colocasse como líder nesse desenvolvimento para o setor industrial farmacêutico, o qual vinha sofrendo, no Brasil, mudanças substanciais em virtude do aparecimento e da liberação, pela autoridade governamental, dos medicamentos genéricos. Com o surgimento dos genéricos, a atividade de gestão logística das redes de suprimento do setor farmacêutico, originalmente vista como marginal, tornou-se essencial: por um lado, os genéricos estavam causando uma redução substancial nas margens de lucro dos remédios com marca proprietária. Isso passou a pressionar sobremaneira os custos e seus componentes logísticos. Por outro lado, tornou a presença no ponto de venda um aspecto importante para a competitividade dos medicamentos, do ponto de vista dos laboratórios fabricantes. Se anteriormente todo o esforço de venda para medicamentos éticos (que exigem prescrição) era direcionado aos médicos que os prescreviam, pois os consumidores finais iriam, se necessário, a vários pontos de venda até encontrarem a específica marca prescrita, agora a preocupação com o nível de serviço logístico no ponto de venda (farmácias) ganhava importância sem precedentes: se o medicamento de marca prescrito não estiver presente no ponto de venda, há uma lista de correspondência entre marcas, seus princípios ativos e os correspondentes genéricos que fará com que não seja a farmácia a perder sua venda, mas o laboratório produtor do remédio em falta.

O mercado de produtos farmacêuticos no Brasil é bastante pulverizado: em torno de 72.000 farmácias, 366 distribuidores, a maioria independentes e não exclusivos, que distribuem medicamentos de aproximadamente 100 laboratórios (considerando apenas os médios e grandes).

Hélcio entendia que havia oportunidades enormes de ganhos e reduções de custo na rede de suprimento, se uma gestão coesa fosse possível. Entendia também que alguns dos serviços já prestados com sucesso pela Genexis havia seis anos tinham feito com que ela desenvolvesse algumas competências que certamente seriam *core* nesse novo negócio e, portanto, difíceis de serem desenvolvidas/imitadas pelos potenciais concorrentes, pelo menos para o setor farmacêutico – como, por exemplo, a captura diária das informações referentes à demanda nos pontos de venda, ou ser um distribuidor exclusivo da i2 Technologies, importante fornecedor de sistemas informatizados de *supply chain management* como *Application Service Provider* (ASP). Isso significa que clientes da Genexis poderiam utilizar o sistema i2 sem precisar comprar uma (cara) licença de uso, mas apenas pagando pelo uso do sistema.

Mas como conseguir a liderança? Em primeiro lugar, como se equipar tecnicamente e de forma completa para qualificar-se como um possível provedor de serviços VAN para o setor industrial de produtos farmacêuticos e, mais tarde, para outros setores industriais? Que elementos a Genexis já tinha e poderiam ser utilizados e quais deveriam ser desenvolvidos/adquiridos? Como abordar o mercado e sensibilizar elos que têm interesses aparentemente conflitantes e um histórico de relacionamento conflituoso (ganha-perde) entre si para as vantagens que adviriam de uma gestão colaborativa (ganha-ganha)? Embora ainda sem respostas, essas eram questões que Hélcio Lima se colocava. Ele sabia que estava diante de algo que poderia alterar completamente a forma com que as empresas gerenciariam suas redes de suprimento no futuro, e a ideia de liderar essas mudanças (com as dificuldades inerentes ao atingimento desse objetivo) deixava nele uma certeza: os próximos meses seriam extremamente excitantes e desafiadores.

Questões para discussão

1. Coloque-se no lugar do vice-presidente da Genexis, Hélcio Lima, e encaminhe as discussões para abordar as questões por ele colocadas.

2. Analise a questão de generalização: você acha que a Genexis conseguiria lançar iniciativas para atuar em outros segmentos, como nas redes de balas e confeitos, que têm estrutura e pulverização similares àquelas da rede da indústria farmacêutica? Que problemas você antevê?

3. Quais as competências principais que a Genexis tem e deveria manter e desenvolver para crescer no mercado em que atua? Que alianças e parcerias estratégicas a Genexis poderia ter interesse em estabelecer em sua rede de suprimento de serviços?

General Motors do Brasil e sua rede de suprimento de peças sobressalentes

Na rede da GM Brasil, em 2001, havia 472 concessionárias autorizadas, dez distribuidores autorizados e nove oficinas autorizadas, somando 491 Pontos de Venda (PDV). A GM mantinha 650 funcionários, dois centros de distribuição (um em Sorocaba e um contíguo à unidade produtiva nas cercanias de Mogi das Cruzes, ambos no Estado de São Paulo) alocados à sua operação de peças para pós-venda no Brasil. Lidava com cerca de 75.000 itens, sendo 700 de alto giro. Vinte plataformas de veículos eram apoiadas por essa operação.

A relação entre a GM e suas concessionárias sempre havia sido, de certa forma, marcada pela independência. Similarmente à maioria das redes de suprimento, os vários nós têm sido gerenciados de forma autônoma, favorecendo o jogo ganha-perde referido anteriormente. Isso levou a uma relação que não poderia ser caracterizada como particularmente cooperativa, e a independência dos modelos gerenciais trouxe efeitos indesejáveis, como o chamado "efeito chicote", de acordo com o qual pequenas variações de demanda a jusante da rede causam variações crescentes nas demandas sentidas por elos mais a montante da rede. Mesmo se a demanda a jusante, dada pela taxa segundo a qual o cliente final compra do varejista (PDV), é razoavelmente estável, por item, a demanda percebida pelo centro de distribuição de peças da GM (montadora) é dependente dos sistemas de gestão e políticas de estoque dos pontos de venda. Considerando cada um dos itens, se políticas de ponto de reposição (também chamadas de ponto de pedido) são utilizadas, os sistemas das concessionárias usarão alguma lógica de dimensionamento econômico de lotes para se beneficiarem de economias de escala nos custos logísticos entre eles e o centro de distribuição. Isso significa que os sistemas de reposição esperarão até que os pontos de reposição sejam atingidos para, então, liberarem pedidos de compra (pedidos de ressuprimento do tamanho dos lotes econômicos). Isso significa que a demanda "bem-comportada" do cliente final torna-se, na camada de fornecedores a montante, uma demanda aos saltos em que demanda zero é percebida entre ressuprimentos e um "salto" é percebido no ressuprimento. Agora, pense em torno de 491 pontos de venda com seus sistemas de gestão de estoques liberando pedidos em momentos independentemente definidos, de quantidades independentemente definidas, e notará, sem dificuldades, que a demanda percebida pelo centro de distribuição se tornará oscilante de forma quase aleatória. Considere, em seguida, que o centro de distribuição também tem suas políticas e sistemas de estoque definidos independentemente e verá o efeito chicote sendo repassado com intensidade amplificada para os fornecedores, fornecedores dos fornecedores e assim por diante. Porque o efeito amplificado é percebido como aleatório, o que normalmente acontece é que os nós da rede aumentam seus estoques de segurança para fazer frente a essa aleatoriedade.

Isso tudo causava acréscimo substancial de custos para toda a cadeia, com repercussões negativas no preço percebido pelo cliente final, e isso acarretava uma relativamente pequena participação das peças genuínas GM (peças que carregam a marca General Motors independentemente de terem ou não sido fabricadas por unidades produtivas da GM) no mercado de peças de reposição para a frota de veículos General Motors.

A partir dessa constatação, a GM disparou uma iniciativa (e implantou-a), no final dos anos 1990, para alterar substancialmente a forma de gerenciar sua rede de suprimento, num projeto nacional chamado AutoGIRO. O AutoGIRO baseia-se nos seguintes princípios:

É, de fato, um sistema de VMI (*Vendor Managed Inventory*, um sistema no qual o fornecedor gerencia o estoque do cliente): a GM passa a assumir a responsabilidade pela gestão dos estoques dos seus concessionários.

Figura 3.14 Concessionária GM, abastecida por peças genuínas pelo projeto AutoGIRO.

VMI faz sentido nesta situação, porque a GM, sendo o denominador comum da rede de suprimento, é o único ator na rede que pode de fato ver a demanda agregada dos 550 concessionários. Assim, além de realizar previsões de vendas para os específicos mercados servidos em cada uma das concessionárias – via projeções de séries temporais acumuladas das vendas, por item, de cada uma das concessionárias –, respeitando suas particularidades, só a GM é capaz de identificar padrões nacionais de demanda e, portanto, enriquecer a projeção de demanda de cada concessionária com essas tendências e padrões nacionais. Já que a previsão da demanda futura é grande parte do esforço de gestão de estoques, a GM assume logo a responsabilidade de gerenciar os estoques também das concessionárias.

VMI também faz sentido nessa situação, porque a GM entrega milhares de diferentes peças (cada concessionária tem cerca de 6.000 itens ativos de estoque, dos quais em torno de 2.500 são normalmente comprados todo mês) para um conjunto de concessionárias definido e estável. Isso significa que economias de escala em logística podem ser obtidas se os custos com as entregas para uma quantidade de concessionárias forem compartilhados usando sistemas como o *milk run*, em que um meio de transporte faz periódicas e regulares entregas coordenadas para um grupo de concessionárias. A GM é o ator que coordena essas entregas (mesmo que isso ocorra por meio do uso de um operador logístico, como neste caso com a Emery, uma parceira global da GM).

Isso significa que a GM vai sugerir quando, quantos e quais itens as concessionárias devem comprar. Entretanto, dado o relacionamento passado, no qual a GM tentava maximizar vendas "empurrando" peças para os nós a jusante da rede de suprimento, seria possível que as concessionárias resistissem a essa ideia de aceitarem o gerenciamento da GM quanto a seus estoques de peças. Para superar essa possível resistência, a GM garante:

Proteção contra obsolescência e falta de peças

Concessionárias temeriam que a GM continuasse empurrando peças para elas com o intuito de maximizar vendas e que essas peças poderiam continuar a tornar-se obsoletas sistematicamente. Para evitar isso, o AutoGIRO garante que as concessionárias que aceitarem as sugestões de ressuprimento estarão protegidas contra obsolescência das peças. Isso é feito com a possibilidade de as concessionárias usarem o *buyback*; em outras palavras, qualquer peça que passe nove meses sem venda entra numa lista que permite à concessionária revender a peça para a GM. Isso significa que, se a GM superestimar as vendas futuras da concessionária e, portanto, superestimar seus estoques e compras, ela assume os custos do erro. Da mesma forma, se a concessionária aceita a sugestão da GM para ressuprimento e se vê com a falta da peça, a GM compromete-se a remeter a peça com urgência sem custos extras para a concessionária. Antes do programa AutoGIRO, entregas urgentes custavam bastante e peças obsoletas eram problema exclusivo das concessionárias.

Provisão de um "localizador de peças" com base na internet

Para que a GM possa gerenciar os estoques das concessionárias e prover reposição automática, ela precisa ter um fluxo contínuo e atualizado de informações sobre a posição de estoques de cada item em cada concessionária (numa seção posterior, o fluxo global de informações do AutoGIRO será explicado). A GM compromete-se a tornar essas informações disponíveis às concessionárias na internet – isso significa que, em caso de uma falta, a concessionária pode rapidamente obter a informação direto na internet sobre se e onde a peça estará disponível entre as concessionárias da redondeza, obtendo possivelmente o item no mesmo dia, em vez dos dois ou três que podem ser demandados mesmo na remessa urgente.

Ressuprimento feito duas, três ou cinco vezes por semana, dependendo do volume da demanda da concessionária

Os sistemas anteriores de ponto de ressuprimento usados pelas concessionárias tendem a tratar os itens de estoque de forma independente. Portanto, a lógica usada visa diluir os custos logísticos, transportando grande quantidade de um mesmo item – e isso tende a levar os estoques de ciclo (o nível médio de estoques que surgem em virtude de ciclos de ressuprimento – quanto menos frequente o ressuprimento, maiores os estoques de ciclo). Um dos mais utilizados sistemas da era pré-AutoGIRO, de fato, limita a frequência de ressuprimento a três vezes por mês. Isso quer dizer que, na hipótese mais favorável, o ressuprimento será feito numa quantidade que é a de 1/3 da demanda mensal, e, portanto, os estoques médios ficarão em torno de 1/6 da demanda mensal, teoricamente. No caso mais favorável do AutoGIRO, em que o ressuprimento por item pode até ser feito cinco vezes por semana, as reposições serão feitas numa quantidade de 1/20 da demanda mensal, levando o estoque médio de ciclo a ficar em torno de 1/40 da demanda mensal. Uma grande redução, possível porque o AutoGIRO reconhece que os itens não são independentes – há uma dependência horizontal entre eles: são fornecidos do mesmo fornecedor para os mesmos clientes. Dessa forma, a diluição dos custos logísticos não se dá entre grande quantidade de unidades de um mesmo item, mas em pequena parcela por item de uma grande quantidade de diferentes itens. Dessa forma, os custos logísticos não crescem drasticamente mesmo com pequenos lotes de reposição por item. Além das economias de escala entre itens entregues para um mesmo destino, o AutoGIRO ainda se beneficia de economias de escala logísticas, diluindo os custos logísticos entre várias concessionárias de uma mesma região que tenham mesma frequência de ressuprimento. Por exemplo, o modo de transporte entregará todos os itens para um grupo de concessionárias de uma região que tenham frequência de três vezes por semana, na segunda, quarta e sexta-feira, numa lógica de *milk run*.

Sistema de gestão de estoques de revisão periódica

Para permitir que as economias de escala logísticas sejam obtidas, é necessário que o ressuprimento de todos os itens de um concessionário seja feito no mesmo instante, em intervalos regulares. Isso quer dizer que, para esse tipo de VMI, o sistema mais adequado é o de revisão periódica (veja o Capítulo 17 para detalhes). Esse sistema garante que a possível necessidade de ressuprimento para todos os itens de um concessionário seja checada e sincronizada periodicamente (o AutoGIRO faz isso diariamente). Dependendo da posição do estoque do item no momento da revisão, certa quantidade é ressuprida. Essa quantidade é calculada como a diferença entre uma quantidade máxima preestabelecida e a posição de estoques (modelo de revisão periódica, tratado no Capítulo 17), a cada período de revisão. Um pedido de ressuprimento então é liberado e, um período de entrega depois, o item chega na quantidade dada pela quantidade de ressuprimento. Note que, nesse sistema, as revisões são feitas a intervalos regulares, mas as quantidades ressupridas podem variar.

Veja os fluxos de informação e materiais do AutoGIRO mostrados na Figura 3.15.

AutoGIRO: a mecânica dos fluxos de informação

Fluxo 1. Diariamente, os pontos de venda têm de enviar à GM um arquivo via *Electronic Data Interchange* (EDI), entre as 6 da tarde e as 10 da noite, que contém informações sobre vendas unitárias por item, do dia, além de posição dos estoques. As informações tratadas vão alimentar as séries temporais, baseadas nas quais as previsões de curto prazo, por item e por ponto de venda, serão feitas. Em paralelo, a GM também recebe informações de vendas de todos os outros pontos de venda e trata essa informação de forma a enxergar a demanda agregada nacional e identificar padrões nacionais para enriquecer as projeções de cada uma das concessionárias.

Fluxos 2 e 3. Uma vez por semana, normalmente na segunda-feira pela manhã, o AutoGIRO recalcula a previsão de vendas para a próxima semana e, baseado na nova previsão, recalcula para cada item, para cada concessionária, o novo nível proposto de estoque máximo. A lista de níveis máximos de estoque para todo o conjunto de itens de uma concessionária é disponibilizada na internet. Os gerentes de peças de cada ponto de venda, então, analisam os níveis máximos propostos pelo AutoGIRO, ainda na segunda-feira pela manhã, e têm a chance de aprová-lo ou criticá-lo, alterando-o para cima ou para baixo, com base numa análise qualitativa das previsões de vendas para a próxima semana. Uma possível situação, para ilustrar, é a realização de uma promoção por certa concessionária, para determinados itens, que requererão nível máximo maior. Entretanto, esse crescimento não poderia ser capturado pelas séries temporais do AutoGIRO. Uma vez que o gerente de peças informa ao AutoGIRO os níveis máximos de estoques com os quais ele concorda, o AutoGIRO passa a considerá-los válidos e passa a calcular os ressuprimentos automáticos baseados neles.

Fluxos 1 e 4. Durante a semana, o AutoGIRO recebe diariamente as posições de estoques das concessionárias e calcula as diferenças dessas posições para os máximos previamente acordados, automaticamente informando o centro de distribuição de peças da GM para repor os respectivos itens com a frequência adequada (duas, três ou cinco vezes por semana).

Fluxo 5. O centro de distribuição de peças da GM envia uma notificação avançada para o ponto de venda, anunciando que um despacho está a caminho e será recebido em breve, especificando quantidades e datas.

Fluxo 6. Questões logísticas são resolvidas (*picking*, embalagem, identificação) e o despacho é realizado com o *milk run* apropriado, de acordo com as frequências

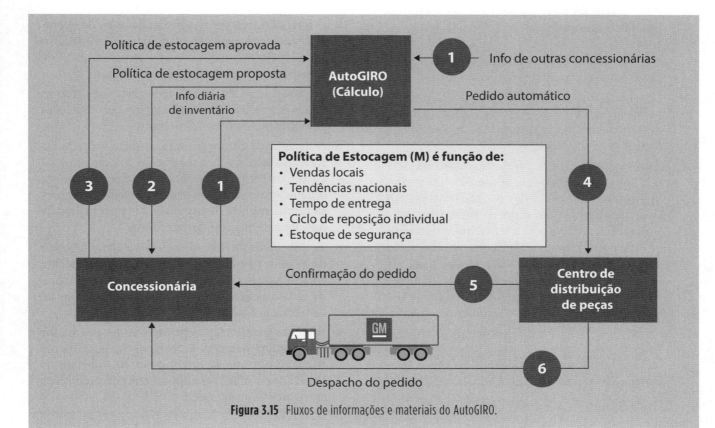

Figura 3.15 Fluxos de informações e materiais do AutoGIRO.

predefinidas conforme os volumes de demanda dos respectivos pontos de venda.

Como os "estoques máximos" são, de fato, baixos e os ressuprimentos são feitos frequentemente, para muitos pontos de venda os despachos são feitos diariamente nas quantidades vendidas no dia, caracterizando um sistema de reposição diária automática de estoques.

As vantagens esperadas do sistema AutoGIRO

A General Motors do Brasil espera muito do sistema AutoGIRO:

- Porque ele pode aumentar a acuracidade das previsões de demanda (por três razões: modelos de previsão melhores que os atualmente usados; tratamento mais cuidadoso das séries temporais; e consideração das demandas agregadas nacionais, auxiliando na determinação de padrões de comportamento mais confiáveis) e, correspondentemente, ajudar a reduzir níveis necessários de estoques de segurança.
- Outro aspecto do AutoGIRO que visa ao aumento da disponibilidade de peças no ponto de venda é o "localizador de peças".
- O AutoGIRO coordena suprimento e demanda no ponto de venda, reduzindo o efeito chicote a montante na rede.
- Porque haverá um time de bem treinados analistas na GM exclusivamente a cargo de cuidar e aperfeiçoar o AutoGIRO, e cada melhoria no algoritmo, nas práticas, no tratamento dos dados etc., beneficiará todo o conjunto de pontos de venda.
- Uma redução de custos também é esperada na remessa urgente de peças. Com um sistema melhor de gestão e reposição de estoques, espera-se que menos *stockouts* (faltas) ocorram.
- Antes do AutoGIRO, pesquisa conduzida pela GM mostrou que em torno de 80% do tempo dos gerentes de peças das concessionárias são tradicionalmente gastos com o processo de aquisição de peças. Com o AutoGIRO automatizando grande parte disso, a GM espera que o gerente de peças gaste seu tempo fazendo algo mais valioso para a rede de suprimento, que só pode ser feito por uma pessoa que esteja próxima de seu mercado: desenvolver o relacionamento com o cliente, buscar novas oportunidades de negócio e realmente vender.
- Outro resultado esperado do AutoGIRO é que, uma vez que as novas eficiências obtidas sejam estabilizadas, parte desses benefícios possa ser repassada para o cliente final, com aumento da competitividade de preço das peças originais GM no mercado.

Questões para discussão

1. Quais você acha que foram as principais dificuldades na implantação do programa AutoGIRO da GM?
2. Coloque-se no lugar dos seguintes grupos de interesse que poderiam mostrar resistência ao programa, identifique as possíveis resistências e suas causas e como você, na posição de gerente do projeto AutoGIRO, faria para contornar:
    - grupo comercial (vendedores) de peças sobressalentes da GM;
    - gerente de peças da concessionária;
    - dono da concessionária.
3. Como você acha que seria implantar um sistema do tipo AutoGIRO numa rede de suprimento em que distribuidores e varejistas não fossem exclusivos de um fabricante?

3.4 RESUMO

- A concorrência, hoje, é mais entre redes de operações (também chamadas "cadeias de suprimento") que entre empresas.
- O interesse crescente na gestão de redes de operações deve-se à evolução tecnológica dos produtos (que leva a maiores níveis de terceirização), de transportes, de comunicação e de gestão.
- A gestão de redes de operações visa substituir as relações ganha-perde tradicionais pelas relações ganha-ganha entre seus membros.
- A decisão de comprar ou fazer deve ser feita estrategicamente – considerando os conceitos de custos de transação e competências centrais da organização. Com base nesses conceitos, a empresa também pode desenvolver seus portfólios de relacionamento com fornecedores.
- Um dos mais importantes efeitos a afetar a gestão de redes de operações é o efeito chicote: a crescente volatilidade percebida pelos nós mais a montante da rede quando mesmo pequenas flutuações de demanda acontecem no mercado.
- Soluções para o efeito chicote passam por maior compartilhamento de informações, maior coordenação e cooperação em processos decisórios e melhor confiança e alinhamento de incentivos entre membros da rede.

3.5 EXERCÍCIOS

1. No início do século XX, as empresas automobilísticas tinham, quase todas, a estratégia de produzir a maioria das suas peças e componentes internamente, configurando-se redes de suprimento com alto grau de integração vertical. No final do século XX, as montadoras estavam construindo suas novas fábricas com modelos modulares, em que terceirizam a grande maioria dos módulos (grandes parcelas das peças), como painel, por exemplo, para empresas que ficam, portanto, responsáveis por muito mais atividades. Por que você considera que, ao longo do século XX, as estruturas das redes de suprimento mudaram tanto?

2. Explique como uma empresa que edita revistas, como a Abril, por exemplo, poderia beneficiar-se do conceito de *coopetition* (colaboração em certas áreas com os concorrentes).

3. Qual papel as novas tecnologias de informação têm no sentido de permitir melhor gestão de redes de suprimento, como aquelas em que se inserem os hospitais?

4. Levante as decisões dos últimos dois anos da instituição à qual você está mais intensamente ligado(a): sua universidade, a empresa para a qual você trabalha, sua igreja, ou outra, em relação à terceirização de produtos ou serviços que até então eram feitos internamente. Analise se foram decisões bem tomadas à luz dos elementos discutidos neste capítulo.

5. Quais os benefícios da técnica de VMI (*Vendor Managed Inventory*, ou estoques gerenciados pelo fornecedor) numa empresa como um parque de diversões aquático do tipo do Wet'n Wild?

3.6 ATIVIDADES PARA SALA DE AULA

1. Discuta as questões que deveriam ser levadas em conta para duas empresas – um banco e um fabricante de biscoitos – na decisão de terceirizar ou não seus *call centers* (centros de atendimento telefônico aos clientes).

2. Discuta a conveniência ou inconveniência, para uma empresa, de adotar a política de desenvolver parcerias estratégicas com todos os seus fornecedores.

3. As novas tecnologias de portais de compra na internet para apoiar mecanismos como os leilões reversos, por exemplo, podem trazer benefícios para que tipo de compras dentro de uma empresa de distribuição de produtos como o supermercado Pão de Açúcar? E para uma como a Vale, cujos negócios principais são mineração, serviços logísticos e energia? E para uma empresa aérea como a TAM?

3.7 BIBLIOGRAFIA E LEITURA ADICIONAL RECOMENDADA

BENSAOU, M. Portfolios of buyer-supplier relationships. *Sloan Management Review*, v. 40, n. 4, Summer 1999.

CHASE, R.; AQUILANO; JACOBS, R. *Production and operations management*. 8. ed. New York: McGraw-Hill, 1998.

CORRÊA, H. L. *Administração de cadeias de suprimento e logística*. 2. ed. São Paulo: Atlas, 2019.

CORRÊA, H. L. Global Supply Chain Management (capítulo 2). *In*: STARR, Martin K.; GUPTA, Sushil (ed.). *The Routledge companion for production and operations management*. Routledge, 2017.

CORRÊA, H. L. *Os modelos modulares de gestão de redes de suprimentos*. Relatório de Pesquisa NPP n. 29/2001. São Paulo: EAESP/Fundação Getulio Vargas, 2001.

CORRÊA, H. L. *Teoria geral da administração*: uma abordagem histórica da gestão de produção e operações. São Paulo: Atlas, 2003.

EVANS, P.; WURSTER, T. S. Getting real about virtual commerce. *Harvard Business Review*, p. 83-94, Nov./Dec. 1999.

EVANS, P.; WURSTER, T. S. Strategy and the new economics of information. *Harvard Business Review*, p. 71-82, Sept./Oct. 1997.

FINE, C. *Clockspeed*. Cambridge: Perseus, 1998.

FORRESTER, J. Industrial dynamics. *Harvard Business Review*, July/Aug. 1958.

GHOSH, S. Making business sense of the internet. *Harvard Business Review*, p. 125-135, Mar./Apr. 1998.

HAMEL, G.; PRAHALAD, C. K. *Competing for the future*. Boston: Harvard Business School Press, 1994.

JARILLO, J. C. *Strategic networks*: creating the borderless organization. Oxford: Butterworth & Heinemann, 1993.

KANTER, R. M. Collaborative advantage: the art of alliances. *Harvard Business Review*, July/Aug. 1998.

MILES, R. E.; SNOW, C. C. Causes of failure in network organizations. *California Management Review*, Summer 1992.

MOHR, J.; SPEKMAN, R. Characteristics of partnership attributes, communication behavior and conflict resolution techniques. *Strategic Management Journal*, v. 15, 1994.

MONTEIRO, F. J. R. C. *Estrutura e estratégia de empresas do comércio varejista no e-commerce business to consumer*. 2002. Dissertação (Mestrado) – Universidade Federal do Rio de Janeiro, Instituto de Pós-Graduação e Pesquisa em Administração, Rio de Janeiro, 2002.

NEGROPONTE, Nicholas. Retailing on the internet: seeking the truth beyond the hype. *Chain Store Age*, p. 33-72, Sept. 1995.

PORTER, M. E. *Competitive advantage*. New York: Free Press, 1985.

PORTER, M. E. *Competitive strategy*. New York: Free Press, 1980.

POWELL, W. W. Hybrid organizational arrangements: new form or transitional development? *California Management Review*, Fall 1987.

QUINN, J. B.; HILMER, F. G. Strategic outsourcing. *Sloan Management Review*, Summer, 1994.

QUINN, J. B.; HILMER, F. G. Strategic outsourcing: leveraging knowledge capabilities. *Sloan Management Review*, Summer 1999.

RAYPORT, J. F.; SVIOKLA, J. J. Exploiting the virtual value chain. *Harvard Business Review*, p. 75-85, Nov./ Dec. 1995.

RUGMAN, A. M.; D'CRUZ, J. *Multinationals as flagship firms*. Oxford, 2000.

SAHLMAN, W. The new economy is stronger than you think. *Harvard Business Review*, p. 99-106, Nov./Dec. 1999.

SIMCHI-LEVI, D.; KAMINSKY, P.; SIMCHI-LEVI, E. *Designing and managing the supply chain*. New York: Irwin, 2000.

SLACK, N.; CHAMBERS, S.; JOHNSTON, R. *Administração da produção*. 4. ed. São Paulo: Atlas, 2015.

Websites relacionados

https://vimeo.com/34953737 – Sadia e seus fornecedores, vídeo institucional. Acesso em: 8 fev. 2022.

http://www.gs1br.org/ – *Site* da antiga EAN Brasil, agora rebatizada GS1 Brasil, empresa que gerencia a padronização de códigos de barra. Acesso em: 8 fev. 2022.

https://www.vwco.com.br/institucional – Informações sobre a fábrica de Resende da Volkswagen/MAN. Acesso em: 8 fev. 2022.

http://www.mcdonalds.com.br/ – Informações sobre o McDonald's Brasil. Acesso em: 8 fev. 2022.

CAPÍTULO 4
Pacotes de valor gerados e entregues pelas operações – compostos bens-serviços

> **OBJETIVOS DE APRENDIZAGEM**
>
> - Entender como hoje os **pacotes de valor** entregues pelas empresas aos clientes incluem um composto de bens físicos e serviços.
> - Entender as implicações, para a gestão de operações, do significado da expressão "o cliente precisa de furos e não de brocas", uma importante tendência no mercado.
> - Entender e saber explicar por que a tradicional dicotomia produtos-serviços pode atrapalhar análises de operações.
> - Ser capaz de aplicar na prática uma nova forma de classificar operações baseada em quatro variáveis relevantes para a sua gestão.

4.1 INTRODUÇÃO

Conforme discutido no Capítulo 1, a Internet das Coisas (IoT) é a rede de dispositivos físicos, máquinas, veículos, eletrodomésticos, *smartphones* e outros itens que incorporam eletrônica embarcada – *software*, sensores, atuadores e conectividade que permitem que essas coisas se conectem, coletem e troquem dados, tanto entre si como com outros atores envolvidos no "ecossistema" em torno do produto.

Há muitos exemplos de como esses dados podem ser usados para criar e alterar o pacote de valor oferecido para o cliente, da mera venda de um produto físico para a oferta de uma solução de valor para o cliente. À primeira vista, a máquina de lavar doméstica não parece um caso ilustrativo interessante, mas, quando examinada mais de perto, mostra como a IoT pode funcionar, ilustrando como valor pode ser criado, a partir dos dados gerados por ela, por vários atores da cadeia de suprimentos.

Um benefício imediato de uma lavadora de roupa conectada à IoT é que o seu fabricante agora pode comunicar-se diretamente com o proprietário da máquina, nutrindo um relacionamento continuado entre fabricante e consumidor, o que favorece a sua retenção como cliente.

Um segundo benefício ocorre quando uma máquina de lavar roupa quebra. Se a máquina não ligada à IoT quebra, o técnico chamado faz um diagnóstico, talvez descobrindo que a bomba está com defeito. Mas a bomba certa pode não estar disponível na *van* do técnico. Ele, então, desculpa-se e combina de retornar quando a peça estiver em estoque, o que ocorre em duas semanas, quando reagenda e retorna para fazer o conserto. A máquina volta a funcionar, mas o usuário não estará plenamente satisfeito, pois sua máquina ficou sem possibilidade de uso por duas semanas. O técnico de campo, por sua vez, precisou agendar duas viagens para concluir um trabalho só (gerando uma receita só), usou duas vezes sua mão de obra, duas vezes combustível, duas vezes o veículo e gastou tempo adicional dedicado a tarefas administrativas adicionais (pedido da peça, acompanhamento etc.).

No caso de uma lavadora conectada à IoT, todo esse desperdício e inconveniente para o cliente poderiam ser evitados. Ela coleta contínua e eletronicamente muitos dados – temperatura, pressão da bomba, desempenho da unidade de controle, peso da carga, desgaste/vibração de peças etc. Esses dados, então, podem fluir para vários destinos e ser "minerados", tratados e analisados, usando capacidade analítica, por vários atores da cadeia de suprimento para geração de um "pacote de valor" melhor, por exemplo:

- Análise para manutenção preditiva: os dados da máquina são comparados com dados de um modelo de funcionamento perfeito em computador; se forem detectadas anomalias que se desviam do modelo, previsões analíticas podem ser feitas sobre o que pode acontecer no futuro e uma ação pode ser tomada para mitigar seu impacto, como no exemplo citado da bomba. Se a quebra da bomba é prevista por vibrações anormais identificadas, o sistema pode certificar-se de que a peça certa esteja em estoque quando for necessária. O técnico de serviço, então, visita o local (apenas uma vez!) com as peças certas em um momento conveniente.
- Expandindo o pacote de valor criado com dados que alavancam serviços: pense agora nas empresas fornecedoras de sabão em pó, que gostariam de ter dados de uso da máquina para possivelmente antecipar-se e sugerir a reposição de sabão em pó quando necessário. Isso traz conveniência para o usuário e melhora o relacionamento e a retenção do cliente pelo fabricante de sabão em pó. É semelhante ao modelo de reposição de cartuchos de tinta de impressoras conectadas (uma realidade, já há algum tempo); com uma lavadora conectada, um modelo similar pode ser usado.
- Lavagem de roupa como **serviço**: o fabricante de máquinas de lavar pode, até mesmo, deixar de vender o produto físico, colocando-o disponível para uso no cliente e cobrando por uso, já que a IoT permite que o fabricante tenha informação de cada vez que a máquina é usada, com que carga e usando que ciclo de lavagem.

PARA REFLETIR

Em sua opinião, qual o interesse de uma empresa manufatureira como a Brastemp/Whirlpool ou a Samsung, que estão ativamente disparando iniciativas como a descrita no exemplo? Reflita sobre os prós e contras desta iniciativa.

Reflita sobre as alterações que os gestores de operações da Brastemp devem considerar para conseguir, com sucesso, alterar o pacote de valor oferecido a seus clientes.

Considere a situação apresentada no artigo. A Brastemp é uma fornecedora de bens físicos ou de serviços?

Neste capítulo, será tratada a questão dos pacotes de valor gerados e entregues pelas operações. Serão discutidas as parcelas "bens físicos" e "serviços", presentes na maioria dos pacotes de valor das empresas de hoje e do futuro, assim como as diferenças essenciais que devem ser observadas na gestão de operações quando se geram e entregam **bens físicos** e quando se geram e entregam **serviços**. Os temas tratados referem-se, genericamente, às partes enfatizadas em preto no quadro geral apresentado e descrito no Capítulo 1 e reproduzido na Figura 4.1.

4.2 CONCEITOS

4.2.1 OS PACOTES DE VALOR BENS-SERVIÇOS

As operações são projetadas e gerenciadas para gerar e entregar **pacotes de valor** para seus clientes. Desses pacotes de valor constam bens físicos e **serviços**. Pense, por exemplo, no pacote de valor gerado e entregue por um fabricante de veículos: consta de um bem físico, o automóvel, e de um conjunto de aspectos menos materiais: a disponibilidade de peças sobressalentes e de profissionais habilitados para executar reparos, linhas telefônicas de Sistemas de Atendimento ao Cliente (SAC). Pense agora numa companhia aérea: o pacote de valor gerado e entregue inclui o transporte aéreo em si (não material), mas inclui também uma refeição servida a bordo (que é um bem físico). Independentemente dos diferentes pacotes de valor das muitas empresas existentes, o gestor da operação tem que gerenciar os recursos escassos que gerarão e entregarão, tanto as partes mais físicas como as menos materiais, com todas as implicações que isso representa.

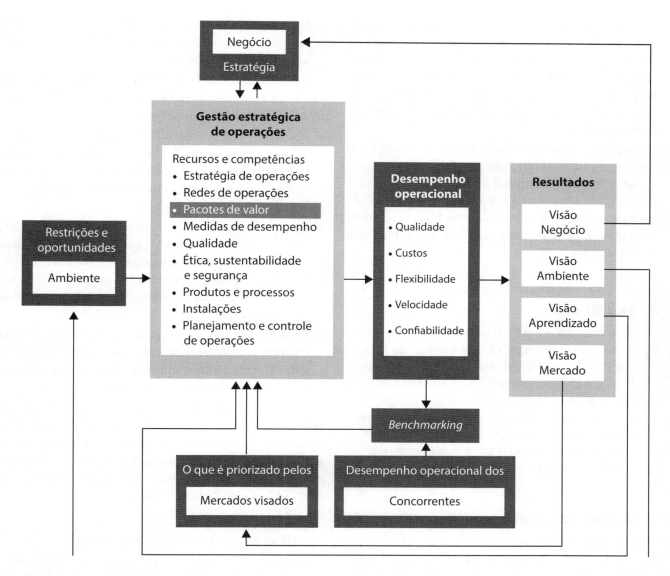

Figura 4.1 Quadro geral de referência de gestão estratégica de operações, com aspectos tratados no Capítulo 4 enfatizados com tarja cinza.

Uma abordagem recente na área de negócios que pode ter implicações importantes para a gestão das operações é ilustrada por esta frase:

> "O cliente, em muitas situações, não precisa de brocas, mas de furos."

A White Martins, por exemplo, é fabricante de gases industriais pertencente ao conglomerado Praxair (agora, sob a bandeira Linde). De fornecedor de produtos *comoditizados* (sem diferenciação de marca ou especificações), como oxigênio ou nitrogênio, passou, no início dos anos 2000, também a oferecer serviços de corte de chapa, processo que utiliza grande quantidade de oxigênio.

Movimentos como esses de a Praxair oferecer "furos" e não "brocas" servem a pelo menos três propósitos, que terão impacto na Estratégia de Produção e Operações (EPO) e, portanto, na forma com que a empresa compete no mercado:

- **Diferenciação**: produtos comoditizados, por serem produtos sem diferenciação, têm lucratividade relativamente baixa. Oferecendo mais serviços agregados – como corte de chapas –, criam-se condições mais favoráveis para que diferenciação em relação à concorrência ocorra, aumentando assim a lucratividade.

- **Retenção**: a transformação de uma relação comercial baseada em transações isoladas (mera venda de um produto) para uma relação comercial baseada em relacionamento com clientes gera um fluxo continuado de negócios e maior possibilidade de retenção do cliente. O benefício disso é que clientes retidos são mais lucrativos.
- **Proteção da operação manufatureira**: quando se assume a responsabilidade por fornecer o "furo" e não a "broca", assumem-se também outras responsabilidades como a escolha do fornecedor da broca que será usada para fazer o furo. Isso serve ao propósito de **proteger** a atividade de manufatura do fornecedor.

PARA REFLETIR

Se você pesquisar o *website* da Praxair (praxair.com.br) e da GE, notará que a GE continua a prestar os serviços que foram descritos, mas que a Praxair voltou a fornecer apenas seus produtos e serviços diretamente relacionados com o fornecimento de gases. Dadas as vantagens listadas de "fornecer furos em vez de brocas", por que você imagina que a Praxair aparentemente reverteu sua iniciativa dos anos 2000? Pense, por exemplo, nas dificuldades operacionais de tornar-se um fornecedor de serviços.

Evolução do pensamento sobre os pacotes de valor

Conforme descrito no Capítulo 1, a gestão de operações fabris começou a se desenvolver na Primeira Revolução Industrial, no final do século XVIII. A evolução da gestão de operações em empresas de serviço ocorreu muito mais tarde, em meados do século XX, quando a gestão fabril já estava bem desenvolvida.

Em virtude de as operações fabris terem algumas similaridades com as operações de serviços, inicialmente houve apenas tentativas de adaptar técnicas de gestão fabril à gestão de operações de serviços. Afinal, operações de serviços, a exemplo das operações fabris, também têm de lidar, entre outros fatores:

- Com a gestão de estoques (num hospital, por exemplo, materiais são o segundo item de dispêndio e a falta de certos itens pode custar vidas).
- Com a gestão de capacidade produtiva (pense no impacto de um corpo de Bombeiros não ter caminhões suficientes para atender sua demanda).
- Com a gestão de filas e fluxos (pense na gestão de fluxos de milhares de clientes num parque temático).
- Com a gestão de qualidade (imagine a preocupação do gestor de operações de um hotel de luxo com a qualidade dos seus serviços).

Porém, embora haja alguma similaridade entre operações de serviço e operações fabris, há também importantes diferenças:

- Enquanto em operações fabris podem-se estocar e transportar os produtos, em serviços isso pode não ser possível (pense na impossibilidade de um hospital "estocar" atendimentos de emergência para "exportá-los" mais tarde).
- Quanto à capacidade produtiva, em serviços a capacidade tem que ser compatível com a demanda em cada momento – pense no absurdo que seria uma companhia aérea "estocar" assentos transportados durante toda a baixa estação para atender ao pico de demanda da alta estação.
- Em serviços, as filas e fluxos são frequentemente de clientes, muitas vezes pessoas. E pessoas têm aspectos psicológicos a serem considerados, enquanto bens materiais, mais comuns nos fluxos fabris, não.

Dadas essas constatações, foram empreendidos novos esforços acadêmicos respeitando mais as diferenças entre produtos e serviços. Não que ambos sejam como água e vinho, pois não são. Na verdade, a divisão estrita entre operações de serviço e operações de manufatura (ou fabris) é falaciosa. Vejamos por quê.

INDÚSTRIA 4.0: PACOTES DE VALOR EM BENS E SERVIÇOS

O desenvolvimento tecnológico, que a maioria das economias do mundo enfrentam atualmente, não se limita apenas aos sistemas de produção inteligentes abrangidos pela I4.0, mas também pelo desenvolvimento de sistemas de informação e comunicação aplicados à prestação de serviços. O investimento em pacotes de serviços ou *smart services*, baseados em tecnologias digitais, incentiva as empresas de manufatura a desenvolver modelos de negócios focados no fornecimento de soluções centradas no cliente e individualizadas. Referidos frequentemente como "servitização", esses modelos aumentam a satisfação e retenção dos clientes ao desenvolverem pacotes de valor que incluem bens e serviços.

Em capítulos anteriores, destacamos a importância da IoT e de sensores inteligentes na rastreabilidade e no monitoramento nas cadeias de suprimento e no ciclo de vida de produtos e serviços. No entanto, suas funcionalidades vão além de um processo de produção sistematizado, permitindo a colaboração de fornecedores e clientes no funcionamento real de bens e serviços.

Nesse sentido, as tecnologias de virtualização, baseadas em ferramentas de realidade virtual (RV) e realidade aumentada (RA) garantem um processo maior de interação por meio da imersão em mundos virtuais que oferecem experiências aos usuários por meio de simulação e teste de produtos prévio à compra, incluindo treinamentos e serviços técnicos remotos pós-venda. A companhia Bosch, por exemplo, desenvolveu a Plataforma de Realidade Aumentada Comum (CAP, na sua sigla em inglês), que permite aos técnicos trabalharem com mais eficiência durante as tarefas de serviço e reparo, em combinação com o Microsoft HoloLens 2 e o uso de *tablets*. Dessa forma, a Bosch oferece soluções de RA para apoiar as empresas durante as várias fases da cadeia de valor: da fabricação ao serviço e do reparo ao treinamento.

uqr.to/12zid
Acesso em: 12 fev. 2022.

Esses sistemas colaborativos exigem troca segura de dados, portanto, tecnologias em nuvem vinculadas a práticas de cibersegurança desempenham um papel importante na gestão de soluções customizadas, principalmente no processamento e na análise de dados de produtos e processos coletados em tempo real ao longo da cadeia de valor, desde seu planejamento até sua utilização.

Por outro lado, quanto às tecnologias *hardware*, a manufatura aditiva se caracteriza pela produção de lotes únicos que permitem uma prototipagem rápida e com baixo desperdício de recursos, possibilitando a customização de produtos, processos que se complementam estrategicamente com a adoção de robôs e *cobots* capazes de interagir com os humanos.

Figura 4.2 Verificação de dados em tempo real no mercado de varejo.

4.2.2 A FALÁCIA DA DICOTOMIA BENS-SERVIÇOS

As empresas, em geral, visam oferecer a seus clientes um **pacote de valor**. Esse pacote inclui parcelas normalmente consideradas como serviços e parcelas normalmente consideradas como bens ou produtos físicos. Nota-se que a parcela do valor oferecido referente aos bens físicos e aos serviços varia conforme o negócio analisado. O esquema da Figura 4.3 ilustra essa ideia.

Figura 4.3 Pacotes de valor entregues ao cliente variam na proporção entre produtos físicos e serviços.

Entretanto, essa dicotomia entre serviços e produtos físicos pode levar a decisões e encaminhamentos equivocados.

Tradicionalmente, os autores colocavam três principais diferenças entre produtos e serviços:

- Serviços teriam de ser produzidos e consumidos simultaneamente; produtos, não.
- Serviços precisariam da presença do cliente para serem produzidos; produtos, não.
- Serviços seriam intangíveis, produtos seriam tangíveis.

Analisemos cada uma delas. Veremos que as coisas, na realidade, não são tão simples.

Simultaneidade de produção-consumo e suas implicações

Quais as implicações da simultaneidade de produção-consumo em serviços, para a gestão de operações, segundo a visão tradicional?

Uma delas é que **serviços não seriam estocáveis, enquanto produtos, sim**.

Isso traz implicações importantes para a gestão de capacidade e de demanda. Imagine uma empresa que tenha de atender a um mercado sazonal, com demanda muito mais alta nos meses de verão que de inverno, como a demanda de picolés.

Três opções genéricas (e mais as numerosas opções intermediárias) estão abertas ao gestor de operações a cargo de gerenciar a conciliação entre capacidade e demanda:

- **Seguimento da demanda**: o primeiro caso ilustrado no gráfico do lado esquerdo da Figura 4.4 representa uma estratégia de seguimento de demanda: o plano de produção é tal que quantidades semanais **iguais** às demandas semanais, para cada semana, são produzidas. Essa estratégia evita a formação de estoques, mas também tem desvantagens: para ser capaz de produzir no nível do pico da demanda, a capacidade instalada tem que atender essas altas taxas de produção, levando a ociosidade durante o "vale" de demanda.

- **Nivelamento de produção**: o segundo caso, ilustrado no gráfico do meio na Figura 4.4, apresenta uma alternativa diametralmente oposta ao primeiro caso: mantém-se a produção nivelada ao longo do período. Isso implicaria construir estoque de produtos durante os meses de baixa demanda e usar esse estoque para atender à demanda alta dos meses de pico. Os custos com estocagem crescem, mas os custos com a ociosidade diminuem (a capacidade fica mais bem utilizada), conforme ilustra a Figura 4.4.

- **Ações sobre a demanda**: consiste numa estratégia de tentar agir sobre a demanda para que ela fique mais nivelada ao longo do ano, criando, por exemplo, hábitos de consumo de produtos similares "contracíclicos". Exemplos são as cervejas *bock* (criando o hábito de consumo de cervejas mais encorpadas no inverno), entre outros.

As três opções estão disponíveis para o gestor de operações que lida com produtos físicos, mas apenas duas estão disponíveis para o gestor de operações que geram serviços (ver Figura 4.5):

- **Seguimento de demanda**: pense num hotel, que tem de ter sempre a quantidade demandada de quartos do momento.

- **Nivelamento de produção**: opção **impossível** para operações de serviços porque, em serviços, a produção e o consumo são simultâneos, sendo impossível estocar a prestação do serviço em si (embora seja possível estocar os insumos da operação).

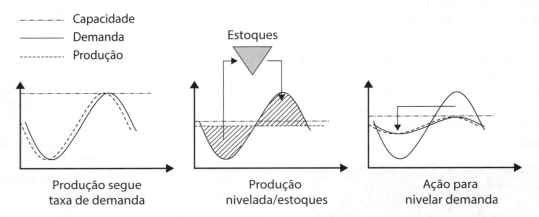

Figura 4.4 Opções extremas abertas para gestão de capacidade × demanda em produtos físicos.

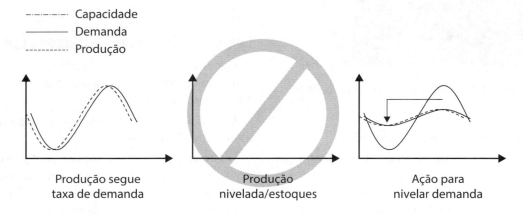

Figura 4.5 Opções extremas abertas para gestão de capacidade × demanda em serviços.

- **Ações sobre a demanda**: bastante utilizadas em linhas aéreas, com promoções de preços diferenciados para baixa estação visando trazer parte da demanda do "pico" para o "vale".

Essa redução das opções é uma implicação importante da simultaneidade entre produção e consumo dos serviços. Entretanto, é excessivamente simplificador assumir que os produtos são estocáveis e, portanto, políticas de nivelamento de produção podem ser usadas livremente. Analisemos a opção do meio da Figura 4.4, reproduzida na Figura 4.6.

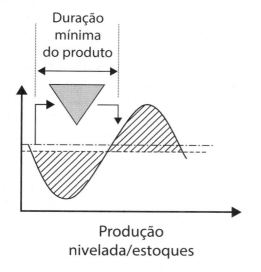

Figura 4.6 Opção de nivelamento da produção.

Note que, para que essa opção possa ser adotada, mesmo para quem fabrica produtos, estes necessariamente terão que ter um *shelf life* (prazo de duração) suficiente para permanecerem válidos pelo menos durante o período de permanência em estoque definido pela política escolhida. Essa permanência é ilustrada pelo período marcado como "duração mínima do produto" na Figura 4.6, ou seja, pelo menos meio ciclo, na situação ilustrada. Com periodicidade anual, isso pode significar um prazo de duração (validade) mínimo de seis meses. Mas, e se tiver prazo de validade curto? Evidentemente, o uso dessa política ficará limitado. Analisemos vários produtos com prazos de validade (estocabilidade do produto) diferentes. Veja a Figura 4.7 para alguns exemplos.

Observe que o gráfico da Figura 4.7 representa um contínuo. Nele, os serviços ocupam uma posição particular: o extremo em que o prazo de validade é zero (o serviço tem de ser produzido e consumido simultaneamente). Isso não quer dizer que desse ponto em diante possamos tratar todos os produtos como se fossem todos igualmente "estocáveis" – eles não são. Pense num produto físico, como um café espresso. O barista não pode produzir vários espressos nem mesmo cinco minutos antes da saída do cinema para com eles atender o pico de demanda. Já um fabricante de peças sobressalentes para automóveis tem a garantia de que a peça produzida tem prazo de validade de anos. Ele pode, por decisão gerencial sua, optar por não estocá-la por longos períodos, mas isso não é para ele um imperativo, pois a peça não se estragará.

Dessa forma, para a gestão de operações, o importante é entender onde o produto (ou produtos) da operação se encontra(m) no contínuo de estocabilidade para saber quanto se pode usar a ferramenta gerencial "estoque" na conciliação entre produção e demanda.

Gestão da qualidade

Outra implicação da simultaneidade entre produção e consumo está relacionada com a gestão da qualidade. Como produtos físicos são produzidos e, depois, consumidos, há tempo de se realizar controle de qualidade do

Figura 4.7 Diferentes produtos físicos com diferentes prazos de validade (ou, nesses casos, "estocabilidade").

produto final (embora muitas vezes esse tempo seja curto). No caso de a produção e o consumo serem simultâneos, a única alternativa é o controle de qualidade do processo. É impossível, por exemplo, para um supervisor de um *call center* analisar a resposta dada por um atendente antes de esta atingir o cliente. A Figura 4.8 ilustra a ideia.

As duas características mencionadas, entretanto, não devem ser confundidas. Uma refere-se à não estocabilidade; outra, diferente em natureza, refere-se à simultaneidade entre produção e consumo do produto e consequente impossibilidade de utilizar a ferramenta gerencial "controle de qualidade do produto acabado". Pense, por exemplo, num serviço de lavagem a seco de uma peça de roupa. A estocabilidade é impossível – é necessário estar com a peça de roupa para lavá-la. Entretanto, depois de feito o serviço de lavagem e antes de o cliente ter acesso à peça lavada, é plenamente possível que a qualidade do produto acabado (a lavagem pronta) seja checada. Em outras palavras, nesse caso, o grau de estocabilidade é baixo (perde-se a ferramenta gerencial "estoque"), mas a simultaneidade produção-consumo não existe e, portanto, a ferramenta gerencial **controle de qualidade do produto acabado** pode ser usada.

Quando da análise de operações, a dicotomia "bens físicos *versus* serviços", como nesse caso, não só não ajuda em sua gestão, mas pode mesmo atrapalhar: há serviços, na concepção tradicional, por exemplo, que podem contar com a ferramenta gerencial "controle de qualidade de produto acabado" e serviços que não podem. Ou seja, é muito mais relevante considerar o grau de simultaneidade produção-consumo do produto da operação do que considerar tratar-se de um produto ou de um serviço, já que, mesmo dentro da concepção tradicional dos serviços, será necessário tratar diferentemente as operações, dependendo do grau de estocabilidade e do grau de simultaneidade produção-consumo.

Participação do cliente e suas implicações

Os serviços não prescindem de algum tipo de participação ou **interação** entre o cliente e o processo prestador. O cliente não precisa estar fisicamente no processo prestador de serviço da Amazon.com, mas necessariamente estabelecerá algum tipo de interação com algum aspecto desse processo, presencial ou remotamente. Para produtos físicos, isso pode não ser uma necessidade. A caneta que você está usando foi comprada por você e pode ter sido usada por longo tempo sem qualquer contato com qualquer aspecto do processo que a produziu.

Por outro lado, também não é verdade que as operações que geram produtos físicos nunca tenham a presença do cliente. Hoje, é usual que clientes (principalmente em ambientes *Business to Business* – B2B –, ou entre empresas) requeiram visitas e, até mesmo, avaliações feitas por seus próprios técnicos sobre o processo do fornecedor.

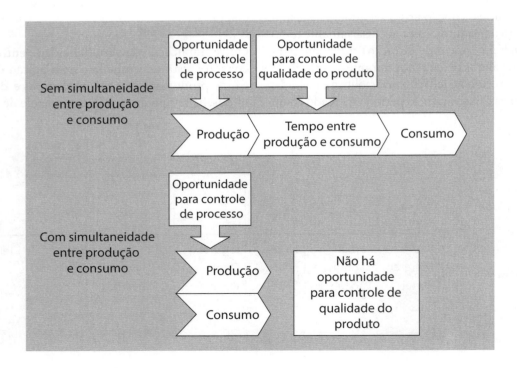

Figura 4.8 Implicações para a lógica de controle de qualidade da simultaneidade produção-consumo.

Quanto maior a intensidade da interação do cliente com o processo, mais o cliente vai usar o processo (além do produto) em sua avaliação de valor do pacote a ele oferecido.

Quando o grau de interação é baixo entre cliente e processo produtivo, o cliente tende a concentrar sua avaliação de valor (ou de qualidade) no produto do processo (bem físico ou serviço). Quando o grau de interação é alto, tende a avaliar a qualidade do processo e do produto de forma mais equilibrada. Ou seja, o gestor de operações de processos com alto grau de contato com o cliente deve preocupar-se também com a experiência do cliente ao envolver-se (ou ter contato) com aspectos do processo produtivo. A Figura 4.9 ilustra uma forma de ver essa questão.

Em operações de alto contato com o cliente, o cliente é um dos "insumos" para a prestação do serviço, o que se pode ver na Figura 4.9. Numa primeira etapa, estabelece-se a chamada "experiência" do serviço do ponto de vista do cliente e a "produção do serviço", do ponto de vista do processo. O cliente não tem, necessariamente, contato com **todo o processo** de prestação do serviço, mas **aqueles aspectos** com os quais ele de fato tem contato formarão nele a impressão favorável ou desfavorável da experiência. Durante a extensão de tempo que dura a experiência, do ponto de vista do cliente, o grau (intensidade) de contato e interação do cliente com o processo também pode variar. Uma sessão de psicanálise tem grau de interação extremamente alto entre o processo prestador e o cliente, enquanto assistir a um programa num canal de TV a cabo pode ter a mesma extensão de tempo da experiência, mas o grau de intensidade de interação é muito menor.

O grau de intensidade da interação refere-se basicamente à riqueza (amplitude, detalhe e profundidade) das informações trocadas em ambos os sentidos da interação e ao grau de necessidade de personalização (também, às vezes, chamado "customização") do contato.

Embora a riqueza das informações trocadas em ambos os sentidos seja relevante para a análise do grau de contato, o fluxo de informações do cliente para o prestador de serviço tem importância maior do que o fluxo de informações do prestador do serviço para o cliente, na definição do grau de interação. Por exemplo, um prestador de serviço de TV a cabo transmite grande riqueza de informações para seus milhares de clientes, mas os clientes transmitem um fluxo de informações quase nulo para o prestador de serviço. Isso, de fato, configura um grau de interação menor do que o grau de interação de um cliente com seu psicanalista, que também dirige a seu paciente grande riqueza de informações, mas recebe dele também um fluxo bastante rico, que lhe permite individualizar e **customizar** o atendimento (o que não acontece com a TV a cabo). O grau de interação entre o cliente e o processo tem implicações relevantes para a gestão da operação. Quanto maior o grau de interação (principalmente em termos de quanta informação o cliente emite para o processo), mais o recurso de contato (aquele que representa a "interlocução" com o cliente) tem de ter proficiência para:

- Saber "ouvir" a comunicação (explícita e implícita) emitida pelo cliente.
- Saber interpretar o que ouviu.
- Saber reagir adequadamente ao que interpretou.

Isso significa que o recurso de contato tem de ter um repertório diferente daquele repertório necessário a um

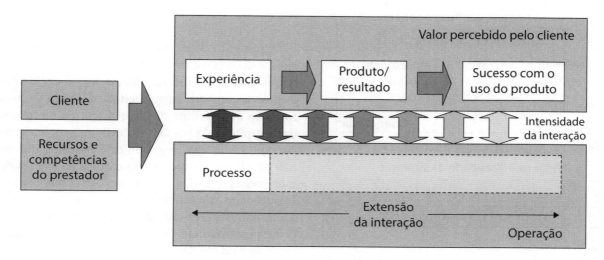

Figura 4.9 Grau de intensidade e extensão no tempo de interação com o cliente.

recurso da operação com o qual o cliente estabelece grau baixo de interação. Normalmente, o recurso de contato de alta interação deverá ter flexibilidade maior, habilidades interpessoais diferenciadas e, enfim, uma série de habilidades a serem selecionadas na hora da aquisição do recurso e/ou desenvolvidas depois da aquisição.

A definição do grau de interação com o cliente deve estar em sintonia com a forma em que a empresa decide competir no mercado (sua estratégia competitiva e de operações), por exemplo, competindo com base em flexibilidade e customização (que requererá mais interação) ou competindo com um pacote de valor mais padronizado (menos interação) mas com baixo custo (pois recursos mais flexíveis serão normalmente mais caros).

> **VOCÊ SABIA?**
> A correta especificação e gestão dos recursos é certamente uma das principais funções do gestor de operações e, para que este possa desenvolver suas atividades de forma adequada, é crucial que saiba reconhecer a qual grau de interação com o cliente o recurso de contato estará sujeito.

O peso relativo da avaliação do processo prestador de serviço *versus* o da avaliação do resultado será, em princípio, proporcional a ambos: o grau de interação e a extensão da interação. A Figura 4.10 ilustra alguns exemplos de operações diferentes para diferentes graus de interação e de extensão da interação com o cliente.

Figura 4.10 Diferentes tipos de operação conforme grau de intensidade e extensão da interação.

A rede de concessionárias americana Sewell (www.sewell.com), por exemplo, tem uma política explícita de trabalhar o relacionamento com o cliente mais que centrar-se apenas nas transações em particular. Quando um cliente resolve adquirir um veículo novo da Sewell, o vendedor, depois de encerrada a transação de venda, leva pessoalmente o novo proprietário para conhecer o gerente de serviços na oficina, que ficará responsável pelo relacionamento com o cliente em qualquer revisão de garantia ou problema que possa vir a ocorrer. O cliente estabelece um relacionamento com o funcionário de serviços pós-venda, que faz acompanhamento proativo das eventuais necessidades do cliente, diminuindo a possibilidade de ele pensar em fazer suas revisões em outra concessionária.

Ao longo dos anos, o carro comprado vai envelhecendo e, com o acompanhamento do gerente de serviços, o cliente eventualmente é aconselhado a pensar numa nova troca. Nesse caso, percebe-se que a Sewell projetou e ampliou sua operação de algo simples (um único contato) para algo complexo (com diversos contatos e uso de recursos), uma clara decisão estratégica. Essa decisão provavelmente consumiu tempo, recursos e aumentou as possíveis situações de falha, mas, uma vez maturada, passou a gerar valor para o cliente, sustentabilidade e vantagem competitiva para a empresa.

> **PARA REFLETIR**
> Em sua opinião, quais as vantagens do tipo de atuação da Sewell, aumentando a extensão da interação com o cliente? Por que você imagina que no Brasil as concessionárias não adotam extensivamente esse conceito?
> Pense em outros tipos de negócio que poderiam aproveitar as oportunidades representadas por maior extensão de interação com o cliente. Como isso seria feito?

O aumento da extensão da interação também tem sido visto como uma tendência por vários fabricantes de produtos. Em última análise, não é necessário que as pessoas tenham a propriedade do bem. Considere a situação da máquina de lavar discutida na introdução deste capítulo. As pessoas necessitam apenas do benefício que o bem traz. Segundo esse conceito, um usuário não precisaria ser o dono do carpete de sua residência, mas apenas tê-lo disponível e em boas condições de uso. Imagine um fabricante de carpete que resolva oferecer a alternativa a seus clientes de apenas pagarem pelo uso do carpete instalado. O carpete físico continuaria a ser de sua propriedade. Do ponto de vista do fornecedor, isso representaria a oportunidade de "prender" o cliente quanto aos serviços de manutenção e limpeza, assim como, na renovação do carpete, o cliente teria menor probabilidade de pensar em fornecedores alternativos. Do ponto de vista do cliente, a não necessidade de investimento na compra já é uma vantagem, a somar-se à garantia de manutenção do carpete em bom estado para uso.

Outro exemplo foram as fábricas de remanufatura da Xerox do Brasil (antes de serem terceirizadas), desenvolvidas em parte porque a Xerox trilhou o caminho de alugar, mais do que vender, suas copiadoras e tornar-se uma empresa predominantemente de serviços. A partir disso, desenvolveu claro interesse em remanufaturar suas máquinas antigas, utilizando todas as partes possíveis. Dessa forma, parece plausível crer que políticas de aumento da extensão da interação com o espírito de se passar a oferecer o benefício do uso dos produtos, mais que os produtos em si, podem ter papel interessante no sentido de favorecer o desenvolvimento de processos de produção mais sustentáveis (veja o Capítulo 7 para uma discussão mais aprofundada sobre sustentabilidade).

PARA REFLETIR

Fabricante brasileiro de Equipamento de Proteção Individual (EPI) reinventa-se

Desde 1985, a JGB do Brasil, empresa sediada no Rio Grande do Sul, produz equipamentos de proteção individual para uso industrial, como luvas de raspa e vestimentas para proteção contra calor. Recentemente, a empresa notou que seus clientes não desejavam mais manter funcionários internos com a competência necessária para especificar EPIs adequadamente, uma especialidade da JGB. A empresa passou, então, a expandir seu escopo de atuação; passou também a elaborar estudos para situações específicas de risco pessoal para as diferentes tarefas, prestando assistência técnica para o desenvolvimento de soluções que proporcionem o máximo de segurança para os funcionários dos clientes e tranquilidade para as empresas. O próximo passo é oferecer um contrato de prestação de serviços para as empresas clientes que inclua as análises e gestão de risco, ou seja, a especificação e disponibilização de todo o material e EPI necessários para o cliente atingir suas necessidades (em grande medida ditadas pela legislação) de segurança industrial.

A JGB vê nesse movimento um importante passo no sentido de ficar menos sujeita a concorrência exclusiva por preço (tendência trazida pelas compras por leilões na internet), o que levaria ou à redução de margens de lucro, ou à necessidade de relaxar seus padrões de qualidade para conseguir permanecer competitiva. Do ponto de vista do cliente, a vantagem oferecida é que os custos anuais da segurança, por funcionário, serão reduzidos, já que, conforme argumenta José G. Brasil, presidente da JGB:

- Dada sua competência, a JGB consegue especificar necessidades melhor que o próprio cliente, evitando desperdícios.

- Um relaxamento dos padrões de qualidade para permitir menor preço inicial de um equipamento industrial pode repercutir em durabilidade menor, levando à necessidade de nova compra, com custos totais mais elevados.

Questões para discussão
1. Que tipo de vantagens você consegue identificar, do ponto de vista da JGB, ao adotar a nova estratégia?
2. Que desvantagens podem ser identificadas na nova política?
3. Que tipo de resistência você crê que os clientes mais tradicionais terão ao adotar as novas modalidades de contratos oferecidos pela JGB?

Em operações de alta interação, há a possibilidades de que algumas atividades produtivas sejam delegadas ao cliente. Isso traz vantagens do ponto de vista de custo, pois, caso atividades não sejam delegadas a clientes, elas terão de ser feitas por recursos da própria operação.

Os bancos, por exemplo, têm seguido uma orientação quase geral de "afastarem" os clientes das agências, incentivando que os clientes paguem suas contas via internet (e, evidentemente, digitem todos aqueles números que de outra forma teriam que ser digitados por um funcionário).

Há também os riscos associados a delegar tarefas ao cliente, que se pode tornar uma possível fonte de falhas e defeitos. Se a empresa decide usar o cliente como "funcionário", não pode furtar-se de treiná-lo, de tentar tornar o processo delegado ao cliente o mais "à prova de falhas" possível (veja o Capítulo 6) e, eventualmente, até remunerar o cliente por seu serviço, dando descontos para o cliente que opte por uma alternativa com maior teor de autosserviço.

PARA REFLETIR

Você já reparou como o McDonald's tem uma história de nos "treinar" como clientes para que façamos parte do serviço de limpeza das instalações, que, de outra forma, teria de alocar funcionários para fazerem?

A maioria de nós, clientes, ao terminarmos nossas refeições no McDonald's, recolhemos nossas sobras e embalagens e as levamos ao lixo. Você já notou que as pessoas fazem isso sem que nem sequer haja uma solicitação formal? Não há placas com os dizeres: "Por favor, ao terminar sua refeição, leve as sobras e embalagens ao lixo."

Por experiência, um dia deixe de fazê-lo. É bem capaz que você tenha de encarar olhares de reprovação, não dos funcionários, mas dos outros clientes! Isso é dominar a arte de lidar com o cliente como se ele fosse um funcionário.

Intangibilidade e suas implicações

Outro aspecto apontado como diferença entre operações fabris e de serviços é a **intangibilidade**. De forma simples, produtos com existência física são tangíveis ou palpáveis, eles "caem no pé". Já os serviços não caem no pé. Não se toca nos serviços. Mas... e as questões limítrofes? *Software* certamente não cai no pé, mesmo que se agite o *pen drive* onde ele está gravado. Entretanto, pode-se listar *software*, corrigir *software*, transportar e estocar *software* na nuvem ou em *hard drives*. *Software*, portanto, parece serviço pela intangibilidade (não cai no pé), mas, por outros aspectos, parece produto físico (estocável, transportável, produzido e consumido em momentos diferentes). O que nos interessa aqui são as **implicações** da questão da maior ou menor intangibilidade para a gestão de operações.

Uma implicação da intangibilidade maior dos serviços está na maior ou menor facilidade com que se avalia a qualidade do pacote de valor oferecido. Por ser intangível, o serviço de aconselhamento médico, por exemplo, é difícil de ser avaliado pelo cliente, mesmo *a posteriori* do processo de prestação do serviço. Isso acontece principalmente quando a diferença de conhecimento a respeito do processo em questão, entre o prestador do serviço e o cliente, é grande (frequentemente, isso ocorre na prestação de serviços profissionais).

Por intangível, o serviço também é difícil de ser avaliado em sua qualidade pelo próprio gestor da operação. Como avaliar, por exemplo, se o serviço de atendimento de um *concierge* de hotel ou do funcionário do SAC de seu fornecedor de biscoitos foi ou não suficientemente cortês? Essa avaliação está muito mais ligada à percepção que o cliente tem da experiência da prestação do serviço que de alguma coisa objetivável, mensurável e controlável.

Tudo isso dificulta a avaliação de qualidade e de valor. A observação que cabe é que isso não é privilégio dos serviços. Claro que bens físicos são, em geral, mais fáceis de testar, analisar e fazer *test drive* (experimentá-los) antes da compra. Isso não significa, entretanto, que todos os produtos são assim. Você compra um carro com *airbag*, mas não sabe avaliar se e como ele funcionará *a priori*. Da mesma forma, há serviços que são mais fáceis de avaliar e objetivar. Um lava-rápido pode ser avaliado facilmente por você, antes da compra do serviço, pela qualidade de lavagem dos carros à sua frente na fila.

Colocando de outra forma, não é a intangibilidade ou tangibilidade que importam para o gestor de operações, mas as implicações referentes à avaliação de qualidade e valor (*a priori* e *a posteriori*) da compra. Num extremo, estão pacotes de valor muito objetiváveis pelo cliente e pelo prestador. No outro, estão pacotes muito dependentes da percepção durante a experiência do serviço. A Figura 4.11 ilustra o contínuo.

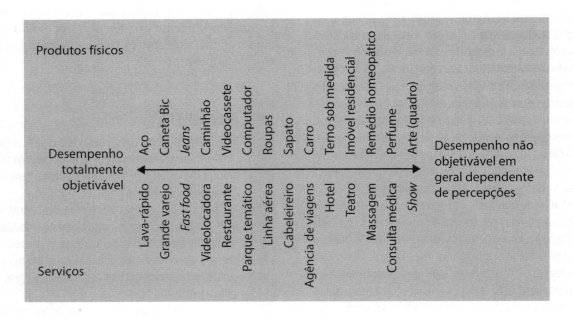

Figura 4.11 Contínuo de grau de objetividade na avaliação de desempenho.

4.2.3 *FRONT OFFICE* (LINHA DE FRENTE) E *BACK OFFICE* (RETAGUARDA)

Quando se afirma que em operações de alto contato o cliente tem algum nível de interação com algum aspecto do processo produtivo, isso não significa que o cliente tem contato com TODOS os aspectos do processo produtivo. Atividades de alto contato, por definição, são tarefas pertencentes ao processo de prestação de serviço que ocorrem em contato com o cliente.

- As atividades de alto contato também são chamadas de atividades de "linha de frente" ou de *front office*.
- As atividades que ocorrem sem contato com o cliente são chamadas de atividades de "retaguarda" ou de *back office*.

Cabe destacar que as atividades de linha de frente podem ser uma rica oportunidade para o redesenho de aspectos internos da EPO. A experiência e a rotina dos colaboradores, bem como situações particulares de consumo geradas pelos clientes, podem ser rica fonte de *insights* para redesenho de processos, desenvolvimento de competências e novos serviços.

Uma nova classificação mais útil para gestão de operações

A vantagem de usar uma classificação está ligada às considerações anteriores que fizemos, no sentido de identificar as variáveis influentes no projeto e gestão de operações. Listamos as seguintes variáveis:

- Grau de estocabilidade dos elementos do pacote de valor oferecido.
- Grau de simultaneidade entre produção e consumo do produto.
- Grau de intensidade e extensão da interação no contato com o cliente.
- Grau de objetivação possível na avaliação de desempenho.

Note que as atividades de *front office* tendem a ter mais baixo grau de estocabilidade, mais alto grau de intensidade, maior grau de extensão e menor grau de objetivação (por serem mais ligadas à percepção quanto à experiência do serviço). Em outras palavras, é nas atividades de *front office* que se encontram as maiores complexidades, tradicionalmente associadas aos serviços propriamente ditos. Já as atividades desenvolvidas por operações executadas longe do cliente tendem a ter maior grau de estocabilidade, menor grau de interação com o cliente, menor extensão de contato com o cliente e maior grau de objetivação na avaliação de desempenho, características muito mais associadas a operações fabris. Quanto mais distante do cliente a atividade é realizada, maior a possibilidade de que o gestor de operações utilize técnicas de gestão fabril, bem desenvolvidas, principalmente no aspecto da eficiência do processo. A Figura 4.12 ilustra a ideia.

Implicações para operações

As implicações da nova classificação proposta das operações são várias. Algumas são anunciadas agora e outras serão abordadas no decorrer dos capítulos restantes deste livro.

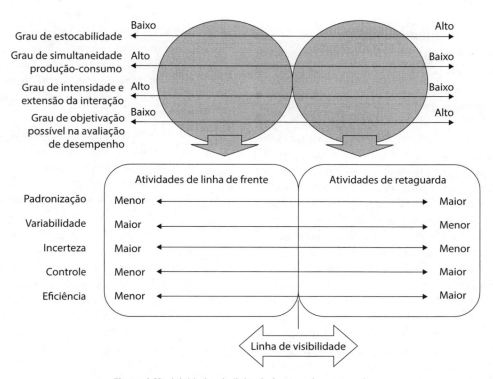

Figura 4.12 Atividades de linha de frente e de retaguarda.

Implicações quanto ao grau de estocabilidade do resultado

Quanto menos estocável for o resultado da operação, menos o gestor poderá utilizar o elemento gerencial "estoque do produto acabado".

Implicações quanto ao grau de simultaneidade entre produção e consumo

Quanto menos tempo decorrer entre a produção e o consumo pelo cliente do resultado da operação, menos oportunidade o gestor de operações terá de executar atividades como controle de qualidade do produto acabado.

Implicações quanto ao grau de interação e extensão da interação entre o processo e o cliente

Quanto maior o grau de interação e extensão do contato, maiores habilidades de relações interpessoais são requeridas dos recursos de contato. Maior também é a flexibilidade requerida do recurso de contato. Por último, em termos gerais, as possibilidades de utilizar o cliente como funcionário também aumentam.

Implicações quanto ao grau de objetivação possível na avaliação do resultado

Quanto menor o grau de objetivação possível da avaliação, pelo cliente, do resultado do processo, maior o nível de responsabilidade a ser assumido pelo gestor de operações, por auxiliar o cliente a avaliar o resultado do processo.

4.3 ESTUDO DE CASO

Volvo, exemplo de intensificação de informação/serviço no pacote de valor oferecido

A Volvo do Brasil (www.volvo.com.br) investiu 80 milhões de dólares no desenvolvimento de uma nova linha de caminhões (NH), que passou a responder pela maior parte do faturamento da empresa e aumento de *market share*, além de ter ganhado prêmios (por exemplo, o "Truck of the Year"). A inovação? Tecnologia da informação. Elementos agregados de *software* e *hardware* que levam informação dos elementos do caminhão (motor, transmissão etc.) ao painel do motorista para aumentar os níveis de eficiência de uso. Esses aumentos de eficiência têm sido reportados na faixa de 15%. A Volvo fez mais: acoplou aos caminhões computadores de bordo que permitem ao frotista uma gestão muito melhor de sua frota. Segundo o *site* da empresa, "o *Trip Manager* é um *software* especialmente desenvolvido para integrar o computador de bordo do caminhão aos computadores das empresas. Com ele, é possível visualizar facilmente, em um PC, os dados do computador de bordo, ao final de cada viagem, para que a empresa possa ter um acompanhamento detalhado de toda a vida útil de cada veículo da frota". As informações fornecidas são, entre outras: quilômetros rodados; horas gastas por viagem; litros de combustível consumidos; velocidade média; consumo por quilômetro rodado.

Um cliente reporta reduções de custo com a operação da frota em torno de 20%, além de reportar melhoria no desempenho em pontualidade de entregas. Com isso, a Volvo deixa de se preocupar exclusivamente com a venda do caminhão para passar a se ver como um parceiro do cliente para o resto da vida – apoiando-o para que tenha sucesso com o uso do seu bem fornecido.

Figura 4.13 Caminhão da marca Volvo.

Questões para discussão

1. Que implicações para a questão de fidelização pode ter a iniciativa da Volvo? Que tipo de mudanças na gestão de suas operações é requerido para que, de fato, se realize a intenção da Volvo de deixar de centrar seu interesse na transação para centrar-se no relacionamento? A Volvo produz bens de capital. Esse tipo de iniciativa se aplicaria também para um fabricante de veículos que fossem bens de consumo (como carros de passeio, por exemplo)? Como?

2. Você considera que as competências principais da Volvo e da Massey Ferguson mudam ou podem mudar como função dessas mudanças narradas no caso? Você crê que haja tendência de ambas deixarem de se considerar "fabricantes" para se considerarem prestadoras de serviço? Discuta.

3. Os clientes em geral tinham interação com a Massey e com a Volvo por intermédio de suas redes de assistência técnica pós-venda. Com as alterações narradas no caso, os fabricantes estabelecerão contato direto com seus usuários. Que tipo de problema você antevê que isso poderá trazer para a relação das fabricantes com as suas redes de serviço pós-venda? Como gerenciar essa questão?

4.4 RESUMO

- O que a maioria das empresas entrega aos clientes hoje é um composto que inclui bens físicos e serviços; é necessário que a gestão de operações reconheça as diferenças entre os vários componentes do pacote de valor e gerencie sua produção e entrega de acordo.
- Há uma tendência de que as empresas busquem fornecer os benefícios dos produtos (soluções) em vez de apenas os produtos em si. Isso permite que os clientes possam focalizar-se nas suas atividades críticas e os fornecedores protejam sua posição competitiva e aumentem sua lucratividade.
- É importante que os gestores não subestimem o desafio de levar uma empresa tradicionalmente apenas manufatureira a transformar-se em prestadora de serviços.
- Os desafios de uma operação passar a aumentar sua parcela "serviços" podem ser mais adequadamente atacados se for abandonada a tradicional dicotomia produtos-serviços como esquema de classificação de operações.
- Para embasar análises sobre projeto e gestão de operações, mais útil do que definir se a operação gera produtos ou serviços é identificar e analisar as seguintes variáveis: grau de estocabilidade, grau de simultaneidade produção-consumo, grau de intensidade e extensão da interação com o cliente e grau de objetivação possível na avaliação de desempenho da operação.

4.5 EXERCÍCIOS

1. Explique o que significa a expressão "o cliente não precisa de brocas, mas de furos".
2. Discuta as implicações da expressão da questão 1 para a gestão de operações.
3. Por que a dicotomia entre produtos físicos e serviços pode ser falaciosa e levar a decisões equivocadas em gestão de operações?
4. Quais as implicações do período de validade do produto quanto à gestão de operações? Quanto à gestão de capacidade? Quanto à gestão de qualidade?
5. Quais as implicações, para a gestão de recursos de operações, de maior ou menor grau de intensidade de contato com o cliente? Por que, na avaliação da intensidade de contato com o cliente, é mais relevante o fluxo de informações que flui do cliente para o prestador do que o fluxo de informações que flui do prestador para o cliente? Analise nesse sentido operações como um jogo de futebol num estádio e um salão de cabeleireiro.
6. Quais as implicações do grau de facilidade (ou dificuldade) que o cliente tem para avaliar a qualidade do pacote (e seus componentes) de valor oferecido pelo prestador para a gestão de operações da empresa? Dê exemplos de produtos físicos e serviços cujos usuários tenham dificuldade de avaliar a qualidade e exemplos de produtos físicos e serviços que, por outro lado, são facilmente avaliáveis.
7. Quais as diferenças principais, para o gestor de operações, quando desenhando e gerenciando atividades de *front office* (linha de frente) e de *back office* (retaguarda)? Analise uma lanchonete *fast food* de sua cidade e identifique essas diferenças principais *in loco*. Liste-as e analise-as.
8. Quais as vantagens e as desvantagens de o gestor mover a linha de visibilidade de forma a ampliar relativamente o percentual de atividades feitas sem contato com o cliente? Dê exemplos de empresas que optaram por reduzir o *front office* e exemplos de empresas que optaram por ampliar o *front office*.

4.6 ATIVIDADES PARA SALA DE AULA

1. Dê exemplos de empresas que você conheça e que estejam adotando uma estratégia de oferecer os benefícios que o produto traz mais que apenas o produto em si para seus clientes. Avalie quão bem elas estão se saindo e especule sobre as razões para o possível sucesso ou insucesso dessas empresas.
2. Dê exemplos de empresas que você conheça e que, embora não estejam adotando a estratégia descrita na questão anterior, poderiam fazê-lo. Descreva os benefícios que você antecipa para elas e as dificuldades que elas devem encarar se tentarem fazê-lo.

4.7 BIBLIOGRAFIA E LEITURA ADICIONAL RECOMENDADA

ALBRECHT, K. *Revolução nos serviços*. São Paulo: Pioneira, 1992.

ARMISTEAD, C. *Operations management in service industries and the public sector*. 4. ed. Chichester: Wiley, 1988.

ARMISTEAD, C. Introduction to service operations. *In*: *Operations management in service industries and the public sector*. 4. ed. Chichester: Wiley, 1988.

CARLZON, J. *Moments of truth*. Cambridge, MA: Ballinger, 1987.

CHASE, R. B.; STEWART, D. M. Make your service fail-safe. *Sloan Management Review*, p. 35-44, Spring 1994.

COLLIER, D. A. *The service/quality solution*: using service management to gain competitive advantage. New York: Irwin: ASQC Quality, 1994.

CORRÊA, H. L.; CAON, M. *Gestão de serviços*. São Paulo: Atlas, 2002.

DAVIDOW, W. H.; UTTAL, B. Service companies: focus or falter. *Harvard Business Review*, p. 77-85, July/Aug. 1989.

FITZSIMMONS, J. A.; SULLIVAN, R. S. *Service operations management*. New York: McGraw-Hill, 1982.

FITZSIMMONS, J. A.; SULLIVAN, R. S.; FITZSIMMONS, M. J. *Service management for competitive advantage*. 2. ed. New York: McGraw-Hill, 1997.

FITZSIMMONS, M. (ed.). *New service design*. Thousand Oaks: Sage, 2000.

GIANESI, I. G. N.; CORRÊA, H. L. *Administração estratégica de serviços*. São Paulo: Atlas, 1994.

HESKETT, J.; SASSER JR., W. E.; HART, C. W. L. *Serviços revolucionários*. São Paulo: Pioneira, 1994.

JOHNSTON, R.; CLARK, G. *Administração de operações de serviço*. São Paulo: Atlas, 2002.

LOVELOCK, C. (ed.). *Services*: marketing, operations and human resources. Englewood Cliffs: Prentice Hall, 1988.

MURDICK, R. G.; RENDER, B.; RUSSELL, R. *Service operations management*. Boston: Allyn and Bacon, 1990.

NORMANN, R. *Administração de serviços*: estratégia e liderança na empresa de serviços. São Paulo: Atlas, 1993.

WOMACK, J. P.; JONES, D. T.; ROOS, D. *The machine that changed the world*. New York: Rawson Associates, 1990.

ZEITHAML, V. A. How consumer evaluation processes differ between goods and services. *In*: DONNELLY, James; GEORGE, W. R. (org.). *Marketing of services*. Chicago: American Marketing Association, 1981.

ZEITHAML, V. A.; PARASURAMAN, A.; BERRY, L. L. *Delivering quality service*. New York: Free Press, 1990.

Websites relacionados

http://www.masseyferguson.com.br – Massey Ferguson é outra empresa tema do caso de fechamento deste capítulo. Acesso em: 8 fev. 2022.

http://www.praxair.com.br/ – Empresa *holding* da White Martins. Acesso em: 8 fev. 2022.

http://www.saint-gobain.com.br – Empresa Saint-Gobain. Acesso em: 8 fev. 2022.

http://www.sewell.com – Empresa *holding* do grupo de concessionárias americano. Acesso em: 8 fev. 2022.

http://www.volvo.com.br – Volvo Caminhões é uma das empresas tematizadas no caso de fechamento deste capítulo. Acesso em: 8 fev. 2022.

CAPÍTULO 5
Medidas e avaliação de desempenho em produção e operações

OBJETIVOS DE APRENDIZAGEM

- Compreender a importância estratégica das medidas de desempenho e dos sistemas de avaliação de desempenho em produção e operações.
- Entender como medir os principais aspectos do desempenho em produção e operações: qualidade, velocidade, confiabilidade, flexibilidade e custo/produtividade.
- Entender como foi a evolução do pensamento sobre medidas de desempenho em produção e operações.
- Ser capaz de fazer ambos: desenvolver/melhorar e julgar qualidade e adequação de sistemas de avaliação de desempenho em produção e operações.

5.1 INTRODUÇÃO

Imagine-se entrando na cabine de um moderno jato de passageiros e vendo apenas um instrumento no painel. Como você se sentiria embarcando após a seguinte conversa com o piloto:

Pergunta: Estou um pouco surpreso de ver que o senhor pilota este avião com apenas um instrumento. O que ele mede?

Resposta: Velocidade do ar externo. Estamos muito empenhados em trabalhar com velocidade do ar externo neste voo.

P.: Interessante. Velocidade do ar externo parece importante. Mas e altitude? Um altímetro não seria também importante?

R.: Estivemos trabalhando com altitude nos últimos voos e, de fato, já ficamos muito bons em altitude. Agora, achamos que é hora de nos concentrarmos nos níveis adequados de velocidade do ar externo.

P.: Mas eu estou notando que o senhor não usa nem mesmo um medidor do nível de combustível. Será que isso também não seria útil?

R.: Você tem razão; combustível é relevante, mas não podemos nos concentrar em fazer muitas coisas bem simultaneamente. Então, neste voo estamos nos mantendo focados na velocidade do ar externo. Quando nos tornarmos excelentes nesse aspecto, assim como nos tornamos em altitude, pretendemos nos concentrar, a partir daí, no consumo de combustível...

Provavelmente, você não embarcaria depois dessa discussão. Mesmo se o piloto atuasse excepcionalmente em termos de velocidade do ar externo, você ainda ficaria preocupado em colidir com uma montanha ou que o avião ficasse sem combustível. Evidentemente, esse diálogo é fictício, já que nenhum piloto ousaria conduzir um veículo complexo como um jato através de espaços aéreos cada vez mais congestionados, baseando-se num único instrumento de medida. Pilotos experientes e bem treinados são capazes de processar grande quantidade de informações de grande número de indicadores de desempenho para pilotar sua aeronave.

Analogamente, "pilotar" operações empresariais em ambientes complexos e ferozmente competitivos é pelo menos tão complicado quanto pilotar um jato. Por que deveríamos, portanto, crer que os gestores de operações necessitam de qualquer coisa menos que uma bateria de instrumentos de medição de desempenho para guiar suas organizações? Gestores de operações, assim como pilotos de jato, necessitam de instrumentos de medida sobre muitos aspectos de desempenho dos ambientes que gerenciam para monitorar a jornada que objetiva obter excelentes resultados futuros (adaptado de Kaplan e Norton, 1996).

PARA REFLETIR

Se utilizar apenas uma medida de desempenho parece totalmente insuficiente para a gestão das operações de uma organização, o uso de um número excessivo de medidas pode causar confusão, perda de foco e asfixia por dados em excesso. Como você imagina que uma organização deveria agir para definir o número certo de medidas de desempenho e quais medidas usar?

Reflita sobre quais medidas de desempenho você utilizaria para definir seu desempenho individual no atingimento dos seus objetivos pessoais para um horizonte de cinco anos.

Neste capítulo, será tratada a questão da avaliação de desempenho em operações. Como acompanhar e avaliar se o desempenho operacional encontra-se em níveis desejados? Os temas tratados referem-se, genericamente, às partes enfatizadas com tarja cinza no quadro geral apresentado e descrito no Capítulo 1 e reproduzido na Figura 5.1.

5.2 CONCEITOS

5.2.1 AVALIAÇÃO DE DESEMPENHO

Vários motivos têm feito com que a avaliação de desempenho tenha despertado tanto o interesse da comunidade de negócios (Neely, 1999). Alguns são comentados a seguir:

- **A natureza dos negócios mudou**. Em sistemas de contabilidade financeira, tradicionalmente incumbidos de avaliar o desempenho empresarial, os custos não diretamente identificáveis com setor específico (por exemplo, o salário do Presidente) são "rateados" entre todos os setores, proporcionalmente ao número de funcionários desses setores. Antes dos anos 1960 e 1970, isso poderia ser adequado, porque os custos de mão de obra direta excediam em geral 50% ou 60% dos custos totais dos empreendimentos. Desde os anos 1980 e 1990, entretanto, raramente custos de mão de obra direta excedem 10% ou 20% dos custos dos produtos vendidos. A alocação feita proporcionalmente ao número de funcionários passou a levar a erros grosseiros de custeio (definição dos custos) de produtos e, por consequência, passou a levar os gerentes a tomarem decisões erradas.

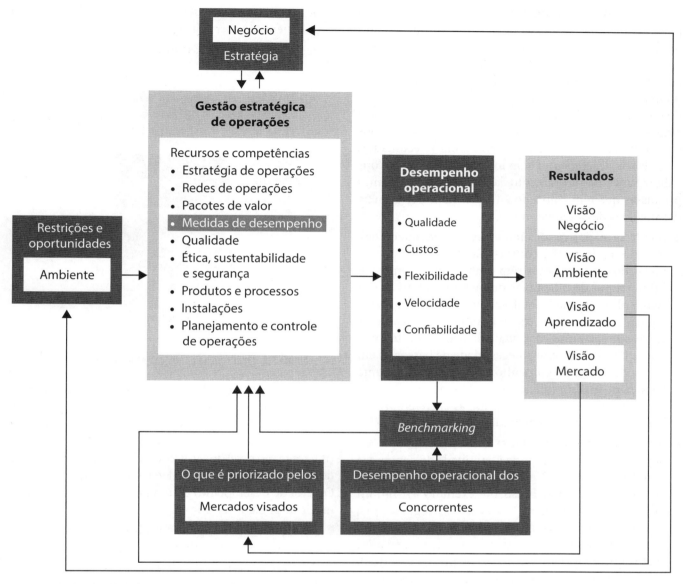

Figura 5.1 Quadro geral de referência de gestão estratégica de operações, com aspectos tratados no Capítulo 5 enfatizados com tarja cinza.

Esses erros começaram a ser tão fortemente alardeados que, a partir dos anos 1980, outras formas de custeio foram desenvolvidas, como a contabilidade de ganhos (ou *throughput accounting*, ligada à teoria das restrições; veja o Capítulo 15) e o custeio ABC (ou *Activity-Based Costing*), lógica um pouco menos grosseira de alocação de custos fixos, agora com base nas atividades "direcionadoras" (*drivers*) de custos – em outras palavras, atividades que mais provavelmente causam os custos (para detalhes sobre essa técnica, consulte, por exemplo, Martins, 2003).

■ **A competitividade está mais acirrada.** Isso levou as empresas a, cada vez mais, buscarem diferenciar-se da concorrência em termos de qualidade, serviço, flexibilidade para personalizar produtos, inovação e respostas rápidas e confiáveis a alterações do mercado. Fazem isso porque têm de competir não só com base em **preço**, mas também com base em **valor** oferecido. Competir nesses aspectos **não financeiros** significa que as empresas necessitam de informação sobre seu desempenho nesse novo espectro de diferentes fatores, não apenas no custo. Isso começou a chamar a atenção dos gestores para as ligações entre as medidas de desempenho e a estratégia competitiva e as vantagens de manter estratégia e medidas sempre alinhadas. É largamente aceito, hoje, que medidas de desempenho influenciam o comportamento.

> "Diga-me como você me mede e eu lhe digo como é o meu desempenho. Se você me mede de forma ilógica... Não reclame sobre meu comportamento ilógico" (Goldratt, *Teoria das restrições*, citado em Lockamy e Cox, 1994).

Medidas alinhadas com intenções estratégicas não só permitem avaliar se as estratégias de fato estão sendo implementadas, mas também contribuem para encorajar comportamento coerente com a estratégia. Isso porque as medidas em geral estão atreladas a mecanismos de premiação e recompensa. Em outras palavras, dependendo da Estratégia de Produção e Operações (EPO) que a empresa formular, especialmente em relação aos critérios competitivos e objetivos de desempenho selecionados, medidas de desempenho bem formuladas poderão contribuir para o monitoramento da EPO. A seguir, algumas premissas que têm colocado em evidência a relevância das medidas de desempenho:

- **As novas iniciativas de melhoramento em operações.** Respondendo a uma competição mais acirrada por mercados, as empresas têm embarcado num fluxo ininterrupto de iniciativas de melhoramento de desempenho: qualidade total, produção enxuta, *lean*, Six Sigma, manufatura de classe mundial, *benchmarking*, entre outras, muitas das quais discutidas neste livro. Todas têm em comum a necessidade de basear-se em mensuração de desempenho. O *benchmarking*, uma técnica de melhoramento baseada em comparações de níveis de desempenho e práticas entre empresas, baseia-se fortemente em medidas de desempenho.
- **A mudança nas demandas externas.** As organizações, hoje, estão sujeitas a grande quantidade de demandas e controles externos. Com as privatizações de serviços públicos – no caso do Brasil, por exemplo – surgiram organismos de governo (as agências reguladoras, como a Anatel – www.anatel.gov.br –, que controlam e regulam o desempenho quanto a serviços prestados, custos que subsidiam definição de preços e outros). A atuação desses organismos, sejam eles de governo ou outros que tenham interesse em regular a atuação das empresas, baseia-se fortemente em mensuração de desempenho.

5.2.2 MEDIÇÃO DE DESEMPENHO

Medição de desempenho é o processo de quantificar ação, em que medição é o processo de quantificação da ação que leva ao desempenho (Neely et al., 1995). As organizações, para atingirem seus objetivos, buscam satisfazer a seus clientes de forma mais eficiente e eficaz que seus concorrentes. Os termos **eficiência** e **eficácia** têm de ser usados com precisão nesse contexto:

- **Eficácia** refere-se à extensão na qual os objetivos são atingidos, ou seja, em que as necessidades dos clientes e outros grupos de interesse da organização (por exemplo, funcionários, governo, sociedade) são satisfeitas.
- **Eficiência**, por outro lado, é a medida de quão economicamente os recursos da organização são utilizados quando promovem determinado nível de satisfação dos clientes e outros grupos de interesse.

A Figura 5.2 ilustra essa diferenciação.

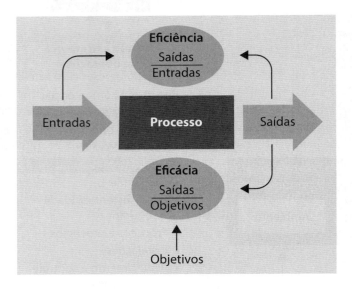

Figura 5.2 Ilustração da diferença entre eficiência e eficácia.

Essa diferenciação é relevante porque não só permite identificar duas importantes dimensões de desempenho, mas também por chamar a atenção para o fato de que há razões internas (referentes ao uso de recursos) e externas (referentes ao nível de serviço aos clientes e outros grupos de interesse) para perseguir determinados cursos de ação. O nível de desempenho de uma operação é função dos níveis de eficiência e eficácia que suas ações têm. Daí:

- **Medição de desempenho** pode ser definida como o processo de quantificação da eficiência e da eficácia das ações empreendidas por uma operação.
- **Medidas de desempenho** podem ser definidas como as métricas usadas para quantificar a eficiência e a eficácia de ações.
- **Um sistema de medição de desempenho** pode ser definido como um conjunto coerente de métricas usado para quantificar ambas, a eficiência e a eficácia das ações.

Os sistemas de avaliação de desempenho têm dois propósitos principais:

- São partes integrantes do ciclo de planejamento e controle, essencial para a gestão das operações. Medidas fornecem os meios para a captura de dados sobre desempenho que, depois de avaliados contra determinados padrões, servem para apoiar a tomada de decisões. Pense num termostato que regula a temperatura de uma sala. Continuamente, a medição da temperatura da sala é feita, comparada com a faixa-objetivo de temperaturas (os padrões), e a partir disso se aciona refrigeração ou aquecimento (decisão) para que a temperatura se mantenha **controlada**, ou seja, dentro das faixas desejáveis preestabelecidas.

- Não menos importante, o estabelecimento de um sistema adequado de avaliação de desempenho tem também papel importante em influenciar comportamentos desejados nas pessoas e nos sistemas de operações, para que determinadas intenções estratégicas tenham maior probabilidade de realmente se tornarem ações alinhadas com a estratégia de produção e operações (EPO) pretendida.

5.2.3 MEDIDAS DE DESEMPENHO: EVOLUÇÃO NO TEMPO

Ao longo da história, medidas de desempenho têm sido usadas para avaliar o sucesso de organizações. Uma das áreas mais antigas a dedicar-se a essa atividade é a de contabilidade (hoje em dia, mais amplamente chamada de controladoria). As técnicas contábeis contemporâneas originaram-se na Idade Média (Neely, 2003) e, desde essa época, a avaliação de desempenho feita por elas tem-se concentrado em critérios financeiros (Bruns, 1998). No início do século XX, a natureza das organizações havia evoluído, o que levou a uma relativa separação entre os proprietários das organizações e seus gestores profissionais. Como resultado, medidas de **retorno sobre o investimento** passaram a ser aplicadas (inicialmente pela empresa norte-americana DuPont) para que os proprietários pudessem melhor avaliar o desempenho dos gestores. Desde então, a vasta maioria das medidas de desempenho usadas têm sido predominantemente financeiras.

Com clientes mais exigentes e mercados mais competitivos, veio a necessidade de habilidade melhorada (e mais rápida) de resposta, assim como a necessidade de se agregarem aspectos externos (desempenho aos olhos do cliente, entre outros) à mensuração. Muitos autores e gestores conscientizaram-se então de que, embora os sistemas de contabilidade financeira demonstrassem **qual** o desempenho resultante das atividades executadas por uma organização, eles forneciam, por si só, pouca indicação de **como** esse desempenho foi atingido ou como poderia ser melhorado. Os críticos dos sistemas mais tradicionais de contabilidade meramente financeira listam neles as seguintes falhas:

- Encorajam uma visão míope, de prazo excessivamente curto. A avaliação de desempenho meramente de resultados financeiros incentiva os executivos a postergar investimentos em capital (renovação de parque fabril, aquisição de equipamentos de tecnologia mais avançada), pois esse tipo de investimento requer tempos mais longos de maturação e retorno, levando os gestores a direcionarem recursos para iniciativas de retorno mais rápido, como promoções e publicidade, mas que podem ser piores no longo prazo. Isso pode prejudicar, por exemplo, certos caminhos estratégicos que dependem de maior tempo para maturarem e gerarem resultado, deixando, assim, de ser perseguidos.

- Não têm relação direta com a estratégia de operações definida para a organização. Não avaliam, por exemplo, o desempenho em termos de qualidade, flexibilidade, satisfação de clientes, pontualidade ou velocidade de atendimento. Isto é, deixam de apoiar o atingimento da intenção estratégica da empresa.

- Encorajam otimizações locais mais do que a otimização do todo. É comum se encontrarem empresas que produzem altos níveis de estoques com a justificativa de que, assim, os equipamentos e as pessoas nunca vão parar por falta de material e os índices de utilização das máquinas ficarão altos. Outra condição que prejudica o atingimento de metas mais abrangentes que a estratégia de produção e operações deve ter.

- Encorajam os gestores a procurar minimizar as variações em relação a metas de desempenho mais do que procurar melhoramentos contínuos. Isso dificulta, por exemplo, uma EPO voltada para melhoramento contínuo como aquelas baseadas na lógica *lean*.

- Falham em prover informação sobre como os clientes veem o desempenho da organização e como essa visão compara-se com o desempenho da concorrência. Isso dificulta a identificação de oportunidades para eventuais ações de melhoria competitiva.

- Não ajudam a explicar as razões do desempenho financeiro e a melhorá-lo, o que é o mais importante, pelo menos do ponto de vista da gestão de operações.

VOCÊ SABIA?
Nos anos 1980 e 1990, disparou-se uma verdadeira corrida, tanto das empresas como de acadêmicos, no sentido de corrigir essas falhas identificadas. Neely (1999) dá conta de que, entre 1994 e 1996, algo como 3.600 artigos sobre avaliação de desempenho empresarial foram publicados, e, em 1996, só nos Estados Unidos um novo livro sobre o tema foi publicado, em média, a cada duas semanas.

As evidências do aumento do interesse no tema **avaliação de desempenho** também são visíveis no dia a dia. Os questionários de avaliação de desempenho empresarial viraram práticas comuns, bem ou malfeitos. Hoje, é quase impossível ir a um hotel, por exemplo, sem que em algum momento, durante ou depois do serviço, no local ou *on-line*, depare-se com um questionário de avaliação de satisfação com o serviço prestado.

A noção de que as medições de desempenho não devem ter dimensão única (financeira), mas ser mais balanceadas entre diferentes aspectos, tem ganhado muita aceitação. A abordagem "balanceada" mais visível, embora de forma alguma única, é o modelo de *Balanced ScoreCard* (BSC), de Kaplan e Norton (1996), que se tornou muito popular desde sua criação.

Segundo os autores, o BSC retém medidas financeiras tradicionais. As medidas financeiras tradicionais, entretanto, seriam insuficientes, por si só, para guiar e avaliar a jornada que as empresas da era da informação necessitam trilhar para criar valor futuro por meio de investimentos em clientes, fornecedores, funcionários, processos, tecnologias e na habilidade de aprender e inovar. O BSC complementaria, então, as medidas financeiras de desempenho passado com medidas de direcionadores e alavancadores do desempenho futuro. Os objetivos e as medidas do BSC são derivados da visão futura e da estratégia competitiva e de operações da organização. O BSC vê o desempenho organizacional de forma mais balanceada, de quatro perspectivas: financeira, do cliente, dos processos internos de negócio e do aprendizado e crescimento (veja a Figura 5.3).

Os executivos e os gestores, agora, podem medir como sua unidade de negócio cria valor para clientes atuais e futuros e podem aumentar as capacidades internas por meio de investimento em pessoas, sistemas e procedimentos necessários a melhorar o desempenho futuro.

Pode-se criticar o BSC de várias formas (por exemplo, numa análise estrita do quadro de referência da Figura 5.3, nota-se a completa ausência da consideração quanto ao desempenho da concorrência, fator que não pode estar fora de qualquer sistema de avaliação de desempenho num mundo crescentemente competitivo). Entretanto, com a ideia do BSC entrando fortemente na agenda dos executivos, em que pesem suas falhas, a ideia de que medidas exclusivamente financeiras são insuficientes e a ideia de que uma abordagem mais balanceada é necessária parecem ter-se firmado na visão de uma grande quantidade de executivos.

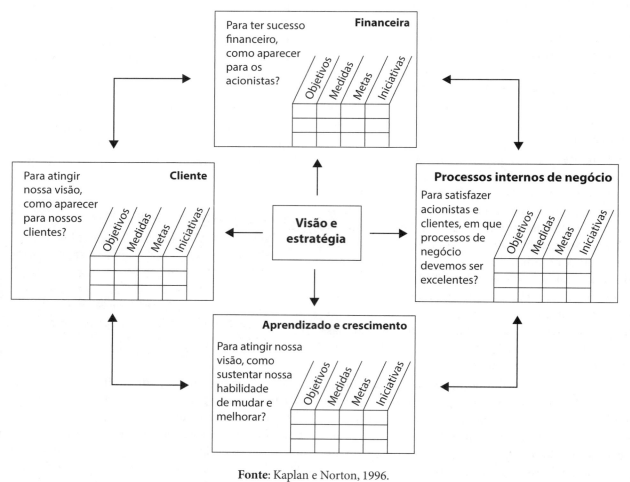

Fonte: Kaplan e Norton, 1996.

Figura 5.3 Quadro geral de referência do BSC.

PARA REFLETIR

Como você adaptaria a ideia do BSC para passar a considerar também o desempenho da concorrência na avaliação de desempenho da organização?

Você acha que, com a crescente preocupação das organizações em não só atingir prosperidade econômica, mas simultaneamente também atingir sustentabilidade ambiental e responsabilidade social, o BSC deveria ser ajustado? Como?

5.2.4 O QUE MEDIR?

Embora a literatura de gestão de operações seja boa para fornecer grande quantidade de métricas que podem ser usadas, não é tão boa para orientar como selecionar as adequadas. Em relação a isso, uma consideração importante é de que as métricas adotadas para avaliar o desempenho de uma operação deveriam ser alinhadas com a estratégia dessa operação. Isso se dá por meio da definição de métricas que sejam coerentes com as prioridades competitivas da operação (veja o Capítulo 2 para uma discussão detalhada sobre as prioridades competitivas de operações). Podem-se classificar as prioridades competitivas estratégicas de uma operação nos seguintes grupos gerais:

- Grupo relacionado a custo.
- Grupo relacionado a qualidade.
- Grupo relacionado a flexibilidade.
- Grupo relacionado a velocidade.
- Grupo relacionado a confiabilidade.

A seguir, encontram-se métricas mais específicas e detalhadas dentro de cada um dos grupos listados, que podem, respeitadas as particularidades de cada operação e sua estratégia, ser mais ou menos relevantes em um sistema de avaliação.

Grupo relacionado a custo

- Custos relativos à concorrência.
- Custos de manufatura (operação).
- Produtividade do capital, da mão de obra, do equipamento.
- Mão de obra direta.
- Mão de obra indireta.
- Materiais.
- Redução média de estoques por tipo de material.
- Custos com estoques por tipo (matéria-prima em processo, produtos acabados, em trânsito, consignado no cliente, entre outros).
- Custos referentes a qualidade – prevenção, avaliação, falhas internas e externas.
- Índice de refugo, de retrabalho, de reparos.
- Custo relativo (percentual) da mão de obra, do equipamento, dos materiais.
- Redução média de tempos de preparação de equipamento.
- Redução de custos de rotatividade de mão de obra.
- Custos de projeto.
- Despesas relativas com pesquisa e desenvolvimento.
- Iniciativas do fornecedor para redução de custos.
- Custos de distribuição.
- Custos com terceirização.
- Custos administrativos.
- Custos ambientais – geração de carbono, uso de água, energia, geração de resíduos, efeitos da operação no ambiente.
- Custos sociais – emprego, condições de trabalho, efeitos da operação em comunidades afetadas.

Grupo relacionado a qualidade

- Qualidade relativa percebida do produto.
- Qualidade relativa percebida das instalações e do atendimento (limpeza, conforto, estética, segurança, integridade, cortesia, competência, atenção no atendimento).
- Reclamações no *site* da empresa.
- Qualidade comparada aos concorrentes.
- Qualidade da comunicação com o cliente.
- Confiabilidade do produto (probabilidade de falhar em determinado período).
- Durabilidade do produto (até o final da vida econômica).
- Percentual de clientes satisfeitos e grau de satisfação de clientes.
- Número de reclamações.
- Taxa de entregas perfeitas dos fornecedores.
- Assistência do fornecedor para resolver problemas técnicos.
- Taxa de ligações para serviço de assistência.
- Taxa de retenção de clientes.
- *Net promoter score* (pontuação líquida dos clientes promotores).
- Valor de mercadorias devolvidas.
- Falhas no campo, tempo médio entre falhas do produto, percentual de tempo disponível do produto.
- Taxa de aprovação no controle de qualidade.

- Defeitos.
- Redução percentual de produtos defeituosos.
- Redução percentual de tempo decorrido entre geração e detecção de falhas.
- Redução percentual de refugo.
- Custos da qualidade (prevenção, inspeção, falhas internas e falhas externas).
- Qualidade dos fornecedores.
- Competência do fornecedor para responder a problemas técnicos.

Grupo relacionado a flexibilidade
- Flexibilidade percebida.
- Quanto a qualidade deixa de ser afetada por mudanças de *mix*/volume.
- Quanto os custos deixam de ser afetados por mudanças de *mix*/volume.
- Quanto o desempenho de entregas deixa de ser afetado por mudanças de *mix*/volume.
- Tempo de desenvolvimento de novos produtos.
- Tempo entre a ideia e o produto estar no mercado.
- Flexibilidade percebida para customizar produtos.
- Faixa (variedade) de produtos.
- Percentual de produtos customizados *versus* produtos padrão.
- Número de novos produtos apresentados por ano.
- Velocidade da operação para responder a mudanças de *mix*.
- Número de itens processados simultaneamente.
- Frequência de entregas da operação.
- Frequência de entregas do fornecedor.
- Tempo médio de preparação de equipamento.
- Quão rápido a operação se ajusta a mudanças de volume.
- Percentual possível de alteração de quantidade pedida sem alteração de *lead time*.
- Lote mínimo produzido economicamente.
- Tamanhos médios de lote.
- Percentagem da mão de obra que é polivalente.
- Percentagem de equipamento de múltiplos propósitos.
- Percentagem de equipamento programável.
- Percentagem de tempo ocioso nos recursos.
- Nível de estoque em processo.
- Nível de descontinuidade por quebras de equipamento.
- *Lead time* dos fornecedores.

Grupo relacionado a velocidade
- Tempo entre a percepção da necessidade pelo cliente e a entrega.
- *Lead times* internos.
- Tempos de ciclo da operação.
- Tempo de processamento de pedidos.
- Tempo de resposta a solicitações de clientes.
- Tempo de resposta a solicitações urgentes de clientes.
- Tempo de resposta a perguntas e dúvidas dos clientes.
- Tempo médio de atravessamento de materiais.
- Estoques em processo.
- Tempo de agregação de valor por tempo total no sistema.
- Distância percorrida pelos fluxos.
- Tempos de ciclo para decisões.
- Tempos perdidos em atividades não agregadoras de valor.

Grupo relacionado a confiabilidade (entregas)
- Confiabilidade percebida.
- Acurácia das previsões de demanda.
- Percentual de entregas no prazo (pedidos).
- Percentual de entregas no prazo (linhas de pedidos).
- Percentual de entregas no prazo (unidades).
- Percentual de entregas totais no prazo (*On Time In Full* – OTIF).
- Percentual de datas renegociadas com clientes.
- Aderência às datas prometidas.
- Percentual de pedidos com quantidade incorreta.
- Aderência aos planos de operação.
- Atraso médio.
- Aderência ao plano de distribuição.
- Percentagem de redução de *lead times* por linha de produto.
- Percentagem de melhoria na fração saída real/saída desejada.
- Percentagem de redução dos *lead times* de compras.

É importante notar que as métricas utilizadas de forma adequada num contexto podem não ser adequadas em outro. Em geral, critica-se com propriedade o uso, por exemplo, de métricas relacionadas a utilização de recursos de forma indiscriminada. Um setor de atendimento de emergência num hospital não deveria tentar maximizar a utilização dos seus recursos (médicos, enfermeiros, leitos) porque, se totalmente ocupados, não podem atender rapidamente a uma ocorrência inesperada como um acidente de trânsito. Nesse caso o indicador "velocidade de atendimento" deveria ser priorizado. Entretanto, numa situação em que uma indústria química trabalha produzindo uma *commodity* (sem diferenciação de marca ou especificação) que evidentemente compete em preço, o indicador "utilização de recurso" (equipamento) pode ser muito central. Em outras palavras, não há bons e maus indicadores de desempenho; há indicadores de desempenho que podem ser mais ou menos adequados a determinadas intenções estratégicas. Os indicadores alinhados com a intenção estratégica da organização, por todas as razões listadas, devem ocupar o centro dos sistemas de avaliação de desempenho da operação.

PARA REFLETIR
Como avaliar se uma medida de desempenho é de fato boa e adequada? Como ter certeza de que ela é bem e robustamente definida e compreendida por todos?

5.2.5 O QUE FAZ UMA BOA MEDIDA DE DESEMPENHO?

A literatura nos ajuda nesta questão ao listar critérios pelos quais a medida de desempenho deve passar para que seja considerada uma boa medida. As principais são listadas a seguir:

Boas medidas de desempenho deveriam:
- Ser derivadas da estratégia e alinhadas com as prioridades competitivas da operação.
- Ser simples de entender e usar.
- Prover *feedback* em tempo e de forma precisa.
- Ser baseadas em quantidades que possam ser influenciadas ou controladas pelo usuário ou por ele em conjunto com outros.
- Refletir o processo de negócio envolvido, ou seja, o cliente e o fornecedor envolvidos deveriam participar da definição.
- Referir-se a metas específicas.
- Ser relevantes.
- Pertencer a um ciclo fechado completo de controle.
- Ser claramente definidas.
- Ter impacto visual.
- Focalizar melhoramento.
- Manter seu significado ao longo do tempo.
- Prover *feedback* rápido.
- Ter propósito específico e definido.
- Basear-se em fórmulas e bases de dados explícitos.
- Empregar razões mais que valores absolutos.
- Referir-se a tendências mais que a situações estáticas.
- Ser objetivas e não apenas opinativas.
- Ser mais globais que localizadas.

Com base nesses critérios, Neely *et al.* (1997) sugerem um quadro de referência para que medidas de desempenho sejam definidas. Trata-se de uma espécie de *checklist* para que o projetista da medida de desempenho certifique-se tanto quanto possível de que as condições listadas sejam atendidas. A Figura 5.4 ilustra a ideia.

	Detalhes
Medida (nome)	
Propósito	
Refere-se a	
Meta	
Fórmula	
Frequência	
Quem mede?	
Fontes de dados	
Quem age nos dados?	
Quais ações possíveis?	
Notas e comentários	

Fonte: Neely *et al.*, 1997.

Figura 5.4 Quadro de referência para definição de medidas de desempenho.

As condições mostradas na Figura 5.4 são a seguir explicitadas:

- **Medida:** o título da métrica deve ser claro e específico, se possível autoexplicativo, evitando jargões.
- **Propósito:** se a medida não tem propósito bem definido, não deveria existir; este item deve contemplar a razão que justifica a existência da medida. Por exemplo: "permitir controlar a taxa de melhoramento de nossos esforços para redução de tempos de preparação de equipamento e, com isso, nos tornar mais flexíveis para alterar os *mix* de produtos".
- **Refere-se a:** procura explicitar a relação entre a medida de desempenho e a prioridade competitiva estratégica da operação.
- **Meta:** o estabelecimento de metas deve ser precedido pela questão "com que padrões comparamos o desempenho medido?". Vários padrões podem ser usados:
  - **Padrões históricos**: compara-se o desempenho atual com desempenhos passados para avaliar tendências. O estabelecimento de meta para uma medida de desempenho com padrão histórico poderia ser, por exemplo, "superar o desempenho do mesmo mês do ano anterior em pelo menos 10%".

- **Padrões arbitrários**: são estabelecidos arbitrariamente conforme o que é percebido como desejável ou bom. Uma meta assim seria, por exemplo, "manter o custo de mão de obra terceirizada em menos do que R$ 100.000,00 em agosto".
- **Padrões definidos pelo desempenho da concorrência**: neste ponto, é importante referir-se a critérios competitivos ganhadores de pedidos e qualificadores (veja o Capítulo 3). Os padrões de comparação relacionados a critérios **qualificadores** podem eventualmente ser fixos, no nível de qualificação (por exemplo, "o tempo para gerar uma cotação deve ser menor que quatro dias úteis"). Os padrões relacionados a critérios competitivos ganhadores de clientes devem ser "alvos móveis" (por exemplo, o "prazo médio de entrega deve ser pelo menos 10% menor que o prazo de entrega do concorrente X").
- **Padrões absolutos**: padrões absolutos são bastante utilizados e derivam das lógicas japonesas de gestão, inspiradas fortemente pelo *Just in Time* e pelo *Lean* (veja os Capítulos 6 e 20). Trata-se de estabelecer metas absolutas (e, muitas vezes, até impossíveis de atingir), como "zero defeito" ou "tamanho de lote unitário". Permitem que a operação meça sua distância em relação ao ideal teórico e que tenha sempre o que visar, evitando assim que se gere atitude complacente dos colaboradores quanto ao desempenho já atingido.

■ **Fórmula**: este é um dos mais complexos aspectos da definição de uma medida de desempenho, pois a fórmula – como a medida de desempenho é de fato quantificada – afeta o comportamento das pessoas. Levando em conta que as pessoas comportam-se não de acordo com o "esperado", mas de acordo com o que é "medido" (já que normalmente se amarram recompensas, bônus e outros aspectos de remuneração nos resultados da fórmula), é importante que se gaste tempo suficiente elaborando a definição da fórmula de cálculo, para que os envolvidos não desenvolvam comportamentos que maximizem o resultado da fórmula em detrimento do desempenho da operação. Tome como exemplo um funcionário, caixa de um supermercado, que tenha seu desempenho medido por "itens checados por hora". A fórmula parece fazer sentido, pois está relacionada com os tempos médios de atendimento de clientes e, por conseguinte, com a manutenção de filas menores nos caixas. Entretanto, esse funcionário percebeu que, quando um cliente chega com um pacote de 24 latas de refrigerante, se ele registra um pacote, sua métrica contará 1 item. Por outro lado, se registrar as 24 latas unitariamente, sua métrica melhorará, pois serão 24 itens checados. Ou seja, o funcionário desfaz os pacotes de 24 para registrar os itens individualmente, elevando assim o tempo de atendimento, contrariando o propósito básico inicial da própria métrica! Entretanto, em vez de esse aspecto ser considerado problema das medidas de desempenho, deve ser visto como oportunidade de, desenhando-se bem a medida e a fórmula, induzir um comportamento adequado nos colaboradores.

■ **Frequência:** periodicidade na qual a medida de desempenho deve ser registrada e relatada.

■ **Quem mede:** definição de responsabilidades quanto à coleta e ao relato da medida.

■ **Fontes de dados:** a fonte de onde se tiram os dados deve aqui ser especificada. A importância deste quesito é manter a consistência para permitir comparações longitudinais (temporais) dos dados. Deve-se especificar o ponto exato onde se coletam os dados, por exemplo: "no cálculo de atraso médio de entregas, a data prometida é a da primeira promessa ao cliente" – isso evita que a data levada em conta no cálculo seja, por exemplo, uma data renegociada com o cliente, quando a operação notou que não conseguiria honrar sua primeira promessa.

■ **Quem age nos dados?**: a responsabilidade por agir sobre os dados, no sentido de corrigir cursos de ação, por exemplo, deve ser identificada.

■ **Quais ações possíveis?**: esta é uma importante informação, porque é a que tenta fazer com que o ciclo de controle se feche. Nem sempre é possível detalhar todas as contingências sobre o que fazer quando a medida apresenta o comportamento x ou y; entretanto, é em geral possível delinear o processo gerencial que deve seguir a análise da medida de desempenho e sua comparação com os padrões especificados como metas.

Erros frequentes nas ferramentas de avaliação de desempenho em operações

Os sete erros listados a seguir são apontados por Corrêa e Caon (2002).

ERRO 1. Assimetria de escalas Likert – ferramenta projetada para "garantir" boa avaliação.

Um hotel de lazer de São Paulo usa escalas Likert para avaliar a qualidade de seus serviços do ponto de vista do cliente. Ao fazer o *check-out*, o cliente é solicitado a preencher uma ficha com 16 pontos de avaliação do seguinte tipo:

1. Cortesia no atendimento da recepção

Regular	Bom	Muito bom	Excelente

Percebe-se facilmente a assimetria da escala, favorecendo (e talvez induzindo) as respostas mais favoráveis (uma "neutra" – regular – e três favoráveis). Esse instrumento não foi bem elaborado.

ERRO 2. Induzir o respondente a determinada resposta.

Alguns questionários são elaborados de forma que induzem o cliente a determinada resposta, por exemplo, politicamente correta. Uma pesquisa para avaliar a satisfação do cliente com iniciativa de coleta seletiva de lixo num condomínio formulou uma das perguntas de um questionário da seguinte forma:

"Sou consciente da necessidade de preservar nossos recursos naturais e, portanto, em relação ao programa de coleta seletiva."

Independentemente de entrarmos no mérito de um programa de coleta seletiva, o instrumento apresentado pode exercer o papel de induzir o respondente, principalmente num mundo de patrulhamento ideológico crescente quanto ao "politicamente correto".

ERRO 3. Falha no entendimento do conceito arguido pelo respondente.

Termos com entendimento semântico usual pelo cliente, que não tenham sido definidos ou não tenham interpretação universalmente aceita, podem levar a erros em ferramentas de avaliação. Termos como "flexibilidade do serviço" ou "qualidade do serviço" podem ter diferentes entendimentos para diferentes pessoas e devem, em questionários preenchidos pelo cliente sem a presença do pesquisador, ser evitados. É importante tentar garantir que o conceito que estava na cabeça do projetista do instrumento, na hora de traduzi-lo em palavras a serem usadas no questionário, seja coerente com o conceito que se forma na cabeça do respondente ao ler o questionário.

ERRO 4. Falha em garantir que o respondente é relevante.

Às vezes, na aplicação de *mail shots* (por correio ou mais comumente, hoje, *on-line*), o pesquisador esquece-se de certificar-se sobre quem de fato respondeu ao questionário. São tantos, hoje, os questionários que são enviados a pessoas, que se abre a possibilidade de um executivo, para quem se enviou um questionário (pessoa definida como de fato respondendo representativamente pela empresa que se quer pesquisar), num dia atribulado e sem tempo, delegar a tarefa de responder ao questionário a um funcionário júnior, que, embora fazendo o melhor que possa, gerará respostas que não refletirão, possivelmente, a posição da organização.

ERRO 5. Assumir representatividade da amostra.

Um hospital importante de São Paulo mantém o mesmo questionário de avaliação de satisfação do cliente há seis anos. Cópias do questionário são deixadas nos quartos para serem respondidas por clientes que assim desejarem. Mesmo com um percentual baixo de retornos, pelo grande volume de clientes que passam pelo hospital anualmente, são milhares as respostas obtidas. Essa quantidade às vezes induz o pesquisador a assumir que essas respostas retornadas são representativas do universo de clientes. Podem não ser – pela simples razão de que algum motivo fez um grupo de clientes responder e isso, naturalmente, os faz diferentes (e, portanto, não representativos) do grupo que não respondeu. Isso não quer dizer que nos milhares de respostas não haja muita informação valiosa. Provavelmente há. O erro é achar que as conclusões encontradas na amostra obtida são extensíveis ao universo de clientes.

ERRO 6. Excesso de preciosismo levando a erro.

Numa ocasião, como membro de uma banca de mestrado, um dos autores avaliou o trabalho de um candidato que pesquisou o serviço de concessionárias de veículos. O candidato, também executivo de uma montadora, aplicou questionário de avaliação de desempenho com clientes de concessionárias usando escalas Likert. Apresentava afirmativas como:

"O consultor da recepção mostrou-se disponível e pronto a ouvir atentamente o problema."

A escala Likert usada tinha os extremos "Discordo totalmente" e "Concordo totalmente" com sete pontos intermediários de discriminação.

O zeloso mestrando, entretanto, resolveu ser mais preciso e definir os estágios intermediários da seguinte forma:

Simétrica, sem dúvida, e aparentemente até mais precisa do que se os estágios intermediários não tivessem sido definidos, mas observe: se alguém discorda em parte, não quer dizer que concorda muito? Se concorda muito, isso também não significa que discorda em parte? Depois de as respostas voltarem, como saber se o cliente de fato considerou diferente ou similarmente esses pontos, aparentemente bem diferentes pelo posicionamento na escala? A confiabilidade do instrumento fica prejudicada.

ERRO 7. Não perguntar ao final o que realmente importa: se o cliente tem intenção de voltar ou de recomendar o serviço ou produto a outras pessoas.

Em muitas situações, satisfação em determinados critérios selecionados pode não significar fidelização e, em última análise, retenção do cliente. Se essa é a intenção da pesquisa, sempre é importante que, ao final do questionário de avaliação, pergunte-se ao cliente se ele voltará (recompra) e se ele recomendaria o serviço ou produto a outras pessoas e em que grau. Em outras palavras, é sempre importante manter em mente o propósito do instrumento de avaliação de desempenho.

O *Net Promoter Score* (NPS) ou "Pontuação Líquida dos Promotores"

Nesse sentido, ganhou recentemente muita popularidade junto às empresas o *net promoter score* (NPS) ou pontuação líquida dos promotores, uma forma relativamente simples de se avaliar satisfação e retenção do cliente de maneira pragmática.

Para calcular o NPS, inclui-se num questionário de avaliação a seguinte pergunta:

"Em uma escala de 0 a 10, qual a probabilidade de você recomendar [nome da empresa] para seus amigos, familiares ou colegas de trabalho?" Conforme você sobe na escala de pontuação, de 0 a 10, os clientes desertam com taxas mais baixas, gastam mais e passam do boca a boca negativo para o positivo.

Considere que o percentual de respostas retornadas entre 0 e 6 representa a parcela de clientes "detratores" do serviço, clientes que vão "trabalhar contra". O percentual de clientes que responde à pergunta assinalando entre 7 e 8 corresponde àqueles cujo potencial de recomendação é "neutro". Entre 9 e 10 representa o percentual dos clientes que são seus melhores "promotores". O NPS é calculado subtraindo o percentual de "Detratores" do percentual de "Promotores". Portanto, se 50% dos respondentes eram "Promotores" e 10% eram "Detratores", o seu NPS é 50 – 10 = 40. A importância do NPS é que ele fornece *insights* sobre a faixa de fidelidade do cliente.

O que é uma boa pontuação de NPS? Dado o intervalo disponível de –100 a +100, qualquer pontuação acima de 0 é considerada "boa" porque indica que uma empresa tem mais promotores do que detratores. As empresas de primeiríssima linha geralmente têm um NPS de 70 ou superior, mas observe que, em 2018, a Netflix tinha um NPS de 64, o PayPal marcou 63, Amazon 54, Google 53 e Apple 49.

O que é uma pontuação de NPS ruim? Qualquer pontuação abaixo de 0 indica que uma empresa tem mais detratores do que promotores. É aqui que os *benchmarks* de NPS da indústria como os mencionados que apresentamos são úteis: embora uma pontuação de NPS de –3 possa parecer ruim isoladamente, é difícil interpretá-la sem pontuações comparáveis dos principais participantes da indústria – se a média da indústria fosse –10, de repente a pontuação não pareceria tão ruim.

INDÚSTRIA 4.0: MEDIDAS E AVALIAÇÃO DE DESEMPENHO EM PRODUÇÃO E OPERAÇÕES

Atualmente, diversas indústrias ainda mantêm seus fluxos de operação e produção baseados em papel ou com recursos limitados que dificultam a obtenção de informação precisa e atualizada sobre o andamento dos bens e serviços, o que resulta em atrasos e erros principalmente nos prazos de entrega. Nesse sentido, as ferramentas tecnológicas da I4.0 permitem, além da fabricação e da movimentação de materiais, rastreamento e análise de dados em tempo real das áreas de operações, que possibilita o desenvolvimento de sistemas de produção ágeis e de resposta rápida, garantindo eficiência e eficácia de uma variedade de setores industriais.

A inovação nas redes de operações e suprimento baseadas na I4.0 podem incluir, de acordo com suas necessidades de implementação, uma ou diversas tecnologias integradas como automação, computação em nuvem, inteligência artificial, impressão 3D, *robotics*, realidade aumentada, veículos de direção automática, cibersegurança, identificação por radiofrequência (RFID), nanotecnologia, tecnologias móveis e *omnichannel*. No entanto, no quesito de estabelecer medidas e avaliação de desempenho, estratégias de manutenção preditiva apoiada pela aplicação de sensores inteligentes, internet das coisas (IoT), *big data* e *edge computing* permitem processos automáticos e automonitorados comunicados entre si, e capazes de melhorar a confiabilidade do sistema, as estruturas de custo, o controle de qualidade, flexibilidade e velocidade no processo de produção.

Apoiados numa rede de telecomunicações 5G sem fio, esses componentes podem criar ecossistemas com identidade própria por meio de conectividade e distribuição de computação otimizada, revolucionando o planejamento estratégico dos processos à medida que materiais e produtos navegam de forma autônoma pelas linhas de produção. A IBM, por exemplo, oferece soluções específicas para esse propósito, mediante a implementação de dispositivos capazes de gerar dados enquanto funcionam, executando análises de qualidade no próprio computador de acordo com os parâmetros estabelecidos. Assim, em caso de falhas, os dispositivos enviam um sinal para outras máquinas ou para o setor de operações, garantindo a rápida solução de problemas e reduzindo os tempos de inatividade e custos.

uqr.to/12zie
Acesso em: 12 fev. 2022.

Figura 5.5 Avaliação da produção por meios digitais.

5.2.6 GESTÃO DO SISTEMA DE AVALIAÇÃO DE DESEMPENHO COMO UM PROCESSO

Um sistema de avaliação de desempenho é um modo sistemático de avaliar entradas, saídas, eficiências e eficácias do processo de transformação de uma operação. O desenvolvimento, o uso e a manutenção do sistema de avaliação de desempenho de uma operação devem ser encarados como processos. Neely *et al.* (2000) propõem um processo continuado, em fases, de gestão de um sistema de avaliação de desempenho operacional, que pode servir como guia geral. A Figura 5.6 ilustra a ideia.

Fase 1 – Que medidas são coletadas? (para cada função)

Propósito: Identificar que informações cada gestor necessita para gerenciar sua parte do negócio

Procedimento: Sessões de *brainstorming*, levando em conta o papel da função na estratégia da operação

Saída: Lista de possíveis áreas para mensuração de desempenho

---

Fase 2 – Análise de custo e benefício (para cada função)

Propósito: Garantir que medidas que representem retorno sobre o esforço colocado sejam identificadas

Procedimento: Considerar medidas da Fase 1 numa análise de custos e benefícios

Saída: Lista de áreas com alto retorno sobre o esforço

Fase 3 – Propósito das medidas (para cada função)

Propósito: Garantir que o propósito por trás de cada medida esteja claro e explícito

Procedimento: Completar folha com o propósito das medidas

Saída: Folha com propósito das medidas completas

Fase 4 – Projeto detalhado (para cada função)

Propósito: Determinar a estrutura para cada medida

Procedimento: Completar os registros para definição de cada medida (ilustrado na Figura 5.4)

Saída: Série completa de registros de medidas

Fase 5 – Integração (para cada função)

Propósito: Garantir que as medidas de desempenho possam integrar-se dentro de determinada função

Procedimento: Análise de conflitos, complementaridade e completude entre medidas dentro da função

Saída: Um conjunto de medidas de desempenho integrado, por função

---

Fase 6 – Considerações de ambiente (para cada função)

Propósito: Checar que cada medida de desempenho seja apropriada para o ambiente (função) onde estará

Procedimento: Auditoria de checagem de aceitabilidade e coerência com o ambiente, cultura e formas de recompensa

Saída: Conjunto de medidas integradas e aceitáveis para cada uma das funções

---

Fase 7 – Teste interfuncional

Propósito: Checar se as diferentes medidas de desempenho para diferentes funções estão integradas

Procedimento: Checagem de conflitos entre métricas, entre funções e análise de completude e coerência

Saída: Lista de medidas de desempenho apropriada, completa e integrada para determinado negócio

---

Fase 8 – Considerações ambientais (interfuncionais)

Propósito: Checar que as métricas sejam adequadas e aceitáveis para o ambiente corrente de negócios

Procedimento: Auditoria de completude, aceitabilidade e coerência com estratégia de negócio

Saída: Lista completa de medidas adequadas ao negócio

Fase 9 – Teste de robustez

Propósito: Identificar métricas que possam ser manipuladas, maximizadas sem representar vantagem para o negócio, incoerentes com interesses dos colaboradores

Procedimento: sessão de *brainstorming*

Saída: Lista completa de medidas adequadas ao negócio, testada quanto à robustez

---

Fase 10 – Institucionalização

Propósito: Garantir que as novas medidas de desempenho de fato entrem em vigor

Procedimento: Treinamento e checagem periódica

Saída: Conjunto implantado de medidas de desempenho

> *Fase 11 – Manutenção continuada*
> Propósito: Garantir que medidas redundantes e desatualizadas sejam eliminadas e novas sejam introduzidas
> Procedimento: Periodicamente, percorrer todas as fases
> Saída: Processo sistemático para garantir que o sistema de avaliação de desempenho esteja constantemente relevante e atualizado

Fonte: baseada em Neely *et al.*, 2000.
Figura 5.6 Ilustração do sistema de avaliação de desempenho operacional como um processo.

5.2.7 MEDIDAS DE DESEMPENHO PARA REDES DE OPERAÇÕES E SUPRIMENTO

Se já é complexo o projeto e gestão de sistemas de avaliação de desempenho numa unidade de operações, essa complexidade é ainda maior em redes de operações. Como consequência, os sistemas de avaliação de desempenho para cadeias de suprimento ainda são bem deficientes, em geral.

Essa deficiência sente-se principalmente porque, quando se buscam iniciativas para melhorar o desempenho de redes de operações mais que de operações isoladamente, as métricas locais e parciais tendem a levar a subotimizações, sendo necessárias, portanto, métricas globais que avaliem não só o desempenho dos nós das redes de operações, mas também suas eventuais sinergias, e também que ajudem a capturar suas possíveis ineficiências e ineficácias.

Essencialmente, entretanto, não há diferença substancial quando se trata de operações internas e operações externas à empresa: para ambas, quando se avaliam operações que são fornecedoras internas ou externas, a avaliação de desempenho é parte essencial do ciclo de planejamento, controle e melhoria, e um bom desenho e gestão do sistema deve ser feito.

5.2.8 PRODUTIVIDADE

Avaliando eficiência: medindo a produtividade

A avaliação de eficiência, por meio de medidas de produtividade, tem sido extensivamente usada em várias áreas do conhecimento. Medidas de produtividade são importantes porque:

- Primeiro, a menos que a empresa entenda as fontes de suas eficiências (ou ineficiências), é improvável que consiga melhorá-las e, consequentemente, desperdiçará importante condicionante da melhoria de sua lucratividade operacional.

- Segundo, muitos gerentes alocam seu tempo, ao menos implicitamente, de acordo com o dito "as pessoas fazem o que se mede delas e não o que se espera delas". Portanto, a menos que a produtividade de uma operação seja explicitamente medida, não é realista esperar que seus gestores aloquem para as questões relacionadas a ela muita prioridade.

- Terceiro, num ambiente crescentemente competitivo, em que frequentemente se disparam embriões de guerras de preço pela relativamente pouca diferenciação dos produtos, é importante que as empresas tenham bom controle sobre suas eficiências, já que só uma operação com alta produtividade permitirá que se possa ter sucesso em reduções de preço.

Sobre produtividade

Em essência, produtividade é uma medida da eficiência em que recursos de entrada (insumos) de um sistema de agregação de valor são transformados em saídas (produtos). Colocando de forma simples,

$$\text{Produtividade} = \frac{\text{Saídas}}{\text{Entradas}}$$

Segundo Norsworthy e Jang (1992), rigorosamente, produtividade seria mais um conceito econômico, que relaciona saídas e entradas. Eficiência, por outro lado, seria um conceito baseado nas ciências físicas, uma relação entre unidades "físicas" de saídas e entradas em sistemas de transformação. Se uma única saída ou entrada está envolvida na análise de um sistema de transformação, então a medida de produtividade pode ser expressa nas unidades dessas entradas e saídas "físicas" (por exemplo, veículos por hora/homem, medida parcial de produtividade possível numa montadora de veículos). Nesse caso, as medidas de eficiência e produtividade serão as mesmas. Entretanto, quando múltiplas entradas e saídas estão envolvidas, diferentes unidades devem ser "homogeneizadas" num denominador comum, que, via de regra, passa a ser o custo das entradas e o "valor" das saídas. O que resulta nesse caso é uma fração que representa uma relação econômica, mais que física. A produtividade pode alterar-se quando há variações nos custos dos insumos ou no valor dos produtos, ainda que as relações "físicas" entre saídas e entradas se mantenham estáveis.

Embora a produtividade da mão de obra tenha dominado a discussão ao longo de boa parte do século XX nos Estados Unidos, outros tipos de medidas de produtividade têm sido, também, comumente usados em determinados setores industriais, especialmente ligados à capacidade produtiva. Uma refinaria de petróleo, por exemplo, pode ter uma medida de sua produtividade expressa em, digamos, "barris de óleo por dia"; uma aciaria de lingotamento contínuo pode ter, como medida de produtividade, "toneladas de aço por dia"; uma clínica pode ter, por exemplo, clientes atendidos por médico a cada dia e assim por diante.

Produtividade total e parcial dos fatores

Há duas classes gerais de medidas de produtividade: a produtividade total e a produtividade parcial dos fatores envolvidos:

- **Produtividade total dos fatores** é a razão entre o produto real bruto mensurável (unidades prontas, unidades parcialmente acabadas e outros produtos ou serviços associados à produção) e a combinação (soma) de todos os correspondentes insumos mensuráveis, – por exemplo, despesas com computação, automação, materiais, energia, despesas administrativas e outros.
- **Produtividade parcial** é a relação entre o produto real bruto ou líquido mensurável (valor agregado) e uma classe (qualquer) de insumo mensurável.

Mensuração de Produtividade Total dos Fatores (PTF)

Um exemplo pode ilustrar uma possível mensuração de produtividade total dos fatores. Consideremos, por simplicidade, apenas um produto A e três insumos utilizados para produzi-lo: materiais, energia e mão de obra.

O cálculo das alterações de produtividade para o produto A pode ser feito conforme ilustrado na Figura 5.8.

Imagine que se queira identificar as alterações de produtividade dos vários insumos e a alteração da produtividade total dos fatores entre o período 1 e o período 2 para a operação simplificada. A lógica de cálculo é simples:

- Atualizam-se os preços dos insumos usados no período 1 para preços equivalentes ao período 2. Isso para o caso de haver interesse de isolar o efeito do fator alterações de preço (D).
- Calcula-se a taxa segundo a qual as "saídas" (receita com vendas) aumentaram do período 1 para o período 2, descontando alterações de preço (E).
- Ajustam-se todos os valores de insumos e produtos segundo a taxa de aumento de "saídas" (F). Se não houver ocorrido alteração relativa de produtividade, a mudança no uso de cada insumo deve ser proporcional à mudança ocorrida (e calculada – (E)) com a "saída".
- Comparam-se os valores calculados de insumos (caso a produtividade tenha se mantido) com aqueles realmente usados no período 2 para descobrir se os insumos foram usados em maior ou menor quantidade (G).
- Calcula-se a variação da produtividade total dos fatores, ponderando as alterações dos fatores parciais com peso de ponderação equivalente à participação do custo de cada insumo no custo total de insumos.

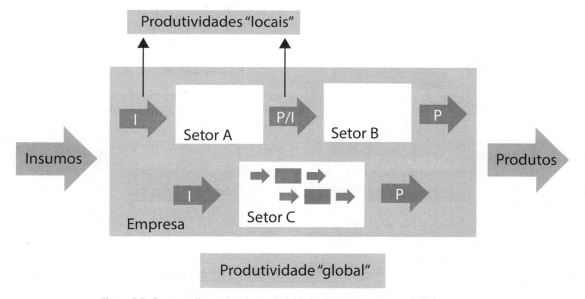

Figura 5.7 Esquema ilustrativo de produtividades locais e global no nível da empresa.

Item	Valores reais Per. 1 (A)	Valores reais Per. 2 (B)	Variação de preços Per. 2/Per. 1 (C)	Per. 1 atualizado (D) = (A) × (C)	Mudança nível de saídas (E) 123,9/116,3	Ajuste para níveis de saídas (F) = (D) × (E)	Razão Uso ajustado Uso real (G) = (F)/(B)	
Receita com vendas	110,7	123,9	1,051	116,346	1,065	123,897	1,000	
Materiais	43,4	46,5	1,032	44,789	1,065	47,696	1,026	2,571%
Energia	6,4	7,4	1,128	7,216	1,065	7,684	1,038	3,842%
Salários	30,1	35,1	1,081	32,550	1,065	34,663	0,988	−1,246%
Total insumos	79,9	89,0		84,6				
				Variação da produtividade total dos fatores				1,17%
PTF	1,385	1,392		1,376				

Fonte: baseada em Hayes, s/d.

Figura 5.8 Exemplo de cálculo de variação da produtividade dos fatores totais.

A conclusão para esse caso é que houve pequenas alterações positivas de produtividade dos insumos materiais e energia e degradação da produtividade da mão de obra.

A produtividade total dos fatores para o período 2 poderia ser calculada como:

$$\text{PTF} = \frac{123,9}{89,0} = 1,392$$

No cômputo geral, houve aumento de produtividade de 1,17%, comparando a produtividade total dos fatores do período 2 com a produtividade total dos fatores (corrigidos) do período 1.

5.3 ESTUDO DE CASO

Caso para estudo: Montadora de veículos Galaxy

A Galaxy Veículos do Brasil é uma subsidiária de uma grande corporação multinacional que opera com várias plantas em vários continentes e produz tanto veículos leves como caminhões. Sua média de produção anual tem excedido 500.000 unidades.

Tendo sofrido decréscimo de fatia de mercado local, a Galaxy abraçou grande iniciativa estratégica para reconquistar mercado. Central para essa iniciativa foi o desenvolvimento de um novo plano de negócio, adotado em 2015. O plano é hierárquico e estabelece valores corporativos que são muito mais voltados para o cliente e sua satisfação que a orientação estratégica anterior. Esses valores levaram (hierarquicamente) a estratégias específicas, que, por sua vez, têm sido implantadas utilizando técnicas que incluem um sistema de métricas de avaliação de desempenho. No coração do sistema está uma definição multifacetada de "saídas" ou resultados. Essas facetas são, principalmente, aquelas variáveis que a Galaxy considera serem critérios críticos para que ela permaneça competitiva: qualidade, custo e capacidade de resposta.

Qualidade é a preocupação dominante, e relatórios de qualidade de conformidade (quanto o produto físico saindo da linha está conforme as especificações) normalmente ganham grande visibilidade. A cada mês, o sistema de medidas reporta o desempenho em indicadores de qualidade-chave e ranqueia o desempenho relativo de todas as plantas do grupo, indicando para cada gerente responsável sua posição relativa aos outros sem que estes sejam identificados. Considera-se que, assim, não serão criadas situações constrangedoras em que um gerente saiba do desempenho de seus pares, mas fará o gerente saber que há oportunidades de melhoria em sua operação.

O custo é refletido por uma série de medidas, mas o foco, apesar de grandes movimentos da corporação no sentido de automatizar e terceirizar crescentemente suas plantas, dirige-se ao acompanhamento de custo de mão de obra por veículo, por se considerar que esta é uma medida simples, de fácil entendimento para todos e a mais controlável do ponto de vista da gestão de operações. Essa medida de custo é publicada extensivamente para todos os interessados, diretos ou indiretos, e é uma métrica largamente utilizada para comparar o desempenho de diferentes fábricas, de dentro e de fora do grupo.

A capacidade de resposta é definida como o tempo necessário para responder a clientes, tanto internos quanto externos. Relatórios sumarizando (são, na verdade, 24 métricas cuidadosamente dispostas de forma gráfica) desempenho quanto a tempos de resposta a pedidos dos clientes e tempos de produção em cada departamento são distribuídos fartamente pela organização. Esses indicadores não apenas avaliam o tempo para responder a clientes externos, mas também são controlados outros fatores, como o cumprimento de planos de produção pela fábrica, tempos de obtenção de insumos e outros.

Embora não haja nenhuma ligação entre o pagamento de recompensas aos funcionários e o novo sistema de métricas (os critérios de avaliação de desempenho pessoal foram desenvolvidos por uma empresa de consultoria em recursos humanos e baseiam-se fortemente na avaliação dos indivíduos por seus superiores hierárquicos e por seus funcionários), a gestão considera que há consciência generalizada na empresa de que é necessário melhorar desempenho nesses indicadores para a própria sobrevivência da organização e, portanto, para a própria manutenção dos empregos.

A gestão mostra-se confiante em que a empresa está agora alinhada e preparada para conseguir recuperar seus mercados perdidos.

Questões para discussão

1. Avalie, à luz das discussões feitas ao longo do Capítulo 5, os vários aspectos do sistema de avaliação de desempenho da Galaxy descritos neste caso, listando e justificando os pontos que você considera bons e aqueles que você considera que poderiam ser melhorados.
2. Prepare uma lista de sugestões de melhoria para o sistema de avaliação de desempenho da Galaxy.

5.4 RESUMO

- A avaliação de desempenho tem grande importância estratégica na criação de um padrão de decisões coerente na função de produção e operações, porque as pessoas tendem a comportar-se de forma a maximizar seu desempenho naquilo em que estão sendo medidas.
- A avaliação de desempenho ainda é um desafio para as empresas; é raro encontrar uma operação que tenha um sistema de avaliação de desempenho bem projetado e implantado.
- Medição de desempenho é o processo de quantificar ações que levam ao desempenho.
- Eficiência é a medida de quão economicamente os recursos da organização são usados para gerar seus resultados; normalmente, a eficiência operacional é chamada "produtividade" (medidas que relacionam as saídas da operação com suas entradas).
- Eficácia é a extensão segundo a qual os objetivos da organização são atingidos (quando comparados aos resultados).
- O *Balanced ScoreCard* (BSC) é uma abordagem usada no projeto de sistemas de medição de desempenho organizacional que procura balancear medidas financeiras, com medidas referentes aos processos internos, ao cliente e ao aprendizado e crescimento da organização.
- Os sistemas de avaliação de desempenho nas operações em geral são desenvolvidos em torno dos objetivos de custo, qualidade, flexibilidade, velocidade e confiabilidade.
- Uma boa medida de desempenho deve ser ligada aos objetivos estratégicos da organização, ser simples, prover *feedback* em tempo curto, ser relevante, ser claramente definida, focalizar no melhoramento, empregar razões mais que valores absolutos, referir-se mais a tendências que a situações estáticas e ser mais global que local.
- Um sistema de avaliação de desempenho é um modo sistemático de avaliar as entradas, as saídas, a eficiência e a eficácia do processo de transformação de uma operação.
- Medidas de avaliação de desempenho de redes de suprimento oferecem tremendas oportunidades de melhoria nas empresas em geral.

5.5 EXERCÍCIOS

1. Por que os tradicionais sistemas de medidas de desempenho de negócios, exclusivamente baseados em critérios financeiros, não são mais suficientes para suportar a tomada de decisões no mundo atual e futuro?
2. Por que medir desempenho tem papel crucial na gestão de operações?
3. Quais as diferenças entre os conceitos de eficiência e eficácia?
4. Quais as ideias centrais por trás da técnica de *Balanced ScoreCard* (BSC) e quais benefícios uma abordagem mais balanceada de métricas de avaliação de desempenho pode trazer?
5. Decidir o que medir é uma das principais decisões na gestão de avaliação de desempenho operacional. Quais os aspectos mais relevantes a serem levados em conta nessa decisão?
6. Quais os principais critérios para avaliar se uma medida de desempenho é boa? Discuta.

7. Por que a gestão de sistemas de avaliação de desempenho deve ser vista como um processo?

8. Quais os principais erros cometidos quando se desenham sistemas de avaliação de qualidade ou satisfação do cliente em operações de alto contato com o cliente? Como evitá-los?

9. Quais as diferenças entre as medidas de produtividade parcial e total e qual utilidade pode ser dada a cada uma?

10. Procure julgar o sistema de avaliação de desempenho da instituição à qual você está ligado (departamento universitário, unidade de operações de uma organização) criticamente, conforme o ferramental comentado.

5.6 ATIVIDADES PARA SALA DE AULA

1. Visite um hotel ou outra empresa prestadora de serviços da sua região ou utilize o formulário de avaliação de satisfação usado pela sua universidade ou faculdade. Solicite uma cópia do formulário usado (pelo hotel ou pela sua universidade ou faculdade) para avaliação da qualidade do serviço pelo cliente/aluno. Analise-o segundo os pontos destacados na seção "Erros frequentes nas ferramentas de avaliação de desempenho em operações" deste capítulo. Liste os pontos favoráveis e desfavoráveis que você identificou. O que poderia ser alterado no formulário para melhorá-lo? Produza um novo formulário que incorpore suas sugestões de melhoria.

2. Reúna-se com três ou quatro colegas, formando um grupo de trabalho. Pense num *website* de vendas ao varejo como o Amazon.com ou o Submarino.com. Proponha um sistema de avaliação de desempenho para que os gestores da empresa que você escolheu tenham um sistema adequado de medição e acompanhamento do seu desempenho operacional. Quais seriam as medidas principais do seu sistema? Avalie as medidas propostas pelo seu grupo segundo os critérios discutidos neste capítulo. Depois de avaliar, melhore seu sistema. Apresente suas conclusões para a classe.

5.7 BIBLIOGRAFIA E LEITURA ADICIONAL RECOMENDADA

BRUNS, W. Profit as a performance measure: powerful concept, insufficient measure. *In*: Performance Measurement-Theory and Practice: the First International Conference on Performance Measurement. Cambridge, 1998. p. 14-17.

CORRÊA, H. L.; CAON, M. *Gestão de serviços*. São Paulo: Atlas, 2002.

GUNASEKARAN, A.; PATEL, C.; TIRTIROGLU, E. Performance measures and metrics in a supply chain environment. *International Journal of Operations and Production Management*, v. 21, n. 1-2, p. 71-87, 2001.

HAYES, R. *A note on productivity accounting*. Harvard Business School, 9-682-084, s/d.

JOHNSON, H. T. The search for gain in markets and firms: a review of the historical emergence of management accounting systems. *Accounting, Organizations and Society*, v. 8, n. 2-3, p. 139-146, 1983.

KAPLAN, R. S.; NORTON, D. P. *The balanced scorecard*. Boston: Harvard Business School, 1996.

KAPLAN, R. S.; NORTON, D. P. *Measures for manufacturing excellence*. Boston: Harvard Business School, 1990.

LOCKAMY III, A.; COX, III; JAMES F. *Reengineering performance measurement*. Burn Ridge: The Irwin, 1994. (Apics Series)

MARTINS, E. *Contabilidade de custos*. 9. ed. São Paulo: Atlas, 2003.

MASKELL, B. M. *Performance measurement for world class manufacturing*. Portland: Productivity, 1991.

MUSCAT, A. R. N. *Técnicas de avaliação da produtividade*. São Paulo: Fundação Carlos Alberto Vanzolini, 2002.

NEELY, A. The performance measurement revolution: why now and what next? *International Journal of Operations and Production Management*, v. 19, n. 2, p. 205-228, 1999.

NEELY, A.; GREGORY, M.; PLATTS, K. Performance measurement system design. *International Journal of Operations and Production Management*, v. 15, n. 4, p. 80-116, 1995.

NEELY, A.; MILLS, J.; PLATTS, K.; RICHARDS, H.; GREGORY, M.; BOURNE, M.; KENNERLEY, M. Performance measurement system design: developing and testing a process-based approach. *International Journal of Operations & Production Management*, v. 20, n. 10, p. 1119-1145, 2000.

NEELY, A.; RICHARDS, H.; MILLS, J.; PLATTS, K.; BOURNE, M. Designing performance measures: a structured approach. *International Journal of Operations and Production Management*, v. 17, n. 11, p. 1131-1152, 1997.

NASH, L. L. Ethics without the sermon. *Harvard Business Review*, v. 59, n. 6, p. 79-90, Nov./Dec. 1981.

NORSWORTHY, J. R.; JANG, S. L. *Empirical measurement and analysis of productivity and technological change*: applications in hi-tech and service industries. Amsterdam: North Holland, 1992.

PASSOS, E. *Avaliação da produtividade industrial*: conceitos e métodos de avaliação. 1993. Tese (Doutoramento) – COPPE, Universidade Federal do Rio de Janeiro, Rio de Janeiro, 1993.

PROPOKENKO, J. *Productivity management*: a practical handbook. Genebra: International Labour Organization, 1992.

SLACK, N.; CHAMBERS, S.; JOHNSON, R. *Administração da produção*. 2. ed. São Paulo: Atlas, 2002.

SMITH, D. *The measurement nightmare*. Boca Raton: The St. Lucie Press: Apics, 2000.

WHITE, G. P. A survey and taxonomy of strategy-related performance measures for manufacturing. *International Journal of Operations and Production Management*, v. 16, n. 3, p. 42-61, 1996.

Websites relacionados

http://www.balancedscorecard.org – Instituto para o *Balanced ScoreCard* (BSC). Boa quantidade de recursos e informações. Acesso em: 8 fev. 2022.

http://www.benchmarkinginstitute.co.uk – Instituto dedicado a melhorar práticas de negócio por intermédio de *benchmarking*. Acesso em: 8 fev. 2022.

http://www.ifm.eng.cam.ac.uk/people/adn1000 – Centre for Strategy and Performance da Universidade de Cambridge. Esta página do Prof. Andy Neely traz vários artigos interessantes sobre medidas de desempenho para *download* gratuito. Acesso em: 8 fev. 2022.

http://www.performanceportal.org – Portal da Performance Measurement Association, uma rede global de pesquisadores e profissionais interessados em avaliação de desempenho. Acesso em: 8 fev. 2022.

http://www.performanceweb.org – *Site* do Performance Institute, dedicado a melhorar o desempenho de organizações na esfera pública. Inclui discussões de medidas de desempenho. Acesso em: 8 fev. 2022.

http://www.som.cranfield.ac.uk/som/cbp – Centre for Business Performance da Universidade de Cranfield. Recursos, informações, artigos e cursos sobre avaliação de desempenho são disponibilizados no *site*. Acesso em: 8 fev. 2022.

CAPÍTULO 6
Qualidade e melhoramento em produção e operações

> **OBJETIVOS DE APRENDIZAGEM**
>
> - Entender a evolução do pensamento em gestão da qualidade e o papel dos principais estudiosos da qualidade nessa evolução.
> - Entender o conceito de "qualidade como critério competitivo".
> - Ser capaz de explicar o conceito de planejamento e controle da qualidade e dos custos envolvidos na gestão da qualidade.
> - Conhecer e saber como aplicar as sete ferramentas da qualidade em situações práticas.
> - Entender os conceitos do controle estatístico do processo e saber como calcular os limites nas cartas de controle.
> - Entender o que é o ciclo PDCA, as várias formas de gestão do melhoramento em operações, incluindo *benchmarking*.
> - Entender os fundamentos do conceito de Qualidade Total (TQC) e Seis Sigma (6σ).
> - Compreender as diferenças entre os métodos tradicionais de gestão da qualidade e o conceito de Seis Sigma.

6.1 INTRODUÇÃO

Um grande fabricante mundial de brinquedos anuncia um *recall* de mais de 20 milhões de brinquedos em todo o mundo, incluindo o Brasil, devido ao risco de ingestão, por crianças, de pequenos componentes e ao excesso de chumbo contido na pintura. Os produtos envolvidos estavam sendo vendidos havia mais de cinco anos e, nesse período, tinham sido comercializados no Brasil cerca de 850 mil, sendo que a maioria deles já se encontrava nas mãos dos pequenos consumidores.

Outro grande fabricante anuncia o *recall* de uma cadeira para bebês e de um brinquedo, por oferecerem riscos às crianças. No caso do brinquedo, foi constatado que uma válvula de uma parte inflável, presa ao produto, corria o risco de se soltar. Para evitar que a peça fosse ingerida por alguma criança, o fabricante decidiu recolher todos os produtos. No mundo, haviam sido comercializadas quase 3,5 milhões de unidades, com relatos de 46 falhas no produto e oito acidentes de consumo, em que as crianças sofreram sufocamento após ingerir a válvula que se desprendeu. No Brasil, haviam sido vendidas aproximadamente 30 mil unidades desse brinquedo, mas sem relatos de incidentes. "De antemão, os consumidores devem remover imediatamente a parte inflável presa ao produto e deixá-la fora do alcance da criança", comunicou a empresa, por meio de nota.

Um fabricante de pneus anunciou *recall* voluntário de dois modelos de seus pneus produzidos nos Estados Unidos e no México. O *recall* incluía pneus de O&M (que equipavam os carros originalmente) e pneus de reposição, independentemente de quem fosse o fabricante do veículo que eles equipavam. Desde o início da fabricação, cerca de 14,4 milhões de pneus desses tipos haviam sido fabricados e estimava-se que, à época do *recall*, 6,5 milhões ainda estavam em uso. Segundo a NHTSA (*National Highway Traffic Safety Administration* – Administração Nacional para a Segurança de Tráfego em Autoestradas – www.nhtsa.gov) dos EUA, se o consumidor desejasse substituir os pneus por marcas concorrentes, seria reembolsado da quantia de US$ 100 por pneu, incluídos os gastos de montagem, balanceamento e taxas.

A palavra *recall*, de origem inglesa, é utilizada no Brasil para indicar o procedimento, previsto em lei e a ser adotado pelos fornecedores, de chamar de volta os consumidores em razão de defeitos verificados em produtos ou serviços colocados no mercado, evitando assim a ocorrência de acidentes de consumo.

Segundo o Procon (Fundação de Proteção e Defesa do Consumidor da Secretaria da Justiça e da Defesa da Cidadania – www.procon.sp.gov.br),

> "o chamamento (*recall*), ou Aviso de Risco, tem por objetivo básico proteger e preservar a vida, saúde, integridade e segurança do consumidor, bem como evitar prejuízos materiais e morais. A prevenção e a reparação dos danos estão intimamente ligadas, na medida em que o *recall* objetiva sanar um defeito, que coloca em risco a saúde e a segurança do consumidor, sendo que qualquer dano em virtude desse defeito será de responsabilidade do fornecedor. Nos termos do Código de Defesa do Consumidor, a responsabilidade do fornecedor é objetiva, ou seja, é independente da existência de culpa."

Além dos prejuízos e da possibilidade de sanções legais, quando um produto defeituoso que cause risco chega ao consumidor, a marca se abala; um produto que deveria agradá-lo torna-se uma ameaça – brinquedos que machucam, carros que matam ou remédios que causam males maiores que a cura prometida. Evidentemente, nenhuma empresa faz isso de forma intencional, mas alguns executivos parecem tratar esses defeitos como fatalidades, acima do escopo de seu controle.

Os dados mostram que a quantidade de *recalls* tem aumentado significativamente nos últimos anos, colocando em xeque a tese da fatalidade. Desde 1996, quando a NHTSA passou a ter a responsabilidade pela emissão de normas de segurança veicular e por exigir o *recall* de veículos considerados inseguros nos EUA, centenas de milhões de produtos, entre eles veículos, pneus, peças e equipamentos e cadeiras para bebês, foram objetos de *recall*. Muitos desses *recalls* foram iniciados voluntariamente pelos fabricantes, enquanto outros foram influenciados pela NHTSA ou obrigados por ela via judicial.

No Brasil, a situação não é diferente.

Ainda de acordo com o Procon,

> "desde o início de 2002, a Diretoria de Fiscalização da Fundação de Proteção e Defesa do Consumidor (Procon-SP) monitora e registra os avisos de risco (recalls) envolvendo produtos fabricados ou distribuídos por empresas de todo o território nacional. Disponível para consulta gratuita no site do Procon, esse banco de dados atualizado diariamente preserva o histórico de 1,1 mil campanhas oficiais, incluindo as ainda em andamento e as realizadas" (https://www.procon.sp.gov.br/diario-oficial-recall/).

O *recall* é previsto no artigo 10 do Código de Defesa do Consumidor (CDC) – Lei federal nº 8.078/1990. Obriga o fornecedor a informar as autoridades governamentais sobre sua campanha de convocação e também a arcar com os custos de produção e de divulgação de anúncios em meios de comunicação de grande abrangência. Além disso, é obrigatório o envio de relatório bimestral ao Procon informando o total de itens consertados ou trocados e quantos foram retificados ou substituídos no período. No anúncio do *recall*, a empresa deve fazer todos os esclarecimentos necessários, conforme previsto no CDC, alertando, inclusive, sobre eventuais riscos caso o cliente não faça a troca ou o conserto.

O total de convocações vem aumentando. Em 2002, foram 32 campanhas de *recall*; em 2010, o número subiu para 82; e, em 2016, chegou a 139. Desde o início do monitoramento, os veículos automotivos lideram a lista de *recalls*, com 79,02% deles, seguidos por produtos para a saúde (5,22%); itens diversos (4,31%); materiais infantis (3,30%); informática (2,47%); alimentos e bebidas (2,11%); peças automotivas (1,74%); higiene e beleza (1,01%); eletrodomésticos e eletroeletrônicos (0,82%).

PARA REFLETIR

Comece sua reflexão pensando em como você vê o conceito de qualidade: um conceito subjetivo, objetivo ou ambos?
Agora, considere os fatores apontados pelo coordenador do DPDC. Você concorda ou discorda deles? Por quê?
Em sua opinião, quais os efeitos que entidades como o Procon (no Brasil) e a NHTSA (nos EUA) têm sobre a "transparência" por parte das empresas? Reflita também sobre a influência da legislação sobre a qualidade geral de produtos e serviços e sobre o aumento da maturidade dos consumidores.

Com base em seu atual conhecimento sobre gestão da qualidade, que tipos de custo incidem sobre uma empresa em decorrência da má qualidade de seus produtos ou serviços?

Neste capítulo, será tratada a questão da gestão de qualidade em produção e operações. Os temas tratados referem-se, genericamente, à parte enfatizada com tarja cinza no quadro geral apresentado e descrito no Capítulo 1 e reproduzido na Figura 6.1.

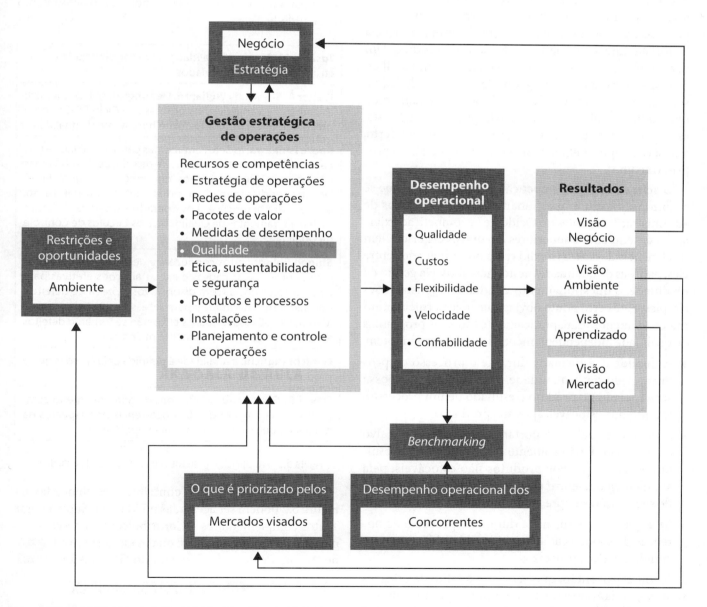

Figura 6.1 Quadro geral de referência de gestão estratégica de operações, com aspecto tratado no Capítulo 6 enfatizado com tarja cinza.

6.2 CONCEITOS

6.2.1 HISTÓRICO

A partir dos anos 1980, a indústria ocidental passou por movimentos intensos no sentido de alterar substancialmente os conceitos de qualidade e de sua gestão, como forma de enfrentar a concorrência oriental nos mercados. Uma profusão de filosofias, metodologias e programas foi experimentada, treinada, vendida e comprada, muitas vezes, como panaceias para os problemas de qualidade.

Conforme visto no Capítulo 1, o princípio taylorista da divisão do trabalho, com ênfase na eficiência da produção, prevaleceu até os anos 1960, enquanto a indústria ocidental aproveitava a pouca concorrência do período pós-guerra. A gestão da qualidade, pela mesma influência taylorista, fincava-se na inspeção sobre o produto. Um departamento de controle da qualidade e um batalhão de inspetores eram encarregados de "dar" qualidade (via segregação) ao produto fabricado por um batalhão de operadores (lembre-se de que, pelo princípio taylorista, as pessoas mais aptas à realização das tarefas, por certo, não seriam aptas nem a planejar nem a controlar o próprio trabalho).

O acirramento da competição pelos mercados que se seguiu promoveu o questionamento dos princípios de administração vigentes no Ocidente. A competição exigia agora desempenhos superiores em outros critérios além da eficiência de custos (medida pela produtividade), entre eles, padrões de qualidade muito mais altos. Na gestão da qualidade, o questionamento conduziu a constatações simples, e até certo ponto óbvias, que hoje permeiam, em maior ou menor grau, praticamente todos os programas de qualidade independentemente dos nomes que adotem.

- A qualidade é formada durante o processo de produção, ou seja, a qualidade não é um *kit* que possa ser instalado no produto (resultado de um processo), mesmo que estocável, após sua produção.
- As ações de qualidade, portanto, devem ter como alvo os processos e não somente os produtos deles resultantes. Note que nos produtos não estocáveis, pela simultaneidade entre produção e consumo, a chance de segregação sempre foi literalmente zero.
- Se a qualidade é formada durante o processo de obtenção do produto, as ações de qualidade deveriam ser simultâneas aos processos.

Ficou claro, então, que ações de qualidade eficazes somente seriam possíveis com a participação cada vez maior da força de trabalho, encarregada da produção. Ela teria agora que controlar e mesmo planejar parcelas de seu trabalho. O princípio da divisão do trabalho taylorista estava, então, definitivamente em xeque.

Ao contrário de dividir o trabalho e as responsabilidades, a tarefa agora era agregar.

6.2.2 BASES DA QUALIDADE PÓS-TAYLORISTA

A evolução do pensamento da qualidade contou com a contribuição de uma quantidade incalculável de pessoas que, em diversas épocas, se dedicaram ao encaminhamento de questões, de propostas de soluções e de abordagens relativas ao tema. Alguns estudiosos como Juran, Shewhart/Demin, Feigenbaum, Ishikawa, Shingo, Taguchi, Garvin e outros tiveram, no entanto, maior influência na formação do pensamento tal como se conforma no presente.

A Figura 6.2 mostra, de forma resumida, algumas das principais contribuições desses estudiosos ao pensamento da qualidade.

Joseph M. Juran: a qualidade deve ser planejada e seus custos devem ser apropriados.

Walter A. Shewhat / William E. Deming: identificar e reduzir as causas de variações nos processos e Ciclo PDCA como procedimento estruturado de melhoramento da qualidade.

Kaoru Ishikawa: as Sete Ferramentas para a Qualidade – treinamento em técnicas estatísticas e de solução de problemas não deveria ficar restrito aos "engenheiros da qualidade". Deveria ser disseminado a todos dentro da organização, desde a alta gerência até os operadores. São explicitadas as Sete Ferramentas da Qualidade e os Círculos de Controle da Qualidade.

Shigeo Shingo: erros conduzem a defeitos – identificar os erros, corrigir suas causas e executar ações efetivas para evitar a recorrência (com dispositivos à prova de defeitos, ou *"poka yokes"*, na língua japonesa) assim que cada erro seja identificado. Dessa forma, os erros não se tornarão defeitos e o processo será continuamente melhorado.

Genichi Taguchi: a qualidade é definida pelas perdas que o produto impõe à sociedade.

David A. Garvin: qualidade considerada um critério competitivo – ser melhor que a concorrência nos aspectos da qualidade que o cliente considera importantes.

Figura 6.2 Principais contribuições ao pensamento da qualidade.

Mais detalhes sobre as contribuições elencadas na Figura 6.2 podem ser acessadas no Material Suplementar Textos complementares – Contribuições ao desenvolvimento do pensamento sobre qualidade, disponível no Ambiente de aprendizagem do GEN | Altas.

6.2.3 PLANEJAMENTO E CONTROLE DA QUALIDADE

A cadeia de fornecimento é formada por uma sucessão de clientes e fornecedores (internos ou externos). Cada elo da cadeia recebe produtos de seu fornecedor a montante, executa um ou mais processos e fornece produtos a seu

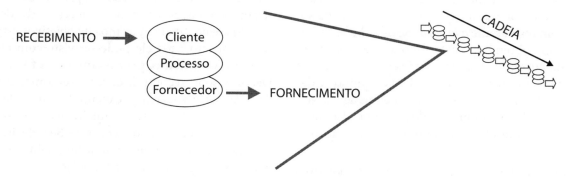

Figura 6.3 Papéis de cada elo na cadeia de fornecimento.

cliente a jusante. Entendam-se aqui produtos como os resultados de um processo. A Figura 6.3 mostra esquematicamente um desses elos.

Um elo como o da Figura 6.3 pode representar vários níveis de agregação. Assim, a figura poderia estar representando um único processo, uma sucessão de processos dentro de uma operação ou a operação como um todo em sua rede de suprimento, dependendo da análise que se esteja fazendo.

O objetivo de toda a cadeia é o fornecimento de produtos em níveis estratégicos de desempenho, ou seja, produtos que tenham um nível superior ao da concorrência nos critérios de competição considerados prioritários para a competitividade da cadeia. Entre esses critérios estarão as dimensões da qualidade priorizadas pela estratégia da cadeia (ou da operação, se estivermos considerando somente os elos contidos nela).

Evidentemente, o desempenho em qualidade na cadeia dependerá da contribuição de cada um de seus elos. O desempenho em qualidade de cada elo deverá ser planejado de forma a atingir o objetivo final da cadeia, e ações deverão ser empreendidas para proporcionar os meios de atingimento. O planejamento da qualidade deverá ainda considerar que certas características dos produtos fornecidos e recebidos dentro da cadeia, embora não contribuam de forma direta para a qualidade final, são facilitadoras de processos a jusante (contribuindo com outros critérios de competição) e, portanto, o desempenho nessas características deverá também ser planejado. Como exemplo, considere um fornecimento de barras de aço por um elo, que serão posteriormente torneadas automaticamente em outro elo dentro da cadeia. O diâmetro da barra fornecida não influirá na qualidade final (já que a barra será torneada), mas certamente poderá influir na facilidade de fixação da barra nas pinças dos tornos automáticos, eventualmente comprometendo o desempenho da operação (ou da cadeia) em custo ou velocidade (que são outros critérios de competição). O desempenho do fornecimento das barras em termos de seu diâmetro deverá, portanto, ser também planejado.

Planejamento da qualidade

O planejamento da qualidade, como qualquer planejamento, é feito antecipadamente. Portanto, os níveis de desempenho planejados não serão mais do que a formalização das expectativas dos responsáveis pelo planejamento sobre o desempenho futuro. Obviamente, essas expectativas serão embasadas por considerações técnicas, pela experiência anterior e mesmo por experimentos. Não obstante, variações existirão em todos os processos e, por mais acertadas que sejam as expectativas, estarão sujeitas a elas. Então, o planejamento da qualidade, como qualquer planejamento, deverá sempre conter, em todos os seus níveis, duas indicações:

- A primeira é a indicação do nível médio do desempenho esperado.
- A segunda é a indicação da variação esperada para esse nível médio de desempenho.

Normalmente, chama-se essa variação esperada de tolerância, indicando que variações dentro desses limites são toleráveis e acomodadas pela cadeia, não comprometendo o atendimento ao cliente. Considere o exemplo anterior da barra a ser torneada. Se a barra for fornecida com diâmetro de 12 ± 0,1 mm (variando entre 11,90 e 12,10 mm) e as pinças dos tornos da fase seguinte forem aptas a acomodar diâmetros de 12 ± 0,15 mm (variando entre 11,85 e 12,15 mm), evidentemente a variação dos diâmetros das barras assim fornecidas em nada comprometerá a fase seguinte e o cliente estará satisfeito. Nem todas as tolerâncias, no entanto, terão limites superiores e inferiores. Um tempo de espera numa fila de banco, por exemplo, evidentemente não necessitaria de um limitante inferior. Quanto menor o tempo, melhor será a avaliação do cliente. Uma observação, entretanto, cabe aqui. Considere, por exemplo, os tempos de espera de um cliente em um restaurante *à la carte*. Se os tempos de servir os pratos, a sobremesa, o cafezinho, a conta etc. forem todos muito curtos, o cliente poderá sentir-se enxotado e terrivelmente insatisfeito. Afinal, além da comida e das bebidas, ele espera também passar momentos agradáveis aproveitando o clima proporcionado pelo estabelecimento. Um restaurante *fast food*, ao contrário, mereceria outra consideração no planejamento.

A escolha dos meios para o atingimento dos objetivos será influenciada pelos desempenhos desejados e, em muitos casos, os meios disponíveis determinarão os níveis de desempenho que podem ser esperados em cada fase da cadeia. A definição dos objetivos para a qualidade em termos das duas indicações descritas e a escolha dos meios para o atingimento dos objetivos é tarefa do planejamento da qualidade.

VOCÊ SABIA?
As variações têm suas origens em causas naturais (que têm variabilidade previsível e, portanto, passíveis de planejamento) e causas especiais (que causam variações imprevisíveis). A possibilidade da ocorrência das variações devida a causas especiais impõe, por si só, em maior ou menor grau, a necessidade de controle.

Tomada de decisões em controle da qualidade

É também tarefa do planejamento da qualidade a tomada de decisões e a definição das ações necessárias ao controle da qualidade. Essas decisões incluem:

- Controlar ou não.
- O que controlar (será controlado o produto ou o processo?).
- O que controlar (que características do produto ou processo serão controladas?).
- Como controlar.
- Quem deve controlar.
- Quando controlar.

As considerações que seguem têm o objetivo de orientar a tomada das decisões de planejamento e a definição das ações de controle da qualidade.

Cada elo na cadeia de fornecimento recebe os resultados dos processos executados por seu elo fornecedor e fornece os resultados de seus próprios processos a seu elo cliente. O objetivo de cada elo, em termos da qualidade, é atender a seu elo cliente nas características facilitadoras dos processos e contribuir para o atingimento dos objetivos estratégicos da cadeia. Para tanto, cada elo deve receber de seu elo fornecedor os produtos de forma que sejam atendidas as suas próprias necessidades de processo e as do cliente final em termos de objetivos estratégicos. Nesse aspecto, cada elo pode ser visto como três atividades: **recebimento**, **processamento** e **fornecimento**. Decisões sobre o controle deverão ser tomadas e as ações deverão ser planejadas e executadas em cada uma das atividades. Obviamente, a primeira decisão a ser tomada é sobre executar ou não o controle. Se a decisão for por não executar o controle em uma das atividades, as outras decisões não precisarão ser tomadas.

Controlar ou não

Essas decisões deverão ser tomadas para cada produto envolvido no elo considerado. Independentemente de as decisões serem consideradas no recebimento, nos processos ou no produto processado, são geralmente orientadas por uma análise comparativa entre o custo do controle e o custo associado ao risco da não qualidade recebida na ausência do controle (custo do risco). Se o custo do controle fosse maior que o custo do risco, o controle no recebimento seria desaconselhável, e se o custo do risco fosse maior que o custo do controle, este seria necessário. De maneira simplificada, pode-se indicar:

Custo do controle x custo do risco de não controlar

Para alguns elos, determinados produtos recebidos, por exemplo, têm risco intrinsecamente baixo, embora, para outros, o mesmo produto ou serviço possa representar riscos bastante elevados. Por exemplo, os serviços de limpeza recebidos por uma unidade fabril representam riscos evidentemente menores que os mesmos serviços recebidos por um hospital.

Processos com menores variabilidades causarão menos falhas nos produtos e, consequentemente, imporão menores riscos em não se controlarem os produtos processados. Nesses casos, os custos de um controle ulterior sobre o produto processado suplantariam os custos dos riscos e, portanto, a decisão de não controlar poderia ser acertada.

Tanto a diminuição dos riscos quanto a diminuição dos custos de controle devem ser, portanto, objetivos da gestão da qualidade.

As análises de custo devem considerar as apropriações dadas por *Juran* (custo das falhas internas e externas comparativamente aos custos de avaliação e de prevenção). Mais detalhes sobre os custos da qualidade podem ser acessados no Material Suplementar Textos complementares – Contribuições ao desenvolvimento do pensamento sobre qualidade ao desenvolvimento do pensamento sobre qualidade, disponível no Ambiente de aprendizagem do GEN | Altas.

A análise de riscos geralmente usa ferramentas do tipo FMEA, que é a sigla para a expressão em inglês *Failure Mode and Effect Analysis*, a qual pode ser traduzida como *Análise dos Modos de Falhas e de seus Efeitos*. A FMEA, mais do que uma ferramenta, é um processo **sistemático** e **documentado** para avaliação e redução de riscos de falhas em projetos e processos.

Seu objetivo é identificar, definir, priorizar e reduzir os potenciais de falhas o mais cedo possível, diminuindo o risco de sua ocorrência tanto nos clientes externos quanto nos clientes internos.

A FMEA baseia-se na identificação dos modos de falhas possíveis (conhecidas ou potenciais). Para cada modo de falha identificado, são atribuídos índices para a severidade de seu efeito, para a frequência (ou probabilidade) de sua ocorrência e para as chances de detecção antes que o efeito prejudique o cliente. Um índice de risco é obtido pela composição (multiplicação) desses três índices e servirá para a priorização das ações de correção ou de melhoria cabíveis. A Figura 6.4 mostra uma folha de FMEA típica.

O processo do FMEA geralmente tem início com a formação de um grupo composto pelas pessoas da organização (ou de fora dela) que detenham o maior conhecimento e a maior quantidade de detalhes sobre os produtos ou serviços objetos da análise. Dessa forma, sempre que possível, deverão participar do grupo, além dos responsáveis pelo desenvolvimento, representantes dos clientes internos e externos usuários dos produtos ou serviços, e de quaisquer outras funções afetadas pelos impactos das falhas possíveis.

Embora a metodologia utilizada seja muito semelhante tanto para projetos (de produtos ou serviços) quanto para processos (de fabricação ou de prestação de serviços), normalmente se utilizam uma FMEA para o projeto e uma para o processo. Obviamente, haverá interatividade entre as duas, a qual será tanto maior quanto maior for o grau de simultaneidade entre os dois desenvolvimentos. No início do desenvolvimento, tanto dos produtos quanto dos processos, as FMEAs serão mais genéricas, com dados muitas vezes estimados, tornando-se mais detalhadas e precisas à medida que o desenvolvimento avança. A FMEA permanecerá aberta durante a vida do produto ou durante o tempo em que houver prestação do serviço; em muitas empresas, seu valor documental é tão grande quanto o de desenhos, especificações e folhas de processo.

FMEA
ANÁLISE DOS MODOS DE FALHAS E DE SEUS EFEITOS

☐ PROJETO IDENTIFICAÇÃO: ______ DATA: ______
☐ PROCESSO IDENTIFICAÇÃO: ______ ÁREA: ______
TÍTULO: ______ RESPONSÁVEL: ______

ESCOPO		ANÁLISE DA SITUAÇÃO ATUAL			ATUAL				PLANO DE AÇÕES				MELHORADO			
COMPONENTE/ SISTEMA	MODO DE FALHA	EFEITO DO MODO DE FALHA	CAUSA DO MODO DE FALHA	CONTROLE PREVISTO	SEVERIDADE	FREQUÊNCIA	DETECÇÃO	RISCO	AÇÃO CORRETIVA RECOMENDADA	RESPONSÁVEL	DATA PREVISTA	DATA REALIZADA	FREQUÊNCIA	SEVERIDADE	DETECÇÃO	RISCO
①	②	③	④	⑤	⑥	⑦	⑧	⑨	⑩	⑪	⑫	⑬	⑭	⑮	⑯	⑰

Figura 6.4 Folha de registros para a FMEA.

O processo de desenvolvimento da FMEA será mais bem entendido pela definição dos campos da folha da Figura 6.4 e pelas considerações que seguem:

COMPONENTE (coluna 1): é a parte do projeto ou do processo objeto da análise. Um componente de um projeto de produto poderá ser uma peça, um subconjunto, um conjunto ou o produto como um todo, dependendo do grau de detalhamento. Um componente de um projeto de serviço, por exemplo, poderia ser a escolha dos horários de veiculação de uma campanha publicitária na televisão ou o dimensionamento da quantidade de caixas numa agência bancária. A rigor, todos os componentes de um projeto devem ter uma análise, pois qualquer falha, em maior ou menor grau, terá algum impacto sobre alguma função do produto ou do serviço entregue ao cliente final ou ao cliente interno. Um componente de um processo é qualquer fase definida desse processo. Pode ser, por exemplo, uma operação de fabricação, de venda, de distribuição, uma simples digitação de um dado ou um momento da verdade crítico na prestação de um serviço. Novamente, aqui, todos os componentes do processo devem ser analisados, pois, como nos componentes do projeto, qualquer falha terá, em maior ou menor grau, impacto sobre todo o processo. O objetivo da FMEA é justamente sistematizar e documentar a avaliação dos impactos dos componentes individuais no desempenho do todo.

MODO DE FALHA (coluna 2): o modo de falha é a forma como um componente de um projeto ou de um processo pode falhar. O modo de falha não é a causa da falha, mas seu sintoma. Nesta fase da FMEA, os modos (sintomas) devem ser identificados. Posteriormente, as causas serão objeto de análise. Imagine a mangueira do radiador de um veículo: que modos de falha você pode identificar para ela? Rompimento, desconexão e vazamento seriam três modos de falha possíveis (note que são sintomas, não causas). E quanto ao dimensionamento da quantidade de caixas de uma agência bancária, quais seriam alguns modos de falha possíveis? Caixas ociosos e excesso de filas seriam dois deles (novamente, falamos de sintomas e não de causas).

EFEITO DO MODO DE FALHA (coluna 3): é o efeito (ou o dano ou a perda) que o modo de falha, se ocorrer, pode causar para o cliente interno ou externo. O objetivo aqui é analisar o efeito do modo de falha, descrevendo-o de forma a possibilitar que uma avaliação da sua severidade seja possível. Considere o modo de falha vazamento da mangueira do radiador. O efeito da falha, caso ocorra, será a necessidade de o usuário do veículo procurar uma assistência técnica. No entanto, para o modo de falha rompimento da mangueira, o efeito será a necessidade de o usuário do veículo pará-lo imediatamente e buscar um serviço de remoção para uma assistência técnica. Esses efeitos têm, obviamente, severidades diferentes. Pense agora no dimensionamento dos caixas da agência bancária. Se o modo de falha for filas em excesso, o efeito será ter clientes externos insatisfeitos. Se, por outro lado, o modo de falha for caixas ociosos, o efeito será uma diminuição na eficiência do uso dos recursos e, consequentemente, clientes internos (e acionistas) insatisfeitos.

CAUSA DO MODO DE FALHA (coluna 4): determinado modo de falha pode ter várias causas possíveis. O objetivo aqui é identificar as causas possíveis. Dados históricos de componentes semelhantes, diagramas de causa e efeito (Ishikawa) e a experiência dos componentes do grupo são apoios importantes a uma boa análise. Entre as causas possíveis de ocorrência, algumas terão maior probabilidade ou maior frequência de ocorrência e merecerão a prioridade na correção. Isso será levado em conta na coluna 6 e posteriormente no cálculo do índice de risco (coluna 9). Considere uma FMEA de projeto analisando o modo de falha vazamento da mangueira visto anteriormente. Entre as causas possíveis estaria, por exemplo, especificação de torque de aperto das abraçadeiras insuficiente para a pressão máxima do sistema (dado que a especificação do torque é atribuição do projeto). Na FMEA de processo, para o mesmo modo de falha, uma causa possível seria aplicação do torque das abraçadeiras em desacordo com o desenho (dado que a garantia da aplicação do torque, conforme o projeto, é atribuição do processo de fabricação). Nada impediria, no entanto, que uma causa relevante identificada numa análise de projeto fosse alertada ao processo e que uma causa identificada na análise do processo tivesse uma correção solicitada do projeto. A sistematização e a documentação da FMEA, portanto, contribuem para a interação projeto/processo.

CONTROLE PREVISTO (coluna 5): são descritos os controles previstos com o objetivo de detectar as causas dos modos de falha e evitar sua ocorrência e, portanto, seu efeito no cliente (externo ou interno). Na FMEA de projeto, constarão as verificações e os controles previstos para a validação do projeto (de produto ou serviço). Na FMEA de processo, constarão as verificações e os controles de processo (*poka yokes*, autocontrole, CEP etc.). Nesta coluna, o objetivo é descrever o que está previsto atualmente, sem julgar a eficácia do controle previsto. A avaliação da eficácia do controle previsto será feita mais adiante, na coluna 8. Retornando ao exemplo da mangueira do radiador, controle previsto para o projeto seria, por exemplo, um teste cíclico sob pressões até 30% superiores à pressão máxima prevista para o sistema de arrefecimento. No caso do dimensionamento da quantidade de caixas da agência bancária do exemplo anterior, um controle previsto seria a simulação de filas com uso de um *software* simulador, por exemplo. Para o processo, um controle previsto para a mangueira poderia ser o aperto por meio dispositivo com controle de torque (apertadeira pneumática). Numa FMEA de processo para o atendimento na agência bancária, um controle previsto poderia ser uma análise amostral do comprimento das filas.

Note que o preenchimento das colunas de 1 a 5 das folhas da FMEA descreveu a situação presente tanto para o projeto quanto para o processo. O grupo, agora, tem condições de avaliar o risco que a situação presente traz para os clientes. Isso é feito pelas atribuições dos índices das colunas 6, 7, 8 e 9 descritas a seguir.

SEVERIDADE (coluna 6): para cada modo de falha e considerando o efeito descrito na coluna 2, será atribuído um índice de severidade variando numa escala de 1 a 10, em que 1 representa um efeito (ou uma perda) insignificante para o cliente e 10 representa que o produto se torna inoperante ou o processo é interrompido devido à falha. Tanto a amplitude da faixa do índice quanto a definição dos significados de seus pontos extremos e intermediários deverão ser objeto de discussão prévia e homogeneização dentro da operação. O extremo inferior, no entanto, não poderá ser zero para não comprometer a validade do índice de risco (coluna 9), que é obtido pela multiplicação dos demais índices, como será visto adiante. Tanto o índice de severidade quanto os demais índices serão mais ou menos estimados, dependendo da fase do desenvolvimento. Se houver dados históricos de outros produtos e processos semelhantes, poderão ser usados como ponto de partida e os índices serão, portanto, mais precisos e menos estimados. Caso não haja, uma estimativa baseada na experiência dos componentes do grupo será usada e, com o avanço do desenvolvimento, os índices deverão ser revisados à luz dos novos dados obtidos.

FREQUÊNCIA (coluna 7): para cada causa definida na coluna 4, será atribuído um índice indicativo de sua probabilidade de ocorrência (frequência). Numa escala de 1 a 10, o índice 1 representa uma causa com probabilidade rara de ocorrência, ao passo que o índice 10 representa uma causa com probabilidade quase certa de ocorrer. Valem aqui as observações feitas anteriormente sobre a definição dos índices.

DETECÇÃO (coluna 8): considerando as causas apontadas para cada modo de falha e os respectivos controles previstos, são atribuídos os índices de detecção. Novamente uma escala de 1 a 10 é utilizada, com índice 1 representando uma detecção certa antes que o modo de falha produza o efeito. Índice 10, por outro lado, representa uma detecção impossível, indicando, portanto, que, ocorrendo o modo de falha pela causa apontada, o efeito apontado será sentido pelo cliente.

RISCO (coluna 9): este índice é a multiplicação dos três índices anteriores e terá a função de priorizar as ações de correção. Note que cada índice (severidade, frequência e detecção) age sobre os outros como um multiplicador ou como um redutor quando do cálculo do índice de risco. Assim, por exemplo, se num modo de falha o efeito for considerado severo (índice 8), a causa tiver incidência frequente (índice 8) e a detecção pelos meios existentes for certa (índice 1), o índice de risco resultará em 64. Se, por outro lado, o modo de falha tiver severidade moderada (índice 4), frequência baixa (índice 2), porém uma detecção impossível (índice 10), resultará num índice de risco de 80 e demandará prioridade maior nas ações de correção.

Após o cálculo dos índices de risco, o grupo terá a sequência para a priorização das ações de correção ou de melhorias necessárias. Uma curva de Pareto deverá ser gerada para que as medidas sejam tomadas, respeitando a maior ou menor escassez de recursos disponíveis e agindo prioritariamente sobre as causas que apresentarem os maiores índices de risco ao produto ou ao processo.

As próximas colunas (10, 11, 12 e 13) são um plano de ação para a correção das causas de maiores índices de risco. Como requisitos mínimos, um plano de ação deverá conter descrição clara da medida a ser tomada, data para a consecução da ação e um responsável por ela. As ações de correção poderão visar à atenuação da severidade do efeito do modo de falha (com consequente diminuição de seu índice de severidade), a eliminação da causa do modo de falha (diminuindo o índice de frequência), a melhoria dos controles (diminuindo o índice de detecção) ou uma composição das três. A melhor forma para a diminuição do risco dependerá das condições que se apresentam para cada solução e da capacidade do grupo.

Definidas as ações de correção ou de melhoria, uma nova avaliação deverá ser feita, agora sobre as condições propostas no plano de ação. As colunas 14, 15, 16 e 17 serão utilizadas.

Note que a FMEA é um processo contínuo de identificação, análise, priorização e correção dos modos de falha que tragam riscos para um projeto ou para um processo. Dessa forma, quaisquer inclusões, exclusões ou modificações feitas sobre quaisquer componentes de projetos ou processos deverão ser sempre refletidas na correspondente FMEA e ser objetos da análise sistemática e documentada que ela proporciona.

Ademais, modos de falha identificados posteriormente em qualquer fase do projeto, processo ou utilização desses produtos ou processos deverão igualmente ser refletidos e analisados na FMEA correspondente.

A Figura 6.4 ilustra, como foi dito, um modelo típico de folha para o acompanhamento e a documentação da FMEA. As folhas poderão, se conveniente, ser acrescidas por outras informações relevantes e conter elementos para análise de outras matérias, como facilidade de manutenção, segurança etc. A FMEA sistematiza e documenta o processo de identificação, análise, priorização e correção de condições de risco para projetos e processos. Por suas características, ela orienta e apoia o processo de diminuição progressiva dos riscos – não identifica, não analisa, não prioriza e não resolve as condições de risco! Isso é atribuição e responsabilidade do grupo.

PARA REFLETIR
Como você conduziria as reuniões para a elaboração e o acompanhamento de FMEA? Pense nas várias etapas, desde a definição da equipe até a distribuição da análise, passando pela execução das ações corretivas recomendadas.

O que controlar (produto ou processo)

Decisões desse tipo dependerão, em primeiro lugar, da classificação do produto considerado. Conforme visto no Capítulo 4, uma classificação conveniente para os produtos ou **pacotes de valor** seria dada por:

- Grau de estocabilidade dos elementos do **pacote de valor** oferecido.
- Grau de simultaneidade entre produção e consumo.
- Grau de intensidade e extensão da interação no contato com o cliente.
- Grau de objetividade possível na avaliação do desempenho.

Produtos de consumo **não simultâneo** à produção podem permitir tempo suficiente para que um **controle de qualidade do produto** seja feito entre o momento de sua produção e seu efetivo consumo pelo cliente (interno ou externo). Já para os produtos de consumo **simultâneo** ou para os produtos cujo tempo entre produção e consumo não permita um **controle de qualidade do produto**, a única alternativa é o **controle do processo**.

A decisão sobre o que controlar (produto ou processo) restringe-se somente aos produtos de consumo **não simultâneo**. Para estes, não havendo restrições de custo ou tecnológicas, a preferência deve recair sempre sobre o controle do processo. Caso existam impedimentos, o controle do produto poderá ser realizado. Os produtos de consumo **simultâneo** somente poderão ser controlados via processo.

O que controlar (características do produto ou do processo)

Evidentemente, um controle de qualidade deverá ter como objeto uma ou mais **características** de um produto ou de um processo. Essas características normalmente constam do plano de controle a ser seguido. A decisão a ser tomada pela gestão é sobre quais características devem ser controladas. Novamente, aqui, uma análise de risco é necessária e novamente a FMEA é uma ferramenta indicada. Na elaboração da FMEA, atenção especial deverá ser dada àquelas características correlacionadas às dimensões da qualidade consideradas prioritárias. O QFD – *Quality Function Deployment* (*desdobramento da função qualidade*) – é uma ferramenta que apoia a conversão das dimensões da qualidade prioritárias para os clientes em características internas da operação. Seu uso é discutido em mais detalhes no Capítulo 10.

O **grau de intensidade e extensão da interação no contato com o cliente** também tem influência na decisão sobre o que controlar. O grau de intensidade da interação é avaliado pela quantidade e pela profundidade das informações trocadas entre as partes, principalmente do cliente para o fornecedor. A extensão da interação, por sua vez, é avaliada pelo tempo em que a interação cliente-fornecedor se mantém. Em alguns processos, existe a necessidade de alto grau de intensidade e extensão (como uma psicanálise, por exemplo) e em outros essa necessidade é bastante baixa (a fabricação de cimento Portland, por exemplo). No entanto, cada vez mais crescem a prática e o interesse estratégico de as operações aumentarem os graus de intensidade e extensão de seus relacionamentos tanto com seus clientes quanto com seus fornecedores. Aumentar a intensidade significa trocar mais e melhores informações, conhecer melhor o cliente, informar melhor o fornecedor. Aumentar a extensão, por sua vez, significa manter o contato com o cliente por mais tempo (pela vida toda, se possível – os esforços cada vez maiores na fidelização de clientes buscam exatamente isso) e ter relacionamentos de longo prazo com os fornecedores. Vejamos quais as implicações do grau da extensão e do grau da intensidade na decisão sobre o que controlar:

- **Grau de extensão:** havendo o contato entre cliente e fornecedor, há a presença do cliente em pelo menos parte do processo. Dependendo do grau de extensão desse contato, podem passar a ser importantes para o cliente não só as dimensões da qualidade relativas ao produto, mas também as dimensões relativas aos processos pelos quais o produto é obtido. Como exemplo, considere um restaurante. A gestão controla, digamos, as características do ambiente do salão (iluminação, arrumação, música etc.), as características do atendimento (atenção do *maître* e dos garçons, o tempo para servir as bebidas e os pratos etc.) e as características da comida servida (temperatura, paladar, aparência etc.). A partir do momento em que a operação divulga um "convite" do tipo: "visite a nossa cozinha", entram para o rol das decisões da gerência as relativas à aparência do ambiente da cozinha e dos cozinheiros, no mínimo. Mais do que isso. A cozinha, agora, além de ser um processo que transforma ingredientes em pratos de bom paladar, passa a ter também que satisfazer às expectativas dos clientes quanto a sua estética, por exemplo. Somente clientes que tenham suas expectativas atendidas serão clientes satisfeitos. Portanto, as características dos processos com grau de extensão de contato com o cliente que contribuam para a satisfação de suas expectativas devem ter as necessidades de controle avaliadas.

- **Grau de intensidade:** aumentar o grau de intensidade no relacionamento implica, a jusante, conhecer melhor as necessidades e as prioridades do cliente e, a montante, melhorar as informações das próprias necessidades e prioridades ao fornecedor. É, portanto, também um objetivo da gestão da qualidade. O controle das atividades facilitadoras do aumento do grau de intensidade dos relacionamentos é também uma característica cuja necessidade de controle deve ser analisada.

Como controlar

As decisões de como controlar referem-se aos métodos de controle a serem utilizados e estarão restritas às decisões anteriores e a considerações tecnológicas e de custo. Optamos aqui pela separação entre métodos destinados ao controle de processos e métodos destinados ao controle de produtos.

- **Controle dos processos:** basicamente, são dois os métodos de se controlar o processo. O primeiro é o que busca evitar o defeito e é representado pelos dispositivos *poka yoke*. O segundo acompanha o desempenho dos processos, com o uso de cartas de controle de processo, diagramas de correlação temporal, listas de verificação (veja as seções 6.2.4, 6.2.5), mais adiante neste capítulo.
- **Controle dos produtos:** o controle dos produtos é feito por inspeções sobre características dos produtos. As inspeções poderão ser 100%, quando todos os produtos são verificados, ou amostrais, quando somente uma parte dos produtos é verificada, tomando-se o resultado como representativo do todo produzido. Nos controles amostrais, um número de aceitação deverá ser definido em termos de quantidades de defeitos encontrados na amostra. Os tamanhos das amostras para controle dependerão, por sua vez, do tamanho dos lotes, do nível de qualidade aceitável (NQA) e da confiança esperada. Normas como a *MIL-STD-105D* ou *softwares* de ferramentas estatísticas como o *R* (código aberto) *ou o Microsoft R* auxiliam na definição desses valores.

Quem deve controlar

Decisões desse tipo visam determinar se as atividades de controle devem ser levadas a cabo pelos executores do processo ou por outras funções dentro da operação. Sempre que possível, os próprios executores do processo deverão executar os controles. Essa é a situação chamada de **autocontrole**. Considere, por exemplo, o trabalho de um dentista. Salvo situações especiais, ele está em **autocontrole**, assim como está o atendente de um *call center* ou um operador de máquina-ferramenta que executa o controle estatístico do processo.

Autocontrole

Quando o trabalho é planejado de forma que quem o execute tenha o completo domínio do atingimento dos objetivos desejados, diz-se que o executante está em estado de autocontrole (controla seu próprio trabalho) e, por conseguinte, pode ser cobrado pelos resultados. Autocontrole é um conceito universal, segundo Juran (1988), aplicável tanto ao principal executivo de uma empresa como para um diretor de determinada divisão, à média gerência e ao mais humilde funcionário.

Três condições devem ser cumpridas para o atingimento do autocontrole:

- O funcionário deve saber o que deve ser feito, o que se espera de seu trabalho – devem existir procedimentos explícitos, claros, à prova de má interpretação e, quando adequado, disponíveis no posto de trabalho.
- O funcionário deve saber o que (e como) o trabalho está sendo feito – instrumentos de verificação ou outras formas de permitir que o funcionário avalie continuamente o resultado de seu trabalho deverão ser providos e estar presentes.
- O funcionário deverá saber que conduta seguir no caso de constatar que o resultado do trabalho executado não corresponde ao que é dele esperado – receber *feedback*, ter acesso e domínio de mecanismos que permitam que mude a forma como está fazendo e corrija as discrepâncias verificadas.

Um exemplo recorrente quando se procura demonstrar o conceito e as vantagens do autocontrole é o de alguns jogos. Pense num jogo de boliche, por exemplo. Os jogadores lançam as bolas, visando derrubar maior número de pinos que seus oponentes, levando a um jogo, segundo apreciadores, competitivo e motivador, em que é muito simples para um iniciante entender as regras, mas muito difícil tornar-se um mestre. Imagine agora um jogo de boliche em que os jogadores lançassem as bolas nas suas pistas, mas nelas houvesse uma cortina que os impedisse de ver os pinos derrubados e, portanto, controlar seus próprios resultados. Apenas ao final, um juiz informaria aos competidores qual foi aquele que obteve mais pinos derrubados ao longo da noite e, por conseguinte, venceu. Difícil imaginar que nesse boliche alternativo, sem *feedback* imediato, sem autocontrole, as pessoas se mantivessem muito motivadas, tanto para continuar a praticar o jogo quanto para tentar aprimorar sua forma de jogar. A taxa de melhoramento seria provavelmente lenta demais, pois pequenas tentativas sutis de acrescentar ou tirar efeito da bola, por exemplo, não poderiam ser avaliadas imediatamente pelo jogador em termos de sua eficácia e, portanto, seria muito difícil decidir por incorporar ou não o novo truque ao seu repertório geral de habilidades. Em outras palavras, sem as condições de autocontrole, o jogo passaria a ser menos motivador e o processo de melhoramento de desempenho ficaria muito mais lento.

Transpondo agora esse conceito para um funcionário em seu trabalho, a falta de autocontrole também, por motivos similares, levaria à desmotivação e a uma lentidão no processo de melhoramento de seu desempenho.

> **PARA REFLETIR**
> Como você incluiria as condições para o autocontrole em uma discussão sobre motivação de colaboradores e delegação de responsabilidades?

Existem, no entanto, situações em que restrições técnicas, econômicas ou outras não permitem que os próprios executores do processo exerçam o controle. Controles de processos químicos contínuos, processamentos automáticos, controle de ligas de fundição etc. podem ser exemplos dessas restrições. Outra situação que pode ser tida como restrição é o caso da inspeção de recebimento, quando considerada necessária. Nesse caso, evidentemente, quem controla não é o executor.

Quando controlar

Essas decisões dizem respeito à frequência com que os controles devem ser executados e dependerão das características dos produtos e da confiabilidade dos processos envolvidos. De forma geral, processos menos confiáveis exigirão maior frequência de controle. No caso de controles sobre os processos, as próprias cartas de controle indicarão a necessidade de frequências maiores de controle. Em controles sobre o produto, tal necessidade geralmente ocorre quando do recebimento dos lotes. A manutenção de registros históricos de fornecimentos anteriores indicará a necessidade de verificações sobre todos os lotes recebidos (histórico de qualidade insatisfatória), ou se há a oportunidade de aplicar verificações sobre lotes saltados (histórico de qualidade satisfatória).

6.2.4 AS SETE FERRAMENTAS PARA A QUALIDADE

"Noventa e cinco por cento dos problemas relacionados à qualidade podem ser resolvidos com o uso de sete ferramentas quantitativas básicas" (Kaoru Ishikawa).

A afirmação do senhor Ishikawa, se não entendida em seu escopo, pode parecer mais um *slogan* para a venda de mais uma panaceia. Não é. As **sete ferramentas para a qualidade**, como ficaram conhecidas, são e devem ser entendidas como o nome indica: **ferramentas**. Ferramentas não resolvem problemas nem melhoram situações – quem faz isso são as pessoas! Ferramentas apoiam e auxiliam pessoas na tomada das decisões que resolverão problemas ou melhorarão situações. Foram montadas com esse propósito: municiar os participantes dos processos com ferramentas simples e ao mesmo tempo fortes, de fácil entendimento e aplicação, de forma a apoiá-los na resolução e no controle de problemas de qualidade o mais próximo possível de suas ocorrências. São elas:

- Diagramas de processo.
- Análise de Pareto.
- Diagramas de causa e efeito (ou diagrama de Ishikawa).
- Diagramas de correlação.
- Histogramas.
- Cartas de controle de processos.
- Folhas de verificação.

Diagramas de processo

O objetivo dos diagramas de processo é a listagem de todas as fases do processo de forma simples e de rápida visualização e entendimento. A Figura 6.5-A mostra um diagrama de processo em que são utilizados símbolos padronizados e universalmente aceitos para cada fase de um processo. O significado de cada símbolo é mostrado também na figura. Em processos que requeiram fases de decisão, a forma de apresentação como fluxograma da Figura 6.5-B é normalmente utilizada. Para a prestação de serviço, um exemplo é o ciclo de serviço da Figura 6.6.

CAP. 6 ■ QUALIDADE E MELHORAMENTO EM PRODUÇÃO E OPERAÇÕES | 113

A - DIAGRAMA DE PROCESSO

		DISTÂNCIA ACUMULADA	TEMPO POR ATIVIDADE
RECEBER MATERIAL	○	0 m	15 min.
INSPECIONAR	□	0 m	55 min.
ARMAZENAR	▽	0 m	5 dias
TRANSPORTAR PARA INJETORA	⇒	38 m	15 min.
AGUARDAR *SETUP*	D	38 m	2,5 horas
INJETAR PEÇAS	○	39 m	1 min. por peça
TRANSPORTAR PARA O ARMAZÉM	⇒	54 m	12 min.
ARMAZENAR	▽	54 m	3 dias

B - FLUXOGRAMA DE PROCESSO

RECEBIMENTO DA MATÉRIA-PRIMA → APROVADA? — NÃO → DEVOLVER AO FORNECEDOR
SIM ↓
ARMAZENAR ↓ ③ (indicação de continuação)

SÍMBOLOS UTILIZADOS

- ○ OPERAÇÃO
- D ESPERA
- □ INSPEÇÃO
- ⇒ TRANSPORTE
- ▽ ARMAZENAMENTO

ATIVIDADES QUE NÃO AGREGAM VALOR

Figura 6.5 Exemplo de diagramas de processo.

Final do ciclo

- 17. Sair do estacionamento
- 16. Levar as compras até o carro
- 15. Localizar o carro
- 14. Empacotar as compras
- 13. Pagar pela compra
- 12. Registrar os produtos no caixa
- 11. Esperar a vez
- 10. Escolher e entrar em uma fila
- 9. Conferir a lista de compras

Início do ciclo

- 1. Entrar no estacionamento
- 2. Encontrar lugar para estacionar
- 3. Entrar no supermercado
- 4. Conseguir um carrinho
- 5. Obter informações na seção de serviço ao cliente
- 6. Decidir itinerário
- 7. Escolher os produtos
- 8. Pedir ajuda a um funcionário

Ciclo de serviço para um supermercado

Fonte: Corrêa e Gianesi, 1994.
Figura 6.6 Exemplo de um ciclo de serviço para um supermercado.

Clareza e **fidelidade** são os requisitos básicos de qualquer diagrama de processo:

- **Clareza**: promove a participação das pessoas e facilita a análise. Se processos complexos resultarem em diagramas longos e intrincados, estes deverão ser separados em partes, dividindo por responsabilidades ou utilizando uma hierarquia, em que os processos básicos são mostrados em grandes blocos e depois detalhados em subprocessos.
- **Fidelidade**: todas as alterações de processo deverão ser documentadas nos diagramas para garantir que estes reflitam sempre a realidade dos processos tal como estejam sendo executados.

A análise crítica dos diagramas e a comparação deles com as fases e sequenciamento reais ajudam na identificação de possíveis problemas de qualidade, além de evidenciar desperdício (excessos de estoques, de transportes etc.). Dependendo da análise a que se propõem, os diagramas poderão conter informações adicionais, como os tempos de cada fase, as quantidades estocadas, as distâncias percorridas, as fases em que ocorrem contatos com clientes (atividades de *front* ou *back office*), momentos da verdade, criticidades etc.

Análise de Pareto

A **análise de Pareto**, tal como se usa hoje, teve suas origens com o economista italiano Vilfredo Pareto. Pareto constatou, em seus estudos no século XIX, que cerca de 80% da riqueza mundial estavam nas mãos de 20% da população, apresentando os dados obtidos numa forma peculiar. Essa proporção (80/20), entretanto, ocorre também com bastante frequência na análise de várias situações cotidianas das operações. Assim, por exemplo, cerca de 80% do valor dos estoques concentram-se em cerca de 20% dos itens estocados; 80% dos atrasos de entregas (e da dor de cabeça em geral) concentram-se em 20% dos fornecedores; 80% dos problemas de qualidade concentram-se em 20% dos itens fabricados ou 80% das falhas ocorrem devido a 20% das causas prováveis dessas falhas. Constatações desse tipo levaram Juran a propor, na década de 1960, a análise de Pareto como forma de *"separar os poucos elementos vitais"* em uma análise. O objetivo é classificar em ordem decrescente os problemas que produzem os maiores efeitos e atacar esses problemas inicialmente. Dessa forma, a capacidade de solução disponível será direcionada exatamente para onde os resultados sejam maximizados (lembre-se de que maximizar os resultados obtidos com a utilização de um recurso é ser eficiente).

Suponha que se queira adotar ações para o melhoramento da qualidade dos itens comprados. Suponha, ainda, que as quantidades de itens defeituosos, de cada fornecedor, identificados na linha de montagem no último semestre, sejam as mostradas na Figura 6.7-A. A primeira coluna indica os fornecedores e a segunda coluna indica a quantidade de itens defeituosos levantada. A Figura 6.7-B mostra a aplicação da análise de Pareto sobre a Figura 6.7-A. O primeiro passo é a totalização das quantidades de defeituosos. Em seguida, calcula-se a participação percentual individual de cada fornecedor. Isso é feito pela divisão de cada quantidade defeituosa pelo total de defeituosos. Esses valores constam da terceira coluna da Figura 6.7-B. O próximo passo é a reordenação das linhas da Figura 6.7-B de acordo com a ordem decrescente das participações percentuais individuais (terceira coluna). Finalmente, calcula-se a participação acumulada. Os valores acumulados encontram-se na quarta coluna da Figura 6.7-B. A primeira linha do percentual acumulado é igual à primeira linha do percentual individual. A partir da segunda linha, os valores do percentual acumulado são obtidos pela soma do percentual individual com o percentual acumulado anterior.

Os valores obtidos das participações individuais e das participações acumuladas são traçados num gráfico como o da Figura 6.7-C. Esse é o gráfico de Pareto, também chamado de curva 80/20 e, em algumas situações, de curva ABC. As barras do gráfico são as participações percentuais individuais de cada fornecedor no total de itens defeituosos levantado. A curva indica a participação acumulada até o fornecedor considerado (os fornecedores estão no eixo das abscissas). Note, na escala da direita, que, se medidas de qualidade forem tomadas sobre três fornecedores somente (Fornecedores O, D e G), cerca de 80% dos defeitos totais podem ser eliminados.

FORNECEDOR	QUANTIDADE DE DEFEITUOSOS
A	1
B	3
C	2
D	39
E	3
F	4
G	18
H	1
I	2
J	1
K	12
L	2
M	6
N	1
O	58

Figura 6.7-A

FORNECEDOR	QUANTIDADE DE DEFEITUOSOS	PARTICIPAÇÃO INDIVIDUAL (%)	PARTICIPAÇÃO ACUMULADA (%)
O	58	37,91	37,91
D	39	25,49	63,40
G	18	11,76	75,16
K	12	7,84	83,01
M	6	3,92	86,93
F	4	2,61	89,54
B	3	1,96	91,50
E	3	1,96	93,46
L	2	1,31	94,77
C	2	1,31	96,08
I	2	1,31	97,39
A	1	0,65	98,04
J	1	0,65	98,69
H	1	0,65	99,35
N	1	0,65	100,00
TOTAL	153		

Figura 6.7-B

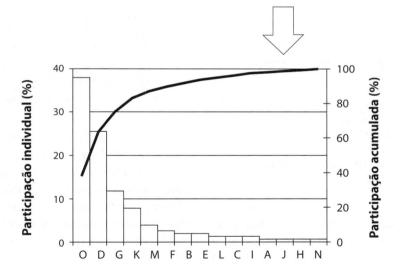

Figura 6.7-C Pareto da participação dos fornecedores no total dos defeitos.

Novas curvas de Pareto poderiam ser agora traçadas para cada um dos fornecedores O, D e G, detalhando os tipos de defeitos encontrados em cada uma de suas peças, para que suas ações fossem também priorizadas (por vezes também ditas "paretizadas") sobre os defeitos com maior incidência. Nesse caso, o gráfico gerado teria os tipos de defeitos dos itens do fornecedor nas abscissas e as participações percentuais de cada tipo de defeito do fornecedor nas ordenadas. A Figura 6.8 é um exemplo de análise de Pareto para os defeitos do Fornecedor O.

Tipo de defeito	Quantidade por tipo	Participação individual (%)
Pintura danificada	39	67,24
Faltando operações	14	24,14
Peças misturadas	3	5,17
Fora da tolerância	1	1,72
Falta trat. térmico	1	1,72
Total	58	

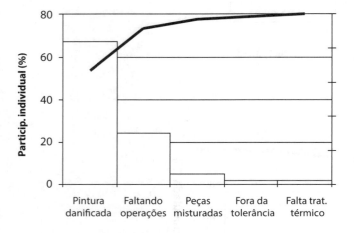

Figura 6.8 Pareto de defeitos para o Fornecedor O.

Diagramas de causa e efeito

Os **diagramas de causa e efeito** ou **diagramas de Ishikawa** têm se mostrado uma ferramenta simples e eficaz na condução de *brainstormings* e na promoção da participação das pessoas na análise de problemas.

O objetivo desses diagramas é apoiar o processo de identificação das possíveis causas-raízes de um problema; eles são normalmente utilizados após uma análise de Pareto. Os problemas classificados entre os mais importantes (que produzem o maior efeito) **na análise de Pareto** serão objetos de análises por meio de diagramas de causa e efeito ou diagramas de espinha de peixe, como também são chamados por causa da sua forma. A Figura 6.9 mostra um exemplo de aplicação na análise do problema de **pintura danificada** do Fornecedor O da Figura 6.8.

A descrição do problema é colocada no lugar onde ficaria a cabeça do peixe. A partir daquilo que seria sua espinha dorsal, vão sendo acrescidas ramificações nas quais são colocadas as causas possíveis para o problema (uma em cada ramo), partindo das mais gerais e ramificando para as causas das causas e assim por diante, até que se chegue às possíveis causas-raízes do problema. Sobre as causas-raízes, serão posteriormente conduzidas análises para a adoção de medidas de correção.

Normalmente, a construção desses diagramas é feita por um grupo de pessoas, partindo da descrição do problema e colocando-se ramificações indicativas de áreas gerais onde poderiam estar as causas-raízes do problema. Na manufatura, usam-se, por exemplo, os seis Ms (máquina, material, mão de obra, método, meio de medida e meio ambiente). Para operações de serviço, podem ser usados, por exemplo, **lugares**, **procedimentos**, **pessoas** e **políticas**. O objetivo de indicar as áreas gerais é dar início ao processo de geração de ideias sobre as causas possíveis. O processo de indicação das causas, geralmente, é o *brainstorming* com os componentes do grupo escrevendo as causas em adesivos (tipo *post-it*) e colando-os sobre o ramo correspondente à área geral. Vejamos como isso é feito no exemplo da Figura 6.9.

> **VOCÊ SABIA?**
> Uma regra básica para a fase de *brainstorming* é que não haja prejulgamento de nenhuma ideia apresentada, para não constranger nenhum dos participantes e procurar tirar-lhes o máximo de participação com ideias.

No ramo geral de "máquina", por exemplo, uma das causas apontadas para o problema de pintura danificada foi o equipamento de pintura (veja a Figura 6.9). Buscando causas possíveis para um problema no equipamento de pintura, o grupo considerou que o bico entupido e o filtro sujo poderiam causar problema no equipamento que resultasse na pintura danificada. Buscando agora causas possíveis para o bico entupido, o grupo identificou a falta de manutenção.

O mesmo procedimento foi seguido em todos os ramos, encadeando assim as causas e as consequências identificadas na Figura 6.9. Ao final do processo, o grupo teve identificadas várias causas possíveis para o problema. Note, no entanto, que são causas **possíveis**. Via de regra, serão necessários testes adicionais para decidir quais dentre as causas possíveis são causas-raízes **reais**. Para a continuação da análise, outras ferramentas podem ser usadas, entre elas os diagramas de correlação vistos a seguir.

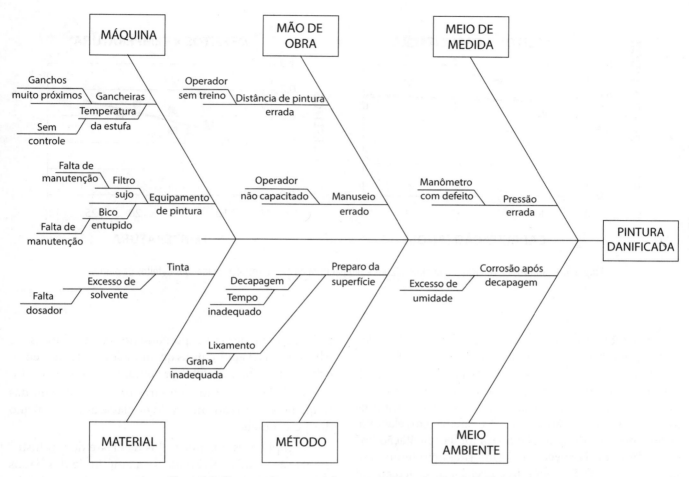

Figura 6.9 Diagrama de causa e efeito para o problema de pintura danificada.

Diagramas de correlação

Os diagramas de correlação são utilizados para explorar possíveis relações entre os problemas e o tempo (correlação temporal) ou entre os problemas e suas possíveis causas (correlação causal). O objetivo do uso dos diagramas como ferramenta é utilizar racionalmente os dados muitas vezes existentes e transformá-los em informações úteis ao direcionamento das análises de problemas pelo pessoal da linha de frente.

Os diagramas de correlação temporal podem indicar que determinado efeito tem correlação com o tempo, como, por exemplo, mudanças de turnos de trabalho, início ou fim de mês, início ou fim de semana etc. Esses gráficos podem não conter elementos estatísticos sofisticados, mas fornecem de forma rápida e simples algumas informações preliminares ao analista. A Figura 6.10 mostra um gráfico de correlação temporal dos percentuais de produtos defeituosos identificados em auditorias a cada duas horas, em três dias consecutivos na seção de pintura do Fornecedor O (veja a Figura 6.9). O gráfico mostra uma tendência de percentuais maiores no período das 14 às 20 horas (segundo turno).

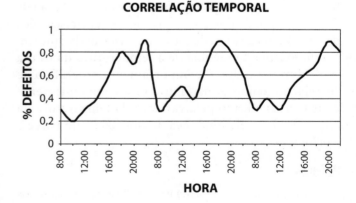

Figura 6.10 Percentuais de defeitos correlacionados aos horários de produção.

O analista, no entanto, deve ser cuidadoso nas conclusões tiradas da análise de gráficos desse tipo. Obviamente, pela observação do gráfico da Figura 6.10, pode-se (e deve-se) **cogitar** que exista diferença entre a capacitação dos operadores do primeiro e do segundo turnos, mas não se pode **concluir** que seja essa a causa do aumento dos

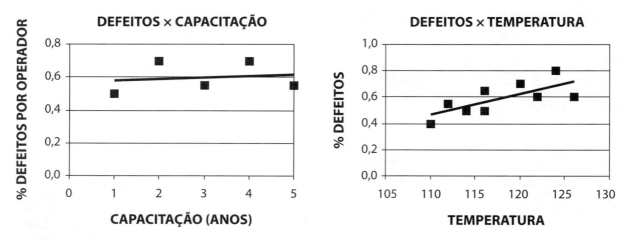

Figura 6.11 Gráficos de capacitação de funcionários e temperatura da estufa correlacionadas aos defeitos de pintura.

defeitos. Outros fatores indiretamente correlacionados ao tempo podem estar influindo no percentual de defeitos (temperatura que suba com o tempo, por exemplo). Os diagramas de correlação causal são utilizados para explorar essas correlações. A Figura 6.11 mostra dois gráficos de correlação causal. O primeiro correlaciona o percentual de defeitos por operador à capacitação dos operadores do Fornecedor O (inferida pelo tempo em anos na função) e o segundo correlaciona o percentual de defeitos à temperatura da estufa de secagem (que tem uma tendência de subir durante o dia).

Os gráficos da Figura 6.11 mostram correlação muito fraca entre a capacitação dos funcionários e a geração de defeitos na pintura, ao passo que é forte a correlação dos defeitos à temperatura da estufa de secagem da pintura. Como existe a tendência de a temperatura da estufa subir durante o dia, o comportamento do gráfico de correlação temporal da Figura 6.10 é aparentemente mais bem explicado pela variação da temperatura da estufa do que pela mudança de turnos, como parecia a princípio.

Histogramas

Um histograma é uma forma gráfica de apresentação dos dados obtidos em uma observação, de forma a simplificar a comparação de suas frequências de ocorrência. A tabela 1 da Figura 6.12 mostra o conjunto de resultados obtidos para o tempo gasto em cada atendimento realizado por um caixa de uma agência bancária em período de seis horas. Os gráficos da figura são histogramas da observação dos tempos de atendimento. O histograma A apresenta as quantidades brutas de atendimentos para cada intervalo de classe apontado no eixo das abscissas e o histograma B apresenta as quantidades de atendimentos como percentuais do total de atendimentos no período.

As tabelas 2 e 3 são auxiliares para a contagem das frequências para cada intervalo de classe e para o cálculo dos percentuais.

As amplitudes dos intervalos de classe de um histograma são obtidas dividindo-se a amplitude dos dados pela quantidade de intervalos de classe que se deseja. Normalmente, a quantidade de intervalos é sempre maior do que 5 e menor do que 20, dependendo da quantidade de dados e do detalhamento que se deseja. Pela facilidade de obtenção e visualização, os histogramas são muito convenientes à análise das distribuições de dados. Por vezes, pode ser útil e muito prático gerar um histograma à medida que os dados forem sendo obtidos. Suponha, por exemplo, que numa operação de torneamento automático queira-se acompanhar a distribuição das medições obtidas para um diâmetro da peça. Pode-se afixar um quadro no posto de trabalho com os intervalos de classe já definidos de forma que o próprio operador possa, após medir o diâmetro, fazer uma marcação no gráfico, classificando a medida obtida num dos intervalos de classe. Transcorrido algum tempo, a aparência do histograma seria a da Figura 6.13.

Note que a simples observação do histograma fornece uma ideia da distribuição dos eventos (medidas de diâmetro na Figura 6.13 ou tempos de atendimento na Figura 6.12). O que você diria se o diâmetro médio de projeto da peça da Figura 6.13 fosse 21,60 mm e sua tolerância permitida fosse de 0,1 mm para mais ou para menos?

Tabela 1 – Tempos de atendimento

6,66	7,09	6,98	6,63	5,60	4,92	10,85	3,58	5,78	6,54
3,07	6,33	6,25	7,06	6,16	3,54	8,06	6,36	8,95	2,89
8,52	4,75	4,51	7,43	7,33	5,31	3,56	9,99	5,61	4,53
3,32	7,39	5,23	3,50	5,72	4,84	4,94	2,34	6,04	2,14
7,20	7,24	6,66	4,81	8,48	4,31	5,99	10,42	4,49	5,90
0,70	2,83	9,92	9,42	10,67	5,97	6,79	5,69	4,39	7,80

Tabela 2 – Quantidades brutas

Intervalo de classe	Frequência
0 a 2 minutos	1
2 a 4 minutos	10
4 a 6 minutos	20
6 a 8 minutos	19
8 a 10 minutos	7
10 a 12 minutos	3

Tabela 3 – Quantidades percentuais

Intervalo de classe	Frequência	% frequência
0 a 2 minutos	1	1,67%
2 a 4 minutos	10	16,67%
4 a 6 minutos	20	33,33%
6 a 8 minutos	19	31,67%
8 a 10 minutos	7	11,67%
10 a 12 minutos	3	5,00%
Total	**60**	**100,00%**

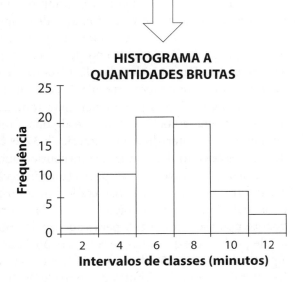

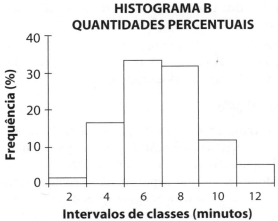

Figura 6.12 Construção dos histogramas – tempos de atendimento de um caixa de agência bancária.

E se o tempo médio esperado de atendimento no caixa fosse seis minutos? O que você diria sobre a dispersão dos eventos nos dois processos? São aceitáveis? Questões desse tipo conduzem à sexta ferramenta: as cartas de controle de processos.

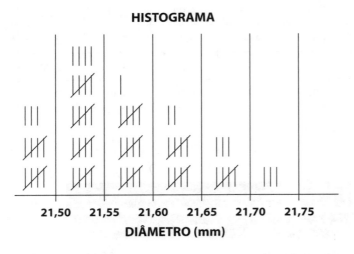

Figura 6.13 Histograma simplificado obtido no posto de trabalho.

Cartas de controle de processos

As **cartas de controle de processos** foram criadas por Walter Shewhart ainda na década de 1920, tendo seu uso sido difundido posteriormente por Edward Deming nas décadas de 1950 e 1960. O objetivo das cartas é o de manter o controle de um processo pelo acompanhamento do comportamento de uma ou várias medidas importantes (por exemplo, um diâmetro torneado, um tempo de atendimento, o total das vendas diárias de uma região, uma temperatura etc.) resultantes desse processo.

Geralmente, as **cartas de controle de processos** possuem as informações e o aspecto mostrados na Figura 6.14.

As cartas de controle de processo são tratadas mais detalhadamente na seção 6.2.5, Controle Estatístico do Processo (CEP), adiante neste capítulo.

Folhas de verificação

A sétima ferramenta é a mais simples e direta delas. As folhas de verificação têm a função de garantir que o ganho obtido pela aplicação das seis ferramentas anteriores não seja perdido ou esquecido depois que os problemas, já resolvidos, deixarem de ocupar as atenções da operação. As folhas de verificação devem conter, de forma simples, objetiva e clara, o procedimento correto a ser seguido e as verificações que deverão ser feitas no processo para evitar a recorrência dos problemas. Poderão, muitas vezes, ser um aviso afixado ao lado do posto de trabalho, outras vezes um fluxograma com a sequência de verificações a serem seguidas, ou ainda um formulário com a exigência da assinatura de quem executou a verificação. Essas folhas, no entanto, não substituem a documentação formal de processo, que deverá ser atualizada tão logo as ações de correção dos problemas tenham sido validadas. Um exemplo bastante conhecido de folha de verificação é o chamado *check-list* que os pilotos seguem antes de fazerem decolar a aeronave.

6.2.5 CONTROLE ESTATÍSTICO DO PROCESSO (CEP)

Um conceito quase intuitivo é o de que todo processo apresenta variações. Um torneamento apresenta variações, o atendimento do caixa do banco apresenta variações, o metabolismo humano apresenta variações.

As variações dos processos refletem-se de uma forma ou de outra nas medidas dos resultados desses processos (nas saídas desses processos). As variações do processo de torneamento refletem-se na medida do diâmetro obtido, entre outras; as variações do atendimento do caixa refletem-se, entre outros fatores, no tempo de atendimento; as variações do metabolismo se refletem na temperatura corporal, entre outras medidas. As variações nas saídas do processo, então, podem inferir as variações do próprio processo. As variações no diâmetro torneado podem inferir as do processo de torneamento, assim como as da temperatura corporal podem inferir as do metabolismo.

Considere o acompanhamento da temperatura corporal de um paciente internado num hospital. O médico sabe (pelos dados de análise de uma grande quantidade de pacientes saudáveis) que a temperatura média normal é 36,6º C e que variações de até 0,6º C são devidas a um grande número de causas naturais e, portanto, consideradas normais. Então, se nas várias tomadas de temperatura do paciente internado as temperaturas se mantiverem entre 36,0º C e 37,2º C (dentro dos limites de controle), as variações serão consideradas decorrentes de causas naturais, o processo de termorregulação será considerado controlado e nenhuma providência será tomada além do acompanhamento. No entanto, se alguma tomada de temperatura resultar, digamos, superior a 37,2º C (fora dos limites de controle), a variação será considerada como devida a uma provável causa especial (uma infecção, por exemplo), o processo será considerado não controlado e uma análise mais aprofundada (exames de laboratório, por exemplo) será conduzida para a adoção do tratamento adequado. Note que ações de correção são empregadas a partir da constatação de uma provável causa especial (temperatura fora dos limites de controle de 36,0º C e 37,2º C), mas bem antes que a temperatura atinja o limite letal (limite superior de tolerância), quando o paciente objeto do processo estaria irremediavelmente perdido.

O fundamento essencial do CEP é acompanhar os processos por meio do comportamento das estatísticas de

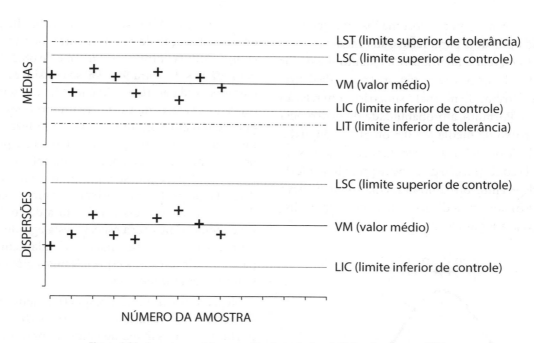

Figura 6.14 Aspecto geral de uma carta de controle estatístico do processo (CEP).

suas saídas, separando as causas naturais de variações das causas especiais e providenciar ações de correção quando uma causa especial é detectada. As cartas de controle do processo permitem esse acompanhamento. As considerações que seguem têm o objetivo de explicar como elas são elaboradas e utilizadas nos processos de operações, assim como rever os conceitos estatísticos fundamentais envolvidos. A Figura 6.14 mostra, como já dito, a forma geral de uma carta de controle.

Sobre um processo controlado estarão agindo somente causas naturais de variação que, por sua vez, causam variações naturais em suas saídas. As variações naturais das saídas são, geralmente, consequência de um número muito grande de causas naturais aleatórias. Pense, por exemplo, na quantidade de fatores naturais que podem influenciar o tempo de atendimento de um caixa de banco: variações naturais de comportamento do caixa e do cliente, variações naturais do tipo de serviço solicitado etc. A questão fundamental é: podemos não saber qual será exatamente o tempo do próximo atendimento do caixa (porque ele ainda não ocorreu), mas podemos dizer que, se nenhuma causa especial ocorrer, o atendimento acontecerá dentro dos limites naturais do processo de atendimento. Esses limites naturais são consequência de um número muito grande de causas naturais e aleatórias. Por outro lado, se alguma causa especial (não aleatória) ocorrer, nada poderemos prever sobre o tempo em que se dará o próximo atendimento, pois o processo estará fora de controle.

A Estatística mostra que, na presença de um número muito grande de causas aleatórias para uma variável, a distribuição das probabilidades de ocorrência de um evento possível será dada por uma curva normal, como a da Figura 6.15, representativa de um processo de torneamento de um diâmetro.

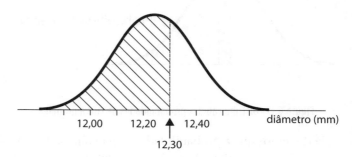

Figura 6.15 Curva de distribuição normal para um diâmetro obtido por torneamento.

Uma variável é uma grandeza que pode assumir infinitos valores num intervalo, como, por exemplo, um tempo de atendimento, a medida de um diâmetro etc. Um evento possível é uma ocorrência que tenha a possibilidade de se dar sob a ação de causas naturais, como, por exemplo, a obtenção de um diâmetro inferior a 12,30 mm no torneamento da Figura 6.15. A probabilidade de uma peça ser torneada com diâmetro inferior a 12,30 mm é dada pela área hachurada sob a curva normal. A área total sob uma curva normal (ou qualquer outra curva de distribuição de probabilidades) é igual a 1.

Uma curva normal e, portanto, uma distribuição normal é definida por dois parâmetros: sua média μ e seu desvio-padrão σ (veja a Figura 6.16). Quanto maior for a dispersão dos dados possíveis, maior será o σ da distribuição. Uma distribuição normal é simétrica com relação à sua média μ. Portanto, a probabilidade de ocorrência de eventos abaixo da média μ é 0,5 ou 50% e é igual à probabilidade de ocorrência de eventos acima dela. Note ainda que, pela conformação da curva, a probabilidade de ocorrência de eventos próximos à média (onde a curva é mais alta) é maior que a de ocorrência de eventos distantes dela (veja a Figura 6.17).

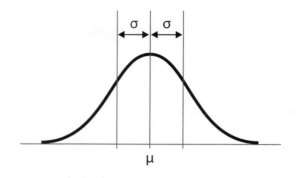

Figura 6.16 A média μ e a dispersão σ definem a distribuição normal.

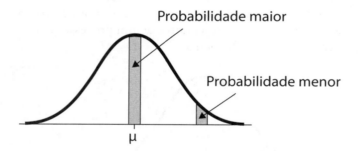

Figura 6.17 Distribuição das probabilidades na curva normal.

Já dissemos que a probabilidade de ocorrência de um evento abaixo ou acima da média é de 50%, pela simetria da curva normal em relação à sua média. Outros valores de probabilidades são normalmente tabelados em função de μ e σ. Exemplos são mostrados na Figura 6.18.

Ocorrência	Probabilidade
acima de μ	50%
abaixo de μ	50%
entre $\mu - \sigma$ e $\mu + \sigma$	68,26%
entre $\mu - 2\sigma$ e $\mu + 2\sigma$	95,44%
entre $\mu - 3\sigma$ e $\mu + 3\sigma$	99,74%

Figura 6.18 Probabilidades de ocorrências.

A Figura 6.18 mostra que a probabilidade de um evento sob a ação de causas naturais ocorrer numa faixa compreendida entre $\mu - \sigma$ e $\mu + \sigma$ é de 68,26%. Essa probabilidade sobe para 99,74% se considerarmos a faixa compreendida entre $\mu - 3\sigma$ e $\mu + 3\sigma$. Ou seja, se conhecermos os valores de μ e σ para um processo controlado, poderemos afirmar, com 99,74% de certeza, que o próximo evento (a próxima peça a ser fabricada, por exemplo) ocorrerá numa faixa compreendida entre $\mu - 3\sigma$ e $\mu + 3\sigma$. E o mais importante: se o próximo evento ocorrer fora dessa faixa, poderemos afirmar, também com 99,74% de certeza, que o processo está fora de controle e, provavelmente, uma causa especial está agindo. Nesse caso, o processo deveria ser mais profundamente analisado para corrigir as causas especiais antes que os resultados se tornassem inaceitáveis.

No entanto, μ e σ são respectivamente a média e a dispersão dos resultados **possíveis de ocorrer**. São, portanto, impossíveis de calcular para um processo, pois não há como calcular, por exemplo, uma média de diâmetros que ainda nem foram gerados. O que se faz para contornar a impossibilidade é estimar μ e σ, com base em um grande número de observações passadas do mesmo processo. Note que o médico no exemplo anterior sabia que a temperatura corporal média era 36,6° C e que variações de 0,6° C eram normais, porque eram resultado de um grande número de observações anteriores de pacientes saudáveis (sem causas especiais). Considerando ainda que o processo de termorregulação é o mesmo para todos os seres humanos, o médico pode, com bastante certeza, aplicar essa média na análise de seu próximo paciente.

Vejamos como estimar a média e a dispersão de um processo.

Estimação da média e da dispersão natural de um processo

Considere, como exemplo, um processo de torneamento tendo como saída a medida de um diâmetro. O objetivo é coletar os valores obtidos para o diâmetro num processo livre de causas especiais (lembre-se de que o médico tinha informações sobre pacientes **saudáveis**). Para tanto, todas as causas especiais identificáveis do processo deverão ser mantidas dentro de condições normais de uso (por exemplo, desgaste da ferramenta, óleo lubrificante, folgas de rolamentos, barramento etc.). Garantidas essas condições, um grande número de peças deverá ser gerado em sequência. Consideremos aqui 20 amostras de cinco peças cada. A coleta em sequência visa evitar que causas especiais venham a agir durante a coleta dos dados (por exemplo: mudança de turnos, ligar e desligar equipamento etc.). Sejam os dados resultantes do processo de coleta descrito os mostrados na Figura 6.19.

Amostra	Diâmetros (mm)					Média $\overline{X} = \dfrac{\sum_1^n X_1}{n}$	Desvio-padrão $S = \sqrt{\dfrac{\sum_1^n (X_1 - \overline{X})^2}{n-1}}$	Amplitude R $R = Xmáx. - Xmin.$
1	12,20	12,31	12,48	12,30	12,43	12,34	0,11	0,27
2	12,06	12,22	12,41	12,16	12,26	12,22	0,13	0,35
3	12,29	12,26	12,12	12,03	12,66	12,27	0,24	0,64
4	12,44	12,24	12,06	12,38	12,23	12,27	0,15	0,38
5	12,43	12,02	12,20	12,27	12,32	12,25	0,15	0,41
6	12,51	12,15	12,45	12,15	12,10	12,27	0,19	0,41
7	11,92	12,42	12,43	12,20	11,96	12,19	0,24	0,51
8	12,21	12,28	12,32	12,29	12,32	12,29	0,04	0,11
9	12,41	12,38	12,03	12,32	12,39	12,31	0,16	0,38
10	12,09	12,18	12,19	12,37	12,37	12,24	0,12	0,28
11	12,15	12,06	12,22	12,14	12,14	12,14	0,06	0,16
12	12,00	12,49	12,13	12,09	11,95	12,13	0,21	0,54
13	11,97	12,32	12,16	12,26	12,17	12,18	0,13	0,35
14	12,10	12,22	12,36	12,40	12,43	12,30	0,14	0,32
15	12,13	12,33	12,26	12,29	12,23	12,25	0,07	0,19
16	11,93	12,02	12,17	12,21	12,35	12,14	0,16	0,42
17	12,16	12,47	12,14	12,47	12,21	12,29	0,16	0,33
18	12,19	11,96	12,50	12,50	12,29	12,29	0,23	0,54
19	12,27	12,19	12,40	12,19	12,26	12,26	0,09	0,21
20	12,20	12,76	12,31	12,41	12,35	12,41	0,21	0,57
s estimado pela média das médias:					$\overline{\overline{X}} = \dfrac{\sum_1^K \overline{X}_1}{k}$	12,25		
Desvio-padrão médio:					$\overline{S} = \dfrac{\sum_1^K \overline{S}_1}{K}$		0,1504	
s estimado pelo desvio-padrão médio:					$\hat{\sigma} = \dfrac{\overline{S}}{C_4}$		0,1600	
Amplitude média: (OPCIONAL)					$\overline{R} = \dfrac{\sum_1^K R_1}{K}$			0,3687
s estimado pela amplitude média:					$\hat{\sigma} = \dfrac{\overline{R}}{d_2}$			0,1585

n é a quantidade de elementos em cada amostra (5, no exemplo);
k é a quantidade total de amostras (20, no exemplo);
os valores de c_4 e d_2 são fatores de correção dos estimadores e são dados na Figura 6.18.

Figura 6.19 Estimações de μ e $\hat{\sigma}$ do processo a partir dos dados de 20 amostras com cinco elementos cada.

Os resultados obtidos para μ e $\hat{\sigma}$ deverão agora ser utilizados para estabelecer os **limites de controle** do processo, isto é, os limites frente aos quais as amostras colhidas durante a produção serão comparadas para inferir a presença ou não de causas especiais e disparar ações de análise e correção. De tempos em tempos, uma amostra será colhida da produção (no caso, cada amostra de produção terá cinco peças também). A média dessa amostra será calculada e o resultado deverá ser comparado na **carta de controle** frente à faixa de variação natural para essa média (os limites de controle). O valor de $\hat{\sigma}$ da Figura 6.19, no entanto, estima a dispersão natural da medida de uma peça isoladamente, não a dispersão da média de seus valores. Entretanto, a Estatística ensina que um estimador justo para σ_m (dispersão da média) é dado por:

$$\sigma_m = \frac{\hat{\sigma}}{\sqrt{n}} \quad \text{onde } n \text{ é a quantidade de elementos da amostra}$$

Pela Figura 6.18, vemos que, se adotarmos 3σ para os limites de controle, teremos 99,74% de certeza de que, se uma média de medidas na produção localizar-se fora desses limites, alguma causa especial estará presente. Os limites de controle para as médias serão, então, calculados como:

$$LSC = \overline{\overline{X}} + 3\sigma_m = \overline{\overline{X}} + \frac{3\hat{\sigma}}{\sqrt{n}} = \overline{\overline{X}} + \frac{3\overline{S}}{C_4\sqrt{n}} = \overline{\overline{X}} + A_3\overline{S}$$

$$LIC = \overline{\overline{X}} + 3\sigma_m = \overline{\overline{X}} - \frac{3\hat{\sigma}}{\sqrt{n}} = \overline{\overline{X}} - \frac{3\overline{S}}{C_4\sqrt{n}} = \overline{\overline{X}} - A_3\overline{S}$$

Os valores de $A3$ são dados na Figura 6.20 em função do tamanho da amostra e tornam o cálculo dos limites bastante simplificado.

Alternativamente, podem-se usar as amplitudes R das amostras em vez dos desvios-padrão S. Nesse caso, os limites de controle para as médias serão dados por:

$$LSC = \overline{\overline{X}} + 3\sigma_m = \overline{\overline{X}} + \frac{3\hat{\sigma}}{\sqrt{n}} = \overline{\overline{X}} + \frac{3\overline{R}}{d_2\sqrt{n}} = \overline{\overline{X}} + A_2\overline{R}$$

$$LIC = \overline{\overline{X}} + 3\sigma_m = \overline{\overline{X}} - \frac{3\hat{\sigma}}{\sqrt{n}} = \overline{\overline{X}} - \frac{3\overline{S}}{d_2\sqrt{n}} = \overline{\overline{X}} - A_2\overline{R}$$

n	c_4	d_2	d_3	A_2	A_3	B_3	B_4	D_3	D_4
2	0,798	1,128	0,853	1,880	2,659	0	3,267	0	3,267
3	0,886	1,693	0,888	1,023	1,954	0	2,568	0	2,575
4	0,921	2,059	0,880	0,729	1,628	0	2,266	0	2,282
5	0,940	2,326	0,864	0,577	1,427	0	2,089	0	2,115
6	0,952	2,534	0,848	0,483	1,287	0,030	1,970	0	2,004
10	0,973	3,078	0,797	0,308	0,975	0,248	1,716	0,223	1,777
15	0,982	3,472	0,756	0,223	0,789	0,428	1,572	0,347	1,653
20	0,987	3,735	0,729	0,180	0,680	0,510	1,490	0,415	1,585
25	0,990	3,931	0,708	0,153	0,606	0,565	1,435	0,459	1,541

Figura 6.20 Fatores de correção dos estimadores para cartas de controle.

Os resultados obtidos para as médias dos 20 conjuntos de amostras podem agora ser traçados em um gráfico frente aos limites de controle calculados. A Figura 6.21 mostra os limites de controle para os 20 conjuntos de amostra, calculados utilizando $\overline{S}$. Deixamos para o leitor calcular os limites utilizando, opcionalmente, $\overline{R}$.

Nenhum dos resultados de média dos 20 conjuntos apresentou-se fora dos limites de controle, o que mostra que nenhuma causa especial afetou a média dos diâmetros durante a tomada de dados. Caso algum ponto tivesse atravessado os limites, a causa especial deveria ser buscada e eliminada. Novos dados deveriam ser, então, levantados para o estabelecimento dos limites.

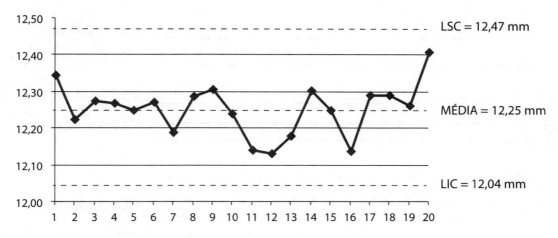

Figura 6.21 Resultados das médias $\bar{X}$ dos 20 conjuntos – limites de controle traçados com estimação de σ_m usando $\bar{S}$.

Note que os limites foram calculados com base numa estimação da dispersão das médias entre as amostras. A verificação somente das médias não garante que a dispersão entre os elementos da amostra esteja dentro de limites naturais do processo. Uma carta adicional, com os limites de controle da dispersão entre os elementos da amostra, deve ser gerada. As duas cartas, em conjunto serão usadas no controle do processo. São dadas a seguir as expressões para o cálculo dos limites de controle, tanto para o uso de $\bar{S}$ quanto para o uso alternativo de $\bar{R}$.

$$LSC = \bar{S} + 3\bar{S}\,\frac{\sqrt{1 - C_4^2}}{C_4} = \bar{S}\left(1 + \frac{3}{C_4}\sqrt{1 - C_4^2}\right) = \bar{S}B_4$$

$$LIC = \bar{S} + 3\bar{S}\,\frac{\sqrt{1 - C_4^2}}{C_4} = \bar{S}\left(1 + \frac{3}{C_4}\sqrt{1 - C_4^2}\right) = \bar{S}B_3$$

$$LSC = \bar{R} + 3\bar{R}\,\frac{d_3}{d_2} = \bar{R}\left(1 + \frac{3d_3}{d_2}\right) = \bar{R}D_4$$

$$LIC = \bar{R} + 3\bar{R}\,\frac{d_3}{d_2} = \bar{R}\left(1 + \frac{3d_3}{d_2}\right) = \bar{R}D_3$$

A Figura 6.22 mostra as dispersões das amostras, traçadas frente aos limites de controle para os 20 conjuntos de amostras. O leitor pode calcular os limites de controle utilizando $\bar{R}$. Aqui também todos os dados coletados apresentaram-se dentro dos limites de controle.

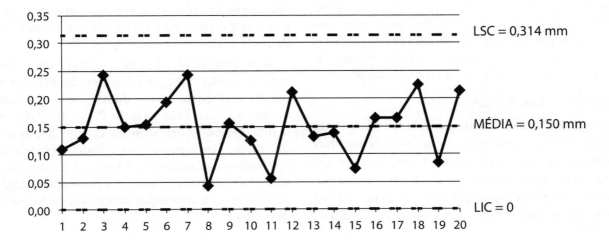

Figura 6.22 Resultados das dispersões S das amostras: limites de controle traçados usando S.

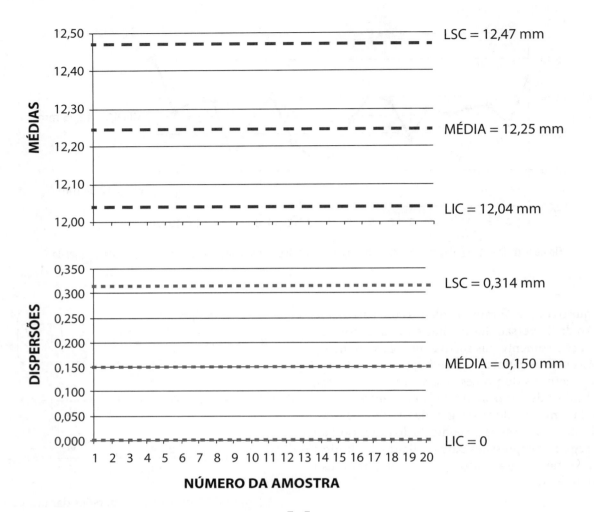

Figura 6.23 Cartas de controle $\overline{X} - \overline{S}$ para o processo de torneamento.

As duas curvas (Figura 6.21 e Figura 6.22) são usadas em conjunto no controle do processo. Podem-se utilizar cartas $\overline{X} - \overline{S}$ ou $\overline{X} - \overline{R}$, sendo estas últimas as preferidas, pela maior simplicidade de cálculo para as amplitudes $\overline{R}$. A Figura 6.23 mostra a carta de controle do exemplo de torneamento pronta para o uso no controle do processo.

Análise das cartas de controle

Conforme foi dito, as cartas de controle são usadas para o controle dos processos por meio da coleta de amostras de tempos em tempos. Também, conforme mencionado, se uma amostra apresentar-se fora dos limites de controle, haverá 99,74% de certeza de que uma causa especial está atuando. No entanto, devido à característica amostral da coleta durante o processo, o fato de as medidas de uma amostra estarem dentro dos limites não garante, por si só, o controle do processo. Considere, por exemplo, a carta de controle da Figura 6.24.

A probabilidade de um resultado ser superior à média é de 0,5 (50%). Na Figura 6.24, existem 9 pontos em sequência acima da média. A probabilidade dessa ocorrência seria de $0,5^9 = 0,0020$, ou seja, 0,20%. Podemos dizer, então, com 99,8% de certeza, que uma causa especial está agindo, elevando o valor das médias das amostras. A Figura 6.25 mostra outras situações que podem indicar a presença de causas especiais, mesmo com todos os pontos dentro dos limites de controle.

Figura 6.24 Indicação de presença de causa especial, mesmo com dados dentro dos limites.

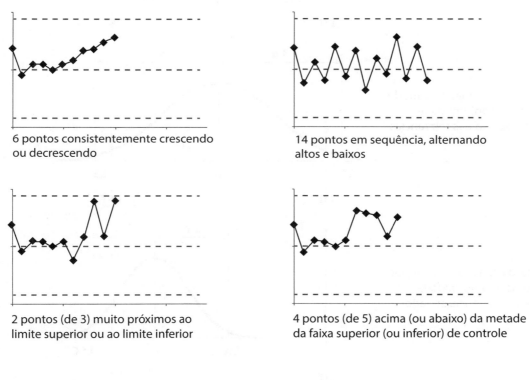

6 pontos consistentemente crescendo ou decrescendo

14 pontos em sequência, alternando altos e baixos

2 pontos (de 3) muito próximos ao limite superior ou ao limite inferior

4 pontos (de 5) acima (ou abaixo) da metade da faixa superior (ou inferior) de controle

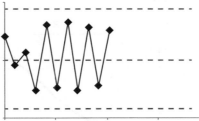

8 pontos em sequência, alternados acima e abaixo da linha central e nenhum deles próximo ao centro

Figura 6.25 Outras condições que podem indicar a presença de causas especiais.

Capabilidade do processo

Um processo sob controle tem a capacidade de gerar produtos consistentemente (dentro dos limites naturais do processo). No entanto, o fato de um processo estar sob controle não implica necessariamente que os produtos gerados estejam em conformidade com a especificação. A capacidade de geração de produtos conformes (ou capabilidade) dependerá da posição relativa entre as tolerâncias do produto (ou serviço) e os limites naturais do processo. A Figura 6.26 exemplifica as situações possíveis.

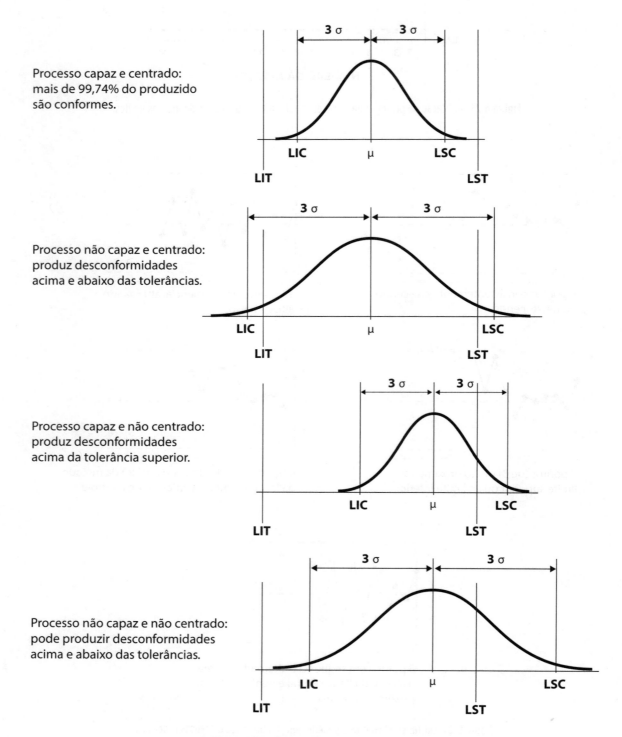

Figura 6.26 Situações possíveis do processo.

Dois índices são normalmente utilizados para medir a capabilidade de um processo: o C_p e o C_{pk}, definidos conforme as expressões a seguir:

$$C_p = \frac{LST - LIT}{LSC - LIC}$$

C_{pk} é o menor entre os dois índices seguintes:

$$C_{pk} = \frac{LST - \mu}{\frac{1}{2}(LSC - LIC)} \quad \text{ou} \quad C_{pk} = \frac{\mu - LST}{\frac{1}{2}(LSC - LIC)}$$

onde μ é estimado por $\overline{X}$.

O índice C_{pk} é normalmente utilizado por trazer consigo informações tanto da situação de controle do processo quanto de sua centralização. Algumas empresas somente consideram processos capazes aqueles com C_{pk} maior que 1,33. Isso significa que, mesmo que o processo esteja descentrado, ainda haverá uma folga de 33% entre o limite de tolerância e o limite de controle mais próximo. Isso significaria uma certeza de 99,99% (4σ) de geração de peças conformes. A Figura 6.27 ilustra essa afirmação.

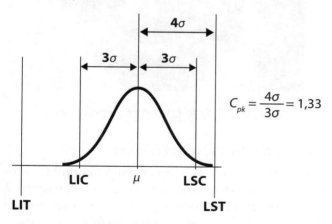

Figura 6.27 Significado de C_{pk} = 1,33.

Cartas de controle por atributos

Algumas não conformidades de processos não podem ser medidas por variáveis – por exemplo, a falta de uma operação ou componente, um defeito na pintura ou um erro de digitação ou lançamento. Na verdade, esses eventos ou ocorreram ou não ocorreram. Eventos dessa natureza são chamados atributos. O controle dos atributos faz-se por uma só carta de controle e não por duas, como no caso das variáveis. Existem vários tipos de cartas por atributo, todas elas semelhantes e derivadas, de uma forma ou de outra, da carta para fração não conforme, vista resumidamente a seguir.

Cartas "p": Usam-se cartas do tipo "p" quando o intuito é controlar a média da fração de produtos defeituosos em um processo. Usa-se, para a modelagem desse caso, a distribuição binomial.

O procedimento de coleta dos dados para a determinação da média e dos limites de controle é semelhante ao seguido para as cartas de variável. Uma quantidade superior a 20 amostras deve ser coletada do processo, com as causas especiais identificáveis mantidas sob controle. O tamanho das amostras dependerá da razão de não conformidades presentes. Assim, quanto menor for a razão de não conformidades, maiores deverão ser as amostras para que haja sensibilidade na deteção. Como regra básica, pode-se adotar $n\overline{p} \geq 5$, onde n é o número de elementos da amostra e $\overline{p}$ é a razão média de não conformidades. Por exemplo, se a razão média de não conformidades for da ordem de 1/100, o tamanho da amostra deverá ser de, no mínimo, 500.

A linha média e os limites de controle serão calculados por:

$$\text{Linha média} = \overline{p} = \frac{\sum_{1}^{k} p_i}{k}$$

onde:

$pi = \dfrac{defeitos}{n}$ = razão de defeitos na amostra i

n = quantidade de elementos na amostra
k = quantidade de amostras

$$LSC = p + 3 \sqrt{\frac{\overline{p}(1-\overline{p})}{n}}$$

$$LIC = p - 3 \sqrt{\frac{\overline{p}(1-\overline{p})}{n}}$$

Cartas "c": No caso de cartas do tipo "p", o item é ou "bom" ou "ruim". Há situações, entretanto, em que o produto de um processo pode conter mais que um defeito. Por exemplo, pode haver vários erros de grafia em uma página de jornal, pode haver várias imperfeições num metro quadrado de tecido. Se o interesse é controlar a média de defeitos por unidade de produto, usa-se a carta do tipo "c". Para modelar este caso, a distribuição de Poisson é usada.

Se c é o número de defeitos para uma unidade particular de produto, então $\overline{c}$ é a média do número de defeitos por unidade e o desvio-padrão da distribuição do número de defeitos por unidade é $\sqrt{\overline{c}}$. Em termos da carta de controle tipo "c", os seguintes limites de controle devem ser usados:

$\bar{c}$ = Média do número de defeitos por unidade

Limite superior de controle = $\bar{c} + 3\sqrt{\bar{c}}$

Limite inferior de controle = $\bar{c} - 3\sqrt{\bar{c}}$ ou 0 se o resultado for menor que 0.

INDÚSTRIA 4.0: QUALIDADE E MELHORAMENTO EM PRODUÇÃO E OPERAÇÕES

A qualidade define-se atualmente não apenas em termos de especificações de produtos ou serviços, mas também por agilidade, flexibilidade, capacidade de resposta e experiência do uso dos mesmos. Dessa forma, os avanços tecnológicos, principalmente os vinculados à inovação digital, têm permitido o desenvolvimento de novos métodos de gestão nessa área ou bem, e tem contribuído para o suporte a métodos já existentes a partir de processamento e análise de informações e dados, que permitem a identificação de irregularidades e inconsistências, garantindo o controle dos processos de produção e produtos acabados.

Por muito tempo, o uso de sistemas de Controle Numérico Computadorizado (CNC) permitiu, na indústria, o aumento da produtividade nas linhas de montagem, a otimização dos tempos de entrega e a redução de erros, oferecendo maiores níveis de qualidade nos produtos e diminuindo o desperdício de recursos. Ainda que os CNC sejam amplamente utilizados, diversos equipamentos tecnológicos, métodos de armazenamento e transporte vinculados a sensores, Inteligência Artificial (IA) e *big data* contribuem atualmente à coleta automatizada e compartilhamento de informações em tempo real para a resolução de problemas e processo de tomada de decisão.

Na gestão de qualidade, a interação e a atualização em tempo real de dados e informações permitiram também que tecnologias como o *digital twin* (gêmeo digital), com apoio do *machine learning* e métodos de simulação, tornem possível avaliar processos internos e características comportamentais dos sistemas de produção antes da sua aplicação real, por meio de representações virtuais que possibilitam a comparação das informações emitidas por sensores e que revelam qualquer tipo de anomalia que possa ocorrer.

A Realidade Aumentada (RA), por exemplo, possibilita validar os procedimentos específicos para a análise precisa de controles de qualidade por meio de informações virtuais incorporadas a informações físicas existentes no mundo real. A empresa AGCO, multinacional de equipamentos agrícolas, conseguiu redução em 30% no tempo de inspeção de qualidade da montagem de tratores por meio da utilização do *Glass Enterprise Edition*, versão empresarial dos óculos de RA da Google, que durante o processo de ensamblagem tem resultado, de igual forma, na diminuição do tempo de produção de peças em 25%.

As tecnologias citadas ampliam as capacidades dos serviços analíticos em nuvem usados no âmbito da Internet das Coisas (IoT), que por sua vez, desempenha um papel importante ao permitir a realização de processos baseados em manipuladores robóticos e *cobots* e que, por seu alto desempenho, adaptabilidade, precisão, flexibilidade e baixo custo, atendem aos exigentes e diversos requisitos de qualidade.

Nesse contexto, com mais de 65 anos de atuação no Brasil, a multinacional Atlas Copco, líder mundial de soluções de produtividade industrial, desenvolveu o *QA Platform 4.0*, sistema que integra novas técnicas de manufatura com base em tecnologias I4.0, na qual dados estatísticos coletados por meio de sensores permitem estabelecer rotas e monitorar o processo completo de qualidade nas linhas de produção. Saiba mais em:

uqr.to/12zif
Acesso em: 16 fev. 2022.

Figura 6.28 Controle de qualidade por meio de RA.

6.2.6 MELHORAMENTOS EM OPERAÇÕES

Num mundo de mudanças constantes e muitas vezes drásticas, com concorrentes cada vez mais competentes, é impossível para uma empresa permanecer competitiva se ela seguir fazendo as coisas da mesma forma por longos períodos: será logo superada por concorrentes em evolução constante. A única saída é melhorar. Há duas formas complementares de se enxergar a melhoria:

- Melhoria contínua, também chamada por seu nome japonês *kaizen*.
- Melhorias radicais, muitas vezes associadas à reengenharia de processos.

Melhoria contínua

Normalmente associada com os conceitos de qualidade total, a melhoria contínua, ou *kaizen* (tratada mais adiante neste capítulo) é uma abordagem evolutiva, incremental, mais que radical. Com uma filosofia de transferir a responsabilidade pela qualidade aos funcionários de produção e estabelecer metas ambiciosas, o espírito é incentivar os colaboradores a continuamente usar as ferramentas da qualidade para procurar formas de melhorar passo a passo a qualidade do que fazem nos processos existentes. A expectativa do *kaizen* é de que os benefícios principais sejam obtidos ao longo do tempo.

Reengenharia ou melhoria com saltos qualitativos

Na abordagem da reengenharia (veja o Capítulo 10), ou de alterações radicais nos processos, o que se visa é o redesenho radical dos processos para obtenção de resultados mais drásticos e em prazos mais curtos correspondentemente, carregando também riscos maiores.

VOCÊ SABIA?

Ambas as abordagens não são exclusivas ou excludentes. Vez por outra, é necessário alterar radicalmente o processo, repensar e reinventar drasticamente a operação. Entretanto, isso não é feito todos os dias. Entre duas alterações radicais, é essencial que os processos evolutivos de melhoramento contínuo funcionem para garantir que se possa tirar o máximo possível do novo processo até a próxima reinvenção. A Figura 6.29 ilustra a complementaridade das duas abordagens.

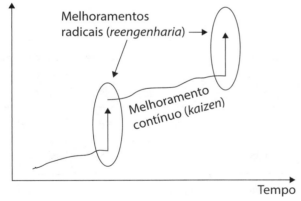

Figura 6.29 Ideia ilustrativa da complementaridade de abordagem de melhoramentos radicais (reengenharia) e contínuos (*kaizen*).

Kaizen

A palavra japonesa **kaizen** significa melhoramento, melhoramento contínuo e continuado, envolvendo todos na organização, de gestores a trabalhadores de linha de frente. É um método gradual, incremental. Atividades de *kaizen* podem ser conduzidas numa variedade de maneiras e com uma variedade de objetivos, mas o aspecto essencial é que são orientadas para times de trabalho que, mediante intenso envolvimento pessoal, sugerem, analisam, propõem e, se a alteração sugerida é aprovada pelo comitê competente, implementam melhoramentos de forma contínua em aspectos como, entre outros:

- Processos.
- Fluxos de trabalho.
- Arranjo físico.
- Método e divisão do trabalho.
- Equipamentos e instalações.

Benchmarking

O termo *benchmarking* originalmente era usado no Reino Unido em agrimensura e referia-se a determinados marcos de referência sobre cotas de terreno. Passou depois a ser usado no mundo industrial como a contínua busca por melhores práticas, interna e externamente à organização, com o objetivo de acelerar a aprendizagem e levar a vantagens competitivas sustentáveis.

São basicamente três os tipos de *benchmarking* hoje utilizados:

- Interno.
- Competitivo.
- Funcional.

Benchmarking interno

Aqui, o espírito é garantir que uma empresa ou corporação não aja como uma constelação de operações independentes, mas efetivamente como uma corporação. Em outras palavras, o que se pretende evitar é que as boas práticas de uma operação fiquem restritas somente a ela. Trata-se de uma forma de difundir as melhores práticas dentro da corporação para que outras unidades também possam beneficiar-se desse conhecimento interno. É particularmente útil e utilizado por corporações que possuem várias unidades produtivas que fazem o mesmo produto, como, por exemplo, os fabricantes de cerveja.

Na aplicação do *benchmarking* interno, os gestores das várias unidades operativas reportam à corporação, com uma frequência estabelecida, uma série de métricas de desempenho consideradas importantes. Para cada métrica, é então identificada a unidade de pior desempenho. O gestor responsável por essa métrica de pior desempenho é informado sobre a unidade, dentro da corporação, em que essa mesma métrica apresenta o melhor desempenho. O gestor de pior desempenho tem, então, um tempo definido para:

- Levantar quais são as práticas que levaram a unidade de melhor desempenho a apresentar tais resultados.
- Identificar as lacunas entre suas próprias práticas e aquelas que resultaram nos melhores desempenhos identificados.
- Apresentar um plano de ação para melhoria, ou justificar o desempenho pior por fatores exógenos.

Isso faz com que, continuamente, boas práticas sejam difundidas entre as unidades produtivas da organização.

Benchmarking competitivo

O *benchmarking* competitivo é a prática de continuamente comparar-se com o desempenho da concorrência e tentar melhorar com base nessa comparação. Essas práticas são essenciais para o bom desempenho competitivo da organização. É interessante observar que, muitas vezes, empresas alocam dezenas de pessoas para acompanhar e controlar o desempenho de suas próprias operações (veja, por exemplo, quanta gente em sua empresa trabalha em funções como controle de materiais, controle de qualidade, controladoria etc.), mas alocam pouquíssimos recursos para acompanhar e controlar o desempenho de seus concorrentes. Ora, se é verdade que ser competitivo é ser melhor que a concorrência nos aspectos valorizados pelo cliente, é essencial que uma organização acompanhe o desempenho da concorrência. Muitas vezes, isso é difícil de ser feito da forma tradicional, pela natural resistência que os concorrentes têm de compartilhar informações. Entretanto, muitas vezes as empresas se surpreendem com a quantidade de informações sobre a concorrência disponíveis na imprensa, em associações de classe, em clientes comuns e outras fontes.

Para operações de serviços, particularmente, a situação é favorável, pois o cliente tem acesso a boa parte do processo. Isso quer dizer que se a técnica do *mistery shopper* for usada nos concorrentes, grande quantidade de informação não só sobre o serviço, mas também sobre o processo do serviço, pode ser obtida. O *mistery shopper* é alguém que de fato faz compras e passa pelo ciclo de serviço da empresa com o propósito específico de adquirir informações. Quando feito na própria empresa, é fonte preciosíssima de informações que podem ser usadas para melhoria e, quando usado na concorrência, é fonte interessante de dados para *benchmarking* competitivo.

A Figura 6.30 mostra uma tabela de consolidação de dados de desempenho tanto para o *benchmarking* interno quanto para o competitivo.

Benchmarking funcional

Uma das formas mais úteis de *benchmarking*, notavelmente pouco utilizada pelas empresas, o *benchmarking* funcional baseia-se no princípio de que, se a empresa pretende superar (mais que igualar) o desempenho da concorrência, a fonte de informações para aprendizado não pode ser exclusivamente a concorrência, o melhor dentro do setor da economia, mas também alguém fora do setor, portanto um não concorrente. É interessante notar que diferentes setores encontram-se em estágios

Função logística	Unidade 1	Unidade 2	Unidade 3	Unidade 4	Unidade 5	Concorrente 1	Concorrente 2
Giro de estoques	💡 16	11	24	8,5	❓ 4	28 ✳	14
Tempo de entrega	4d	4d	❓ 6d	💡 3d ✳	5d	5d	7d
Confiabilidade	💡 98%	92%	❓ 89%	95%	97%	100% ✳	97%
Pedido completo	89%	91%	92%	❓ 88%	💡 100% ✳	94%	99%
Rastreabilidade	💡 Excelente ✳	Boa	Boa	❓ Pobre	Muito boa	Muito boa	Muito boa
....							
Indicador *n*	A	B	C	D	E	F	G

✳ *Benchmark* externo (desempenho Classe Mundial)

💡 *Benchmark* interno (desempenho Classe Empresa)

❓ Pior desempenho comparativo interno

Figura 6.30 Esquema de consolidação de *benchmarking* interno e competitivo.

diferentes em termos de evolução de práticas utilizadas em suas operações, conforme a natureza de seu negócio, a conjuntura e o histórico do setor.

Pense, por exemplo, numa empresa gráfica de embalagens interessada em apressar o ciclo de seus processos, ou melhorar o tempo de atendimento de pedidos. Claro que alguma informação valiosa poderá ser obtida dentro do setor, mas, provavelmente, se o histórico do setor nunca exigiu muita agilidade da empresa, não terá também exigido muita agilidade dos concorrentes e, se esse é o caso, provavelmente o concorrente não estará tão à frente. Isso para não mencionar a dificuldade de acesso ao processo do concorrente. Agora, pense numa operação que **necessariamente** tem de ser ágil ao extremo.

Pense num *website* de notícias como o www.uol.com.br. Pense nas situações em que você se viu indo para a cama à 1 hora da manhã sem que o jogo de futebol a que você assistia tivesse acabado, já que foi para prorrogação e depois, pênaltis. Você acorda às 6 horas da manhã, entra no *website* e lá está: a reportagem completa sobre o evento, incluindo a celebração pós-jogo. Pense que as fotos, os textos e as entrevistas tiveram que ser preparados, as fotos enviadas para a redação, as páginas *web* diagramadas, algum copidesque feito, as informações *uploaded*, tudo isso num intervalo de poucas horas. Os níveis de agilidade que as empresas jornalísticas tiveram de desenvolver (sob pena de ficarem fora do negócio) são muitíssimo maiores, provavelmente, do que os de qualquer empresa fabricante de embalagem. Claro também que muitas das técnicas que uma empresa jornalística usa não poderão ser transferidas perfeitamente para uma empresa de embalagem, mas alguém tem dúvida de que um bom estudo do processo de produção de uma empresa jornalística pode dar *insights* valiosos para uma empresa buscando agilidade?

A ideia em geral do *benchmarking* funcional é identificar o(s) melhor(es), não no setor, mas no mundo (se possível), naquela função específica que se quer melhorar (no caso do nosso exemplo, um processo de introdução de produtos). A partir daí, a ideia é contatar esses melhores do mundo e propor um exercício de troca de experiências sobre como as duas empresas fazem as coisas, para benefício mútuo. Em geral, as pessoas gostam de comparar o que fazem com a forma que outras empresas fazem e, não sendo concorrentes, em geral o acesso fica muito facilitado.

Há algumas orientações importantes para que processos de *benchmarking* funcional tenham sucesso:

- **Escolha bem os parceiros**: vá à biblioteca e consulte publicações técnicas e de associações de classe. Pessoas gostam de escrever a respeito do que fazem de bom. Pergunte aos clientes e fornecedores, acompanhe periódicos de negócios, pergunte a consultores. Procure identificar empresas com boas práticas, com quem se possa aprender, que não sejam concorrentes e que sejam abertas a este tipo de exercício. Usar contatos prévios dentro das organizações sempre pode ser um caminho mais rápido para obter acesso do que simplesmente telefonar.

- **Enfatize práticas e não desempenhos**: uma coisa importante de observar é que, em *benchmarking* funcional, talvez 90% da ênfase recaia em práticas e apenas 10% em métricas de desempenho, por um motivo simples. Em geral, é difícil comparar métricas de desempenho entre processos diferentes, sob risco de se compararem coisas incompatíveis. De que adianta, por exemplo, uma fabricante de cosméticos como a Natura saber que sua métrica de giro de estoques (desempenho) é maior, menor ou igual à de uma fabricante de bebidas, por exemplo, como a Ambev? Que informação isso trará? Pouca, pois os processos, os produtos, os mercados são bem diferentes. Entretanto, pode ser considerado muito útil para a Natura, por exemplo, saber quais são as técnicas de previsão de vendas (práticas) que a Ambev usa e vice-versa. As práticas podem não ser transplantáveis de forma direta, mas certamente darão bons *insights* aos gestores envolvidos.

- **Estude detalhadamente seu próprio processo**: antes de entrar num exercício de *benchmarking* funcional, é importante que a empresa estude cuidadosamente e explicite seu próprio processo. Isso ajudará os gestores a distanciar-se do dia a dia do negócio por algum tempo e conseguir formular melhor suas perguntas.

- **Prepare a visita**: depois de estudar cuidadosamente o próprio processo da empresa e obter acesso à parceira de *benchmarking*, é importante preparar a visita. Em outras palavras, preparar um roteiro de perguntas, visitas e questionamentos a serem feitos. Esse roteiro, sempre que possível, deveria ser enviado com antecedência para o parceiro a fim de que ele possa se preparar e selecionar mais precisamente quem são as pessoas a serem envolvidas que têm informação sobre os pontos a serem explorados. Isso economiza muito esforço e diminui o risco de visitas serem marcadas com pessoas que não têm as informações almejadas.

- **Não pergunte nada que não estiver disposto a compartilhar**: muita gente se questiona sobre informações sigilosas, sobre como definir os limites de o que perguntar e como proteger-se de ser arguido sobre algo sensível. Uma regra prática usada por executivos da Xerox, por exemplo, é não perguntar nada que não se esteja disposto a informar. Vale a reciprocidade e deve haver também sinceridade para deixar de informar algo que seja de fato sensível.

- **Leve o gestor funcional junto**: sempre que um exercício de *benchmarking* funcional for feito, é aconselhável levar junto o gerente funcional correspondente da organização. Isso enriquece sobremaneira as visitas e as discussões.
- **Se possível, veja a operação *in loco***: se possível, mais do que apenas reuniões em sala fechada, faça visitas *in loco* à operação. Dessa forma, imerso no ambiente do parceiro, todos os sentidos são envolvidos no aprendizado e um quadro mais rico é absorvido.
- **Prepare relatório o mais rapidamente possível, com tudo ainda fresco na memória**: quando se volta de uma visita de *benchmarking*, a quantidade de informações adquiridas é enorme. É aconselhável que os participantes, tão logo quanto possível, relatem por escrito o que viram e suas impressões, para evitar que informações sejam perdidas por limitações de memória. O uso de câmeras e gravadores durante as visitas, quando autorizado, é muito útil nesse sentido.

O Ciclo PDCA de Shewhart/Deming

PDCA são as iniciais de *Plan, Do, Check* e *Act* (Planeje, Faça, Verifique e Aja). O ciclo PDCA (Figura 6.31), popularizado por Deming, é hoje quase um ícone para os planos de melhoramento contínuo em operações. A partir da identificação de um problema ou de uma oportunidade de melhoramento, as várias fases (resumidas a seguir) são cumpridas em sequência e continuamente. Mais detalhes sobre o ciclo PDCA e o método Deming podem ser acessados no Material Suplementar Textos complementares – Contribuições ao desenvolvimento do pensamento sobre qualidade, disponível no Ambiente de aprendizagem do GEN | Altas.

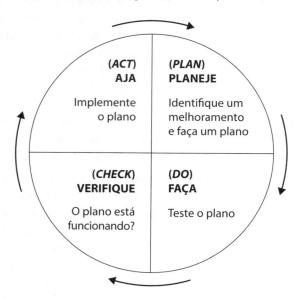

Figura 6.31 O ciclo PDCA de Shewhart-Deming.

- **Planeje**: nesta fase, estuda-se o processo ou a situação, identificando-se os problemas e as formas de resolvê-los. As necessidades e as expectativas dos clientes, tanto internos quanto externos, são consideradas, os objetivos de melhoramentos e suas formas de medição são estabelecidos.
- **Faça**: agora, o plano deve ser implementado de forma ainda experimental. O melhoramento obtido deve ser medido e os resultados, registrados.
- **Verifique**: nesta fase, com base nos resultados experimentais obtidos, o plano definido na primeira fase deve ser avaliado. Os objetivos definidos estão sendo alcançados? As formas de medição estão convenientes? Novos problemas ocorreram?.
- **Aja**: nesta fase, o plano é implementado e passa a fazer parte dos processos normais da operação. A partir daí, reinicia-se o percurso do ciclo a partir dos melhoramentos já obtidos.

Metas não alcançáveis

Um conceito importante, em termos de melhoramento de processos, foi trazido pelos modelos japoneses de gestão: a ideia de estabelecer metas de desempenho operacional ideais, ainda que não atingíveis. Exemplos são:

- Zero defeito.
- *Lead time* zero.
- Lote de produção unitário.
- Quebra zero de equipamentos.

A ideia de estabelecerem-se metas inatingíveis é evitar que os envolvidos no processo se autolimitem, ou que se limitem às metas estabelecidas. Ou seja, se uma operação estabelece a meta de produzir até 1% de peças defeituosas, se a operação obtém 0,9% de peças defeituosas, haverá a tendência de acomodação, embora ainda esteja produzindo uma quantidade (0,9%) de peças defeituosas. Alguns exemplos drásticos são dados pelos defensores do estabelecimento de metas ideais: não se considera aceitável que uma enfermeira de berçário ganhe um bônus de final de ano porque derrubou "apenas" 0,5% dos bebês que carregou! Ou os controladores de voo do Aeroporto de Chicago não podem ter como aceitável que "só" 0,1% dos pousos naquele aeroporto não tiveram sucesso. Ou seja, se há operações que se acostumaram, por motivos óbvios, a perseguir o zero defeito, por que não estender o conceito a todas as operações, mesmo àquelas em que a adequação dessas metas ideais não pareça tão óbvia?

6.2.7 GESTÃO ESTRATÉGICA DO MELHORAMENTO

O conceito de gestão estratégica de operações se refere ao processo de tomada de decisões sobre os recursos de forma a obter níveis de desempenho que levem a operação a níveis superiores aos da concorrência e a mantenham aí segundo critérios considerados importantes pelo mercado a ser atingido (veja o Capítulo 2).

Muitas operações, no entanto, têm suas organizações estruturadas de forma funcional (verticais), concentrando determinadas áreas de decisão nessas áreas funcionais (ou departamentos). Como exemplo, decisões sobre "filas e fluxos" estariam concentradas num departamento de PCP (programação e controle da produção); decisões sobre "processo e tecnologia" estariam concentradas num departamento de engenharia de processos; e assim por diante. Esse tipo de organização favorece a tendência de criação de objetivos departamentais que muitas vezes acabam por desvincular-se dos objetivos estratégicos da operação e até mesmo por estabelecer objetivos conflitantes com esses. A gestão do melhoramento não está imune a essa tendência. A instituição de programas de melhoramento sem uma orientação estratégica não é boa prática gestional. Gerir é administrar recursos sempre escassos (se não o fossem, a própria gestão careceria de sentido). Os esforços de melhoramento deverão, portanto, ser canalizados para privilegiar os objetivos priorizados pela estratégia da operação. É desperdício, por exemplo, melhorar uma velocidade onde já se é suficientemente veloz. Além disso, se esse melhoramento na velocidade ocorrer em detrimento de um aumento necessário na flexibilidade, será erro de decisão.

Não estamos aqui, em absoluto, advogando pelo cerceamento das iniciativas de melhoramento da equipe, mas por sua orientação. Para tanto, caberá à gestão o estabelecimento de objetivos e métricas para o melhoramento de tal forma que garantam, dentro da operação, um padrão de decisões alinhado às necessidades estratégicas. O estabelecimento de objetivos e metas coerentes com a estratégia orientará os esforços de melhoramento. A ação das pessoas depende da forma como são avaliadas. O Capítulo 5 fornece a orientação para o estabelecimento das metas.

Várias propostas de metodologias para a gestão do melhoramento surgiram durante a evolução do pensamento da qualidade. A seguir, são apresentadas duas delas, escolhidas por mais se aproximarem de uma gestão estratégica do melhoramento: a Qualidade Total (TQC) e o Seis Sigma (6σ).

Qualidade Total (TQC – Controle de Qualidade Total)

Armand Feigenbaum estabeleceu os princípios do Controle da Qualidade Total em 1951, em seu livro *Total Quality Control*. As definições e os conceitos que seguem ilustram a abordagem do TQC e seus princípios.

O Controle Total da Qualidade é um sistema efetivo para integrar os esforços dos vários grupos dentro de uma organização no desenvolvimento da qualidade, na manutenção da qualidade e no melhoramento da qualidade, de maneira que habilite marketing, engenharia, produção e serviço com os melhores níveis econômicos que permitam a completa satisfação do cliente (Feigenbaum, 1987).

Ciclo industrial e escopo do TQC: Segundo Feigenbaum (1987), a atividade de controle da qualidade tem quatro passos:

1. Estabelecer padrões: determinar os padrões requeridos para custo, desempenho, segurança e confiabilidade.
2. Avaliar a conformidade: comparar a conformidade do produto manufaturado ou do serviço oferecido com esses padrões.
3. Agir quando necessário: corrigir os problemas e suas causas, por meio da gama completa de fatores de marketing, projeto, engenharia, produção e manutenção que influenciam a satisfação do usuário.
4. Planejar para o melhoramento: desenvolver um esforço contínuo para melhorar os padrões de custo, desempenho, segurança e confiabilidade.

Tanto a qualidade quanto seus custos, de acordo com Feigenbaum, são formados em todas as fases do ciclo industrial. A responsabilidade pelo controle de ambos deve ser, então, compartilhada por todas as funções participantes do ciclo e não atribuída a uma área restrita da operação (a qualidade). As ações de qualidade devem ser conduzidas pelos participantes do ciclo industrial orientadas pelo princípio de fazer certo na primeira vez, com ênfase na prevenção dos defeitos. Os custos da qualidade serão utilizados para medir e otimizar as ações de qualidade. No entanto, conforme argumenta o criador do TQC, uma responsabilidade compartilhada por muitos pode acabar por ser responsabilidade de ninguém. O TQC responde a essa preocupação mediante dois outros princípios: criação de um rígido e detalhado sistema de qualidade e a mudança do escopo da área da Qualidade. Afirma Feigenbaum (1987):

> Um Sistema de Qualidade é uma estrutura operacional de trabalho concordada, documentada em procedimentos técnicos e de gestão efetivos e integrados, para toda a empresa e toda a fábrica, para guiar as ações coordenadas das pessoas, máquinas informações da companhia e da fábrica nas formas melhores e mais práticas para assegurar a satisfação do cliente com a qualidade e a custos de qualidade econômicos.

Num sistema de qualidade, as estruturas organizacionais (responsabilidades), os procedimentos técnicos e de gestão, as atividades de pessoas, máquinas e equipamentos, assim como o fluxo das informações necessárias à obtenção da qualidade, são formalmente documentados, concordados e seguidos pela operação. O controle do sistema de qualidade é atribuição da área da Qualidade, cujo escopo é explicado a seguir.

Escopo da área da qualidade e perfil de seus integrantes: o TQC delega às várias áreas do ciclo de produção a autoridade e a responsabilidade pela qualidade do produto, liberando a área da Qualidade dos detalhes não necessários. No entanto, mantém dentro da Qualidade os meios de assegurar que os resultados sejam satisfatórios. A área da Qualidade tem ainda a responsabilidade de elaborar os planos da qualidade, de assistir as demais gerências nos problemas de qualidade e prover a metodologia e a tecnologia necessárias. Para atender às responsabilidades, a área da Qualidade desempenhará três subfunções:

- Engenharia da qualidade: elabora os planos da qualidade que são fundamentais para o programa de qualidade da operação.
- Qualidade do processo: audita a aplicação do sistema de qualidade no chão de fábrica e, gradualmente, substitui a política da qualidade inspecionada.
- Engenharia de equipamentos da qualidade: projeta e desenvolve os equipamentos de inspeção e testes necessários às medições e ao controle da qualidade.

Os homens da Qualidade no TQC, longe de serem inspetores, são vistos como "engenheiros" ou "gerentes da qualidade", com embasamento adequado da tecnologia de produto aplicável, em modernas técnicas de engenharia e gerenciamento. Devem ainda ser treinados em métodos estatísticos, técnicas de amostragem, confiabilidade e testes, além de comportamento humano e motivacional.

A abordagem de Feigenbaum introduz o conceito de qualidade assegurada, em que a qualidade planejada é garantida ou assegurada por um sistema de qualidade documentado, acordado, seguido e auditado. Em palavras simples, a qualidade assegurada consiste em:

- Documentar as atividades e as estruturas organizacionais (responsabilidades), os procedimentos técnicos e de gestão, as atividades de pessoas, máquinas e equipamentos, assim como o fluxo das informações que foram acordados como necessários à obtenção da qualidade.
- Fazer o que foi documentado.
- Comprovar que o que foi documentado está sendo feito.

Baseadas no conceito de qualidade assegurada, muitas empresas adotaram a postura de criar normas de qualidade às quais seus fornecedores devem se sujeitar, como fator qualificador para o fornecimento. Nesses casos, as empresas clientes promovem avaliações nos sistemas de qualidade de seus fornecedores e auditam seu cumprimento.

VOCÊ SABIA?

Em 1987, a ISO – *International Organization for Standardization* (Organização Internacional para Padronização) – oficializou o conjunto de normas da série 9000, seguindo o mesmo conceito de qualidade assegurada de Feigenbaum. Nesse caso, as auditorias e as certificações são feitas por instituições credenciadas.

Entre 1955 e 1960, Kaoru Ishikawa iniciou o movimento CWQC – *Company Wide Quality Control* (Controle Total da Qualidade para Toda a Empresa), em muitos pontos semelhante ao TQC originado por Feigenbaum, porém ampliado em três dimensões. A primeira é que o treinamento em técnicas estatísticas e de solução de problemas não deveria ficar restrito aos "engenheiros da qualidade", como no TQC; as técnicas deveriam ser disseminadas a todos dentro da organização, desde a alta gerência até os operadores. Dessa forma, o potencial de solução de problemas seria enormemente aumentado. A segunda dimensão refere-se à amplitude do comprometimento. O TQC recomendava que a responsabilidade sobre a qualidade fosse estendida a todo o ciclo industrial, ao passo que o CWQC recomendava que ações de qualidade fossem tomadas sobre todas as atividades da empresa em que houvesse oportunidade de melhoramento, pertencessem ou não ao ciclo industrial, fossem elas atividades do projeto do produto, da contabilidade ou simplesmente atividades de um contínuo do escritório. A terceira dimensão é representada pelas auditorias da alta gerência. A participação ativa e visível da alta gerência é demonstração inequívoca de seu comprometimento com a qualidade.

Os métodos de solução de problemas de Ishikawa representados pelas Sete Ferramentas podem ser aplicados em qualquer tipo de problema e todos na empresa são incentivados a usá-los (a boa coleta dos dados e a boa apresentação são essenciais na solução de problemas). A gerência deve prover o treinamento e deve ainda estar atenta para manter pessoas que, detendo o conhecimento de técnicas mais avançadas, possam resolver os problemas mais complexos que fujam ao escopo das Sete Ferramentas. Ishikawa divide o arsenal dos métodos estatísticos em três níveis: o nível básico é constituído pelas Sete Ferramentas, de domínio de todos na empresa; nível intermediário, que inclui estimação estatística e projeto de experimentos, de domínio dos especialistas e gerentes da qualidade; e o nível avançado, de domínio de profissionais especialistas e consultores. Neste último, incluem-se projetos experimentais avançados e técnicas de pesquisa operacional.

Outra ferramenta importante utilizada por Ishikawa na promoção do envolvimento das pessoas com o CWQC são os Círculos de Controle de Qualidade, um movimento iniciado em 1962, no Japão, e hoje disseminado pelo mundo.

Os Círculos de Controle de Qualidade, também chamados de CCQ, são grupos compostos por cinco a dez voluntários, da mesma área de trabalho, que se reúnem regularmente, coordenados por um líder. Os objetivos desses grupos são:

- Contribuir para o melhoramento e o desenvolvimento da empresa.
- Respeitar as relações humanas e construir um local alegre que ofereça satisfação no trabalho.
- Desenvolver completamente as capacidades humanas e delas extrair o potencial infinito.

Os componentes dos CCQ são voluntários, ou seja, a participação não é obrigatória e tampouco seus componentes recebem qualquer recompensa financeira pela participação ou pelos resultados. Todos os integrantes de um círculo devem, no mínimo, ser proficientes nas Sete Ferramentas. Note que a participação nos CCQ é voluntária, mas o comprometimento com a qualidade é responsabilidade de todos os colaboradores.

Mais detalhes sobre o TQC e o CWQC podem ser acessados no Material Suplementar Textos complementares – Contribuições ao desenvolvimento do pensamento sobre qualidade, disponível no Ambiente de aprendizagem do GEN | Altas.

SEIS SIGMA (6σ)

Origens

Em 1994, a empresa americana Allied Signal introduziu Seis Sigma como uma iniciativa do negócio para produzir resultados de alto nível, melhorar processos de trabalho, expandir as habilidades de todos os funcionários, e mudar a cultura. Essa iniciativa foi seguida pela implantação muito divulgada de Seis Sigma pela General Electric sob a gestão de Jack Welch, começando em 1995 (SCHROEDER et al., 2008). Com excelentes resultados reportados, o Seis Sigma tornou-se muito conhecido na literatura popular de gestão.

Processos, como visto anteriormente neste capítulo, estarão sempre sujeitos a variações que se refletem em seus resultados. Assim, variações no processo de atendimento de um *call center* resultarão, por exemplo, em variações no tempo que transcorre até que o cliente seja atendido. Suponha que o tempo máximo considerado pelo cliente como admissível seja o equivalente a cinco toques. Métodos tradicionais de controle estatístico do processo (CEP) consideram como normais variações que mantenham 99,73% dos resultados dentro dos limites de controle (ou C_{pk} maior ou igual a 1 – veja neste capítulo a seção Capabilidade do processo). No caso do *call center*, o processo de atendimento estaria sob controle se 99,73% dos clientes fossem atendidos num tempo inferior a cinco toques. Ou seja, em contas redondas, se somente 3 a cada 1.000 clientes fossem atendidos num tempo superior ao limite aceitável (ou de controle) de cinco toques. Isso significa um nível de qualidade de Três Sigma (3σ), porque um intervalo de três sigma (três desvios-padrão) para cada lado da média de uma distribuição normal contém 99,73% da variação.

A lógica de Seis Sigma (6σ) é mais "exigente" e teve sua origem na busca de aproximar os processos do zero defeito, mais precisamente, 3,4 defeitos por milhão de oportunidades (C_{pk} maior ou igual a 2) em vez dos até então usuais 0,27% (C_{pk} maior ou igual a 1) de defeitos gerados num processo sob controle.

Dito dessa forma, pode parecer que os programas de melhoramento baseados na metodologia Seis Sigma não acrescentariam muito às metodologias tracionais, exceto por impor metas mais exigentes para os limites permitidos para as variações dos processos. Ao contrário, a metodologia Seis Sigma impõe práticas que a distinguem dos programas de melhoramento tradicionais, como a Qualidade Total (TQC), por exemplo. Essas práticas podem ser definidas por:

- Uma quase estrutura organizacional específica e paralela à estrutura organizacional da empresa.
- Procedimentos de melhoramento específicos e estruturados.
- Foco nas métricas de desempenho para os projetos de melhoramento escolhidos.

Quase estrutura organizacional paralela do Seis Sigma

O Seis Sigma opera como uma quase estrutura, paralela à estrutura organizacional da empresa e dedicada a melhorar os processos e a organização. Essas estruturas são lideradas por *black belts* (faixas pretas) que são profissionais especialistas em melhoramento e extensivamente treinados na metodologia e técnicas de Seis Sigma. Os *black belts* são, por um lado, apoiados por "campeões", executivos que agem como patrocinadores dos projetos de melhoramento e, por outro lado, lideram equipes de *green belts* (faixas verdes), que são funcionários com extensivo treinamento na metodologia e ferramentas Seis Sigma. Outros colaboradores (nem *green belts*, nem *black belts*) são também utilizados, sob a orientação dos *green belts*, na execução dos programas de melhoramento.

A Figura 6.32, baseada em Schroeder (2008), ilustra a quase estrutura paralela do Seis Sigma.

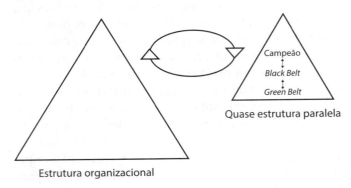

Figura 6.32 Quase estrutura paralela do Seis Sigma.

Estruturas paralelas não são novas na gestão da qualidade. Os círculos de controle de qualidade (usados tradicionalmente na abordagem do TQC) também são estruturas paralelas montadas com a finalidade de melhoramento. No entanto, os círculos de controle de qualidade têm relativamente pouca autoridade para a implementação de suas recomendações, assim como frequentemente enfrentam resistência da própria gerência e falta de recursos, e muitas de suas recomendações acabam por ser feitas sobre informações que carecem de acuracidade. O Seis Sigma, por outro lado, provê uma estrutura hierárquica na qual os líderes (campeões) iniciam, apoiam e revisam os projetos de melhoramentos chaves; os *black belts* atuam como líderes de projetos e orientam os *green belts* nos esforços para a solução de problemas.

A **priorização dos projetos de melhoramento** Seis Sigma busca identificar aqueles que efetivamente causam impacto financeiro ou estratégico no desempenho da empresa, deixando fora aqueles com menores impactos. Assim, a responsabilidade por iniciar um projeto Seis Sigma é da alta gestão. Isso também diferencia a abordagem Seis Sigma (*top-down*) das abordagens tradicionais em que os colaboradores envolvidos diretamente nos processos eram incentivados a iniciarem projetos de melhoramento (*bottom-up*).

Todos os integrantes da quase estrutura paralela recebem extensivos treinamentos em ferramentas estatísticas, de solução de problemas e outros. Esses treinamentos, no entanto, não são iguais para todos os integrantes. O nível do treinamento recebido dependerá da posição do integrante na quase estrutura (campeões, *black belts* ou *green belts*).

Processos de melhoramento estruturados

O Seis Sigma faz uso de um processo estruturado conhecido pela sigla DMAIC (*Define-Measure-Analyze-Improve-Control* ou Definir-Medir-Analisar-Melhorar-Controlar) que, de certa forma, espelha o processo PDCA (veja, neste capítulo, a seção O ciclo PDCA de Shewhart/Deming) e dá grande ênfase a identificar causas-raízes de problemas e variabilidades no processo. Nas fases de "Analisar" e "Melhorar", o Seis Sigma usa ferramentas usuais da qualidade como as sete ferramentas da qualidade, FMEA ou controle estatístico do processo, além de outras ferramentas específicas como diagramas de afinidade, análise de variância e outras, já que Seis Sigma faz uso intensivo de análises estatísticas.

Diferentes membros da quase estrutura paralela são envolvidos em diferentes fases do método DMAIC. Assim, os campeões terão um papel mais ativo na fase "definir", mas um papel mais de apoio nas demais fases; os *black belts* terão papel mais ativo na fase de "controlar" e de apoio nas demais; e, finalmente, os *green belts* terão papéis mais ativos nas fases de "medir", "analisar" e "melhorar".

Os processos estruturados para o melhoramento, além de estabelecerem um método racional para a tomada de decisões, fornecem uma metodologia e uma linguagem comuns a toda a empresa, servindo como elementos de integração que facilitam a interação entre as várias funções da organização no enfrentamento de problemas que transpassam as várias funções.

Foco nas métricas de desempenho para os projetos de melhoramento escolhidos

As métricas de desempenho Seis Sigma incluem medidas críticas para a qualidade (do ponto de vista do cliente), medidas de variabilidade de processos, medidas financeiras (Seis Sigma requer melhoramentos mensuráveis e quantificáveis financeiramente) e medidas estratégicas (já que os projetos são definidos de acordo com seu potencial de impacto no desempenho estratégico da organização).

Em essência, o Seis Sigma é um método de melhoramento contínuo que visa à redução das variabilidades. Como visto, enquanto metodologia de melhoria contínua da qualidade, o 6σ (Seis Sigma) não apresenta grandes saltos qualitativos, tendo aproveitado conceitos já desenvolvidos e utilizados por outras técnicas de melhoria da qualidade. No entanto, mostrou-se inovador principalmente quanto a:

- Foco estratégico adotado na definição dos processos a serem melhorados: diferentemente da lógica do TQC, que depende fortemente de contribuições da mão de obra direta para identificar oportunidades de melhoramento da qualidade, o Seis Sigma prega a priorização dos projetos de melhoramento pela gestão, com visão mais estratégica.

- Estabelecimento de uma estrutura organizacional paralela focalizada na melhoria da organização e composta por especialistas com níveis bem definidos de

experiência e especialização na metodologia e ferramentas Seis Sigma.
- Estabelecimento de processos de melhoramento estruturados e comuns a toda a organização.
- Critério na definição das metas de melhoramento como basicamente *top-down* (ou de cima para baixo) na organização, necessariamente conectadas à satisfação do cliente, ao melhoramento dos resultados financeiros e aos objetivos estratégicos da organização.

6.3 ESTUDO DE CASO

Caso para estudo: Recol – recolocação de executivos

São Paulo, 25 de março de 2015
Att.: Sr. Mariano Lucena
Presidente do Grupo Recol
c.c.: Sr. João Alcides A. de Olivares
Ref.: Insatisfação com o atendimento Recol

Prezado Sr. Lucena:

Assinei, no dia 28 de fevereiro, contrato com a Recol – Recolocação de Executivos, pela expressiva quantia de R$ 20.000,00 (mínima). No ato da assinatura, foram fornecidas todas as informações curriculares e pessoais solicitadas pelo consultor.

Hoje, passados 26 dias desde o fornecimento das informações, ainda não tenho em mãos a mala-direta. Portanto, objetivamente, o processo de busca de oportunidades de recolocação ainda não se iniciou.

Vinte e seis dias foram consumidos somente na organização das informações na forma de um *curriculum* e na elaboração de uma carta. Esse tempo ultrapassa em muito as previsões feitas pelo consultor quando da assinatura do contrato.

Não obstante diversas e frequentes manifestações de descontentamento com os atrasos, feitas por mim ao meu consultor, prazos intermediários foram também descumpridos, frustrando todas as minhas expectativas como cliente de uma empresa que é, inclusive, certificada conforme ISO 9002.

É importante observar que a certificação ISO foi um dos fatores que me fizeram optar pela Recol e, paradoxalmente, a mesma ISO foi apontada várias vezes pelo consultor como motivo de atrasos, que causam minha insatisfação.

Relato, a seguir, a cronologia, para sua apreciação:

28-2-21 Assinatura do contrato com simultâneo fornecimento de informações e pagamento de três parcelas.

4-3-21 Fornecimento, pelo consultor, de rascunho do *curriculum* e da carta.

5-3-21 Retorno das correções, feitas por mim, no *curriculum* e na carta.

13-3-21 "Fechamento" do *curriculum* e da carta, com as correções.

22-3-21 Disponibilidade de mala-direta na Recol (parcial).

No último sábado (dia 23-3), quando compareci à Recol para retirada da mala-direta, somente um quinto das cartas solicitadas me foram postas à disposição. Inconformado com a forma como meu processo estava sendo tratado, solicitei um encontro com um consultor que estivesse presente no momento. Havia duas consultoras que não me atenderam... O meu consultor não foi localizado por telefone... A minha dificuldade não foi resolvida... Mais tempo foi perdido...

É desnecessário lembrar aqui que o fator de maior preocupação para quem busca uma recolocação é o tempo, que consome as economias e aumenta a tensão, como bem menciona V. Sa. no material promocional de sua empresa.

Espero sinceramente que, agora com seu conhecimento, essas falhas sejam rapidamente corrigidas e ocorram melhoras significativas no tratamento do meu processo de recolocação.

Solicito, ainda, a substituição do meu consultor por outro de sua indicação para a continuação do processo, incluindo a entrevista com videofilmagem, ainda não realizada.

Aguardo um pronto retorno de sua parte e permaneço à sua disposição para os esclarecimentos adicionais julgados necessários.

Atenciosamente,

Claudio Antônio Cerqueira

Esta carta foi enviada pelo cliente por fax. Foi respondida em 15 minutos, em pessoa, pelo Presidente da Recol, que de imediato alocou um consultor de sua máxima confiança para cuidar pessoalmente do caso, procurando recuperar o cliente.

Questões para discussão

1. A ISO 9002 propõe um sistema de garantia de qualidade nos moldes do TQM. Em que aspectos o sistema de garantia de qualidade da Recol está falhando, já que os sintomas indicam que os problemas de qualidade não só persistem, mas eventualmente podem até estar sendo em parte causados pela má condução do próprio sistema?

2. Elabore um diagrama de causa e efeito para analisar possíveis causas para os problemas de qualidade relatados no caso.

3. Imagine que você foi contratado pela Recol para encaminhar as análises e posteriormente resolver os problemas de qualidade identificados. Que dados adicionais você coletaria (e de que forma) para uma análise mais ampla da questão de qualidade de atendimento na Recol? Elabore uma proposta simplificada dos passos que você daria para realizar a tarefa solicitada pelo contratante.

6.4 RESUMO

- O pensamento em gestão de qualidade mudou substancialmente nos anos 1970 e 1980: do controle de qualidade do produto, a ênfase passou para o controle da qualidade do processo visando prevenir a ocorrência de falhas mais do que apenas detectá-las e corrigi-las depois de geradas.
- A qualidade é formada durante o processo de produção; ações de qualidade deveriam ser simultâneas aos processos, com participação ativa da mão de obra que produz.
- As principais contribuições dos principais "gurus" da qualidade são:
  — Joseph Juran: qualidade é relacionada às características dos produtos que atendem às necessidades dos clientes. Todos os custos relativos à qualidade devem ser levados em conta: custos de avaliação (medição, calibração de equipamentos etc.), custos de prevenção (planejamento da qualidade, manuais, avaliação de fornecedores etc.), custos de falha interna (retrabalho, refugo etc.), custos de falhas externas (garantia, perda de boa vontade do cliente, reparações etc.).
  — William E. Deming: papel da liderança é essencial para melhoramento da qualidade; a maior parte da responsabilidade por falhas é da gestão e não da mão de obra, que não tem culpa de ter sido alocada sem o treinamento ou a qualificação adequados para a tarefa; a estrutura organizacional é essencial para os esforços de qualidade; barreiras entre departamentos devem ser derrubadas, aumentando visibilidade.
  — Armand Feigenbaum: cunhou o termo "controle total da qualidade": qualidade é responsabilidade de todas as pessoas e todos os setores da organização; quem define a qualidade é o cliente; a área de qualidade é responsável por elaborar planos de qualidade, auditar o sistema de qualidade e projetar e desenvolver equipamentos da qualidade.
  — Kaoru Ishikawa: todos na organização podem e devem contribuir para a qualidade e devem conhecer técnicas estatísticas básicas; proponente das Sete Ferramentas da Qualidade, dos círculos de controle de qualidade, criador do diagrama de Ishikawa (conhecido também como diagrama espinha de peixe ou diagrama causa-efeito).
  — Shigeo Shingo: erros conduzem a defeitos, devem-se eliminar erros ou corrigi-los antes que tornem-se defeitos; criou a lógica de "sistemas à prova de falhas" ou *poka yoke* para atingir o "zero-defeito". Criou o sistema SMED, que visa reduzir sistematicamente os tempos e custos de preparação de equipamentos para aumentar a flexibilidade.
  — Genichi Taguchi: qualidade definida considerando o "custo social" das falhas; um produto de qualidade seria aquele cujos parâmetros fossem mantidos na produção em valores que resultassem em custos sociais mínimos. Qualquer variação do resultado de um processo em relação ao valor nominal especificado causará algum custo social. Isso justifica o incessante esforço para reduzir variabilidade no processo. Fornece o embasamento para o Seis Sigma.
  — David Garvin: a qualidade é um critério competitivo; deve-se ser melhor que a concorrência em qualidade, nos aspectos mais importantes para o cliente. Qualidade e multidimensional: desempenho, características, confiabilidade, conformidade, durabilidade, manutenção e estética.
- A cadeia de fornecimento interna é formada por uma sucessão de clientes e fornecedores; o planejamento da qualidade inclui as seguintes decisões:
  — Controlar ou não a qualidade.
  — O que controlar (processo ou produto ou ambos, e que características do produto ou processo).
  — Como controlar.
  — Quem deve controlar.
  — Quando controlar.
- FMEA é um processo sistemático e documentado para avaliação e redução de riscos de falhas em projetos e processos.
- Há sete ferramentas principais da qualidade:
  — Diagrama de processo: mapeia processos explicitamente.
  — Análise de Pareto: forma de separar os poucos importantes dos muitos não importantes em fenômenos classificatórios.

- Diagrama de causa-efeito: ferramenta para identificar causas-raízes de certo efeito.
- Diagramas de correlação: explora correlações entre variáveis.
- Histogramas: forma gráfica para apresentar dados a respeito de uma observação, levando em conta frequências de ocorrência.
- Cartas de controle de processo: gráficos que acompanham o desempenho de processos com intuito de mantê-los sob controle.
- Folhas de verificação: tentam garantir que as informações das outras ferramentas não sejam perdidas.

■ Todo processo está sujeito a variações naturais; espera-se que um processo alocado para executar certa tarefa varie segundo essa variação natural.

■ O fundamento essencial do Controle Estatístico do Processo (CEP) é acompanhar os processos por meio do comportamento de suas saídas, separando as causas naturais das especiais de variações, e tomar medidas de correção quando uma causa especial é detectada.

■ Uma variável é uma grandeza que pode assumir infinitos valores num intervalo – por exemplo, o peso de uma caixa de cereal matinal –; atributos são eventos que ou ocorrem ou não ocorrem – por exemplo, um erro de grafia numa página de jornal.

■ Para variáveis, em geral, a distribuição da variação dos resultados de processo é modelada como uma curva normal; para atributos, diferentes distribuições são usadas, como, a distribuição de Poisson e a distribuição binomial.

■ Há duas formas básicas de melhoramento: contínuo (*kaizen*) e com saltos qualitativos (reengenharia).

■ Metas não alcançáveis são usadas na Qualidade Total, para que a gestão continue sempre a visar ao melhoramento.

■ *Benchmarking* é a contínua busca por melhores práticas, interna e externamente à organização, com os objetivos de acelerar a aprendizagem e levar a vantagens competitivas sustentáveis.

■ Há três tipos de *benchmarking*:
- Interno: visa difundir melhores práticas identificadas internamente à organização.
- Competitivo: visa comparar-se continuamente com o desempenho da melhor concorrência e tentar manter-se à frente, com base nessa comparação.
- Funcional: baseia-se em aprender melhores práticas com as melhores organizações na função analisada, mesmo que essas empresas não estejam dentro do mesmo setor industrial.

■ Seis Sigma é uma abordagem de melhoria organizacional que trabalha com uma quase estrutura organizacional paralela visando à redução de variação em processos organizacionais por intermédio do uso de especialistas em melhoramento, um método estruturado e medidas de desempenho com objetivo de atingir objetivos estratégicos.

6.5 EXERCÍCIOS

1. Em algumas situações, ouvem-se comentários como: "A década de 1980 foi a década da qualidade – as questões foram equacionadas." Comente criticamente essa afirmação.

2. Considerando que, hoje, a gestão de operações deve sempre considerar as implicações estratégicas em todas as tomadas de decisão, inclusive quanto à adoção de técnicas e abordagens, analise as abordagens de Juran, Deming, Feigenbaum e Garvin para a gestão de qualidade. Analise, criticamente, as abordagens desses autores e confronte-as.

3. Discuta a importância estratégica da definição do conceito de "custos da qualidade" por Juran, para a adoção em larga escala de iniciativas de melhoramento de qualidade nas empresas ocidentais.

4. O que são causas naturais (normais) e causas especiais de variabilidade de processos? Por que é importante diferenciar essas causas de variabilidade?

5. Como os conceitos de causas naturais e causas especiais aplicam-se a uma operação muito automatizada, como o serviço de empresas que mantêm, em seus computadores, listas de *sites* de seus clientes? Como se aplicam, por outro lado, os mesmos conceitos para uma operação manual como o atendimento telefônico de um *call center*?

6. Que significam os limites inferior e superior de um gráfico de controle? Como se determinam esses parâmetros?

7. Como se relacionam os parâmetros que descrevem a variabilidade dos processos com as tolerâncias dimensionais especificadas no projeto do produto? O que é capabilidade de um processo e como se mede?

8. Qual a diferença entre cartas de controle de processo "por variáveis" e "por atributos"? Em que situações são usadas?

9. Explique os conceitos de "curva de perda" e "dano social" de Taguchi. Qual a aplicabilidade desse conceito em termos de gestão de qualidade em operações?

10. O que é *poka yoke*? Como esse conceito pode ser aplicado em operações de serviço? Identifique em todos os cômodos de sua casa e no seu carro os mecanismos

que você encontra e que incorporam o conceito de *poka yoke*. Classifique-os.
11. Preencha uma folha de FMEA para a operação de um elevador, indicando os modos de falha, seu efeito e criticidade.
12. Imagine que se tem tornado recorrente a chegada de um colega seu com atraso às aulas. Faça um diagrama de causa e efeito para tentar identificar os porquês e auxiliar seu colega a ser mais pontual.
13. Quais os tipos de *benchmarking* que você conhece e a que se prestam? Como você pode usar esses conceitos para melhorar seu desempenho escolar?
14. Quais as diferenças entre o Seis Sigma e outras abordagens da qualidade?
15. O que significa FMEA?
16. Produza um gráfico de processo para a preparação de seu café da manhã.

6.6 ATIVIDADES PARA SALA DE AULA

1. Com seus companheiros de grupo, produza um diagrama de ciclo de serviço para uma ida sua ao posto de gasolina. Avalie a qualidade do serviço em cada um dos momentos da verdade. Identifique oportunidades de melhoria do nível de serviço prestado.
2. Com seus companheiros de grupo, analise criticamente os níveis de autonomia e autocontrole do funcionário que atendeu a sua última ligação para um serviço de atendimento ao cliente. Como você criaria as condições de autocontrole para os funcionários de uma operação de *call center*?
3. Faça um gráfico de Pareto de um tíquete de caixa de uma compra mensal em supermercado que você tenha feito. Separe os itens constantes do tíquete em cinco intervalos de classe de dispêndio. Quais decisões essa informação pode auxiliar você a tomar?

6.7 BIBLIOGRAFIA E LEITURA ADICIONAL RECOMENDADA

CORRÊA, H. L. *Teoria geral da administração*. São Paulo: Atlas, 2003.

CORRÊA, H. L.; CAON, M. *Gestão de serviços*. São Paulo: Atlas, 2002.

CORRÊA, H. L.; GIANESI, I. G. N. *Administração estratégica de serviços*. São Paulo: Atlas, 1994.

ECKES, G. A. *Revolução Seis Sigma*. Rio de Janeiro: Campus, 2001.

FEIGENBAUM, A. V. *Total quality control*. New York: McGraw-Hill, 1987.

GARVIN, D. A. *Managing quality*. New York: Free Press, 1988.

IMAI, M. *Kaizen*: a estratégia para o sucesso competitivo. São Paulo: Iman, 1986.

JURAN, J. M.; GRYNA, F. M. *Quality control handbook*. New York: McGraw-Hill, 1988.

SCHROEDER, R. G.; LINDERMAN, K.; LIEDTKE, C.; CHOO, A. S. Six Sigma: Definition and underlying theory. *Journal of Operations Management*, v. 26, p. 536-554, 2008.

SHINGO, S. *A revolution in manufacturing*: the SMED system. Cambridge: Productivity Press, 1985.

SLACK, N.; LEWIS, M. *Operations strategy*. Harlow: Pearson Education, 2002.

TAGUCHI, G.; WU, Y. *Introduction to off-line quality control*. Nagoya: Central Japan Quality Control Association, 1979.

WEISS, H. J. *DS for Windows*. New Jersey: Prentice Hall, 2000.

Websites relacionados

http://www.asq.org – The Global Voice of Quality, *website* dedicado à qualidade, com informações e recursos. Acesso em: 16 fev. 2022.

https://www.deming.org – The W. Edward Deming Institute. Instituição fundada por Edward Deming. Acesso em: 16 fev. 2022.

http://www.inmetro.gov.br – *Site* do Inmetro – Instituto Nacional de Metrologia, Qualidade e Tecnologia. Acesso em: 16 fev. 2022.

http://www.juran.com – The Juran Institute. Instituição fundada por Joseph Juran. Acesso em: 16 fev. 2022.

http://www.mistakeproofing.com – Bom *website* do Professor John Grout sobre *poka yoke* – definições, exemplos e tutoriais. Acesso em: 16 fev. 2022.

http://www.quality.org – Chartered Quality Institute. Organização profissional dedicada à qualidade. Acesso em: 16 fev. 2022.

https://www.procon.sp.gov.br/diario-oficial-recall/ – site do Procon de São Paulo. Acesso em: 16 fev. 2022.

CAPÍTULO 7
Ética, sustentabilidade e segurança em produção e operações

OBJETIVOS DE APRENDIZAGEM

- Compreender a importância de considerações éticas de sustentabilidade e segurança em produção e operações.
- Entender os aspectos essenciais e o papel das questões éticas e dos códigos de ética nas organizações.
- Ser capaz de discutir as questões básicas de operações sustentáveis e projeto de produto para a sustentabilidade.
- Entender aspectos essenciais sobre saúde e segurança no trabalho.

7.1 INTRODUÇÃO

O que uma companhia pode fazer para recuperar a imagem manchada? Há alguns anos, no ano 2000, após derramar 5,3 milhões de litros de óleo na baía de Guanabara e em rios do Paraná, a Petrobras encontrava-se sob críticas ferrenhas dos ambientalistas. No ano seguinte, em 15 de março de 2001, a plataforma P-36 afundou – e, com ela, a reputação da empresa. Além de multas e perdas de produção, os acidentes pioraram a percepção de risco da Petrobras e encareceram o seguro das refinarias e plataformas. Nos anos seguintes ao acidente, o valor subiu cinco vezes, chegando a 36 milhões de dólares, chegando a alcançar 46,4 milhões. Depois disso, a empresa empenhou-se em atingir resultados palpáveis de melhoria na gestão dos riscos ambientais e de segurança. O volume de vazamentos, por exemplo, baixou de 2,6 milhões de litros de óleo um ano depois do acidente narrado acima para 197.000 litros um ano depois – um patamar, segundo especialistas, similar ao de algumas das melhores petrolíferas do mundo.

A Petrobras já investiu 3,5 bilhões de reais para sanar pontos críticos e implementar um sistema preventivo a acidentes. Foi criado, por exemplo, o Programa de Excelência em Gestão Ambiental e Segurança Operacional. Com ele, ficou mais fácil e rápido descobrir vazamentos. Mais de três quartos dos 7.000 quilômetros de dutos da companhia estão automatizados com sensores que detectam variações no volume de óleo transportado. Se o volume diminui muito em um trecho do duto, alertas de segurança são acionados, as refinarias paralisam a produção e equipes são enviadas ao local para investigar o eventual acidente.

"Na dúvida sobre um vazamento, a ordem hoje é parar a produção", dizia o gerente executivo de segurança, meio ambiente e saúde da Petrobras. Diariamente, os supervisores reúnem suas equipes para discutir situações de risco.

Detalhes sobre o sistema de gerenciamento de riscos passaram a ser incluídos nos relatórios enviados aos investidores e às seguradoras. "O risco da companhia nunca foi tão transparente para o mercado", diz o gerente de seguros da Petrobras. Inspeções independentes promovidas por resseguradores estrangeiros são feitas frequentemente em unidades da empresa para verificar melhorias nos controles ambiental e de segurança, identificar falhas e recomendar mudanças. "Tempos atrás, as pessoas vinham de fora para fazer cursos de gestão de risco na Petrobras", diz o assessor de produtos da Seguradora Aliança. "Depois, os acidentes mostraram que havia falhas. Hoje, o mercado percebe que a empresa está melhorando." A própria Petrobras reconhece que ainda há o que fazer. O número de acidentes de trabalho, por exemplo, baixou de 4 para 1,5 por milhão de homem.hora. Mas ainda não alcançou o *benchmark* do setor, que é de 0,5 a 1 por milhão de homem.hora. Ainda que não seja o foco deste capítulo, vale a reflexão sobre como incidentes dessa magnitude, que envolveram a Petrobras, podem afetar a imagem e o desempenho operacional em termos de confiabilidade, qualidade e sustentabilidade. Da perspectiva do cliente, talvez ela não sofra tanto prejuízo, a não ser pelo fato de clientes mais comprometidos com o meio ambiente optarem por outras marcas e ainda realizarem "campanha/propaganda" negativa para envolverem outros clientes nesta causa.

Da perspectiva empresarial, companhias podem perder a confiança na qualidade do que a Petrobras produz, o que também pode trazer dificuldade para o fornecimento da empresa brasileira caso os critérios de sustentabilidade não possam ser atingidos ou dada a dificuldade na resolução de problemas anteriores como os citados. Por outro lado, esforços em gerenciamento da cadeia de suprimento (GCS), como o desenvolvimento de relacionamentos colaborativos, podem resolver problemas e proporcionar resultados positivos. Por exemplo, as empresas que desenvolveram os sensores que monitoram o fluxo de fluidos dentro dos dutos podem criar tecnologias que compartilham as informações de eventos como esses aos principais interessados, permitindo uma ação proativa e preventiva, minimizando possíveis danos na natureza, de saúde e até financeiros.

PARA REFLETIR

Pense sobre os *trade-offs* envolvidos entre custos de operações e segurança industrial e ambiental. Com base no caso da Petrobras descrito, há mesmo *trade-offs*?.

A partir dessa leitura introdutória, colocamos a seguinte pergunta: o que é ter um comportamento ético? Com base em sua resposta para essa questão, trazemos algumas situações para reflexão.

Você está gerenciando uma operação e pode substituir uma matéria-prima ou embalagem do produto por outra evidentemente mais barata, porém mais poluidora do meio ambiente. O que você faz? Substitui?

Agora, você tem um novo produto (mais uma opção de veículo híbrido) pronto. O pátio de seus concessionários está cheio, apenas aguardando a data de lançamento daqui a alguns dias. Na véspera do dia do lançamento, um funcionário da engenharia descobre que houve um erro de dimensionamento da eficiência econômica dos motores combinados (combustão/elétrico). Isto é, a autonomia antes projetada e divulgada de 30 km/litro na cidade está, na verdade, próxima de 25 km/litro, número que não é ruim, mas que está em desacordo do que fora promovido na mídia e provocará desempenho inferior ao longo do tempo. Como você procede diante dessa situação? Suspende o lançamento ou o mantém? Dependendo da sua decisão, reflita sobre os critérios competitivos que podem estar sob risco.

Imagine que você seja um gestor de operações crescentemente pressionado para cortar custos no curto prazo. Como encaminharia a questão de possível *trade-off* entre resultado operacional e segurança pessoal e ambiental no trabalho?

Neste capítulo, serão tratadas as questões correlacionadas de ética, sustentabilidade e segurança em operações, questões essenciais para que a gestão de operações possa se integrar ao ambiente em que se insere de forma responsável. Os temas tratados referem-se, genericamente, à parte enfatizada com tarja cinza no quadro geral apresentado e descrito no Capítulo 1 e reproduzido na Figura 7.1.

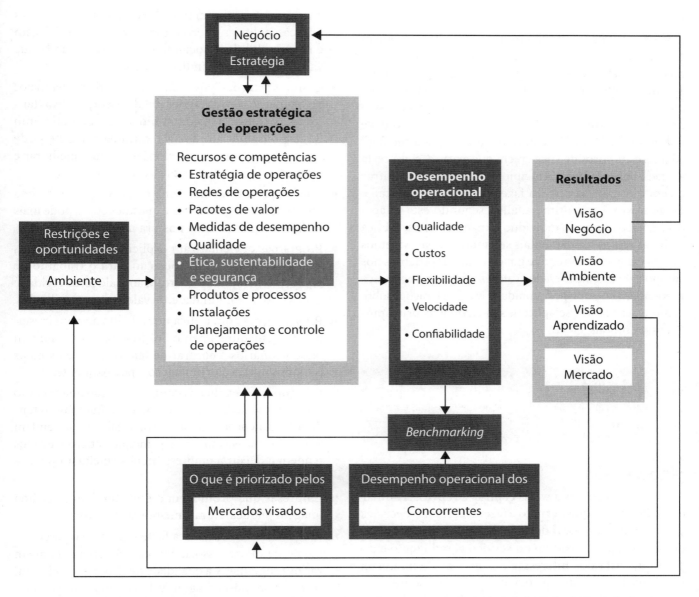

Figura 7.1 Quadro geral de referência de gestão estratégica de operações, com aspecto tratado no Capítulo 7 enfatizado com tarja cinza.

7.2 CONCEITOS

Ética é um assunto que começa a ser mais discutido, no âmbito da administração de produção e operações, em escolas de negócios ou de assuntos correlatos, e até na mídia. Considerações éticas entram em muitas das discussões sobre sustentabilidade e segurança industrial, principalmente devido aos *trade-offs*, com os quais os gestores têm de se confrontar quando transitando nessas questões.

Em última análise, *trade-offs* incluem decisão e escolha estratégica; escolha implica renúncia a uma ou a algumas alternativas em prol de outras (veja o Capítulo 2 para uma discussão mais profunda sobre *trade-offs* em operações).

Por exemplo, quando confrontado com duas opções de matéria-prima – uma mais barata mas mais poluente e outra, menos poluente porém mais cara –, qual delas o gestor de operações deve escolher? Este é um dilema ético, como será discutido adiante. De forma geral, a qual opção o gestor deve renunciar, quando questões éticas estão envolvidas?

Embora seja um tema muito rico e possivelmente controverso, é importante introduzir o assunto neste ponto do nosso estudo de administração de produção e operações, porque a atuação do gestor de operações pode ter implicações éticas muito relevantes. Mas o que é ética?

7.2.1 ÉTICA

Começando com a questão sobre o que é ética, mas sem entrar numa discussão filosófica, que foge ao escopo mais pragmático deste livro, pode-se pensar a ética como aprender o que é certo e o que é errado e fazer o certo – entretanto, "fazer o certo" está longe de ser uma questão de discussão simples. Não é simplesmente "João deve roubar de José?" ou "José deve mentir para seu cliente?". Alguns estudiosos de ética creem que existe a "coisa certa a fazer", baseada num princípio moral, enquanto outros creem que a "coisa certa" a fazer depende da situação e do contexto – em última análise, segundo esta visão a decisão dependerá do indivíduo tomando a decisão. Ética inclui as regras fundamentais segundo as quais vivemos nossas vidas. Os valores que guiam como deveríamos nos comportar são considerados valores morais: respeito, honestidade, justiça, responsabilidade etc. Declarações sobre como esses valores se aplicam são chamadas princípios éticos ou morais.

 VOCÊ SABIA?
Um *site* riquíssimo para a discussão de questões éticas é www.ethicsweb.ca/codes/.

Ética nos negócios

A ética nos negócios deveria centrar-se em discriminar o que é certo e o que é errado e fazer o certo nas decisões de negócios e no local de trabalho – do ponto de vista dos efeitos que o produto ou serviço gerado terão e do ponto de vista dos interesses dos grupos de interesse: funcionários, clientes, a sociedade em que se insere a operação, acionistas e outros. Na verdade, não há uma "bússola" moral clara que guie os gestores de negócios nos complexos dilemas que cercam a decisão do que é certo e do que é errado. Atenção à ética no trabalho sensibiliza os gestores e as equipes sobre como devem agir. Mais do que isso, importante também, a atenção à ética ajuda a guiar as pessoas e as equipes quando passando por situações delicadas em tempos de crise (pense na pandemia de Covid-19, que assolou o mundo em 2020 e 2021) ou turbulência, de forma que mesmo nesses períodos mantenham uma espinha dorsal moral forte. Outros benefícios que os estudiosos da ética nos negócios apontam de uma atenção explícita das empresas com as questões éticas são:

- A preocupação com a gestão dos aspectos de ética tem melhorado a sociedade – políticas de oportunidades iguais reduzem as discriminações de funcionários com bases idiossincráticas; políticas de restrições a empresas que utilizam trabalho infantil reduzem essas práticas; políticas de produção sustentável, reciclagem e responsabilidade social têm melhorado, ainda que vagarosamente, as condições sociais.
- Como as gerações "pós-*millennials*" tendem a ter maior preocupação com a responsabilidade corporativa (tanto no aspecto de sustentabilidade ambiental como de responsabilidade social), estrategicamente pode ser vantagem uma empresa criar, manter, melhorar e divulgar uma postura ética e sustentável.
- Em épocas turbulentas, uma empresa que tenha boa sensibilização e gestão sobre questões éticas pode mais facilmente manter uma postura moral.
- Programas que enfatizam explicitamente a ética nos negócios melhoram disposição para o trabalho de equipe, aumentando a abertura ao diálogo, integridade e sensação de comunidade, de valores compartilhados.
- Preocupações com a ética no trabalho apoiam crescimento e amadurecimento dos funcionários – ajudam os funcionários a encarar de fato os bons e os maus períodos – para a organização e pessoalmente.
- Preocupações explícitas com a ética trabalham como uma espécie de "seguro" – como princípios éticos tendem a ser incorporados ao corpo legal, ou seja, tendem a transformar-se em leis, e princípios éticos elevados tendem a deixar a empresa menos sujeita a multas e processos.
- Empresas que promovem a ética tendem a ter boa imagem pública e atrair melhores talentos.
- Programas com base ética forte suportam o gerenciamento de valores associados à gestão operacional em vários programas – a qualidade total, por exemplo, tem como pré-requisitos alguns valores como confiabilidade, realimentação, erros usados como oportunidade de melhoramento e não como combustível para "caça às bruxas"; a gestão de redes de suprimento também prega altos níveis de confiança e integridade nos relacionamentos entre parceiros na rede.

Códigos de ética

Códigos de ética geralmente descrevem as regras éticas e os limites segundo os quais a organização pretende operar. Muitas vezes, os funcionários olham para códigos de ética com suspeita, como se fossem apenas dispositivos retóricos. Dependerá dos líderes da organização que esses dispositivos retóricos de fato se transformem, desde a sua criação, em instrumentos-guia para a tomada de decisão, principalmente em momentos de crise ou turbulência: em tais momentos, ter um código bem desenvolvido é essencial. Na crise, não há tempo para discussões ou conclusões morais. Estas devem ter sido feitas e tiradas com antecedência. Em organizações de grande porte, pode haver lugar para uma "constituição", um código de ética com princípios mais gerais e, subordinando-se a estes, uma série de códigos de ética específicos para cada um dos programas, departamentos ou processos. Nesse contexto, é importante que o setor de operações desenvolva seu código de ética específico para as questões com as quais possa defrontar-se: acidentes de trabalho, relacionamento com fornecedores e clientes, relacionamento com funcionários, relacionamento entre colegas de trabalho, uso de matérias-primas e embalagens, emissões, reciclagem, poluição, efluentes, entre outras. A seguir, encontram-se algumas sugestões práticas para esse desenvolvimento:

- Identifique valores necessários para a resolução de questões correntes no local de trabalho – reconheça as questões correntes: questões relacionadas com respeito, justiça, honestidade, diversidade, por exemplo. Identifique comportamentos necessários para resolver as questões apontadas de forma satisfatória. Identifique os valores que induziriam àqueles comportamentos.
- Identifique os valores éticos valorizados por produtos de grande sucesso: por exemplo, credibilidade, sustentabilidade, reciclabilidade, integridade no trato com o cliente, confidencialidade.
- Identifique valores importantes durante a fase de planejamento estratégico – reforce-os.
- Revise os valores estabelecidos de forma que se conformem com a legislação vigente.
- Considere como muito importantes os valores que os grupos de interesse (por exemplo, funcionários, clientes, sociedade, fornecedores, acionistas) consideram fundamentais.
- Exemplos de valores são: confiabilidade (honestidade, integridade, cumprimento de promessas, lealdade), respeito (autonomia, privacidade, dignidade, cortesia, tolerância, diversidade), responsabilidade, solidariedade (compaixão, consideração, compartilhamento, bondade), justiça (nos procedimentos, imparcialidade, consistência, equidade, igualdade, direito de defesa), cidadania (respeito às leis, serviço e responsabilidade social, proteção do ambiente).
- Na composição do código de ética, é útil associar, com cada um dos valores expressos, dois exemplos de comportamentos ilustrativos.
- É importante a inclusão explícita de texto que deixe claro que se espera dos funcionários que seu comportamento conforme-se ao código.
- O desenvolvimento participativo do código de ética para operações é desejável; a divulgação ampla e a constante revisão com base em *feedback* dos envolvidos são imprescindíveis.

Empresas que possuem um comportamento ético estruturado e praticado rotineiramente podem agregar novos critérios competitivos e ganhar benefícios relacionados com a confiabilidade de suas operações. Isto é, por meio do código de ética que talvez tenha foco mais institucional, as empresas podem ter uma operação diária confiável que gera mais valor para funcionários, fornecedores, acionistas e clientes. Isso é percebido, por exemplo, na área de inovação entre grandes empresas e *hubs* que conectam estudantes, executivos, pequenos empreendedores, empresas, universidades e outras instituições. Comportamento ético e transparente é essencial nessas situações, dado que, em algumas oportunidades, a inovação desenvolvida tem evidências claras de vantagem competitiva, que, caso sejam compartilhadas antes da hora de forma inadequada, podem gerar grandes transtornos para os envolvidos.

VOCÊ SABIA?
Você pode encontrar numerosos exemplos de códigos de ética de empresas no *site* do Institute of Business Ethics: www.ibe.org.uk.

Dilemas éticos em operações

Dilemas éticos ocorrem quando há diferenças significativas de valor entre interesses conflitantes, quando as alternativas são ambas defensáveis e quando há, conforme a alternativa, consequências relevantes para um ou vários dos grupos de interesse:

- Meu chefe me informa que um dos meus funcionários será dispensado num corte, pedindo-me sigilo para que a notícia não se espalhe ainda. Meu funcionário me conta seus planos de iniciar no dia seguinte uma reforma na casa – que devo fazer?
- Nosso cliente, em nossa firma de consultoria, solicita que implantemos um novo modismo gerencial que nos pode render uma boa receita, mas sabemos que uma solução muito mais simples, e menos rentável para nós, pode resolver seu problema – que devo fazer?
- Por um erro de projeto, sei que a métrica de avaliação de desempenho que meu chefe definiu e segundo a qual sou avaliado é fácil de atingir, mas me induz a um comportamento que não é necessariamente bom para a organização. Uma métrica de avaliação de desempenho alinhada aos objetivos da organização seria, entretanto, mais difícil para eu perseguir e, portanto, conseguir uma boa avaliação – que devo fazer?
- Um cliente solicita um de nossos produtos mais caros, uma matéria-prima especial. Por meu conhecimento técnico, sei que outro produto nosso muito mais barato

e menos lucrativo pode atender à sua necessidade perfeitamente – que devo fazer?

Nash (1981) sugere 12 questões para ajudar as pessoas quando encaram dilemas éticos:

- Você definiu o problema precisamente?
- Como você definiria o problema se estivesse do "outro lado"?
- Como o dilema pôde ocorrer? (Causas essenciais.)
- A quem você deve lealdade, como pessoa, como membro da organização e como membro da comunidade?
- Qual sua intenção ao tomar a decisão?
- Como essa intenção se compara com os resultados prováveis das alternativas?
- A quem sua decisão poderia ferir ou prejudicar?
- Você pode discutir a questão com as partes antes de tomar a decisão?
- Você tem confiança de que ao longo do tempo sua decisão vai continuar tão válida como aparenta hoje?
- Você abriria sua decisão (sem preocupações) para seu chefe, seu CEO, o conselho administrativo, sua família, a sociedade como um todo?
- Qual o potencial simbólico de suas alternativas de decisão, se bem entendidas? E se mal entendidas?
- Sob que circunstâncias você admitiria exceções para a postura que agora está prestes a adotar?

7.2.2 SUSTENTABILIDADE

Desenvolvimento sustentável, segundo a Comissão Mundial de Ambiente e Desenvolvimento, é desenvolvimento que atende às necessidades do presente sem comprometer a habilidade das gerações futuras de atenderem às suas próprias necessidades. Essa definição é considerada por alguns autores como vaga e geral, fazendo com que muitos chamem a atenção para o fato de que ela pode até suscitar mais perguntas que respostas, sendo algumas delas:

- De quais recursos as futuras gerações necessitarão?
- Em que níveis os poluentes podem ser liberados sem que tenham impacto nas futuras gerações?
- Em que medida os recursos renováveis podem ser explorados de forma que continuem renováveis?
- Quanto a tecnologia pode resolver o paradoxo da necessidade de uso sustentável de recursos com a crescente demanda mundial por riqueza material?
- Que políticas são necessárias para atingir a sustentabilidade?

Embora imperfeita, a definição que apresentamos pode dar um rumo para o início das discussões sobre sustentabilidade ambiental.

Nos últimos anos, tem ficado claro para a sociedade que lucro não deve ser o único elemento definidor de sucesso de empresas e economias. Talvez até mais importantes são o futuro das pessoas e o do planeta. Essas preocupações são capturadas por medidas de desempenho organizacional mais abrangentes, como o *triple bottom line* (3BL), que representa algo como "tripla linha de baixo" dos demonstrativos financeiros: avaliações de desempenho organizacional quanto aos três Ps de Pessoas, *Profit* (lucro) e Planeta, crescentemente adotadas por empresas que fazem parte desse movimento.

Essas preocupações ganharam muita força com o recente crescimento econômico mundial, em que países como o Brasil, a Rússia, a Índia, a China e a África do Sul (BRICS) e outros se juntaram às economias mais desenvolvidas em fazer aumentar tremendamente a taxa de consumo de recursos naturais demandados para atender às necessidades e aos desejos de consumo das muitas centenas de milhões de pessoas desses e de outros países em desenvolvimento. Além disso, há outros impactos potencialmente danosos de um crescimento nos moldes atuais: por um lado, para atender às necessidades energéticas e de outros recursos de produção para o desenvolvimento acelerado, o mundo tem gerado quantidades crescentes de emissões poluentes que têm não só prejudicado a qualidade do ar, da água e do solo, como também, argumentam os cientistas, têm sido responsáveis pelo gradual aquecimento do planeta. Adicionalmente, a disposição de produtos, embalagens e outros materiais, depois do seu uso, tem enchido os aterros sanitários numa taxa sem precedentes e, certamente, não sustentável por muito tempo. Respondendo a essas preocupações, as empresas têm sofrido enormes pressões da sociedade, da legislação, de ONGs e de outros grupos legítimos de pressão para medir seu impacto ambiental e usar a lógica embutida no 3BL em seus relatórios anuais para reportar a quantidade de energia e outros recursos que usam e o "rastro" ou "pegada ambiental" que deixam para trás, no ambiente, com sua atuação. O rastro ou pegada ambiental (*environmental footprint*) de uma organização é a consequência causada ao meio ambiente por fluxos materiais e energéticos que deixam o sistema definido por ela.

A partir do momento em que uma equipe de desenvolvimento e projeto de produtos e processos (veja o Capítulo 10 para um tratamento do tema) coloca pela primeira vez sua lapiseira sobre a prancheta, ainda em branco, o impacto ambiental dos produtos e dos processos que serão projetados começa a ser definido. Na verdade, a melhor (embora não a única) fase para começar um bom caminho no sentido de um impacto ambiental menos negativo dos produtos e processos é a de pesquisa e desenvolvimento. Nessa fase, a empresa pode auxiliar nos problemas ambientais antes mesmo de eles começarem.

Projeto "verde" para sustentabilidade

No processo de "projeto para sustentabilidade", os projetistas devem olhar, desde a origem, as formas de produzir e a toxicidade de matérias-primas, o conteúdo de energia e outros recursos necessários para produzir, usar e reparar o produto (incluindo a embalagem), como o produto pode ser reutilizado, recuperado, remanufaturado e reciclado após o fim de sua primeira vida econômica. Projetos "verdes" bem-feitos criam produtos que consomem menos energia e recursos naturais.

Vários países têm passado legislações que têm, cada vez mais, trazido a preocupação com projetos mais verdes ao topo das agendas dos executivos. Alguns países têm obrigado os produtores a trazer de volta produtos (pneus e pilhas são alguns dos exemplos mais visíveis) e embalagens poluentes (como bombonas plásticas de defensivos agrícolas que se acumulam nas propriedades rurais que as utilizam) depois do uso pelos clientes, encorajando as empresas manufatureiras a projetar produtos mais fáceis de serem reutilizados ou reciclados e forçando-as a pensar em questões de logística reversa – a logística de trazer grandes quantidades de material de volta, na "contramão" do fluxo logístico tradicional. Além disso, algumas ações de setores industriais referem-se não apenas à necessidade de projetos verdes de produtos e processos para conformar-se a legislações cada vez mais exigentes, mas também a mudanças relevantes nos mercados consumidores. Trata-se de buscar competitividade num novo mercado "verde", em que as ações dos consumidores manifestam-se por meio de boicotes de produtos ambiental e socialmente indesejáveis ou de demandas crescentes por produtos *environmentally friendly* (não agressivos ao ambiente).

Outra tendência que pode auxiliar no incentivo à produção de produtos mais ambientalmente adequados (mais reutilizáveis, mais recuperáveis e mais recicláveis) é "servitização", comentada no Capítulo 4, em que as empresas passam cada vez a comercializar mais os **benefícios** do produto que o produto em si.

Se uma empresa fabricante de carpetes, por exemplo (um produto, hoje, muito poluente, depois de disposto no ambiente), passa a vender o benefício do carpete (disponibilidade/uso de superfície) ao cliente, continuando proprietária do "bem facilitador" carpete, é plausível que tenha mais incentivos que hoje para investir em projeto de carpetes que retenham boa parte de seu valor original depois de utilizados, tendendo a projetá-los mais duráveis e recicláveis mesmo a um custo inicial maior. Na venda simples do produto, a opção inicial de projeto talvez focalizasse mais no baixo custo inicial, já que o produto para de pertencer ao fornecedor uma vez que a venda é consumada.

Para ilustrar, citamos um fabricante australiano de produtos eletrodomésticos de linha branca que desenvolveu uma linha completa de máquinas de lavar pratos que usa menos de 18 litros para um ciclo completo de lavagem. Cada lavadora Dishlex consome muito menos material para sua produção que os modelos antecessores, visto que, com a mesma capacidade, tem quase sete quilogramas a menos. Componentes plásticos foram projetados e codificados de forma a facilitar a reciclagem; componentes e montagens foram projetados para facilitar a desmontagem pós-consumo. Outra vantagem da nova lavadora é que ela permite lavar eficientemente com água mais fria (menos energia consumida).

Outro exemplo é o fabricante de móveis Herman Miller, que projeta e manufatura seus produtos extremamente duráveis e de alta qualidade com constante preocupação ambiental. O comprometimento com a durabilidade significa menor necessidade de substituição. A maioria das cadeiras de escritório Herman Miller (www.hermanmiller.com/) é produzida com até 77% de material reciclado. Componentes feitos de polipropileno, aço e alumínio são 100% recicláveis, e os produtos são facilmente desmontáveis, resultando em grande facilidade de reciclagem. Em ambos os exemplos, produtos e serviços "verdes" requerem revisão e mudança na forma como as áreas de decisão e recursos em produção e operações (Capítulo 2) serão geridos. Outro ponto importante é encontrar o maior número de possíveis beneficiados/beneficiadores dentro dessa cadeia "verde". Práticas avançadas em GCS sobre fluxos reversos, manufatura e colaboração entre fornecedores pode ser uma "saída verde" com valor para todos os envolvidos. Essas práticas permitem criar novos produtos/serviços, processos de produção e reutilização, além, é claro, de agregar novos critérios competitivos como sustentabilidade, que, dependendo do histórico da empresa, pode causar grande impacto na indústria em que ela atua. A Natura é hoje um dos principais exemplos brasileiros, trabalhando 90% de suas fórmulas com ingredientes naturais e uso abundante de *refills* para seus produtos.

Figura 7.2 Exemplo da já clássica cadeira Aeron da Hermann Miller, projetada e produzida com grande preocupação com sustentabilidade.

> **VOCÊ SABIA?**
> Outros ramos de negócios também possuem essa preocupação, como a Natura & Co. (https://naturaeco.com/pt/), que apresenta iniciativas relacionadas à sustentabilidade, a Subaru (www.subaru.com) e o McDonald's (www.mcdonalds.com), entre muitas outras empresas.

Vantagens do projeto "verde": menor impacto ambiental e potencial maior de lucratividade

Além do evidente impacto ambiental menor, há também vantagens do projeto verde quanto ao uso eficiente dos recursos, o que desafia o algumas vezes assumido *trade-off* entre sustentabilidade e eficiência. Projetar produtos que usam menos energia e recursos na produção e no uso pode trazer benefícios de custo ao fabricante e de *total cost of ownership* (custo total de propriedade do bem – que inclui não só o preço pago pelo produto, mas também os custos incorridos com uso, manutenção e disposição) ao cliente. Observe como as geladeiras e lâmpadas de menor consumo passaram a ser muito mais valorizadas pelos clientes nos últimos anos. Com maior competitividade no mercado e menores custos, é possível obter correlação positiva entre competência em projetos verdes e lucratividade das organizações.

ISO 14001 – uma norma ISO para a sustentabilidade ambiental

A International Organization for Standardization (ISO) é uma organização internacional que estabelece normas de apoio às organizações em várias áreas. Há as conhecidas normas da série ISO 9000, que tratam de sistemas de qualidade, por exemplo (veja o Capítulo 6).

Há também uma família de normas (ISO 14001) que se refere à gestão ambiental.

A ISO 14001:2015 especifica os requisitos para um sistema de gestão ambiental que uma organização pode usar para aprimorar seu desempenho nesse aspecto. A ISO 14001:2015 se destina ao uso por organizações que buscam gerenciar suas responsabilidades ambientais de maneira sistemática de forma a agregar valor ao meio ambiente, à própria organização e às outras partes interessadas (governo, funcionários, sociedade). Consistente com a política ambiental da organização, os resultados pretendidos de um sistema de gestão ambiental incluem:

- Alcance e melhoria do desempenho ambiental.
- Cumprimento das obrigações de *compliance* com legislação e regulações em geral.

A ISO 14001:2015 é aplicável a qualquer organização, independentemente de tamanho, tipo e natureza, e se aplica aos aspectos ambientais de suas atividades, produtos e serviços que a organização determina que pode controlar ou influenciar considerando uma perspectiva de ciclo de vida. ISO 14001:2015 não estabelece critérios específicos de desempenho ambiental, mas encoraja as organizações individuais a estabelecerem os mais adequados a elas e atingi-los.

A ISO 14001:2015 pode ser usada no todo ou em parte para melhorar sistematicamente a gestão ambiental. Declarações de conformidade com a ISO 14001:2015, no entanto, não são aceitáveis a menos que todos os seus requisitos sejam incorporados ao sistema de gestão ambiental de uma organização e atendidos sem exclusão.

Vale destacar que o projeto e a gestão de uma operação que possua algumas ou várias dessas normas ISO permite que a empresa se diferencie em relação aos seus objetivos de desempenho bem como crie vantagens de fornecimento de seus produtos e serviços para empresas que têm como critérios básicos de aquisição essas mesmas normas. Esse tipo de contexto é bem presente na indústria automobilística, na qual pequenos fornecedores precisam obter essas normas em seus processos de produção e trabalho, do contrário não conseguem fornecer para as grandes montadoras. Esse esforço financeiro e organizacional de adoção das normas, que pode ser trabalhoso no começo para os pequenos, permite-lhes crescimento e expansão da operação, sobretudo, saindo do mercado voltado exclusivamente ao relacionamento com o consumidor (*business to consumer* – B2C) para o mercado moldado por relacionamento entre empresas (*business to business* – B2B).

7.2.3 SAÚDE E SEGURANÇA NO TRABALHO

Outro aspecto de fortes inter-relações com a ética em produção e operações é a questão de saúde e segurança no trabalho. Estatísticas oficiais de acidentes e doenças relacionadas com o trabalho, publicadas frequentemente, não conseguem representar a extensão plena dos custos pessoais – da dor e do sofrimento que trazem para as vítimas e suas famílias, além dos evidentes custos sociais e financeiros para a própria vítima, para a empresa e para a sociedade em geral – que podem representar.

Na Inglaterra, estudos indicam que o custo global para os empregadores decorrente de acidentes de trabalho com ferimentos pessoais, com doenças relacionadas com o trabalho e acidentes evitáveis não causadores de ferimentos é em torno de 5% a 10% do lucro bruto das empresas do Reino Unido. Há, portanto, além dos motivos éticos e legais, motivos econômicos para que haja iniciativas de reduzir os acidentes de trabalho e a ocorrência de doenças relacionadas com o trabalho. Pela natureza transformadora da função de produção e operações, ela está particularmente sujeita a riscos de acidentes e doenças ocupacionais. Riscos são quase inerentes à execução de muitos tipos de trabalho.

Funcionários podem cair em pisos escorregadios ou de escadas, podem ter partes de suas roupas presas em peças móveis de máquinas, como engrenagens, correias, serras e outras, partes de seus corpos podem ser atingidas por ferramentas de corte, prensas, furadeiras, podem ter seus olhos atingidos por partes contundentes que se desprendem de processos de corte e desbaste, podem ser envenenados por gases tóxicos, podem queimar-se com líquidos corrosivos, entre uma lista infindável possível. Quase emblemático é o fato de que o ex-Presidente Luiz Inácio Lula da Silva tenha sido uma das milhares de vítimas que todos os anos sofrem acidentes em ambientes de trabalho no Brasil: ainda trabalhando como torneiro mecânico, perdeu um dos dedos da mão num acidente de trabalho.

INDÚSTRIA 4.0: ÉTICA, SUSTENTABILIDADE E SEGURANÇA EM PRODUÇÃO E OPERAÇÕES

A era da I4.0 exige mudanças na forma como os sistemas de produção são planejados e utilizados a fim de que indústrias e demais companhias adotem práticas socialmente responsáveis, transparentes, sustentáveis e voltadas para o valor com seus *stakeholders*. Esse desenvolvimento de sistemas mais autônomos e inteligentes levanta questões éticas ao interagir com humanos em ambientes de produção, que permitem o monitoramento de ações e atividades específicas e sigilosas nos processos produtivos, como desempenho, perda de habilidades ou dependência de operadores em áreas de trabalho. No entanto, dispositivos vinculados à I4.0 permitem aprender, reconhecer e atuar em situações de fadiga e/ou estresse de seus operadores.

Atualmente, a automatização de tarefas de transporte de materiais e produtos por meio de veículos autônomos (AGV) ou robôs móveis autônomos (AMR), além de otimizar os processos logísticos quanto a tempo de entrega e redução de custos, permite evitar erros e interações acidentais com os trabalhadores, ao fazer com que os veículos identifiquem, por meio de sensores, se operadores ou objetos estão no seu caminho, além de estarem equipados com sistemas adicionais em caso de falhas que podem ser ativadas em situações prejudiciais para o ser humano. Veja um exemplo em:

uqr.to/12zig
Acesso em: 16 fev. 2022.

À medida que a I4.0 passa a ser a realidade predominante na indústria moderna, as novas mudanças de paradigma devem considerar o humano como sua parte central, tornando-o mais seguro e saudável. Portanto, as medidas adotadas quanto à Saúde e Segurança Ocupacional, sob esta perspectiva, visam proteger de forma proativa e preventiva a força de trabalho, usando os componentes relevantes dos conceitos da Indústria 4.0 a fim de garantir a redução e a eliminação de erros, bem como de deficiências ou falhas na cadeia de valor.

Sistemas ciberfísicos e instrumentos equipados com meios técnicos de monitoramento e automonitoramento integral em locais de trabalho e linhas de produção estarão mais aptos a responder apropriadamente a qualquer incidente. Dispositivos de proteção individual, por exemplo, podem fornecer alertas em tempo real para a adoção de medidas preventivas, interrompendo ações perigosas para evitar lesões ou restaurar procedimentos de segurança. Dessa forma, permitem salvaguardar o bem-estar dos funcionários em ambientes de trabalho perigoso expostos a ruídos ou temperaturas extremas, elementos nocivos, gases tóxicos ou produtos químicos.

No entanto, funções com alto grau de periculosidade ou de estresse físico, gradualmente, estão sendo substituídas por robôs ou *cobots* que, com ajuda de aprendizado de máquina (*machine learning*), inteligência artificial (IA) e IoT, aumentam seus níveis de inteligência e flexibilidade, permitindo a redução da sobrecarga biomecânica e participação de humanos em zonas insalubres e de alto risco. A companhia Shadow Robot é especialista na construção de mãos e sistemas robóticos de última geração para o acesso adequado de trabalhos críticos. Seu principal produto possui 24 movimentos e 20 graus de liberdade (DOF) para maior flexibilidade na manipulação de objetos, movimentos independentes em cada dedo, e um total de 129 sensores que permitem obter resultados mais precisos. Assista a um vídeo a respeito em:

uqr.to/12zih
Acesso em: 16 fev. 2022.

Em termos de sustentabilidade, o *triple bottom line* (3BL) mencionado anteriormente oferece as bases para o desenvolvimento de processos de manufatura vinculados a proteção ao meio ambiente e da sociedade e crescimento econômico. Na dimensão ambiental, o uso de sensores e sistemas de simulação contribuem com a mitigação de efeitos negativos ao meio ambiente, sem comprometer a competitividade da fábrica, possibilitando o projeto de produtos ecologicamente corretos, assim como a manufatura aditiva (impressão 3D) tem trazido grandes avanços na criação de iniciativas de reciclagem e redução de desperdícios e resíduos.

Na perspectiva econômica, as tecnologias I4.0 permitem o desenvolvimento e o uso de equipamentos a baixo custo pelo uso eficiente de energia e recursos. De igual forma, oferecem uma visualização abrangente da sequência dos processos nas cadeias de valor, o que permite dimensionar de forma otimizada o uso de instalações, recursos humanos e materiais, aumentando a produtividade e diminuindo custos operacionais.

No ponto de vista social, a quarta revolução industrial tem mostrado em vários aspectos melhorar a qualidade de vida das pessoas, tanto aquelas que se veem beneficiadas com a geração de empregos e melhores condições de trabalho como as que se beneficiam de produtos e de serviços de melhor qualidade resultantes de processos de produção mais éticos, transparentes e amigáveis com o meio ambiente.

Tecnologia	Benefícios sustentáveis	Dimensões do 3BL
Manufatura aditiva	• Redução na geração de resíduos • Aumento da personalização de produtos • Redução do tempo de desenvolvimento do produto	• Econômica • Ambiental • Social
IoT	• Prevenção de etapas de fabricação indesejadas • Gerenciamento de resíduos e estoque • Monitoramento e gestão do consumo de energia • Melhora da segurança do equipamento e do operador, fornecendo avisos em tempo real	• Econômica • Ambiental • Social
Simulação	• Redução no consumo de energia • Melhoria de processos • Manutenção preventiva e preditiva	• Econômica
Virtualização	• Manutenção remota e treinamento remoto • Redução de custos	• Econômico • Social
Robôs e *Cobots*	• Redução da carga horaria de funcionários • Desenvolvimento de oficinas inteligentes perto da localização do cliente	• Econômica • Ambiental

Figura 7.3 Benefícios da I4.0 na fabricação sustentável.

Abordagem da ISO 45001 *versus* a norma anterior OHSAS 18001

De acordo com a Organização Internacional do Trabalho, mais de 7.600 pessoas morrem de acidentes de trabalho ou doenças relacionadas ao trabalho todos os dias no mundo. É por isso que um comitê ISO de especialistas em saúde e segurança ocupacional começou a trabalhar para desenvolver um padrão internacional com potencial para salvar quase três milhões de vidas a cada ano. Estruturada de forma semelhante a outros sistemas de gestão ISO, a abordagem é familiar aos usuários de padrões como ISO 14001 ou ISO 9001. A ISO 45001 se baseia no sucesso de padrões internacionais anteriores nessa área, como OHSAS 18001, Diretrizes da Organização Internacional do Trabalho OIT-SST, várias normas nacionais e as normas e convenções internacionais de trabalho da OIT.

Existem muitas diferenças entre a OHSAS 18001 e a ISO 45001 mas a principal mudança é que a ISO 45001 se concentra na interação entre uma organização e seu ambiente de negócios, enquanto a OHSAS 18001 se concentrava no gerenciamento de riscos e outras questões internas. Mas os padrões também divergem de outras maneiras:

- ISO 45001 é baseada em processo; OHSAS 18001 era baseada em procedimentos.

- ISO 45001 é dinâmica em todas as cláusulas; OHSAS 18001 não era.
- ISO 45001 considera riscos e oportunidades; OHSAS 18001 tratava exclusivamente de risco.
- ISO 45001 inclui as opiniões das partes interessadas; OHSAS 18001 não.

Esses pontos representam uma mudança significativa na forma como a gestão de saúde e segurança é percebida. Segurança e saúde ocupacional (*occupational safety and health* – OH&S) não é mais tratado como um assunto "autônomo", mas deve ser visto dentro da perspectiva de administrar uma organização sólida e sustentável. Dito isso, embora os dois padrões difiram em sua abordagem, um sistema de gestão estabelecido de acordo com a OHSAS 18001 será uma plataforma sólida para a migração à ISO 45001.

Definições importantes

As definições seguintes são importantes para o correto entendimento das seções que se seguem.

- **Acidente**: evento não planejado que acarrete morte, problema de saúde, ferimento, dano ou outro prejuízo.
- **Auditoria**: exame sistemático e, sempre que possível, independente destinado a determinar se as atividades e os resultados correlatos estão em conformidade com as disposições planejadas e se essas disposições são implantadas adequadamente para a realização da política e dos objetivos da organização.
- **Fatores externos**: forças alheias ao controle da organização com impacto sobre questões de saúde e segurança e com as quais se tenha de lidar dentro de um horizonte temporal apropriado, como regulamentos e normas industriais.
- **Perigo**: fonte ou situação com potencial de provocar danos em termos de ferimentos humanos ou problemas de saúde, danos à propriedade, ao ambiente ou uma combinação deles.
- **Identificação de perigo**: processo de reconhecer que um perigo existe e definir suas características.
- **Objetivos de saúde e segurança**: objetivos em termos de desempenho de saúde e segurança no trabalho (ocupacional), que uma organização estabelece para si, com metas a serem atingidas, e que devem ser quantificadas sempre que isso for viável.
- **Vigilância de saúde**: monitoração da saúde das pessoas a fim de detectar sinais ou sintomas de problemas de saúde relacionados com o trabalho, de modo que medidas possam ser tomadas para eliminar ou reduzir a probabilidade de danos ulteriores.
- **Problema de saúde**: a saúde deteriorada, fato julgado como tendo sido causado ou piorado pela atividade ou ambiente de trabalho de uma pessoa.
- **Incidente**: evento não previsto que tem o potencial de conduzir a acidente.
- **Fatores internos**: forças dentro da organização que podem afetar sua capacidade de realizar a política de saúde e segurança, tais como reorganização ou cultura interna.
- **Sistema de gerenciamento**: conjunto, com qualquer nível de complexidade, de pessoas, recursos e procedimentos, cujos componentes interagem de maneira organizada, de modo a permitir que se realize determinada tarefa ou que se atinja ou se mantenha determinado resultado.
- **Organização**: grupo ou estabelecimento organizado, como, por exemplo, um negócio, uma empresa, uma repartição governamental, entidade não governamental sem fins lucrativos ou sociedade. No caso de entidades que tenham mais um lugar em que operem, cada um desses lugares pode ser considerado como uma organização.
- **Risco**: combinação de probabilidade e consequência de ocorrer um evento perigoso específico.
- **Avaliação de risco**: processo global de estimar a magnitude do risco e decidir se ele é tolerável ou aceitável.
- **Levantamento de situação**: avaliação formal do sistema de gerenciamento para saúde e segurança ocupacionais.
- **Alvo ou meta**: exigência detalhada de desempenho, quantificada sempre que viável, pertinente à organização, oriunda dos objetivos de saúde e segurança e que precise ser cumprida para que esses objetivos sejam atingidos.

Estrutura geral da ISO 45001

A estrutura da ISO 45001 tem dez elementos básicos:

- **Escopo**: introduz o escopo a que se refere a norma.
- **Referências normativas**: não há referências normativas na ISO 45001. Essa cláusula permaneceu simplesmente para manter uma numeração consistente em todos os padrões de sistema de gerenciamento ISO.
- **Termos e definições**: basicamente, define e padroniza a terminologia pertinente ao Sistema de Gestão em Saúde e Segurança Ocupacional (SGS&SO).
- **Contexto da organização**: questões externas (legais, sociais e políticas) e internas (produtos/serviços, cultura e direção estratégica).
- **Liderança e participação de colaboradores**: ênfase na alta administração como responsável pela eficácia

e desempenho do SGS&SO, garantindo que os recursos necessários para sustentá-lo estejam disponíveis e promovendo a melhoria contínua. Funções organizacionais, responsabilidades e autoridades também são discutidas nesta seção.

- **Planejamento:** abrange vários componentes-chave de um SGS&SO, incluindo a identificação de perigos e avaliação de riscos e oportunidades, requisitos legais e outros fatores, além de objetivos e metas.
- **Suporte:** requisitos de comunicação e documentação, bem como competência e conscientização.
- **Operação:** abrange os elementos de "Planejamento e Controle Operacional" e "Preparação e Resposta a Emergências".
- **Avaliação de desempenho:** não apenas requer a especificação do que deve ser monitorado e medido, mas também aborda métodos, critério, quando o monitoramento e a medição devem ser realizados e quando os resultados devem ser analisados, avaliados e comunicados.
- **Melhoramento:** ISO 45001 exige que o SGS&SO seja continuamente aprimorado para melhorar o desempenho de S&SO e a sua adequação e eficácia.

Elementos de uma boa gestão de saúde e segurança: implantando a ISO 45001

1. Compreenda a ISO 45001

O primeiro passo para implementar a ISO 45001, ou a rigor qualquer padrão, é entender seu propósito e como isso pode beneficiar uma organização. Comece construindo seu conhecimento sobre o que é um sistema de gestão e como você pode aproveitá-lo para beneficiar os trabalhadores e também a organização, a fim de melhorar o desempenho de saúde e segurança e a gestão de riscos.

Nesta etapa, portanto, os profissionais de segurança deverão familiarizar-se com a ISO 45001 e seus requisitos. A norma fornece 11 fatores de sucesso para a implementação de um SGS&SO, que podem fornecer orientação sobre como isso pode ser realizado.

Com um conhecimento mais profundo de SGS&SO e ISO 45001, os profissionais de segurança podem desenvolver a justificativa de negócios para explicar por que a organização deve implementar o padrão. Ao compreenderem os requisitos da ISO 45001, os profissionais de segurança podem desenvolver um entendimento melhor sobre os impactos que o padrão pode ter nos resultados da empresa e comunicá-los aos executivos.

2. Examine seu sistema atual

Para entender como a ISO 45001 se encaixa em um sistema de gerenciamento de segurança, é importante examinar quais padrões e sistemas já estão em vigor. Por exemplo, algumas organizações adotaram ISO 9001 (qualidade) e ISO 14001 (meio ambiente), que contêm a mesma linguagem principal que a ISO 45001. Se uma organização já usa ISO 9000 e ISO 14001 e está familiarizada com essa abordagem de sistema de gestão, a integração da ISO 45001 torna-se muito menos complexa e a transição pode ser feita de forma mais suave.

3. Envolva as partes interessadas (*stakeholders*)

Os profissionais de segurança precisam entender que a implementação da ISO 45001 pode levar a uma mudança organizacional. Como acontece com qualquer mudança, indivíduos e grupos serão afetados de várias maneiras. Alguns podem ser a favor da mudança e outros podem se opor. Portanto, os profissionais de segurança devem reunir informações de toda a organização e compreender as diferentes perspectivas que as pessoas têm sobre os riscos à segurança e à saúde. Além de coletar informações sobre diferentes perspectivas, o envolvimento com as partes interessadas também ajuda a promover uma cultura em que todos tenham um senso de propriedade do sistema de gestão da segurança. Também é importante, nesta fase, envolver a liderança da organização e educá-la sobre por que a implementação da ISO 45001 é importante. Os profissionais de segurança devem explicar aos executivos os impactos operacionais e financeiros da implementação de tal sistema para que possam tomar uma decisão informada.

4. Determine prioridades e estabeleça metas

Com as informações coletadas a partir do engajamento com as partes interessadas, os profissionais de segurança podem começar a determinar as prioridades desejadas para o SGS&SO da organização, bem como as metas de desempenho de negócios e segurança que a organização espera alcançar por meio da implementação da ISO 45001. As organizações podem, então, alinhar a implementação do padrão com os objetivos estratégicos do negócio. Identificar os objetivos do negócio em termos de segurança e saúde ocupacional e alinhá-los à ISO 45001 permite que a empresa gere métricas por intermédio das quais pode medir o sucesso do SGS&SO e fazer ajustes e melhorias ao longo do tempo.

5. Estabeleça ou melhore o seu SGS&SO

Seguindo as quatro primeiras etapas, os profissionais de segurança podem desenvolver um SGS&SO customizado para sua organização ou aprimorar um sistema já existente, o que também os conduzirá a reunir uma equipe que possa executar o plano. Com a ISO 45001 em vigor, essa equipe pode acompanhar o desempenho em relação às metas e aos objetivos que foram identificados para melhorar continuamente a segurança e o desempenho dos negócios em toda a organização.

Implantação e operação

A implantação da política de S&SO, a exemplo de qualquer programa, requer gerenciamento, que inclui:

- **Estrutura organizacional da implantação e definição de responsabilidades**: a responsabilidade primeira está com a alta direção. Um membro dela deveria ser apontado como o "patrocinador" do projeto e ser responsabilizado por seus resultados. Entretanto, isso não basta. Em todos os escalões gerenciais, as pessoas devem assumir a responsabilidade por S&SO daqueles que dirigem e dos outros com quem trabalham. Devem também estar conscientes de sua responsabilidade com S&SO de pessoas que possam ser afetadas pelas atividades que controlam e da influência que sua ação ou inação possa ter sobre a eficácia das políticas.
- **Treinamento, conscientização e competência**: a organização deve identificar as competências necessárias e organizar treinamentos adequados quando necessário.
- **Comunicação**: deve haver mecanismos que permitam informação eficaz e, quando adequado, aberta sobre S&SO e mecanismos de envolvimento dos funcionários, provendo esclarecimentos sempre que necessário.
- **Documentação**: elemento-chave, segundo a norma ISO 45001, para capacitar uma organização a implantar um sistema de gerenciamento de S&SO bem-sucedido. Deve ser proporcional às necessidades. O controle de documentos (atualização e adequação para uso) deve ser bem gerenciado.
- **Controle das operações**: a política de S&SO e a sua implantação devem ser integradas a todas as funções e processos da organização. O controle operacional deve incluir: definição e alocação de responsabilidades, alocação de autoridade de forma adequada para a execução das tarefas e atribuição compatível de recursos, como o tamanho e a natureza da operação.
- **Preparação e resposta a emergências**: preparação de planos de contingência para emergências previsíveis, visando à minimização de seus efeitos.
- **Monitoramento e medição**: medidas quantitativas e qualitativas devem ser consideradas e devem contemplar as necessidades da organização quanto a S&SO. Mensuração proativa de desempenho que monitore o cumprimento das determinações preventivas sobre S&SO na organização, mensuração reativa que monitore acidentes (pós-fato), incidentes, problemas de saúde e outros problemas históricos são importante termômetro de desempenho operacional das políticas e sua implantação.
- **Registros**: a organização deve manter registros para demonstrar o cumprimento de requisitos legais e ações corretivas.

Planos de incentivo à segurança: o fator diversão

Aqui estão alguns ingredientes básicos para estrutura dos programas de incentivo à segurança industrial, adicionalmente à possível implantação da norma ISO 45001 (baseado em Peavey, 1998). Note, entretanto que essas iniciativas independem de a empresa resolver implantar a norma ISO 45001 ou não.

- **Escolha de prêmios**: primeiro, as coisas mais importantes. A GoodYear Pneus realizou extensa pesquisa quanto à eficácia de incentivos baseados em prêmios ou em dinheiro. Prêmios ganham por um fator de 2. Quando se pergunta para as pessoas o que elas querem, elas respondem que é dinheiro. Quando você pergunta para *experts* o que realmente funciona, eles respondem que são os prêmios.
- **Programas tradicionais**: são para premiar, por exemplo, pessoas que permaneceram um ano inteiro sem acidentes, conferindo prêmios como um radiorrelógio. Para incentivar comportamentos que previnam acidentes, entretanto, você deve ter formas de premiação flexíveis, reconhecimentos que possam ser entregues no momento em que o comportamento preventivo (ou a observação dele) ocorre, ainda que seja um reconhecimento (como o ganho de pontos) que vá se acumulando para resultar no prêmio material. Cartões que valem pontos que se vão somando para resultar em prêmios têm-se mostrado bastante eficientes. Podem ser entregues semanal ou diariamente, reconhecendo instantaneamente os funcionários por seu comportamento. Esses programas devem ter um componente de transação que permita que os cartões ou pontos sejam trocados entre os funcionários para aumentar a percepção e a sensibilização das pessoas sobre o programa. O reforço constante é um componente essencial de programas de incentivo de sucesso.
- **Campanha abrangente**: uma campanha que comunique e dirija o programa, de forma que ele seja visto como um todo coerente, é necessária. A SouthWest Airlines é uma empresa famosa por criar campanhas de incentivo divertidas para tudo que faz. Pessoas adoram jogos (incluindo adultos). O tema da campanha deveria juntar as ideias todas: a forma de incentivo (cartões de pontos, por exemplo), catálogo de prêmios possíveis, pôsteres para sensibilização, circulares (*newsletters*),

outras formas de comunicação, relatórios de observação de comportamento etc. As pessoas lembram-se de coisas que estejam sempre em sua frente, coisas que são divertidas e coisas que as beneficiam.

- **Administração simples**: encare os fatos, coisas complicadas não funcionam. Se seu programa todo não é fácil para que todos os envolvidos entendam, você está indo na direção errada. Se o programa é complicado de administrar por você, é provável que não funcione também. Mantenha as coisas simples e realizáveis.

- **Critérios do programa bem pensados, baseados em comportamento**: primeiro, você deve identificar os comportamentos que afetam a maioria dos acidentes. Seu programa, então, deve visar acumular informação/observações e receber *feedback* (realimentação) dos funcionários. Estes devem ser reconhecidos e premiados por essas observações, assim como por realimentação (críticas, sugestões) e, evidentemente, por seguir os critérios de prevenção de acidentes.

PARA REFLETIR

Considerando os ingredientes descritos, pense nas linhas gerais de um plano de incentivo à segurança no trânsito que a prefeitura do Rio de Janeiro poderia utilizar como um dos elementos de uma campanha de prevenção e redução de acidentes. Você acha que uma campanha de prevenção e redução de acidentes de tráfego que use suas "linhas gerais" seria eficaz?

Verificação e ação corretiva

Devem ser realizadas auditorias periódicas que possibilitem uma avaliação mais profunda e crítica de todos os elementos do sistema e da implantação das políticas de S&SO. Têm de ser conduzidas por pessoas competentes e independentes, tanto quanto possível, da atividade auditada, para evitar choque de interesses. Devem sempre ser rigorosas, mas adaptadas ao porte e à complexidade da organização. Precisam cobrir os seguintes pontos principais:

- O sistema global de gerenciamento de S&SO mostra-se capaz de fazer com que a organização atinja os padrões requeridos de desempenho em S&SO?
- A organização está cumprindo todas as suas obrigações quanto a S&SO?
- Quais os pontos fortes e fracos do sistema de gerenciamento de S&SO da organização?
- A organização está de fato fazendo o que alega fazer?
- Onde forem encontradas deficiências, as causas originárias devem ser identificadas e ações corretivas tomadas. Aqui se aplicam as ferramentas discutidas no Capítulo 6, de identificação de causas de problemas de qualidade, agora voltadas para S&SO.

Revisão gerencial

A revisão gerencial do sistema tem de ser feita periodicamente (a periodicidade dependerá do porte e das características particulares da organização). Deve incluir:

- Avaliação do desempenho global do sistema de gerenciamento de S&SO.
- Desempenho de elementos individuais do sistema.
- Conclusões críticas da auditoria.
- Identificação de novos fatores internos e novos fatores externos que sejam influentes e ações para lidar com eles.

7.3 ESTUDOS DE CASO

O que deu errado na Wells Fargo

O Wells Fargo, quarto maior banco dos Estados Unidos, concordou em fevereiro de 2020 em pagar US$ 3 bilhões para resolver suas investigações civis e criminais sobre as acusações de práticas comerciais fraudulentas.

O banco, com sede em São Francisco, anunciou que vai pagar a penalidade financeira substancial tanto ao Departamento de Justiça dos Estados Unidos (DOJ) quanto à Comissão de Valores Mobiliários (SEC). Cerca de US$ 500 milhões da multa serão destinados à SEC. O regulador usará os fundos do acordo para oferecer alguma restituição aos clientes fraudados.

Os problemas começaram quando os executivos do Wells Fargo pressionaram os funcionários do banco a fazer vendas cruzadas agressivas de produtos para aumentar as vendas e a receita e atender a certas cotas. O problema revelou-se quando os funcionários do Wells Fargo criaram milhões de contas de poupança e contas-correntes para clientes sem seu conhecimento ou aprovação.

Para atingir as metas de vendas estabelecidas pela empresa, os funcionários das agências bancárias recorreram a atividades impróprias. Eles começaram a usar informações cadastrais dos clientes para evitar que estes descobrissem o golpe. Os funcionários foram acusados de criar contas-correntes e de poupança fraudulentas, transferindo dinheiro das contas existentes para as novas. Isso foi possível por meio de "pinagem" – um processo em que o número PIN do cliente foi definido como "0000", para que os banqueiros pudessem controlar facilmente as contas de seus clientes e mantê-los no escuro.

Em certo ponto, muitos dos clientes do banco perceberam e questionaram as taxas de contas que não solicitaram ou nem sabiam que eram de sua propriedade. A avalanche de reclamações chamou a atenção dos órgãos reguladores. A fraude começou a ganhar maior atenção em 2016, quando um grupo de agências reguladoras do governo multou a empresa em US$ 185 milhões. O Wells Fargo posteriormente lidou com processos civis e criminais e pagou mais de US$ 2,7 bilhões, sem incluir as penalidades recentes. John Stumpf, o presidente-executivo do Wells Fargo no auge do escândalo, foi forçado a renunciar.

O banco agora admite, de acordo com funcionários do DOJ, que pressionou os funcionários a cumprir "metas de vendas irrealistas que levaram milhares de funcionários a abrir milhões de contas para clientes sob falsos pretextos ou sem o consentimento do cliente, muitas vezes usando indevidamente as identidades dos clientes".

O procurador federal Nick Hanna afirmou: "Simplificando, o Wells Fargo trocou sua reputação arduamente conquistada por lucros de curto prazo e prejudicou um número incontável de clientes ao longo do percurso."

O Wells Fargo afirma que adotou medidas com o objetivo de reconquistar a confiança de seus *stakeholders*, incluindo clientes, funcionários, investidores e reguladores. O banco pretende alterar a definição das metas de vendas de seus produtos e serviços, mudar a estrutura de remuneração da empresa, de modo que esteja vinculada aos melhores interesses de seus clientes, e fortalecer a supervisão da grande organização.

O CEO do Wells Fargo, Charlie Scharf, abordou publicamente o acordo em uma declaração: "A conduta no centro dos acordos de hoje – e a cultura do passado que deu origem a ele – são repreensíveis e totalmente inconsistentes com os valores e códigos de ética sobre os quais o Wells Fargo foi construído." Scharf acrescentou: "Nossos clientes, acionistas e funcionários merecem mais da liderança desta empresa."

A divisão de gestão de fortunas do Wells Fargo viu um grande declínio em sua clientela. Os corretores acreditam que a publicidade negativa em torno do escândalo prejudicou seus negócios e eles mudaram para outras empresas.

Questões para discussão

1. Considerando o exposto sobre a Wells Fargo, que tinha códigos de conduta ativos, como você acha que se deve proceder para que um código de ética (ou de conduta) de uma empresa deixe de ser "apenas um pedaço de papel emoldurado pendurado na parede"? Qual você acha que deve ser o papel da alta direção?

2. Levando em conta o conhecimento que você adquiriu ao ler o Capítulo 5, o que falhou no processo de avaliação de desempenho do Wells Fargo neste caso?

Fonte: Baseado no *site* da Revista *Forbes*, notícia de 24 de fevereiro de 2020. Disponível em: https://www.forbes.com/sites/jackkelly/2020/02/24/wells-fargo-forced-to-pay-3-billion-for-the-banks-fake-account-scandal/?sh=78ab080642d2. Acesso em: 25 fev. 2022.

Desenvolvimento de produtos na Integral Technologies

As vendas do Y828, um circuito integrado (*chip*) fabricado pela Integral Technologies, não estavam indo bem. O mercado estava demandando um *chip* de processamento mais veloz. O Diretor executivo da Integral, Arnoldo Vieri, caiu em si: a menos que o novo *chip*, o Y929, ora em desenvolvimento nos laboratórios da Integral, ficasse pronto nos próximos meses, a empresa estaria em sérios problemas. Infelizmente, o projeto de desenvolvimento estava bastante atrasado, devido ao que o gerente do projeto chamou de "dificuldades técnicas que não se supunha que fossem ocorrer".

Vieri começou a se perguntar se seu pessoal talvez não fosse capacitado suficientemente para desenvolver o projeto em tempo. Ou talvez fosse alguma outra coisa. A San Remo, tradicional principal concorrente da Integral, também estava desenvolvendo seu novo *chip*. Tinha de estar. O momento era certo para isso. O último *chip* que a San Remo lançou veio ao mercado mais ou menos na mesma época do lançamento do Y828. Por um momento, Vieri se perguntou se talvez não houvesse alguém em sua folha de pagamentos que também estivesse trabalhando para a San Remo... Sabotagem deliberada? Não, não pode ser. O pessoal da Integral era mais leal que isso. A Integral é uma família... Ele zelava pelo seu pessoal e seu pessoal sabia disso. Tinha de ser algo mais.

Pensar sobre o pessoal da San Remo, entretanto, deu-lhe uma nova ideia. Ele pegou o telefone e ligou para a diretora de Recursos Humanos (RH). "Suzana, é o Vieri. Suzana, estamos de fato precisando dar um gás no lançamento daquele produto novo, o tal *chip* Y929, você está informada sobre ele... Creio que estamos precisando de um novo par de olhos neste projeto lá no laboratório, alguém que venha de fora, com visão questionadora e experiente, para tentar ajudar o pessoal a enxergar coisas e soluções que hoje não estão enxergando. Você sabe bem que o mercado não espera ninguém, estava pensando em algum especialista de peso, engenheiro ou cientista de desenvolvimento, alguém que conhecesse bem os produtos do tipo dos nossos, que conhecesse nossos mercados, nosso setor industrial [...]. Exato, Suzana, você captou bem a essência da ideia. E, Suzana, você precisa estar consciente de que não podemos perder tempo nisso. Na verdade, estava pensando, será que não valeria a pena eu especular algum sênior do laboratório de pesquisa da San Remo? Eles estão com um projeto de desenvolvimento exatamente como o nosso. Por que você não descobre quem são os caras-chave deles e checa se um deles não estaria interessado num movimento lucrativo de carreira? [...] Delicado eticamente? Bom, de fato eu creio que algumas pessoas poderiam encarar desta forma. Para mim é só *smart business*, ou seja, jogar bem o jogo dos negócios. A San Remo tem talentos e nós estamos precisando de talentos. Com o incentivo certo, quem sabe o que é possível? Bem, eu gostaria que você se envolvesse pessoalmente nesta questão, ok? Faça o que for necessário."

Questões para discussão

1. Você acha que algum limite ético foi transgredido nesse caso?
2. É genericamente ético contratar gente de talento de um concorrente? E nesta situação em particular, em que certamente o novo talento viria com informações importantes desenvolvidas no concorrente?
3. Que tipo de mensagem Vieri está mandando para sua própria organização?
4. Que tipo de movimento de contrarreação pode ser disparado pela ação de Vieri, se vier a se concretizar?

7.4 RESUMO

- Hoje, as empresas sofrem grandes imposições de grupos legítimos de pressão no sentido de que não visem exclusivamente lucro (prosperidade econômica), mas também sustentabilidade ambiental e responsabilidade social. É a chamada *triple bottom line* (3BL).
- Assim como a produção e as operações são muito impactantes no aspecto "lucro" das organizações, são igualmente impactantes nos níveis de sustentabilidade ambiental e responsabilidade social. Os gestores de produção em operações têm que se preocupar com os três âmbitos.
- Ética em geral e nos negócios pode ser definida de forma simples como "aprender o que é certo e o que é errado e fazer o certo". A aplicação concreta dessa definição a situações reais é bem mais complexa pela interpretação subjetiva de termos como "certo" e "errado".
- Códigos de ética são documentos que descrevem as regras éticas e os limites segundo os quais a organização pretende operar; dilemas éticos ocorrem quando há diferenças significativas de valor entre interesses conflitantes, quando as alternativas são ambas defensáveis e quando há, conforme a alternativa, consequências relevantes para um ou vários dos grupos de interesse envolvidos.
- Sustentabilidade refere-se a ser capaz de atender às necessidades do presente sem comprometer a habilidade das gerações futuras de atenderem às suas próprias necessidades.
- Projeto para a sustentabilidade refere-se à preocupação dos projetistas – desde as etapas mais iniciais do projeto do produto e do processo – em empregar formas de produzir de maneira a reduzir a toxicidade, o impacto ambiental e o uso de recursos, incluindo água, ar e energia, assim como de maximizar o potencial de reutilização de recursos, sempre que possível.
- Um projeto e uma produção mais sustentáveis não só reduzem o impacto ambiental, como podem, em muitas situações, aumentar a lucratividade da operação.
- A norma ISO 14001 especifica os requisitos para um sistema de gestão ambiental que uma organização pode usar para aprimorar seu desempenho ambiental.
- Uma parte importante da responsabilidade social diz respeito a saúde e segurança dos trabalhadores e da comunidade onde a operação se insere. Uma abordagem estruturada para lidar com essas questões pode ser encontrada na norma ISO 45001 e inclui um ciclo fechado de aperfeiçoamento contínuo de Saúde e Segurança Ocupacional (S&SO).

7.5 EXERCÍCIOS

1. O que é ética e o que é ética nos negócios?
2. Por que discutir questões de ética nos negócios é importante, principalmente em épocas de crise ou turbulência?
3. O que é um código de ética? Por que pode ser importante que uma empresa tenha, discuta e divulgue um código de ética?
4. Investigue se há códigos de ética expressos na instituição em que você está envolvido. Analise se esse código de fato é um guia para ação ou se é só um instrumento "retórico" inócuo.
5. O que é um dilema ético? Como encaminhar soluções para dilemas éticos?
6. Quais as implicações para as operações de uma empresa fabricante de pilhas ou de pneus, por exemplo, passarem a ser legalmente responsabilizadas pelo destino dado aos seus produtos depois de utilizados?
7. Quais vantagens, do ponto de vista do negócio, pode haver em uma maior preocupação de uma empresa

com o projeto de produtos e processos mais ambientalmente sustentáveis? Quais as relações entre sustentabilidade dos recursos naturais e qualidade?

8. O que é e quais os objetivos da norma ISO 14001?
9. Quais as implicações para o desempenho operacional de um nível alto de acidentes de trabalho? Discuta as extensões desse conceito quando se está tratando de operações de cujo processo o cliente participa – ou seja, a segurança no trabalho envolve a segurança do cliente.
10. O que é e quais os objetivos da norma ISO 45001?

7.6 ATIVIDADES PARA SALA DE AULA

1. Em grupos ou individualmente, escolha uma empresa de alta visibilidade que tenha se envolvido no passado com questões éticas ou de sustentabilidade importantes (exemplos: Nike, Reebok, McDonald's, Petrobras, Apple, BP, construtoras envolvidas em algum escândalo de corrupção recente). Investigue na internet se a empresa escolhida tem códigos de ética expressos no seu *website*. Analise se esse código de fato é um guia para ação ou se é só um instrumento "retórico" inócuo. Se trabalhando em grupo, discuta com os colegas do seu grupo e apresente suas conclusões para o restante da sala.

2. Pesquise na internet os relatórios anuais de alguma empresa de capital aberto (com ações negociadas no mercado) e que tenha recentemente demonstrado preocupações com sustentabilidade. Exemplos poderiam ser: Monsanto/BASF, Pepsico, Natura Cosméticos, Walmart, McDonald's, entre outras. Verifique como os relatórios anuais reportam os três componentes da *triple bottom line*: responsabilidade social (pessoas), sustentabilidade ambiental (planeta) e prosperidade econômica (lucro). Identifique as formas que a empresa tem de medir seu desempenho nos dois primeiros componentes e identifique que áreas da gestão de operações são impactantes nessas medidas.

7.7 BIBLIOGRAFIA E LEITURA ADICIONAL RECOMENDADA

ASHLEY, P. (org.). Ética e responsabilidade social nos negócios. São Paulo: Saraiva, 2002.

COUTO, M. F. V. Rodrigues. *Ética nos negócios*. São Paulo: Textonovo, 2003.

MINISTÉRIO DO TRABALHO E EMPREGO. *Guia para Sistemas de Gestão de Saúde e Segurança Industrial/ BS. 8800.*

PEAVEY, B. The fun factor. *Ocupational Health & Safety*, v. 67, n. 10, p. 163, Oct. 1998

PENNINGTON, R.; BOCKMON, M. *A ética nos negócios*. Rio de Janeiro: Objetiva,1992.

Websites relacionados

http://www.eticanosnegocios.org.br – *Website* do Instituto Brasileiro de Ética nos Negócios. Contém rica informação e vários recursos sobre o tema. Acesso em: 16 fev. 2022.

https://eaesp.fgv.br/centros/centro-estudos-sustentabilidade/sobre – Centro de Estudos em Sustentabilidade da FGV (EAESP). Acesso em: 16 fev. 2022.

https://www.bsigroup.com/en-GB/ohsas-18001-occupational-health-and-safety/ – *Website* de normas internacionais sobre saúde e segurança. Acesso em: 16 fev. 2022.

http://www.petrobras.com.br – *Website* da Petrobras, empresa discutida na abertura do capítulo. Acesso em: 16 fev. 2022.

http://www.premioeticanosnegocios.org.br – *Website* dedicado ao prêmio "Ética nos Negócios" do Instituto Brasileiro de Ética nos Negócios. Acesso em: 16 fev. 2022.

http://portaldasustentabilidade.ufrgs.faccat.br/moodle/ – Portal da Sustentabilidade. Visa divulgar e compartilhar conhecimentos e práticas de sustentabilidade. Acesso em: 16 fev. 2022.

Parte II
PRODUTOS E PROCESSOS EM PRODUÇÃO E OPERAÇÕES

Nesta parte do livro, serão tratadas as questões referentes à gestão de produtos e de processos em produção e operações. Os temas tratados referem-se, genericamente, à parte enfatizada em preto no quadro geral apresentado e descrito no Capítulo 1 e reproduzido na Figura II.1. Os seguintes capítulos compõem a Parte II:

- **Capítulo 8** – Previsões e gestão de demanda em produção e operações.
- **Capítulo 9** – Gestão de projetos.
- **Capítulo 10** – Projeto do produto e seleção de processos (bens e serviços).
- **Capítulo 11** – Projeto, medidas do trabalho e ergonomia.
- **Capítulo 12** – Pessoas e sua organização em produção e operações.

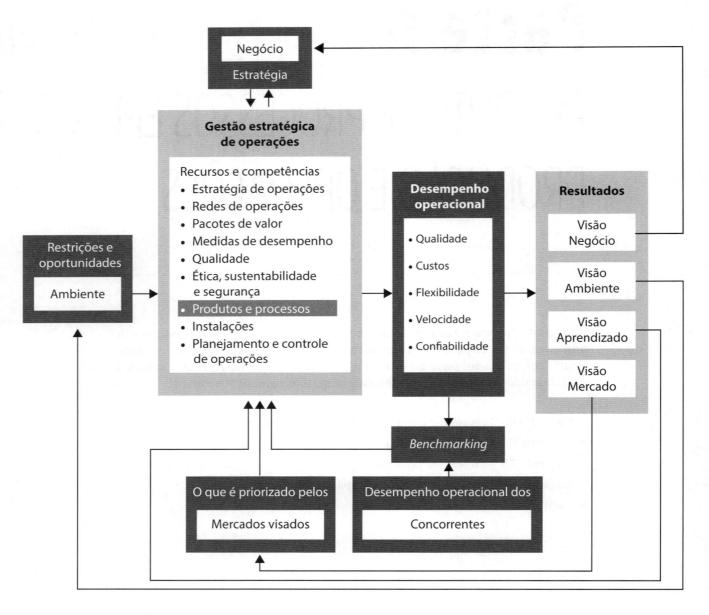

Figura II.1 Quadro geral de referência de gestão estratégica de operações, com aspecto tratado na Parte II enfatizado com tarja cinza.

CAPÍTULO 8
Previsões e gestão de demanda em produção e operações

OBJETIVOS DE APRENDIZAGEM

- Compreender a importância das previsões e seu impacto na qualidade das decisões tomadas em produção e operações.
- Saber descrever e explicar os erros mais frequentemente encontrados em processos de previsão de vendas e de demanda nas organizações.
- Entender o efeito do horizonte de previsão nos erros esperados de previsão e o efeito "consolidação de riscos" (*risk pooling*), assim como sua importância no projeto e na gestão de sistemas de previsão.
- Entender como funciona um bom processo de previsão, que inclui métodos quantitativos e qualitativos de previsão.
- Ser capaz de aplicar vários métodos de previsão quantitativos e qualitativos, de curto, médio e longo prazo, a situações práticas.
- Ser capaz de entender e utilizar métodos e processos de avaliação e melhoramento de previsões de venda.

8.1 INTRODUÇÃO

Quando executivos do varejista americano de produtos eletrônicos Best Buy querem saber se um novo produto ou uma nova ideia tem chance de ser um sucesso, eles podem rapidamente buscar a opinião dos seus milhares de funcionários de todos os escalões usando o recém-criado "mercado interno de previsões". O mercado chamado *Tag Trade* permite aos funcionários da Best Buy comprarem e venderem "ações" imaginárias de respostas às perguntas dos gerentes conforme o quanto os compradores acreditam em cada resposta. O julgamento desse "mercado" sobre o futuro tem se mostrado, muitas vezes mais preciso que as previsões oficiais da empresa. O *Tag Trade* é aberto a todos os mais de 100.000 funcionários da rede nos Estados Unidos. Os aproximadamente 2.100 deles que resolveram participar ganham US$ 1 milhão em dinheiro "simulado" para negociar ao longo de um período de nove meses. O negociador que ganhar mais recebe um vale-compras (de verdade) de US$ 200. Jeff Severts, o executivo que chefia o chamado "Geek Squad" (a equipe de instalação e assistência técnica que existe dentro da maioria das lojas Best Buy), liderou o desenvolvimento do mercado de previsões. Ele diz que o *Tag Trade* ajuda a identificar problemas com ideias e produtos novos rapidamente e, assim, evitar perdas e prejuízos. Em janeiro, ele solicitou a ambos, sua equipe gerencial e ao mercado, para preverem vendas de um novo pacote de serviço de cobertura de manutenção que começava a ser oferecido aos clientes que comprassem *laptops*. Uma semana antes de a empresa começar efetivamente a vender o novo pacote, a estimativa de vendas do "mercado" era 33% menor que a previsão oficial da equipe gerencial. Subsequentemente, a estimativa do mercado diminuiu ainda mais. Quando os números iniciais de vendas confirmaram a previsão do mercado, Severts cancelou as vendas do novo produto e começou o esforço de redesenho do pacote. Ele então listou uma ação no *Tag Trade* para identificar a probabilidade de o pacote redesenhado ser lançado dentro do prazo, no meio de setembro. A ação subiu, dando mais tranquilidade para Severts. A Best Buy começou então a oferecer o novo pacote.

Ações como as da Best Buy demonstram a sensibilidade e a importância do relacionamento entre uma operação bem projetada (previsão) e a resposta do mercado. Nesse caso específico, ficam nítidos vários desafios e oportunidades para a Estratégia de Produção e Operações (EPO) de uma empresa. O primeiro deles é o *trade-off* entre rapidez e qualidade para alterar o pacote de serviço de cobertura de manutenção para *laptops*. Por outro lado, o *tag trade* mostra que as soluções mais adequadas podem estar dentro de casa, aproveitando a experiência e o conhecimento de quem está mais próximo dos clientes e modificando até mesmo decisões relacionadas com a EPO. Ainda assim, ações com esse perfil podem demandar uma gestão e desenvolvimento colaborativo com outros elos da cadeia de fornecimento, como os próprios fornecedores dos *laptops*.

A Best Buy não é a única empresa a usar o "mercado de previsões" para colher sabedoria e intuição coletivas dos funcionários de linha de frente. A Google usa um mercado similar para prever tudo, de quantos novos clientes o seu serviço Gmail irá atrair até se determinados produtos vão conseguir ser desenvolvidos e lançados nos prazos. A GE, a Intel e a Microsoft também já experimentaram esta ideia.

As previsões embasam todas as decisões que levam algum tempo para tomar efeito. Más previsões levam a más decisões e, consequentemente, a desempenhos piores. As empresas usam uma variedade de técnicas para tentar melhorar a qualidade de suas previsões, desde bem estabelecidas técnicas quantitativas até técnicas qualitativas originais e criativas como a descrita anteriormente.

> **PARA REFLETIR**
> Você antevê algum possível problema com o uso do conceito de "mercado de previsões" por empresas? Para quais tipos de empresa você acha que esse tipo de método tem maior potencial de funcionar?

Previsões de curto, médio e longo prazos suportam a maior parte das decisões em produção e operações. Más previsões levam fatalmente a más decisões. Este capítulo vai tratar dos processos de previsão, tanto qualitativos quanto quantitativos, dentro das organizações, das formas de medir e melhorar a qualidade das previsões e das principais técnicas usadas pelas organizações para fazerem sua previsão de demanda.

8.2 CONCEITOS

8.2.1 POR QUE PREVISÕES EM PRODUÇÃO E OPERAÇÕES?

Esta, embora pareça uma pergunta retórica, é importantíssima para o bom entendimento e para a boa gestão das previsões.

Em gestão de produção e operações, muitos dos recursos têm "materialidade", têm existência física, como máquinas, equipamentos, instalações, materiais e pessoas, e esses recursos têm inércia decisória, ou seja, as decisões com relação a esses recursos levam tempo para tomar efeito.

Se um gestor necessita obter certa quantidade de material, ele coloca um pedido com seu fornecedor e só depois de decorrido certo tempo – talvez semanas – é que o material estará disponível para uso. Se um gestor necessita de um funcionário adicional, leva tempo desde essa constatação até que o funcionário esteja disponível – é necessário disparar o processo de recrutamento, seleção, treinamento, entre outras atividades consumidoras de tempo, talvez meses.

Se é necessária uma expansão de fábrica, só um bom tempo depois de a decisão tomada – talvez anos – é que a fábrica expandida estará disponível e operante. Para que o gestor da operação tome uma boa decisão, é necessário que ele tenha a visão mais clara possível do futuro, para que a decisão tomada hoje seja adequada, não ao presente, mas ao momento no futuro em que a decisão de fato tomar efeito. Essa visão de futuro vem das previsões – daí sua importância para um bom processo de tomada de decisões em operações. Previsões, portanto, são necessárias para suportar o processo decisório em operações e, como diferentes decisões têm inércias decisórias diferentes, previsões de diferentes horizontes – semanas, meses, anos – são necessárias para um adequado suporte à decisão. Por outro lado, as previsões podem afetar critérios competitivos e objetivos de desempenho como velocidade/rapidez. Pense, por exemplo, nos constantes lançamentos de *smartphones*. O projeto e a produção desses produtos baseiam-se em previsões que, dependendo do seu nível de erro, terão implicações importantes para o tempo necessário à sua efetiva disponibilidade.

8.2.2 PRINCIPAIS ERROS COMETIDOS PELAS EMPRESAS QUANTO A PREVISÕES

Previsão é um dos assuntos mais controversos dentro das organizações. Muitas vezes, nas empresas, notamos que as previsões de vendas partem do setor financeiro. O motivo, às vezes, é o fato de que o setor financeiro, responsável pelo orçamento, definiu seus desejados retornos sobre investimento e, a partir daí, estabeleceu quanto necessita ter de vendas. Consequentemente, define quanto **deseja** ter de demanda. O problema é que essa demanda *desejada* futura passa a ser chamada (e é considerada) pela empresa não como um *desejo*, uma *meta* a atingir, mas como uma **previsão**. Neste ponto, é importante fazer a diferenciação entre tais conceitos. **Previsões** são estimativas de como o mercado demandante vai comportar-se no futuro. São especulações sobre o potencial de compra do mercado. **Metas** são o quanto desse potencial de compra do mercado a empresa **deseja** atender e pode ter um objetivo motivacional para os vendedores, por exemplo. Em algumas situações, as metas são definidas de forma ambiciosa (nada errado nisso) em relação às previsões. Em outras, são definidas de forma conservadora, quando comparadas às previsões. O nível de ambição das metas, muitas vezes, é diferente para diferentes produtos ou serviços. Isso significa que o esforço para "transformar" as *previsões* em **metas** (ou seja, o esforço relativo de vendas, para atingir as metas) varia ou deveria variar conforme o produto. Imagine, agora, se o setor comercial não tiver as duas visões: previsões e metas para basear suas decisões sobre como alocar seus recursos para o esforço de vendas. Se tiver só um número (as metas), não saberá quais produtos têm metas mais ou menos ambiciosas e poderá não alocar seus recursos adequadamente. Imagine, por outro lado, se o setor de operações não tiver dois valores nos quais basear suas decisões de suprimento para atendimento dessas previsões. Uma meta ambiciosa, com intuito motivacional, poderia ter como consequência um suprimento superestimado em relação às previsões, acarretando excesso e sobra de estoques com os correspondentes custos associados. Isso nos mostra o primeiro erro frequente da gestão de previsões: a confusão entre **metas** e **previsões**.

Podemos, então, formular o primeiro dos erros frequentemente encontrados nas empresas, quanto a previsões.

> **Erro 1 das previsões**: confundir **previsões** com **metas** e, um erro subsequente, considerar as metas como se fossem previsões.

Em muitas situações, é o setor comercial o responsável por produzir as previsões de demanda que apoiarão várias decisões de outros setores. Frequentemente, é o primeiro a ser acusado por "errar as previsões". A essas acusações segue-se frequentemente uma discussão sobre "acertar" ou "errar" previsões. Essa discussão tende a ser inócua, porque as previsões estão SEMPRE erradas. É de sua natureza. Por isso se chamam PREvisões, uma "visão" obtida antes de as coisas acontecerem (uma "especulação informada sobre o futuro"). Como só a Deus é dado o poder de "ver" o futuro sem erro, a nós, mortais, resta "estimar" como será o futuro com base no que temos percebido do passado e do presente – e isso, sempre, de forma errada. Se uma previsão acerta "na mosca", pode ter certeza de que o acaso teve um papel nisso. Imagine-se junto a vários outros leigos, tentando fazer previsões de quantos milímetros de chuva precipitar-se-ão no próximo mês de março na sua cidade. Todos terão sua "previsão". Suponha que, depois de um processo de chegada a um consenso, define-se que a previsão do grupo é de que a precipitação pluviométrica será de 94 mm no próximo mês de março. Você tem dúvida de que a previsão estará errada? Se chover exatos 94 mm, pode ter certeza de que foi um acerto meramente casual!

Agora, imagine a mesma previsão sendo feita pela Climatempo Meteorologia (uma empresa que tem profissionais e sistemas capacitados a fazer previsões do tempo). Suponha que a empresa estima que 116 mm de chuva cairão no próximo mês de março. Você tem dúvida de que a previsão da Climatempo também vai estar errada? Claro que vai! Mas considere: por que empresas e instituições pagam pela previsão da Climatempo e não pagam um centavo pela sua e de seus amigos leigos? Afinal, ambas estão "erradas". Claro que a resposta é: embora ambas estejam erradas, em média, para uma série de previsões, as previsões feitas tecnicamente, por profissionais que têm dados de boa qualidade e sabem o que fazer com eles para gerar uma previsão, apresentarão **erro menor**.

Se é inócua a discussão sobre acertar ou errar previsões, deve ficar claro, entretanto, que faz total diferença, para a gestão de operações, **o quanto se erra** nas previsões. Portanto, o esforço economizado na fútil discussão sobre acertar ou errar previsões seria muito mais bem empregado na discussão de quanto se está errando e como se pode fazer para reduzir esse erro: não se pode nunca esquecer de que a qualidade das previsões está "nos olhos" de quem as faz. Para exemplificar, pense nas previsões do tempo, feitas por leigos e feitas por profissionais, que serviram de exemplo anteriormente. Independentemente de as previsões terem ou não sido feitas, as chuvas ocorreriam, como ocorreram, de qualquer forma. Se a previsão dos profissionais era menos, evidentemente isso ocorre pelas técnicas e processos que são usados por eles mas não o são pelos leigos. Ou seja, a qualidade das previsões depende dessas técnicas e processos, que SEMPRE podem ser melhorados.

> **Erro 2 das previsões**: gastar tempo e esforço discutindo se acertamos ou erramos, os nas previsões, quando o mais relevante é discutir **o quanto** se está errando e as maneiras de alterar processos envolvidos, de forma a reduzir estes erros.

Para gestores de operações, é importante saber não só quanto se espera ter de demanda ou vendas, mas também saber qual é o erro esperado para essa previsão. Em outras palavras, para operações, previsões são sempre constituídas por DOIS números. Isso muitas vezes não é feito nas empresas, pois, para alguns setores – por exemplo, o setor comercial –, as previsões são usadas para estabelecer metas de vendas. A partir do estabelecimento das metas, observa-se, por exemplo, se a força de vendas igualou ou superou (e quanto) as metas, para efeito de relatórios, cálculo de bônus, premiações, pagamentos etc. Para este fim e para esses setores, basta um número para a previsão. E como em geral esses são os setores incumbidos de gerar previsões, estas frequentemente são geradas na forma de um só número. Os profissionais de operações, por outro lado, necessitam de dois números:

- Uma estimativa da demanda ou da venda.
- Uma estimativa do erro de previsão esperado, porque da estimativa do erro dependerão importantes decisões sobre os "colchões" de segurança que serão dimensionados para a operação (na forma de estoques, tempos ou capacidade extra).

> **Erro 3 das previsões**: levar em conta, nas previsões que servirão para apoiar decisões em operações, um número só. Previsões, para operações, devem sempre ser consideradas com dois números: a previsão em si e uma estimativa do erro dessa previsão.

> **Erro 4 das previsões**: desistir ou não se esforçar o suficiente para melhorar os processos de previsão por não se conseguir acertar as previsões, quando, em operações, não se necessita ter previsões **perfeitas**, mas previsões consistentemente **melhores** que as da concorrência.

Outro erro frequente que se nota nas empresas quando se trata de previsões é: "Tentamos muito fazer previsões de forma técnica, mas continuávamos a errar, então paramos!" Dois contra-argumentos para isso: um é que errar é normal em previsões (já discutimos isso), outro é que o que interessa é **quanto erramos**. E, quanto menos errarmos, menos colchões de segurança – e correspondentes custos – teremos. Portanto, vale a pena continuar a realizar esforços no sentido de melhorar a qualidade de previsões, mesmo que os erros continuem grandes. Afinal, não são necessárias previsões perfeitas em um mercado competitivo. Elas devem ser, isso sim, **melhores que as previsões da concorrência**. Isso, na verdade, vale para vários tipos de ações na empresa, que não têm que ser tomadas de forma perfeita, mas de forma consistentemente melhor que a concorrência.

8.2.3 "LEI DOS GRANDES NÚMEROS" OU *RISK POOLING* E SEU EFEITO NAS PREVISÕES

Nos processos decisórios em operações, diferentes decisões têm diferentes inércias (requerem diferentes períodos de tempo para produzirem efeito). Para bem apoiarem essas decisões, é necessário que as previsões tenham diferentes horizontes. É necessário considerar um horizonte de curto prazo para decisões de inércia pequena, um horizonte médio para decisões de inércia média e um horizonte longo para decisões de inércia maior. A Figura 8.1 ilustra essa ideia.

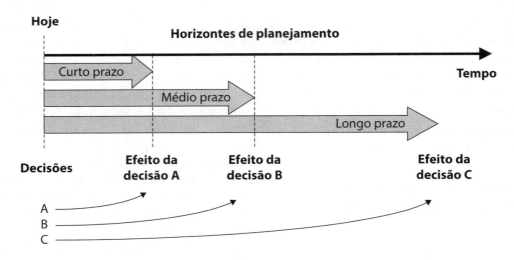

Figura 8.1 Horizontes diferentes de previsão apoiam decisões de inércia diferentes.

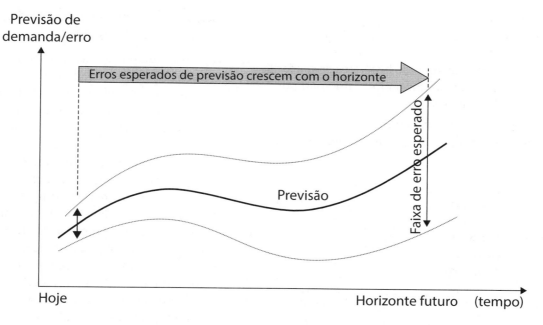

Figura 8.2 Com outras variáveis constantes, os erros de previsão crescem com o horizonte de previsão.

Geralmente, as decisões de inércia pequena envolvem níveis mais moderados de recursos – o efeito de uma decisão equivocada, portanto, não é tão relevante, como na decisão de usar ou não horas extras. As decisões de inércia maior, por outro lado, envolvem níveis mais elevados de recursos e seus efeitos terão relevância maior. Por exemplo, uma decisão de expansão de fábrica deve ser tomada com muita antecedência e envolve compra de terreno, projeto industrial, construção, aquisição de equipamentos, entre outras providências.

É desconfortável saber que decisões tomadas com maior antecedência requerem visão sobre um futuro mais longo, requerendo previsões de mais longo prazo, que em geral apresentam erro maior. Até intuitivamente, sabemos que a probabilidade de erro nas previsões cresce com o horizonte. A Figura 8.2 ilustra essa ideia.

Justamente as decisões que envolvem maior volume de recursos têm de ser tomadas com maior antecedência e, portanto, com maior possibilidade de erro de previsão. Reflita sobre isso.

 PARA REFLETIR

Considerando a afirmação "as decisões cujos erros podem ter consequências mais sérias são aquelas com maior probabilidade de erro", como é então que a maioria das empresas tem sobrevivido?

Sanduíche	Previsão para o mês passado (feita há um ano e meio)
Quarterão com queijo	2.500
Big Mac	6.000
Hambúrguer	4.500
Cheeseburger	3.000
Filé de peixe	1.200
McChicken	1.800
Total	**19.000**

Figura 8.3 Previsão das vendas de sanduíche.

Imagine que, um ano e meio atrás, nos reunimos para fazer previsões das vendas de determinada loja da rede de lanchonetes McDonald's para o mês passado. No melhor de nossa habilidade, analisando históricos de vendas e outros aspectos relevantes, chegamos à previsão por sanduíche ilustrada na Figura 8.3.

Quando o mês passado terminou, analisamos as vendas efetivamente ocorridas. Chegamos aos números da Figura 8.4.

Sanduíche	Vendas efetivas no mês passado na loja analisada	% erro da previsão	
Quarterão com queijo	1.930	22,8%	Média dos erros das previsões por sanduíche
Big Mac	7.269	21,2%	
Hambúrguer	4.980	10,7%	
Cheeseburger	2.730	9,0%	
Filé de peixe	1.429	19,1%	
McChicken	1.050	41,7%	
Total	**19.388**	**2,0%**	**20,7%**

Figura 8.4 Vendas efetivas de sanduíche e erros percentuais da previsão.

Note que os erros das previsões individuais por sanduíche foram, em média, de 20,7%, um erro relativamente alto. Entretanto, se tivéssemos feito o exercício de prever o "agregado" ou o **total** de vendas para a loja, teríamos previsto um total de vendas de 19.000 sanduíches, que é o total da tabela da Figura 8.3. Ao confrontar essa previsão agregada com o total das vendas efetivas, 19.388, na Figura 8.4, percebemos que o erro de previsão agregada resulta não em algo da ordem de 20%, mas de 2,0%.

Esse efeito ocorre porque em previsões desagregadas, ou seja, individuais por sanduíche no caso de nossa lanchonete hipotética, alguns dos erros são "a maior" e outros são "a menor". Em outras palavras, algumas previsões foram superestimadas e outras, subestimadas. Os erros por superestimativa tendem, até certo ponto, a compensar os erros por subestimativa, resultando numa previsão agregada mais precisa, percentualmente, que a previsão desagregada do mesmo fenômeno. Quanto maior o número de itens e quanto mais "aleatoriamente" se distribuírem os erros a menor e a maior, mais esse efeito tende a se fazer sentir.

8.2.4 DECISÕES DIFERENTES REQUEREM NÍVEIS DIFERENTES DE AGREGAÇÃO DOS DADOS

Vamos analisar um pouco mais profundamente a questão de nossa previsão de venda para os sanduíches do exemplo anterior. Foi colocado, desde o início, que há um ano e meio nós nos reunimos para fazer previsões, para o mês passado, de vendas de sanduíches para uma loja. Por que nos preocuparíamos em desenvolver uma "visão" de futuro com um ano e meio de antecedência para uma lanchonete? Certamente, para subsidiar aquelas decisões com inércia compatível. Quais são essas decisões para uma lanchonete? Compra de queijo ou de hambúrguer? Programação de turnos de trabalho? Provavelmente, não. Essas são decisões de inércia menor e pode-se tomá-las com antecedência menor. As decisões que demandam antecedência da ordem de um ano e meio são, por exemplo, as de expansão da loja. Entretanto, para decidir sobre expansão da loja, é necessário que se desenvolva uma visão de futuro "desagregada", por sanduíche? Provavelmente, não. Uma expansão da loja será capaz de produzir qualquer *mix* de sanduíches e, portanto, para esse tipo de decisão, que necessita desse nível de antecedência, uma visão agregada é suficiente. Como a visão agregada é muito menos sujeita a erro que a visão desagregada, a decisão acaba por ser tomada sob menor nível de incerteza.

A agregação da previsão feita, que faz reduzir o nível de sua incerteza, compensa, até certo ponto, o aumento de incerteza pelo necessário aumento do horizonte de previsão.

Para o mesmo planejamento da lanchonete, em algum momento, será necessário tratar o futuro com uma visão desagregada. Por exemplo, em determinado momento, será necessário decidir quanto queijo comprar. Então, necessariamente uma previsão desagregada terá de ser feita, pois certos itens usam queijo e outros não. Entretanto, a antecedência com que se precisará tomar essa decisão será muito menor que um ano e meio. Talvez uma semana seja suficiente. Portanto, a previsão desagregada poderá ser feita com antecedência bem menor. Por um lado, a incerteza com que se trabalha neste momento é maior devido ao grau de desagregação, mas, por outro, a incerteza devida à antecedência é muito menor.

Isso significa que, se ao longo do horizonte de planejamento trabalhar-se adequadamente os níveis de antecedência e agregação dos dados, pode-se trabalhar com um nível de incerteza mais uniforme ao longo de todo o horizonte. A Figura 8.5 ilustra essa ideia.

A mensagem, então, é clara: só é possível desenhar adequados processos de previsão partindo-se de qual uso vai se fazer das previsões, ou, em outras palavras, quais decisões elas vão apoiar. Só então se poderá definir qual nível de agregação de dados será necessário. E lembre-se: previsões mais agregadas tendem a ser mais acertadas. Portanto, sempre tente fazer previsões usando o nível máximo de agregação de dados que o processo decisório a que dará suporte permitir.

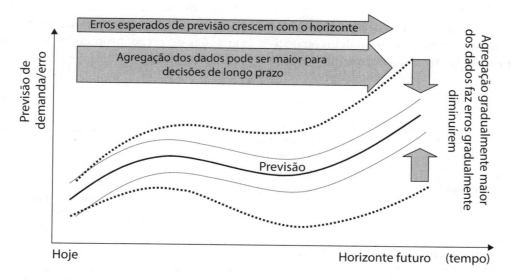

Figura 8.5 Efeito da agregação de dados compensando a antecedência nos erros de previsão.

8.2.5 PROCESSO DE PREVISÃO

Previsões são, em geral, resultado de um processo, um encadeamento de atividades que inclui, entre outros fatores: (a) a coleta de informações relevantes; (b) o tratamento dessas informações; (c) a busca de padrões de comportamento observado no passado; (d) a projeção de padrões de comportamento; (e) a consideração de fatores qualitativos relevantes; (f) a estimativa de erros da previsão.

Informações para previsão de vendas

As principais informações que devem ser consideradas pelo sistema de previsão são:

- Dados históricos de vendas, período a período.
- Dados históricos referentes à demanda não atendida, como vendas perdidas por indisponibilidade.
- Informações relevantes que expliquem comportamentos atípicos das vendas passadas, como, por exemplo, um verão atipicamente quente.
- Situação atual de variáveis que podem afetar o comportamento das vendas no futuro ou estejam a ele correlacionadas, como os planos atuais de expansão de oferta pela concorrência.
- Previsão da situação futura de variáveis que podem afetar o comportamento das vendas no futuro – por exemplo, qual a tendência de evolução das compras por *e-commerce* (comércio eletrônico) que afetarão diretamente a demanda por serviços de dados via internet.
- Conhecimento sobre a conjuntura econômica atual e estimativa futura, por exemplo, crescimento econômico, entre outros fatores.
- Informações de clientes que possam indicar seu comportamento de compra futuro, por exemplo, obtidas por pesquisas de mercado sobre intenções de compra.
- Informações relevantes sobre a atuação de concorrentes que influenciam o comportamento das vendas, por exemplo, promoções e eventos.
- Informações sobre decisões da área comercial interna que podem influenciar o comportamento das vendas, por exemplo, planos de promoções, lançamentos e relançamentos de produtos, entre outras.

Processo de previsão de vendas

A Figura 8.6 ilustra um modelo de processo de previsão de vendas que determina, em linhas gerais, a forma com que uma série de atividades inter-relacionadas contribui para dar sentido às informações consideradas na discussão anterior e, com base nelas, gerar uma previsão. Inicialmente, é feito o tratamento estatístico (matemático) dos dados históricos de vendas, de outras variáveis que ajudem a explicar o comportamento das vendas no passado e informações que ajudem a explicar comportamentos atípicos. Para esse tratamento estatístico, há disponíveis pacotes comerciais de *software*, mas nada impede que se desenvolvam modelos específicos com planilhas eletrônicas.

Esse tratamento inicial ainda não deve ser considerado como a previsão definitiva, pois os modelos estatísticos isolados não conseguem considerar a multiplicidade de fatores que influenciam o comportamento das vendas. Esses fatores são considerados numa etapa posterior, para a qual são levantadas informações de clientes, sobre a conjuntura econômica atual e futura e sobre os concorrentes (preços relativos, esforços de venda etc.), entre outras. Além disso, é essencial que se conheçam e se levem em conta as decisões da área comercial que possam afetar o comportamento das vendas, como variações de preço, promoções, esforços especiais de vendas e outras.

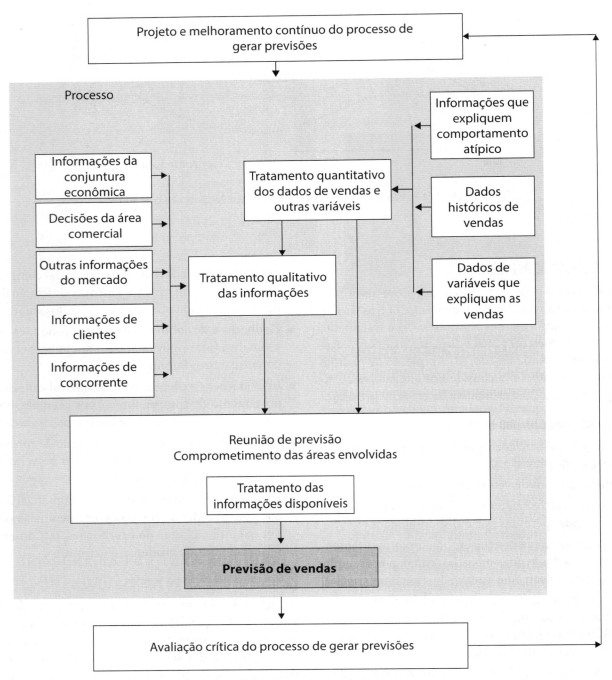

Figura 8.6 Processo de previsão de vendas.

Todas essas informações devem ser coletadas de forma sistemática e, para isso, procedimentos específicos devem ser estabelecidos e sistemas de informação adequados devem ser desenvolvidos.

O tratamento de todas essas informações deve ser feito com a participação de representantes das principais áreas envolvidas, num evento que se está denominando "reunião de previsão". Essa participação é importante para que haja o comprometimento de todos. Esse processo de previsão de vendas é válido para previsões com horizontes que variam de curto a longo prazo. Os dados e as informações discutidos nessa reunião serão utilizados em relação aos efeitos ou necessidades que eles acarretam em outros interessados da cadeia de suprimento. Pense, por exemplo, no jornal impresso, segmento que a cada ano tem caído, mas que permanece vivo. É importante para empresas como O Globo, O Estado de S. Paulo e Folha de S. Paulo entenderem como a previsão afetará recursos, materiais e insumos de seus fornecedores, como bobinas de papel, manutenção das máquinas e equipamentos de impressão, número e que tipo de veículos serão necessários para a entrega, funcionários operacionais e de atendimento (SAC).

Previsão de vendas de curto prazo

Para previsões de curto prazo (até três meses), normalmente, aceita-se que as mesmas tendências de crescimento, declínio ou ciclicidades observadas no passado devem permanecer no futuro. A técnica então geralmente utilizada é a de **projeção**; são os chamados **modelos intrínsecos** ou **séries temporais simples**, como pode ser visto na Figura 8.7.

A projeção é feita modelando-se matematicamente os dados do passado, ou seja, procurando representar o comportamento das vendas por meio de expressões matemáticas e utilizando projeções no tempo dessas mesmas expressões, para prever as vendas no futuro. Geralmente, procura-se decompor as vendas passadas em duas ou mais componentes que possam ser modeladas matematicamente. Nos casos mais comuns, decompõem-se as vendas em termos de uma curva de tendência e fatores de ciclicidade, como mostrado na Figura 8.7.

Quanto mais da história passada estiver disponível, melhor será a modelagem. Se o ciclo de sazonalidade é anual, deve-se sempre tomar uma série de dados históricos de três ou mais anos, sempre em múltiplos de 12 meses.

Embora o uso de modelos intrínsecos seja uma técnica mais adequada para o curto prazo, ela pode também ser utilizada para o médio prazo (por exemplo, até cerca de 12 meses), desde que o ambiente seja razoavelmente estável.

Previsão de vendas de médio prazo

Quando o horizonte da previsão começa a aumentar, a hipótese de que o futuro vai repetir o passado (nos padrões de variação) deixa, em geral, de ser válida. Nesse ponto, deve-se adotar outro modelo, cujas hipóteses sejam válidas para horizontes maiores. São os modelos **extrínsecos**, **causais** ou de explicação. Nesses modelos, a hipótese é de que as relações que havia no passado, entre as vendas e outras variáveis que explicam seu comportamento, continuam a valer no futuro. Um bom exemplo é o de previsão de demanda de defensivos agrícolas para o médio prazo. Num projeto recente para um grande produtor e distribuidor de defensivos agrícolas, os autores geraram um modelo de previsão causal, identificando variáveis extrínsecas

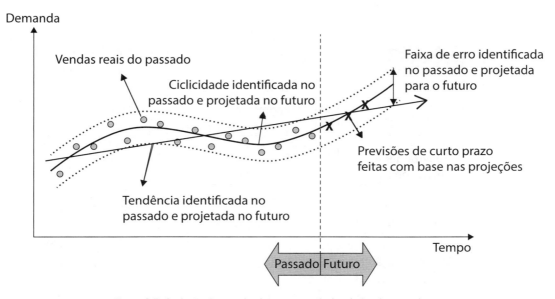

Figura 8.7 Projeção das vendas futuras a partir dos dados do passado.

(não as próprias vendas passadas) que "explicariam" as vendas do ano subsequente, por exemplo:

- PIB agrícola.
- PIB agrícola *per capita*.
- Área plantada por cultura.
- Resultado econômico da safra anterior.

O próximo passo foi levantar séries históricas de variáveis a serem testadas e tentar correlacionar essas variáveis com a demanda passada do próprio defensivo agrícola, usando técnica de regressão linear múltipla. Evidentemente, nem todas as variáveis têm a mesma contribuição na explicação das vendas do defensivo agrícola em questão, mas algumas são mais relevantes. No exemplo do projeto para o defensivo agrícola, o nível de explicação obtido pela variação de quatro das variáveis pesquisadas, para a variação das vendas do defensivo, foi de 96%, resultado bastante bom.

Modelos causais são mais adequados para previsões de horizonte mais longo.

O resultado da correlação é uma equação do tipo:

$$V = a_1 x_1^{y1} + a_2 x_2^{y2} + a_3 x_3^{y3} + ... + a_n x_n^{yn}$$

onde $x_1, x_2, ..., x_n$ são os valores das variáveis explicativas.

Da mesma forma que nos modelos intrínsecos utilizados para previsão de curto prazo, também aqui é essencial que se proceda à segunda parte do modelo do sistema de previsão anteriormente apresentado, pois, por mais sofisticado que seja o modelo causal, jamais conseguirá incorporar todos os fatores que interferem no comportamento da demanda futura.

Previsão de vendas de longo prazo

Quando o horizonte aumenta ainda mais (vários anos), a hipótese de que as relações que havia no passado entre a demanda e outras variáveis continuam a valer no futuro deixa muitas vezes de ser válida.

Nesses casos, adota-se a hipótese de que o futuro não guarda relação direta com o passado, pelo menos não uma relação que possa ser modelada matematicamente. A previsão, muitas vezes, necessita ser derivada, portanto, da opinião de especialistas, para o que se utilizam métodos específicos para tratar essas opiniões.

8.2.6 PREVISÕES: MÉTODOS DE TRATAMENTO DE INFORMAÇÕES

Para tratar as informações disponíveis (veja a Figura 8.8), podem-se usar duas abordagens complementares:

- As abordagens quantitativas, baseadas em séries históricas projetadas para o futuro segundo algum método.
- As abordagens qualitativas, baseadas em fatores subjetivos ou de julgamento.

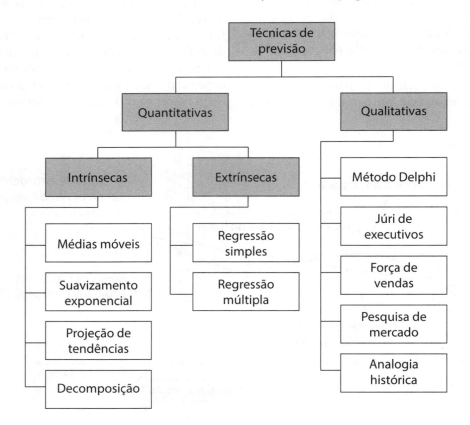

Figura 8.8 Abordagens para métodos de tratamento de informações em previsões.

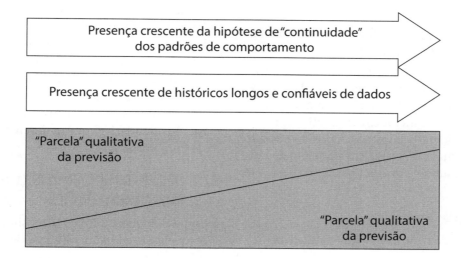

Figura 8.9 Diferentes ênfases em sistemas de previsão.

Os modelos quantitativos necessitam de séries históricas. Isso significa que são mais úteis para fazer previsões de demanda de produtos mais maduros, que estejam há mais tempo no mercado. Já os modelos qualitativos encaixam-se melhor em previsões de produtos novos ou lançamentos para os quais não haja históricos longos. É importante ter presente que qualquer processo de previsão, em geral, vai conter considerações de natureza tanto qualitativa como quantitativa. O que vai variar é a ênfase dada a uma e outra abordagem, conforme os dois fatores (veja a Figura 8.9).

Métodos qualitativos

Os métodos qualitativos incorporam fatores de julgamento e intuição, em geral mais subjetivos, nas análises dos dados disponíveis. Opiniões de especialistas, experiências e julgamentos individuais podem ser levados em conta.

- **Júri de executivos**: este método procura capturar a opinião de pequenos grupos, em geral, de executivos de nível alto sobre alguma variável que se pretenda prever. É frágil no sentido de permitir viés e dominância de uma ou poucas opiniões mais assertivas e não se pode assumir *a priori* que a estimativa obtida representa consenso do grupo.
- **Método Delphi**: o processo Delphi é interativo e permite que grupos de – em geral – 6 a 12 especialistas cheguem a um consenso de suas opiniões subjetivas evitando que uma ou poucas opiniões do grupo consultado predominem. Consiste nos seguintes passos: em primeiro lugar, propõe-se ao grupo determinada pergunta bem específica sobre alguma variável que se queira prever. Em seguida, coletam-se as várias opiniões, de forma sigilosa e individual. De posse dessas opiniões, o coordenador do processo as trata (estatisticamente) e retorna o resultado do tratamento estatístico das opiniões para os participantes. Estes são, então, solicitados a refazer suas estimativas. Recolhem-se e realimentam-se iterativamente as opiniões até que o processo de convergência das opiniões atinja um nível desejado. Uma possibilidade que o coordenador poderá explorar é abrir a discussão no momento em que o processo de convergência parar. Dessa forma, se conhecerão as opiniões discordantes, e seus proponentes poderão argumentar seus motivos até que um consenso seja atingido.
- **Força de vendas**: nesta abordagem, cada vendedor ou representante de força de vendas expressa sua estimativa localizada e desagregada. O composto agregado de todas as estimativas individuais é tomado como a estimativa global. Requer cuidados para que se evite manipulação por parte da força de vendas.
- **Pesquisa de mercado**: esse método solicita diretamente dos possíveis clientes ou consumidores sua intenção de compra futura ("Quantas horas de internet você pretende utilizar nos três próximos meses?").
- **Analogia histórica**: este método qualitativo procura identificar produtos similares dos quais se possuem dados para, por analogia, melhor estimar, por exemplo, um produto novo.

Métodos quantitativos

Métodos quantitativos são os métodos de previsão baseados em séries de dados históricos.

Uma série histórica de dados é uma sequência equiespaçada no tempo de dados sobre determinada variável (por exemplo, dados de vendas diárias, semanais, quinzenais, mensais). O uso de métodos quantitativos pressupõe que os padrões identificados nos dados do passado permanecerão no futuro. Em geral, o tratamento de uma série temporal pressupõe a decomposição da série em seus elementos.

Decomposição de séries temporais

Uma série temporal de dados, em geral, tem três principais componentes:

- **Tendência**: é a orientação geral, de crescimento ou decrescimento, dos dados históricos. Ausência de tendência (série mantendo-se em torno de um patamar) é chamada "permanência". As tendências podem ajustar-se a uma reta (variação linear) ou a alguma outra curva (como a exponencial).
- **Ciclicidade**: são padrões de variação dos dados de uma série que se repetem a cada intervalo de tempo determinado. Vendas, por exemplo, cuja ocorrência está correlacionada com as estações do ano, como sorvetes, são exemplos de presença de ciclicidade. Quando a ciclicidade tem período anual, chama-se sazonalidade.
- **Aleatoriedade**: são "erros", ou variações da série histórica de dados que não são devidas a variáveis presentes no modelo de previsão. São numerosos fatores, cada um dos quais sem uma capacidade relevante de explicar a variação da variável analisada, que são deixados fora do modelo. O comportamento de cada um desses fatores é aleatório e, portanto, "não previsível". Entretanto, o comportamento agregado desses fatores pode ser previsto – isso, de fato, é o que torna possível que estimemos os erros futuros de uma previsão.

8.2.7 MODELOS QUANTITATIVOS PARA DEMANDA RELATIVAMENTE ESTÁVEL

Os modelos quantitativos mais simples para previsão são aqueles que assumem que a demanda se encontra relativamente estável, flutuando aleatoriamente em torno de um patamar que se deseja estimar. É vão o esforço de tentar prever a flutuação aleatória; portanto, é necessário atenuar, suavizar seu efeito quando se estima o valor do patamar. Uma forma de fazer isso é usando modelos de médias móveis.

Médias móveis

Modelos de médias móveis assumem que a melhor estimativa do futuro é dada pela média dos n últimos períodos. Podem-se usar médias móveis de três (MM3) períodos, de quatro (MM4) períodos ou mais. Consideremos o exemplo ilustrado na Figura 8.10.

A fórmula de cálculo para médias móveis é apresentado na figura.

	Vendas reais de copos	Média móvel de três períodos (MM3)
Janeiro	154	
Fevereiro	114	
Março	165	
Abril	152	(154 + 114 + 165) / 3 = **144,3**
Maio	176	(114 + 165 + 152) / 3 = **143,7**
Junho	134	(165 + 152 + 176) / 3 = **164,3**
Julho	123	(152 + 176 + 134) / 3 = **154,0**
Agosto	154	(176 + 134 + 123) / 3 = **144,3**
Setembro	134	(134 + 123 + 154) / 3 = **137,0**
Outubro	156	(123 + 154 + 134) / 3 = **137,0**
Novembro	123	(154 + 134 + 156) / 3 = **148,0**
Dezembro	145	(134 + 156 + 123) / 3 = **137,7**

Figura 8.10 Exemplo de cálculo de média móvel.

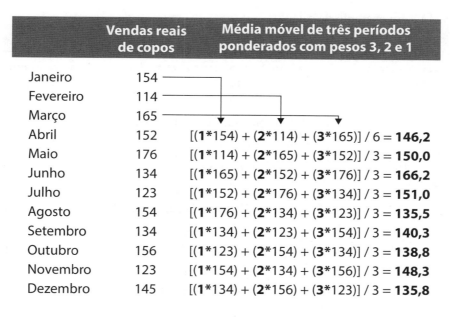

Figura 8.11 Exemplo de cálculo de média móvel ponderada.

O cálculo de médias móveis, conforme descrito, assume que as médias consideradas são médias aritméticas simples. Nada impede, entretanto, que se prefira usar uma média ponderada. Algumas empresas preferem atribuir pesos de ponderação maiores para períodos mais recentes. Considere o exemplo da Figura 8.11. Nele, resolveu-se utilizar uma média móvel dos três últimos meses. Entretanto, a média deverá ser ponderada com pesos 3, 2 e 1 para os valores, respectivamente, do mês passado, de dois meses atrás e de três meses atrás. Com isso, aumenta-se a influência dos meses mais recentes na geração das previsões.

Suavizamento exponencial

Um caso particular de médias ponderadas de dados do passado, com peso de ponderação caindo exponencialmente quanto mais antigos forem os dados, é aquele resultante do uso da técnica, bastante comum, de suavizamento exponencial. A fórmula básica do suavizamento exponencial é:

Nova previsão = [(demanda real do último período) × (α)] + [(última previsão) × (1 − α)]

Onde:

(α) é a chamada "constante de suavizamento", que é um número entre 0 e 1, e dá a influência percentual da demanda real do último período na previsão do próximo período;

(1 − α) é a taxa exponencial com que caem os pesos de ponderação dos dados históricos, de α (referente ao mês passado mais recente "t") para α (1 − α) para o mês anterior "t − 1", para α (1 − α)2 para o mês "t − 2" e assim por diante.

Observe na Figura 8.12 um exemplo de cálculo.

	Vendas reais de copos	Suavizamento exponencial com alfa 0,1	Suavizamento exponencial 0,8
		Última previsão (feita em dezembro)	
Janeiro	154	150	150
Fevereiro	114	[(0,1) * (154) + (1 – 0,1) * (150)] = **150,4**	**153,2**
Março	165	[(0,1) * (114) + (1 – 0,1) * (150,4)] = **146,8**	**121,8**
Abril	152	[(0,1) * (165) + (1 – 0,1) * (146,8)] = **148,6**	**156,4**
Maio	176	[(0,1) * (152) + (1 – 0,1) * (148,6)] = **148,9**	**152,9**
Junho	134	[(0,1) * (176) + (1 – 0,1) * (148,9)] = **151,6**	**171,4**
Julho	123	[(0,1) * (134) + (1 – 0,1) * (151,6)] = **149,9**	**141,5**
Agosto	154	[(0,1) * (123) + (1 – 0,1) * (149,9)] = **147,2**	**126,7**
Setembro	134	[(0,1) * (154) + (1 – 0,1) * (147,2)] = **147,9**	**148,5**
Outubro	156	[(0,1) * (134) + (1 – 0,1) * (147,9)] = **146,5**	**136,9**
Novembro	123	[(0,1) * (156) + (1 – 0,1) * (146,5)] = **147,4**	**152,2**
Dezembro	145	[(0,1) * (123) + (1 – 0,1) * (147,4)] = **145,0**	**128,8**

Figura 8.12 Exemplo de cálculo de previsões usando suavizamento exponencial com $\alpha = 0,1$ e com $\alpha = 0,8$.

Observe na Figura 8.13, graficamente, o efeito de se utilizarem diferentes valores para α. Quando se usa $\alpha = 0,1$, por exemplo, a tendência é de que a previsão seja bastante "suavizada", ou seja, os efeitos das variações aleatórias ficam atenuados na geração das previsões. Já quando se utiliza $\alpha = 0,8$, a previsão gerada fica mais "nervosa", com menos atenuação dos efeitos das aleatoriedades. Em situações práticas, os valores da constante α, em geral, situam-se na faixa de 0,05 e 0,35.

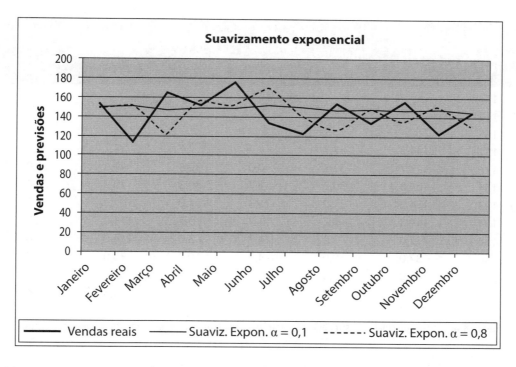

Figura 8.13 Efeito demonstrado graficamente de diferentes valores da constante de suavizamento na geração de previsões pelo método de suavizamento exponencial.

8.2.8 Erros de previsão

É sempre importante acompanhar dois tipos de erros de previsão: a **amplitude**, ou o **tamanho** dos erros e o chamado **viés** dos erros. O viés se dá quando os erros ocorrem sistematicamente (tendenciosamente) para um lado só: ou quando as previsões são sistematicamente superestimadas, ou quando elas são sistematicamente subestimadas. Isso, em geral, ocorre por alguma causa **identificável**, ou seja, pela influência de alguma variável deixada fora do modelo de previsão cuja influência singular está influenciando significativamente os erros de previsão. Idealmente, uma vez identificada a ocorrência de viés, as causas devem ser investigadas e eliminadas.

Acompanhamento de possíveis erros do tipo viés

Usa-se o chamado sinal de rastreabilidade (ou *tracking signal*) para acompanhar as possíveis ocorrências de viés de previsão. Veja a Figura 8.15 para um exemplo de cálculo. Retomamos aqui o exemplo do quadro da Figura 8.11, em que se usou o modelo de média móvel de três períodos para gerar as previsões.

A Figura 8.14 permite acompanhar o cálculo do sinal de rastreabilidade passo a passo. Período a período, calcula-se inicialmente o erro aritmético (subtração simples da ocorrência real do mês da previsão que havia sido feita para o mês). Em seguida, calcula-se o erro aritmético acumulado (EArA): veja que em abril, na coluna EArA, consta o valor – 7,7. Em maio, consta o valor – 40,0, que é o resultado da acumulação dos valores de maio e abril, e assim por diante. Calcula-se, então, o erro absoluto, que nada mais é que o valor, em módulo, do erro aritmético. A próxima coluna traz então o erro absoluto acumulado (EAA), que é o acumulado dos erros absolutos até o momento. De posse dos erros absolutos acumulados (EAA), é possível, mês a mês, calcular o erro médio absoluto até o momento. O que se faz nesse cálculo é dividir o erro absoluto acumulado (EAA) pelo número de meses ao qual se refere. Observe o mês de junho, por exemplo. O valor do EAA é 70,3 e refere-se a um acumulado de três meses (abril, maio e junho). O erro médio absoluto, então, é de 70,3/3 = 23,4.

	Vendas reais de copos (V)	Previsão MM3 (P)	Erro aritmético (P – V)	Erro aritmético acumulado Σ(P – V)	Erro absoluto (P – V)	Erro absoluto acumulado EAA	Erro médio absoluto (EAA/n) EMA	*Tracking signal* EArA/EMA TS
Janeiro	154							
Fevereiro	114							
Março	165							
Abril	152	144,3	– 7,7	– 7,7	7,7	7,7	7,7	– 1,0
Maio	176	143,7	– 32,3	– 40,0	32,3	40,0	20,0	– 2,0
Junho	134	164,3	30,3	– 9,7	30,3	70,3	23,4	– 0,4
Julho	123	154,0	31,0	21,3	31,0	101,3	25,3	0,8
Agosto	154	144,3	– 9,7	11,7	9,7	111,0	22,2	0,5
Setembro	134	137,0	3,0	14,7	3,0	114,0	19,0	0,8
Outubro	156	137,0	– 19,0	– 4,3	19,0	133,0	19,0	– 0,2
Novembro	123	148,0	25,0	20,7	25,0	158,0	19,8	1,0
Dezembro	145	137,7	– 7,3	13,3	7,3	165,3	18,4	0,7

Figura 8.14 Cálculo do sinal de rastreabilidade (*tracking signal*) para acompanhamento de viés de previsões.

O sinal de rastreabilidade (*tracking signal*, ou TS) é calculado dividindo-se o erro aritmético acumulado (EArA) pelo erro médio absoluto (EMA). Essa variável, então, é acompanhada e deve encontrar-se sempre entre os valores – 4 e + 4. Se o valor do TS atinge em certo momento um valor menor que – 4 ou maior que + 4, deve-se investigar mais detalhadamente a questão, pois estatisticamente é grande a chance de o modelo estar gerando previsões enviesadas. No quadro da Figura 8.15, aparentemente até o mês de dezembro, não há indícios estatísticos de haver viés na previsão gerada. Veja o gráfico da Figura 8.15. Se um viés for identificado e a causa do viés for eliminada com a mudança do modelo de previsão, o cálculo do TS deve ser reiniciado, abandonando-se o passado até então.

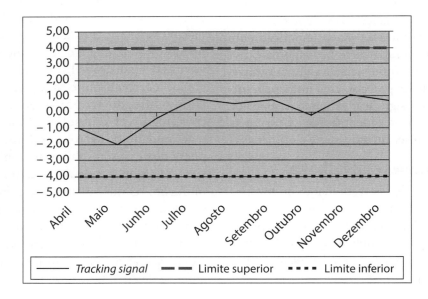

Figura 8.15 Ilustração de gráfico para acompanhamento de sinal de rastreabilidade (*tracking signal*). A situação ilustrada não apresenta indícios estatísticos de viés.

	Vendas reais de copos (V)	Previsão MM3 (P)	Erro aritmético (P – V)	Erro aritmético acumulado Σ(P – V)	Erro absoluto (P – V)	Erro absoluto acumulado EAA	Erro médio absoluto (EAA/n) EMA	Tracking signal EArA/EMA TS
Janeiro	154							
Fevereiro	114							
Março	165							
Abril	152	144,3	– 7,7	– 7,7	7,7	7,7	7,7	– 1,0
Maio	176	143,7	– 32,3	– 40,0	32,3	40,0	20,0	– 2,0
Junho	134	164,3	30,3	– 9,7	30,3	70,3	23,4	– 0,4
Julho	123	154,0	31,0	21,3	31,0	101,3	25,3	0,8
Agosto	154	144,3	– 9,7	11,7	9,7	111,0	22,2	0,5
Setembro	134	137,0	3,0	14,7	3,0	114,0	19,0	0,8
Outubro	156	137,0	– 19,0	– 4,3	19,0	133,0	19,0	– 0,2
Novembro	123	148,0	25,0	20,7	25,0	158,0	19,8	1,0
Dezembro	145	137,7	– 7,3	13,3	7,3	165,3	18,4	0,7

Figura 8.16 Ilustração de cálculo de erro médio absoluto e erro médio quadrático.

Acompanhamento da amplitude dos erros

São várias as formas possíveis de mensurar e acompanhar a amplitude dos erros de previsão. As mais populares são o erro médio absoluto e o erro médio quadrático.

Retomemos o exemplo da Figura 8.12, quando demonstramos o método de suavizamento exponencial na Figura 8.16 para ilustrarmos os cálculos de erro médio absoluto e erro médio quadrático.

Os cálculos dos desvios são quase autoexplicativos. Os desvios absolutos são as diferenças entre previsão e vendas reais, mas em módulo (desconsiderando o sinal). Os desvios quadráticos são esses valores de desvios elevados ao quadrado. A linha de "desvios médios" traz os valores médios dos desvios absolutos e quadráticos. Foram calculados na Figura 8.16 os desvios para as previsões feitas pelo método de suavizamento exponencial com valores de α de 0,1 e 0,8. Esse cálculo pode auxiliar a entender como se calibram os modelos de previsão.

Calibração de modelos de previsão – definição de parâmetros

Quando discutimos o uso de modelos de previsão, é necessário escolhermos seus parâmetros adequadamente. Por exemplo, quando tratamos do método de suavizamento exponencial, mencionamos o parâmetro α. Quando falamos do método de médias móveis, mencionamos o parâmetro "número de períodos passados" a ser utilizado. Mas como escolher o melhor α, por exemplo?

Ou o melhor número de períodos passados? À atividade de escolha dos parâmetros chamamos "calibração" do modelo. Imagine que, no exemplo ilustrativo da Figura 8.16, estejamos no mês de dezembro, tentando decidir qual valor de α devemos adotar para o ano seguinte. Tendo o privilégio de possuir os dados passados (ilustrados no quadro da Figura 8.16), podemos testar uma série de diferentes valores de α e mensurar para qual valor de α o valor do desvio médio absoluto ou do desvio médio quadrático (se assim preferirmos) teria sido menor no passado. Na ausência de maiores informações que pudessem nos nortear melhor a respeito dessa escolha, uma boa estimativa de α para o futuro será um que teria sido bom no passado! No caso da Figura 8.16, por exemplo, fica claro que, com base nos dados do passado, o valor de α = 0,1 teria acarretado menor desvio médio absoluto e menor desvio médio quadrático para uso de método de suavizamento exponencial para previsões da série histórica analisada.

Essa lógica de calibração pode ser usada para testar parâmetros em muitas situações diferentes: número de períodos passados a considerar em médias móveis, pesos de ponderação para médias ponderadas etc.

8.2.9 USO DE MÉTODOS QUANTITATIVOS COM A PRESENÇA DE TENDÊNCIA E CICLICIDADES

Os métodos detalhados até agora (médias móveis e suavizamento exponencial) pressupõem a hipótese de "permanência", tendo apenas uma flutuação aleatória em torno de um patamar que se deseja estimar. Isso, muitas vezes, não pode ser assumido. Nesses casos, modelos como os detalhados até aqui não podem ser usados, sob pena de gerarem previsões com grande erro ou ainda com viés.

Imagine um histórico de vendas como o ilustrado na Figura 8.17. Fica aparente a presença tanto de tendência geral de crescimento de vendas (trata-se das vendas de um livro), como de ciclicidade – relacionadas provavelmente com os períodos letivos de primeiro e segundo semestres, dado que se trata de um livro didático.

Quando ajustamos uma reta de tendência global dos dados (usando o comando "adicionar linha de tendência" e depois dotando a opção "linear", do Excel), achamos algo como ilustrado na Figura 8.18.

Identificamos assim uma "linha reta" que descreve a componente de "tendência" da série histórica. Faz sentido, agora, que identifiquemos a componente de ciclicidade que se sobrepõe à componente de tendência. A forma como fazemos isso é calcular em quanto, percentualmente em média, as vendas de cada um dos meses ficaram acima (ou abaixo) da reta de tendência. Acompanhe na Figura 8.19.

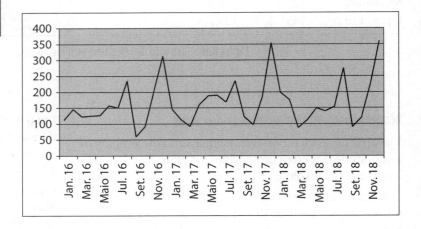

	Vendas 2016	Vendas 2017	Vendas 2018
Janeiro	112	146	199
Fevereiro	146	113	175
Março	122	92	88
Abril	125	160	112
Maio	127	188	149
Junho	157	190	140
Julho	150	168	154
Agosto	235	235	275
Setembro	60	122	90
Outubro	92	97	120
Novembro	206	186	226
Dezembro	312	354	360

Figura 8.17 Exemplo de dados com presença de tendência de crescimento e ciclicidade.

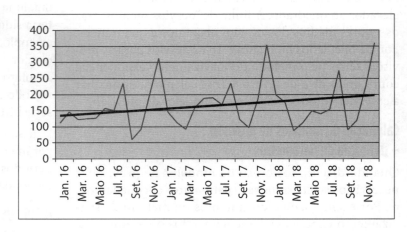

	Vendas 2016	Vendas 2017	Vendas 2018
Janeiro	112	146	199
Fevereiro	146	113	175
Março	122	92	88
Abril	125	160	112
Maio	127	188	149
Junho	157	190	140
Julho	150	168	154
Agosto	235	235	275
Setembro	60	122	90
Outubro	92	97	120
Novembro	206	186	226
Dezembro	312	354	360

Figura 8.18 Ilustração de ajuste de linha de tendência aos dados históricos.

	Vendas 2016	Vendas 2017	Vendas 2018
Janeiro	112	146	199
Fevereiro	146	113	175
Março	122	92	88
Abril	125	160	112
Maio	127	188	149
Junho	157	190	140
Julho	150	168	154
Agosto	235	235	275
Setembro	60	122	90
Outubro	92	97	120
Novembro	206	186	226
Dezembro	312	354	360

112 / 133,8 = 0,837

	Reta de tendência 2016	Reta de tendência 2017	Reta de tendência 2018
Janeiro	133,8	155,4	177,1
Fevereiro	135,6	157,2	178,9
Março	137,4	159,0	180,7
Abril	139,2	160,8	182,5
Maio	141,0	162,6	184,3
Junho	142,8	164,4	186,1
Julho	144,6	166,2	187,9
Agosto	146,4	168,0	189,7
Setembro	148,2	169,9	191,5
Outubro	150,0	171,7	193,3
Novembro	151,8	173,5	195,1
Dezembro	153,6	175,3	196,9

	Vendas/Tendência 2016	Vendas/Tendência 2017	Vendas/Tendência 2018	Média
Janeiro	0,837	0,939	1,124	0,967
Fevereiro	1,077	0,719	0,978	0,925
Março	0,888	0,579	0,487	0,651
Abril	0,898	0,995	0,614	0,836
Maio	0,910	1,156	0,809	0,955
Junho	1,100	1,155	0,752	1,002
Julho	1,037	1,011	0,820	0,956
Agosto	1,605	1,398	1,450	1,484
Setembro	0,405	0,718	0,470	0,531
Outubro	0,613	0,565	0,621	0,600
Novembro	1,357	1,072	1,158	1,196
Dezembro	2,031	2,020	1,828	1,960

Figura 8.19 Ilustração do cálculo dos coeficientes de ciclicidade
(média dos coeficientes de ciclicidade do mês para os vários ciclos da série histórica de dados).

Na Figura 8.19, o quadro superior esquerdo traz as vendas reais de três anos do produto analisado. O quadro inferior esquerdo traz os valores obtidos a partir da reta de tendência. O quadro da direita é calculado dividindo-se os valores correspondentes do quadro superior esquerdo pelos valores do quadro inferior esquerdo. Com isso, chegamos às relações entre as vendas reais e a reta de tendência. Observe o valor de janeiro de 2016 no quadro da direita. É 0,837, pois o valor da venda real de janeiro de 2017 representa 83,7% do valor da reta de tendência em janeiro de 2016. No quadro da direita, então, são calculados os coeficientes, para os três anos da série histórica de dados, de janeiro, fevereiro, março e assim por diante. Calculando as médias desses valores, temos uma boa estimativa de qual será o percentual relativo das vendas reais dos diversos meses em relação à reta de tendência. Ora, uma vez que se tenha a intenção de extrapolar a reta de tendência para o ano de 2019, por exemplo, pode-se agora, com base nos coeficientes médios para cada um dos meses, calcular uma estimativa de vendas para 2019, considerando a sazonalidade. Retomando a reta de tendência e projetando seu valor para 2019, segue-se conforme mostrado na Figura 8.19.

INDÚSTRIA 4.0: PREVISÕES E GESTÃO DE DEMANDA EM PRODUÇÃO E OPERAÇÕES

A dependência de informações referentes a pedidos anteriores para enfrentar os desafios da previsão e gestão de demanda nem sempre obedece a padrões confiáveis, por estar exposta a variáveis internas e externas aos processos de produção. Por outro lado, depender exclusivamente de dados anteriores (históricos) para prever o futuro pressupõe a continuidade de operações sem deixar margem a mudanças que se adequem às novas tendências que a indústria e o mercado possam exigir.

Ir além dos dados históricos requer infraestruturas adequadas para coleta, armazenamento e processamento rápido de informações oportunas. A conectividade da I4.0 tem a capacidade de diminuir as irregularidades que surgem entre os ciclos de planejamento e as operações da cadeia de suprimento. Embora o risco de finalizar um ciclo de produção incompatível com a demanda esteja sempre presente, esse tipo de inconsistência deverá acontecer com menos frequência com o apoio de processos flexíveis e dinâmicos que contribuem para evitar as lacunas entre a expectativa e a realidade, possibilitando, assim, maior facilidade para prever, gerenciar e otimizar custos.

Com a aplicação dessas tecnologias, principalmente no que se refere ao uso de sensores e IoT, é possível realizar com maior precisão a captura e a exportação de dados específicos. No entanto, é necessário enfatizar as tecnologias de *Big Data* e análise preditiva de dados como peças fundamentais para a extração de valor de grandes quantidades de informação. Com apoio de técnicas estatísticas como modelagem de previsão, aprendizagem de máquina (*machine learning* – ML) e mineração de dados (*data mining*), a análise preditiva oferece um panorama mais preciso da demanda futura com base nos dados obtidos tanto a montante quanto a jusante na cadeia de suprimento. Combinando essas ferramentas, as empresas podem alcançar processos melhorados para a coleta de dados inteligentes e análise de dados mais sofisticados.

Softwares de previsão e plataformas de gerenciamento utilizam a tecnologia ML para calcular a probabilidade de eventos em relação à sua frequência no passado. Para tal, as ferramentas preditivas não só avaliam dados anteriores e padrões recorrentes de *stakeholders* da própria empresa, mas também consideram dados externos de fornecedores, clientes, indicadores econômicos, fontes demográficas etc., disponíveis publicamente. Além disso, avaliam as tendências do mercado, para ampliar o escopo de pesquisa das previsões de demanda e otimizar o planejamento em toda a cadeia de valor com uma perspectiva holística (Veja a Figura 8.20).

No Brasil, o Grupo Boticário, maior rede de franquias do país e maior franqueador de perfumaria e cosméticos do mundo, prevê as necessidades dos seus clientes antes mesmo de eles saberem o que desejam, permitindo um planejamento de vendas, marketing e produção mais inteligente. Para isso, o Grupo utiliza a plataforma IBM Planning Analytics TM1, que combina técnicas de ML e IA para efetuar a análise de dados *"in-memory"* e vinculado ao sistema IBM SPSS para o planejamento operacional. Dessa forma, o Boticário tem atingido 20% de aumento na precisão das previsões de demanda em relação à abordagem tradicional, reduziu os níveis de estoque e índices de falta dos produtos mais desejados, impulsionando as vendas, e tem desenvolvido uma capacidade de reação rápida à dinâmica das variações do mercado a cada ciclo de previsão.

Saiba mais assistindo ao vídeo sobre a parceria entre o Boticário e a IBM em:

uqr.to/12zii

Acesso em: 16 fev. 2022.

Fábrica
- Avança a análise preditiva no planejamento da demanda
- Planejamento e replanejamento em tempo real, com instalações internas e externas
- Sistemas integrados que aproveitam metodologias de análise avançada e visualização
- Planejamento de malha fechada de ponta a ponta em tempo real
- Implantação direcionada de automação de processos robóticos e inteligência artificial

Planejamento e controle
- Visibilidade de ponta a ponta
- Planejamento de negócios habilitado digitalmente, multifuncional e integrado
- Análises automatizadas de causa raiz
- Planejamento de cenário robusto
- Decisões baseadas em casos estratégicos de custo-benefício, receita e modelagem de risco

Gestão de pedidos
- Gerenciamento de pedidos permitindo grande escolha do cliente com rastreamento em tempo real
- Pedidos planejados e encaminhados para otimizar a eficiência e as restrições, ao mesmo tempo em que atendem aos objetivos do serviço

Gerenciamento do ciclo de vida do projeto
- Dados da empresa
- Clientes
- Planejamento de recursos empresariais
- Fornecedores

Fonte: adaptada de McKinsey & Company, 2020. Disponível em: https://www.mckinsey.com/business-functions/operations/our-insights/industry-40-reimagining-manufacturing-operations-after-covid-19#. Acesso em: 29 maio 2021.

Figura 8.20 Operações flexíveis e de resposta rápida resultantes da gestão de demanda baseadas na I4.0.

8.2.10 EVITAR FAZER PREVISÕES EM CADEIAS DE SUPRIMENTO

Um dos mandamentos das previsões é "evite fazê-las". Evidentemente, não se está falando de fugir à responsabilidade de fazer as previsões, mas de evitar ter de fazê-las quando isso é possível. Quando uma empresa que, por exemplo, vende para outra empresa numa cadeia de suprimento faz suas previsões das compras a serem realizadas por seu cliente, está na verdade tentando antecipar como será um processo decisório do cliente. Em algumas situações, mediante maior aproximação e troca de informações, é possível ter do parceiro da cadeia de suprimento informações a respeito de seus planos de produção para o futuro, com horizonte mais longo, para dessa forma poder não tentar prever o processo decisório de compra do cliente, mas coordenar a visão futura de demanda da empresa com o processo de planejamento do cliente. Com isso, as vantagens podem ser muito substanciais, principalmente em termos de redução das incertezas das previsões (melhorando, portanto, o processo decisório da empresa). As empresas montadoras de veículos têm essa prática já há muito tempo, no Brasil e em outros países. Elas procuram sempre trabalhar com programações de entrega (com variáveis graus de confiabilidade) de componentes com suas fornecedoras de autopeças, para permitir que estas consigam melhor se preparar para atendê-las. Nesse caso, a necessidade das fabricantes de autopeças de fazer previsões fica muito diminuída, pois se estão trocando "previsões" por "coordenação" entre processos de planejamento.

	Reta de tendência 2016	Reta de tendência 2017	Reta de tendência 2018	Reta de tendência 2019 projeção	Coeficientes de ciclicidade	Vendas com ciclicidade projeção
Janeiro	133,8	155,4	177,1	198,7	0,967	192,1
Fevereiro	135,6	157,2	178,9	200,5	0,925	185,4
Março	137,4	159,0	180,7	202,3	0,651	131,8
Abril	139,2	160,8	182,5	204,1	0,836	170,6
Maio	141,0	162,6	184,3	205,9	0,955	196,7
Junho	142,6	164,4	186,1	207,8	1,002	208,3
Julho	144,8	166,2	187,9	209,6	0,956	200,3
Agosto	146,4	168,0	189,7	211,4	1,484	313,8
Setembro	148,2	169,9	191,5	213,4	0,531	113,2
Outubro	150,0	171,7	193,3	215,0	0,600	128,9
Novembro	151,8	173,5	195,1	216,8	1,196	259,2
Dezembro	153,6	175,3	196,9	218,6	1,960	428,3
	Histórico			Futuro		

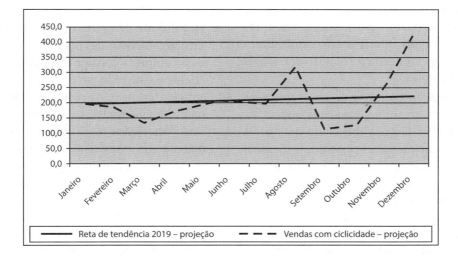

Figura 8.21 Ilustração de previsão de vendas com presença de tendência e ciclicidade.

8.2.11 GESTÃO DE DEMANDA: MAIS QUE APENAS PREVISÕES DE VENDAS

Mais que apenas prevista, a demanda das organizações também deve ser gerenciada. As razões para isso são várias (para mais detalhes, veja Corrêa, Gianesi e Caon, 2018):

- Poucas empresas são tão flexíveis que possam, de forma eficiente, alterar substancialmente seus volumes de produção ou o *mix* de produtos produzidos de um período para o outro, de forma a atender às variações de demanda.
- Para muitas empresas, ao menos parte da demanda não vem do ambiente externo, mas de outras divisões ou de subsidiárias, o que permite esforços de administração dessa demanda.
- Empresas que têm relações de parceria com seus clientes podem negociar quantidade e momento da demanda por eles gerada, de modo a melhor adaptá-la a suas possibilidades de produção.
- A demanda de muitas empresas, principalmente as que fabricam produtos de consumo, pode ser criada ou modificada, tanto em termos de quantidade como de momento, por meio de atividades de marketing, promoções, propaganda, esforço de venda, entre outras.
- Mesmo empresas que produzem outros tipos de produtos podem exercer influência sobre a demanda com esforço de venda, sistemas indutores de comportamento de seus vendedores e representantes comerciais (sistemas de cotas e comissões variáveis, por exemplo).

A função de gestão da demanda inclui esforços em várias áreas principais: previsão da demanda, comunicação com o mercado, influência sobre a demanda, promessa de prazos de entrega, além de priorização e alocação.

- **Habilidade para prever a demanda**: é muito importante que a empresa saiba utilizar todas as ferramentas disponíveis para conseguir antecipar a demanda futura com alguma precisão, conforme discutido em seções anteriores deste capítulo.
- **Canal de comunicação com o mercado**: este item poderia estar incluído no anterior, mas sua importância é tão grande e ele é tão negligenciado que vale a pena destacá-lo. Normalmente, as pessoas que mantêm contato com os clientes (vendedores e representantes de vendas) estão preocupadas somente em vender, desprezando uma função extremamente importante: a de trazer informações dos clientes e do mercado para a empresa, numa base contínua e permanente. De fato, não se pode censurá-los, já que muito poucas empresas colocam explicitamente em suas atribuições essa função ou vinculam o desempenho nessa atividade a algum sistema de remuneração ou reconhecimento. Enquanto o trabalho de previsão estiver sendo feito apenas com base em dados históricos ou contando com o apoio apenas do pessoal que mantém pouco ou nenhum contato com o mercado, a empresa estará desperdiçando uma fonte inestimável de informações para fazer de seu sistema de previsão de vendas um processo eficaz dentro da organização.
- **Poder de influência sobre a demanda**: além de tentar prever o comportamento da demanda, é importante que a empresa procure influenciá-lo. Essa influência pode se dar não só sobre a demanda já manifesta, negociando parcelamento de entrega com os clientes, por exemplo (muitas vezes, tal parcelamento é até interessante para o cliente que, por falta de informação, trabalha com restrições fictícias de lote mínimo de compra), mas também sobre a demanda que ainda vai acontecer, incentivando vendedores e representantes de vendas a oferecerem ao mercado determinado *mix* de produtos que melhor ocupe a capacidade, ou mediante promoção e propaganda. Em qualquer circunstância, é importantíssimo que as ações desferidas pela empresa para influenciar sua demanda sejam conhecidas e levadas em conta na previsão de vendas futuras. Apesar de óbvia, nem sempre essa preocupação está presente, fazendo com que as previsões incorporem incertezas geradas pelo desconhecimento que os responsáveis pelas previsões têm das ações da área comercial.
- **Habilidade de prometer prazos**: importante para garantir desempenho em confiabilidade de entrega, a atividade de promessa de prazo também é de responsabilidade de quem faz a gestão da demanda. A atividade de prometer datas de entrega depende do tipo de produção (para estoque, sob encomenda ou montagem contra pedido) e será discutida em detalhe mais adiante.
- **Habilidade de priorização e alocação**: obviamente, um dos objetivos das operações é criar condições para que a empresa consiga atender a toda a demanda dos clientes. Contudo, se ocorre de não haver produtos suficientes ou se os recursos e materiais necessários não estão disponíveis, é preciso decidir quais clientes serão atendidos total ou parcialmente e quais terão que esperar. Essa decisão é de responsabilidade da área comercial, devendo ser operacionalizada por mecanismos da função de gestão de demanda.

Impacto estratégico

A gestão de demanda e, dentro dela, o processo de previsão de vendas têm impacto estratégico para o desempenho operacional e financeiro das organizações que, por vezes, é negligenciado. A razão do impacto estratégico é que as previsões estão diretamente ligadas à qualidade das decisões tomadas, sempre que estas envolvem algum tipo de inércia (sempre que as decisões levam tempo para tomar efeito). Como essa inércia está presente em quase todas as decisões, praticamente todas as decisões dentro da organização tanto vão beneficiar-se de boas previsões como vão prejudicar-se por efeito de más previsões.

Para complicar ainda mais a questão, justamente aquelas decisões mais estratégicas, de investimentos de capital em volumes importantes (novas instalações, expansões fabris, entre outras), são as que mais têm inércia e, portanto, mais podem ser influenciadas por previsões. No prazo mais curto, as previsões também têm papel estratégico importante, já que, na medida em que as operações não têm flexibilidade infinita para reagir imediatamente a qualquer demanda, necessitam de uma boa visão de futuro (previsões) para que possam adequadamente se preparar para atender a essa demanda. O atendimento ou não e o grau de perfeição com que a operação consegue atender a suas demandas vão impactar diretamente a intenção de recompra dos clientes e, em última análise, a própria lucratividade operacional da organização (veja o Capítulo 2).

8.3 ESTUDO DE CASO

Fábrica de ferramentas para jardinagem Garden

A fábrica de ferramentas para jardinagem Garden é uma das líderes de mercado na produção de ferramentas para o crescente mercado de jardinagem: garfos, pás, revolvedores de terra e muitas outras. São quatro as linhas de produtos da Garden, variando da linha Pro, para o usuário profissional, até a linha Casa, bem mais simples para o usuário ocasional. O mercado no qual a Garden atua é extremamente competitivo, devido ao grande número de concorrentes e da relativa simplicidade das tecnologias envolvidas. Adicionalmente, é crescente a quantidade de pessoas que se utilizam de ferramentas elétricas – aparadores de sebes, entre outras –, o que restringe o volume de demanda para algumas das ferramentas manuais. Esses fatores levam a Garden a manter seus preços relativamente baixos e ao mesmo tempo tentar manter entregas confiáveis e boa qualidade e robustez dos produtos. Trata-se, no geral, de um mercado maduro e as expectativas de grandes ou abruptos aumentos de vendas não são muito prováveis. Manter-se à frente da concorrência, para a Garden, é uma luta constante. Ninguém compreende isso melhor do que Irineu Gianesi, o presidente da Garden. Ele viveu com a empresa os primeiros anos de crescimento acelerado e o período em que as vendas nivelaram-se. As ferramentas vendidas hoje são, em linhas gerais, as mesmas de 20 anos atrás, evidentemente com algumas alterações de engenharia e de *design* para que o estilo se modernizasse. A única forma de ser competitivo é respaldar-se em preço e serviço (entregas), o que acaba por colocar uma carga enorme sobre o setor de manufatura, que tem sofrido algumas dificuldades ultimamente.

Recentemente, Irineu tem recebido ligações de clientes antigos e bons, como a loja de "faça você mesmo" Peg-Faça e alguns dos grandes varejistas (como o Sam's Club), reclamando de entregas atrasadas. Como esses clientes fazem frequentemente promoções para os produtos, com datas certas, os atrasos causam-lhes problemas sérios. Irineu sabe que perder só um desses clientes já traria um resultado desastroso. Ele decide contratar uma consultora autônoma, Teresa Oliveira, para olhar a questão e lhe dar um diagnóstico em uma semana. O presidente sugere que ela focalize sua análise no Garfo 11, por ser um produto de alto volume e ao mesmo tempo um item sobre o qual alguns clientes têm reclamado (principalmente atrasos). O Garfo 11 consiste em uma cabeça com 12 dentes espaçados de 2,5 cm, um cabo de madeira, um suporte que liga a cabeça ao cabo e um anel que reforça a região em que o suporte conecta-se com o cabo. Falando com o setor de planejamento de produção, Teresa, a consultora, descobre que o processo parte da definição de marketing sobre a demanda de Garfos 11 quebrada por mês, para o próximo ano. Na opinião do gerente de planejamento, Haroldo Lippe, a previsão do marketing é francamente otimista e, em geral, superdimensionada: "Os colegas do comercial têm um ego enorme e se acham os super-homens, que vão vender absurdos... Além disso, eles querem ter o material sempre disponível no estoque, então colocar previsões infladas é a forma de eles nos fazerem construir estoques." Haroldo esclarece que, da parte dele, é necessário ser mais conservador, porque os contratos com os fornecedores das partes metálicas são de longo prazo e envolvem quantidades, muitas vezes, fechadas. "Com os juros atuais, é muito caro ficar com material parado por excesso de otimismo original", continua Haroldo. "Eu, em geral, reduzo as previsões do setor comercial em 10% mais ou menos. A partir daí, gero meu plano mestre de produção, ou seja, o meu planejamento de quantos produtos finais vou produzir para atender às previsões e para atender a nossas políticas de estoques, respeitando lotes mínimos etc."

Como Teresa percebe que as informações geradas pelo departamento de marketing (ou "comercial", como tratado internamente) têm papel crucial, resolve falar com o responsável, Johnny Fonseca, gerente de marketing. Johnny explica como ele chega aos números da previsão: "As coisas não mudam muito de ano para ano por aqui em termos da demanda deste tipo de produto. Claro, às vezes fazemos uma promoção ou outra, mas sempre procuramos avisar com alguma antecedência ao Haroldo (um mês, mais ou menos). Basicamente, usamos os dados históricos de despacho (que incluem entregas atrasadas de pedidos de meses anteriores, quando o cliente concorda em esperar) do Garfo 11 como um ponto de partida para a geração das previsões. Usamos dados de despacho porque são dados de verdade. Refletem a nossa capacidade de produzir de fato. Converso, então, com vários gerentes de vendas regionais para discutir sobre as sensações deles, sobre o contato capilar que eles têm com pequenos varejistas, e procuramos antecipar promoções e outros fatores. Embora tomemos cuidado com a geração dessas previsões, parece que ainda assim não temos sido capazes de evitar problemas de não atendimento."

Teresa pondera os comentários de Haroldo e de Johnny. Ela é capaz de entender as preocupações do primeiro sobre manter estoques baixos, ao mesmo tempo em que também compreende a preocupação do segundo quanto a ter produtos para garantir entregas. Ela decide, então, checar a demanda real (incluindo os não atendimentos) dos clientes relativa ao Garfo 11 para os quatro últimos anos (Figura 8.22), antes de fazer seu relatório final de melhoramentos possíveis no processo de previsão da empresa para Irineu Gianesi.

Despachos feitos aos clientes				
Mês	Ano 1	Ano 2	Ano 3	Ano 4
Jan.	38.459	42.604	36.067	39.403
Fev.	45.778	38.960	34.589	38.308
Mar.	36.375	35.560	41.720	43.698
Abr.	38.987	37.980	39.500	40.309
Maio	17.480	23.638	29.269	27.247
Jun.	16.304	7.921	19.680	11.571
Jul.	17	22.475	107.754	22.502
Ago.	10.649	13.397	21.009	19.712
Set.	22.890	20.400	20.491	14.802
Out.	35.717	56.980	3.040	38.298
Nov.	105.793	85.678	80.340	110.256
Dez.	75.209	74.244	78.432	77.655

Demanda real dos clientes				
Mês	Ano 1	Ano 2	Ano 3	Ano 4
Jan.	53.630	51.078	53.977	50.040
Fev.	56.289	59.298	60.998	63.781
Mar.	17.345	20.223	22.568	23.266
Abr.	26.199	25.970	26.504	28.140
Maio	23.099	24.705	26.932	27.566
Jun.	15.700	13.400	16.421	15.898
Jul.	16.560	17.778	13.045	18.209
Ago.	18.200	16.465	18.991	17.690
Set.	15.510	17.433	21.604	22.887
Out.	55.088	57.400	59.297	54.777
Nov.	84.188	85.455	81.521	83.709
Dez.	71.088	73.886	74.699	75.432

Figura 8.22 Dados de despachos e de demanda real para o Garfo 11.

Questões para discussão

1. Analise e comente o sistema de previsões usado pela Garden. Sugira mudanças que você acha que seriam aconselháveis.
2. Desenvolva a sua previsão para o Ano 5. Justifique o método usado.

8.4 RESUMO

- Previsões são essenciais para produção e operações porque a maioria das decisões em operações leva tempo para tomar efeito, portanto, uma boa decisão tem que considerar um período futuro quando a decisão vai de fato tomar efeito.
- Há vários erros comumente encontrados em organizações quanto à prática de previsões:
  – Confundir previsões com metas.
  – Discutir se se "acerta" ou "erra" as previsões quando o mais importante é discutir quão erradas as previsões estão e por quê.
  – Considerar um só número para as previsões quando são necessárias duas: a estimativa e uma estimativa do seu erro.
  – Desistir de melhorar previsões porque elas não estão melhorando.
- Erros de previsão, em geral, aumentam com o horizonte de previsões.
- Erros de previsão, em geral, diminuem com a agregação dos dados (desde que os erros não tenham viés).
- Em geral, decisões de mais longo prazo podem ser tomadas com dados mais agregados; muitas vezes, é conveniente trabalhar com agregação de dados maior à medida que os horizontes de previsão aumentam.

- Métodos de previsão intrínsecos baseiam-se em séries de dados da própria variável que se pretende prever. Métodos extrínsecos consideram variáveis outras que a variável que se pretende prever; aquelas variáveis que "causam" a variável a prever.
- Exemplos de métodos intrínsecos são médias móveis, suavizamento exponencial, projeção e decomposição; em geral, são usados para prazos de curto a médio. Regressões geralmente são usadas em métodos extrínsecos.
- Exemplos de métodos qualitativos de previsão são: Delphi, júri de executivos, força de vendas, pesquisa de mercado e analogia histórica. São úteis sempre que não se tem séries históricas e quando o passado não pode ser considerado um bom "previsor" do futuro.
- É importante medir a acurácia das previsões em termos dos tamanhos dos erros e da presença ou não de viés.

8.5 EXERCÍCIOS

1. Escolha uma operação à qual você tenha acesso e que lhe permita entrevistar os gestores. Pesquise e descreva o processo de previsão de demanda da operação. À luz dos principais erros encontrados na prática das previsões nas empresas, discutidos no início do capítulo, identifique quais estão presentes no processo que você descreveu. Sugira uma série de medidas que poderiam ser propostas para melhorar o processo de previsão da operação que você analisou.
2. Quais as implicações de as empresas às vezes confundirem "metas" com "previsões"?
3. Que tipo de artifício uma empresa fornecedora de produtos especiais sazonais pode usar para influenciar sua demanda?
4. Numa empresa fabricante de cosméticos populares (principais clientes são alguns grandes supermercados e grande número de pequenas farmácias de bairro), quem você considera que deveria ser responsável pela função de gestão de demanda?
5. Por que os modelos matemáticos de séries temporais em geral só devem ser usados para previsões de curto prazo?
6. Por que o histórico de vendas efetivas passadas (com quantidades e datas efetivas em que as vendas ocorreram) pode não ser a melhor fonte de dados históricos para uma boa previsão de vendas?
7. Qual a diferença entre o desvio absoluto médio e o *tracking signal*? Quando se deveria usar um e quando se deveria usar o outro?

8. O gestor de uma pequena livraria tem de fazer sua alocação de pessoal de recebimento de livros e planejar possível aumento de pessoal para garantir níveis desejados de serviço aos clientes, sempre com um mês de antecedência. Uma informação importante refere-se às previsões de quantos recebimentos serão feitos, pois isso determina em grande parte as necessidades de pessoal. Os históricos de recebimentos (número de recebimentos feitos por mês) encontram-se na tabela a seguir, para os últimos três anos. Use análise de séries para determinar o melhor método de previsão a ser adotado pela gestão e justifique sua escolha. Faça a previsão para janeiro do ano 4 usando o método escolhido.

Mês	Ano 1	Ano 2	Ano 3
Jan.	1.664	1.882	1.983
Fev.	2.365	1.922	2.291
Mar.	1.891	1.928	2.162
Abr.	1.731	1.594	1.969
Maio	2.441	2.020	1.845
Jun.	1.478	2.445	1.868
Jul.	2.215	2.054	2.205
Ago.	2.373	2.662	2.122
Set.	2.460	2.200	2.667
Out.	2.088	2.150	2.432
Nov.	2.467	2.635	2.519
Dez.	2.321	2.564	2.669

Recebimentos

9. A proprietária de uma empresa de locação de equipamento precisa saber qual o volume de aluguéis de impressoras para alguns de seus clientes principais, a fim de prever a quantidade de suprimentos que irão junto. Os dados das últimas dez semanas são:

Aluguéis	Semana	Aluguéis	Semana
1	26	6	22
2	28	7	26
3	30	8	24
4	26	9	20
5	27	10	23

a) Prepare uma previsão para as semanas de 6 a 10, usando média móvel de quatro semanas.
b) Qual a previsão para a semana 11, usando este método?
c) Qual o desvio médio absoluto ao final do mês 10 para a previsão feita em (a)?

d) Prepare uma previsão, usando suavizamento exponencial com α = 0,2 para as semanas de 6 a 10, considerando que a previsão feita para o mês 6, no mês 5, foi de 21. Calcule o desvio médio absoluto dessa previsão para os meses de 6 a 10.

e) Prepare uma previsão para as semanas de 6 a 10, por suavizamento exponencial com α = 0,8, assumindo previsão para a semana 6, feita na semana 5, como sendo 21; calcule o desvio médio absoluto ao final do mês 10. Compare os resultados com aqueles do item d.

10. Com os dados do exercício 9, calcule o sinal de rastreabilidade para as semanas de 6 a 10, usando média móvel de 3 períodos como método de previsão. Que conclusões você pode tirar?

11. Observe, na tabela a seguir, os dados de vendas de livros. Gere uma reta de tendência com regressão linear (use o Excel) para identificar a tendência de evolução dos dados.

Vendas de livros			
2000	2001	2002	2003
174	99	158	85
98	121	98	177
145	136	79	165
193	306	199	164
277	118	143	154
128	68	48	76
63	134	92	77
236	248	106	180
90	177	231	205
91	181	46	64
151	64	78	67
50	23	47	70

12. Calcule, em relação à reta de tendência, os coeficientes de sazonalidade para o período analisado no exercício 11.

13. Com base nos coeficientes de sazonalidade do exercício 12 e na reta de tendência definida no exercício 11, calcule sua melhor previsão, para o ano de 2004, dos livros.

8.6 ATIVIDADES PARA SALA DE AULA

1. Analise quais você imagina seriam os impactos de uma previsão de demanda malfeita para as operações a seguir; considere separadamente os impactos de más previsões de curto, médio e longo prazos:
- Companhia Siderúrgica Nacional.
- O portal de compras pela internet Submarino.
- Um hospital geral, como o Sírio Libanês, em São Paulo, ou o Miguel Couto, no Rio de Janeiro.
- Uma empresa fabricante de cosméticos.
- Uma linha aérea.

2. Suponha que seu superior hierárquico, no meio de uma reunião importante com os acionistas, dirija-se a você e pergunte: "Por que mesmo você defende a criação de uma função de gestão de demanda para nossa empresa, mesmo sabendo que isso representará, pelo menos a curto prazo, um aumento de custos?" Você sabe que tem de ser breve, didático e convincente. O que você responde?

3. O diretor comercial de sua empresa defende a utilização do *feeling* dos vendedores (que estão sempre em contato estreito com o mercado) para a realização das previsões de vendas. O diretor industrial, inconformado, acha que modelos matemáticos de previsão deveriam ser as fontes das previsões. No elevador, você encontra o presidente, que lhe pede a opinião. Você tem do décimo andar ao térreo para lhe responder. O que você responde?

8.7 BIBLIOGRAFIA E LEITURA ADICIONAL RECOMENDADA

BRANDER, A. *Forecasting and customer service management*. Basel: Helbing & Lichtenhahn, 1995.

CORRÊA, H. L.; CAON, M. *Gestão de serviços*. São Paulo: Atlas, 2002.

CORRÊA, H. L.; GIANESI, I. G. N.; CAON, M. *Planejamento, programação e controle da produção*. 4. ed. São Paulo: Atlas, 2001.

JAIN, C. L. Benchmarking Forecasting Software and Systems. *Journal of Business Forecasting*, Winter 2007.

KREESS, G. J. E.; SNYDER, J. *Forecasting and market analysis*: a practical approach. Wastport: Quorum, 1994.

MAKRIDAKIS, S.; WHEEWRIGHT, S.; MCGEE, V. E. *Forecasting*: methods and applications. 2. ed. New York: John Wiley, 1983.

Websites relacionados

http://www.bestbuy.com – Best Buy é a empresa focalizada na Introdução deste capítulo. Acesso em: 16 fev. 2022.

http://blogs.sas.com/content/forecasting – Um *blog* da empresa SAS dedicado a profissionais interessados em previsões. Acesso em: 16 fev. 2022.

http://www.ibf.org – Institute of Business Forecasting & Planning. Associação que reúne pessoas interessadas em previsões em negócios. Acesso em: 16 fev. 2022.

CAPÍTULO 9
Gestão de projetos

OBJETIVOS DE APRENDIZAGEM

- Entender as origens e a importância da gestão de projetos em produção e operações.
- Saber definir e organizar adequadamente um projeto.
- Entender o conceito e ser capaz de definir a estrutura analítica do trabalho em projetos (WBS).
- Entender os principais conceitos e técnicas do planejamento, da programação e do controle de projetos.
- Ser capaz de utilizar as técnicas conhecidas como PERT e CPM na gestão de projetos.

9.1 INTRODUÇÃO

Imagine a seguinte situação: você acaba de chegar de uma reunião com seu vice-presidente em que recebeu a fantástica notícia de que, devido a seu desempenho recente, foi selecionado, entre vários possíveis candidatos, para liderar um projeto especial, do qual muito depende a própria sobrevivência do negócio. Suas emoções, durante a discussão com o vice-presidente, variaram de lisonja a orgulho e euforia. Quando caiu em si quanto ao grau de confiança que estava sendo depositado em você, as emoções passaram a ansiedade, preocupação, medo e, agora, descendo o elevador do prédio da administração central, você tem a impressão de que o medo está no limiar do pânico.

Já mais estável e de volta à sua mesa, você começa a pensar nas coisas que lhe foram ditas e na enormidade da tarefa que está à sua frente. Você nunca liderou um projeto como esse antes, e ainda assim se sente com autoconfiança suficiente para crer que, na verdade, pode, sim, encarar o desafio, afinal, por que outro motivo o *board* de diretores havia delegado a tarefa a você?

Entretanto, você não tem muita noção de por onde começar e tenta convencer a si mesmo de que deve ser uma questão de bom senso: "Afinal, tenho tido uma carreira de sucesso e já era hora de ser alocado para algo mais importante."

Tendo tido sucesso no esforço de convencimento, sua mente volta à questão que o assaltou há alguns minutos: "Por onde começar?" Na mesa bem em frente a você está o estudo de viabilidade preparado há cinco meses por uma empresa de consultoria estratégica, que você trouxe da reunião com o vice-presidente, junto com a determinação dele para que, em uma semana, você o estude e compareça de novo ao prédio da administração central, para, em uma reunião, apresentar sua proposta de como colocar o projeto em andamento. De repente, toca o telefone e você cai em si para as asperezas do dia a dia. Estão pedindo a confirmação da sua presença na reunião de vendas e operações, em que se discutirão os baixos níveis de serviço que sua divisão está apresentando – e você também é esperado para levar alguma proposta lá. Quando olha o relógio, percebe que a reunião de que estão falando começou há 15 minutos!

Você preocupa-se com sua reputação de organização e pontualidade e, guardando o relatório com o estudo de viabilidade, dirige-se à reunião, prometendo a si mesmo que precisa dar um jeito nessas reuniões – "afinal, não é possível tocar um projeto destes e ainda estar atolado em questões do dia a dia". E sente um frio na barriga quando se lembra de que, de fato, isso não foi tratado de manhã. "Mas ficou implícito que eu deixaria pelo menos boa parte das minhas funções de linha... ou não?"

Se essa história fictícia não soou familiar a você, um dia vai soar. Bem-vindo ao mundo da **gestão de projetos**.

PARA REFLETIR
Nessa situação, por onde você começaria? Qual o conteúdo geral que você apresentaria para o vice-presidente na semana seguinte?

Este capítulo trata do conjunto de técnicas e processos desenvolvidos para ajudar as pessoas a administrar mais eficientemente as etapas associadas à realização de projetos.

9.2 CONCEITOS

9.2.1 AS ORIGENS DA GESTÃO DE PROJETOS

Uma discussão interessante (provavelmente uma das primeiras da história) sobre a gestão de projetos data do século XVII: o livro *Essay upon projects*, de Daniel Defoe (1697). Defoe relata que alguns projetos eram esporadicamente realizados de forma mais sistemática já em torno de 1640, e que essa sistematização tornou-se mais popular alguns anos mais tarde, mas, "em torno de 1680, a arte e o mistério dos projetos passaram de fato a espalhar-se pelo mundo". No entanto, somente a partir do início da década de 1950 é que as técnicas de gestão de projeto foram agrupadas em um sistema único e coerente. O foco desse esforço bastante complexo foi o desenvolvimento do míssil Polaris pelo Departamento de Defesa dos EUA. Nesse projeto, um conjunto inteiro de técnicas, já conhecidas (incluindo a metodologia de gráficos e cronogramas desenvolvida por Henry Gantt para gerenciar a construção de navios na Primeira Guerra Mundial) e novas, foi essencial para lidar com as complexidades da programação de centenas de tarefas e alocação de numerosos recursos, envolvendo uma grande variedade de especialistas. No centro desse esforço, encontrava-se o "quarto de guerra" do projeto, onde ficavam dispostos imensos gráficos de Técnicas de Revisão de Avaliação do Programa (*Program Evaluation and Review Techniques* – PERT).

Esses primeiros passos militares foram rapidamente seguidos pela indústria cinematográfica e automotiva e por organizações de engenharia pública e privada, que descobriram que as técnicas de gestão de projeto ajudavam as equipes interfuncionais a definir, planejar, executar e controlar o trabalho necessário, obtendo resultados de forma mais confiável. Os primeiros usuários da gestão de projeto não só empregaram técnicas como histogramas e diagramas de rede, como também o conceito de ciclo de vida do projeto, e começaram a incorporar esse pensamento na geração de complexas Estruturas Analíticas de Trabalho (*Work Breakdown Structures* – WBS), que identificavam, de forma abrangente, as subtarefas e as **tarefas individuais** necessárias para atingir um objetivo.

Novas técnicas de gestão de projeto, como as usadas para criar cronogramas interfuncionais, gestão de recursos compartilhados e alinhamento de portfólios de projetos, juntamente com o uso amplamente difundido de computadores (corporativos e pessoais) e a disponibilidade cada vez maior de ferramentas como *softwares* para gestão de projetos cada vez mais sofisticados, aprimoraram a eficácia da metodologia em abordar os problemas relacionados com projetos.

9.2.2 A EMERGÊNCIA DA IMPORTÂNCIA DE PROJETOS

Há hoje, no Brasil, instituições respeitadas que oferecem cursos de MBA com ênfase em Gestão de Projetos. Há crescente interesse das empresas na certificação de seus profissionais junto a entidades, assim como cresce a valorização de profissionais certificados no mercado de trabalho. Por quê?

VOCÊ SABIA?
O Instituto de Gerenciamento de Projetos (Project Management Institute – PMI, www.pmi.org) é uma entidade com mais de 100.000 membros que congrega profissionais cujas atribuições e interesses são ligados à gestão de projetos, oferecendo oito tipos de certificação, entre eles o Profissional em Gerenciamento de Projetos (PMP).

Em face das fortes pressões competitivas para gerenciar e reduzir os tempos de ciclo de produtos e reagir à globalização de muitos mercados, os projetos estão sendo cada vez mais reconhecidos como a ligação-chave entre os objetivos estratégicos de uma organização e o trabalho tático desempenhado por suas distintas funções. Consequentemente, indústrias tão diversas como as de informática, farmacêutica, serviços de consultoria e gestão de recursos naturais têm implantado agressivamente a gestão de projetos.

Essas indústrias e uma série de outras estão utilizando a gestão de projetos como forma de melhor compreender tanto as exigências do consumidor como a maneira mais efetiva de atendê-las. Por último, a gestão de projetos exerce um efeito potencialmente poderoso no resultado de uma organização. Aliás, em algumas situações, a gestão de projetos é necessária para a implementação ou mudança de uma Estratégia de Produção e Operações. Tomemos como exemplo o Estudo de Caso "MT Plásticos" do Capítulo 2. Há uma drástica mudança em termos de produto e operação, que eram mais simples e focados em preço para produtos "da moda, de alta qualidade e com bom *design*" produzidos por uma operação mais complexa, usando as novas máquinas com tecnologia de moldes múltiplos. Por trás dessa mudança havia mais elementos cruciais, que necessitavam de uma gestão adequada de projetos, como:

- Aumento significativo no número de matérias-primas.
- Nível de qualidade (consistências das cores ao longo do tempo).
- Dificuldades e especificações técnicas das novas máquinas.
- Lançamentos desses novos produtos.
- Testes das matrizes.
- Nova capacidade, planejamento e controle da produção.

Esses elementos em conjunto contemplam aspectos como recursos, qualidade da solução, tempo e custo, todos eles pontos de atenção da gestão de projetos que, sendo bem ou mal geridos, vão "escrever" no tempo e no mercado a nova e bem-sucedida ou a nova e malsucedida estratégia de operações. Interessante que a estratégia pode ter sido bem formulada, mas depende de uma visão adequada de projeto para que ela de fato seja implementada. Por outro lado, a gestão de um projeto como esse pode se tornar ainda mais desafiadora e complexa. Imagine, por exemplo, que esses novos maquinários e matérias-primas serão importados ou desenvolvidos em conjunto com fornecedores. A criticidade da gestão desses projetos (implementação da nova estratégia de operações) se torna mais abrangente, passando sua dependência de uma visão interna da empresa para uma visão baseada na cadeia de suprimentos.

A gestão de projeto pode afetar o resultado da organização ao ajudar as equipes multifuncionais a trabalhar de forma mais inteligente. Ela possibilita às equipes melhor utilização dos recursos individuais dos seus membros ao oferecer uma estrutura eficiente de definição, planejamento e gestão do trabalho no projeto. A gestão de projeto é particularmente útil em ambientes burocráticos com alto grau de especialização funcional (quando as estruturas organizacionais têm canais de comunicação vertical, praticamente apenas entre chefe e subordinado – em outras palavras, quando as estruturas organizacionais são criadas de forma que o setor de marketing "não conversa" com o setor de engenharia, que não conversa com o setor de fabricação e assim por diante). Nesses ambientes, canalizar a especialização funcional em atividades claramente definidas de forma cooperativa e esclarecer responsabilidades e papéis facilitam que o projeto "flua" entre funções, mesmo que haja entre elas barreiras interfuncionais importantes.

Numa boa gestão de projeto, os membros da equipe podem beneficiar-se dos dados de planejamento de projeto organizados e resumidos, das estimativas de duração das tarefas e identificação de oportunidades de aprimoramento, como no caso das atividades que necessitam de mais (ou menos) tempo dedicado a elas. Os dados organizados pela gestão de projeto fornecem um entendimento objetivo do processo de desenvolvimento, como também uma forma de monitorar e controlar o processo no tempo, permitindo correções de curso com ciclos mais ágeis. É esclarecedor, para muitos membros de equipe (e para o gestor do projeto), comparar onde eles planejaram gastar seu tempo e onde, de fato, eles gastaram seu tempo.

9.2.3 VISÃO GERAL SOBRE O PROCESSO DE GESTÃO DE PROJETO

Gestão de projeto é uma disciplina de gestão formal por meio da qual os projetos são planejados e executados de acordo com um processo sistemático.

> **Conceito-chave**
>
> Um projeto pode ser definido como um conjunto único e finito de atividades inter-relacionadas, pensadas para produzir um resultado definido (especificação de qualidade) dentro de um prazo (especificação de tempo) determinado, utilizando uma alocação específica de recursos (especificação de custo).

Um projeto é, portanto, delimitado por seus resultados, tempo e recursos, e geralmente é necessário fazer *trade-offs* entre eles – resultados (qualidade), tempo (duração) e recursos (custos), os três elementos (também chamados, nesse caso, de parâmetros) que delimitam um projeto.

Há vários modelos disponíveis na literatura para gestão de projetos. Um deles, baseado na abordagem da Harvard Business School, é ilustrado pela Figura 9.1 e consiste em três conjuntos globais de atividades (*Definir e Organizar*, *Planejar* e *Gerenciar e Controlar*). Baseamos este capítulo, em grande parte, no processo proposto pela Harvard Business School (2002), por acharmos que se trata de um quadro de referência simples e de fácil utilização prática. Há também no mercado outras formas sugeridas de organização do processo de gestão de projetos, como aquele do PMI (Instituto de Gerenciamento de Projetos), que pode ser encontrado, por exemplo, em materiais do instituto, como PMI (2021) – veja referência completa ao final do capítulo. Dentro destes conjuntos de atividades globais, encontram-se os passos específicos para a definição, o planejamento e a gestão de projetos.

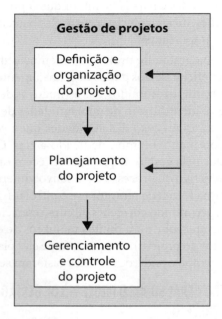

Figura 9.1 Quadro geral de referência para processo de gestão de projetos.

Definição e organização do projeto

Para um projeto ser eficazmente conduzido e concluído, é necessário conhecer seus objetivos, as pessoas que irão colaborar para alcançá-los e a forma pela qual elas interagirão no atingimento de tais objetivos (veja a Figura 9.2).

Muitos projetos fracassam porque o resultado desejado é mal definido e a organização e os procedimentos para alcançá-lo são mal compreendidos pelos envolvidos.

Histórias incontáveis sobre ambiente e tarefas confusas, reuniões infindáveis e improdutivas, comunicação pobre e conflito e *stress* interpessoal, presentes em muitos ambientes de projeto, sugerem que o tempo gasto na definição clara e na boa organização do projeto pode gerar muitos benefícios. Alguns passos são chave no atingimento de bons resultados na fase de definição e organização do projeto:

- Organização do projeto.
- Definição dos parâmetros do projeto.
- Planejamento do quadro de referência.
- Produção do documento de definição do projeto.

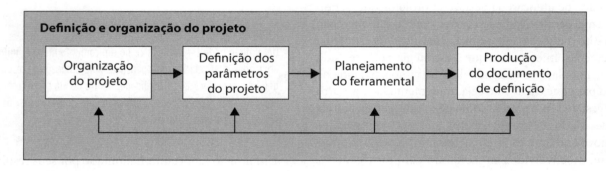

Figura 9.2 Quadro geral de referência para processo de gestão de projetos.

Planejamento do projeto

Uma fonte de conflito em quase todo projeto é o estabelecimento do cronograma-meta para a realização do projeto, o tempo considerado necessário para realizá-lo (veja a Figura 9.3). Um plano de projeto "viável" leva em consideração tanto as demandas de fora da equipe do projeto por um cronograma o mais apertado possível como também a consciência, as limitações e as dificuldades da equipe de projeto quanto à tarefa a ser realizada.

Um plano de projeto crível possibilita aos gerentes seniores entender melhor o cronograma, acreditar nele e tomar melhores decisões de gestão sobre os *trade-offs* de projeto (por meio de questões como: "colocamos mais recursos (custo) para que o projeto acabe no prazo (tempo)?".

As subetapas principais da etapa de planejamento do projeto são:

- Desenvolvimento da Estrutura Analítica do Trabalho (WBS).
- Desenvolvimento do cronograma.
- Análise dos recursos e otimização dos *trade-offs*.
- Desenvolvimento dos planos de gestão de risco.

Essas atividades, em seu conjunto, possibilitam a um gerente de projeto e sua equipe identificar as tarefas necessárias para atender aos objetivos do projeto, sua sequência ótima, a duração de cada sequência (e a do projeto global), a forma como os recursos irão afetar o cronograma e os riscos a que o projeto está sujeito.

Gerenciamento e controle do projeto

Esta etapa não deve ser negligenciada ou mal interpretada. Há, muitas vezes, em projetos, a tendência de as pessoas se sentirem mais confortáveis apenas "executando" as subtarefas que foram a elas alocadas do que gerenciando e controlando um fluxo de tarefas inter-relacionadas. Entretanto, ao *não* se controlar o projeto, tanto o gerente do projeto como sua equipe perdem a oportunidade de coletar informações críticas e de tomar decisões a tempo, que serão cruciais para o sucesso final da empreitada. Gerenciar e controlar um projeto, embora sejam atividades geralmente encaradas pela equipe de projeto como trabalho extra, aumentam o controle sobre o projeto e, dessa forma, o *status* e a autoridade do gerente do projeto e sua equipe.

Um bom gerenciamento e controle de projeto traz eficácia ao deixar claro quais tarefas do projeto foram concluídas, quais tarefas planejadas ainda precisam ser feitas e quais ações corretivas são necessárias para que as expectativas originais ditadas pelo plano sejam atendidas (veja a Figura 9.4).

Os passos-chave para o gerenciamento e o controle do projeto são:

- Coleta de informações sobre o *status* do projeto.
- Planejamento e execução de ações corretivas.
- Fechamento do projeto.

Essas subetapas direcionam o foco dos gerentes de projeto às informações necessárias para manter os participantes principais informados.

O processo de gerenciamento de projetos, agora completo, é ilustrado na Figura 9.5.

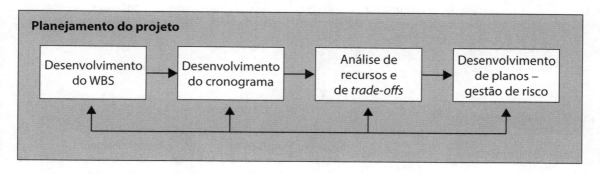

Figura 9.3 Etapa de planejamento do projeto de subetapas.

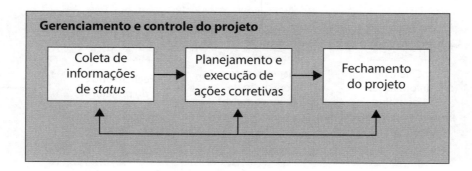

Figura 9.4 Etapa de gerenciamento e controle do projeto e subetapas.

Esse modelo de processo deve ser compreendido ciclicamente, devendo as etapas ser iterativas e retroalimentadas. Por exemplo, se o cronograma do passo *Desenvolvimento do Cronograma* exceder a meta de cronograma estabelecida no passo *Definição dos Parâmetros de Projeto*, é apropriado retornar e modificar a meta, ou alterar a definição de um produto final, ou, ainda, encurtar o cronograma.

As próximas seções deste capítulo apresentam com mais detalhes cada uma dessas três grandes etapas:

- Definição e organização do projeto.
- Planejamento do projeto.
- Gerenciamento e controle do projeto.

9.2.4 DEFINIÇÃO E ORGANIZAÇÃO DO PROJETO

Organização do projeto

Uma vez definidos os objetivos do projeto e seu "produto final", pela organização, esta etapa assegura que todos os papéis e as responsabilidades sejam claramente compreendidos e que todos os membros da equipe estejam identificados e comprometidos com o esforço de projeto. Em particular, esta etapa assegura que a autoridade e as responsabilidades de um líder designado (o gerente do projeto) estejam definidas.

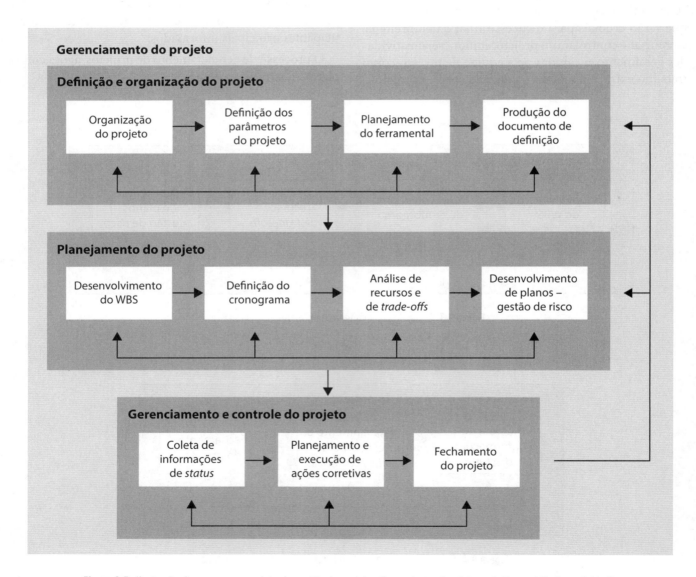

Figura 9.5 Ilustração do processo completo de gestão de projetos (baseada na abordagem da Harvard Business School).

> **Questões-chave para o passo Definição e Organização do Projeto**
> - Quem é o gerente do projeto?
> - Quais são as responsabilidades do gerente do projeto?
> - Em quais áreas o gerente do projeto possui autoridade para tomar decisões?
> - As responsabilidades e autoridade do gerente do projeto foram acordadas, escritas e distribuídas para a equipe?
> - Quem participa da equipe?
> - Quais são as áreas de especialização de cada membro da equipe?
> - Estão identificadas todas as pessoas que desempenham alguma tarefa para o projeto?
> - Quais são as responsabilidades da equipe?
> - A lista de participantes da equipe está completa?
> - Quem apoia a equipe? A quem ela se reporta?

O início oficial da maior parte de projetos é sinalizado pela designação de um gerente do projeto. Os melhores gerentes de projetos são:

- Bons motivadores e líderes, treinadores e professores.
- Pessoas com uma visão generalista mais que especifista.
- Comunicadores efetivos e de boas habilidades interpessoais.
- Bons organizadores e que gozem de boa aceitação pelo grupo.
- Pessoas orientadas para o alcance de metas e objetivos.
- Conhecedores e comprometidos com o uso de procedimentos de gestão de projetos.

Gerentes de projetos eficazes não necessitam ser especialistas técnicos. A gestão de projeto eficaz delega à equipe a realização do conteúdo do trabalho propriamente dito.

Em particular, o gerente do projeto é responsável por garantir que o processo de gestão do projeto, como elaborado na Figura 9.5, seja efetivamente executado. Isso envolve:

- Assegurar que os membros da equipe compreendam claramente os objetivos do projeto e como eles se relacionam com a estratégia da organização.
- Assegurar que os membros da equipe compreendam e pratiquem a gestão do projeto em seus níveis de atuação.
- Assegurar que todos os membros da equipe compreendam e aceitem suas responsabilidades.
- Manter os recursos da equipe focalizados no desenvolvimento e na execução do plano.
- Realizar ajustes ao plano sempre que necessário.
- Manter os arquivos do projeto e reportar o *status* do projeto para os membros da equipe e outros.
- Arbitrar e resolver conflitos.
- Manter um diário das questões relevantes para efeito posterior de aprendizagem organizacional.

Os gerentes de projeto devem ser anunciados – e seus papéis e responsabilidades, descritos – por escrito. O anúncio deve vir de um gerente sênior, que deve, também, estipular a autoridade do gerente do projeto para resolver conflitos entre membros da equipe e declarar as situações de "ruptura" que necessitem de assistência de outros com autoridade.

Para assegurar que todo o trabalho "tenha dono" e a redundância de trabalho e o conflito de papéis sejam minimizados, a equipe de projeto deve ser claramente identificada e os papéis específicos, claramente designados. As responsabilidades principais de uma equipe de projeto incluem:

- Compreender os processos e instrumentos da gestão de projeto.
- Ajudar a criar o plano de projeto.
- Estar comprometida com o sucesso do projeto.
- Desempenhar as tarefas do projeto.
- Reportar progressos, riscos, questões e problemas.
- Ajustar-se efetivamente às mudanças do projeto.

Uma "lista de participantes" (Figura 9.6) deve ser preenchida para cada projeto. Essa ferramenta poderosa, que identifica os membros da equipe e seus papéis e responsabilidades, é uma maneira eficiente e conveniente de manter informação logística, como os números de telefone e endereços eletrônicos. Uma lista de participantes deve ser elaborada para cada projeto.

Nome e título	Funções	Organização	Número de telefone	Endereço eletrônico	Localização para entrega de correspondência

Figura 9.6 Lista de participantes do projeto.

> **Questões-chave para o passo Definição e Organização do Projeto**
> - Designe, por escrito, um gerente do projeto.
> - Descreva, por escrito, a função, a autoridade e as responsabilidades do gerente do projeto.
> - Identifique e designe as funções e responsabilidades da equipe de projeto.
> - Elabore e distribua uma lista de participantes da equipe do projeto.

Definição dos parâmetros do projeto

O passo *Definição dos Parâmetros do Projeto* assegura que as energias sejam empregadas no projeto "certo", definido em termos de resultados esperados e escopo, cronograma e recursos alocados. Essas informações são coletadas na *Declaração de Objetivos do Projeto* e nos *Principais Produtos Finais*.

A primeira passagem por essas informações estabelece as metas preliminares – componentes de projeto que não devem ser finalizados até que informações substantivas sobre a viabilidade de alcançar os objetivos estejam disponíveis no plano completo detalhado, incluindo o componente de gestão de risco.

> **Questões-chave para o passo Definição dos Parâmetros do Projeto**
> - Qual o escopo do projeto?
> - Quando o projeto será finalizado?
> - Quais recursos serão alocados no projeto?
> - Existe uma *Declaração de Objetivo do Projeto* clara e concisa, com menos de 25 palavras?
> - Quais são os principais produtos finais e resultados do projeto?
> - Os principais produtos finais estão bem definidos?
> - Os principais produtos finais possuem metas de prazos para finalização?

A *Declaração de Objetivos do Projeto* estabelece o escopo, o tempo e os recursos de um projeto. Todas as declarações devem incluir os três parâmetros.

Os resultados desejáveis estão articulados na porção "escopo" da declaração. O escopo do projeto de ir à Lua, da NASA, era "Colocar um homem na lua e trazê-lo são e salvo por volta de 31 de dezembro de 1969, a um custo de US$ 9 bilhões". Se uma parte do escopo fosse omitida (por exemplo, fazê-lo retornar de forma segura), o projeto poderia ter alcançado o resultado definido (colocar um homem na Lua), mas dificilmente seria considerado um sucesso. Para ser eficaz, a declaração de escopo precisa capturar a essência do resultado bem-sucedido.

A alocação de recursos de um projeto é especificada na porção "recursos" da declaração. É geralmente representada com a figura de unidades monetárias (por exemplo, "a um custo de R$ 3M") ou com a figura de meses.pessoas (um mês.pessoa significa a quantidade de trabalho de uma pessoa trabalhando por um mês).

Uma declaração efetiva compreende um número de outras características importantes:

- É composta por até 25 palavras (esta restrição induz a precisão).
- Utiliza linguagem simples.
- É clara e concisa.
- Idealmente, é visionária, criando um desafio.

A alocação de recursos em projetos é outra variável que pode ter importância fundamental na implementação de uma nova estratégia de operações. Alguns conjuntos de recursos operacionais podem ser providos pelos acionistas da empresa ou encontrados na própria operação e reconfigurados (chão de fábrica/atividades de retaguarda). Para a gestão de projetos, a análise desses recursos pode ter elevado nível estratégico, porque alguns deles podem depender do tempo. Todas essas características são observadas na declaração do projeto da Lua, uma declaração de objetivo clara, concisa e bastante eficaz.

Os principais produtos finais melhoram a definição de escopo encontrada na declaração de objetivos. Esses resultados de projeto devem ser foco central da atenção de gestão.

Os principais produtos finais, sendo centrais para o sucesso do projeto, devem ser bem concebidos e claramente compreendidos.

> **Ações-chave para a etapa Definição dos Parâmetros do Projeto**
> - Escreva a Declaração do Objetivo do Projeto.
> - Liste os principais produtos finais.

Planejamento do ferramental do projeto

Membros da equipe de projeto, normalmente, reclamam de duas coisas: que existem muitas reuniões e que o processo de tomada de decisões é difícil. Ambos são indicações de procedimentos operacionais mal definidos. Os projetos são bem definidos quando os procedimentos operacionais tendem a ser eficientes e o moral dos membros de equipe é alto. Tais projetos são caracterizados como bem gerenciados. O passo *Planejamento do Ferramental do Projeto* define como um projeto irá operar. Acordos bem costurados entre os membros do projeto têm impacto direto no sucesso de um projeto.

> **Questões-chave para o passo Planejamento do Ferramental do Projeto**
> - A equipe especificou quando e onde irá encontrar-se, quem irá participar das reuniões e quais os tópicos a serem discutidos?
> - Foram estabelecidas regras de comparecimento?
> - Foram estabelecidas diretrizes de participação?
> - A documentação do histórico de questões tem sido regularmente atualizada e revista?
> - Como a equipe irá resolver discordâncias e conflitos?
> - Existe algum caminho hierárquico para arbitramento de questões não resolvidas?
> - A quem pertence e quem mantém o arquivo do projeto?
> - Onde o arquivo será guardado?
> - Como a equipe irá comunicar-se (*e-mail*, telefone etc.)?
> - Esses acordos foram escritos e guardados no arquivo do projeto?

Dos muitos procedimentos possíveis, alguns são particularmente importantes para projetos:

- Reuniões e sua gestão.
- Gestão das questões (incluindo o caminho hierárquico para arbitramento/resolução de possíveis conflitos).
- Manutenção de um arquivo do projeto.
- Processos de comunicação.

Para a maior parte das equipes de projeto, as reuniões são tanto a principal forma de comunicação como uma parte significativa do trabalho de projeto. Elas também são, muitas vezes, percebidas de forma negativa. Definir rigorosamente alguns aspectos simples mas críticos das reuniões faz com que elas se tornem mais produtivas e positivas. Por exemplo, estabelecer um horário padrão para a reunião, uma agenda e uma política de comparecimento pode ter vantagens importantes.

Um membro da equipe de projeto deve ser designado para manter o arquivo eletrônico do projeto. Contendo todos os documentos do projeto, esse arquivo é um recurso extremamente útil quando aparecem as mediações de disputas no calor do trabalho de projeto.

> **Ações-chave para a etapa Planejamento do Ferramental do Projeto**
> - Chegue a consenso e registre por escrito os procedimentos de gestão de reuniões.
> - Gerencie as questões de forma positiva, mantendo um documento formal sobre o histórico das questões.
> - Designe alguém responsável pelo arquivo do projeto, sua localização e a política de acesso.
> - Defina e registre por escrito uma estratégia de comunicações.

Produção do documento de definição do projeto

Organizar um projeto, definir seus parâmetros e especificar seu quadro de referência alimentam a produção de um Documento de Definição de Projeto (DDP). Um sumário das informações de definição e organização, o DDP é utilizado durante todo o projeto como uma ferramenta de referência para facilitar o entendimento e ajudar a focalizar e ancorar o processo de tomada de decisão.

9.2.5 PLANEJAMENTO DO PROJETO

Desenvolvimento da estrutura analítica do trabalho (WBS)

A maior razão de atrasos de projetos é o trabalho esquecido ou omitido. Um plano de projeto confiável leva em consideração cada tarefa requerida para alcançar o objetivo. A etapa *Desenvolvimento da Estrutura Analítica do Trabalho* (WBS) garante que isso aconteça de forma sistemática. Somente tarefas que foram identificadas podem ser alocadas a seus responsáveis, que serão cobrados para definir os caminhos e critérios para alcançá-las.

A Estrutura Analítica do Trabalho é uma estrutura hierárquica de todo o trabalho requerido para alcançar o escopo do objetivo de projeto (veja a Figura 9.8). A hierarquia pode ser criada de cima para baixo, começando com o agrupamento de maiores porções de trabalho do projeto, chamados de maiores componentes, ou Nível 1, e quebrando-os em tarefas menores; ou, de baixo para cima, pela geração das tarefas menores e posterior agrupamento em grupos maiores. A equipe deve decidir qual abordagem prefere.

Questão #	Data	Levantada por	Descrição e impacto	Proprietário	Prazo	*Status* ou resolução

Figura 9.7 Formulário de rastreamento de problemas e questões.

Uma forma eficaz de criar uma Estrutura Analítica do Trabalho é reunir toda a equipe, dar a cada membro um pacote de *post-its* e perguntar: "Quais tarefas necessitam ser concluídas para alcançar os principais produtos finais?" As tarefas e os componentes primários são identificados, anotados nos *post-its* e presos na parede de diferentes maneiras, formando vários agrupamentos. Ao final da discussão, com a animação gerada por esse processo, a equipe toda terá um entendimento maior do trabalho necessário para alcançar o objetivo do projeto.

Questões-chave para o passo Desenvolvimento da Estrutura Analítica do Trabalho
- Todas as tarefas foram identificadas?
- Foram incluídas tarefas geralmente esquecidas, como planejamento de projeto, ciclos de aprovação, teste, entre outras?
- Quanto tempo essas tarefas vão levar para serem executadas? Horas? Dias? Semanas?

- Foram designados responsáveis para todas as tarefas?
- Existe somente um responsável por tarefa?

Os responsáveis por tarefas devem ser as pessoas mais qualificadas a desempenhá-las, uma vez que são elas que realizam o trabalho. É vital que os responsáveis por tarefas definam as saídas (*outputs*) e estejam comprometidos com o desempenho e o relato do progresso de seu trabalho. Registrar os nomes dos responsáveis por tarefas nos papéis adesivos usados como entrada (*input*) na Estrutura Analítica do Trabalho assegura que eles caminhem juntos durante o desenvolvimento do plano.

Questões-chave para a etapa Desenvolvimento da Estrutura Analítica do Trabalho
- Junte e use *post-its* com a equipe para criar a Estrutura Analítica do Trabalho.
- Designe responsáveis para as tarefas de nível mais baixo.

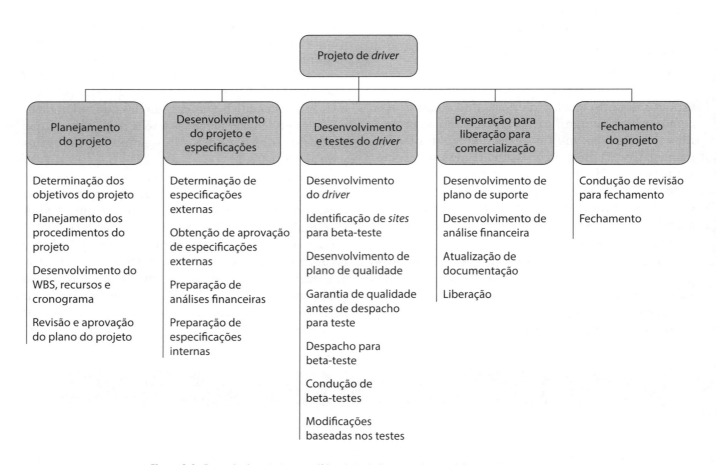

Figura 9.8 Exemplo de estrutura analítica do trabalho para desenvolvimento de um produto.

Desenvolvimento do cronograma

Uma pergunta central para a maior parte dos projetos é: "Quando as coisas serão feitas?" A etapa de **Desenvolvimento do Cronograma** emprega um processo sistemático para gerar um cronograma de projeto que seja previsível e crível. Ela promove a gestão eficaz ao deixar claras questões específicas e táticas sobre tarefas, sequenciamento e tempo necessário para atender aos objetivos do projeto.

> **Questões-chave para a etapa Desenvolvimento do Cronograma**
> - Todas as "dependências" entre tarefas foram identificadas?
> - Alguma nova tarefa foi identificada e adicionada ao plano?
> - Foi criado um diagrama de rede (PERT)?
> - Foram atribuídas durações para as tarefas de nível mais baixo?
> - As estimativas para as tarefas mais longas ou ambíguas foram revistas pela equipe?
> - Foi criado um gráfico de Gantt (representação do cronograma)?

Um cronograma é criado a partir de dois elementos: relacionamentos lógicos entre tarefas (por exemplo, relações de dependência) e estimativas de tempo para cada tarefa. Quando colocadas em uma linha de tempo, essas duas informações transformam-se em um cronograma de projeto.

Relacionamentos lógicos descrevem a sequência ou o fluxo do trabalho de um projeto. Eles são geralmente dispostos em um diagrama de dependência (Figura 9.9). Um exemplo clássico de relacionamento lógico é colocar as meias antes dos sapatos. Existe um fluxo lógico do esforço: meias antes de sapatos. O sequenciamento de tarefas de nível mais baixo (mais detalhado) é um passo-chave para a elaboração de um cronograma de projeto.

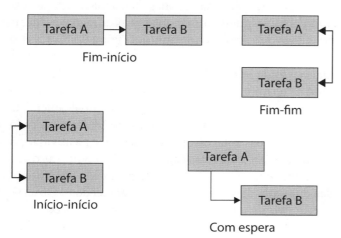

Figura 9.9 Ilustração de alguns tipos de relações de dependência entre atividades.

Dentre os muitos tipos de relacionamentos lógicos entre tarefas, encontramos os quatro mais comuns e utilizados:
- Fim-início.
- Fim-fim.
- Início-início.
- Início-início com espera.

Linha de tarefas	Depende de	Duração (min.)
1. Colocar toalha na mesa	nenhuma	0,5
2. Colocar cerâmicas e talheres	1	3
3. Colocar alimentos frios na mesa	1	2
4. Aquecer o pão	nenhuma	1
5. Colocar o pão na mesa	1,4	0,5
6. Ferver água	nenhuma	4
7. Alimentar cafeteira (café e água)	6	0,5
8. Ciclo da cafeteira	7	3
9. Servir o café	5,8	0,5

Diagrama PERT resultante

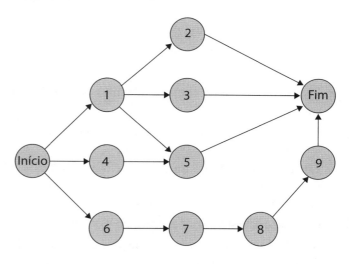

Figura 9.10 Ilustração de parte de um diagrama de precedências (PERT) para preparação de café da manhã.

> **PARA REFLETIR**
>
> **Diagramas de dependência**
>
> Uma equipe de projeto de uma empresa distribuidora estava elaborando o sequenciamento em sua Estrutura Analítica do Trabalho quando descobriu que uma porção-chave do projeto era dependente do trabalho feito por um vendedor (no meio do seu diagrama de dependência existiam tarefas com o título

> "vendedor faz coisas"). Uma vez que a equipe não havia anteriormente reconhecido a extensão de sua dependência do trabalho do vendedor, a contribuição do vendedor havia sido percebida como mínima. Quando foi feita a descoberta, a equipe contatou o vendedor e perguntou sobre suas expectativas e progressos. Acabou descobrindo que o vendedor não tinha nenhuma intenção de desempenhar as tarefas identificadas no plano. A equipe foi capaz de reestruturar o projeto, eliminando as tarefas do vendedor antes que se transformassem em um problema. O diagrama de dependência trouxe à tona um risco significativo, anteriormente escondido, ao plano de projeto.
>
> **Questões para discussão**
> 1. Com base na sua leitura anterior sobre "estrutura analítica do trabalho", proponha uma estrutura analítica para o projeto de preparar uma ceia de Natal para toda a sua família estendida (incluindo primos, tios, avós etc.).
> 2. A partir do resultado da discussão na questão 1, estabeleça as relações de dependência para o projeto de preparação da sua ceia de Natal.

O conceito de *milestones* (marcos importantes) é estreitamente relacionado com o conceito dos relacionamentos lógicos. Um *milestone* é um evento significativo em um projeto para o qual a atenção de gestão é atraída. Exemplos de *milestones* podem ser:

- O início e o final de um projeto.
- A finalização de muitos produtos finais.
- Revisões formais.
- Eventos-chave, tais como apresentações em feiras comerciais.
- Dependências ou produtos finais de organizações externas ao ambiente de projeto.

Estimar a duração de uma tarefa é o ponto focal de muita controvérsia durante um projeto. A estimativa eficaz de duração de tarefas envolve:

- Completar a Estrutura Analítica do Trabalho.
- Rapidamente fazer as aproximações de duração de tarefas de nível mais baixo.

Tecnicamente, a duração é o número de períodos de trabalho (horas, dias, semanas e assim por diante) necessários para a finalização de uma tarefa. Uma boa Estrutura Analítica do Trabalho incorpora informação preliminar suficiente sobre a duração da tarefa para embasar uma estimativa "rápida" sobre essa duração, que seja adequada para a maior parte das necessidades de projeto. Os proprietários das tarefas devem escrever suas melhores estimativas de duração nos papéis adesivos relativos a tarefas.

Um cronograma crível deve ser quase um produto final trivial da etapa *Planejamento do Projeto*. As entradas-chave para isso são: um diagrama de dependência cuidadosamente elaborado e as estimativas de duração de tarefas derivadas de uma Estrutura Analítica do Trabalho bem definida (veja a Figura 9.10 para um exemplo simples). Se, no entanto, algum passo for omitido, a confiabilidade e a previsibilidade do cronograma diminuem drasticamente.

Um cronograma é obtido ao sobrepor o diagrama de dependência e as estimativas de duração de tarefas a um calendário ou a uma linha de tempo. A maneira mais comum de fazer isso é criar um gráfico de Gantt (Figura 9.13), que aloca as tarefas no tempo. O gráfico de Gantt pode ser feito à mão, desenhando-se as tarefas em sequência com durações definidas e linhas indicando as dependências numa linha de tempo, ou pode ainda ser gerado utilizando pacotes de *software* de gestão de projeto.

Método CPM

Na programação de redes PERT de atividades, um método útil de análise é o método *Critical Path Method* (CPM), ou método do caminho crítico. O método CPM visa definir qual a duração mínima do projeto, levando em conta as relações de dependência e a duração de cada uma das atividades. Funciona assim: considere a rede de atividades da Figura 9.10. A partir do ponto Início (momento inicial, ou "zero"), calculam-se, para as atividades que se iniciam no ponto "Início" (atividades 1, 4 e 6), quais as "datas mais cedo de início" em que cada uma dessas atividades pode começar (no caso, como a atividade Início representa o momento "zero", a data mais cedo possível para cada uma das atividades – 1, 4 e 6 – é zero). Coloca-se esse valor na parte superior esquerda do círculo correspondente à atividade (a Figura 9.11 ilustra a nova representação do diagrama de dependências para cálculo CPM – nela, cada um dos círculos que representam uma atividade é dividido em quatro e informações adicionais são acrescidas). Depois disso, calcula-se, para cada atividade, quais são as suas "datas mais cedo de término", simplesmente somando as suas durações às "datas mais cedo de início". Acompanhe na Figura 9.11. Faça isso para todas as atividades. Não se esqueça de que a "data mais cedo de início" da atividade é sempre a "data mais cedo de término" da atividade que a antecede. Se duas ou mais forem as antecessoras, a "data mais cedo de início" da atividade sucessora será o máximo das "datas mais cedo de término" das antecessoras. Observe que na atividade 5 foi calculada a "data mais cedo de início" como 1,0, que é o máximo entre os valores de "data mais cedo de término" das duas atividades – 1 e 4 – que a antecedem. Observe que, depois de todos os cálculos de "datas mais cedo" serem feitos, obtém-se, para a atividade fictícia "Fim", a data mais cedo possível em que pode terminar: 8 minutos. Isso significa que 8 minutos são a duração mínima do projeto de preparar café da manhã, ilustrado na Figura 9.10.

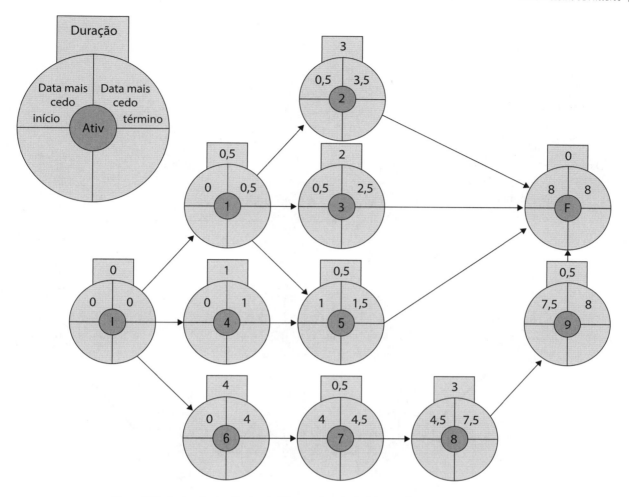

Figura 9.11 Ilustração de cálculos de "data mais cedo de início e término" da técnica CPM.

Neste ponto, o método CPM busca determinar não as "datas mais cedo de início e término" para as atividades, mas as "datas mais tarde" de início das atividades.

O procedimento inicia-se da atividade "Fim". A partir da data mais cedo de término da atividade "Fim" (8), define-se a data mais tarde de término da atividade sem que se incorra em atraso no projeto: 8 também. A data mais tarde de término dessa atividade é colocada na parte inferior direita do círculo que representa a atividade. Subtrai-se, então, da data mais tarde de término a sua duração (no caso da atividade fictícia "Fim", a duração é zero) e define-se assim a data mais tarde possível para se iniciar essa atividade sem que se incorra em atrasos, ou seja, 8 mesmo. Coloca-se esse valor, da data mais tarde de início da atividade, na parte inferior esquerda de cada círculo que representa uma atividade.

Definidas todas as datas – mais cedo e mais tarde, de início e fim, da atividade fictícia "Fim" –, o procedimento é agora no sentido da direita para a esquerda no diagrama da Figura 9.12. A atividade "Fim" depende de quatro atividades: 2, 3, 5 e 9. Todas têm de ter sido terminadas para que a atividade "Fim" comece. A data mais tarde que a atividade "Fim" pode começar é 8 e foi calculada no passo anterior. Isso quer dizer que, para não haver atraso no projeto, a data mais tarde para término de todas as atividades das quais a atividade "Fim" depende é 8. Esse é o valor que deve aparecer nas partes inferiores direitas de todas as atividades das quais a atividade "Fim" depende. Observe na Figura 9.12 que as atividades 2, 3, 5 e 9, de fato, têm todas o número 8 nas suas partes inferiores direitas. A partir disso, definem-se as "datas mais tarde de início" das atividades, subtraindo-se da sua "data mais tarde de término" a sua duração. Fazendo isso até a atividade "Início", o resultado fica como na Figura 9.12. Quando há duas ou mais sucessoras de uma atividade, a "data mais tarde de término" desta será a data mínima, entre as "datas mais tarde de início" das sucessoras. No caso, por exemplo, da atividade 1, que tem três sucessoras, a sua data mais tarde de término, sem que haja atraso no projeto, é a menor data, entre as datas mais tarde de início das atividades 2 (data mais tarde de início: 5), 3 (data mais tarde de início) e 5 (data mais tarde de início: 7,5), ou seja, na data 5.

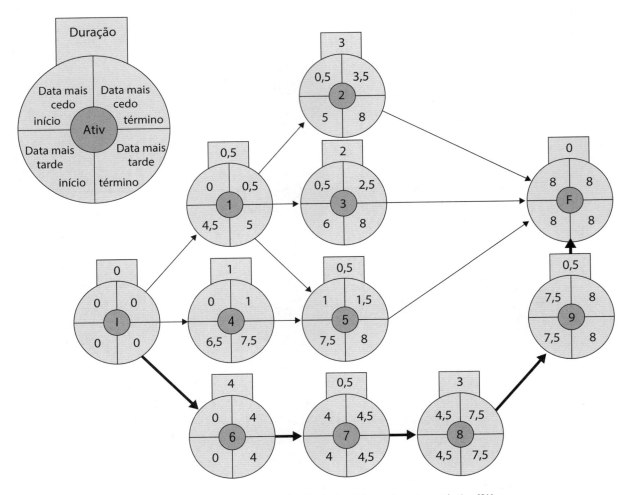

Figura 9.12 Ilustração do passo de cálculo das datas mais tarde na técnica CPM.

Observe que, para uma sequência de atividades, as datas mais cedo e mais tarde coincidem. Essa sequência aparece com os contornos mais grossos na Figura 9.12 e o caminho definido pela sequência chama-se caminho crítico. Isso quer dizer que, para essas atividades, a data mais cedo possível para iniciar a atividade coincide com a data mais tarde possível para iniciá-la sem comprometer o prazo do projeto. Em outras palavras, não há "folga" (folga entende-se pelo tempo de "colchão" que a atividade tem desde o momento em que é possível iniciá-la e o momento limite, máximo, para iniciá-la).

Qualquer atraso nas atividades do caminho crítico, portanto, acarretará atraso para o projeto, e a duração do caminho crítico definirá o tempo mínimo de duração do projeto.

A partir daí, é possível gerar um cronograma para o projeto, que pode ser visto na Figura 9.13.

Método PERT

O método PERT (os diagramas de precedência também são chamados diagramas PERT) é similar ao método CPM na medida em que também parte de diagramas de precedência. Diferem, entretanto, na atribuição de tempos de duração das tarefas. Enquanto no método CPM os tempos são definidos como variáveis determinísticas (um valor definido), no método PERT os tempos são considerados variáveis probabilísticas. Os gestores são solicitados a estimar um tempo mais provável, um tempo otimista e um tempo pessimista. A partir daí, esses valores são usados para estimar uma distribuição probabilística de tempos de duração (em geral, a distribuição Beta) de cada uma das atividades. A partir daí, as perguntas às quais o método PERT visa responder também são probabilísticas:

- Qual a probabilidade de o projeto durar mais do que X dias?
- Qual a probabilidade de que o projeto termine no prazo?

E assim por diante.

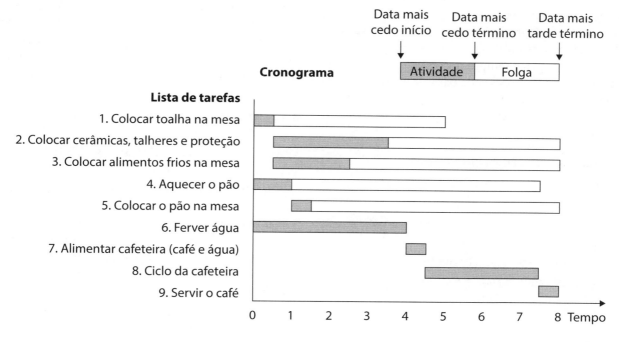

Figura 9.13 Cronograma (também conhecido como gráfico de Gantt) correspondente ao projeto de servir café da manhã.

Ações-chave para a etapa Desenvolvimento do Cronograma
- Use os papéis adesivos utilizados na Estrutura Analítica do Trabalho para criar um diagrama de dependência a partir das tarefas de nível mais baixo.
- Rapidamente, faça estimativas sobre a duração das tarefas.
- Elabore um gráfico de Gantt demonstrando o cronograma.
- Defina o caminho crítico.

Análise de recursos

"Se ao menos eu tivesse mais recursos!" – é o desabafo tradicional do gerente do projeto frustrado. No entanto, mesmo com recursos adicionais, o problema de recursos permanece. A simples adição de recursos nem sempre melhora o desempenho do projeto. Os gerentes de projeto necessitam analisar sistematicamente suas *exigências* de recursos. A etapa *Análise de Recursos* fornece aos gerentes de projeto melhores informações sobre a situação de recursos real e facilita um processo decisório mais efetivo sobre os três parâmetros.

Perguntas-chave sobre a etapa de Análise de Recursos
- Será que algum recurso está com uma carga de trabalho desproporcional?
- Existe algum recurso subutilizado ou sobrecarregado?
- É possível minimizar o problema, usando as folgas do cronograma?
- Existe algum recurso sendo afetado por trabalho paralelo?
- Todos os proprietários de tarefas possuem as habilidades necessárias para desempenhar o trabalho?

O gráfico de Gantt, com a alocação dos proprietários de tarefas, é uma base para a análise informal de recursos. Um gerente do projeto e sua equipe analisam o gráfico de Gantt procurando identificar padrões de alocação, tais como:

- Uma mesma pessoa listada como proprietária da maior parte das tarefas.
- Uma mesma pessoa listada como proprietária de tarefas paralelas.
- Algumas pessoas raramente listadas.
- Muitas tarefas amontoadas paralelamente.
- Tarefas sem proprietários.

Ação-chave para o passo Analise os Recursos
- Analise o Gráfico de Gantt para a identificação de padrões de recursos.

Otimização de *trade-offs*

A razão principal para praticar a gestão de projeto é gerar melhores informações para facilitar o processo decisório. Ainda assim, as informações geralmente apresentam escolhas que são difíceis de fazer. Na boa prática de gestão de projeto, é quase sempre necessário abrir mão de alguma coisa altamente desejada para alcançar um resultado viável. O passo *Otimização de Trade-offs* formaliza e legitima o processo decisório.

> **Ações-chave para a etapa Otimização de *Trade-offs***
> - Os recursos estão conforme considerados na Declaração de Objetivo do Projeto?
> - Você pode reduzir o escopo?
> - Você pode alterar a sequência?
> - Você pode realocar recursos ou obter novos recursos?
> - Há como trabalhar de forma mais aprimorada ou mais inteligente para alcançar o mesmo resultado?

Desenvolvimento do plano de gestão de risco

Todos os projetos envolvem risco. Ainda assim, isso às vezes é negligenciado. A etapa de *Desenvolvimento de Plano de Gestão de Risco* chama a atenção para os riscos envolvidos no projeto e para a necessidade de administrá-los. A pandemia do Covid-19 deixou muito claro que a não consideração de riscos pode trazer interrupções importantes para as empresas e seus clientes.

> **Questões-chave para o passo Desenvolva um Plano de Gestão de Risco**
> - Os riscos foram identificados?
> - Os riscos foram priorizados?
> - Foram tomadas ações para reduzir a probabilidade de risco?
> - Foram formulados planos contingenciais?
> - Quem é responsável pela gestão de risco?

Quando questionados sobre "riscos", no início de um projeto, praticamente todos os membros da equipe podem descrever alguns riscos-chave e, em projetos que falharam, quase sempre será dito que a razão para o fracasso era uma possibilidade sabida, para a qual nenhuma ação preventiva foi executada. Os riscos de projeto são conhecidos, mas raramente é feito algum esforço para gerenciá-los.

Planos de gestão de risco devem incorporar tanto medidas que podem ser tomadas para reduzir a possibilidade de falhas (por exemplo, ações preventivas) como medidas que podem ser tomadas em caso de falhas (planos contingenciais). Ações preventivas podem adicionar tarefas ao plano, e planos contingenciais exigem um mecanismo de disparo que informe à equipe que ela precisa invocá-los. Por exemplo, determinada quantidade de atraso na data final de um projeto pode disparar um plano contingencial para reduzir o escopo de um projeto.

9.2.6 GERENCIAMENTO E CONTROLE DO PROJETO

Coleta de informações sobre o *status* do projeto

Permanecer na rota depois do início de um projeto é um desafio maior do que desenvolver o plano inicial do projeto. A etapa *Coleta de Informações sobre o Status do Projeto* direciona a atenção do gerente do projeto e sua equipe para informações sobre o andamento do projeto. Em tempo, com boa informação, o gerente do projeto e sua equipe podem tomar as melhores decisões de correção de rota para enfrentar as mudanças dinâmicas que ocorrem em todos os projetos.

> **Questões-chave para a etapa Coleta de Informações sobre o *Status* do Projeto**
> - Quão frequentemente as informações sobre o *status* serão coletadas?
> - Como isso será feito?
> - Quais informações serão monitoradas?

Um sistema de monitoramento suficientemente simples para consumir pouco tempo de manutenção e, ainda assim, suficientemente poderoso para oferecer ao gerente do projeto e sua equipe quase todas as informações necessárias para a efetiva tomada de decisões pode transformar o monitoramento em algo eficiente e até mesmo divertido. Tal sistema simples necessita focalizar somente as informações que façam a diferença para a tomada de decisões, o que, surpreendentemente, não é muito.

Um bom sistema de coleta de informações sobre o *status* do projeto tem basicamente três tópicos: *status* do cronograma, questões abertas e riscos.

O *status* do cronograma inclui as seguintes questões:

- As tarefas agendadas para começar neste período foram, de fato, iniciadas?
- Em caso negativo, o que pode ser feito para que elas sejam iniciadas?
- As tarefas agendadas para terminar neste período foram, de fato, terminadas?
- Em caso negativo, o que pode ser feito para que elas sejam concluídas?

Questões abertas incluem as seguintes indagações:
- Qual é o *status* de todas as questões abertas (problemas não resolvidos)?
- O que pode ser feito para fechá-las?
- Existem novas questões abertas?

Os riscos envolvem as seguintes perguntas:
- Qual é o *status* do risco?
- Existem novos riscos?

Embora existam sistemas de monitoramento mais complexos e compreensivos, o descrito aqui é suficiente para a maior parte das necessidades de projetos.

> **Ações-chave para a etapa Coleta de Informações sobre o *Status* do Projeto**
> - Determine a frequência com que as informações sobre o *status* do projeto deverão ser coletadas.
> - Determine como elas serão coletadas (por exemplo, via mensagem eletrônica, correio de voz, reuniões etc.).

Planejamento e execução de ações corretivas

As informações sobre o *status* do projeto direcionam decisões para ajustar o plano e tomar providências corretivas. A tomada de decisões neste passo é muito parecida com a tomada de decisões no passo *Otimização de Trade-offs*. Uma equipe pode:
- Eliminar um ou mais produtos finais.
- Desenvolver uma forma alternativa de desempenhar o trabalho das tarefas.
- Alterar dependências.
- Mudar a alocação de recursos.
- Aceitar novos parâmetros.

A necessidade de tomar decisões difíceis baseadas nas informações substantivas de projeto persiste por toda a vida do projeto.

> **Questões-chave para o passo Planeje e Execute Ações Corretivas**
> - Quais decisões serão tomadas?
> - Quais ações serão executadas?
> - Como serão comunicadas essas decisões e ações?

> **Ações-chave para a etapa Planeje e Execute Ações Corretivas**
> - Analise o impacto das informações sobre o *status* no projeto.
> - Tome medidas adaptativas.

Fechamento do projeto

Muito aprendizado ocorre durante um projeto, que, se formalmente capturado, significará um aprimoramento na gestão dos projetos subsequentes. O passo *Fechamento do Projeto* captura formalmente o aprendizado e as reflexões-chave com a esperança de aprimorar o desempenho de projetos futuros.

> **Questões-chave para a etapa Fechamento do Projeto**
> - Quais elementos da gestão de projeto foram eficazes?
> - Quais elementos poderiam ser aprimorados?
> - Como poderiam ser aprimorados?
> - Toda a papelada de registro foi finalizada?
> - O aprendizado-chave foi registrado no arquivo do projeto?
> - Como o aprendizado-chave poderá ser utilizado em projetos futuros?
> - O registro do projeto foi arquivado em algum lugar?
> - Como a finalização do projeto será conhecida e comemorada?

Os gerentes de projeto e os membros de suas equipes estão, geralmente, muito ocupados para fecharem um projeto de maneira formal. Ainda assim, essa pressa em seguir adiante representa uma oportunidade perdida para o crescimento pessoal, o crescimento coletivo e o aprimoramento. Equipes que dedicaram um tempo (pode ser de apenas algumas horas) para formalmente fechar o projeto são substancialmente mais eficientes no projeto seguinte.

Típicas atividades de fechamento de projeto incluem:
- Avaliação de práticas que contribuíram para a eficácia do projeto.
- Avaliação de práticas que não foram tão eficazes como o esperado.
- Desenvolvimento de aprimoramentos de processo para projetos futuros.
- Reconhecimento das contribuições dos membros da equipe.
- Finalização da papelada referente ao registro do projeto.
- Arquivo final dos registros do projeto.
- Comemoração da finalização do projeto.

9.2.7 TECNOLOGIA PARA GESTÃO DE PROJETOS

Há soluções de *software* desenvolvidas e disponíveis para facilitar a gestão de projetos. Alguns *softwares* comerciais largamente usados por empresas para gerenciarem seus projetos são o MS Project, da Microsoft, e o Primavera, da Oracle. Normalmente, apoiam o planejamento e o controle dos projetos, permitindo que as atividades sejam descritas e sua duração informada, os relacionamentos (nas suas várias modalidades – Fim-Início, Início-Início, entre outras) especificados e muitos outros dados – responsáveis, recursos necessários etc. Facilitam a manutenção do projeto e a geração de relatórios de forma simples e rápida.

INDÚSTRIA 4.0: GESTÃO DE PROJETOS

O futuro da Gestão de Projetos será fortemente influenciado pelos avanços tecnológicos e não há dúvida de que a I4.0 mudará a forma de como as tarefas de gerenciamento de projetos serão realizadas no futuro, evoluindo das estratégias tradicionais de planejamento, organização, execução e controle de atividades, para a análise de atividades preditivas e inclusão de processos digitalizados e automatizados. A conectividade e comunicação em tempo real entre máquinas, estações de trabalho e diversos ambientes de produção requererá também mudanças nas competências gerenciais, de comunicação e relações interpessoais, que permitirão direcionar de forma mais produtiva as equipes de trabalho para o cumprimento de metas e objetivos apoiados nos recursos das tecnologias emergentes.

Conforme mencionado neste capítulo, a Gestão de Projetos não tem experimentado mudanças drásticas nos últimos anos. O uso de abordagens específicas como o PMBOK e ISO 21500, metodologias como PRINCE2, modelos de processos como V-Modell-XT e *Rational Unified Process* (RUP) e *frameworks* como *Kanban, Scrum, Extreme Programming (XP)* etc., que incorporam o conjunto de técnicas do Método Ágil (*Agile Methodology*), tem guiado gestores de diferentes setores a garantir o sucesso dos seus projetos apoiados em ferramentas como os gráficos de Gantt, CPM e PERT. No entanto, a chegada das tecnologias I4.0 veio a fortalecer esses procedimentos por meio de automação e transferência de dados e informações, permitindo a otimização de tempo e recursos. A Figura 9.14 mostra algumas das características e diferenças entre a Gestão de Projetos tradicional e Gestão de Projetos baseada na I4.0 no âmbito de uma companhia industrial.

Funções e Responsabilidades	GP Tradicional	GP I4.0
Garantir o cumprimento do orçamento, cronograma e escopo.	✓	✓
Trabalho conjunto entre empresa/patrocinador do projeto e seus *stakeholders* para desenvolver o Plano de Gestão do Projeto.	✓	✓
Executar e gerir a documentação do ciclo do projeto de acordo com o Plano de Qualidade da empresa/patrocinador.	✓	✓
Fornecer relatórios oportunos e precisos à equipe de gerenciamento e aos membros da equipe.	✓	✓
Auxiliar a equipe de desenvolvimento de negócios durante a negociação e acordos com fornecedores externos, vendedores e clientes.	✓	✓
Desenvolver melhores práticas e ferramentas para execução de projetos em um ambiente de desenvolvimento ágil.	✓	✓
Garantir a realização das atividades de forma sistemática com uma abordagem de Engenharia de Sistemas.	X	✓
Identificar e executar iniciativas estratégicas para permitir a estratégia de crescimento.	X	✓
Motivar os membros de equipes multifuncionais e descentralizadas e gerir os processos e resultados para atender aos objetivos do projeto.	X	✓
Fornecer análises aprofundadas, propostas e ajudar a implementar melhorias para uma ampla variedade de desafios interorganizacionais.	X	✓
Gerenciar a execução do projeto, riscos; identificar, resolver problemas em tempo real.	X	✓
Capacidade de gerenciar projetos técnicos altamente complexos em tempo real.	X	✓
Garantir que o desenvolvimento de protótipos e a conversão e replicação de veículos sejam executados sem falhas.	X	✓
Avaliação técnica da tecnologia de *hardware* e *software* de próxima geração com parceiros.	X	✓
Familiarizado com a melhoria e desenvolvimento de processos técnicos em *startups* e configurações complexas.	X	✓
Formação e entrega de estratégia de execução de sistemas complexos.	X	✓

Fonte: adaptada de Win e Kham, 2018.

Figura 9.4 Comparativo entre Gestão de Projetos tradicional e I4.0.

Um claro exemplo dessa transição foi efetuado pela Siemens Health Service, que decidiu redesenhar de forma abrangente sua metodologia de gestão de projetos de uma abordagem Agile com limite de tempo para uma abordagem de fluxo contínuo. A empresa enfrentou o desafio de implantar totalmente o *Kanban* em 40-50 equipes em três continentes, sem interromper o fluxo de trabalho e a produtividade. A plataforma oferece as informações em tempo real apoiando múltiplas dependências entre as equipes; por outro lado, os *stakeholders* podem extrair os dados precisos para a criação de relatórios que mais bem apoiem seu processo. Dessa forma, a Siemens Health Services experimentou melhor engajamento da equipe, tempos de ciclo previsíveis e um aumento de 33% na eficiência. Além disso, o uso do *storyboard* da plataforma para *Kanban* reduziu o tempo gasto na manutenção administrativa em aproximadamente 70%. Seu primeiro lançamento usando *Kanban* terminou dentro do prazo e 10% abaixo do orçamento.

Quanto às tecnologias específicas na Gestão de Projetos, os sistemas IoT aumentam a conectividade que possibilita a transferência de dados em tempo real entre as equipes do projeto e *stakeholders*, o que permite que os grupos de trabalho sejam maiores e mais bem geridos, oferecendo confiabilidade no andamento dos processos e a comunicação inclusive em locais remotos. Por outro lado, o volume de dados gerados pela automação de processos é uma fonte de valor para a consolidação e o sucesso do projeto. Dessa forma, o *Big Data* é uma das tecnologias que devem ser cuidadosamente analisadas e geridas pelos gerentes do projeto, uma vez que a diversidade de informação coletada e sua adequada gestão poderiam, inclusive, prever o resultado de um projeto ao trazer melhores níveis de precisão e automação na avaliação de riscos do projeto. Portanto, garantir a segurança do sistema por meio de sistemas de cibersegurança, também, é uma área que não pode ser ignorada e precisa ser discutida com antecedência e incluída no orçamento dos projetos.

A evolução da robótica, da inteligência artificial e da realidade aumentada está revolucionando a gestão de projetos técnicos com maior complexidade, ao permitir extrapolar as barreiras que colocam em risco a integridade física de membros da equipe ao serem substituídos por sistemas autônomos ou receberem assistência por meio de visualização digital (RA). Esses são métodos relevantes para as indústrias por sua melhoria do *design* do produto e dos processos de produção e distribuição, economizando tempo e custos. De igual forma, o aprendizado de máquina (*machine learning* – ML) por algoritmos pode prever com grande precisão o andamento dos resultados do projeto, conseguindo gradualmente melhorar sua qualidade, por meio da evolução da sua inteligência decorrente de dados históricos do projeto ou de modelos como o Guia PMBOK.

A Manufatura Aditiva ou impressão 3D torna o processo de fabricação mais enxuto e rápido, emitindo dados sobre componentes e/ou produtos em tempo real. Isso, consequentemente, traz novos desafios em termos legais, que requererão estratégias específicas e maior conscientização durante a Gestão de Projetos, especialmente, no adequado tratamento das questões relacionadas com a proteção dos direitos de propriedade intelectual, informação confidencial e riscos de responsabilidade.

Figura 9.15 Gestão de projetos com apoio de ferramentas I4.0.

9.3 ESTUDO DE CASO

Mudança do departamento na FGV

Márcia, secretária do Departamento de Produção e Operações da Fundação Getulio Vargas, foi encarregada de gerenciar a mudança do centro de pesquisa da escola. Como ela já organizou várias dessas mudanças antes, imediatamente começa a planejar. Determinar o que necessita ser feito, quando necessita ser feito e quem deve estar a cargo de fazer as coisas cruciais para que tudo corra bem. Ela sabe que o primeiro passo é a alocação de espaço do novo centro para os diferentes departamentos. Sabe também que cada chefe de departamento sempre luta pelos melhores espaços. Devido a questões políticas, Márcia acha que essa atividade deve estender-se por três semanas. Depois de terminar a alocação, cada chefe de departamento aloca o espaço para indivíduos. Isso também tem uma vertente política forte e deve levar duas semanas. Os indivíduos tomam essas questões de forma pessoal e é necessário algum tempo para aparar arestas eventuais. Márcia é informada das alocações, de forma que ela possa então definir um arranjo físico preliminar. Geralmente, prepara isso em quatro semanas. Durante a primeira semana dessa fase, Márcia manda para cada pessoa uma impressão do arranjo físico básico e o espaço que lhe foi alocado para que ela expresse suas preferências quanto ao arranjo dos móveis. As pessoas então informam a Márcia sobre possíveis móveis adicionais ou substituições de móveis que possam ser necessárias. Elas indicam também onde querem as tomadas para energia elétrica e as tomadas para a rede de computadores. Cada pessoa solicita também os materiais de que necessitará para embalar suas coisas para a mudança (caixas de papelão, por exemplo). Essas solicitações voltam em três semanas.

Quando Márcia recebe as solicitações, ela as consolida, formando listas de materiais para mudança e móveis. Faz, então, os pedidos de materiais de embalagem para um dos fornecedores certificados da FGV e os pedidos chegam em duas semanas. Ela escolhe entre três fornecedores de móveis pré-aprovados, que levam seis semanas para entregar. Quando os materiais de embalagem chegam, Márcia os distribui para que a mudança comece a ser preparada pelas pessoas. Leva, em geral, uma semana para separar e distribuir o material. Cada pessoa, então, embala suas coisas e etiqueta seus móveis de escritório para serem movidos. Espera-se que as pessoas acabem de embalar as coisas em duas semanas.

Depois de pedir os móveis, Márcia combina com a empresa de mudança para mover todos os itens, com o departamento de manutenção para mover ou instalar os telefones, e com o pessoal de informática para instalar os pontos de rede. O pessoal da mudança requer reserva de três semanas de antecedência, mas muda tudo em um dia. O pessoal de telefonia requer reserva com duas semanas de antecedência, mas também instala em um dia. O pessoal da informática tem de ser informado quatro semanas antes, mas também coloca os pontos em um dia. A atividade final é a mudança. Os três grupos, pessoal da mudança, pessoal de telefonia e pessoal da informática, estarão lá no mesmo dia, para minimizar a interrupção do trabalho.

Nas mudanças passadas, Márcia teve problemas para fazer com que tudo corresse de forma suave. Ela acredita que deve haver algum método para gerenciar essa coisa toda de forma melhor.

Questões para discussão

1. Que fatores você acha que devem ser levados em conta quando se planeja uma mudança de escritório como a descrita?
2. Sugira a Márcia um método para monitorar a mudança do escritório. Explique por que este método sugerido é razoável.
3. Quanto tempo deve passar desde a tomada da decisão até que a mudança de fato esteja efetivada? Funcionários só trabalham de segunda a sexta-feira. Em todas as atividades de Márcia, deve-se assumir uma semana de cinco dias.
4. Quais são as atividades críticas para que essa mudança se complete no menor tempo possível?

9.4 RESUMO

- Um projeto é um conjunto único e finito de atividades inter-relacionadas, pensadas para produzir um resultado definido dentro de um prazo determinado, utilizando uma alocação específica de recursos.
- Gestão de projetos é uma disciplina de gestão formal por meio da qual os projetos são planejados, executados e controlados de acordo com um processo sistemático.

- As primeiras menções à gestão de projetos, na literatura, datam do século XVII, mas a área evoluiu substancialmente durante o século XX.
- A gestão de projetos, anteriormente mais utilizada na construção civil e na produção de grandes produtos, hoje se espalhou para todas as áreas produtivas – de bens físicos e de serviços – e também para várias áreas administrativas, na implantação de sistemas, no planejamento de projetos de melhoramento e outras áreas de gestão.
- É essencial estabelecer a definição clara dos objetivos e a organização da equipe do projeto (incluindo a alocação clara de responsabilidades), antes de iniciar o projeto.
- A etapa de planejamento do projeto inclui as atividades de desenvolvimento da estrutura analítica do trabalho (como o trabalho em questão pode ser "decomposto" em suas partes constituintes), desenvolvimento do cronograma, análise de recursos e resolução de *trade-offs* e desenvolvimento dos planos de gestão de riscos do projeto.
- Há duas técnicas principais de gerenciamento do cronograma do projeto: PERT (que considera tempos estimados de duração das atividades como variáveis probabilísticas) e CPM (método do caminho crítico, que considera tempos estimados de duração das atividades como variáveis determinísticas).
- Em termos práticos, as etapas de programação (cronogramas) e controle dos projetos são feitas com apoio de *software* específico. Alguns *softwares* comerciais largamente usados por empresas para gerenciarem seus projetos são o Microsoft Project e o Primavera, da Oracle.
- A etapa de execução e controle do projeto consta de atividades como: coleta de informações sobre o *status* do projeto, planejamento e execução de ações corretivas (caso necessário) e, ao final, o fechamento do projeto.
- A importante etapa de "avaliação de risco" consiste em gastar algum tempo imaginando os riscos que podem afetar o bom andamento do projeto e as formas de mitigar esses riscos.

9.5 EXERCÍCIOS

Por que a gestão de projetos tem sido cada vez mais valorizada dentro da área de gestão de operações?

Descreva brevemente as três principais fases da atividade de gestão de projetos.

1. Quais os principais objetivos da fase de definição e organização do projeto?

2. Descreva as subetapas da fase de planejamento do projeto.
3. O que significa *Work Breakdown Structure* (WBS) e por que é tão importante para a boa gestão de projetos?
4. Quais as diferenças entre os métodos PERT e CPM para determinação de cronogramas de projeto?
5. O que significa uma atividade estar no caminho crítico de um projeto? O que são folgas num cronograma de projeto e como podem ser usadas para resolver questões de capacidade de recursos?
6. Descreva brevemente as atividades envolvidas na etapa de gerenciamento e controle de projetos e liste os motivos pelos quais ela é tão importante.
7. Quais as características desejáveis num gerente de projeto?
8. O que significa a etapa de fechamento do projeto e de que subetapas ela é composta?
9. Uma empresa está começando o projeto de um novo processo produtivo para lançamento de produto. A gestão estima que o projeto deva levar em torno de 45 dias. Embora inicialmente achem esse tempo muito curto, os engenheiros de processo finalmente foram convencidos de que talvez fosse possível atender a esse prazo, já que o processo novo era de certa forma similar aos processos tradicionais da empresa. As principais atividades, suas durações e atividades predecessoras encontram-se na Figura 9.16.

Atividades	Duração (dias)	Atividades antecessoras imediatas
a) Estudo inicial do projeto do produto	12	–
b) Estudo preliminar de tecnologia de processo	10	–
c) Pesquisa de capacitação dos fornecedores	8	–
d) Projeto de modificação do *layout*	14	b
e) Redesenho preliminar de *layout*	6	c
f) Redesenho preliminar do produto	18	b, a
g) Projeto de máquinas especiais	11	d, e
h) Integração dos fornecedores	21	e
i) Projeto final de produto, processo e *layout*	7	f, g

Figura 9.16 Dados para o projeto do novo processo produtivo.

- Construa uma rede PERT para o projeto.
- Calcule para todas as atividades: Data mais Cedo de Início (DCI), Data mais Tarde de Início (DTI), Data mais Cedo de Término (DCT) e Data mais Tarde de Término (DTT).
- Produza um cronograma (Gantt) com as atividades e folgas.
- Qual o caminho crítico?
- Qual a duração mínima do projeto? É possível atender ao prazo?

10. Um grupo de engenharia está responsável por projetar a linha de montagem para a manufatura de um novo produto. O processo produtivo já foi projetado e o equipamento já foi entregue na planta pelos fornecedores. A partir disso, a linha tem de estar operando em um mês. As atividades ainda necessárias são dadas pela tabela da Figura 9.17.

Atividades	Duração (dias)	Atividades antecessoras imediatas
a) Montar pacote de projeto do processo	3	–
b) Organizar time de *layout*	5	–
c) Organizar time de instalações	7	b
d) Encontro com pessoal de produção	4	b
e) Projeto de trabalho	3	a, c
f) Mover máquinas para as posições	9	d
g) Conectar utilidades às máquinas	5	e, f
h) Integração dos fornecedores	6	d
i) Treinar pessoal	3	e, f
j) Pintura e limpeza	5	g, h
k) Correr lote-piloto na linha	4	i, j

Figura 9.17 Atividades ainda necessárias.

- Construa um diagrama PERT para o projeto.
- Calcule a Data mais Cedo de Início (DCI), Data mais Tarde de Início (DTI), Data mais Cedo de Término (DCT) e Data mais Tarde de Término (DTT).
- Produza um Gráfico de Gantt para o projeto.
- É possível atender ao prazo de um mês? Por quê?

11. Um projeto foi definido contendo as seguintes atividades, durações e predecessoras:

Atividades	Duração (dias)	Atividades antecessoras imediatas
A	1	–
B	4	A
C	3	A
D	7	A
E	6	B
F	2	C, D
G	7	E, F
H	9	D
I	4	G, H

Figura 9.18 Atividades, durações e predecessoras.

- Produza um diagrama PERT, mostrando o caminho crítico do projeto.
- Que aconteceria se a atividade F fosse revisada para levar quatro dias em vez de dois?

12. Use a seguinte informação sobre um projeto:

Atividades	Duração (semanas)	Atividades antecessoras imediatas
A	3	–
B	4	A
C	2	B
D	5	B
E	4	C
F	3	D
G	2	E, F

Figura 9.19 Informações sobre o projeto.

- Construa um diagrama PERT.
- Usando o diagrama PERT, calcule o tempo mínimo para completar o projeto.
- Determine quais atividades fazem parte do caminho crítico.

13. Um projeto foi definido contendo as seguintes atividades, durações e predecessoras:

Atividades	Duração (semanas)	Atividades antecessoras imediatas
A	4	–
B	3	–
C	5	–
D	3	A, B
E	6	B
F	4	D, C
G	8	E, C
H	12	F, G

Figura 9.20 Atividades, durações e predecessoras.

- Produza um diagrama PERT.
- Defina o caminho crítico.
- Calcule a folga total para as atividades A e D.
- Que aconteceria com a folga de D se A levasse cinco semanas?

9.6 ATIVIDADES PARA SALA DE AULA

1. Em grupos ou individualmente, pense em todas as atividades que você precisa executar para ficar pronto para ir à escola ou ao trabalho pela manhã, desde acordar até sair de casa. Estime as relações de interdependência entre as atividades. Não esqueça de sempre tentar "paralelizar" a execução de atividades para economizar tempo. Em seguida, estime os tempos para a execução de cada atividade. Desenhe um diagrama PERT. Agora, desenhe um cronograma. Compare o caminho crítico com o tempo que você está acostumado a levar desde acordar até sair de casa. Analise se há oportunidades adicionais de redução do tempo total que leva para você se arrumar.

2. Imagine que você e sua equipe são parte da comissão de formatura da sua escola. Faça o planejamento completo do projeto para sua festa de formatura, incluindo as etapas de Definição e organização do projeto, Planejamento do projeto e Gerenciamento e controle do projeto, seguindo as orientações deste capítulo. Qual

o caminho crítico desse projeto e quanto tempo total o caminho crítico leva? Identifique oportunidades de redução desse tempo tentando eliminar atividades, reduzir o tempo de atividades, combinar atividades ou paralelizar atividades. Qual a diferença de tempo total de duração do projeto antes e depois das ações de redução? Estime o custo das ações de redução de tempo total.

9.7 BIBLIOGRAFIA E LEITURA ADICIONAL RECOMENDADA

GRAY, C. F.; LARSON, E. W. *Project management*: a manager's guide to integrated project planning. New York: Wiley, 2000.

HARVARD BUSINESS SCHOOL. *Project management manual*. 9-697-034. 2002.

KERZNER, H. *Project management*: a systems approach to planning, scheduling and controlling. 6. ed. New York: Wiley, 1999.

PMI – A Guide to the Project Management Body of Knowledge (PMBOK® Guide) – Seventh Edition and The Standard for Project Management (ENGLISH). Project Management Institute, 1 Aug. 2021.

TURNER, J. R. *The handbook of project-based management*. London: McGraw-Hill, 1993.

WIN, T.; KHAM, S. Transformation of Project Management in Industry 4.0. *In*: *Proceedings of 12th International Conference on Project Management*. Bucharest, 2018.

YOUNG, T. *Implementing projects, planning projects, leading projects*. London: The Industrial Society, 1993.

Websites relacionados

https://www.pmtoday.co.uk/ – *Website* sobre atividades e recursos relacionados à gestão de projetos. Acesso em: 16 fev. 2022.

http://www.pmi.org – Project Management Institute (PMI). A associação mais importante do mundo em gestão de projetos, responsável pela gestão dos processos de certificação profissional como o *Project Management Professional* (PMP) e outros, crescentemente valorizados no mercado. Acesso em: 16 fev. 2022.

https://www.pmi.org/brasil – *Website* dos capítulos brasileiros do PMI. Acesso em: 16 fev. 2022.

http://www.taskjuggler.org – *Website* de um dos programas gerenciadores de projetos gratuitos e *open source* presentes na internet. Acesso em: 16 fev. 2022.

CAPÍTULO 10

Projeto do produto e seleção de processos (bens e serviços)

OBJETIVOS DE APRENDIZAGEM

- Entender a crescente importância do projeto de produto e do processo num mundo crescentemente competitivo.
- Ser capaz de explicar as diferentes fases do desenvolvimento de um produto e como elas impactam as áreas de vendas e operações da organização.
- Entender e ser capaz de utilizar técnicas de desenvolvimento de produtos e processos como o QFD (desdobramento da qualidade), a engenharia simultânea, o projeto para a manufatura, para a manutenção, para reciclagem e sustentabilidade e o projeto de produto colaborativo com clientes e fornecedores.
- Entender as diferentes configurações das tecnologias e dos processos produtivos (tanto de bens físicos como de serviços) e sua relação com as características dos produtos e serviços a serem neles produzidos.

10.1 INTRODUÇÃO

"Em vez de encolher ou esticar um produto já existente, nossa nova família de jatos comerciais Embraer foi projetada para otimizar o desempenho e o conforto de passageiros ao mesmo tempo que otimiza os custos de operação. Sendo uma aeronave realmente de 70 lugares, o Embraer E170 oferece projeto estrutural superior e eficiências no consumo de combustível, além de insuperável desempenho operacional. E estes são atributos que você achará em comum com outros três membros da família: o Embraer E175, para 78 passageiros, o Embraer E190, para 98 passageiros, e o Embraer E195, para 108 passageiros. Juntas, estas quatro aeronaves usam tripulações comuns e peças sobressalentes comuns num nível de 95%.

Nós projetamos uma cabine que maximiza o espaço para o cliente. Nossa tecnologia permitiu que nossa aeronave tivesse o mais largo corredor da categoria. As laterais da cabine, quase verticais, permitem que o passageiro sentado à janela tenha mais espaço. E todos apreciarão o grande espaço para bagagem de mão, sob os assentos e nos compartimentos superiores, que podem facilmente acomodar malas de rodinhas.

O Embraer E170 oferece a flexibilidade que as linhas aéreas requerem para combinar perfeitamente a aeronave certa para a missão certa. A ausência de saídas sobre as asas oferece máxima versatilidade para diferentes configurações internas de cabine: classes econômica ou *premium*. Um projeto otimizado de aeronave resulta em ambos, desempenho e eficiência operacional. O projeto do Embraer E170 permite mínimo tempo no solo, aumentando o tempo de geração de receita da linha aérea. Além disso, o Embraer E170 tem o menor custo por milha × passageiro de qualquer aeronave de sua categoria.

Avanços em modelagem com realidade virtual permitiram-nos refinar o projeto da aeronave, combinando uma equipe internacional de parceiros mais rápida e mais eficientemente que nunca. As inovações resultantes podem ser vistas no painel de comando, com equipamentos aviônicos de última geração de fabricação Honeywell, e os pilotos também apreciarão a tecnologia '*fly by wire*', normalmente apenas disponível em jatos de porte muito maior. Os motores são potentes e ao mesmo tempo não agressivos ao meio ambiente, com emissões 50% a 80% abaixo dos padrões exigidos. Os ruídos de pouso, táxi e decolagem também são conformes aos padrões requeridos pelos mais exigentes aeroportos do mundo." (Fonte: brochura de material da Embraer.)

Observe no texto as várias oportunidades e exigências que uma empresa encara ao desenvolver um novo produto:

- Tecnologia de realidade virtual, hoje, enseja, por exemplo, que equipes de projetistas trabalhem simultaneamente em diferentes partes do mundo no mesmo produto, permitindo que as melhores capacitações do mundo combinem-se de forma eficiente, mas isso requer grande habilidade de coordenação dos parceiros e seus esforços.
- O projeto do produto não só tem de visar o desempenho com custo inicial aceitável, mas também tem de contemplar exigências de eficiência no *uso* do produto pelo cliente, que cada vez mais considera o "custo total de propriedade" e não só o preço inicial, quando escolhe um produto.
- A preocupação com o projeto para a manutenção é visível, por exemplo na especificação de 95% de itens comuns entre aeronaves, o que diminui os custos com peças sobressalentes e facilita o treinamento de pessoal de manutenção.
- O projeto do produto tem de atender a vários "clientes": a linha aérea, que está interessada no retorno sobre o investimento na aeronave, e os clientes da linha aérea, que querem comodidade e conforto.
- O projeto do produto tem de contemplar múltiplos aspectos de desempenho, como exigências legais e dos clientes quanto a sustentabilidade e responsabilidade social, por exemplo, quanto a poluição sonora e emissões de poluentes.
- A linha de aviões da Embraer tem como objetivos estratégicos principais, a busca pela oferta de preço e custos operacionais baixos para seus clientes. Isso só é possível graças ao projeto das aeronaves, que é focado em baixo custo de operação e flexibilidade. Esses objetivos permeiam todo o processo de decisão referente ao projeto dos seus produtos.
- Em linhas gerais, o projeto de produtos e serviços tem relação direta com a estratégia de operações de uma empresa.

PARA REFLETIR

Hoje, empresas avançadas no desenvolvimento de produtos consideram, além do cliente (imediato ou final), outras partes interessadas, como governo, legislação e ONGs que pressionam por menores níveis de sustentabilidade ambiental e maior responsabilidade social.

Hoje, como gestor de uma empresa, como você incorporaria todos esses interesses no processo de desenvolvimento de um novo produto, levando em consideração a necessidade de preservar os níveis de sigilo necessários para o projeto desse novo produto?

10.2 CONCEITOS

10.2.1 POR QUE PROJETO DO PRODUTO E DE PROCESSOS?

Num ambiente como o atual, que é turbulento, global, competitivo e dinâmico, o desenvolvimento de novos produtos e processos é cada vez mais importante na obtenção de vantagens competitivas. Empresas que conseguem fazer chegar ao mercado produtos melhores mais rapidamente que os da concorrência, que superam as expectativas dos clientes, conseguem melhorar sua competitividade. Em ambientes dinâmicos, desenvolver bem produtos e processos inovadores e eficientes tem-se tornado quase uma condição de permanência, mas aquelas empresas que atingem excelência na gestão desse desenvolvimento são as que de fato obterão as vantagens competitivas mais sustentáveis. As empresas que ficam estagnadas fatalmente verão seu desempenho operacional competitivo degradar-se e, por conseguinte, verão seus resultados financeiros sofrerem. As principais forças que levam a essa importância crescente do desenvolvimento e projeto de novos produtos e processos não estão ligadas exclusivamente a novos desenvolvimentos científicos e tecnológicos de ponta, mas também a outros fatores:

- **Competição internacional mais intensa**: com os mercados globalizados, interconectados e cadeias de suprimento espalhadas ao redor do mundo (seu iPhone, por exemplo, tem partes de 43 países), mesmo para uma empresa ser competitiva no seu mercado doméstico, hoje ela tem de ter um desempenho comparável aos desempenhos de classe mundial, para competir com as ofertas concorrentes, de competidores não locais. Por exemplo, não basta a uma autolocadora de bairro no Brasil ser boa "localmente". Hoje, para sobreviver, tem de ter padrão de desempenho comparável à da multinacional Hertz, que está certamente disponível em uma localidade próxima.

- **Mercados mais fragmentados e exigentes**: clientes têm-se tornado mais sofisticados e exigentes. Desempenhos anteriormente considerados inatingíveis são hoje tidos como exigências básicas. Isso significa que o cliente está mais atento a nuances e detalhes sobre os produtos que lhe são oferecidos, exigindo que atendam cada vez mais a suas particulares necessidades. Observe uma gôndola de supermercado e conte as diferentes marcas de xampu que podem ser encontradas. Apenas 20 anos atrás, uma fração delas era disponível.

- **Tecnologias evoluem a taxas nunca antes vistas**: as taxas não só de desenvolvimento, como também de incorporação de novas tecnologias aos produtos e serviços, hoje, são difíceis até de acompanhar. Isso significa que as empresas que conseguem fazer melhor uso das tecnologias disponíveis, incorporando-as aos seus produtos e processos para que estes de fato atendam melhor às expectativas dos clientes, ficarão na frente da concorrência.

- **Influência do projeto no desempenho e no custo de produção e uso do produto**: grande parte dos custos de produção, uso, manutenção e disposição de produtos é definida na fase de projeto: um projeto de produto que seja simples de manufaturar pode economizar tempo e recursos de produção; um projeto bem elaborado terá maior facilidade e economia no uso e na manutenção do produto. Mais que isso, um projeto bem elaborado pode facilitar a reutilização, a remanufatura e a reciclagem do produto. Todos esses aspectos contribuem para a competitividade da empresa.

10.2.2 EVOLUÇÃO DO PENSAMENTO SOBRE PROJETO DO PRODUTO E DO PROCESSO

Antigamente, o desenvolvimento e o projeto do produto e do processo eram tratados como fases estanques e independentes entre si. Projetava-se o produto e, na sequência, projetava-se o processo que o produziria. Os projetistas de produto tinham sua preocupação exclusivamente voltada para o produto, ignorando, muitas vezes, as implicações de suas decisões na maior ou menor facilidade, tanto de produção como de uso, de manutenção e disposição do produto projetado. Hoje, as coisas evoluíram. Os projetos do produto e do processo que o produzirá são vistos cada vez mais como atividades inter-relacionadas que devem ser tratadas paralelamente, mais do que de forma sequencial. Os processos, muitas vezes, restringem as possibilidades dos projetistas de produto, da mesma forma que pequenas alterações de projeto nos produtos podem repercutir em substanciais alterações nos processos que os produzem.

Em virtude de seus lançamentos frequentes e inovadores (projeto de produtos), gigantes como Apple e Samsung têm *expertise* relevante no que diz respeito à produção de seus eletrônicos (projeto de processos). Novos aparelhos são lançados, às vezes, antes de passado um semestre do último lançamento. Embutidos no critério inovação, essas empresas também necessitam de processos que enfatizem velocidade/rapidez.

VOCÊ SABIA?

Hoje, o termo "*Design for X*" (DfX), ou "Projeto para X" entrou no linguajar corrente das empresas, sendo que "X" pode significar muitas coisas, muitas vezes realizadas simultaneamente: "X = manufatura" (quando o projeto do produto preocupa-se e visa facilitar, garantir a qualidade ou baratear a sua manufatura), "X = uso" (quando visa facilitar ou tornar o uso do produto mais barato), "X = manutenção" (quando visa facilitar ou tornar a manutenção do produto mais barata), "X = logística" (quando visa facilitar ou baratear a logística envolvida com o produto ou sua embalagem), "X = reciclagem" (quando visa facilitar a desmontagem, a separação de componentes e a reciclagem do produto), entre outras.

Poka yoke no projeto de produto

Não é só no desenvolvimento de produtos físicos que o projeto tem impacto no desempenho de uso e manutenção dos produtos. Pense no projeto do produto "caixa automático, banco 24 horas". No projeto original, quando o cliente ia fazer um saque, por exemplo, a sequência de atividades era:

1. Introdução do cartão.
2. Digitação da senha.
3. Definição da transação – saque.
4. Definição do valor.
5. Contagem das cédulas.
6. Dispensação das notas.
7. Devolução do cartão.

Com essa sequência, era frequente que o cliente, distraído, esquecesse o seu cartão depois de retirar as cédulas. O projeto do produto foi então alterado, de forma relativamente simples (note a inversão da sequência dos passos

6 e 7), mas que afetou substancialmente a frequência com que a falha de esquecimento de cartão ocorria:

1. Introdução do cartão.
2. Digitação da senha.
3. Definição da transação – saque.
4. Definição do valor.
5. Contagem das cédulas.
6. Devolução do cartão.
7. Dispensação das notas.

Essa pequena alteração no projeto do produto fez com que o esquecimento de cartões se reduzisse substancialmente.

10.2.3 FASES DO DESENVOLVIMENTO DE UM PRODUTO

Embora as potenciais vantagens de um bom processo de desenvolvimento de produtos sejam encorajadoras, fazê-las acontecer é desafiador. Como tal, não se pode esperar que as ideias para novos produtos já surjam prontas e definidas. Na verdade, o processo de definição de quais projetos perseguir é um dos sucessivos testes de ideias e conceitos que partem de numerosas opções de projeto que vão sendo gradualmente filtradas até que se defina um conceito geral a perseguir. A Figura 10.1 ilustra a ideia.

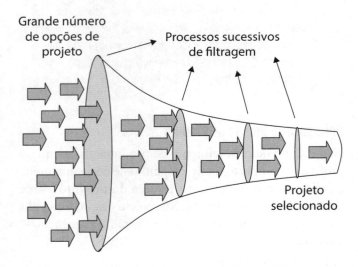

Figura 10.1 Processo sucessivo de filtragem de ideias para novos produtos.

Fonte: Baseada em Slack *et al.*, 2018.

O processo continuado de verificação de viabilidade do projeto acontece em sucessivas etapas de avaliação do tipo *go – no go* (prossegue – não prossegue). O desenvolvimento de produtos e processos envolve uma grande quantidade de atividades inter-relacionadas, muitas delas complexas, que cruzam barreiras organizacionais na empresa, como ilustra a Figura 10.2.

Nas primeiras duas fases, desenvolvimento do conceito e planejamento do produto, informações sobre oportunidades de mercado, movimentos competitivos, possibilidades técnicas e requisitos de produção devem ser combinados para definir a arquitetura do novo produto. Isso inclui seu projeto conceitual, os mercados-alvo a serem visados, o nível desejável de desempenho, as necessidades de investimento e o impacto financeiro, sempre que possível, quantificado. Antes que um programa formal de desenvolvimento e lançamento de produto seja finalmente aprovado, as empresas em geral tentam testar o conceito proposto em pequena escala, por meio da construção de modelos e frequentemente discutindo sobre eles, em todos seus aspectos, com potenciais clientes.

Uma vez aprovado, o projeto de um novo produto passa à fase da engenharia detalhada. A primeira fase dessa etapa abrange o projeto e a construção de modelos de trabalho e o desenvolvimento dos meios de produção, ferramental (moldes, sistemas de suporte etc.) e equipamentos que serão usados na produção comercial. No coração do projeto detalhado do produto e do processo está o ciclo projeto-construção-teste. Ambos, produto e processo, são definidos conceitualmente, passados para um modelo que possa ser trabalhado (esse modelo pode ser um modelo de simulação em computador, usando *digital twins* ou um modelo físico, também chamado *mock-up*) e então extensivamente testado em termos de sua produção, manutenção, uso e até mesmo desmontagem e reciclagem. Se o modelo falha em apresentar o desempenho esperado, a equipe de engenharia busca alternativas de mudança nas especificações do projeto corrente, que procurarão fechar a lacuna entre o desempenho desejado e o desempenho efetivamente alcançado. O ciclo iterativo projeto-construção-teste é então repetido (reiterado). A conclusão da fase de engenharia detalhada é marcada pela "liberação final da engenharia", o que significa que os projetos finalmente atendem aos requisitos desejados. Nesse momento, a empresa tipicamente passa o projeto para a fase de produção-piloto, durante a qual os componentes individuais, construídos e montados em ferramental e equipamentos, já de produção em escala, são testados como um sistema, na unidade produtiva. Durante a fase de produção-piloto, já uma quantidade considerável do produto é produzida e a habilidade do processo produtivo de executar produção em níveis comerciais é testada. Nesse estágio, todo o ferramental e outros meios de produção necessários já devem estar instalados e prontos, e todos os fornecedores de itens e componentes que se decidiu por adquirir em vez de produzir internamente devem estar prontos para produção em escala comercial. Este é o ponto do processo de desenvolvimento em que o sistema total – projeto, engenharia detalhada, ferramental, outros meios de produção, fornecedores, roteiros produtivos, peças e componentes, trabalhadores, supervisores, gerentes – é testado no seu conjunto.

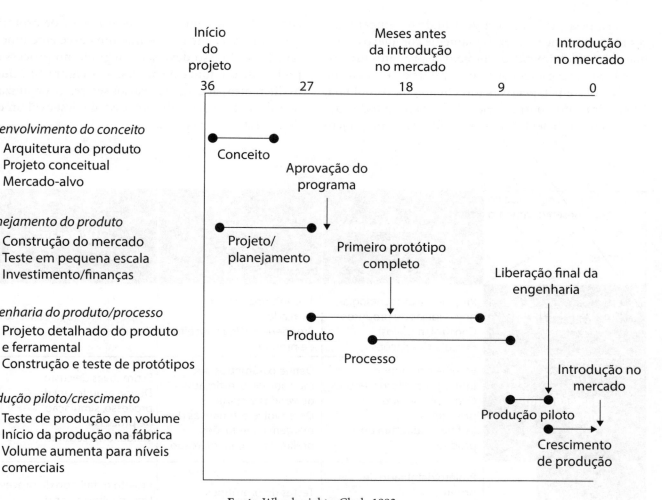

Fonte: Wheelwright e Clark, 1992.
Figura 10.2 Fases típicas do desenvolvimento de um produto complexo.

A fase final do processo de desenvolvimento é o crescimento dos volumes de produção. O processo foi sucessivamente aperfeiçoado e refinado, mas ainda tem de provar ser capaz de manter níveis elevados de produção, com níveis desejados de produtividade e desempenho competitivo (estratégico) em outros aspectos (confiabilidade, qualidade, velocidade, flexibilidade). Na fase de crescimento de produção (também chamada *ramp-up*), a empresa começa a produção comercial em níveis relativamente baixos; à medida que desenvolve mais altos níveis de confiança na sua habilidade e na habilidade de seus fornecedores de manter níveis desejáveis de volume e de desempenho, ao mesmo tempo em que cresce a confiança na habilidade dos setores comerciais em, de fato, comercializar volumes mais altos do novo produto, os volumes aumentam. Na conclusão da fase de crescimento de produção, ela atinge seus níveis máximos de escala produtiva, e, se tiver tido sucesso, terá também atingido seus níveis desejados de desempenho operacional. Um obstáculo no atingimento de um desenvolvimento ágil e de sucesso é o alto nível de complexidade e de incerteza com o qual se confrontam os envolvidos nesse processo. Quando se trata de produtos com complexidade alta, como um novo carro, um avião, um eletrodoméstico, uma nova atração num parque temático, o processo de desenvolvimento e de projeto de um novo produto pode levar muitos meses, ou seja, as decisões tomadas durante as fases só terão efeito num futuro de médio a longo prazo, portanto estando sujeitas a incerteza. Os problemas trazidos pela incerteza (validade das hipóteses assumidas, novas circunstâncias não previstas de um mundo dinâmico) só potencializam as questões referentes à complexidade: mesmo um produto relativamente simples, como uma nova impressora, tem centenas de componentes que trabalham juntos e requerem alto grau de precisão. Mesmo um produto aparentemente muito mais simples, como um aparelho com a lâmina de barbear Fusion5 da Gillette (observe, por exemplo, que suas cinco lâminas são adaptáveis de várias formas), pela sua exigência de grande desempenho, é resultado de processos extremamente complexos. Para que o desenvolvimento e o projeto de produtos funcionem bem, é necessário que uma grande quantidade de habilidades e perspectivas (do cliente, da tecnologia, financeira, entre outras) seja integrada num todo coerente. Não é suficiente ter uma grande ideia, um projeto conceitual superior, um excelente setor de prototipagem, um excelente marketing, uma excelente unidade fabril – tudo isso deve ser integrado no processo de projeto de produto e de processo. A Figura 10.3 ilustra os diferentes papéis que os vários setores da organização têm durante as fases do processo de desenvolvimento de produtos e processos.

Funções \ Fase de desenvolvimento	Desenvolvimento do produto	Marketing e vendas	Operação
Desenvolvimento do conceito	Propõe novas tecnologias, novas ideias de produtos. Constrói modelos. Executa simulações	Traz informações do mercado. Propõe/investiga conceitos de produto	Propõe e investiga conceitos de processo
Planejamento do produto	Escolhe componentes. Interage com fornecedores. Constrói primeiros protótipos. Define arquitetura do produto	Define parâmetros de mercado-alvo, estimativas de vendas e margens. Desenvolve estimativas de margem e interações preliminares com mercado	Estimativas de custo. Define arquitetura de processo, simulação de processo. Valida fornecedores
Engenharia detalhada do produto e de processo – Fase I	Projeto detalhado de produto. Interage com processo. Constrói protótipos em escala. Conduz testes de protótipos	Testes de protótipos com clientes. Participa da avaliação dos protótipos	Projeto detalhado de processo. Desenvolve meios de produção. Participa do desenvolvimento dos protótipos em escala
Engenharia detalhada do produto e de processo – Fase II	Refina detalhes do projeto do produto. Refina os protótipos	Refina testes de protótipos. Define plano de marketing. Define plano de distribuição	Teste de meios de produção. Protótipos em escala (processo). Instala meios de produção e procedimentos
Produção-piloto/ crescimento	Avalia e testa unidades-piloto. Resolve problemas	Prepara plano de marketing. Treina força de vendas. Treina pessoal de serviço. Prepara processo de venda	Constrói unidade protótipo em escala comercial. Refina processo em escala. Treina pessoal. Verifica logística para canais
Introdução no mercado	Avalia experiência no campo com o produto	Preenche canais de distribuição. Vende e promove. Interage com clientes	Leva produção para níveis-alvo. Atinge metas de desempenho

Fonte: baseada em Chase, Jacobs e Aquilano, 2003.

Figura 10.3 Papéis dos vários setores da organização durante as várias etapas do ciclo de desenvolvimento de produtos.

10.2.4 VOZ DO CLIENTE E QFD (DESDOBRAMENTO DA QUALIDADE)

Quando se consideram os ambientes competitivos atuais e do futuro, com concorrência acirrada, é importante que os produtos atendam o mais proximamente possível às necessidades e aos desejos dos clientes. É importante que a voz do cliente não só se faça ouvir, como também que ela informe o processo de desenvolvimento e projeto do produto. Uma abordagem para que isso ocorra é o chamado "desdobramento da qualidade" ou, na terminologia original em língua inglesa, *Quality Function Deployment* (mais conhecida pela sua sigla QFD). Credita-se a essa abordagem, que utiliza **grupos multifuncionais** de marketing, engenharia de projeto, engenharia de processo e manufatura, usada pela Toyota, a drástica melhoria de desempenho da empresa em termos de desenvolvimento de seus produtos nos anos 1980 e posteriormente. Veja o exemplo a seguir.

Um dos fatores importantes para que as empresas japonesas tenham operado o "milagre japonês" do meio para o final do século XX foi uma diferença profunda nas suas formas de desenvolver produtos. A Toyota (e outras empresas japonesas) eram mais ágeis para "engenheirar" a tecnologia em seus produtos. Além do uso de ferramentas como o QFD, três aspectos essenciais são apontados como cruciais no desempenho diferenciado dos japoneses (que posteriormente foram também adotados como práticas correntes pelos concorrentes ocidentais):

- **Forma de resolução de problemas**: em geral, tradicionalmente, as organizações delegavam para vários de seus grupos especializados a resolução das diversas partes dos problemas. Esses grupos especializados resolviam as partes dos problemas a eles delegados de forma sequencial. A forma com que as empresas japonesas faziam esse relacionamento, entretanto, era diferente. Em vez de um relacionamento sequencial, as fases eram paralelizadas. A Figura 10.4 ilustra as duas formas alternativas. Observe a redução de tempo resultante e as possibilidades que a abordagem paralelizada traz para melhor qualidade de solução de problemas, devido ao ciclo muito mais rápido de troca de informação. Essa abordagem às vezes é denominada "engenharia simultânea" ou "desenvolvimento simultâneo".

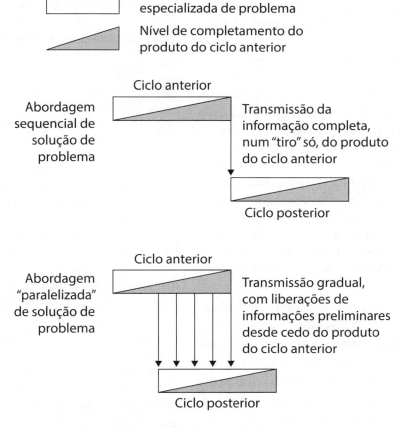

Fonte: Hayes, Wheelwright e Clark, 1988.

Figura 10.4 Abordagens alternativas para a solução de problemas.

- **Resolução de conflitos**: nas empresas tradicionais burocratizadas, os componentes do pessoal técnico envolvido nos processos de desenvolvimento permaneciam isolados uns dos outros dentro dos chamados "silos" organizacionais. Cada um dos envolvidos tinha de encaminhar a questão ao seu chefe até que um "chefe comum" arbitrava e decidia qual dos dois contendores sairia vencedor. A resolução do conflito se dava longe do ponto onde o conflito ocorreu, prejudicando a solução em qualidade e em tempo. Na lógica das empresas japonesas, a solução de conflitos era encorajada a ocorrer o mais proximamente possível do ponto de sua geração. Uma solução negociada e consensada, mais rápida e de melhor qualidade, emerge desse processo.

- **Organização dos projetos de desenvolvimento**: as empresas japonesas, em vez de organizarem seus projetos de desenvolvimento a partir da interação sequencial entre participantes, cada um em seu silo organizacional, usavam a abordagem chamada *tiger teams*. Os melhores funcionários de cada função (ou grupo especializado) eram destacados e transferidos fisicamente para uma sala de projeto, onde interagiam intensa e livremente, permanecendo juntos como um time, até o final do projeto de desenvolvimento, liderados por um executivo de alto escalão diretamente responsável por absolutamente todos os aspectos envolvidos no projeto de desenvolvimento.

Práticas como essas, adotadas pelas empresas japonesas, tinham em sua origem uma estratégia que visava otimização em relação ao uso dos recursos de produção. Afinal, o contexto era de extrema escassez. Com essa visão, ao longo da implementação dessas práticas, as empresas japonesas foram ofertando ao mercado veículos com atributos diferentes dos que existiam na época, como baixo consumo, qualidade e confiabilidade, influenciando o gosto dos clientes. Em vez de carros grandes e charmosos, de alto consumo, mas que não eram tão confiáveis e quebravam frequentemente, os japoneses, auxiliados pela crise do petróleo dos anos 1970, mostraram que os clientes poderiam desejar carros de menor apelo visual, mas que consumiam menos.

O processo QFD começa com o estudo detalhado e com a pesquisa sobre necessidades e desejos dos clientes (ouvir a voz do cliente), para determinar os requisitos do cliente, as características que farão um produto superior no mercado visado. Exemplo disso é um fabricante de automóveis que dispara uma iniciativa de melhorar o projeto da porta de um de seus veículos. Apoiado em pesquisas com clientes e entrevistas, determina que dois importantes requisitos dos seus clientes quanto à porta do veículo são: "que permaneça aberta mesmo numa rampa inclinada" e que seja "fácil de fechar do lado de fora". Depois de definidos esses requisitos do cliente, eles têm seu peso relativo avaliado aos olhos do cliente (por exemplo, numa escala de zero a dez). Em seguida, o cliente é solicitado a comparar e a avaliar o desempenho do produto da empresa com aqueles dos concorrentes, quanto aos requisitos identificados. Dessa forma, a empresa tem uma noção competitiva clara para direcionar suas decisões de projeto: ela aprende, do ponto de vista do cliente, o que ele considera importante e também como está o desempenho do produto da empresa comparativamente ao desempenho das ofertas concorrentes. O resultado é uma focalização melhor nos requisitos que realmente requerem melhoramento.

PARA REFLETIR

Considere o item "Forma de resolução de problema". A maneira "paralelizada" implica que produtos parciais de um ciclo sejam passados ao ciclo subsequente, em vez da forma sequencial tradicional na qual o produto completo era passado de um ciclo a outro, de uma vez só. Isso reduz o tempo total de desenvolvimento, mas certamente requer uma mudança na forma de trabalhar dos envolvidos. Quais problemas e que tipo de resistência você imagina que podem ocorrer quando uma empresa adota formas mais paralelizadas de desenvolvimento?

Agora, considere os itens "Resolução de conflitos" e "Organização dos projetos". Pense nas mudanças do desenvolvimento japonês em relação ao tradicional. Quais os potenciais problemas e resistências que uma empresa pode encontrar quando resolve adotar a forma japonesa de desenvolvimento?

Os requisitos do cliente formam a base do que na abordagem QFD é chamado "a casa da qualidade" (veja a Figura 10.5). A casa da qualidade é, na verdade, uma matriz que busca correlacionar aspectos relevantes do processo de desenvolvimento de produtos e processos. Um primeiro relacionamento é aquele entre os requisitos identificados e ranqueados (as linhas da matriz principal da Figura 10.5) com um conjunto de especificações técnicas do produto (as colunas da matriz principal). As células da matriz principal trazem os relacionamentos, variando numa faixa de correlação "fortemente positiva" a correlação "fortemente negativa". A ideia, aqui, é identificar como a voz do cliente deveria de fato refletir-se nas especificações técnicas do produto em análise. Essas especificações técnicas são então ranqueadas, com base na sua importância *vis-à-vis* com os requisitos dos clientes. A partir disso, podem-se definir valores-meta para as especificações técnicas e focalizar aquelas alterações que efetivamente vão ter um impacto na percepção do cliente. Discutir os vários aspectos da matriz da casa da qualidade em grupos multifuncionais, com participação de pessoas das áreas de marketing, engenharia de produto, de processo, produção e outras, permite uma solução consensada de melhor qualidade e em menos tempo. Note que as matrizes da casa da qualidade relacionam "o que" (no caso, os requisitos do cliente) com "como" (no caso, as especificações técnicas a serem alteradas para que se cumpram os requisitos). Se a ideia for expandida, então se pode pensar, agora, numa nova casa da qualidade que relacione "o que" (as alterações de especificações dos produtos) com "como" (possivelmente, aspectos do processo que eventualmente deveriam ser alterados para que as novas especificações pudessem ser executadas – imagine, por exemplo, que a alteração de uma especificação técnica requeresse que uma máquina fosse alterada). Dessa forma, as matrizes da casa da qualidade facilitam a reflexão da voz do cliente nas especificações do produto e que estas, por sua vez, sejam refletidas nas especificações de processo e assim por diante. A Figura 10.6 ilustra a ideia.

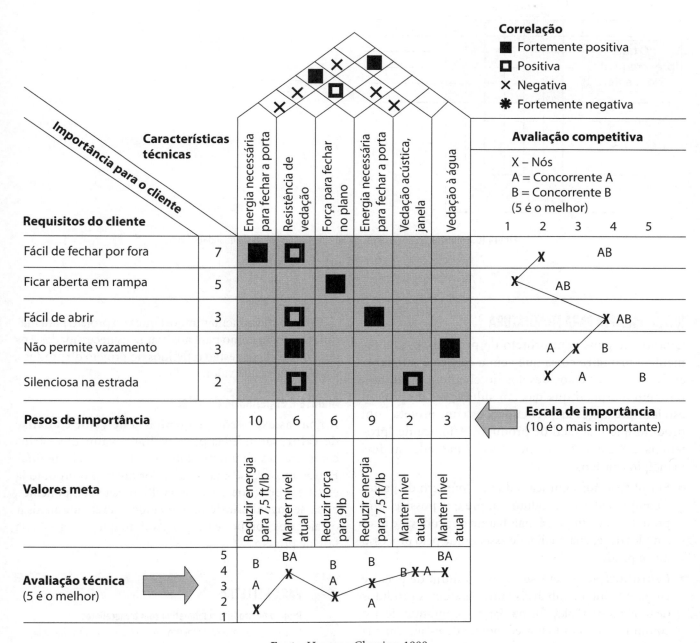

Fonte: Hauser e Clausing, 1988.

Figura 10.5 Ilustração da casa da qualidade do QFD.

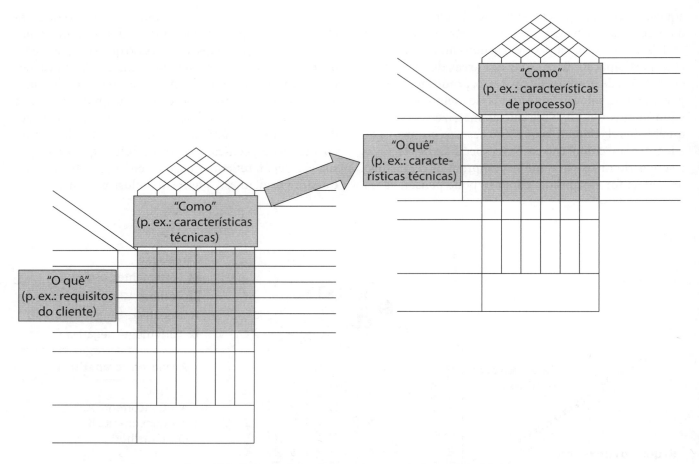

Figura 10.6 Ilustração do possível encadeamento de "casas da qualidade".

10.2.5 PROJETO PARA MANUFATURA

Quando se pensa em projeto de produto, evidentemente a primeira coisa que vem à cabeça é satisfazer às necessidades e aos desejos do cliente. Entretanto, também é crucial que nas considerações de projeto estejam presentes as preocupações com projetar um produto que seja fácil de produzir. A lógica de "projeto para X como X = manufatura" é baseada em dois princípios básicos:

- **Simplificação**: significa reduzir o número de partes e componentes do produto sempre que possível. Um produto mais simples é mais barato de produzir e mais simples de ter sua qualidade assegurada pelo processo que o produz.

- **Padronização**: refere-se ao uso comum de peças e conjuntos intercambiáveis entre diferentes produtos de uma mesma "plataforma". Peças e conjuntos de uso comum permitem maior economia de escala em sua produção, maior rapidez no desenvolvimento, menores estoques e maior facilidade para manutenção.

Uma das ferramentas importantes no projeto para manufatura, bem como para analisar se as necessidades e os desejos do cliente estão refletidos no projeto do produto, é a engenharia de valor.

Análise e engenharia de valor

Ambas as expressões, **engenharia de valor** e **análise de valor**, são usadas para avaliar o valor dos vários componentes de um produto aos olhos do cliente final. Entretanto, usa-se análise de valor quando o produto já existe e se pretende reavaliar o valor de seus componentes, e usa-se engenharia de valor quando se pretende analisar o valor dos componentes do produto que ainda está na fase de projeto.

 PARA REFLETIR

Projeto do produto colaborativo com fornecedores

Os custos de desenvolvimento de um novo produto são hoje, em alguns setores da economia, muito altos, às vezes altos demais para que uma empresa arque sozinha com eles. Pense numa nova aeronave, como o E170, o jato de médio porte da Embraer. Os custos totais de desenvolvimento de uma aeronave como essa estão em ordem superior aos nove dígitos, pensando em dólares. Uma quantia substancial mesmo para a Embraer, uma empresa com mais de 20.000 funcionários e receita bruta beirando os US$ 4 bilhões. No projeto de desenvolvimento do E170, a Embraer adotou, ainda mais fortemente do que o fizera no desenvolvimento de seu produto anterior da aviação comercial, o E145, a ideia de desenvolvimento compartilhado do produto com seus fornecedores. Dezesseis grandes (por exemplo, Kawasaki, General Electric, Parker, Gamesa, Honeywell) fornecedores-parceiros da Embraer em quatro continentes tomaram parte do projeto conjunto com custos compartilhados de desenvolvimento do E170, fazendo uso intensivo de tecnologia de informação e telecomunicações de última geração. No desenvolvimento do E145, de um total de 350 fornecedores, apenas quatro participaram intensamente do esforço compartilhado de desenvolvimento do produto. O resultado foi um *time-to-market* (tempo do desenvolvimento ao mercado) recorde e um custo de desenvolvimento suportável para uma empresa que tem de competir com gigantes europeus (como o consórcio Airbus) e norte-americanos (como a Boeing) e a canadense Bombardier.

A Natura e a Unilever são outras empresas que confiam muito nos seus fornecedores para desenvolverem partes importantes dos seus produtos, como as essências dos seus novos produtos cosméticos, de cuidados com a casa e de bem-estar.

Questões para discussão
1. O projeto do produto colaborativo com fornecedores aqui descrito tem várias vantagens. Tente agora pensar nos riscos, por exemplo, de um fornecedor envolvido no desenvolvimento revelar a um concorrente um segredo do novo produto. O que você imagina que pode ser feito por uma empresa para preservar-se desses riscos?
2. Tente listar exaustivamente os potenciais benefícios e riscos do projeto de produto colaborativo com fornecedores.

O propósito básico da engenharia e análise de valor é simplificar produtos e processos. O objetivo é atingir desempenho equivalente ou melhorado do produto mais simplesmente e com custos menores. O método, basicamente, consiste em uma análise rigorosa de todos os componentes e conjuntos do produto, definindo sua função essencial com uso de um verbo e um substantivo; por exemplo, a função essencial de um tanque de combustível é "conter combustível". A partir daí, o time de projeto define um "valor" para cada função essencial e determina o custo de prover aquela função. Com essas informações, uma razão entre o valor da função e seu custo pode ser estabelecida. O time, então, procura aumentar a razão "valor sobre custo", aumentando o valor ou reduzindo o custo. Não se pode esquecer aqui que valor e custos devem ser considerados de forma social e ambientalmente responsável. A substituição, por exemplo, de um material por outro mais barato, mas que posteriormente causa mais danos ao meio ambiente, pode parecer, numa primeira análise, vantajosa, quando se considera o custo estrito do componente. A substituição do componente pode, numa segunda análise, entretanto, considerando agora o custo ambiental, mostrar-se desvantajosa. Para isso, entra-se no detalhe de analisar os materiais e as operações necessárias para produzir o componente em análise com objetivo de eliminar e simplificar atividades e componentes sempre que possível. Cada material, componente, conjunto e atividade fica sujeito a questionamentos do tipo:

- Pode ser eliminado?
- Ele faz mais do que deveria?
- Ele custa mais do que vale?
- Sua manutenção é fácil?
- Algo diferente pode fazer melhor?
- Pode ser feito por um método melhor?
- Pode ser feito de outro material mais barato?
- Pode ser feito mais bem ou mais barato por outra operação?
- Pode ser facilmente desmontado, remanufaturado, reutilizado e reciclado?
- Sua disposição final é ambientalmente sustentável e socialmente responsável?

Algumas empresas, ainda que motivadas por legislação mais exigente do ponto de vista de preservação ambiental, têm descoberto que um projeto de produtos e processos menos poluidores pode mesmo resultar em vantagens econômicas. O McDonald's e a Stellantis (antiga FCA – Fiat Chrysler Automobiles), por exemplo, estão economizando milhões de dólares mediante auditorias de desperdício que se concentram em reduzir o total de lixo produzido. O McDonald's eliminou nos últimos 15 anos, permanentemente, 40% dos seus custos com lixo. Similarmente, a Stellantis, numa fábrica da Jeep, eliminou 70% do lixo enviado para aterros sanitários, reutilizando *pallets* e outros materiais. O programa da Xerox de reutilização de peças de suas copiadoras, chamado "projeto para remontagem", economiza para a empresa algo como US$ 200 milhões por ano. O processo envolve desmontagem das máquinas usadas, reposição de peças gastas por peças novas ou remanufaturadas, limpeza e testes extensivos para que se tenha certeza de desempenho similar ao de uma máquina nova.

A montadora de veículos Subaru tem uma fábrica no estado americano de Indiana que, depois de anos de esforço da empresa, hoje gera *zero* resíduos sólidos. A empresa usa esse fato extensivamente nas suas campanhas publicitárias e garante que efetivamente economizou milhões de dólares com a iniciativa que inclui *Redução* (de recursos utilizados), *Reutilização* (sempre que possível) e *Reciclagem* (de tudo o que iria para aterros sanitários). Para saber mais sobre a Subaru, pesquise na internet usando termos-chave como *zero landfill*.

PARA REFLETIR

Em sua opinião, por que o Brasil é um dos países com maior índice de reciclagem de alumínio?

10.2.6 CICLO DE VIDA DO PRODUTO

Depois de o produto ser introduzido no mercado, em geral, se tiver sucesso, suas vendas deverão permanecer num patamar alto por determinado tempo, para depois gradualmente declinarem até que seja retirado do mercado. Essas diferentes fases definem o que a literatura chama de "ciclo de vida do produto". O ciclo de vida do produto representa estágios distintos na história das vendas do produto. Correspondentes a esses estágios são diferentes oportunidades e problemas com respeito a várias estratégias mercadológicas, operacionais e financeiras. Note que os objetivos estratégicos da operação podem variar na medida em que o produto progride ao longo das fases. Essas fases são quatro:

- **Introdução no mercado**: um período de vendas baixas, na medida em que o produto está sendo introduzido no mercado. Lucros são praticamente não existentes neste estágio, porque altos investimentos foram feitos durante o estágio de desenvolvimento do produto. Essa é uma fase em que o projeto do produto está sofrendo sucessivas reavaliações e o projeto de engenharia está sendo modificado rapidamente com base na realimentação das informações dos primeiros clientes que comprarão o produto e na informação dos níveis de sucesso e características de projeto das ofertas concorrentes. Os objetivos estratégicos mais importantes, aqui, tendem a ser a flexibilidade de produto, a agilidade, a qualidade do projeto e a velocidade de atendimento (disponibilidade do produto).

- **Crescimento de volume**: um período de rápido crescimento de vendas (caso o produto tenha tido sucesso e aceitação no mercado) e de crescimento de lucratividade. Nessa fase, os objetivos estratégicos mais importantes serão a flexibilidade de volume e a disponibilidade do produto.

- **Maturidade**: um período de desaceleração das taxas de crescimento de vendas, porque o produto atingiu aceitação pela maioria de seus clientes potenciais. Lucros estabilizam-se ou começam a declinar, porque reduções em preço geralmente têm de ser feitas para proteger o produto da concorrência, que a esta altura já terá sido capaz de aproximar o projeto do seu produto ao projeto de sucesso do produto da empresa em análise. Os produtos concorrentes, portanto, tornam-se mais semelhantes entre si. Nessa fase, os objetivos estratégicos mais importantes a perseguir serão a produtividade e o custo.

- **Declínio**: estágio durante o qual as vendas começam a diminuir e a lucratividade tende a piorar, com volumes diminuídos e a necessidade de alterações no projeto do produto e oferta de eventuais acessórios e extras na tentativa de prolongar os períodos de vendas em volumes altos. Nesta fase, de novo a flexibilidade de produto e a flexibilidade de volume (garantir redução eficiente de volumes) serão as mais importantes prioridades competitivas.

Esses estágios, quando plotados numa escala temporal, definem uma curva em forma de S (volumes de vendas *versus* tempo), conforme mostra a Figura 10.7.

Assim como os produtos e os mercados passam por vários estágios ao longo de sua vida, os processos que os produzem também devem, correspondentemente, variar, até mesmo para conseguir entregar as diferentes prioridades competitivas que as diversas fases requerem. Percorrendo as fases do ciclo de vida do produto, no processo de introdução no mercado, os volumes produzidos são pequenos, as mudanças no projeto são frequentes e, consequentemente, o processo produtivo a cargo de produzir os produtos nesta fase necessita ser mais flexível, capaz de adaptar-se rapidamente aos refinamentos de projeto. Um processo produtivo assim flexível costuma sofrer (há um *trade-off*, ou um conflito; veja o Capítulo 2) com níveis de eficiência mais baixos – não há, por exemplo, os ganhos de escala de linhas de produção dedicadas, porque os volumes ainda não justificam isso.

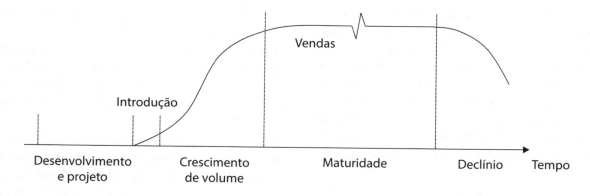

Figura 10.7 Ilustração do ciclo de vida do produto.

À medida que o produto percorre a fase de crescimento de volume, o projeto do produto começa a estabilizar-se, os volumes começam a aumentar rapidamente e, neste ponto, é importante que o processo consiga aumentar volumes produzidos nos limites de tempo necessários, sem deixar que o produto falte no mercado. Em geral, nesses períodos de crescimento definem-se as fatias de mercado que cada um dos possíveis concorrentes terá.

No ponto em que a fase de maturidade é atingida, o projeto do produto estabilizou-se, alguns concorrentes permaneceram, seus produtos agora são similares (todos fizeram seus *benchmarkings*, incorporando em seus produtos as características dos produtos concorrentes que se mostraram de sucesso no mercado) e os volumes são altos. Pela semelhança dos produtos, a concorrência agora passa a ser muito mais baseada no preço. Isso quer dizer que o processo produtivo deve correspondentemente mudar para um que outorgue eficiência.

Quando o ciclo de vida do produto inicia sua fase de declínio, os volumes caem e, em geral, as empresas reiniciam o processo de mudanças de projeto e inclusão de acessórios e outros "extras" no produto para torná-lo atraente novamente e, assim, prolongar sua vida. Correspondentemente, os processos produtivos que elaboram produtos nessa fase deveriam acompanhar essas mudanças de forma a prover níveis mais altos de flexibilidade.

Essas considerações sinalizam para uma correlação entre características encontradas nos produtos e mercados servidos ao longo do ciclo de vida do produto e características do processo a cargo de fazer os produtos ao longo das fases do ciclo. Essa correlação foi proposta por Hayes e Wheelwright (1984). De lá para cá, o conceito evoluiu.

Hoje, consideramos que há correlação, não necessariamente entre as fases do ciclo de vida do produto e os diferentes tipos de processo que os produzem, mas entre os níveis de volume e variedade dos produtos produzidos e os tipos de processo que os produzem. À medida que o projeto do produto evolui e se estimam os volumes e a variedade dos produtos que uma operação pretende produzir, é necessário que se selecionem processos adequados para produzi-los com os níveis esperados de desempenho.

10.2.7 TIPOS DE PROCESSO PRODUTIVO

É interessante visitar unidades produtivas, entre outros motivos pela variedade que elas têm. Entre numa fábrica petroquímica, por exemplo. Você verá uma grande quantidade de equipamentos de grande porte, ligados entre si por tubulações, e provavelmente verá poucas pessoas na planta fabril. Entre agora numa fábrica de alto-falantes. Você verá linhas de montagem manuais, com muitas pessoas lado a lado montando produtos utilizando ferramentas de pequeno porte (parafusadeiras, ferros de solda). Da mesma forma, quando se consideram unidades produtivas de serviços, acham-se vários tipos de processo produtivo: no metrô de São Paulo, por exemplo, o cliente vê equipamentos e instalações de grande porte, mas quase não vê pessoas (as linhas mais novas do metrô nem têm condutores nos trens). Já em um *call center*, por exemplo, altamente intensivo em mão de obra, você verá centenas de pessoas em seus postos de atendimento atendendo às suas chamadas com uso equipamentos relativamente simples.

Numa tentativa de identificar padrões na grande variedade de processos produtivos que são encontrados, podemos enumerar alguns aspectos nos quais as unidades produtivas diferem umas das outras e definir contínuos dessas variações:

- **Volume de fluxo processado**: há processos produtivos que organizam altos volumes de fluxo (transporte público, fábricas de cimento, parques temáticos, usinas de álcool) e processos que lidam com baixos volumes de fluxo (estilista de alta costura, fabricante de máquinas especiais, consultório odontológico, fabricante de satélites).

- **Variedade de fluxo processado**: há processos que executam um só tipo de fluxo que percorre a mesma sequência de etapas, sem variedade (uma usina de aço, o metrô, uma cafeteria numa escola, fábricas de vidro plano, compras pela internet) e há processos que lidam com uma variedade de diferentes fluxos, que requerem, cada um, uma sequência de etapas diferentes de processo produtivo (uma fábrica de moldes especiais, um *personal trainer*, um restaurante de luxo, um consultório de psicanálise).
- **Recurso dominante**: há processos que têm grande participação de pessoas em sua execução, ou seja, o recurso humano é o recurso dominante (consultoria, artesanato, serviços médicos e de saúde, fabricação de equipamentos sob encomenda) e há processos cujo recurso dominante é o tecnológico – máquinas, equipamentos, *software* (usina hidrelétrica, fábrica de alumínio, central telefônica, fábrica de papel-jornal, serviço prestado pela internet como *streaming* de filmes e música).
- **Incrementos de capacidade**: há processos que só conseguem incrementar a capacidade produtiva em grandes degraus de cada vez, já que as unidades de seus recursos são de grande porte e não permitem incrementos graduais (companhias aéreas, tratamento de água, planta petroquímica), enquanto outros processos produtivos permitem que a capacidade seja incrementada de forma gradual (escritório de advocacia, lojas da internet, serviço de *streaming*, alfaiataria, fabricação de móveis especiais, salão de beleza).
- **Critério competitivo de vocação**: há processos que têm eminentemente vocação para serem mais eficientes, com um correspondente desempenho pior em flexibilidade (restaurante do tipo bandejão, plantas químicas, transporte de massa) e processos que têm mais vocação de ser flexíveis, mas que perdem em eficiência (restaurante de luxo, consultoria especializada, alfaiate sob encomenda, psicoterapia).

Embora os exemplos sejam de extremos, os aspectos mencionados podem variar continuamente entre esses extremos. A Figura 10.8 ilustra alguns aspectos que diferenciam os processos produtivos e contínuos de variação desses aspectos.

Interessante também é notar que as variações encontradas nos processos em relação aos aspectos mostrados na Figura 10.8 não são independentes. Na verdade, é muito frequente quando se visita, por exemplo, uma planta petroquímica, encontrar simultaneamente alto volume processado e baixa variedade de fluxo, em que os recursos dominantes são os equipamentos, com incrementos possíveis de capacidade apenas em grandes degraus, o que, de certa forma, resulta em uma vocação maior por ter melhor desempenho em eficiência com correspondente pior desempenho em flexibilidade. Note que essas condições correspondem à extremidade direita dos contínuos de variação dos aspectos ilustrados na Figura 10.8. Da mesma forma, também há outros processos produtivos, por exemplo, num escritório de consultoria, que processa baixo volume de um fluxo bastante variado, cujo recurso dominante é o humano, os incrementos de capacidade podem ser graduais (até em homens-hora) e, embora não seja um processo que vise à eficiência, é capaz de uma flexibilidade altíssima para acomodar diferentes necessidades de clientes. Note que a descrição desse processo produtivo corresponde à extremidade esquerda dos contínuos de variação da Figura 10.8. Para facilitar a comunicação, nomeamos alguns estágios desse contínuo, conforme a Figura 10.9: a extremidade esquerda dos contínuos representa os processos "por tarefa"; a extremidade da direita dos contínuos representa processos "em fluxo contínuo". Há estágios intermediários que não nomearemos por enquanto, exatamente por tratar-se de contínuos.

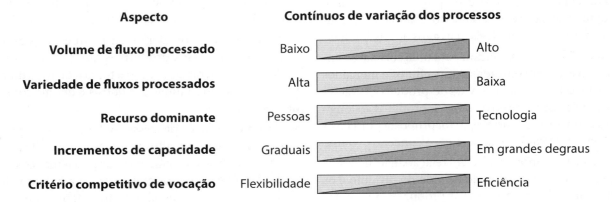

Figura 10.8 Ilustração de aspectos segundo os quais os processos produtivos diferem.

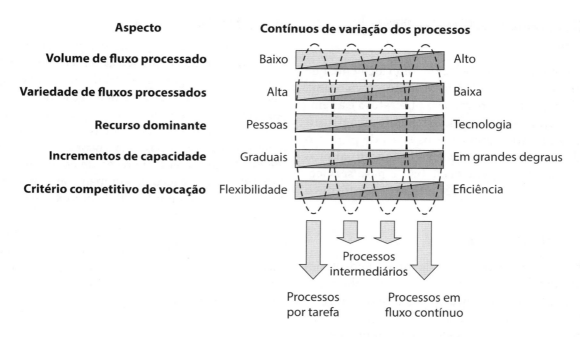

Figura 10.9 Definição de estágios do contínuo de variação de processos produtivos.

Retomando a ideia de correlação entre características de produtos (encontradas inclusive em diferentes estágios do ciclo de vida do produto) e características de processo, podemos agora definir a matriz de correlação produto-processo. A Figura 10.10 ilustra a matriz produto-processo.

Segundo a ideia da matriz produto-processo, haveria correlação entre os tipos de processo produtivo que deveriam ser selecionados e as características de volume e variedade dos produtos produzidos por eles. Essa correlação, na matriz da Figura 10.10, é ilustrada pela diagonal de alinhamento. Processos que teriam alinhamento entre sua vocação e as características de volume e variedade produzidas estariam colocados sobre essa diagonal. Fora dessa diagonal, ou trata-se de impossibilidade (imagine, por exemplo, um processo totalmente dedicado em fluxo contínuo processando um produto sob encomenda), ou inviabilidade (por exemplo, um processo altamente flexível – e, portanto, não muito eficiente – fazendo um produto só em altos volumes. Competir em preço seria, provavelmente, inviável).

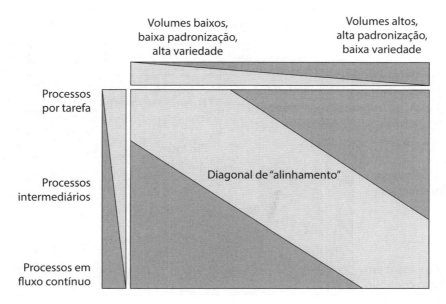

Fonte: baseada em Hayes e Wheelwright, 1984.
Figura 10.10 Matriz produto-processo.

10.2.8 MATRIZ PRODUTO-PROCESSO EM OPERAÇÕES FABRIS

Embora já tenhamos estabelecido anteriormente que não consideramos a dicotomia produto-serviço uma boa classificação para operações, a literatura e as empresas, em geral, ainda fazem fortemente essa distinção, nomeando diferentemente os tipos de processo sobre a diagonal principal da matriz conceitual produto-processo para operações fabris e para serviço. Para operações fabris, a matriz ficaria conforme a Figura 10.11.

Processo por tarefa (*job shop*)

É a produção de pequenos lotes, de uma grande variedade de produtos, com variados roteiros de fabricação (sequência de etapas do processo produtivo), em geral associados com arranjos físicos funcionais (ou por processo; veja o Capítulo 13), nos quais os equipamentos são agrupados por função, para permitir que os fluxos percorram qualquer roteiro que seja eventualmente necessário; não há conexão entre os centros produtivos. Em geral, os grupos de trabalho ou os trabalhadores ficam a cargo de fazer o produto todo, necessitando para isso ser polivalentes. Os equipamentos são, em geral, de propósito geral e muito flexíveis. Lembram os aspectos essenciais do processo artesanal. Exemplos são as ferramentarias, as fábricas de móveis de cozinha por encomenda, as fábricas de máquinas especiais, entre outros.

Processo em lotes (*batches*)

Essencialmente, é um processo similar ao processo por tarefa no sentido de que seu arranjo físico deve ser funcional pelo alto grau de flexibilidade ainda requerida, mas já há especialização e dedicação de funcionários aos equipamentos (não ocorre de um grupo ou funcionário ficar responsável por todas as etapas do processo, como no *job shop*) e há ainda a ocorrência de economias de escala, como na preparação de equipamentos. Uma vez feita a preparação do equipamento, uma "batelada" (ou lote, ou ainda um *batch*) de produtos é feita e então enviada para a próxima etapa do processo produtivo. É usada quando a empresa tem uma linha de produtos relativamente estabilizada mas ainda com variedade alta. Exemplos são as indústrias de embalagem, as indústrias químicas de especialidades como as farmacêuticas, indústrias de alimentos e bebidas, estamparias de montadoras de veículos, entre outros.

Processo em linha

É a produção de peças discretas (em unidades) fluindo de estação de trabalho a estação de trabalho (conexas, portanto, umas às outras) num ritmo preestabelecido. As estações de trabalho são arranjadas de forma a respeitar a sequência de etapas do processo produtivo do produto (isso, evidentemente, só tem sentido quando os produtos são feitos em altos volumes). Exemplos são as linhas de montagem de veículos, as linhas de montagem de impressoras, as linhas de montagem de brinquedos, de eletrodomésticos, entre outros.

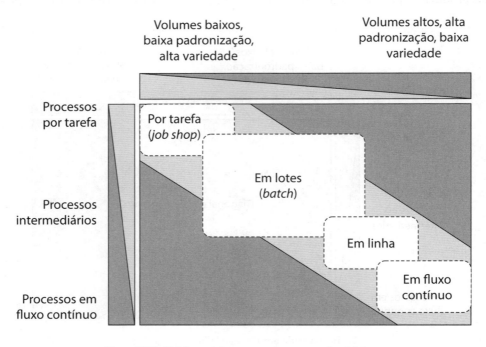

Figura 10.11 Matriz produto-processo para operações fabris.

Processo em fluxo contínuo

É o processamento de material em fluxo (não discreto) contínuo. Semelhante à produção em linha, tem seus equipamentos arranjados conforme a sequência de etapas do processo produtivo que um específico produto requer. Os equipamentos são conexos uns aos outros, em geral por tubulação ou correias transportadoras, resultando em baixos níveis de estoques em processo. Essas estruturas fabris geralmente são automatizadas, constituindo-se quase de uma única "máquina", trabalhando em geral ininterruptamente, de forma coerente com suas exigências (normalmente baixo custo) de competitividade no mercado.

> **VOCÊ SABIA?**
> **Os processos por tarefa, em lotes, em linha e em fluxo contínuo são os chamados processos clássicos.**
> Há ainda vários tipos de processos chamados híbridos, que buscam beneficiar-se dos pontos fortes de mais de um tipo clássico de processo. Um tipo bastante importante é o processo celular. A manufatura celular é um híbrido, um cruzamento de processo em lotes com processo em linha, no qual se procura, a partir de um processo em lotes, por exemplo, para determinadas famílias de peças ou produtos que utilizem processos (sequências de atividades) semelhantes, estabelecer uma pequena fábrica dentro da fábrica dedicada à produção da família escolhida. De certa forma, faz-se uma linearização do processo em lotes para uma ou algumas famílias de peças ou produtos. Com isso, simplifica-se muito o fluxo produtivo e dá-se a um grupo de funcionários a responsabilidade pela produção completa de uma família de peças, uma família de conjuntos ou uma família de produtos, com vantagens em tempo e qualidade. Veja mais sobre células de produção no Capítulo 13.

Tecnologia de processos fabris

A tecnologia tem alterado substancialmente os processos produtivos fabris, tanto no sentido de permitir mais automação, com evidente impacto na produtividade e na consistência e confiabilidade da produção, quanto no desafio do tradicional *trade-off* entre eficiência e flexibilidade de processos (ilustrado pela diagonal da Figura 10.11). Quanto ao último objetivo, de desafiar o *trade-off* eficiência-flexibilidade, o que as tecnologias estão tornando possível é o "achatamento/horizontalização da diagonal" na matriz produto processo, ou seja, o que se busca é aumentar a variedade, reduzindo os volumes por produto, mas atingindo simultaneamente níveis de eficiência similares aos tradicionais processos em linha e em fluxo contínuo. A tecnologia tem afetado os processos produtivos tanto no aspecto máquinas e equipamentos (*hardware*) como no aspecto sistemas de gestão (*software*).

Tecnologia *hardware* em processos fabris

- **Máquinas de controle numérico (CNC)**: tipicamente, são máquinas usadas para furar, tornear, fresar (ou outro processo) diferentes tipos de peça e um computador que controla e determina a sequência de movimentos e operações que a máquina deve fazer. Máquinas mais modernas de controle numérico são capazes de continuamente monitorar a posição da ferramenta e da peça e proceder a correções quando necessário. Com máquinas de controle numérico, as atividades de preparação do equipamento podem ser substancialmente reduzidas, contribuindo para o aumento de flexibilidade.

- *Machining centers*: representam um passo adiante no uso de tecnologia para automação de processos. Os *machining centers* não só controlam automaticamente a máquina e seus movimentos; eles também carregam várias ferramentas que podem ser automaticamente trocadas, permitindo, assim, que não só uma operação, mas uma série de operações seja executada sem que a peça tenha de ser descarregada de uma máquina e carregada na outra. Algumas máquinas mais sofisticadas permitem, inclusive, que as peças sejam carregadas e descarregadas automaticamente, proporcionando longos períodos de produção flexível sem interferência de operador. Os tempos de preparação, desnecessário dizer, são substancialmente reduzidos, com consequências favoráveis para a flexibilidade dos processos.

- **Robôs industriais**: antigamente, eram apenas usados como substitutos de pessoas em atividades repetitivas, perigosas ou executadas em ambiente agressivo. Hoje os chamados cobôs (robôs colaborativos), com capacidade visual e habilidade motora fina, podem trabalhar lado a lado com as pessoas. O robô é programável e pode executar uma grande quantidade de tarefas e sequências de tarefas em três dimensões, como montar partes grandes em veículos (como os bancos), carregar e descarregar peças em máquinas, pintar equipamentos, soldar grandes peças com grande precisão, fazer montagens finas, entre outras.

- *Flexible Manufacturing System* (**FMS**): um FMS é, em geral, composto de vários *machining centers* circundando um robô industrial. O robô industrial executa atividades pré-programadas de carga e descarga de peças nos vários *machining centers* numa sequência determinada em seu programa. Com isso, a célula altamente automatizada é praticamente autônoma para trabalhar numa grande sequência de diferentes peças sem interferência humana.

- *Automatically Guided Vehicles* (**AGV**): melhoram eficiência no transporte e na movimentação de materiais entre centros produtivos. Trata-se de robôs programáveis e reprogramados em determinados pontos do processo, guiados por faixas magnéticas no chão da planta fabril. As instruções definem os trajetos que os AGVs devem percorrer, automatizando a movimentação de materiais entre centros produtivos e estações de trabalho.

- **Impressoras em 3 dimensões (3D *printers*)**: ou manufatura aditiva, é um processo de fazer objetos sólidos tridimensionais a partir de um arquivo digital. Em processos aditivos, um objeto é criado estabelecendo camadas sucessivas de material até que o objeto seja criado. A impressão 3D é o oposto da manufatura subtrativa, que corta/esvazia um pedaço de metal ou plástico – por exemplo, uma fresadora. Dessa forma, a impressão 3D permite produzir formas complexas usando menos material do que os métodos de manufatura tradicionais.

Tecnologia *software* em processos fabris

- ***Computer-Aided Design* (projeto apoiado por computador), ou CAD:** é uma tecnologia para o projeto de produtos e processos que se utiliza de computador para várias atividades de projeto. Utiliza sistemas gráficos para auxiliar no projeto em si do produto e sistemas mais sofisticados de elementos finitos para simular, inclusive, características físicas, como resistência e projetos alternativos de componentes, por exemplo, antes que sejam fisicamente construídos. Há recursos de CAD hoje, até para simular e desenhar os processos produtivos que farão os produtos projetados, gerando automaticamente as instruções para as máquinas de controle numérico e *machining centers*. Esse recurso é chamado *Computer-Aided Process Planning*, ou planejamento de processo apoiado por computador (CAPP).

- ***Automated Manufacturing Planning and Control Systems* (AMPCS), ou sistemas de planejamento e controle de manufatura automatizados**: são sistemas de gestão automatizados que definem o planejamento, a programação e o sequenciamento das atividades de uma planta fabril, monitorando continuamente o *status* das ordens de produção, das máquinas, das ferramentas e outros recursos e usando essas informações para continuamente reprogramar as atividades quando algo novo ocorre.

- **Inteligência artificial**: é a simulação de processos de inteligência humana por máquinas. Concentra-se em habilidades cognitivas como raciocínio, aprendizagem, planejamento, criatividade e autocorreção. Os sistemas IA têm a capacidade de adaptar seu comportamento até um certo grau, analisando os efeitos de ações anteriores e trabalhando de forma autônoma.

- ***Machine learning* (aprendizado de máquina)**: é um subcampo da inteligência artificial, definido como a capacidade de uma máquina de imitar o comportamento humano inteligente. Portanto, fornece aos sistemas a capacidade de aprender e melhorar automaticamente com a experiência, sem ser explicitamente programado. O aprendizado de máquina se concentra no desenvolvimento de programas de computador que podem acessar dados e usá-los para aprender por si próprios.

- ***Digital twins* (gêmeos digitais)**: são representações virtuais de dispositivos físicos utilizados para executar simulações antes que os dispositivos reais sejam construídos e implantados. Essa tecnologia é atualizada a partir de sensores que coletam dados em tempo real e usa simulação, aprendizado de máquina e raciocínio para ajudar na tomada de decisões.

O conjunto de todas essas partes de tecnologia, que trabalham de maneira integrada, forma o que alguns denominam *Computer-Integrated Manufacturing* (CIM) ou *Advanced Manufacturing*.

Avaliando investimentos em tecnologia

Em geral, as tecnologias avançadas que discutimos representam enormes somas a investir para uma empresa que se decida por adotá-las. Por isso, a empresa deve analisar cuidadosamente os benefícios financeiros, operacionais e estratégicos que advirão dessas tecnologias antes de resolver adotá-las. Slack *et al.* (2018) sugerem que três dimensões sejam levadas em conta numa análise de viabilidade para uma nova tecnologia de processo:

- Avaliação do impacto que a tecnologia terá sobre os principais critérios de desempenho operacional da empresa (custo, qualidade, velocidade, confiabilidade, flexibilidade) ante as necessidades estratégicas da operação.
- Avaliação das restrições e capacitações que a nova tecnologia trará, inclusive no aspecto de aprendizagem para a operação.
- Avaliação financeira, que envolve as técnicas tradicionais de valor presente líquido, retorno sobre investimento e técnicas análogas.

INDÚSTRIA 4.0: PROJETO DO PRODUTO E SELEÇÃO DE PROCESSOS (BENS E SERVIÇOS)

O lançamento efetivo de novos produtos e o aprimoramento de produtos já existentes contemplam-se nos escopos dos projetos de produtos e seleção de processos que as empresas desenvolvem a fim de aumentar sua competitividade e garantir o uso racional de recursos em seus processos produtivos e que, consequentemente, garantem o aumento em sua lucratividade. A complexidade do projeto aumenta, quando a competitividade atual exige que as empresas sejam cada vez mais inovadoras nos seus processos e desenvolvam produtos de melhor qualidade com menores custos e maior rapidez. Portanto, no contexto da I4.0, os novos recursos direcionam o futuro dos modelos de manufatura em todos seus níveis incentivando às organizações a acelerar o ritmo de mudanças oferecido pelo desenvolvimento tecnológico.

Nesse sentido, com tecnologias como *Big Data*, IoT, Armazenamento em nuvem e Aprendizado de Máquina, por exemplo, será possível entender melhor as preferências dos *stakeholders*, ao reunir informações sobre ciclos de produção e necessidades de consumidores, requisitos de qualidade e produção de resíduos por meio dos sistemas de sensorização de peças e produtos ao longo de todo o ciclo de vida. Dessa forma, ter-se-ão resultados mais bem alinhados entre as necessidades do cliente e a definição do projeto e seleção de processos de bens e serviços de acordo com as constantes mudanças do mercado.

Já a prototipagem baseada em fabricação aditiva (Impressão 3D) ou de forma virtual responde principalmente às mudanças no processo de manufatura, ao melhorar a flexibilidade e a eficiência das ferramentas e do *design* dos processos selecionados, considerando a interação homem-máquina desde os primeiros estágios do desenvolvimento do projeto. Tecnologias como Realidade Virtual (VR) e Realidade Aumentada (AR) estão ganhando popularidade nesta área, ao oferecerem a representação realista da aparência e comportamentos do produto, e que permite aumentar a percepção deles, promovendo a comunicação entre *stakeholders* e criando ambientes mais colaborativos que aumentam consequentemente a competitividade das organizações. Marcas como Karcher, Bosch, Weishaupt e Stull, referências mundiais em maquinaria e equipamento industrial, fazem uso dessa tecnologia em diversos estágios dos seus produtos, desenho, estandardização, manuais e tutoriais, caracterização e ferramentas de venda.

Saiba mais em:

uqr.to/12zij
Acesso em: 16 fev. 2022.

Com o alto grau de automação e grande quantidade de informação em redes, a I4.0 cria produtos e processos de manufatura mais ágeis, eficientes e eficazes por meio da transformação de fábricas convencionais em fábricas inteligentes. Esse paradigma exerce mudanças significativas em toda a cadeia de valor, principalmente no projeto dos produtos e, consequentemente, na seleção de processos. A Figura 10.12 mostra alguns benefícios da I4.0 no desenvolvimento de projeto de produtos e sua aplicação na seleção de processos.

Ambiente de engenharia de produto baseado em conhecimento
Análise simultânea e em tempo real de grandes quantidades de dados
Antecipação e redução no tempo de atendimento às demandas do mercado
Aumento da qualidade dos produtos e monitoramento dos processos em tempo real
Compartilhamento seguro de dados e melhores requisitos de segurança
Customização em massa de produtos e projetos
Feedback em tempo real dos processos de produção com troca de informações entre as partes do processo
Foco na percepção do cliente
Maior capacidade de inovação
Maior capacidade de personalização do produto
Maior comunicação entre os processos produtivos
Maior conformidade com as diretrizes de sustentabilidade
Maior integração entre *design*, fabricação, máquinas e nuvens de dados
Melhor integração dos elos da cadeia de abastecimento
Monitoramento remoto, controle e atualização de produtos, bem como a gestão do seu ciclo de vida
Otimização e flexibilidade de processo para o desenvolvimento de múltiplos produtos
Produtividade aumentada
Redução de custos em processos produtivos e desenvolvimento de projetos
Redução de erros de produção e desperdício
Redução do tempo de desenvolvimento de produtos, projetos e processos produtivos
Simplifique o planejamento da capacidade de produção
Uso de dados de manufatura para desenvolvimento de produto, gestão integrada e adaptação de demanda

Figura 10.12 Benefícios da I4.0 relacionados com projeto do produto e seleção de processos.

Caracterizados pela intercomunicação entre recursos humanos, máquinas e objetos como produtos inteligentes, tais benefícios mostram a flexibilidade e a adaptação dos emergentes modelos de organizações que se adequam à atenção dinâmica e rápida das necessidades do mercado com alta complexidade e aumentando a eficiência de fabricação.

Figura 10.13 Representação do protótipo de relógio produzido por impressão 3D.

10.2.9 MATRIZ PRODUTO-PROCESSO EM OPERAÇÕES DE SERVIÇO

Conceitualmente, não há diferenças significativas quando se gerenciam operações fabris ou de serviço (veja o Capítulo 4 para uma discussão completa sobre esse tema) em relação aos aspectos discutidos sobre seleção de processos produtivos. Entretanto, convencionou-se, na literatura, dar nomes ligeiramente diferentes para os diversos tipos de processo quando as operações forem predominantemente de processamento, de fluxos de pessoas e informações (serviços). A Figura 10.14 ilustra os nomes dos diversos tipos de processo produtivo em serviços.

Serviços de massa

São serviços que estão no extremo inferior da diagonal, em que um grande número de clientes é atendido por dia numa unidade típica, de forma padronizada, visando ganhos de escala: os transportes de massa, por exemplo, como o metrô e os ônibus suburbanos, têm roteiros absolutamente fixos; não se pode *customizar* praticamente nada. O contato que se tem é praticamente só com a tecnologia, com as instalações. Até mesmo o condutor está sendo eliminado das linhas mais modernas de metrô. A grande ênfase está nas atividades de controle, feitas em *back office*. Outros exemplos são as chamadas "utilidades", como fornecimento de energia elétrica, água e gás; no mercado de entretenimento, os estádios de futebol, os grandes *shows* de *rock*; em alimentação, os grandes refeitórios industriais, do tipo bandejão; em serviços financeiros, os grandes bancos de varejo com seu atendimento automatizado por internet, entre outros exemplos.

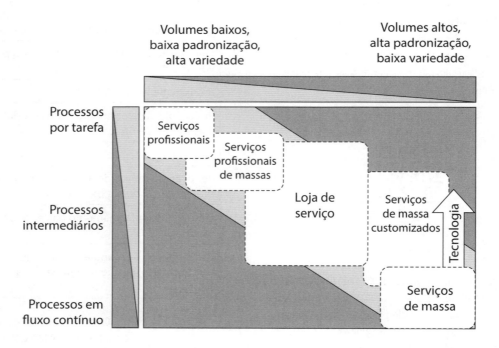

Figura 10.14 Ilustração de matriz produto-processo em operações de serviço.

Para visualizar e fazer o *download* do arquivo de um exemplo de simulação do fluxo de atendimento de um *call center*, acesse o QR Code:

uqr.to/16foq

uqr.to/16fq1

Serviços profissionais

São serviços no extremo superior da diagonal, prestados de forma completamente *customizada*, personalizando o atendimento e o pacote de serviço às necessidades e aos desejos de cada cliente em particular, sendo, para isso, forçados a atender a um número limitado de clientes por dia. São exemplos a medicina e as cirurgias especializadas, os serviços pessoais, como salões sofisticados de beleza, consultoria especializada, serviços jurídicos especiais, quiropraxia, alguns hotéis de altíssimo grau de sofisticação, entre outros.

Entre os dois extremos, encontram-se, literalmente, infinitas posições. Entretanto, vale a pena identificar três estágios intermediários, para efeito didático.

Serviços de massa customizados

São serviços que se encontram numa posição próxima à posição de volume correspondente à dos serviços de massa, mas que, ao fazerem uso de tecnologias, principalmente das mais avançadas tecnologias de informação, criam no cliente, de forma automatizada, uma sensação de serviço **customizado**. Um exemplo é o maior varejista *on-line* do mundo, a www.amazon.com. Uma vez que alguém se torna um cliente, o sistema da empresa, baseado em seu endereço eletrônico (*e-mail*), já o saúda de forma personalizada. Oferece ao cliente, então, sugestões de livros que possam interessá-lo. Como faz isso? De forma simples, usa inteligência artificial para, com base nas compras pregressas do cliente e aspectos como seus "*likes*" e revisões de outros produtos, consulta *on-line* a sua enorme base de informações para identificar, entre outras coisas, outros entre seus clientes que também compraram os livros que o cliente visitante comprou. Identifica, a partir disso, quais são outros livros que os outros clientes compraram e que o cliente visitante não comprou e outras características de outros produtos similares aos produtos comprados pelo visitante: o algoritmo gera, então, a lista de sugestões, com considerável probabilidade de algum acerto. Tudo automatizado, centenas de milhares de clientes são atendidos por dia, criando-se neles a sensação de que estão sendo tratados de forma personalizada. O mesmo se aplica em serviços de *streaming* por internet, como Spotify e Netflix, com suas listas de sugestões baseadas em Inteligência Artificial e *Machine Learning*. A tecnologia da informação em muitas situações está representando, na verdade, um "achatamento" da diagonal, expandindo suas possibilidades verticalmente.

Serviços profissionais de massa

Correspondentemente ao anterior, há uma região do contínuo de volumes, próxima à região de serviços profissionais, que, embora tratando de serviços que, por sua própria natureza, requerem personalização, procura aumentar seus ganhos de escala no sentido de atender a um número maior de clientes por dia em suas unidades de operação. Um exemplo é o hospital canadense Shouldice (www.shouldice.com), altamente especializado no tratamento de hérnias inguinais (e só!) para pacientes de quadro geral saudável. Controlando o insumo "pacientes" (um tipo só de problema e boa saúde geral), reduz tremendamente a variabilidade de suas operações, podendo com isso padronizar suas operações, conseguindo índices de produtividade altíssimos de seus recursos.

Para visualizar o vídeo da simulação de um hospital, acesse o QR Code:

uqr.to/16fp0

Loja de serviços

Esta região intermediária entre os extremos é longa e bastante variada. É onde se encontra, talvez, a maioria das operações de serviços. São operações que tratam de um volume intermediário de clientes por dia em suas unidades de operação típicas, estão a meio caminho quanto às variáveis customização, *front office versus back office*, ênfase em pessoas *versus* equipamentos e intensidade de contato. São as lojas de varejo (as de tijolo), a maioria dos hotéis, dos restaurantes, dos hospitais, dos laboratórios de análise, entre numerosos outros exemplos. Não se esqueça, entretanto, de que se trata de uma classificação ainda múltipla, ou seja, que permite nuances quanto às variáveis tratadas, mesmo dentro do que estamos chamando "loja de serviços". Por exemplo, em varejo, existem supermercados como o Walmart e supermercados mais sofisticados que são quase *delicatessen*, como o Santa Luzia, em São Paulo. Evidentemente, não é porque classificamos ambos como "loja de serviço" que sugerimos que sejam gerenciados de forma similar, muito ao contrário. Em outras palavras, os tipos de serviços normalmente auxiliam na comunicação, mas são insuficientes para definirmos perfeitamente os modelos mais adequados de gestão. Para isso, temos que analisar características mais detalhadamente e, assim, tratar a diagonal como um *contínuo* parece ser uma abordagem mais indicada.

Para serviços, vale a mesma lógica relacionada com a estratégia de operações da empresa e seus projetos de produto e processo. Na lanchonete Marconi *Fast Food*, que tem como carro chefe seus lanches de salsicha com nomes pitorescos como São Bernardo, *Pitbull, Bullterrier e Rotweiller*, essa lógica fica bem clara. Os critérios ganhadores de pedido da Marconi são a diferenciação e a qualidade dos lanches (https://www.youtube.com/watch?v=XlqKtSZQNy4). Por outro lado, por estar no ramo de *fast food*, preço e velocidade são critérios qualificadores importantes.

Atributos como a velocidade são sustentados por um cardápio bem conciso e definido (projeto do produto), que tem como processo a "loja de serviços", portanto, permitindo certa flexibilização, como a adição de ingredientes diferentes. Já a qualidade é sustentada por um processo claro/padronizado e pela equipe de trabalho que tem nível baixíssimo de rotatividade, sabendo exatamente como produzir cada lanche (projeto do processo).

Acesse o QR Code, assista ao vídeo e faça *download* dos arquivos de diversos modelos de simulação de processos dinâmicos, tais como:
- de um restaurante;
- de uma clínica;
- de uma loja de conveniência;
- de uma área de segurança de um aeroporto;
- de uma estação de ônibus.

uqr.to/16fp3

uqr.to/16fq1

10.2.10 ENGENHARIA SIMULTÂNEA EM TRÊS DIMENSÕES

Já foram comentadas as vantagens de se paralelizarem atividades de desenvolvimento de produto, tanto em tempo de desenvolvimento quanto na qualidade da solução desenvolvida. Esse paralelismo (também denominado engenharia simultânea), já hoje geralmente aceito, envolve basicamente atividades de desenvolvimento de produto e desenvolvimento de processo.

Entretanto, a engenharia simultânea apenas nessas duas dimensões (produto e processo) não é mais suficiente. Tem de haver paralelismo também no desenvolvimento da cadeia de suprimentos. Ou seja, é necessário que, em paralelo às decisões de projeto de produto e de processo, as decisões de comprar ou fazer (veja o Capítulo 3 para uma discussão sobre esse tema), ou seja, quanto ao que terceirizar e quanto ao que manter em produção interna e as decisões de onde realizar as atividades na cadeia de suprimento, deveriam também ser tomadas. Isso Fine (1998) denomina engenharia simultânea em três dimensões: produtos, processos e cadeias de suprimento. De fato, um exemplo pode ilustrar essa ideia.

Tradicionalmente, os fabricantes de tinta para parede usavam um processo de produzir cores *master* (em torno de 12), produzir a base branca e, posteriormente, no processo fabril de suas unidades, misturar essas cores *master* em proporções diferentes para obter as tintas do seu catálogo de produtos, em torno de 70. A partir daí, os produtos de prateleira percorriam os canais de distribuição nessa variedade de 70 cores, passando, em geral, por distribuidores, varejistas, até chegarem ao consumidor final. O resultado era que o cliente final tinha apenas um catálogo de 70 cores para escolher (os arquitetos sempre acham essa quantidade insuficiente para atender à sua criatividade), o que muitas vezes levava à insatisfação, e, ao mesmo tempo, os níveis de estoques no canal de distribuição eram altos, por causa da variedade. A partir do final dos anos 1980, os fabricantes, a rigor, não alteraram o produto nem o processo básico (produção de cores *master* e posterior mistura), mas passaram a equipar as lojas do varejo com misturadores dotados de controles eletrônicos. Isso faz com que o cliente agora possa pedir (e receber em apenas alguns minutos) a cor que deseja de um catálogo em torno de 2.600 cores diferentes, ficando com isso mais satisfeito.

Além disso, agora os processos fabris das unidades produtivas das fábricas reduziram drasticamente a variedade em seus processos, visto que podem produzir apenas o branco em altos volumes e as dez cores *master* em vez das 70 originais, com aumento de eficiência de produção. O canal de distribuição todo também se beneficia, dado que a menor variedade de produtos fluindo leva a menores

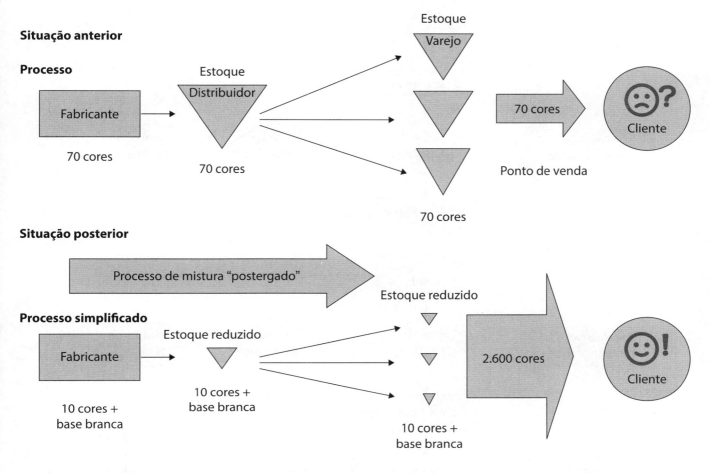

Figura 10.15 *Postponement* ou postergamento de atividades que geram variedade, um dos resultados possíveis da engenharia simultânea em três dimensões.

estoques. O que aconteceu foi que, embora o processo básico seja o mesmo, a atividade de mistura foi "postergada" ao longo da rede de operações agregadoras de valor, até depois da entrada do pedido do cliente – para isso se alterou o local, na rede onde se executam as atividades. Essa ideia de postergar atividades que criam variedade até o ponto mais tarde possível é chamada *postponement* e, dadas as vantagens que pode trazer, deve de fato ser considerada já durante os estágios de desenvolvimento de produto e processo, reforçando a ideia de que vale a pena pensar a engenharia simultânea em três e não apenas em duas dimensões. A Figura 10.15 ilustra a ideia.

10.2.11 ANÁLISE DE PROCESSOS

Análise de fluxo de processos é uma ferramenta para avaliar uma operação em termos da sequência de passos desde os recursos de entrada no sistema até as saídas, com o objetivo de definir ou melhorar seu projeto. Uma das mais importantes ferramentas para análise de processos é o fluxograma de processo. É usado como uma representação visual do fluxo do processo envolvido em fazer o produto. É útil para ter uma noção do todo do processo, do papel das partes nesse todo, de potenciais problemas e oportunidades de melhoria e simplificação. Não há uma só forma padronizada de representar um fluxograma de processo. Pode ser simplificado ou bastante detalhado. A Figura 10.16 mostra o fluxograma de processo de uma pizzaria de bairro, em que se compra a pizza para levar.

Esse fluxograma poderia ser muito mais detalhado, incluindo informações sobre percentuais de ocorrências de desistências dos clientes em cada ponto etc. Os gestores da operação, então, podem monitorar os passos do processo para procurar melhorá-lo. Veja mais formas possíveis de fluxogramas e outras ferramentas para análise e melhoria de processos no Capítulo 6.

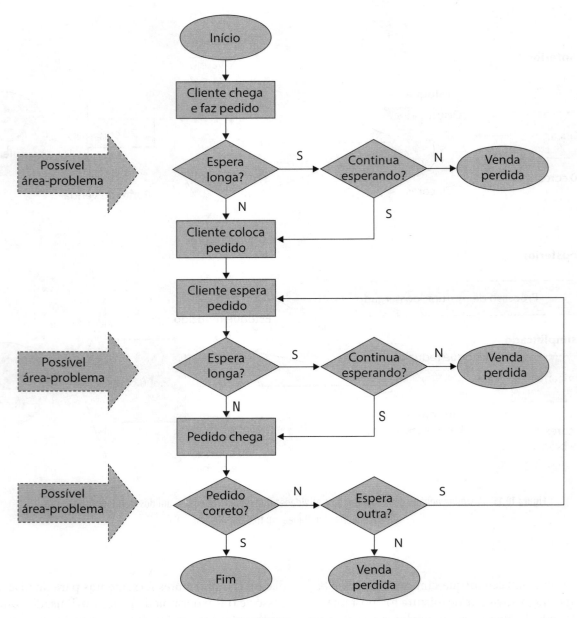

Figura 10.16 Fluxograma simplificado de uma pizzaria.

Mapa de processo de alto nível: é sempre um bom começo o uso da ferramenta "mapa de processo de alto nível". O mapa de alto nível traz apenas os principais blocos agregados de atividades do processo. Princípios de projeto, como paralelizar atividades, eliminar e simplificar sempre que possível, devem sempre ser levados em conta nas análises. A seguir, encontram-se mais princípios de projeto de reengenharia, úteis nas análises para melhoramento radical de processos, também chamado de reengenharia de processos (Hammer, 1990):

- Organize em torno de saídas, não de tarefas. A saída mais desejável é a que satisfaz uma necessidade de cliente.

- Capture informações na fonte. Elimine troca desnecessária de informações, redigitação e redundâncias. Junte a informação relevante de que necessita, não mais.
- Centralize recursos dispersos geograficamente usando tecnologia da informação. Elimine pontos de contato múltiplos externos. Compartilhe informação.
- Conecte subprocessos paralelos em vez de integrar seus resultados num passo separado. Construa mecanismos eficazes de realimentação para eliminar pontos de controle.
- Projete processos de forma que o trabalho seja feito certo da primeira vez. Elimine checagens, retrabalhos e outros subprocessos que não agreguem valor.

- Remova complexidade, exceções, autorizações e casos especiais. Ponha pontos de tomada de decisão onde o trabalho é feito.
- Identifique as alavancas de tecnologia de informação. Use tecnologia para automatizar processos existentes e habilitar novos.

A Figura 10.17-A ilustra um mapa de processo de alto nível e a Figura 10.17-B ilustra o processo geral de reengenharia.

Reengenharia diz respeito a redesenhar completamente processos a partir de uma folha de papel em branco, mas isso não quer dizer ignorar as informações úteis que o processo atual pode trazer.

Mapa detalhado do processo: depois que o conceito geral foi definido e reengenheirado usando o mapa de processo de alto nível, um mapa detalhado é preparado para cada um dos subprocessos, ou blocos do mapa de alto nível. Uma análise detalhada de valor de cada atividade deve ser feita. Medidas de desempenho apropriadas devem ser definidas (veja o Capítulo 5).

Estudo piloto do novo processo: permite à equipe de reengenharia testar e melhorar em escala pequena os novos processos antes da implantação completa.

Implantação: depois de o estudo piloto ter mostrado que o novo processo é, em princípio, capaz de atingir os objetivos, a implantação em escala pode começar. Em geral, muitas das pessoas envolvidas resistirão à mudança, já que alterações de processo mudam o modo como as pessoas trabalham, tomam decisões, além de alterar quem detém informação e, portanto, o balanço de poder dentro da organização. Especial atenção tem de ser dada ao aspecto humano da implantação. O projeto de reengenharia está completo quando o novo processo conseguiu, em escala, atingir os objetivos propostos.

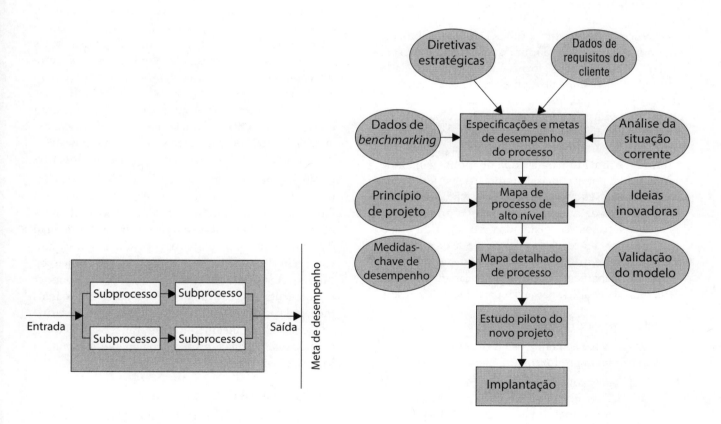

A – Mapa de processo de alto nível

B – Processo geral de reengenharia

Fonte: Russell e Taylor, 1998.

Figura 10.17 Mapa de processo de alto nível e processo geral de reengenharia.

10.3 ESTUDOS DE CASO

Estratégia de processo produtivo numa empresa fabricante de ambulâncias

A Leão & Fuentes S.A. é a maior fabricante de ambulâncias do país. Trabalha dez horas por dia, tem 350 funcionários e faz ambulâncias sob encomenda: todos os veículos são diferentes uns dos outros. A Leão & Fuentes atende a seus clientes do país todo oferecendo uma larga faixa de opções e trabalhando com uma equipe de projetistas acostumados com alto nível de inovação e projetos sob encomenda. O crescimento da empresa tem sido impressionante; agora, há a necessidade de que algo como dez ambulâncias por semana sejam produzidas, e as questões de projeto do processo têm sido um desafio constante. A Leão & Fuentes tem respondido ao desafio com uma fábrica altamente focalizada: decidiu não fazer mais produto nenhum que não sejam as ambulâncias. Dentro da fábrica focalizada, a Leão & Fuentes estabeleceu células de fabricação para cada um dos grandes módulos que alimentam a linha de montagem, incluindo carroceria de alumínio, cabos elétricos, gabinetes para o interior, janelas, pintura e acabamento interno. O chassi é comprado de fornecedores externos. Cada célula alimenta a linha de montagem segundo um programa de produção, *Just-in-Time*, para a instalação. O chassi é movido para uma estação de trabalho onde o corpo de alumínio é montado. O veículo é movido, então, para a pintura (manual). Depois da pintura customizada, é movido para a linha de montagem, onde permanecerá por sete dias. Durante esse período, cada célula entrega seu módulo para a posição correspondente na linha de montagem. Durante o primeiro dia, os cabos elétricos são instalados; no segundo dia, o veículo vai para a segunda posição, onde os gabinetes são entregues e instalados. Daí para janelas e luzes, e daí para o acabamento interno, para acabamento final e customizações adicionais e daí para inspeção e testes.

Questões para discussão

1. Por que você acha que os fabricantes de veículos em geral não produzem ambulâncias também?
2. Qual a alternativa de processo que a Leão & Fuentes usa hoje? Localize essa alternativa na matriz produto-processo e analise a adequação da sua posição.
3. Por que é mais eficiente para as células de trabalho preparar módulos e entregá-los na linha do que fazer o trabalho todo direto na linha?
4. Nos planos de expansão da Leão & Fuentes, a diretoria está pensando em entrar no mercado de *vans* para transporte público (lotações), em volumes mais altos e com projeto mais padronizado para ganhar eficiência, produzindo-as na mesma planta que hoje trabalha ainda com capacidade ociosa. Que você acha disso?

Fonte: adaptado de Heizer e Render, 1999.

Projeto de produto na Barcos Marine, Rio de Janeiro

Com dezenas de concorrentes no mercado de fabricação de barcos, a Barcos Marine tem de se diferenciar de alguma forma. Ela continuamente busca desenvolver e introduzir no mercado barcos inovadores e de alta qualidade. Isso se reflete na sua linha de barcos, hoje oferecendo uma variedade de 18 modelos.

Para manter esse fluxo de inovações, e com os vários barcos em diferentes estágios de seu ciclo de vida (o ciclo de vida de um modelo de barco é estimado pela diretoria da Marine em algo como quatro anos), a Marine busca sempre trazer para seu processo de projeto dos produtos informações do mercado, dos revendedores e de consultores especialistas. Ideias de projeto rapidamente vão parar no estúdio de projeto, onde são colocadas em equipamentos de *Computer-Aided Design* (CAD) de última geração, para apressar o desenvolvimento. Os projetos dos barcos existentes também estão sempre sofrendo alterações, já que a empresa se esforça para atualizar seus *designs*, acompanhando as tendências mais contemporâneas. Alguns anos atrás, o produto mais novo era o "Parati", um barco para três pessoas, na faixa de R$ 160.000. Um barco pequeno, mas possante e veloz, capaz de atender bem a prática de esqui aquático.

No ano passado, lançou um barco de 20 pés, com tantas inovações que foi extensivamente premiado em feiras da área. Este ano, lançou um modelo muito mais luxuoso, de 40 pés, que acomoda seis pessoas com luxo e permite motorização híbrida a gasolina-eletricidade. Com esse ritmo de inovações, o pessoal de projeto da Marine é constantemente pressionado para responder rapidamente a elas. Atraindo fornecedores em estágios iniciais de projeto e tendo contribuições deles, a Marine consegue simultaneamente melhorar seus projetos e, também, as eficiências no desenvolvimento, tornando-o cada vez mais rápido.

Questões para discussão

1. Analise a coerência entre o processo de desenvolvimento de produtos da Marine e a sua estratégia para competir no mercado.
2. Por que a Marine resolveu investir grandes somas de dinheiro em equipamento de CAD de última geração, se os processos de desenho tradicionais podem atender aos mesmos requisitos e gerar os desenhos necessários ao processo produtivo com igual precisão?

10.4 RESUMO

- O desenvolvimento de produtos, feito de forma rápida, eficiente e competente é crescentemente importante na obtenção de vantagens competitivas. Nunca antes novos produtos foram lançados em velocidade e frequência como hoje.
- Tradicionalmente, o desenvolvimento de produto e o desenvolvimento do processo eram vistos como processos sequenciais e estanques, mas hoje são considerados processos altamente inter-relacionados e, frequentemente, desenvolvidos em paralelo, mais que sequencialmente.
- O desenvolvimento de produtos tem várias fases: Desenvolvimento do conceito, Planejamento do produto, Engenharia do produto/processo e Produção piloto/crescimento; em todas essas fases, deve haver intensa colaboração do setor de desenvolvimento com os setores de marketing/vendas e operações.
- A engenharia simultânea (ou paralela) refere-se a iniciativas de paralelização de fases do desenvolvimento de produto e processo visando à redução dos tempos de desenvolvimento.
- A engenharia simultânea em três dimensões refere-se à paralelização do desenvolvimento de produto, processo e rede de suprimentos. Um exemplo é o chamado *postponement*.
- A técnica de QFD (desdobramento da qualidade) visa incorporar a consideração da "voz do cliente" nos processos de desenvolvimento de produtos e processos. Uma importante ferramenta do QFD é a chamada "casa da qualidade".
- O conceito de projeto para manufatura refere-se a considerar aspectos que facilitarão a manufatura do produto desde o projeto do produto; a análise e a engenharia de valor referem-se à avaliação do valor dos vários componentes de um produto aos olhos do cliente-usuário.
- É cada vez mais frequente que o projeto do produto seja realizado em colaboração com fornecedores e com clientes.
- Há basicamente quatro tipos clássicos de processo produtivo de manufatura: por tarefa (*job shop* ou por projeto), em lotes (*batches*), em linha e em fluxo contínuo. Há cinco tipos clássicos de processos de serviço: Serviços profissionais, Serviços profissionais de massa, Lojas de serviço, Serviços de massa customizados e Serviços de massa.
- Há certa correlação entre os diferentes tipos de processo produtivo e o volume e a variedade dos produtos e serviços neles produzidos. Essa correlação é demonstrada na chamada "matriz produto-processo".
- A reengenharia de processos refere-se a melhorias radicais em processos, em oposição às melhorias graduais (*kaizen*), geralmente propostas pela lógica de gestão *lean*.

10.5 EXERCÍCIOS

1. Por que o desenvolvimento de novos produtos pode ter um papel estratégico crucial para alguns negócios e para outros nem tanto? Pense em exemplos extremos e analise-os.
2. Quais as principais fases do processo de desenvolvimento de um produto? Essas fases são similares para, por exemplo, o desenvolvimento de um produto Embraer e para o desenvolvimento de um produto da Natura (cosméticos)?
3. Como é possível influenciar os níveis de qualidade do produto desde as etapas de projeto? O que é *poka yoke* no projeto de produtos e processos?
4. O que significa e para que servem as técnicas de engenharia e análise de valor? Faça uma análise de valor da sua sala de aula.
5. O que é o *Quality Function Deployment* (QFD) e para que serve?
6. O que significa matriz "produto-processo"? Desenhe uma matriz produto-processo e localize nela as seguintes operações:
    - uma fábrica para impressora;
    - um supermercado como o Pão de Açúcar;;
    - um restaurante bandejão;
    - um *show* de *rock*;
    - um ateliê de alta costura;
    - uma fábrica de cosméticos.
7. Quais os impactos que as novas tecnologias podem ter sobre a matriz produto-processo em serviços?
8. O que significa engenharia simultânea em três dimensões e por que isso pode ser importante em projetos de produtos e processos?
9. O que é reengenharia de processos e para que serve?

10.6 ATIVIDADES PARA SALA DE AULA

1. Discuta sobre os possíveis motivos pelos quais, nos anos 1980, os produtos japoneses eram introduzidos no mercado em tempo muito mais curto que os produtos dos concorrentes ocidentais. Discuta também quais você imagina foram as vantagens dessa introdução mais rápida de produtos no mercado.

2. Utilizando as fases do processo de desenvolvimento do produto discutidas neste capítulo, imagine e descreva (usando a casa da qualidade do QFD) com sua equipe um produto que substitua com vantagens os atuais dispensadores de guardanapo sempre presentes (e que nunca funcionam bem) nas mesas das lanchonetes.

10.7 BIBLIOGRAFIA E LEITURA ADICIONAL RECOMENDADA

ANUPINDAI, R. et al. *Managing business process flows*. Upper Saddle River: Prentice Hall, 1999.

CLARK, K.; FUJIMOTO, T. *Product development performance*. Boston: Harvard Business School Press, 1991.

CHASE, R.; JACOBS, R.; AQUILANO, N. *Operations management for competitive advantage*. New York: McGraw-Hill, 2003.

CORRÊA, H. L.; CAON, M. *Gestão de serviços*. São Paulo: Atlas, 2002.

FINE, C. *Clockspeed*. Cambridge: Perseus Books, 1998.

GRAY, A.; LEONARD, J. *Processs fundamentals*. Harvard Business School Press, 9-696-023.

HAMMER, M. Reengineering work: don't automate, obliterate. *Harvard Business Review*, Cambridge, MA, July/Aug. 1990.

HAUSER, J. R.; CLAUSING, D. The house of quality. *Harvard Business Review*, May/June 1988.

HAYES, R.; WHEELWRIGHT, S. *Restoring our competitive edge*. New York: Free Press, 1984.

HAYES, R.; WHEELWRIGHT, S.; CLARK, K. *Dynamic manufacturing*. New York: The Free Press, 1988.

HEIZER, J.; RENDER, B. *Operations management*. 5. ed. Upper Saddle River: Prentice Hall, 1999.

KOTLER, P. *Marketing management*. London: Prentice Hall International, 1991.

PISANO, G. *The development factory*. Boston: Harvard Business School Press, 1997.

RUSSELL, R.; TAYLOR III. *Operations management*. Upper Saddle River: Prentice Hall, 1998.

SLACK, N.; BRANDON-JONES; JOHNSTON, R. *Administração da produção*. São Paulo: Atlas | GEN, 2018.

WHEELWRIGHT, S. T.; CLARK, K. B. *Revolutionizing product development*. New York: Free Press, 1992.

Websites relacionados

https://www.sap.com/index.html – *Website* da gigante SAP (fabricante de sistemas de gestão corporativa) que descreve sua ferramenta para apoio ao desenvolvimento de produto. Acesso em: 16 fev. 2022.

http://www.pdma.org – Product Development and Management Association (Associação para o Desenvolvimento e Gestão de Produtos) – *Website* de uma associação que congrega interessados em desenvolvimento de produtos. Acesso em: 16 fev. 2022.

https://www.ufrgs.br/iicd/ – Núcleo de Desenvolvimento de Produtos da Universidade Federal do Rio Grande do Sul. Boa quantidade de informações sobre o tema. Acesso em: 16 fev. 2022.

CAPÍTULO 11
Projeto, medidas do trabalho e ergonomia

OBJETIVOS DE APRENDIZAGEM

- Entender os elementos envolvidos no projeto do trabalho (principalmente humanos) e seu impacto no desempenho das operações.
- Ser capaz de descrever brevemente as principais contribuições históricas dos principais pioneiros do estudo do trabalho.
- Entender os principais conceitos relacionados com especialização, considerações psicológicas, expansão, motivação, ergonomia, método, padrões e medição do trabalho.
- Entender e ser capaz de aplicar as principais ferramentas de mapeamento e análise do trabalho, incluindo análise de tempos e movimentos.

11.1 INTRODUÇÃO

"Perante os milhares de pessoas que trabalham na Nissan, a responsabilidade do dirigente é esclarecer, agregar pessoas. Ao lado disso, é preciso ter a preocupação de motivar aqueles que fazem a empresa, por meio da repartição dos frutos do progresso. Não se pode passar a ideia de que tudo se faz em função do cliente ou do acionista. É preciso levar em conta os empregados. Isso ficou muito claro quando encaramos nossa primeira crise séria. Nós enriquecemos nossos carros, dando mais a nossos clientes. Demos mais a nossos acionistas, através da revalorização das ações e do aumento dos dividendos, mas também demos mais ao conjunto dos funcionários, em todos os níveis, com aumentos dos salários e dos bônus. Não faço distinção entre o pessoal. Não divido a empresa em classes sociais. Existem responsabilidades atribuídas e contribuições esperadas. Mas minha visão da empresa é contínua. Trata-se de homens e mulheres que formam uma grande equipe e que trabalham cada um em seu nível de responsabilidade. É nosso dever informá-los e vinculá-los aos avanços da empresa, e devemos partilhar com eles o progresso da maneira mais honesta possível. Não somente em nível salarial, mas também das condições de trabalho. Foram feitos investimentos em ergonomia nas fábricas. Estamos refazendo todos os locais de convívio, nas fábricas e na sede. O agregar valor deve ser multidirecional, beneficiar a todos. É verdade que alguns se beneficiaram mais do que outros, mas eles também contribuíram mais do que outros."

Este artigo, publicado na imprensa brasileira, foi baseado na biografia de Carlos

Ghosn, o executivo brasileiro que há alguns anos salvou a Nissan da falência e a transformou numa das mais rentáveis montadoras do mundo. Como resultado de seu sucesso como principal executivo da Nissan, tornou-se *Chairman* e CEO da empresa francesa Renault, *Chairman* e CEO da japonesa Nissan e *Chairman* da Mitsubishi Motors, todas ligadas à mesma corporação. Mais tarde, o executivo envolveu-se com práticas questionáveis, sendo finalmente afastado de suas funções e encarando ações legais no Japão. Entretanto, ainda é considerado um dos responsáveis por um período de tremendo sucesso das empresas que liderou.

PARA REFLETIR

Muitas organizações afirmam que as pessoas são o ativo mais importante de uma organização. Você concorda com essa afirmação? Ela é válida (ou não) igualmente para todo tipo de organização?

11.2 CONCEITOS

11.2.1 PROJETO DO TRABALHO

Entre as responsabilidades do gestor de operações, estará a de lidar com as pessoas que realizam o pacote de valor a ser entregue. A diversidade cultural e educacional dos recursos humanos e seus variados anseios, associados às frequentes mudanças impostas às organizações imersas num ambiente competitivo, requerem hoje, mais do que em qualquer época do passado, a habilidade no gerenciamento de pessoas.

O gerenciamento dos recursos humanos, que por muito tempo teve como objetivo obter das pessoas a maior produtividade possível, tem hoje o desafio de transformar a habilidade, o talento individual e a sinergia desses talentos e habilidades, interagindo em grupo, em vantagem competitiva para a operação. O trabalho, entendido como o conjunto das atividades realizadas pelos recursos humanos para a entrega do pacote de valor, tem que ser projetado. As tarefas que constituem o trabalho de indivíduos ou grupos devem ser especificadas de forma a atender aos critérios de desempenho priorizados pela operação, mas proporcionando o desenvolvimento, atendendo às necessidades e respeitando as limitações das pessoas que as realizam.

O projeto do trabalho, como qualquer projeto, envolverá o gestor em uma série de decisões, normalmente relacionadas com questões do tipo:

O quê?	Qual a tarefa a ser executada em cada fase da operação?
Quem?	Que características físicas e psicológicas são necessárias para a execução da tarefa? Que habilidades são necessárias? Que treinamento é necessário?
Quando?	Quando a tarefa deverá ser executada?
Onde?	Onde será executada a tarefa?
Por quê?	Por que a tarefa deve ser executada? Qual o seu objetivo?
Como?	Qual o método a ser utilizado na realização da tarefa?

A qualidade das decisões dependerá de considerações convenientes sobre os vários aspectos do projeto do trabalho, principalmente os relacionados com:

- Especialização do trabalho.
- Componentes psicológicos.
- Expansão do trabalho.
- Motivação.
- Ergonomia.
- Método do trabalho.
- Padrões e medição do trabalho.

As seções que seguem procuram discutir em linhas básicas cada um dos aspectos, introduzindo o leitor nos conceitos envolvidos e orientando-o na análise para a tomada das decisões.

Especialização do trabalho

Entre os aspectos mencionados, o da **especialização** é o que está mais diretamente ligado à forma de a operação competir, ou seja, à sua estratégia. O grau de especialização do trabalho determina a flexibilidade da operação, define sua habilidade de enfrentar mudanças (tanto no *mix* quanto no volume) do pacote de valor oferecido ao mercado ou demandado por ele. O grau de especialização determina também, em certa medida, a eficiência em **custos**. Ainda, dependendo do seu grau de especialização do trabalho, a operação terá maior ou menor capacidade de suportar programas de apoio à qualidade e sistemas de gestão que contribuiriam com a velocidade e a confiabilidade das entregas.

Para entendermos melhor o conceito de especialização do trabalho e introduzirmos a discussão sobre o seu papel e as suas alternativas (**expansão do trabalho**) na forma de a operação competir, façamos uma breve retrospectiva histórica:

O primeiro motor a vapor, vendido por James Watt (1736-1819) na Inglaterra em 1776, disparou a chamada Primeira Revolução Industrial, marcando uma época que modificou completamente a indústria, mecanizando tarefas que antes eram executadas manualmente. Avanços tecnológicos importantes (principalmente na fiação e tecelagem) conduziram à progressiva substituição da mão de obra por capital, permitiram o desenvolvimento de economias de escala e abriram caminho para o estabelecimento de unidades fabris. No mesmo ano de 1776, o economista escocês Adam Smith (1723-1790), em seu livro *A riqueza das nações*, apontava os benefícios da divisão do trabalho. A esses avanços somaram-se contribuições como as de Eli Whitney (no início do século seguinte). Whitney colocou em prática o uso de peças intercambiáveis na fabricação de mosquetes (as máquinas tinham que trabalhar dentro de limites de tolerância) e organizou a produção em estações de trabalho. Cada estação contava com um número certo de componentes, máquinas, ferramentas e pessoas (divisão do trabalho), capazes de garantir um fluxo sem interrupções.

A partir disso, o padrão de desenvolvimento americano em termos de práticas de produção e estrutura de força de trabalho, que se cristalizou ao longo de meados dos anos 1800, criou um modelo sem precedentes ou rivais na gestão industrial de produtos complexos com base tecnológica. Esse modelo ficou conhecido como "Sistema Americano de Manufatura" (*American System of Manufacturing* – ASM).

Frederick Taylor

Conforme visto no Capítulo 1, Frederick Taylor (1856-1915) foi um pioneiro no estudo das formas de aumentar a produtividade em processos produtivos. Sua intenção era claramente ligada à eficiência: fazer mais produtos com menos recursos. Isso, em parte, se justificava pelas condicionantes históricas da época: mercados afluentes, como o norte-americano, requeriam quantidades crescentes de produtos que fossem acessíveis a uma grande e crescente quantidade de pessoas.

Taylor estabeleceu princípios que passaram mais tarde a ser conhecidos como princípios da administração científica. Embora talvez o termo **científica** seja inadequado para descrever a abordagem taylorista, dada a escassa base científica de suas análises, Taylor sistematizou técnicas e princípios que, em seu conjunto, contribuíram para um aumento substancial dos níveis de eficiência da indústria americana do início do século XX.

Suas ideias foram desenvolvidas em fases. Numa primeira fase, idealizou três princípios básicos, que enfatizavam a obtenção de uma mão de obra eficiente, mas retribuindo-a (incentivando-a) com salários mais elevados:

1. Atribuir a cada operário a tarefa mais elevada que lhe permitissem suas aptidões.
2. Solicitar a cada operário o máximo de produção que se pudesse esperar de um operário hábil de sua categoria.
3. Que cada operário, produzindo a maior soma de trabalho, tivesse uma remuneração 30% a 50% superior à média dos trabalhadores de sua classe.

Mais tarde, desenvolveu outros princípios/objetivos, mais gerais:

1. Desenvolver uma ciência que pudesse aplicar-se a cada fase do trabalho humano (divisão do trabalho), em lugar dos velhos métodos rotineiros.
2. Selecionar o melhor trabalhador para cada serviço, passando em seguida a ensiná-lo, treiná-lo e formá-lo, em oposição à prática tradicional de deixar para ele a função de escolher método e formar-se.
3. Separar as funções de preparação e planejamento da execução do trabalho, definindo-as com atribuições precisas.
4. Especializar os agentes nas funções correspondentes.
5. Predeterminar tarefas individuais ao pessoal e conceder-lhes prêmios quando realizadas.
6. Controlar a execução do trabalho.

PARA REFLETIR

Que críticas você faria a esses princípios de Taylor? Pense em cada um deles. Imagine-se gerenciando uma fábrica em 1915. Suas críticas seriam as mesmas? Por quê?

Que importância você considera que tinham a qualidade, a flexibilidade, a confiabilidade e a velocidade (critérios competitivos, conforme visto no Capítulo 2) nos princípios de Taylor? Por que você acha que ele os tratou dessa forma?

Frank Gilbreth

Frank Gilbreth (1868-1924) estendeu os estudos de tempo de Taylor para o que chamou de estudos de movimentos, a respeito dos quais fez extensivos estudos na área de construção civil, buscando procedimentos mais eficientes. Em publicações de 1924, identificava em seus estudos (que utilizaram, já nessa época, câmeras filmadoras) uma série de movimentos humanos elementares realizados na execução de tarefas, os quais denominou *therbligs* (Gilbreth aproximadamente escrito ao contrário). Os *therbligs*, hoje em número de 18, podem ser usados na análise (divisão) de tarefas complexas, como nas Cartas de Operações – que serão vistas mais adiante.

Henry Ford

Henry Ford (1863-1947) trouxe, em escala nunca antes tentada, para o ambiente industrial os princípios da administração científica e acrescentou a estes a ideia de padronização dos produtos e de fazer produtos moverem-se enquanto estações de trabalho ficavam estáticas (veja o Capítulo 1), com grande aumento de produtividade.

No que tange ao projeto do trabalho, esse sistema de produção, do qual Ford talvez seja o ícone, conduziu à especialização e ao desenvolvimento de estruturas organizacionais verticais, oriundas da divisão do trabalho na busca da eficiência (fazer mais com menos recursos). Para o entendermos, consideremos que um trabalho qualquer poderia ser composto por três fatores: o planejamento, a execução propriamente dita e o controle do que foi ou está sendo realizado. O esquema da Figura 11.1 ilustra o conceito.

Figura 11.1 Componentes do trabalho.

Considerando que os vários componentes dos trabalhos requerem normalmente competências diferentes, o princípio da divisão do trabalho preconizava que fossem então realizados por pessoas diferentes. Indo mais além e estendendo o princípio, a própria execução poderia ser dividida por várias pessoas, ficando cada uma delas responsável pela execução de uma pequena parte do todo, requerendo, portanto, poucas habilidades, baixa competência e, consequentemente, menor remuneração. Por outro lado, o contingente responsável pelo planejamento e pelo controle (com maior remuneração), não tendo a atribuição da execução, seria muito menor. São, portanto, duas as dimensões da divisão do trabalho: a primeira, resultante da separação das atividades de planejamento e controle, e a segunda, da própria divisão das tarefas de execução. A Figura 11.2 ilustra isso.

Figura 11.2 Dimensões da divisão do trabalho.

A eficiência em custos desse tipo de organização do trabalho advém de três fatores:

- Menor tempo de treinamento necessário por trabalhador, porque os métodos e os procedimentos são limitados.
- Maior ritmo de trabalho, levando a maiores produções em menor tempo.
- Menor remuneração paga, porque os requisitos de educação e de habilidades são menores.

A conveniência da especialização no ASM prevaleceu até o período pós-guerra, enquanto Japão e Europa cuidavam de sua reconstrução. A partir dos anos 1960, o acirramento na competição pelos mercados mostrou claramente que estratégias competitivas baseadas exclusivamente em custos (eficiência) não seriam suficientes para manter vivas as organizações. Os mercados agora consideravam outros critérios além do custo em suas decisões de compra. Entre eles, talvez as novas exigências por flexibilidade (tanto de volume quanto de *mix*) tenham sido as que mais evidentemente confrontaram a especialização. As estruturas organizacionais verticais e especializadas, embora fossem extremamente eficientes em custos, eram lentas demais para lidar com mudanças de qualquer ordem.

Evidentemente, em condições nas quais a competição se dá somente em termos de custos, as características positivas da especialização podem superar as negativas e a sua aplicação ser julgada conveniente, como o foi em épocas passadas. Deve-se entender, no entanto, que em condições outras que não a da competição exclusiva em custos, em que outros critérios de competição assumem relevância, o modelo da divisão do trabalho e da consequente especialização deve ser questionado e alternativas de organização do trabalho, que melhor se ajustem à estratégia da operação, devem ser buscadas.

Componentes psicológicos

As pessoas que trabalhavam nas fábricas da época do início dos trabalhos de Taylor, egressas do campo ou imigrantes, tinham, normalmente, uma perspectiva de que o trabalho nas fábricas das cidades lhes permitiria ganhar uma quantidade de dinheiro que lhes desse alguma autonomia e a possibilidade de voltar para o campo numa situação financeira mais favorável ou se estabelecer no novo país. Entretanto, nem todos retornaram à terra natal. Muitos acabaram por ficar nas cidades, tiveram filhos, esses filhos cresceram e ingressaram também no mercado de trabalho. Numa segunda e terceira gerações, a perspectiva dos trabalhadores, muitos já nascidos na cidade, era a de fazer sua vida futura na própria cidade. Muitos, portanto, não se sujeitariam mais a condições de trabalho tão intensas, pois não se trataria, em sua perspectiva, de um período restrito, mas de toda a sua vida futura. Começa a se observar nas organizações um aumento desproporcional do absenteísmo e problemas até mais sérios, como o alcoolismo. Nota-se, então, que a abordagem exclusivamente técnica dada por Taylor e seu estudo do trabalho talvez fosse apenas parcial. Alguma atenção deveria ser dada para os aspectos sociais do trabalho.

Estudos como o liderado por Elton Mayo (1880-1949), da Harvard Business School, na Western Electric, deram importantes contribuições para a psicologia do trabalho. Os trabalhos de Mayo ficaram conhecidos como os estudos Hawthorne, numa referência à cidade onde se encontrava a fábrica da Western Electric.

Os estudos Hawthorne foram conduzidos em 1930, e o interesse era estudar os efeitos do ambiente de trabalho sobre os trabalhadores daquela planta. Foi motivado por um fenômeno comum à época, mas que se apresentava de forma severa naquela fábrica em particular: conflitos entre os trabalhadores e a gestão, apatia com o trabalho, tédio, absenteísmo, alcoolismo etc. Os pesquisadores de Harvard estavam interessados particularmente nas razões pelas quais uma organização não operava da forma que devia. Durante esse estudo, experimentos com variações nos níveis de iluminação ambiente foram feitos. Para surpresa dos pesquisadores, independentemente das alterações que se processavam no ambiente (iluminação), as saídas (a produção) cresciam durante o experimento. Testaram diferentes graus crescentes de luminosidade e as produtividades mostraram-se crescentes com a luminosidade. Quando a luminosidade começou a ser reduzida (até o nível de "luar"), a produtividade continuou a crescer! Descobriram, por meio de entrevistas, que os funcionários apreciavam a atenção que estavam tendo e, sobretudo, sua participação nesses experimentos. Isso estava sendo um fator de motivação!

Mais tarde, Elton Mayo modificou sua visão a partir dessa conclusão original, argumentando que o trabalho é essencialmente uma atividade de grupo, e que os trabalhadores buscam uma sensação de pertencimento e não apenas ganhos financeiros em seus trabalhos. Enfatizando a necessidade de ouvir e aconselhar para aumentar o nível de comprometimento da força de trabalho, o movimento de psicologia industrial mudou a ênfase da gestão de mera "eficiência técnica", foco principal do taylorismo, para uma orientação mais rica e complexa de relações humanas.

Desde os estudos Hawthorne, realizaram-se pesquisas substanciais sobre os componentes psicológicos do projeto do trabalho. Muito desse trabalho foi incorporado por Hackman e Oldham (1980) em cinco características desejáveis para um projeto:

1. **Variedade de habilidades**: solicitar do trabalhador o uso de uma variedade de habilidades e talentos.
2. **Identidade do trabalho**: permitir que o trabalhador perceba o trabalho como um todo e nele reconheça um início e um fim.
3. **Significância do trabalho**: prover um sentimento de que o trabalho tem impacto sobre a organização e sobre a sociedade.
4. **Autonomia**: oferecer liberdade, independência.
5. **Retorno (*feedback*)**: prover informações claras e adequadas sobre o desempenho.

Projetos de trabalho com definições estreitas, com tarefas de pouco conteúdo, com pouca ou nenhuma mobilidade dos trabalhadores, que não lhes exijam ou não lhes deem oportunidades de exercerem planejamento ou controle sobre pelo menos parte de suas atividades, evidentemente, terão poucas chances de sucesso. Alternativas de expansão, que contornem as enfadonhas e repetitivas tarefas especializadas e ainda promovam o potencial competitivo, incluem o **alargamento do trabalho**, a **rotação do trabalho** e o **enriquecimento do trabalho**. Esses conceitos serão comentados a seguir.

Expansão do trabalho

Alargamento do trabalho

É o aumento da quantidade de tarefas de mesmo nível que um trabalhador passa a executar. Ou seja, ele passa a completar uma proporção maior do todo que compõe o pacote de valor. O alargamento requer que o trabalhador possua uma gama maior de habilidades, deve ser suportado por programas de treinamento e, em geral, é acompanhado por progressão salarial correspondente. Além de reduzir o fastio das tarefas repetitivas, o alargamento promove o aumento da satisfação do trabalhador pela sensação de maior responsabilidade e reconhecimento. Um exemplo de trabalho alargado é o de atendentes de restaurantes *fast food* que acolhem a ordem, separam o pedido e recebem o pagamento. Com o alargamento do trabalho, a loja é capaz de atender às variações sazonais da demanda durante o dia (maior demanda na hora do almoço, por exemplo) pela alocação conveniente do número de funcionários. No ambiente de produção, um exemplo é o de funcionários que trabalham em células com arranjo "U" (veja Capítulo 13 – Localização e Arranjo Físico de Unidades da Rede de Operações). Nessas células, os operadores possuem habilidades para operar todos os postos, permitindo alto grau de flexibilidade em volume. Em situações de demanda extremamente baixa, um só funcionário poderia operar a célula e executar todas as operações. Por outro lado, em altas demandas cada posto é operado por um funcionário, assemelhando-se ao arranjo linear.

Rotação do trabalho

É uma versão complementar do alargamento do trabalho em que os trabalhadores trocam de tarefas (ou conjuntos de tarefas) periodicamente. Consideremos, por exemplo, o restaurante *fast food* citado anteriormente: geralmente, um grupo de trabalhadores está na linha de frente, em contato direto com o cliente, e outro grupo se encarrega das operações de **retaguarda** (preparação dos sanduíches, tortas etc.). Cada um dos grupos tem normalmente o trabalho alargado. A rotação do trabalho, nesse caso, dar-se-ia pela periódica troca de funcionários entre linha de frente e retaguarda. Com a rotação do trabalho, os funcionários aprendem muitos aspectos do todo da execução do trabalho e consequentemente há aumento na gama de habilidades da força de trabalho, crescendo, com isso, a flexibilidade à disposição da gestão. No exemplo dado das células "U", a rotação se daria pela migração de operadores periodicamente entre as várias células da produção. Ainda, o conhecimento das várias fases do processo dá aos trabalhadores uma apreciação melhor dos problemas enfrentados por outras áreas na operação e do valor de bem atender seus clientes internos (e externos).

Enriquecimento do trabalho

O **enriquecimento do trabalho** se dá quando o trabalhador assume maior responsabilidade pelo planejamento e pelo controle do seu próprio trabalho. Sistemas como *Just in Time*, *Autocontrole*, *Total Quality Management* – Gerenciamento Total da Qualidade (TQM), *Total Productive Maintenance* (TPM – Manutenção Produtiva Total) e outros, que nasceram como respostas a necessidades estratégicas das operações, somente são suportados pela abordagem do enriquecimento do trabalho, em que os trabalhadores assumem responsabilidades por processos inteiros e não somente por tarefas, operações ou habilidades específicas. O enriquecimento geralmente aumenta a satisfação dos funcionários no trabalho porque dá a eles um sentimento de realização por dominar várias atividades, de reconhecimento dos usuários de seu trabalho e de responsabilidade sobre a qualidade. A abordagem do enriquecimento suporta ainda o desenvolvimento do *empowerment* e dos grupos semiautônomos, cujos conceitos serão comentados a seguir.

Empowerment

É uma extensão do conceito de enriquecimento do trabalho. Nessa prática, a organização permite e incentiva que os funcionários, além de assumirem responsabilidades de planejamento e controle de seu próprio trabalho (enriquecimento), também assumam a responsabilidade por decisões que normalmente estariam associadas às funções de gerência. A rede Ritz Carlton, por exemplo, faculta a qualquer funcionário de linha de frente gastar até US$ 2 mil para recuperar bons clientes que tenham, por algum motivo, ficado insatisfeitos com o serviço. Evidentemente, o grau de autonomia e *empowerment* será dependente da natureza do trabalho.

Semiautonomia

Essa abordagem é consistente com o enriquecimento do trabalho, porém com foco maior nas interações entre a tecnologia e os grupos de trabalho. Tenta projetar o trabalho de forma que ajuste as necessidades do processo produtivo em termos tecnológicos com as necessidades dos trabalhadores ou dos grupos de trabalho. Exemplos marcantes foram dados por fábricas suecas nas décadas de 1970 e 1980: os funcionários suecos, com alto nível educacional e consciência social elevada, começaram a se revoltar contra as condições de trabalho repetitivo das linhas de produção características da produção do estilo fordista. Passaram então a ausentar-se do trabalho, os gastos sociais com seguro-desemprego começaram a ficar pesados demais para os governos e as linhas de montagem passaram a ser operadas predominantemente por imigrantes, em grande parte vindos da Turquia. O Grupo Volvo teve papel essencial na iniciativa, então disparada para melhorar as condições de trabalho (chamada à época "sistemas de produção antropocêntricos") e atrair bons trabalhadores de volta às fábricas de produtos de massa. O desenvolvimento desse novo modelo de sistema de produção pode ser ilustrado pelas fábricas desenvolvidas no final dos anos 1970 e nos anos 1980, de Kalmar (inaugurada em 1974) e Uddevalla (inaugurada em 1985). Uddevalla atraiu grande interesse mundial, pois se tratava de uma unidade produtiva cujo projeto, pela primeira vez, contara com representantes dos funcionários durante toda a etapa de desenvolvimento. Nessa planta, pequenos grupos (chamados de "grupos semiautônomos") eram responsáveis pela montagem de um veículo completo (em posições ergonomicamente corretas) em ciclos de produção que duravam várias horas (em oposição aos segundos de uma linha de montagem tradicional). Embora a globalização tenha de certa forma forçado essas iniciativas a serem remodeladas nos anos 1990 (na direção de modelos mais tradicionais de linhas de montagem, mais eficientes), a escola escandinava influenciou bastante a forma de pensar e organizar a produção, principalmente em conjunto com o movimento de celularização (criação de células de produção capazes de executar um produto ou uma semimontagem completa) dos anos 1970, levando a uma organização, senão tão radicalmente revolucionária como aquela proposta pelas fábricas da Volvo dos anos 1980, bem mais voltada à autonomia de pequenos grupos que nas fábricas tradicionais (Berggren, 1992).

A Figura 11.3 mostra o contínuo da expansão do trabalho a partir da especialização.

Figura 11.3 Contínuo para o projeto do trabalho.

Motivação

Conforme discutido na seção Componentes Psicológicos, o desempenho das pessoas ou grupos dentro das organizações é afetado positivamente por outros fatores, além do pagamento pelo trabalho realizado. O modelo proposto por Taylor para motivar desempenho exclusivamente por percentuais extras de remuneração, portanto, era por demais simplista. A partir da década de 1950, o estudo dos fatores motivacionais do trabalho ganhou força e várias teorias foram publicadas. Entre as principais estão:

- Teoria da Hierarquia das Necessidades de Abraham Maslow.
- Teoria X e Teoria Y de Douglas McGregor.
- Teoria dos Fatores Higiênicos e Motivacionais de Frederick Herzberg.

A hierarquia das necessidades de Maslow

Segundo Maslow, as pessoas são motivadas a satisfazer necessidades, algumas das quais mais fortes ou mais preponderantes que outras. Maslow classificou essas necessidades, dispondo-as sobre uma pirâmide, localizando a mais preponderante delas na base e as demais, numa ordem hierárquica decrescente em preponderância a partir da base, até o vértice. A Figura 11.4 mostra a pirâmide da Hierarquia de Necessidades de Maslow.

Figura 11.4 Pirâmide da hierarquia das necessidades de Maslow.

- **Fisiológicas**: são as necessidades básicas do ser humano, como comer, beber, repousar etc.
- **Segurança**: são as necessidades de se proteger fisicamente contra injúrias, desastres, doenças e psicologicamente contra as perdas.
- **Sociais**: são as necessidades de associação do ser humano. Sentir-se pertencente a um ou vários grupos, manter relacionamentos.
- **Autoestima**: são as necessidades de ser reconhecido pelos outros e por si próprio como uma pessoa com valor. Ter o respeito dos outros, de si próprio e o reconhecimento.
- **Autorrealização**: são as necessidades de atingir o que nós mesmos consideramos nosso máximo potencial e fazer coisas que consideramos estar no máximo de nossas habilidades.

Maslow classifica como as mais preponderantes das necessidades as fisiológicas, o que significa que, para um ser humano a quem falte tudo, muito provavelmente a sua motivação será por satisfazer às necessidades fisiológicas mais que quaisquer outras (o conceito pode ser depreendido do dito popular: "quando falta o pão, nada mais importa"). Somente após terem sido satisfeitas as necessidades fisiológicas, a pessoa passa a ser motivada pela próxima necessidade na hierarquia: a segurança. O fator de motivação será sempre, portanto, a próxima necessidade ainda não atendida na hierarquia. Assim, por exemplo, a pessoa somente será motivada pelo reconhecimento pessoal se suas necessidades de segurança já estiverem satisfeitas, e assim por diante para toda a hierarquia. Por outro lado, satisfeita a necessidade, ela deixa de se constituir em motivação. Muitos dos sistemas de motivação e, principalmente, dos chamados planos de benefícios oferecidos pelas organizações baseiam-se nesses princípios e facilitam o atendimento de algumas necessidades da hierarquia, canalizando a motivação para necessidades mais altas que compatibilizem as necessidades buscadas pelos colaboradores com as necessidades da organização.

Teoria X e teoria Y de McGregor

McGregor propôs nos anos 1950 duas teorias, a respeito do comportamento das pessoas, relacionadas ao trabalho:

Teoria X: segundo essa teoria, o ser humano inerentemente não gosta do trabalho e o evitará se puder. Portanto, pessoas precisariam ser coagidas e submetidas a controle para que se esforçassem em benefício da organização. Ainda segundo a Teoria X, o ser humano médio evita a responsabilidade e prefere ser dirigido, tem pouca ambição e, acima de tudo, deseja segurança. A presunção dessas características levou a gerência e as próprias organizações à adoção de modelos fincados no controle, na coação e na punição, restringindo a motivação, muitas vezes, à expectativa de remuneração extra pela produção de tarefas acima de um padrão médio estabelecido. Simultaneamente, McGregor fornece uma visão alternativa, que pode a princípio parecer conflitante, denominada Teoria Y.

Teoria Y: essa teoria defende que o gasto de energia física e mental no trabalho pode ser tão natural como as atividades de se divertir ou descansar. Cada pessoa possui um mecanismo interno de autodirecionamento e autocontrole para atingir objetivos com os quais esteja comprometida. Portanto, se houver o comprometimento das pessoas com os objetivos da organização, os mecanismos de controle e punição já não serão os únicos meios de fazê-las trabalhar. Ainda segundo a Teoria Y, o homem médio aprende, sob condições apropriadas, não só a aceitar, mas a buscar responsabilidades e que a imaginação e a criatividade poderiam ser utilizadas para a resolução de problemas por um grande número de colaboradores.

Essas presunções foram baseadas em pesquisas de ciências sociais e demonstram o potencial que está presente no homem e que as organizações deveriam reconhecer para se tornarem mais eficazes. As duas teorias (X e Y) são vistas como duas atitudes bem separadas e possíveis ao mesmo ser humano, dependendo das condições existentes, e deveriam ser consideradas no gerenciamento das pessoas nas organizações.

É parte do trabalho gerencial exercer a autoridade e, em certos casos, pode ser o único método de atingir os resultados desejados, porque os subordinados não entendem ou não concordam que os objetivos estabelecidos sejam desejáveis. Entretanto, situações em que o comprometimento com os objetivos é obtido pelo alargamento e pelo enriquecimento do trabalho, pelo envolvimento dos colaboradores na definição desses objetivos e nas decisões que lhes afetam, farão emergir nestes o autodirecionamento, o autocontrole, a responsabilidade, a imaginação, a criatividade.

Teoria dos fatores higiênicos e motivacionais de Herzberg

Herzberg propôs a existência de dois grupos de fatores que influem na motivação: os fatores motivacionais e os fatores higiênicos.

Fatores motivacionais: são fatores que, quando presentes, aumentam a satisfação e, portanto, a motivação e, consequentemente, o desempenho dos indivíduos. São fatores motivacionais:

- A conquista.
- O reconhecimento.
- O próprio trabalho.
- A responsabilidade.
- O avanço na carreira.

Fatores higiênicos: são fatores que, quando ausentes ou não satisfatoriamente atendidos, promoverão a insatisfação e, portanto, desmotivarão os indivíduos, comprometendo seu desempenho. São fatores higiênicos:

- Políticas da administração e da organização.
- Condições de trabalho.
- Supervisão.
- Relações interpessoais.
- Remuneração.
- *Status*.
- Segurança.

Note que os fatores higiênicos, quando presentes, na melhor das hipóteses evitam a insatisfação. Não contribuem para a promoção da satisfação do indivíduo. Diminuir a insatisfação pelo melhoramento dos fatores higiênicos não significa promover a satisfação. A promoção da satisfação advém dos fatores motivacionais, e não dos fatores higiênicos. Por outro lado, indivíduos somente serão motivados pelos fatores motivacionais se os fatores higiênicos estiverem satisfeitos (note a analogia que existe com a hierarquia de Maslow).

Ergonomia

Seja qual for o trabalho, sempre implicará pessoas interagindo com recursos físicos. A forma como ocorrem essas interações pode tornar o trabalho simples ou impossível de realizar. Pode trazer consequências imediatas para a saúde e bem-estar dos indivíduos que executam o trabalho ou suas consequências podem manifestar-se ao longo do tempo, restringindo-lhes as capacidades ou mesmo o tempo de vida. As interações entre o indivíduo e o ambiente físico na realização do trabalho deverão merecer atenção especial (senão fundamental) do projeto do trabalho. Disso trata a ergonomia.

De acordo com a *Associação Brasileira de Ergonomia* (*ABERGO*), a ergonomia é definida como "uma disciplina científica relacionada ao entendimento das interações entre os seres humanos e os outros elementos ou sistemas, e à aplicação de teorias, princípios, dados e métodos a projetos a fim de otimizar o bem-estar humano e o desempenho global do sistema". Particularmente, no que concerne ao projeto do trabalho, a ergonomia busca a aplicação dos conhecimentos científicos, concebendo os dispositivos, o equipamento e o ambiente de forma a obter o uso mais produtivo das capacidades dos indivíduos, mantendo-lhes a saúde e o bem-estar. O trabalho deverá ajustar-se à pessoa em todos os aspectos, respeitando suas características e limitações relativas à anatomia, à fisiologia e à psicologia.

Anatomia: do ponto de vista do projeto do trabalho, a anatomia diz respeito à adaptação das coisas às pessoas que as usam no trabalho. As máquinas, o equipamento, os dispositivos e mesmo uma simples ferramenta manual deverão ser projetados levando em conta as dimensões do corpo humano, garantindo que as posturas, os movimentos e as forças exigidas durante a operação respeitem as limitações do indivíduo. A tarefa de adaptação anatômica não deve ser subestimada – não é simples, considerando a grande variedade de tamanho dos seres humanos existente na população. A ciência da antropometria fornece dados sobre as dimensões do corpo humano, em várias posturas. A biomecânica considera a operação dos músculos e membros e garante que as posturas do trabalho são benéficas e que forças excessivas sejam evitadas. Para entender o âmbito da anatomia no projeto do trabalho, considere um posto de trabalho para digitação (entrada de dados num computador): qual seria a melhor posição para o trabalho, em pé ou sentado? Qual deveria ser a altura da mesa? E da cadeira? E do teclado? A cadeira deveria ter altura ajustável? Deveria haver apoio para os pés? Como deveria ser a conformação do assento? E do encosto? A inclinação do monitor deveria ser ajustável? A que distância deveria estar do digitador? O teclado deveria ser ajustável? Essas são algumas das perguntas que devem ser respondidas, com apoio da anatomia, para a execução do projeto.

PARA REFLETIR

Considere um posto de trabalho específico diferente do exemplo citado (digitação). Quais decisões você tomaria relativas à anatomia envolvida nele?

Fisiologia: a fisiologia, por sua vez, trata das exigências de energia requeridas por um trabalho e o estabelecimento de padrões aceitáveis para as cargas (esforços do corpo ou membros), cadências aceitáveis (velocidades de execução) e períodos de repouso necessários (periódicos, entre tarefas). Trata ainda dos impactos das condições físicas ambientais do trabalho sobre a segurança, a saúde, o conforto e o bem-estar – temperatura ambiente, umidade, ruídos, vibrações e iluminação são fatores que deverão ser considerados no projeto. Vejamos algumas das questões referentes à fisiologia que deveriam ser respondidas para o projeto do posto de trabalho de digitação anteriormente comentado: quantos toques (pressionamento de teclas) poderiam ser esperados do digitador por hora? Deveriam ser previstos períodos de descanso? A cada quantas horas? Quanto tempo de descanso? Qual deveria ser a jornada diária? Que nível de iluminação deveria ter o ambiente? A iluminação deveria ser geral ou direta sobre o posto de trabalho? Qual deveria ser o ângulo da iluminação em relação ao monitor? Qual deveria ser a temperatura ambiente? E a umidade? E o nível de ruído?

PARA REFLETIR

Considere outros postos, com outros tipos de trabalho, que requeiram esforços de levantamento e transporte de carga, mesmo que leves. Para a elaboração do projeto, que questões você proporia e deveriam ser respondidas?

Psicologia: considere agora que trabalhos diferentes requerem níveis diferentes de atenção, de processamento de informação e de tomada de decisão. O trabalho poderá, por exemplo, exigir do operador o fornecimento de informações ao equipamento, como o ajuste da temperatura para fritar batatinhas no McDonald's, a entrada dos parâmetros num centro de usinagem CNC ou do plano de voo no computador de uma aeronave. O equipamento, por sua vez, pode também fornecer informações para o operador, como, por exemplo, uma lâmpada de advertência acesa indicando a um motorista de ônibus o superaquecimento do motor, um alarme sonoro indicando que as batatinhas já estão no ponto, ou uma mensagem no monitor indicando os dados do cliente num *call center*. São interações entre máquinas e pessoas que envolvem fatores **psicológicos** relacionados com a capacidade do ser humano em sentir e processar informações, e, a partir delas, tomar decisões. Alguns autores têm relacionado essas interações ao termo **ergonomia cognitiva**. No projeto do trabalho, as decisões sobre essas interações cognitivas deverão ser tomadas a partir de respostas a questões do tipo: que informações o operador deverá fornecer? Como deverão ser fornecidas? Em que sequência? O operador terá a capacidade de memorizar as informações ou estas deverão estar disponíveis em listas acessíveis? Que informações o operador obterá do equipamento? Como essas informações serão obtidas? Instrumento de ponteiro? Instrumento digital? Uma mensagem na tela? Uma lâmpada acesa? Um sinal sonoro? Qual a melhor posição para o ponteiro no medidor? Qual o tamanho da lâmpada? Onde ela deve ser colocada? Qual a intensidade do sinal sonoro? Quantas informações o operador deverá obter? Ele terá capacidade de memorizá-las? De processá-las? Qual a reação esperada do operador? Em que condições a reação poderá ser diferente da esperada?

VOCÊ SABIA?

Os parâmetros mínimos da ergonomia dos ambientes de trabalho são normalmente regidos por legislação apoiada em normas técnicas e sujeitos à fiscalização dos órgãos do trabalho. No Brasil, a *Norma Regulamentadora NR 17* do Ministério do Trabalho e Emprego estabelece esses parâmetros. Evidentemente, os padrões estabelecidos pela legislação deverão ser sempre atendidos. O gestor de operação deverá ter em mente, no entanto, que o atendimento ao mínimo exigido não é garantia de um bom projeto ergonômico. A literatura sobre o tema é farta e as entidades que se dedicam à ergonomia são várias em todo o mundo. No Brasil, a *Sociedade Brasileira de Ergonomia (ABERGO)* é ótima referência.

INDÚSTRIA 4.0: PROJETO, MEDIDAS DO TRABALHO E ERGONOMIA

O rápido desenvolvimento tecnológico que traz a I4.0 não eliminará o recurso humano dos processos de fabricação, no entanto, pode desafiar o desempenho dos funcionários e induzir novas formas de riscos ao seu bem-estar e segurança. Dessa forma, serão demandadas novas funções, que questionarão as práticas e os processos referentes aos projetos de trabalho e seu impacto no desempenho das operações, estrutura organizacional, cadeias de valor e redes externas.

A digitalização, a robotização e o uso de tecnologias assistivas como sistema de controle por meio de gesticulações e exoesqueletos podem levar ao desenvolvimento de atividades de forma mais eficiente, as tarefas repetitivas realizadas por robôs e *cobôs*, permitem alocar o recurso humano para tarefas de menor risco, minimizando assim os acidentes de trabalho. Nesse contexto, a tecnologia IoT, por exemplo, já é aplicada na mineração de carvão, especialmente para o acompanhamento e rastreamento dos trabalhadores por meio de detecção de localização em caso de acidentes. Por outro lado, aplicativos vinculados à realidade virtual e realidade aumentada estão ganhando espaço na mobilização das atividades de treinamento para ambientes virtuais, principalmente referentes a trabalhos de alto risco, como atividades de construção, altura e incêndios, resultando em melhores níveis de desempenho se comparado com treinamentos por meio de métodos tradicionais.

A inserção da I4.0 nos projetos e medidas do trabalho e ergonomia requererá de configurações nas áreas de produção para atender aos requerimentos potenciais, sendo preciso instalar sistemas que garantam a segurança do recurso humano, processos operacionais e dados. A aplicação desses sistemas permitirá coletar informações valiosas sobre a magnitude, duração e padrões de exposição a lesões, assim como permitirá especificar os parâmetros para detectar e relatar fatores específicos, como posturas inadequadas, peso da carga sendo levantada, ângulos de ação para exercer as funções requeridas, ruído e qualidade do ambiente, bem como o comportamento dos operadores.

Já adequado ao uso da automação nas suas linhas de montagens e criação de novos projetos com apoio de VR, AR, *cobôs* e *Digital Twin*, a *Fiat Chrysler Automobiles* (FCA) no Brasil, foi a primeira indústria na América Latina em implementar exoesqueletos para o conforto e ergonomia na montagem de carros na fábrica de Betim (MG). A diminuição do desgaste físico e risco de lesões dos funcionários e a absorção do peso e esforço por parte destes equipamentos robóticos vê-se refletido no aumento da produtividade. Conheça, no vídeo a seguir, como a FIAT faz uso das tecnologias I4.0 focadas na ergonomia e avaliação e medidas em postos de trabalho:

uqr.to/12zik
Acesso em: 13 fev. 2022.

De acordo com a Sociedade de Fatores Humanos e Ergonomia (https://www.hfes.org/), incluir e priorizar iniciativas de Ergonomia no financiamento futuro da inovação da I4.0 permitirá integrar a tecnologia, aprendizado de máquina (ML) e abordagens de avaliação de risco da Ergonomia, resultando na otimização da produtividade, a saúde do trabalhador e a prosperidade da indústria, se desenvolvido e aplicado de forma adequada.

Figura 11.5 Uso da tecnologia de exoesqueletos em linhas de montagem e produção.

Método de trabalho

O método de trabalho focaliza como um trabalho é realizado. Seja uma operação de torneamento, o atendimento num *call center*, o *check-in* num hotel ou a montagem numa extensa linha, os métodos escolhidos para a realização das várias atividades terão impactos sobre o desempenho (qualidade, velocidade e outros) e a segurança. Algumas ferramentas de análise, além dos conhecimentos de ergonomia, ajudarão os profissionais da área na definição do melhor método. Numa abordagem taylorista, o melhor método seria aquele em que a tarefa fosse realizada com a maior eficiência de custos. Preferimos a abordagem estratégica, em que o melhor método seria aquele que melhor compatibilizasse os *trade-offs* entre os vários critérios de desempenho, privilegiando aqueles priorizados pela análise estratégica – veja o Capítulo 2. Algumas das ferramentas de análise utilizadas são:

- Diagramas de fluxo.
- Cartas de processo.
- Cartas de atividades.
- Cartas de operação.

Diagramas de fluxo

São diagramas utilizados para o estudo do movimento de pessoas e de materiais. São utilizados para a descrição dos fluxos e para a análise de melhoramentos. A Figura 11.6 mostra os diagramas de fluxo em duas situações: antes e depois dos melhoramentos adotados.

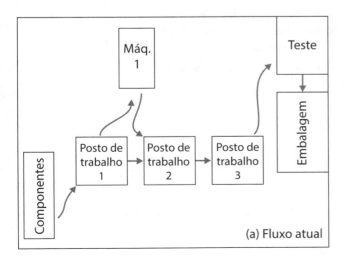
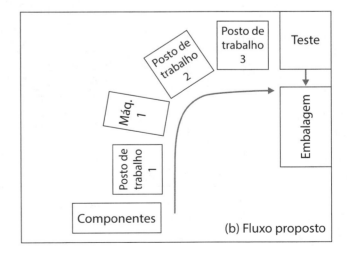

Figura 11.6 Exemplos de diagramas de fluxo.

Cartas de processos

São cartas que descrevem os processos por símbolos indicativos das atividades realizadas, como num fluxograma. A indicação das distâncias percorridas entre as atividades e os tempos de demora entre elas ajuda a análise e completa as informações dos diagramas de fluxo. A Figura 11.7 mostra a carta de processo para o diagrama de fluxo da Figura 11.6.

Cartas de atividades

São cartas usadas para o estudo e o melhoramento da utilização de operador e recursos, combinações de operadores (equipe) e combinações de equipes e recursos. A Figura 11.8 mostra uma carta de atividades inicialmente proposta para o trabalho de coletar e servir um pedido num restaurante *fast food*. As várias etapas ou tarefas são descritas ao lado de escalas de tempo para facilitar a análise. Note que, aqui, parte do "trabalho" é realizada pelo cliente em escolher entre as várias opções, fazer o pedido, preencher o cheque etc. Note ainda que, em várias etapas, ou o cliente espera, ou quem espera é o atendente, resultando num aproveitamento do tempo do cliente em 39% e do atendente em 61%, com um tempo total de atendimento de 90 segundos. O que o leitor faria para melhorar o aproveitamento do atendente (resultando num tempo menor de atendimento total), se fosse o responsável pelos métodos? As percepções do cliente poderiam ser afetadas pelo método adotado? Que critérios de desempenho você considera que deveriam ser incluídos na análise? Somente a eficiência de custos para a operação?

CARTA DE PROCESSO

☐ Atual   Processo: _usinagem 33/40_
☑ Proposto Objetivo: _melhoramento do fluxo_

TEMPO [min]	DISTÂNCIA [min]	SÍMBOLOS	DESCRIÇÃO DO PROCESSO
60,0			Armazenamento dos componentes
	2,5		Movimentação para o Posto de Trabalho 1
3,2			Operação no Posto de Trabalho 1
	1,5		Movimentação para a Máquina 1
3,1			Operação na Máquina 1
	1,5		Movimentação para o Posto de Trabalho 2
3,1			Operação no Posto de Trabalho 2
	1,5		Movimentação para o Posto de Trabalho 3
3,0			Operação no Posto de Trabalho 3
	3,0		Movimentação para o teste de pressão
3,4			Teste de pressão
	4,0		Movimentação para a embalagem
1,0			Embalagem
73,7	14,0		Total

○ = operação   ⇨ = movimentação   ☐ = inspeção   D = espera   ▽ = armazenamento

Figura 11.7 Exemplo de carta de processo.

CARTA DE ATIVIDADES

	OPERADOR 1		OPERADOR 2	
	Tempo	%	Tempo	%
Atividade	55	61	35	39
Espera	36	39	55	61

Tempo	OPERADOR 1: *Atendente*	OPERADOR 2: *Cliente*
0	Dá boas-vindas e apresenta ofertas	Espera
	Espera	Escolhe opções e faz o pedido
30	Separa o pedido	Espera
	Registra o pedido e apresenta a conta	Espera
60	Espera	Efetua o pagamento
90	Confere o pagamento, registra a transação, fornece recibo e despede-se	Espera
120		

Figura 11.8 Exemplo de carta de atividades

Evidentemente, nem todos os trabalhos mereceriam análises desse tipo. Caberá ao gestor decidir qual o nível do detalhamento. Normalmente, trabalhos repetitivos, como um caixa de banco ou operações de linha de montagem, por exemplo, deverão ter seus métodos bem estudados para uma otimização dos *trade-offs* envolvidos, mas deve o leitor ter muita atenção: o resgate do corpo de bombeiros, os procedimentos cirúrgicos, por exemplo, envolvem equipe, equipamentos e não são exatamente repetitivos. No entanto, pela sua relevância, mereceriam estudos detalhados dos métodos utilizados.

Cartas de operação

São cartas utilizadas principalmente em postos fixos de trabalho para uma análise quantitativa crítica dos movimentos das mãos. A Figura 11.9 mostra um exemplo de carta de operações para as duas mãos num trabalho de montagem em bancada.

CARTA DE OPERAÇÕES

ATIVIDADES DA MÃO ESQUERDA	DIST. [cm]	SÍMBOLOS	DIST. [cm]	ATIVIDADES DA MÃO DIREITA
Alcançar corpo usin. no magazine de entr.	38		38	*Alcançar corpo usin. no magazine de entr.*
Transp. corpo para o dispos. de fixação	38		38	*Transp. corpo para o dispos. de fixação*
Alcancar 1 mola	38		38	*Alcançar 1 diafragma*
Transportar mola até o corpo fixado	38		38	*Transportar diafragma até o corpo fixado*
Localizar mola no assento do corpo				*Localizar diafragma sobre a mola no corpo*
Reter o conjunto mola/diafragma			38	*Alcançar tampa do diafragma*
			38	*Transp. tampa do diagr. até o dispositivo*
				Localizar a tampa sobre o diafragma
Acionar retenção do conj. mola/diafr./tampa				*Reter a tampa sobre o diafragma*
Alcançar 2 parafusos	38		38	*Alcançar 2 parafusos*
Transp. 2 parafusos até o dispositivo	38		38	*Transp. 2 parafusos até o dispositivo*
Apontar 2 parafusos na tampa do diafragma				*Apontar 2 parafusos na tampa do diafragma*
Espera			38	*Alcançar parafusadeira pneumática*
Espera			38	*Transp. parafusadeira p/ área de trabalho*
Guiar parafusadeira				*Acionar parafusadeira*
Soltar retenção mecânica do conjunto			38	*Transp. parafusadeira p/ gancho de repouso*
Transp. conj. montado p/ magaz. de saída	38		38	*Transp. conj. montado p/ magaz. de saída*

Figura 11.9 Exemplo de carta de operações.

Na descrição das atividades das mãos, podem ser usados os *therbligs* de Gilbreth.

Os *therbligs* são um conjunto de movimentos fundamentais necessários para um trabalhador executar atividades em tarefas manuais. Cada um dos 18 *therbligs* descreve uma atividade padronizada e são elencados na Figura 11.10.

O leitor que desejar uma descrição mais detalhada e exemplificada dos *therbligs* poderá acessar o Material Suplementar Textos complementares – Therbligs, disponível no Ambiente de aprendizagem do GEN | Atlas.

Os 18 *therbligs*	
• Procurar	• Usar
• Achar	• Desmontar
• Selecionar	• Inspecionar
• Pegar	• Pré-posicionar
• Reter	• Liberar Carga
• Transportar Carga	• Atraso inevitável
• Transportar Vazio	• Atraso evitável
• Posicionar	• Planejar
• Montar	• Descansar

Figura 11.10 Os 18 *therbligs* de Gilbbreth.

Procurar: o *therblig* Procurar começa quando os olhos ou a mão começam a procurar o objeto necessário e termina exatamente quando ele é encontrado. Segundo Gilbreth, o tempo e a atenção requeridos variam com a quantidade de dimensões em que a procura é feita. Procurar no espaço solicitaria mais atenção e tempo que procurar no plano. Ainda, o *therblig* Procurar ficaria facilitado colorindo-se os objetos ou ordenando-os na sequência de uso.

Achar: este *therblig* não é realmente um movimento. Achar demarcaria o fim do *therblig* de Procurar.

Selecionar: é o movimento de localizar um objeto entre vários outros semelhantes. Se o *therblig* Selecionar consumir muito tempo, ações de separação prévias podem ser necessárias. Selecionar também pode ser usado para a ação de pegar objetos que envolvam lidar com determinada quantidade. Se, por exemplo, contar consome demasiado tempo, uma pesagem talvez fosse mais vantajosa.

Pegar: ocorre quando a mão do trabalhador pega o objeto. Este *therblig* termina quando se inicia outro *therblig*, Usar ou Transportar Carga, por exemplo. O tempo consumido por esse *therblig* será tanto menor quanto maior a facilidade de pegar o objeto. Por exemplo, um objeto quente será mais facilmente pego se as mãos estiverem protegidas por luvas. Também será mais facilmente pego se suas formas forem mais convenientes.

Reter: representa a ação de manter um objeto seguro na mão. Se, por exemplo, a retenção se mantiver enquanto outros movimentos forem executados (com a outra mão), tal como a retenção de uma peça enquanto se introduz outra, um dispositivo de fixação deveria ser utilizado, eliminando este *therblig*. A retenção causa fadiga.

Transportar Carga: este *therblig* começa após o Pegar, quando a mão está executando um "trabalho" pela movimentação do peso de um objeto e termina imediatamente antes de um *therblig* Liberar Carga, Usar ou Montar. O objetivo é reduzir a distância transportada e o consequente tempo envolvido. No entanto, o peso transportado também representa papel importante. O peso, combinado com a distância, é fator de fadiga. O aproveitamento da gravidade (planos inclinados) ou dispositivos de suspensão podem melhorar a tarefa.

Transportar Vazio: é o movimento da mão vazia após o *therblig* Liberar, por exemplo. Pode também indicar o movimento da mão entre os *therbligs* Selecionar e Pegar. Transportar Vazio é um *therblig* não produtivo e, como tal, deve ser evitado. A redução dos *therbligs* Transportar (carga e vazio) significa a diminuição das distâncias de alcance, conveniente do ponto de vista ergométrico.

Posicionar: é o movimento de orientação de um objeto para a sua posição de uso. Suponha, por exemplo, um parafuso sobre a bancada de montagem, na posição horizontal. Se este for montado na vertical, o operador terá que girá-lo (da horizontal para a vertical) com um *therblig* Posicionar. Este *therblig* poderá estar incluso no Transportar Carga ou ser um *therblig* diferente. Posicionar, assim como o *therblig* Reter, pode ser eliminado por meio de um projeto conveniente do posto de trabalho. Considere, por exemplo, o uso de uma caneta. Se ela estiver em repouso sobre a mesa na posição horizontal, normalmente a pessoa a pegará pela parte do meio e precisará reorientá-la para a posição de uso. No entanto, se a caneta estiver em um suporte com um ângulo ligeiramente inclinado em direção ao usuário, o movimento de Posicionar será eliminado.

Montar: este *therblig* começa quando duas ou mais peças são colocadas juntas e termina quando o conjunto é "Transportado Carregado" ou com um Transportar Vazio (para buscar outra peça). Como Montar é normalmente um *therblig* de tempo longo, em geral traz muitas oportunidades de melhoramento e tem contado com maior atenção da engenharia industrial.

Usar: tipicamente este *therblig* se aplica a uma ferramenta, mas não deve ser confundido com Montar. Suponha a execução de um furo: o operador primeiro Monta a broca no mandril da furadeira e, posteriormente, Usa a furadeira para furar. Operações de controle de uma máquina ou equipamento também são englobadas pelo *therblig* Usar.

Desmontar: esse movimento é o oposto do Montar. É utilizado, por exemplo, para a operação de retirar uma ferramenta, peça ou conjunto do seu dispositivo de fixação. Voltando ao exemplo anterior da furadeira, suponha que duas brocas diferentes (broca 1 e broca 2) são usadas na tarefa. Para utilizar a broca 2, o operador Desmonta a broca 1 do mandril, Monta a broca 2 e Usa a furadeira. Evidentemente, o *therblig* poderia ser reduzido pelo uso de duas furadeiras ou com a adoção de uma furadeira com mandril sem uso de chave de aperto. Analisar a real necessidade de dois furos de diâmetros diferentes também seria uma atitude saudável.

Inspecionar: este *therblig* envolve o ato de comparar um objeto com um padrão predeterminado. Pode empregar um ou vários dos sentidos humanos, dependendo do objeto e do atributo inspecionado. A inspeção pode ser sobre a quantidade ou sobre a qualidade. O *therblig* se inicia quando o objeto é inicialmente pego ou visualizado e termina quando é liberado ou usado na montagem. Novamente, o tempo total gasto deverá ser revisto e diminuído, se possível. O processo total de inspeção pode envolver outros *therbligs* como Pegar, Transportar, Posicionar etc.

Pré-posicionar: é o movimento de reposicionar o objeto para o próximo Usar. Normalmente, esse *therblig* tem a função de facilitar o Selecionar ou Pegar. No exemplo da furadeira, o retorno da broca não utilizada ao seu suporte seria Pré-Posicionar. Ações de pré-posicionamento podem também ser feitas sobre componentes antes que estes cheguem ao posto de trabalho.

Liberar Carga: esse movimento envolve a liberação do objeto quando este atinge a sua posição de destino. O tempo total envolvido será de frações de segundo, mas variará se, por exemplo, houver uma necessidade de reposicionamento. Note que simplesmente soltar o objeto pode consumir menos tempo, mas o que acontecerá com a próxima operação? Haverá uma necessidade de Posicionar? Em qual operação é mais conveniente consumir esse tempo?

Atraso Inevitável: esse *therblig* inicia-se no ponto em que uma mão fica inativa e vai até o ponto em que ela volta à atividade. Ocorre quando uma das mãos tem necessariamente que aguardar a tarefa sendo executada pela outra.

Atraso Evitável: é semelhante ao Atraso Inevitável, porém o evento ocorre pela má distribuição das tarefas entre ambas as mãos.

Planejar: este *therblig* é uma função mental que pode ocorrer antes de um Montar ou Inspecionar (planejar o que fazer em seguida). O tempo consumido varia, evidentemente, com o tipo de tarefa. Em tarefas repetitivas, no entanto, deverá ser reduzido pelo arranjo do próprio posto de trabalho segundo a sequência das tarefas.

Descansar para recuperar fadiga: esse *therblig* é, na verdade, uma ausência de movimento e ocorre quando prescrito pelo trabalho ou quando o operador realiza. Mesmo depois de todos os movimentos desnecessários terem sido eliminados e os necessários realizados com a mínima fadiga, períodos de descanso podem ser ainda necessários.

> **PARA REFLETIR**
>
> A maioria dos programas de computador utiliza o *mouse* como interface com o operador. Ainda, muitos equipamentos de manuseio utilizam os *joysticks* como interface humana. Evidentemente, nesses casos, os movimentos das mãos do operador são de pequena amplitude e executam pequenos esforços.
>
> Você considera que, nessas condições, os 18 *therbligs* seriam igualmente úteis na análise do trabalho? Você mudaria algo? O quê?

Padrões e medição do trabalho

Várias decisões na gestão das operações dependerão da existência de **padrões** para o trabalho a ser realizado, ou seja, conhecer o **quanto** de trabalho uma equipe ou indivíduo tem capacidade de realizar. Os padrões de trabalho auxiliarão o gestor em:

- Programação do trabalho e alocação da capacidade.
- Custos para a definição da quantidade de mão de obra contida no pacote de valor entregue ou orçado.
- Prover *benchmarking* para melhoramentos.
- Estabelecer padrões de medição para planos de incentivo.

Os padrões de trabalho são obtidos basicamente de quatro formas, por meio de:

- Dados históricos.
- Estudos de tempos.
- Padrões predeterminados.
- Amostragem do trabalho.

Dados históricos

Os registros históricos das quantidades produzidas e das quantidades de horas-homem empregadas numa tarefa podem fornecer uma estimativa sobre a capacidade de realização de trabalho. Os padrões históricos têm a vantagem de ser obtidos de forma simples por registros mantidos. O gestor deverá, no entanto, considerar que padrões históricos normalmente são pouco objetivos e detalhados, não fornecendo informações sobre se o ritmo de trabalho passado pode ou não ser considerado aceitável. Ainda, condições especiais, favoráveis ou não, podem ter estado presentes e não convenientemente relatadas nos registros. Quando a análise exigir maior grau de precisão, outras formas de obtenção dos padrões de trabalho deverão ser preferidas.

Estudos de tempos

É um método para obtenção dos padrões de trabalho pela utilização de cronometragem sobre o trabalho de indivíduos treinados e em condições normais. O método consta basicamente dos cinco passos descritos a seguir, e o objetivo é determinar um tempo-padrão para as diversas tarefas ou ciclos de tarefas componentes do trabalho.

1. **Definir a tarefa a ser estudada**: uma tarefa é uma parte do trabalho a ser realizado. Para o estudo de tempos, uma tarefa pode ser, por exemplo, uma montagem como a da Figura 11.8, o registro das compras no caixa de um supermercado, o recebimento de uma conta por caixa de banco etc. O importante é que a tarefa seja perfeitamente identificada em seu início e fim.

2. **Dividir a tarefa em elementos**: os elementos das tarefas deverão ter também pontos de início e fim bem determinados, para que a cronometragem seja possível, e deverão corresponder às atividades que ocorrem nas condições normais de realização da tarefa. Exemplos de elementos são as atividades da Figura 11.8.

3. **Cronometrar preliminarmente os elementos para a definição dos tamanhos das amostras**: sobre os elementos selecionados, o analista de tempos fará a cronometragem de um trabalhador treinado no método de trabalho considerado. Um conjunto preliminar de valores de tempos é então obtido por cronometragem (preliminar) e a média e a dispersão σ são calculadas para cada elemento. Essas médias e a dispersões serão utilizadas na determinação dos tamanhos das amostras para cada elemento. Durante as cronometragens, qualquer evento especial (falha do equipamento, quebra de ferramenta etc.) deverá ser desconsiderado nos cálculos de tempos.

4. **Determinar os tamanhos das amostras para cada elemento**: os tamanhos das amostras serão obtidos usando as médias e as dispersões obtidas nas cronometragens preliminares de cada elemento, considerando a precisão e o nível de confiança desejados.

Para detalhes do cálculo do tamanho das amostras, o leitor poderá acessar o Material Suplementar Textos complementares – Estudo de Tempos, disponível no Ambiente de aprendizagem do GEN | Atlas.

5. Estabelecimento dos padrões: com base na determinação dos tamanhos de amostra necessários, o trabalho de cronometragem pode ser completado (sobre as amostras com tamanhos determinados no passo anterior). Os valores obtidos, no entanto, estarão sujeitos a variações de ritmo do operador que está sendo cronometrado. O analista de tempos deverá estimar o quanto acima ou abaixo de um ritmo de trabalho considerado normal o operador estava trabalhando durante a cronometragem. A correção é feita por meio de um **fator de ritmo** julgado pelo analista. Evidentemente, o fator de ritmo traz consigo uma carga grande de subjetividade (e controvérsias) e, portanto, os valores obtidos de um estudo de tempos dependerão em grande monta da experiência do analista.

Suponhamos que, depois de completada a cronometragem para todos os elementos (e estes ajustados pelos fatores de ritmo), o tempo ciclo para a tarefa tenha resultado em 1,35 minuto para todas as atividades mostradas na Figura 11.8. Esse tempo, no entanto, não poderia ser utilizado para a determinação da produção diária média, por exemplo. Uma série de eventos ocorre durante o dia de trabalho que fazem com que a produção final obtida seja efetivamente menor do que a que seria calculada com esse tempo (1,35 min). Pausas para descanso, necessidades fisiológicas etc. estão entre esses eventos. Esses tempos consumidos, que não podem ser atribuídos de forma direta aos elementos, mas sim rateados durante o dia, devem ser acrescidos ao tempo ciclo, resultando no padrão de trabalho (ou tempo-padrão) para a tarefa.

Considere agora que uma operação pode requerer uma quantidade extremamente grande de padrões de trabalho, de forma a cobrir todas as tarefas relevantes, podendo fazer com que os custos desses levantamentos cronometrados se tornem proibitivos. Considerando, no entanto, que muitas tarefas, embora não idênticas, são constituídas por vários elementos comuns, a necessidade de cronometragem pode ser substancialmente reduzida, mantendo-se um banco de dados com os tempos desses elementos comuns. Essa é a chamada abordagem elementar para a determinação dos tempos-padrão. Além da redução nas atividades de cronometragem, a abordagem elementar possibilita a determinação de padrões para tarefas que ainda não estão sendo executadas, como é necessário nas atividades de planejamento.

Padrões predeterminados

A abordagem elementar, conforme foi dito, reduz a necessidade de estudos de tempos para o estabelecimento de padrões, mas não os elimina. O uso de padrões de tempo predeterminados busca a eliminação da necessidade dos estudos de tempos, por meio da utilização de padrões previamente definidos e constantes de bancos de dados de sistemas chamados genericamente *Predetermined Motion Time Systems* (PMTS) (Sistemas de Tempos e Movimentos Predeterminados). Esses sistemas baseiam-se em micromovimentos básicos semelhantes aos *therbligs*, com a utilização de fatores de correção para as variações nas condições do trabalho (distâncias, pesos etc.). Um dos maiores sistemas PMTS é o *Methods-Times Measurement* (MTM) da MTM Association for Standard and Research, que atualmente é uma família de sistemas operando em diferentes níveis e aplicáveis a diferentes tipos de trabalho. Entre os componentes dessa família de sistemas está o MTM-1. Esse sistema determina o tempo necessário para a realização de uma dada operação pela análise dos movimentos manuais necessários, atribuindo um valor de tempo para cada movimento – aplicado a ambientes de altos volumes de produção. Outros componentes da família MTM são: MTM-UAS – para ambientes com produção em lotes (*batches*); MTM-HC – específico para atividades nas áreas de saúde; MTM-C – para as atividades de escritório etc.

Amostragem do trabalho

A amostragem do trabalho, como o nome indica, é uma técnica baseada na observação de partes ou amostras das atividades nos trabalhos. Com base nas observações dessas amostras, conclusões sobre os padrões de trabalho podem ser tiradas. Para um entendimento do escopo da amostragem, consideremos o trabalho no posto de montagem da Figura 11.8. Sabemos, como foi dito, que o tempo ciclo TC de 1,35 min. obtido não poderia ser usado como padrão, pois nele não estariam incluídos os tempos consumidos por eventos não diretamente ligados ao ciclo da tarefa. Esses tempos foram rateados pelos tempos ciclo, por meio de um fator A, que é a proporção entre o tempo total a ser rateado (**não atividade**) e o tempo ciclo total (**atividade**). Para a determinação de A, utilizaremos a técnica da amostragem do trabalho. Para tanto, faremos 100 observações sobre a tarefa, a intervalos de tempo distribuídos aleatoriamente, verificando tão somente se, no momento da observação, o operador está "**em atividade**", ou "**em não atividade**". Suponhamos que os resultados das observações sejam os mostrados na tabela a seguir.

	Quantidade de observações
Atividade	90
Não atividade	10

Portanto, em 90% das observações o operador estava em atividade e, nos restantes 10%, não estava. Se o tamanho da amostra for conveniente, haverá grande confiança de esse ser um padrão representativo do trabalho e, portanto, A poderá ser calculado por:

$$A = \frac{10}{90} = 0,11$$

A mesma técnica de amostragem do trabalho poderá ser aplicada aos elementos de tarefas, determinando as razões (ou porcentagens) das participações de cada elemento no tempo total das tarefas. Nesses casos, haverá, como no caso do estudo de tempos, a necessidade de um analista experiente, pois, da mesma forma, existirá uma avaliação do ritmo.

Na amostragem do trabalho, tanto quanto em outras técnicas estatísticas (como nos estudos de tempos), a determinação do tamanho da amostra dependerá dos níveis desejados de confiança e precisão. O tamanho das amostras para a **amostragem do trabalho** será dado por:

$$n = \frac{z^2 \times p(1-p)}{h^2} \quad \text{Expressão 11.1}$$

onde:

n = tamanho necessário para a amostra

z = quantidade de desvios-padrão necessários para o nível de confiança desejado

p = valor estimado da proporção da amostra (proporção do tempo) em que o trabalhador objeto da amostragem está em atividade ou fora de atividade

h = precisão desejada na amostragem

Valores de z são dados na Figura 11.11.

Confiança desejada (%)	z
90	1,65
95	1,96
96	2,05
97	2,17
98	2,33
99	2,58

Figura 11.11 Valores de *z* para vários níveis de confiança.

Um exemplo esclarecerá a aplicação:

Exemplo:

Uma reparadora de autoveículos concluiu que uma das causas da alta percepção de risco dos clientes vinha do fato de não ser permitido a eles um contato direto com o mecânico que executava as reparações. Ainda, muitas causas de falhas nos serviços estavam associadas à transmissão das informações entre os assistentes técnicos (que tinham contato com o cliente) e os mecânicos (que executavam os serviços). Visando a uma redução na percepção de risco e a uma melhora na qualidade dos serviços, a gerência de operações implantou recentemente um sistema em que os próprios mecânicos atendem os clientes. Uma parcela do tempo dos mecânicos agora é consumida no atendimento. Novos padrões de trabalho deverão, então, ser estabelecidos, e a gerência optou por iniciar os estudos determinando que parcela do tempo dos mecânicos é agora consumida com o atendimento aos clientes, por meio de uma amostragem do trabalho.

Iniciemos pelo planejamento do estudo:

A primeira etapa é a definição do tamanho da amostra *n*. Para tanto, os níveis desejados de confiança e precisão precisam ser definidos. Assumimos como razoável que o nível de confiança seja de 95% e que a precisão esteja dentro de limites de 3 4%. Em outras palavras, queremos estar 95% confiantes de que o nosso estudo estará dentro de um erro absoluto de 3 4%. Assumidos esses valores como desejáveis, podemos determinar os valores de *z* e *h* da Expressão 11.1:

z = 1,96, obtido da Figura 11.11 para uma confiança desejada de 95%, e

h = 0,04, pois o nível de precisão desejado é de ± 3 4%

A determinação do valor de *p* da Expressão 11.1 requer que façamos uma estimativa para a proporção de tempo em que os mecânicos estarão envolvidos com o atendimento ao cliente. Uma avaliação preliminar deve, então, ser conduzida. Suponhamos, para prosseguimento, que observações preliminares feitas nos primeiros dias de atuação do novo sistema de atendimento mostraram-nos que em ~ 15% do tempo os mecânicos estavam atendendo clientes. Uma observação aqui é importante: a avaliação preliminar não é, evidentemente, precisa. Depois de definido o tamanho da amostra com base nessa estimativa, a amostragem terá início. Durante o desenrolar da amostragem, o analista deverá, de tempos em tempos, recalcular o tamanho da amostra e, se este resultar maior que o previamente calculado, bastará acrescentar mais observações no estudo. Por ora, usemos o valor de 15% obtido das observações preliminares, resultando em *p* = 0,15. Calculemos agora o tamanho da amostra pela Expressão 11.1:

$$n = \frac{1,96^2 \times 0,15(1-0,15)}{0,04^2} = 306 \text{ observações}$$

O histórico dessa reparadora mostra que existe sazonalidade dentro da semana, havendo mais entradas de veículos na segunda-feira e mais saídas na sexta-feira. O gerente de operações considera também que, nos eventos de entradas (recepção dos veículos) e saídas (entrega dos veículos), a demanda pelo contato direto do mecânico com o cliente é maior. Portanto, para que um valor médio seja obtido, as observações deverão contemplar todos os dias da semana. Para termos números redondos, planejemos então a nossa amostragem para oito observações por hora, oito horas por dia e cinco dias por semana, resultando em:

$$8 \times 8 \times 5 = 320 \text{ observações}$$

A boa prática de amostragem (para evitar tendências) requer ainda que as observações sejam distribuídas aleatoriamente dentro dos períodos (uma tabela de números aleatórios ou um gerador de números aleatórios de uma planilha eletrônica devem ser usados). Ainda para evitar tendências, as observações deverão ser distribuídas também aleatoriamente entre os vários mecânicos (alguns podem ter a tendência de conversar mais que os outros) – um método de sorteio com reposição poderá ser utilizado. As 320 observações, já distribuídas conforme o exposto, constituirão o plano de amostragem do trabalho. Para cada observação (no tempo planejado e sobre o mecânico planejado), o observador anotará tão somente se o encontrou atendendo um cliente ou não. Note que cada observação não consumirá mais que uma fração de segundo.

Digamos que, após o segundo dia (128 observações), o analista obtenha uma proporção 17% (ou seja, 17% das observações mostraram mecânicos em atividades de atendimento a clientes). Um recálculo do tamanho de amostra indicará:

$$n = \frac{1,96^2 \times 0,17 \,(1 - 0,17)}{0,04^2} = 339 \text{ observações}$$

Uma quantidade adicional de 19 observações deverá então ser distribuída pelos três dias restantes, resultando, em números redondos, em uma observação adicional por hora.

11.2.2 RESPEITO ÀS LIMITAÇÕES

O texto a seguir foi retirado do manual *O que as empresas podem fazer pela inclusão das pessoas com deficiência*, publicado pelo Instituto Ethos (www.ethos.org.br). Ao final, propomos algumas reflexões.

Segundo estimativas da Organização Mundial de Saúde (OMS), mais de um bilhão de pessoas em todo o mundo apresentam algum tipo de deficiência, sendo que cerca de 800 milhões delas fazem parte da população economicamente ativa. Calcula-se que a grande maioria das pessoas com deficiência, em torno de 80% a 90%, viva nos países em desenvolvimento. Só no Brasil, o Censo divulgado pelo Instituto Brasileiro de Geografia e Estatística (IBGE), em 2010, mostra que existem quase 46 milhões de brasileiros que apresentam algum tipo de deficiência.

Várias vitórias foram conquistadas pelos e para os portadores de deficiência, seja física, mental ou sensorial. Na área trabalhista, diversas leis e convenções foram definidas no sentido de garantir o acesso ao mercado de trabalho para as pessoas com deficiência. Entre elas, podemos citar a Convenção 159 da Organização Internacional do Trabalho (OIT), a Lei brasileira nº 8.213/1991, que estabelece cotas de contratação para empresas privadas com mais de 100 funcionários, e o Estatuto da Pessoa com Deficiência, Lei nº 13.146, de 6 de julho de 2015.

A empresa que opta por abrir postos de trabalho para pessoas com deficiência (PcD) rompe as barreiras que tradicionalmente excluem essas mesmas pessoas do processo produtivo. A partir daí, três questões devem ser enfrentadas prioritariamente pelas empresas: em primeiro lugar, as dificuldades de compreensão e informação por parte de empregadores e empregados; em segundo, a inexperiência das pessoas da empresa em conviver com pessoas com deficiência; e, em terceiro, a precária educação e profissionalização da maioria delas.

Apesar das dificuldades iniciais, a empresa que decidir pela inclusão de pessoas com deficiência em seu quadro de funcionários pode obter benefícios significativos com essa atitude. O principal deles é a própria imagem da empresa, que passa a contar com a aprovação dos seus consumidores – segundo a pesquisa Responsabilidade Social das Empresas – Percepção do Consumidor Brasileiro, realizada pelo Instituto Ethos em 2001, 43% dos entrevistados declararam que a contratação de pessoas com deficiência está em primeiro lugar entre as atitudes que os estimulariam a comprar mais produtos de determinada empresa. Também o ambiente de trabalho se favorece da atitude, pois a empresa fortalece o espírito de equipe de seus funcionários, além de obter ganhos de produtividade, se as pessoas com deficiência estiverem devidamente inseridas nas funções em que possam ter um bom desempenho.

PARA REFLETIR
Que outras questões a serem enfrentadas pelas empresas você acrescentaria às mencionadas no texto? Como você enfrentaria essas questões?

Considerando que todo ser humano possui limitações, físicas ou cognitivas, que postura você adotaria no direcionamento de um programa de inclusão de portadores de necessidades especiais em sua empresa?

Quais os benefícios que você identifica na inclusão dessas pessoas na força de trabalho da operação?

11.3 ESTUDO DE CASO

Credirrápido (todos os nomes fictícios)

Milhões de funcionários ocupam posições nos "*backoffices*" (funções de retaguarda) de empresas financeiras, processando solicitações, reclamações e inúmeras outras atividades relacionadas com contas de clientes, no que poderia até ser chamado de "linhas de produção eletrônicas". Muitas das tarefas são desinteressantes, tediosas e os ganhos possíveis de produtividade não são muitos.

Este era o caso da Credirrápido, quando começou a operar há 15 anos, como uma subsidiária de uma grande empresa multinacional chamada aqui Elektros (para prover financiamento/*leasing* para os clientes das unidades fabricantes de produtos físicos de outras divisões corporativas).

Fica baseada no Rio de Janeiro e foi estabelecida porque o banco CrediBan, inicialmente contratado para esse serviço, simplesmente não conseguia lidar com o volume de novos negócios gerados pela Elektros.

O presidente da Credirrápido, Thomas Weinert, notou que as falhas no banco Crediban estavam muito relacionadas com o método usado para a divisão em tarefas estreitas e simples, com organização fortemente departamentalizada. Um departamento processava solicitações e checava a situação de crédito do cliente, outro escrevia os contratos, um terceiro fazia as liberações depois de checagens e um quarto fazia os recebimentos. Nenhum grupo de pessoas ou pessoa tinha a completa responsabilidade pela provisão do serviço completo ao cliente. "Os funcionários não tinham noção do impacto da sua atuação como contribuição ao resultado final percebido pelo cliente", conforme expressou Weinert.

Bônus inesperado

Weinert resolveu contratar seus próprios funcionários e dar a eles "propriedade e responsabilidade" pelo trabalho. Sua primeira preocupação era aumentar a eficiência, e não exatamente oferecer um trabalho mais agradável ou recompensador às pessoas. No final, entretanto, ambos os objetivos foram atingidos.

Há pouco menos de seis anos, a Credirrápido estabeleceu nove equipes de nove a 12 novos funcionários numa nova divisão focalizada em clientes de "pequenos negócios". As quatro principais funções do processo de *leasing* foram combinadas e colocadas sob responsabilidade de cada uma das equipes. As ligações dos clientes não seriam mais transferidas de departamento para departamento. A empresa também dividiu seu *staff* nacional e suas equipes de campo em cinco regiões e alocou duas ou três equipes para cada uma delas. Dessa forma, as mesmas equipes trabalhariam sempre com as mesmas equipes de campo (de vendas), estabelecendo relacionamentos mais pessoais com eles e com seus clientes. Sobretudo, os membros da equipe ganharam a responsabilidade de "resolver problemas dos clientes". O novo *slogan*: "Quem atende a ligação é o dono do problema." As equipes são, em grande parte, autogeridas. Membros tomam decisões sobre como atender a clientes, programam suas próprias folgas e turnos, realocam pessoas para cobrir ausentes e entrevistam novos candidatos a emprego. Os únicos supervisores são cinco gerentes regionais que atuam como orientadores e motivadores, mais que como "chefes". O resultado: as equipes processam em torno de 600 contratos de *leasing* por dia contra os 300 da situação anterior. Em vez de levar vários dias para dar uma resposta "sim" ou "não", as equipes fazem isso agora em 24 a 48 horas. Como resultado, a Credirrápido tem crescido a taxas nunca antes registradas, segundo Weinert.

Pagamento extra

As equipes têm incentivos econômicos para oferecerem um bom serviço. Um plano de bônus, ligado aos custos e receitas gerados, pode render pagamento extra aos membros. Os funcionários, muitos deles recém-formados em cursos superiores, podem ganhar por mês até 35% a mais que o salário normal que recebem. Os salários também crescem à medida que os funcionários aprendem novas habilidades. "É uma grande oportunidade de aprendizado e crescimento", diz Marcelo Lopes, de 24 anos, que trabalha na empresa há um ano.

Entretanto, Lopes, a exemplo de outros funcionários, reclama um pouco a respeito de poucas oportunidades de promoções, pois há poucas posições gerenciais disponíveis. E todos vivem sob pressão forte de seus colegas por mais produtividade. A rotatividade de funcionários é alta, em torno de 20%. Apesar disso, a experiência de equipes foi considerada de tanto sucesso, que a Elektros pensa em expandi-la para outros setores da corporação.

Questões para discussão

1. Além das poucas oportunidades de promoções, quais você considera que podem ser outros fatores a contribuir para as altas taxas de rotatividade de pessoal da Credirrápido?
2. O que poderia ser feito para reduzir as taxas de rotatividade atuais?
3. Quais os prós e contras de uma empresa alterar suas estruturas de *backoffice* de funcionais para "por processos", como fez a Credirrápido?

11.4 RESUMO

- O gerenciamento dos recursos humanos e do trabalho tem hoje o desafio de transformar a habilidade, o talento individual e a sinergia desses talentos e habilidades em vantagem competitiva.
- O grau de especialização do trabalho determina a flexibilidade da operação e muitas vezes determina também seus custos; Taylor, no início do século XX, foi um dos proponentes de uma crescente especialização dos trabalhadores em tarefas simples, visando à redução de custos e dos tempos no trabalho.
- Seguindo os passos de Taylor, Gilbreth expandiu o estudo de tempos para o que chamou de estudo de movimentos, visando eficiência. Ford trouxe para a larga escala os princípios por eles propostos, acrescentando a eles a ideia de padronização de produtos e da linha de montagem móvel.
- Reagindo a uma crescente alienação dos trabalhadores pelo tédio de trabalhar em tarefas repetitivas e simples, vários autores da área de psicologia (Mayo, por exemplo) trouxeram à discussão da gestão do trabalho considerações que assumem que as pessoas são seres sociais e como tal devem ser gerenciadas.
- Iniciativas visando à "expansão do trabalho" começaram nos anos 1930 e 1940, incluindo:
  — **Alargamento do trabalho**: aumento da quantidade de tarefas de mesmo nível que um trabalhador passa a executar.
  — **Rotação do trabalho**: versão complementar do alargamento em que os trabalhadores trocam de tarefas periodicamente.
  — **Enriquecimento do trabalho**: dá-se quando o trabalhador assume maior responsabilidade pelo planejamento e controle do próprio trabalho.
  — *Empowerment*: extensão do enriquecimento do trabalho para incluir também tarefas que tradicionalmente eram executadas pela gestão.
  — **Semiautonomia**: tenta projetar o trabalho de forma a ajustar as necessidades tecnológicas do processo às necessidades dos trabalhadores ou grupos de trabalhadores.
- Particularmente importante para a gestão do trabalho é a forma como se gerencia a motivação dos trabalhadores. Há várias abordagens para a motivação no trabalho:
  — **Hierarquia das necessidades de Maslow**: as pessoas teriam uma hierarquia de suas necessidades, das mais básicas às mais elevadas: fisiológicas, de segurança, sociais, de autoestima, de autorrealização.
  — **Teoria X e Teoria Y de McGregor**: a teoria X assume que o ser humano inerentemente não gosta do trabalho e tentará evitá-lo; a teoria Y assume que o gasto de energia física e mental no trabalho pode ser tão natural como divertir-se ou descansar; ambas deveriam ser consideradas na gestão do trabalho.
  — **Fatores higiênicos e motivacionais de Herzberg**: fatores motivacionais são aqueles que, quando presentes, aumentam a satisfação; fatores higiênicos são aqueles que, quando ausentes ou insuficientemente atendidos, promoverão insatisfação.
- Ergonomia é uma disciplina relacionada com o entendimento das interações entre os outros elementos ou sistemas e a aplicação de teorias, princípios, dados e métodos a projetos, a fim de otimizar o bem-estar humano e o desempenho global do sistema; o uso de princípios da ergonomia é importante no projeto do trabalho.
- O método de trabalho focaliza como um trabalho é realizado; a análise do método de trabalho inclui ferramentas como os diagramas de fluxo, as cartas de processo, as cartas de atividades e as cartas de operação.
- Os estudos de tempos são métodos para obtenção dos padrões de trabalho por meio da utilização de cronometragem sobre o trabalho de indivíduos treinados e em condições normais; a amostragem do trabalho é uma técnica de observação de partes ou amostras das atividades nos trabalhos.

11.5 EXERCÍCIOS

1. Indique quais são as principais decisões envolvidas no projeto do trabalho de:
   a) Um *call center*.
   b) Uma linha de montagem de automóvel.
   c) Uma ala de atendimento de emergência de um hospital.
   d) Uma aeromoça.
2. As abordagens taylorista e fordista para o projeto do trabalho eram quase exclusivamente técnicas. Uma alternativa a elas é uma abordagem complementar,

genericamente chamada "sociotécnica" (que considera não só aspectos "técnicos" do trabalho, como os tempos e os métodos, mas também os "sociais", como a motivação). Como elas diferem uma da outra?

3. Quais as diferenças entre alargamento, rotação e enriquecimento do trabalho? Dê exemplos dos três aplicados ao trabalho em:

   a) Um banco.

   b) Uma montadora de veículos.

   c) Uma cozinha de restaurante.

4. Quais as diferenças entre *empowerment* e semiautonomia no trabalho? Você considera que essas abordagens são sempre adequadas ou desejáveis? Por quê?

5. Analise criticamente os modelos de "Teorias X e Y", de "Fatores motivadores e higiênicos" e da "pirâmide de fatores motivacionais" de Maslow. Que críticas você faria a essas abordagens, levando em conta o mundo contemporâneo e as condições brasileiras?

6. O que é ergonomia em sentido amplo (incluindo a ergonomia cognitiva) e qual a sua importância para o desenho do trabalho em:

   a) Uma operação de coleta de detritos urbanos.

   b) Uma operação de atendimento ao público numa repartição do governo.

   c) Um projetista numa estação de trabalho de CAD.

   d) Uma torre de controle de aeroporto (como o de Congonhas, por exemplo).

7. Para que servem as seguintes ferramentas de descrição de processos de trabalho:

   a) Diagramas de fluxo.

   b) Cartas de processo.

   c) Cartas de atividades.

   d) Cartas de operação.

8. O que são *therbligs* e para que podem ser utilizados?

11.6 ATIVIDADES PARA SALA DE AULA

1. "O gerenciamento dos recursos humanos, que por muito tempo teve como objetivo obter das pessoas a maior produtividade possível, tem hoje o desafio de transformar a habilidade e o talento individual e a sinergia desses talentos e habilidades, interagindo em grupo, em vantagem competitiva para a operação." Discuta as implicações dessa afirmação para a gestão de operações.

2. "O estudo de tempos está ultrapassado, é coisa do taylorismo." Discuta essa afirmação.

11.7 BIBLIOGRAFIA E LEITURA ADICIONAL RECOMENDADA

ALBERNATHY, W. J.; CORCORAN, J. E. Relearning from the old masters: lessons of the american system of manufacturing. *Journal of Operations Management*, v. 3, n. 4, p. 155-167, Aug. 1983.

BERGGREN, C. *The Volvo experience*: alternatives for lean production. London: Macmillan, 1992.

CORRÊA, H. L. *Teoria geral da administração*. São Paulo: Atlas, 2003.

CORRÊA, H. L.; CAON, M. *Gestão de serviços*. São Paulo: Atlas, 2002.

GHOSN, C.; RIES, P. *Cidadão do mundo*. São Paulo: A Girafa, 2003.

HACKMAN, J. R.; OLDHAM, G. R. *Work redesign*. Reading, Massachusetts: Addison-Wesley, 1980.

Websites relacionados

http://www.abergo.org.br – Portal da Associação Brasileira de Ergonomia (ABERGO), associação sem fins lucrativos cujo objetivo é o estudo das interações das pessoas com a tecnologia, a organização e o ambiente. Uma quantidade grande de *links* para organizações semelhantes no mundo é encontrada no *site*. Acesso em: 13 fev. 2022.

http://www.ergonomia-cognitiva.com – *Site* mantido por um grupo de acadêmicos espanhóis interessados na ergonomia cognitiva. Acesso em: 13 fev. 2022.

http://www.ergonomics.ucla.edu – *Site* mantido pela Universidade da Califórnia, com boas informações sobre ergonomia. Acesso em: 13 fev. 2022.

http://www.ergonomia.ufrj.br – *Site* com boa quantidade de informações e recursos sobre ergonomia, mantido pela COPPE da Universidade Federal do Rio de Janeiro. Acesso em: 13 fev. 2022.

http://www.hfes.org – Portal da Human Factors and Ergonomics Society, associação fundada em 1957 com a missão de promover a descoberta e a troca de conhecimento sobre as características dos seres humanos que são aplicáveis ao projeto de sistemas e dispositivos de toda ordem. Várias publicações e *links* sobre o tema ergometria são encontrados no *site*. Acesso em: 13 fev. 2022.

http://www.mtm.org – *Site* da MTM Association for Standards and Research, associação que, entre outras atividades, desenvolve sistemas de tempos e movimentos padronizados (PMTS). Acesso em: 13 fev. 2022.

http://wto.stanford.edu – Centro de estudos em Trabalho, Tecnologia e Organização, mantido pela Universidade Stanford. Acesso em: 13 fev. 2022.

CAPÍTULO 12
Pessoas e sua organização em produção e operações

OBJETIVOS DE APRENDIZAGEM

- Entender por que um desempenho superior em operações em muitas situações depende diretamente das suas pessoas.
- Entender a diferença entre focalizar em atitudes e em habilidades quando se recruta e treina colaboradores.
- Entender a importância de ser uma empresa preferida e desejada por potenciais colaboradores, já que a "guerra por talentos" é cada vez mais intensa entre as empresas.
- Ser capaz de listar e explicar as principais características dos colaboradores em operações que têm contato direto com o cliente.
- Saber como motivar e avaliar o desempenho dos colaboradores e funcionários terceirizados em operações.
- Entender os principais tipos de estrutura organizacional em operações, suas vantagens e desafios.

12.1 INTRODUÇÃO

Empregadores preferidos nem sempre oferecem o mais glamuroso dos trabalhos. Os casos dos dois grandes concorrentes no mercado de entregas expressas são ilustrativos. Ambos enfatizam que os trabalhos oferecidos por eles não são para qualquer pessoa, chamando a atenção para a necessária **adequação** do perfil do indivíduo ao trabalho oferecido. Ambas as empresas contratam grande número de pessoas para trabalhar em seus *hubs* (enormes centros de distribuição dos pacotes enviados pelos clientes). Na UPS, grande parte desses empregos é em tempo integral. Bom desempenho no *hub* pode levar a uma promoção para dirigir um veículo de coleta e entrega. Bom desempenho na direção de um veículo de coleta e entrega pode levar a um cargo de supervisão com correspondente ganho de ações da UPS. Bom desempenho como supervisor pode levar a uma carreira que garanta independência financeira na aposentadoria. O trabalho é duro. A rotina, principalmente no *hub*, pode ser bastante tediosa. A jornada na direção de um veículo de entrega pode ser longa, já que só acaba quando todos os pacotes tiverem sido entregues. As expectativas, entretanto, são muito claramente colocadas pela gestão para os novos contratados, inclusive no manual de políticas da UPS, entregue a cada novo ingressante. Não é para todo mundo, mas, para as pessoas que esperam um trabalho duro com boa recompensa financeira, não há decepção. Além disso, os funcionários são constantemente lembrados de que, embora não se trate de atividades sofisticadas ou particularmente complexas, são os melhores naquilo que fazem, certamente uma fonte de satisfação para uma parcela das pessoas. Com essa política clara, embora um emprego na UPS possa parecer pouco atraente para determinadas pessoas, consegue atrair enorme contingente de pessoas interessadas no trabalho quando a UPS abre vagas para contratação.

As pessoas da Federal Express também se consideram as melhores no que fazem. Mas a cultura desejada e transmitida é tal que atrai uma categoria diferente de pessoa. Por sua ênfase em entregas do dia para a noite para os seus pacotes, o pessoal (10.000 pessoas) do super-*hub* de Memphis, o maior da FedEx, tem pouco mais de quatro horas para lidar com algo em torno de 1,4 milhão de pacotes, todos os dias. Isso requer grande número de pessoas que trabalhem em tempo parcial, com altos graus de energia, inteligência e rapidez. Como decorrência, a FedEx usa grande número de estudantes da Universidade de Memphis. Para esse grupo, a atração pode estar ligada à remuneração por hora, mas o que parece mantê-los motivados para o trabalho é tomar parte de um enorme e frenético esforço de equipe, numa atmosfera de bom humor, que tem início e fim todas as noites. A FedEx continuamente celebra o sucesso nesses frenéticos turnos noturnos, seja promovendo as pessoas de alto desempenho com interesse numa carreira na FedEx para posições de supervisão, seja pagando as anuidades da faculdade, seja permitindo viagens gratuitas aos funcionários nos cargueiros que todas as noites cruzam os Estados Unidos. Não é, também, para todo mundo, mas para as pessoas que valorizam o que lhes é oferecido na FedEx, este pacote de benefícios é bem avaliado, fazendo da FedEx, sem dúvida, um empregador "preferido".

PARA REFLETIR

Para você, em termos de gestão de operações, quais são as vantagens de uma empresa ser um "empregador preferido"? E para quais tipos de operação ser um "empregador preferido" traz os maiores benefícios em termos de desempenho?

Para uma empresa ser seu "empregador preferido", quais são as condições importantes? Elas podem variar para diferentes profissionais? Como?

Fonte: baseado em Heskett *et al.*, 1997.

12.2 CONCEITOS

12.2.1 POR QUE GESTÃO DE PESSOAS E SUA ORGANIZAÇÃO?

Um desempenho superior em operações, em muitas situações, é dependente das pessoas. Evidentemente, métodos de trabalho, instalações, sistemas, tecnologia e outros recursos têm também papel importante, mas as capacitações que criam as vantagens competitivas mais sustentáveis em grande parte das vezes estão nas pessoas: suas habilidades técnicas, sua motivação, sua atitude, sua capacidade de resolver problemas, sua capacidade de aprender e melhorar, juntamente com como estas pessoas são organizadas para o trabalho, é que fazem de fato a diferença.

12.2.2 TORNAR A EMPRESA UMA "EMPRESA PREFERIDA"

As coisas que atraem pessoas para determinadas empresas variam com as atividades envolvidas e com as qualificações requeridas. Uma interessante abordagem para se identificar empresas atraentes para a força de trabalho é a do Great Place to Work Institute (www.greatplacetowork.com), presente também no Brasil. O instituto promove pesquisas com funcionários de empresas sobre suas opiniões quanto às seguintes características dos lugares onde trabalham:

Credibilidade

- Comunicações são abertas e acessíveis.
- Competência em coordenar recursos humanos e materiais.
- Integridade em buscar a visão com consistência.

Respeito

- Suporte ao desenvolvimento profissional e demonstração de reconhecimento.
- Colaboração com funcionários na tomada de decisões relevantes.
- Consideração por funcionários como indivíduos que têm vidas particulares.

Justiça

- Isonomia: tratamento balanceado a todos em termos de recompensa.
- Imparcialidade: ausência de favoritismo no recrutamento e promoções.
- Justiça: ausência de discriminação e instâncias para apelos.

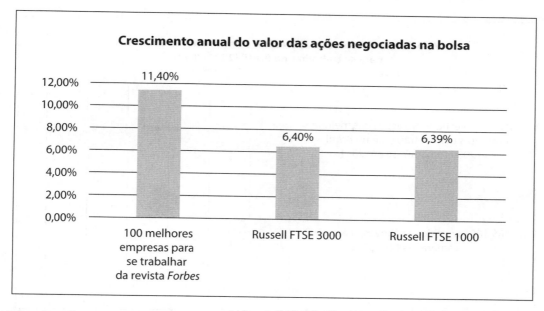

Fonte: http://www.greatplacetowork.com.br/institucional/noticias/vantagens-de-ser-uma-das-melhores-empresas-paratrabalhar-1.htm. Acesso em: 6 fev. 2022.

Figura 12.1 Comparação de valorização de ações na bolsa entre as "100 melhores empresas para se trabalhar" (GPW Institute – revista *Forbes*) e as 3.000 e 1.000 maiores empresas listadas no índice Russell Financial TimesStock Exchange.

Orgulho

- No trabalho individual com contribuições individuais.
- No trabalho produzido por grupos.
- Nos produtos da organização e na sua postura perante a comunidade.

Camaradagem

- Habilidade de ser autêntico.
- Atmosfera amigável e aconchegante.
- Sensação de "família" ou "time" (equipe).

Sistematicamente, o instituto faz levantamentos e publica listas de empresas cujos funcionários apresentam mais altos níveis de opiniões favoráveis quanto a aspectos relacionados aos cinco critérios anteriores. As vantagens apontadas de ser um "empreendedor favorito" pelo instituto são:

- Recebem ofertas mais qualificadas de CVs para posições de emprego abertas.
- Têm menores índices de rotatividade no emprego.
- Têm reduções nos custos com saúde dos funcionários.
- Têm maiores níveis de satisfação de clientes e de satisfação dos funcionários.
- Têm maiores níveis de inovação e criatividade, e os funcionários assumem mais riscos com responsabilidade.
- Beneficiam-se de mais alta produtividade e lucratividade.

Para demonstrar, o Great Place to Work (GPW) Institute apresenta gráficos comparativos entre os retornos médios sobre investimento das 100 melhores empresas segundo os critérios do GPW Institute e os retornos médios sobre investimento das 500 maiores empresas americanas da lista da empresa Standard & Poor´s. O levantamento feito no Brasil mostra dados similares, como demonstra a Figura 12.2.

As dez primeiras empresas do *ranking* de 2020 do instituto no Brasil de grandes empresas traz:

1. Caterpillar.
2. Magazine Luiza.
3. Dell Technologies.
4. Tokio Marine Seguradora.
5. SAP Labs América Latina.
6. Mars Brasil.
7. Laboratórios Sabin – análises.
8. Grupo Accor – hospitalidade.
9. Novartis.
10. Mercado Livre.

Em que pesem a relevância dos critérios levados em conta pelo levantamento do GPW Institute e os dados comparativos apresentados, é importante esclarecer que não basta que os critérios do GPW Institute estejam presentes para que uma empresa tenha sucesso competitivo.

Além disso, a presença de critérios que valorizam a "qualidade de vida" no trabalho, que é a tônica do

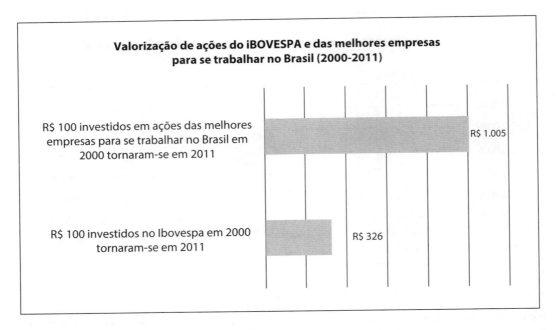

Fonte: http://www.greatplacetowork.com.br/institucional/noticias/vantagens-de-ser-uma-das-melhores-empresas-paratrabalhar-1.htm. Acesso em: 6 fev. 2022.

Figura 12.2 Comparação entre a valorização das ações da média das 100 melhores empresas para se trabalhar (levantamento feito e publicado na revista *Época*) baseada nos critérios do GPW Institute e no índice BOVESPA.

levantamento do GPW Institute, não significa necessária ou automaticamente sinônimo de satisfação do funcionário. É fato que os indivíduos variam com relação ao que lhes traz satisfação.

Numa pesquisa feita com 77 empresas de uma variedade de setores da economia com bom desempenho financeiro, as conclusões são de que as empresas que pretendem atrair (e reter) os melhores talentos deverão continuamente refinar e melhorar suas **propostas de valor** para o funcionário. Devem entender o que faz com que indivíduos de valor venham trabalhar para a empresa (e nela permaneçam) e não para a empresa ao lado.

 PARA REFLETIR
Como criar uma proposta atraente de valor a ser oferecida para os potenciais talentos das gerações que hoje encontram-se com idades entre 20 e 30 anos? E para quem tem entre 30 e 40 anos? Discuta as diferenças.

12.2.3 A GUERRA POR TALENTOS

Na guerra por talentos, criar **propostas de valor** de sucesso significa customizar a "marca" e o "produto" da empresa – nesse caso, as posições que tem a oferecer – para que tenham apelo às específicas pessoas que quer atrair e manter. Também significa pagar o necessário para atrair e manter pessoas de alto desempenho. De certa forma, isso está de acordo com a visão que considera o funcionário quase como um cliente a ser conquistado e fidelizado, para que fique retido, evitando excessiva rotatividade.

Pesquisas demonstram que pessoas de grande talento sistematicamente se preocupam muito e valorizam a cultura, os valores da empresa e a autonomia, mas diferem substancialmente no que estão procurando numa empresa.

É necessário que as empresas gastem tempo suficiente para definir que tipo de talento querem atrair antes de disparar ações para desenhar sistemas de recrutamento, seleção e treinamento. A pergunta-chave parece ser: que atitude (perante não só a empresa, mas também perante o cliente e o ambiente) deseja-se dos funcionários?

12.2.4 RECRUTAMENTO E SELEÇÃO DE COLABORADORES EM OPERAÇÕES

A Walt Disney World, empresa de parques temáticos na região da Flórida, nos Estados Unidos, e conhecida mundialmente pelo nível excepcional dos serviços que oferece, considera que a empresa deve **recrutar funcionários** com base na sua **atitude**, e, então, treiná-los, **se necessário**, para que desenvolvam **habilidades**. Isso porque as habilidades de um funcionário são muito mais alteráveis que as suas atitudes, via treinamento.

A política da Disney parece óbvia, mas muitas empresas parecem não compartilhar de sua visão.

Repare como, em uma grande quantidade de anúncios para vagas em empresas e em uma variedade de processos de recrutamento e seleção de funcionários, as **habilidades** desejáveis dominam. Os anúncios trazem o que o potencial funcionário deve saber fazer (**habilidades**) e, muitas vezes, não mencionam características pessoais que definiriam a **atitude** do potencial funcionário.

Herb Kelleher, o presidente e principal executivo da SouthWest Airlines, uma empresa conhecida não só pelos altos níveis de satisfação e lealdade do cliente, como também pelos excelentes índices de lucratividade ao longo das últimas quatro décadas, enfatiza algo parecido. Ele diz: "Se há uma coisa que não queremos na SouthWest Airlines é contratar má **atitude**." Para evitar isso, o processo de recrutamento da SouthWest é feito com extremo cuidado, envolve, inclusive, clientes reais (quem melhor que um cliente real para dizer quem seria um bom comissário de bordo?). Segundo palavras do próprio Herb Kelleher, "o recrutamento na SouthWest Airlines é quase uma experiência religiosa, não é algo que fazemos descuidadamente ou de forma superficial".

> **LEMBRE-SE**
>
> Principalmente (mas não só) para pessoas cujas atividades são de alto contato, recrutamento e seleção devem ser baseados nas **atitudes** desejadas; para o nível certo de **habilidades**, use treinamento. Isso, entre outras coisas, porque o contrário é impossível.

12.2.5 O TRABALHO DO FUNCIONÁRIO QUE ATUA COM ALTA INTERAÇÃO COM O CLIENTE

O funcionário de alto contato com o cliente em operações tem em geral um trabalho mais complexo que o funcionário de baixo contato. Além das habilidades técnicas necessárias a "entregar o pacote de valor", deve também ter certo grau de habilidade gerencial e de marketing, pois está em geral também a cargo de algumas atividades ligadas a comercializar o serviço. O perfil de gestão e atendimento que os funcionários realizam junto ao cliente, muitas vezes advém da estratégia de operações da empresa. Existem diferentes abordagens que espelham e estão em concordância com critérios competitivos e objetivos da operação. O McDonald's, por exemplo, tem como um de seus focos a velocidade de entrega. Assim, tanto os seus processos de trabalho como o perfil de atendimento de seus colaboradores buscam esse objetivo. Seus atendentes são breves e práticos, falam só o necessário, buscam ser ágeis no atendimento, sem perder a devida cordialidade (seguem um *script*, ver próximo item). Isso se dá em virtude do projeto da estratégia de operações da rede.

Por outro lado, os parques da Disney (ver Estudo de Caso no final do capítulo) têm como um de seus focos, se não o principal, a qualidade da experiência do serviço. Assim, todos os membros da equipe de atendimento que recepciona e acompanha os "clientes" buscam ser empáticos, flexíveis, tiram dúvidas, são corteses, tendo como alvo final uma experiência de alta qualidade e bem-estar, "forçando" naturalmente os clientes a voltar com outras pessoas, que serão convencidas pelos relatos de atendimento de quem já visitou os parques. Para tanto, o parque investe pesado em seus processos de recrutamento, seleção e treinamento. É comum ouvir relatos de clientes que foram bem tratados e se sentiram confortáveis em situações singulares como terem seus pertences "revistados" na entrada do parque, desistirem do início da operação de um dos brinquedos, segundos antes de o operador ligá-lo e outras situações similares.

Como o parque é muito grande, também é muito fácil se perder. Dessa forma, existem colaboradores espalhados em vários pontos do parque, inclusive com habilidades para falar diversos idiomas, dado que o parque é visitado por pessoas de todo o mundo. A equipe de colaboradores do parque está preparada para refletir qualidade na operação.

Habilidades (e atitudes) interpessoais

Serviços são mais que o tradicional jogo industrial, entre pessoas e objetos – matérias-primas, máquinas e outros. É um jogo entre pessoas (paciente-médico, professor-aluno, passageiro-comissária(o) de bordo). Além das habilidades técnicas requeridas, é necessário que o funcionário, em determinadas situações, transmita tranquilidade, segurança e administre as relações entre o cliente e o eventual elemento de tecnologia envolvido. O grau necessário de habilidades interpessoais vai variar conforme a intensidade de contato que a operação de serviço exige. No caso de alta intensidade de troca de informações (principalmente do cliente para o servidor; veja o Capítulo 4 para detalhes), cabe inclusive ao funcionário a função de captar o fluxo de informações vindo do cliente, interpretá-lo e reagir apropriadamente a ele.

Comunicação

Em atividades de contato com o cliente, em geral, o funcionário de operações de serviço deverá ter habilidades de comunicação, pois uma correta formação de expectativas e percepções do cliente (ambos influentes no grau de satisfação percebido pelo cliente) depende de adequada comunicação.

Habilidade de vendas

Funcionários de contato normalmente necessitam ter habilidades para vendas, pois, além de produzir e entregar o serviço, têm a seu cargo atividades ligadas à função de executar vendas. Um garçom, além de servir a refeição, procura vender serviços e produtos adicionais, por exemplo.

Aparência

Em atividades de alta interação, o funcionário deve desenvolver sensibilidade para o tipo de aparência que é requerido pelo cliente. O cliente usará a aparência do funcionário de contato como um dos elementos para julgar sua percepção sobre o serviço prestado e, por conseguinte, para julgar seu nível de satisfação.

Gestão do "colega" cliente

Em atividades de alto contato com o cliente, abre-se a oportunidade de usar o cliente como funcionário, executando tarefas que, de outra forma, teriam de ser executadas pelo próprio prestador de serviços. Quanto mais atividades se "delega" ao cliente, mais necessário se torna que o funcionário (ou a tecnologia) de alto contato trabalhe como gestor desse processo. Habilidades como tolerância à ambiguidade, à possível ignorância do cliente quanto ao processo, à possível tendência de o cliente culpar o prestador do serviço pelos seus próprios erros, estão entre as habilidades necessárias para bem gerenciar o cliente. Motivar o cliente está também entre essas habilidades.

12.2.6 TREINAMENTO, RECOMPENSA E MOTIVAÇÃO

Embora em geral as empresas, na retórica, reconheçam que seus funcionários têm um papel essencial na formação dos níveis de satisfação dos clientes, não é raro encontrar operações de serviços cujos funcionários de alto contato estejam entre os mais mal remunerados e mal treinados da empresa.

Isso pode levar a uma má gestão do contato com o cliente, principal elemento de geração do nível de satisfação do cliente.

Há várias técnicas que podem ser usadas para o treinamento de pessoal de linha de frente. Quando se trata de tarefa repetitiva, a técnica de *scripts* pode ser utilizada.

Uso de *scripts*

Scripts são instruções detalhadas de como agir. Empresas como McDonald's e bancos – principalmente no atendimento remoto, por telefone – e outras são conhecidas pelo extensivo uso da técnica de *scripts*. Em cadeias de *fast food*, por exemplo, funcionários são treinados com *scripts* que detalhadamente os instruem como: saudar o cliente; solicitar seu pedido (incluindo sugestões para itens adicionais); montar o pedido (por exemplo, *drinks* frios antes da comida quente); colocar os vários itens na bandeja; receber o dinheiro e dar o troco; agradecer e desejar a volta do cliente.

Similarmente, há *scripts* que aparecem na tela dos computadores em frente aos atendentes que fazem atendimento telefônico em bancos, pessoal de balcões de *check-in* em aerolinhas etc.

Simulação de situações

Para uso conjunto com a técnica de *scripts*, o uso de treinamento com **simulação de situações** é uma importante ferramenta para treinar o funcionário a saber como agir em situações de exceção (por exemplo, como agir quando um cliente no *fast food* derruba sua bandeja acidentalmente assim que a pega do balcão).

"Pense como cliente"

Uma grande e lucrativa empresa de cartão de crédito americana chamada MBNA usa sistematicamente um mote para tentar induzir no funcionário uma postura que lhe permita lidar melhor com o cliente: "pense como cliente". Com isso, tenta criar no funcionário que está com o telefone na mão, lidando com um cliente que solicita uma linha adicional de crédito para uma compra excepcional, por exemplo, o hábito de colocar-se na sua posição. Para isso, entretanto, é necessário que o funcionário tenha algum nível de *empowerment*.

Empowerment

Muito da literatura sobre gestão de serviços advoga que os funcionários de linha de frente tenham graus crescentes de autonomia. À medida que as atividades de alto contato vão se tornando menos repetitivas, maiores graus de autonomia em geral serão demandados dos funcionários de linha de frente. *Empowerment* significa, por exemplo, para atividades mais repetitivas, que o funcionário tem autonomia, sempre dentro de determinados limites, para decidir fazer algo diferente do que os *scripts* recomendam. Evidentemente, o grau de autonomia e *empowerment* será dependente da natureza do serviço prestado.

VOCÊ SABIA?
A rede de hotéis Ritz Carlton faculta a qualquer funcionário de linha de frente gastar até US$ 2 mil para recuperar bons clientes que tenham, por algum motivo, ficado insatisfeitos com o serviço.

Motivação de funcionários em operações

Motivação dos funcionários é uma questão importante para qualquer gestor de operações. Quando se fala em manter motivadas pessoas que trabalham, por exemplo, numa companhia aérea, em geral, considera-se que essa tarefa não seja tão demandante, pois há certo *glamour* em lidar com pessoas relativamente sofisticadas (viajantes no meio de transporte aéreo) e, muitas vezes, com bom espírito, pois podem estar viajando de férias. Entretanto, pense o que é manter motivadas pessoas que trabalham, por exemplo, em uma empresa de terceirização de atividades de limpeza. A ServiceMaster, uma das líderes mundiais em serviços de limpeza para hospitais, escritórios e universidades, tem recomendações para motivar seus funcionários:

- Deixar claro aos funcionários **por que** são importantes (não só a retórica de que **são** importantes). Isso pode refletir-se em treinamento, por exemplo, para o pessoal que faz limpeza em hospitais, sobre a importância da sua atividade de limpeza para a atividade-fim do cliente, o processo de cura e conforto físico e psicológico dos pacientes.

- Oferecer treinamento em habilidades interpessoais, como lidar, por exemplo, em hospitais, com pacientes que sabidamente estão numa situação psicológica delicada. Com isso, os funcionários que executam atividades simples passam a enxergar-se como parte de um todo, um esforço coletivo, que os envolve, mas também médicos, enfermeiras, auxiliares e gestores, para que a instituição (por exemplo, o hospital) tenha sucesso em sua missão.

- Prover o treinamento e as ferramentas necessárias para que o funcionário possa desempenhar melhor seu trabalho, prestar um **bom** serviço.

- Oferecer suporte da supervisão. O funcionário deve sentir a presença e o apoio da supervisão e não se sentir discriminado por sua função parecer menos nobre ou sofisticada.

- Prover sistemas de avaliação de desempenho, reconhecimento e recompensa que de fato são justos, relevantes e adequados do ponto de vista de ganhos, comparados ao mercado. As pessoas precisam de reconhecimento por um bom trabalho realizado.

A mensagem básica que se quer enviar para as "tropas" de linha de frente é: "Vocês de fato são importantes para o sucesso da organização." Esse talvez seja o fator crucial de motivação de pessoas que trabalham na linha de frente das operações.

INDÚSTRIA 4.0: PESSOAS E SUA ORGANIZAÇÃO EM PRODUÇÃO E OPERAÇÕES

À medida que as empresas adotam processos mais digitalizados na sua cadeia de valor, o volume de trabalhos tradicionais manuais de montagem e produção tende a diminuir. Portanto, uma transição bem-sucedida para a digitalização das operações requer a renovação em modelos e estruturas organizacionais, treinamento e desenvolvimento de abordagens estratégicas nos processos de planejamento e recrutamento da força de trabalho.

O ecossistema industrial está experimentando mudanças significativas com a obsolescência laboral e a criação de novos empregos que demandam novas habilidades que possivelmente os atuais funcionários não possuem. A introdução da I4.0 fará com que os empregos se tornem menos repetitivos e menos exigentes fisicamente. No entanto, exigirão dos trabalhadores maior flexibilidade, pensamento crítico e solução de problemas. De acordo com um estudo do *The Manufacturing Institute* (www.themanufacturinginstitute.org), os novos empregos terão títulos como cientistas de dados industriais, soluções de TI e interfaces de usuários, coordenadores de robôs etc. Portanto, a procura de gerentes operacionais, trabalhadores da cadeia de suprimentos, engenheiros, pesquisadores, cientistas e trabalhadores de produção com conhecimentos em programação e operação de equipamentos digitais e computacionais será intensificada nos próximos anos.

Atualmente, como os funcionários provavelmente trabalharão em tarefas não coerentes com sua educação acadêmica, diversas companhias hoje encontram dificuldade nos processos de contratação. Os recrutadores devem olhar além das qualificações atuais e identificar habilidades e capacidades potenciais relevantes para funções específicas. Nesse contexto, áreas como RH têm o desafio de desenvolver programas de treinamento baseados no nível de habilidades atuais, na capacidade de atenção e até mesmo na personalidade da força de trabalho. Isso também tem sido apoiado pelas tecnologias recentes baseadas na I4.0.

A Inteligência Artificial, por exemplo, foi selecionada em 2018 como uma das quatro tendências de recrutamento mais importantes, de acordo com o Relatório de Tendências de Recrutamento Global do LinkedIn. Para a maioria dos recrutadores entrevistados, a IA contribui consideravelmente na busca, seleção e promoção de candidatos. Em sistemas de gerenciamento de aprendizagem, a IA é utilizada para a criação de sessões de microaprendizagem, a fim de recolocar os funcionários por meio de pesquisas de palavras-chave nos currículos, contribuindo, assim, para corrigir lacunas e inadequações de habilidades.

Destacamos a importância do uso da I4.0 nos processos de treinamento de colaboradores e funcionários, principalmente por meio de tecnologias IA. No entanto, processos de avaliação de desempenho e motivação da força de trabalho também já consideram o uso de tecnologias I4.0 principalmente no que se refere à computação em nuvem, coleta e análise de dados e *feedback* em tempo real. Essa adaptação permite criar ambientes mais interativos e íntimos, ao conhecer, de forma transparente, as percepções dos funcionários quanto a seus postos de trabalho, a organização em geral, liderança e direção estratégica, opiniões sobre seus supervisores diretos e o papel que desempenham na organização, permitindo, assim, incrementar a produtividade, incentivar o desenvolvimento e a estabilidade e melhorar constantemente suas funções, elementos que conduzem a uma reestruturação do recurso humano ao modelo operacional do futuro.

O vídeo a seguir exemplifica como a KPMG, uma das maiores multinacionais prestadoras de serviços de auditoria e consultoria tributária, utiliza a I4.0 frente à modernização contínua da tecnologia para atender às expectativas elevadas da empresa e dos funcionários:

uqr.to/12zim
Acesso em: 13 fev. 2022.

Figura 12.3 Modernização contínua da tecnologia para atender às expectativas elevadas da empresa e dos funcionários.

O ecossistema industrial está experimentando mudanças significativas com a obsolescência laboral e a criação de novos empregos que demandam novas habilidades que possivelmente os atuais funcionários não possuem. Como os funcionários provavelmente trabalharão em tarefas não coerentes com sua educação acadêmica, diversas empresas encontram dificuldade nos processos de contratação.

12.2.7 AVALIAÇÃO DO DESEMPENHO DOS FUNCIONÁRIOS EM OPERAÇÕES

Um dos aspectos mais importantes e, ao mesmo tempo, mais negligenciados em gestão de operações, seja em serviços, seja em operações fabris, é a avaliação de desempenho (veja o Capítulo 5 para um tratamento detalhado do tema). Os sistemas de avaliação de desempenho têm caráter duplo:

- O de permitir o acompanhamento e controle.
- O de induzir comportamento das pessoas. Isso porque as pessoas, em geral, não fazem o que se "espera" delas, mas o que se "mede" delas, pois seus bônus, seu progresso na carreira e outros são uma função de quão bom é seu desempenho nas métricas definidas no sistema de medição de desempenho que as avalia.

Desse caráter duplo, talvez o mais levado em conta por gestores é o primeiro, quando talvez seja o segundo aquele que mais tem a contribuir com o desempenho futuro da operação. Pense, por exemplo, numa situação em que uma unidade de prestação de serviço queira criar no funcionário de contato um comportamento de tratamento mais personalizado, mais próximo ao cliente. Se a métrica de avaliação de seu desempenho for, por exemplo, de número de clientes atendidos por hora, há nisso uma contradição. O funcionário tenderá, evidentemente, a atender pessoas mais rapidamente para obter avaliações melhores na métrica vigente, mesmo às custas do que se "espera" dele, que é um tratamento mais customizado, o que pode levar mais tempo por cliente. A mensagem é: a gestão deveria recompensar o comportamento que deseja! De novo, parece óbvio, mas não é o que se encontra em muitas empresas.

Na lanchonete do Marconi *Fastfood* (Capítulo 10), a gestão da sua equipe está bem alinhada com a estratégia de operações da lanchonete, que é focada em diferenciação e qualidade como ganhadores de pedido e preço e rapidez como qualificadores de pedido. Segundo o próprio Marconi, "eu avalio minha equipe, especialmente em relação ao processo de montagem dos lanches e o atendimento dos clientes. No caso dos cachorros-quentes, o tempo é muito importante; em média, o tempo máximo que temos é 35 segundos para finalização desse lanche. Já nos lanches que necessitam de grelha, verifico o cuidado, o capricho, o seguimento das etapas pelo funcionário. Não adianta nada ter ingredientes de qualidade, se o processo de montagem do lanche é realizado de forma inadequada. Por fim, fico atento ao dia a dia dos colaboradores *versus* clientes e os avalio e recompenso de forma coerente. Como ele aborda, se é prestativo, solícito etc.". Exemplos como esse mostram a importância da coerência, inclusive entre a estratégia de operações da empresa e as métricas utilizadas para abordar o desempenho dos colaboradores.

Avaliação da satisfação dos funcionários

Como parte da política de reter bons talentos, olhar para os funcionários como se fossem clientes que devem ser satisfeitos é uma ferramenta crescentemente utilizada por empresas. Avaliar o grau de satisfação do funcionário é importante tanto para o objetivo de manter bons níveis de satisfação e, portanto, de retê-lo, como para o objetivo de criar um atendimento que gere clientes mais que satisfeitos. Lembre-se: é muito difícil gerar clientes satisfeitos trabalhando com funcionários insatisfeitos.

Feedback

Uma das dificuldades que empresas têm ao lidar com sistemas de avaliação de desempenho é como estabelecer o *feedback* do sistema de avaliação ao funcionário de alto contato, de forma que ele possa reagir adequadamente, alterando comportamentos rapidamente quando a avaliação piora.

Um *feedback* ágil faz com que erros sejam corrigidos rapidamente e com que melhorias contínuas ocorram.

PARA REFLETIR

Como melhorar a velocidade de *feedback* aos funcionários quanto ao desempenho em uma operação em um grande parque de diversões, como o Hopi-Hari ou os parques da Disney?

12.2.8 FUNCIONÁRIOS TERCEIRIZADOS

Com a crescente tendência de as empresas terceirizarem atividades pouco ou não centrais (veja Capítulo 4), é cada vez mais frequente que atividades até de linha de frente sejam terceirizadas. Um erro frequente é ter padrões de tratamento diferentes para funcionários terceirizados. Não se esqueça: o cliente vai formar sua percepção de satisfação também levando em conta o momento da verdade em contato com o funcionário terceirizado e, portanto, o funcionário terceirizado deve merecer o mesmo grau de preocupação – quanto a recrutamento (atitude, mais que habilidades), treinamento (para habilidades), motivação, recompensa e outros aspectos que o funcionário da própria empresa.

12.2.9 ORGANIZAÇÃO EM OPERAÇÕES

O sucesso operacional de uma empresa não depende apenas de seus recursos humanos serem adequadamente recrutados, treinados, avaliados, compensados e controlados. Depende também de como são organizados. Mas o que é estrutura organizacional? Basicamente, é a forma como tarefas e responsabilidades são distribuídas entre agrupamentos de pessoas (e outros recursos) e como as relações de responsabilidade e coordenação entre os agrupamentos são definidas.

Os objetivos de um projeto de estrutura organizacional de operações são divididos em três:

- Melhor atender aos mercados a que se pretende servir.
- Maximizar o retorno sobre o investimento feito nos recursos operacionais pelo acionista.
- Favorecer o desenvolvimento contínuo desses recursos.

Do ponto de vista de atendimento aos mercados visados, um conflito constantemente mencionado pelos desenhistas organizacionais é aquele entre "organizações eficientes" (no sentido da maximização do uso dos recursos com decorrente diminuição de custos unitários) e "organizações de resposta rápida" (no sentido de responder rapidamente a solicitações mutantes).

Organizações que estrategicamente tentam ser eficientes (por exemplo, por competirem em "custo") são aquelas que muitas vezes veem-se tendo que lidar com grandes quantidades de recursos já investidos em suas operações e, portanto, têm de trabalhar eficientemente para favorecer os ganhos de escala decorrentes de uma boa utilização. Pense numa grande operadora de telefonia ou numa grande empresa fornecedora de água ou energia elétrica para a cidade. A quantidade de recursos investidos em centrais telefônicas e retransmissoras caras e na rede de cabos metálicos e óticos no caso da empresa de telefonia, em hidrelétricas ou termelétricas, no caso de empresas geradoras de energia ou nas represas e estações de tratamento de água, conduz essas empresas a organizarem seus recursos de forma a eficientemente ganharem escala em suas operações.

Por outro lado, organizações que estrategicamente necessitam ser mais ágeis e velozes, por exemplo, precisam estar atentas às alterações dos requisitos do mercado para poderem agir de forma a chegar antes a ele. Pense numa estação de televisão especializada em notícias como a CNN. Sua estrutura organizacional tem de ser ágil o suficiente para permitir que, se ocorrer um fato relevante no mundo, monte-se uma força-tarefa em pouco tempo para prover o mercado com uma cobertura rápida e adequada, chegando inclusive antes da concorrência aos lares dos telespectadores com as notícias mais atuais.

Embora tenhamos exemplificado casos de organizações que requerem projetos extremos, um que enfatize predominantemente eficiência e outro que enfatize velocidade, em geral as opções reais de empresas quanto à sua estrutura organizacional vão recair sobre alguma espécie de combinação entre os dois extremos.

Tipos de estrutura organizacional

Organizações são estruturadas de forma a dar algum nível de autonomia decisória para determinadas partes ou agrupamentos. Talvez só as organizações menores, como as de um único indivíduo, prescindam de algum

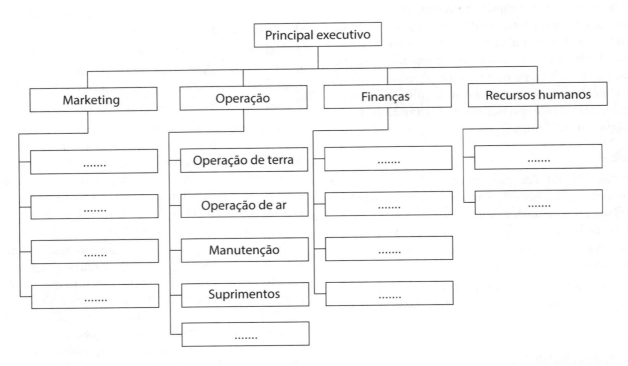

Figura 12.4 Estrutura organizacional hierárquica ou funcional.

nível de delegação decisória. Adicionalmente, a divisão em agrupamentos permite especialização em determinadas habilidades, que pode trazer competência e levar a determinados níveis de motivação, pois membros da organização especializados nessa atividade terão certa autonomia decisória.

Estrutura funcional ou hierárquica: quando a lógica de agrupamento de recursos é baseada em seu propósito funcional, tem-se uma estrutura dita funcional ou hierárquica. No topo da estrutura, o principal executivo da empresa coordena a atividade de vários grupos funcionais, que podem ser de marketing, da operação de finanças, de recursos humanos e assim por diante. Cada uma dessas funções, por sua vez, sofre também agrupamentos com base funcional. O resultado é uma estrutura, conforme ilustra a Figura 12.4.

Embora a estrutura funcional seja considerada favorável ao objetivo de estruturas mais eficientes, o problema com ela é que, como pode ser visto pelas linhas verticais, as estruturas de coordenação e comunicação são predominantemente chefe-subordinado. Isso tende a fazer com que as respostas ao cliente fiquem mais demoradas, porque os clientes e os fornecedores internos não têm linhas diretas de comunicação e coordenação.

Estrutura divisional: à medida que as organizações se tornam grandes, as desvantagens das estruturas funcionais puras vão se tornando mais e mais claras e a lentidão de resposta de grandes organizações altamente funcionalizadas as faz rapidamente pouco competitivas num ambiente dinâmico. A resposta das organizações que necessitam aliar níveis de eficiência funcional com maior agilidade de resposta é a estrutura divisional. A estrutura divisional quebra a lógica puramente funcional em divisões, às vezes chamadas unidades de negócios com relativa autonomia sobre suas receitas e seus custos. A Figura 12.5 ilustra a estrutura divisional.

Estrutura matricial: uma alternativa de estruturação híbrida que combina a funcional pura e a divisional é a estruturação chamada matricial. Nela, cada agrupamento de recursos tem pelo menos duas linhas de subordinação – uma com o superior funcional e uma com o superior divisional, pois responde também para o mandatário da unidade de negócio onde se insere. A Figura 12.6 ilustra a estrutura matricial.

Estrutura virtual ou em redes: em algumas empresas da nova economia, uma nova forma de organização está aparecendo, que, a rigor, representaria a mais flexível das formas, a mais adequada para necessidades de grande capacidade de resposta: a organização virtual ou em redes. Nesta, alguns agrupamentos de recursos com grande autonomia teriam guias de comportamento bastante gerais com base na gestão mais sênior, além de ter objetivos a atingir. Com base nisso, esses agrupamentos se ligariam flexivelmente com outros agrupamentos para formar organizações *ad hoc*, ou estruturadas para determinadas tarefas, na forma de redes de relacionamento. Às vezes, alguns desses agrupamentos podem estar fora da organização formal, sendo empresas separadas. Os limites da organização são, então, menos definidos. Embora pareça extremamente atraente para organizações que necessitam de rapidez extrema de resposta, empresas reais que adotam esse tipo de organização não são fáceis de encontrar. Conceitualmente, entretanto, ter em mente as possíveis vantagens de uma organização ideal como esta pode ser útil em prover *insights* para melhor uso de estruturas mais comumente encontradas, como as três discutidas anteriormente.

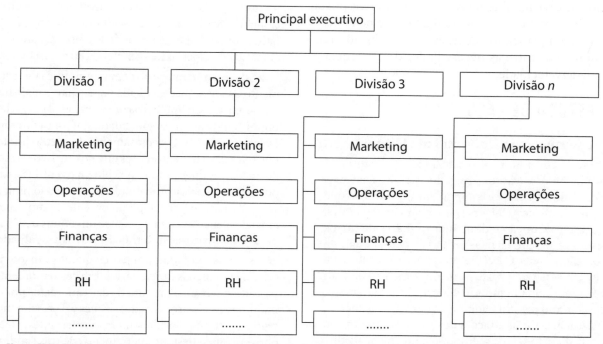

Figura 12.5 Estrutura divisional quebra a estrutura puramente funcional para maior agilidade e autonomia de unidades de negócios.

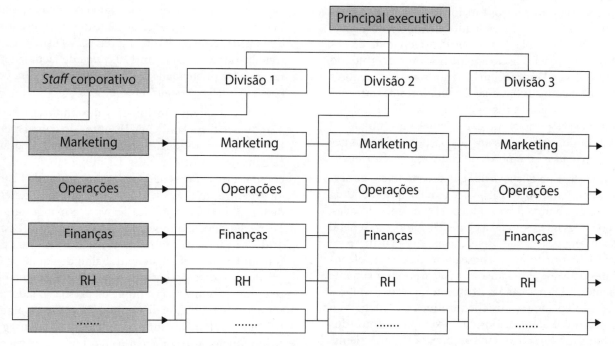

Figura 12.6 Estrutura matricial, um híbrido entre a funcional pura e divisional pura.

Das quatro formas de estrutura organizacional discutidas há pouco, talvez a que mais se adapte a uma necessidade de eficiência estrita seja a funcional, enquanto a que melhor se adapta a uma necessidade de extrema rapidez de resposta (flexibilidade, velocidade, como critérios estratégicos prioritários) seja a estrutura em rede.

Entretanto, como dificilmente organizações reais se encontram nesses extremos, o mais comum será encontrar estruturas organizacionais que ficarão entre os extremos. A divisional tenderá a dar melhor resposta a necessidades maiores de flexibilidade e velocidade, e a matricial, em princípio, fornecerá uma solução mais compromissada entre as necessidades de eficiência e flexibilidade/velocidade.

12.3 ESTUDO DE CASO

O que se ensina na Universidade Disney?

Lembrar de cor o nome dos sete anões da história da Branca de Neve – Mestre, Zangado, Atchim, Dengoso, Soneca, Dunga e Feliz – é componente essencial do que se ensina na Disney University, na Walt Disney World, cuja principal função é doutrinar milhares de novos ingressantes anualmente nas formas de pensar e agir da corporação Disney. O prédio, até austero, que abriga a Disney University, na parte norte do complexo da Walt Disney World, em Orlando, na Flórida, Estados Unidos, fica lotado com pessoal temporário que irá trabalhar na alta estação nas várias atrações dos parques. O instrutor, identificado pelo seu primeiro nome no crachá, Pedro, é jovem e enérgico, vestido informalmente.

Esta é uma sessão orientativa, mas não é assim chamada, bem como os novos funcionários não são chamados funcionários – são chamados membros do elenco, e a sessão é chamada "Tradições I". Ao longo do dia, os novos membros do elenco aprenderão outros termos do mundo Disney. Dos funcionários horistas, de varredores de rua a balconistas das lojas e operadores das atrações (como as montanhas russas), 90% usam fantasias, não uniformes. Não estão em "expediente", mas "no palco". Nos períodos de folga, estão "nos bastidores". Visitantes são "convidados", membros do elenco são "anfitriões".

"Trabalhar na Disney", disse Pedro, no início da sessão, "é como ir a outro país. Você tem de aprender uma nova língua e uma nova cultura". Nas últimas décadas, corporações líderes como a General Motors e a General Electric têm despachado seus executivos à Disney para tentar descobrir como ela consegue inspirar seus colaboradores para que atendam a seus padrões extremamente exigentes. A Disney é tão confiante de que seus membros do elenco encantarão os clientes que os contatos são encorajados e até forçados. Um exemplo: muitos dos produtos nas lojas não têm preço, para forçar o cliente a interagir com o vendedor. Outro exemplo: o programa *take 5*, em que os membros do elenco separam cinco minutos do seu dia para criar um momento mágico para um visitante – por exemplo, levar uma garotinha de cinco anos que visita o parque para ver a "real" Cinderela maquiar-se.

Tudo isso leva a grande sucesso: 60% dos visitantes dos parques Disney são clientes repetidos. A habilidade de a empresa reter funcionários é famosa e não comum no tipo de negócio em que está envolvida, que sofre nacionalmente de uma média de 40% de rotatividade. A rotatividade da Disney é menos de 1/3 disso. Quanto a funcionários de supervisão e gerência, a taxa cai a menos 6%.

Nada disso acontece por acaso. A política de recrutamento da Disney é desenhada para achar trabalhadores que se ajustem ao "molde" da organização. "Aparência não importa – atitude e personalidade sim", diz a diretora da Disney University. O departamento de seleção do elenco põe mais peso nas entrevistas que nos currículos recebidos; a Disney quer pessoas que olham os entrevistadores nos olhos. A maior probabilidade de sucesso num processo de seleção: ser amigo ou parente de um membro atual do elenco. A Disney oferece um bônus de US$ 100 para trabalhadores que tragam novos trabalhadores.

As coisas mudaram um pouco quanto à disponibilidade de potenciais funcionários. Em certo momento do passado, havia uma procura de dez candidatos por vaga, mas hoje, com a profusão de parques e o crescimento da região central da Flórida, o mercado ofertante de mão de obra encolheu bastante, para menos de três candidatos por vaga às vezes. Interessante é que o contrário ocorre para cargos gerenciais. Recentemente, para preencher 300 vagas, a Disney recebeu 70.000 currículos. Mais e mais representantes do contingente de semiaposentados da Flórida têm solicitado empregos. A Disney recruta trabalhadores horistas em 130 *campi* de faculdades da região e faz publicidade em mídia de massa para posições em hotéis e restaurantes.

Todos os novos funcionários devem fazer a sessão "Tradições I" e "Tradições II" antes de começarem a trabalhar, mesmo aqueles contratados para apenas uma semana de pico de demanda. Lá, numa sala de aula, decorada com pôsteres de grandes momentos da história da organização (*Mickey Fantasia*, o primeiro desenho de longa metragem, *Branca de Neve*, a inauguração da Disneylândia), são inoculados com a cultura Disney. Tudo na sala tem sua razão: a mesa é redonda para transmitir uma sensação de trabalho de equipe, a forma de apresentação das pessoas (cada pessoa não fala seu próprio nome, mas o nome da pessoa ao lado, para reforçar mentalidade de equipe). No caso de alguém ter entendido mal, Pedro complementa a mensagem: se um funcionário comete um erro, um cliente vai para casa insatisfeito. "Nós nunca dizemos: isso não é parte do meu trabalho." "Se alguém nos faz uma pergunta, nós sabemos a resposta, se vemos um papel no chão, recolhemos ao lixo."

Como qualquer instrutor, Pedro não está alocado à Universidade permanentemente. Nem é um executivo. É um horista, considerado modelo, que conduz as sessões, um dia por semana, por um ano. A Disney põe um limite no tempo em que um instrutor conduzirá sessões para garantir que sempre sejam entusiásticos. Alguns estão no seu primeiro ano com a empresa.

A sessão da manhã de "Tradições I" termina com a exibição de um vídeo de 26 minutos chamado *Making Magic* (Fazendo Magia). Mostra funcionários oferecendo-se para tirar fotos para visitantes, para que toda a família possa aparecer, assim como fazendo outras boas ações. No final, o Presidente da corporação encontra-se com Mickey e Donald, com o fundo musical *When you wish upon a star*, um clássico Disney, num momento deliberadamente emocional. Alguns participantes têm lágrimas nos olhos ao final da exibição.

A Disney consegue "disneyficar" seus funcionários, apesar de uma escala de taxas horárias de pagamento que começa em $ 15 por hora (a partir de 2021).

O nível relativamente baixo de salário de entrada, com uma relativamente rápida possibilidade de ascensão, permite à empresa reter aqueles que querem e têm a habilidade para subir sem premiar aqueles que não querem ou não têm a habilidade necessária. A Disney, consciente de sua imagem, prefere não demitir ninguém (claro que isso teve de ser relativizado depois da queda de demanda drástica que se seguiu a eventos como a crise financeira de 2008 e, mais recentemente a pandemia de Covid-19), já que vê cada funcionário (e cada ser humano do planeta) como um possível cliente e, portanto, não pretende ofender nenhum. Em vez de demitir, procura achar novas posições para funcionários com problemas de adaptação, algo não muito difícil em parques com 1.100 cargos e uma taxa constante de rotatividade.

Nas entrelinhas disso tudo, está a obsessão da empresa com excelência. Funcionários pintam cada lata de lixo para que não se destaquem do ambiente onde estão; lavam com pressão cada pedaço de pavimento e limpam cada janela no Magic Kingdom e no Epcot Center, por exemplo, todos os dias. Jardineiros da Disney aparam as árvores da rua principal do Magic Kingdom todos os dias desde que o parque abriu para que tenham sempre exatamente a mesma forma. E esses são apenas alguns exemplos, de muitos.

Em tudo isso pode haver lições para outras corporações. Soa simples: tenha visão de longo prazo, insista em qualidade, reconheça que cortesia se paga, ofereça aos funcionários de nível mais baixo oportunidade de crescimento, não apenas dinheiro, recrute, visando mais à atitude e personalidade que a credenciais e habilidades técnicas; atenda à necessidade do cliente, não às suas próprias. Não parece óbvio?

Questões para discussão

1. Como a Disney compensa as baixas taxas horárias de salário de entrada?
2. Que perfil de pessoa a Disney pretende atrair?
3. Por que você acha que a Disney exige sessões de "tradições" para todos os novos funcionários? Essas sessões bastam para a excelência operacional? Por quê?
4. Quais critérios você usaria para recrutar na Disney? Quais as diferenças, por exemplo, nos critérios para uma posição de compras e para uma posição de operador de uma atração num dos parques? Por quê?

Fonte: © 1988 The Walt Disney Company.

12.4 RESUMO

- Um desempenho superior em operações, na maioria das situações, depende das suas pessoas. Isso é particularmente (mas não exclusivamente) importante para pessoas da operação que têm contato direto com o cliente.
- Empresas líderes têm se esforçado muito para tornarem-se "empresas preferidas" pelos potenciais talentos em busca de colocação profissional.
- O Instituto Great Place to Work promove pesquisas para ranquear empresas que são as "melhores empresas para se trabalhar", baseado nos critérios Credibilidade, Respeito, Justiça, Orgulho e Camaradagem. Empresas que são as melhores para se trabalhar sistematicamente desempenham-se financeiramente melhor que suas pares.
- Em relação às pessoas em operações, uma frase de efeito muito levada a sério por empresas líderes é: "Recrute baseado em atitude; então, treine internamente para desenvolver habilidades." Isso porque é muito mais difícil alterar atitudes via treinamento que alterar níveis de habilidades nos colaboradores.
- As principais características dos funcionários que trabalham diretamente com o cliente são: habilidades interpessoais, comunicação, habilidade de vendas, aparência e gestão do "colega" cliente.
- É essencial que aspectos como treinamento, recompensa e motivação sejam tratados com muito cuidado para que os incentivos e as habilidades dos colaboradores estejam bem alinhados com as necessidades da organização.

- Em termos de motivação e recompensas, é importante deixar claro por que o colaborador é importante, treinar o colaborador em habilidades interpessoais, prover o treinamento e as ferramentas de que ele necessita para ter sucesso em sua atividade, prover apoio da supervisão e desenvolver sistemas de avaliação de desempenho adequados.
- É importante avaliar a satisfação dos funcionários, assim como a satisfação dos clientes; é muito difícil um colaborador gerar clientes satisfeitos se ele estiver insatisfeito.
- A estrutura organizacional de uma operação refere-se à forma com que tarefas e responsabilidades são distribuídas entre agrupamentos de pessoas e como as relações de responsabilidade e coordenação entre os agrupamentos são definidas.
- Há vários tipos de estrutura organizacional, entre elas: organização hierárquica ou funcional, organização divisional e organização matricial.

12.5 EXERCÍCIOS

1. Faça um levantamento na seção de classificados de "empregos" do jornal local de maior circulação. Analise 30 anúncios de emprego ao acaso. Analise se a descrição do que se deseja de um candidato centra-se mais em "atitudes" ou "habilidades". Por que você acha que o resultado de sua pesquisa foi como foi? Quais as implicações do que você descobriu para as empresas?
2. Escolha uma operação à qual você pode ter acesso, em termos de informações gerenciais. Analise as formas usadas por uma de suas unidades (eleita por você) para avaliar o desempenho do seu pessoal. Descreva as métricas usadas. Levante os principais aspectos que os clientes usam para avaliar o desempenho da empresa. Analise a coerência ou incoerência entre as métricas adotadas pela empresa para avaliar seu pessoal com os critérios usados pelos clientes para avaliarem a empresa.
3. Baseado na Introdução, na situação descrita da FedEx e da UPS, analise os diferentes perfis requeridos pelas duas empresas. Como você desenharia sistemas de avaliação de desempenho e recompensa para ambas, contemplando as diferenças?
4. Que tipo geral de estrutura organizacional deveria ter uma escola de negócios nos dias de hoje? Escolha uma escola de negócios da sua região e compare o desenho organizacional que consideraria ideal com o desenho organizacional real.
5. Pesquise e descreva duas organizações que você considera que trabalham com estrutura organizacional em rede. Analise as vantagens e as desvantagens desse arranjo para as empresas analisadas.

12.6 ATIVIDADES PARA SALA DE AULA

1. "Uma empresa ser considerada uma das melhores empresas para se trabalhar não implica suficientemente que ela tenha sucesso competitivo ou nos negócios." Discuta essa afirmação.
2. Como você faria para motivar funcionários que trabalham em funções que são, por natureza, pouco agradáveis ou pouco desafiantes, por exemplo:
   a) Coleta de lixo.
   b) Digitação.
   c) Trabalho de ascensorista.
   d) Cobrador de posto de pedágio.

12.7 BIBLIOGRAFIA E LEITURA ADICIONAL RECOMENDADA

BERGGREN, C. *The Volvo experience*: alternatives for lean production. London: Macmillan, 1992.

CHAMBERS, E. G. et al. The war for talent. *The McKinsey Quarterly*, 3, 1998.

CHASE, R. B. The customer contact approach to services. *Operations Research*, v. 29, n. 4, 1981.

CORRÊA, H. L.; CAON, M. *Gestão de serviços*. São Paulo: Atlas, 2002.

HERZBERG, F. *The motivation to work*. New York: John Wiley, 2002.

HESKETT, J.; SASSER, E.; SCHLESSINGER, L. A. *The service profit chain*. New York: Free Press, 1997.

HOPP, W. J.; SPEARMAN, M. L. *Factory physics*. New York: Irwin, 2001.

LOVELOCK, C. H.; YOUNG, R. F. Look to customers to increase productivity. *Harvard Business Review*, v. 57, n. 3, p. 168-178, May/June 1979.

MASLOW, A. *Motivation and personality*. 3. ed. New York: Harper & Row, 1987.

MCGREGOR, D. The human side of enterprise. In: SHULTZ, G. P.; WHISLER, T. L. (eds.). *The role of staff in modern industry*. New York: McGraw-Hill Book Company, 1960.

SLACK, N.; LEWIS, M. *Operations strategy*. London: Pearson, 2002.

TANSIK, D. A.; SMITH, W. L. Scripting the service encounter. In: FITZSIMMONS, J. *Service management*. New York: Allyn Bacon, 1998.

Website relacionado

http://www.obweb.org/home – *Website* oficial da divisão de comportamento organizacional da *Academy of Management*. Acesso em: 12 fev. 2022.

Parte III
INSTALAÇÕES EM PRODUÇÃO E OPERAÇÕES

Nesta parte do livro, serão tratadas as questões referentes à gestão das instalações em produção e operações. Os temas tratados referem-se, genericamente, à parte enfatizada em preto no quadro geral apresentado e descrito no Capítulo 1 e reproduzido a seguir. Os seguintes capítulos compõem a Parte III:

- **Capítulo 13** – Localização e arranjo físico de unidades da rede de operações.
- **Capítulo 14** – Capacidade produtiva e filas em unidades da rede de operações.
- **Capítulo 15** – Teoria das restrições em redes de operações.

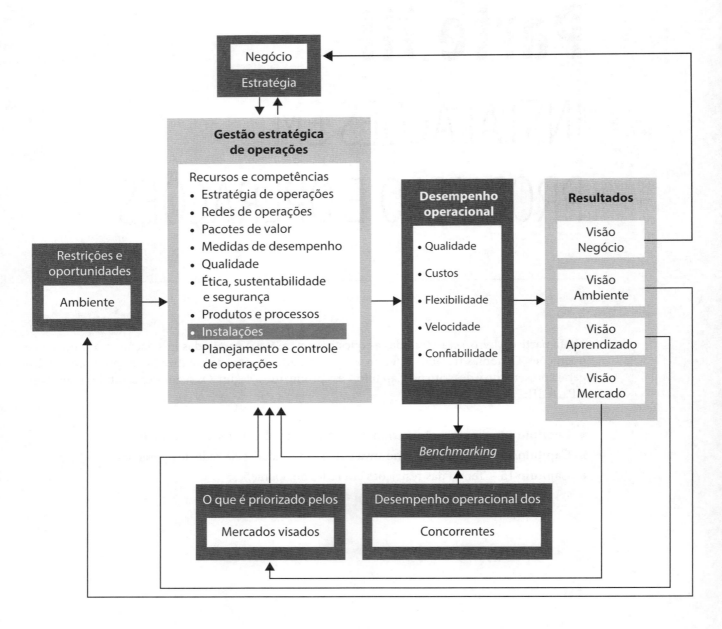

Figura III.1 Quadro geral de referência de gestão estratégica de operações com tema tratado na Parte III enfatizado com tarja cinza.

CAPÍTULO 13
Localização e arranjo físico de unidades da rede de operações

OBJETIVOS DE APRENDIZAGEM

- Entender o potencial impacto estratégico das decisões de localização de unidades de operação.
- Saber listar e discutir os fatores quantitativos e qualitativos que afetam a localização de unidades de operação.
- Entender como aplicar métodos quantitativos e qualitativos utilizados para definir localização de unidades de operações (de manufatura e de serviços).
- Entender o potencial impacto do arranjo físico de uma operação para seu desempenho.
- Ser capaz de descrever e discutir conceitualmente os três tipos principais de arranjo físico: por processo, por produto e posicional e os híbridos, como o arranjo celular.
- Ser capaz de aplicar métodos sistemáticos para a definição de arranjos físicos tanto por processo (método SLP) como por produto (balanceamento de linhas) e celular.

13.1 INTRODUÇÃO

Quando a Corporação Disney decidiu que seria interessante montar um parque temático na Europa, passou por uma experiência que terá sido provavelmente uma das mais importantes decisões de localização de sua história. O mercado da Europa era promissor e a experiência com a Disneylândia Japão estava sendo um sucesso, desde sua inauguração em 1983. Com a decisão tomada de localizar um parque temático na Europa, nos moldes das outras "Disneylândias" da Califórnia e do Japão, a opção pela região de (32 km a leste de) Paris pareceu acertada, porque:

- O local foi especialmente alocado pelo governo da França, demonstrando seu total apoio. A intenção, inclusive, era usar o novo parque para nuclear toda uma nova cidade.
- Localização acessível distante apenas duas horas de carro a 17 milhões de europeus com alto poder aquisitivo.
- Além da população residente, há ainda um fluxo enorme de população flutuante, turistas estrangeiros em visita a Paris que poderiam ampliar o público-alvo do novo parque temático.
- A excelente infraestrutura de transporte público ferroviário de Paris conecta-se com a estrutura local na qual o parque se localiza, significando isso que do centro de Paris levam-se apenas 23 minutos ao local escolhido.

- O local é bem servido por uma estrutura de estradas que permite alcançar toda a Europa facilmente; os planos para a Disneylândia Paris eram atrair 11 milhões de turistas no primeiro ano, sendo 50% da França, 40% de outros países europeus e 10% do resto do mundo.

Dois anos depois de inaugurada a Disneylândia Paris (a inauguração foi em 12 de abril de 1992), o cenário não era nada animador:

- O clima de Paris, com altos índices de pluviosidade e temperaturas frias em boa parte do ano, não se mostrou adequado para uma diversão como um parque temático da Disney.
- Houve certa resistência cultural da população europeia aos valores "americanos" expressos pela Disneylândia ("se temos castelos verdadeiros, por que passearmos em castelos falsos?").
- Muitas pessoas da Europa ainda preferiram visitar os parques da Disney nos Estados Unidos por causa das tarifas aéreas baixas, hospedagem barata e melhor clima.
- Os funcionários dos parques temáticos da Disney nos Estados Unidos são em geral americanos, que assumiram os "valores" Disney desde crianças e, portanto, parece-lhes natural executar suas rotinas de se vestir e personificarem um personagem o dia todo, de forma animada; no caso da Disneylândia Paris, os trabalhadores em muitos casos eram imigrantes argelinos que nada tinham a ver com a "cultura" Disney, com muita dificuldade de se adaptar.

A Disney Paris perdeu em torno de 1 bilhão de dólares no primeiro ano de operação.

Figura 13.1 Disneylândia Paris.

PARA REFLETIR

O que deu errado com a decisão de localização da Disneylândia Paris? E como esse erro inicial poderia ter sido evitado?

Este capítulo trata da localização de unidades de operação, dos fatores intervenientes e das principais técnicas para a definição da melhor localização de unidades de operações. Trata também da importante questão da microlocalização de operações dentro de uma unidade, em outras palavras, o arranjo físico das unidades produtivas. Serão discutidos os principais conceitos, fatores intervenientes e técnicas para a definição do arranjo físico mais adequado para a operação.

Quando confrontamos o conteúdo que este capítulo irá discutir com detalhes sobre o novo parque da Disney em Paris, percebemos que a decisão sobre localização e seus atributos também têm relação com a estratégia de produção e operações da empresa. No caso da localização do novo parque, essa decisão envolveu alguns atributos como facilidade de acesso pelos futuros clientes e infraestrutura periférica de qualidade ao redor dele.

13.2 CONCEITOS

13.2.1 ANÁLISE DE LOCALIZAÇÃO

A localização de uma operação afeta tanto sua capacidade de competir quanto outros aspectos, internos e externos. Em empresas manufatureiras, a localização afeta tanto custos diretos como o custo de transporte (das matérias-primas e dos componentes para a operação e dos produtos acabados da operação para os clientes), o custo da mão de obra (diferentes locais têm diferentes níveis salariais e de benefícios), o custo e a disponibilidade de energia, água e outros. Em operações de serviços, a localização pode afetar a conveniência do cliente, o volume de tráfego em torno da operação e a visibilidade da operação. Decisões erradas de localização são também difíceis e caras de reverter, e seus efeitos, bastante duradouros.

Decisões de localização devem sempre ser avaliadas cuidadosamente e periodicamente reavaliadas.

Para operações como beneficiamento de minérios, por exemplo, a localização deve ser próxima à fonte de matérias-primas. Quando ocorre grande redução volumétrica, faz sentido que as operações se localizem próximas às fontes de insumos. Na fabricação de cimento, por exemplo, os volumes de entrada de calcário são substancialmente reduzidos no processo de produção. Uma localização mais próxima da fonte de matérias-primas, nesse caso, faz com que os custos logísticos fiquem menores, pois o calcário, por exemplo, tem uma "densidade de valor" (valor por volume) muito menor que o cimento.

Já para operações nas quais ocorrem expansões volumétricas, faz muito mais sentido que a operação de transformação se localize mais próxima do ponto de uso do produto. Na fabricação de embalagens plásticas para refrigerantes, faz sentido que a operação de "sopro", que transforma pequenos "tubos" da matéria-prima em garrafas volumosas, fique localizada próxima da operação de envase de refrigerantes. Caso contrário, os custos logísticos de transportar as garrafas volumosas e vazias seriam proibitivos. As análises de localização vão de simples análises superficiais até longos estudos. Um empreendedor pode decidir por certa localização, por exemplo, porque teve uma boa oportunidade na compra de um terreno, ou porque lhe foi oferecido incentivo fiscal para optar por aquele local.

Se um estudo preliminar de viabilidade sinalizou que há uma oportunidade a perseguir, uma equipe de seleção de localização será estabelecida. Uma abordagem sistêmica deve, então, ser adotada. O problema pode envolver fatores inter-relacionados, quantitativos e qualitativos. Não se pode esquecer também que a operação é sempre parte de uma rede – de cadeias de suprimentos. Manufaturas dependem de matérias-primas e componentes, cujos fornecedores encontram-se em determinadas localidades, assim como tem clientes que, por sua vez, estão em suas próprias localidades. As localizações e a natureza das fontes de suprimento e as localizações e a natureza dos produtos e clientes, portanto, deverão ter papel essencial na definição de localização industrial, de forma que a eficiência e a eficácia global da cadeia de suprimentos sejam maximizadas. Empresas que fornecem serviços também têm suas próprias cadeias de suprimento e devem considerar suas fontes de insumos e sua clientela em suas decisões de localização.

Fatores que afetam a localização de unidades de operação

É importante identificar fatores que tenham impacto nos objetivos estratégicos da operação e do negócio. A seguir, são listados fatores relevantes para análises de localização.

Fontes qualificadas de suprimento (material)

No caso de operações de extrativismo, pesca ou mineração, a operação deve localizar-se próxima às fontes de suprimento principal (a jazida ou o mar, por exemplo) pela usual redução de volume no seu beneficiamento. Também a necessidade da proximidade das fontes de suprimento pode ser pela perecibilidade do insumo. Plantas de produtos laticínios e de outros alimentos localizam-se próximas às regiões produtoras, pois é necessário processar a matéria-prima em apenas algumas horas, sob pena de deterioração.

Fontes de outros insumos (como mão de obra)

Proximidade de fontes amplas de mão de obra qualificada ou de preço mais baixo é um aspecto importante para a decisão de localização de operações intensivas em mão de obra ou conhecimento. É necessário analisar as quantidades e as habilidades de diferentes categorias de mão de obra que são necessárias para sua operação. A Embraer, por exemplo, mantém suas operações altamente intensivas em mão de obra de montagem de aeronaves no Brasil, apesar de a maioria de suas fontes de suprimentos (componentes aeronáuticos) e de a maioria de seus clientes localizarem-se nos Estados Unidos e na Europa (veja a Figura 13.2). Isso porque a empresa conta, em sua estratégia competitiva, com uma vantagem importante em custo na operação de montagem de suas aeronaves, garantida por um custo global com sua mão de obra qualificada que ainda é menor no Brasil do que nos Estados Unidos e na Europa.

Outras empresas necessitam de mão de obra qualificada em certas habilidades, como tecnologia da informação, por exemplo, e procuram localizar suas operações onde esse tipo de habilidade for mais abundante e barata, como a Índia. Outros fatores relevantes referem-se a atitudes da mão de obra (pontualidade, absenteísmo, rotatividade), a presença de sindicatos mais ou menos combativos ou resistentes a mudanças.

> **VOCÊ SABIA?**
> Muitas empresas americanas têm terceirizado seus serviços de *call center* para empresas na Índia – nesse caso, a localização física dos *call centers* foi mais influenciada pela disponibilidade de mão de obra barata, qualificada e proficiente em inglês.

Figura 13.2 Embraer mantém a montagem de seus aviões no Brasil, entre outros motivos, pela disponibilidade do insumo mão de obra.

Mercados e clientes

A localização das operações próximas aos mercados aos quais serve é importante para grande quantidade de negócios, por exemplo, quando o transporte do produto é mais volumoso, caro ou difícil que o transporte dos insumos da operação. Encaixam-se nessa categoria vários tipos de embalagens (como garrafas plásticas, latas metálicas e frascos de vidro). Outra razão para operações localizarem-se próximas dos clientes é a possível perecibilidade dos seus produtos, como nas floriculturas. Para operações que precisam da presença do cliente para executarem suas atividades, a localização próxima do cliente pode ser essencial. Por isso, procuram-se localizar em regiões altamente densas, com acesso conveniente a populações que sejam seu público-alvo visado. Exemplos são supermercados, lojas de conveniência, salões de beleza, postos de combustível, lavanderias, clínicas, farmácias e restaurantes.

Ambiente físico e de negócios

Considerações incluem aspectos como preço, qualidade e disponibilidade de espaço físico (inclusive considerando necessidades futuras de expansão), utilidades (por exemplo, água, energia elétrica, telecomunicações, serviços públicos, como coleta de lixo, segurança etc.), incentivos fiscais possivelmente oferecidos (federais, estaduais e municipais), zonas livres de comércio, como a Zona Franca de Manaus, legislação (como restrições de zoneamento, referentes a tratamento de efluentes, entre outros), impactos ambientais, condições de solo, condições climáticas e acesso à infraestrutura de transporte (rodoviário, ferroviário, fluvial, marítimo, aéreo).

Qualidade de vida dos colaboradores

Outra consideração crescentemente importante é a referente à operação tornar-se atraente aos olhos dos funcionários que a empresa pretende atrair. Pode ser importante levar em conta a presença ou ausência, na região considerada, de infraestrutura de segurança, lazer, educação (boas escolas para os cônjuges e filhos dos funcionários e para os próprios funcionários garantirem educação continuada), moradia, transporte público, clima, estilo de vida, lazer, *shopping centers*, entre outros.

Comunidade

O sucesso de qualquer negócio depende de ele ser aceito pela comunidade onde se insere. As comunidades podem colocar restrições importantes ao negócio em análise. Negócios que são vistos como poluidores podem ser considerados inaceitáveis por determinadas comunidades. É clássica a luta da comunidade que vive em volta do aeroporto de Dallas, onde se reúne um megacentro de distribuição de entregas expressas da Federal Express pelo ruído que as aeronaves da FedEx causam principalmente à noite.

Globalização

Com a globalização, é cada vez mais frequente que empresas tenham que tomar decisões de localização não apenas em seus países de origem, mas também no exterior, para onde pretendem expandir suas atividades, ou para explorar novos mercados, ou para se aproveitar de vantagens quanto a insumos. Nesse caso, uma questão importante é a cultural. É importante que nas decisões de localização seja feita uma cuidadosa identificação das particularidades culturais de cada região considerada para evitar erros caros e difíceis de reverter. Outra questão importante referente a decisões de localização globalizada é o risco político.

Métodos para localização de unidades de operações

Geralmente, as decisões de localização são tomadas de forma hierárquica, do mais geral para o mais particular, conforme o esquema da Figura 13.3.

A boa prática recomenda que métodos analíticos deveriam ser usados na tomada de decisão de localização. Os três níveis hierárquicos superiores são chamados de macrolocalização. A decisão quanto ao local específico é chamada de microlocalização. As análises para a decisão de macrolocalização podem ser apoiadas por técnicas de ponderação de fatores ou pelo método do centro de gravidade. Esses dois métodos são descritos aqui. Há outros métodos também, baseados em programação matemática, que não serão discutidos neste texto. Para detalhes sobre métodos de programação matemática para decisões de localização, consultar, por exemplo, Bowersox, Closs e Helferich (1996).

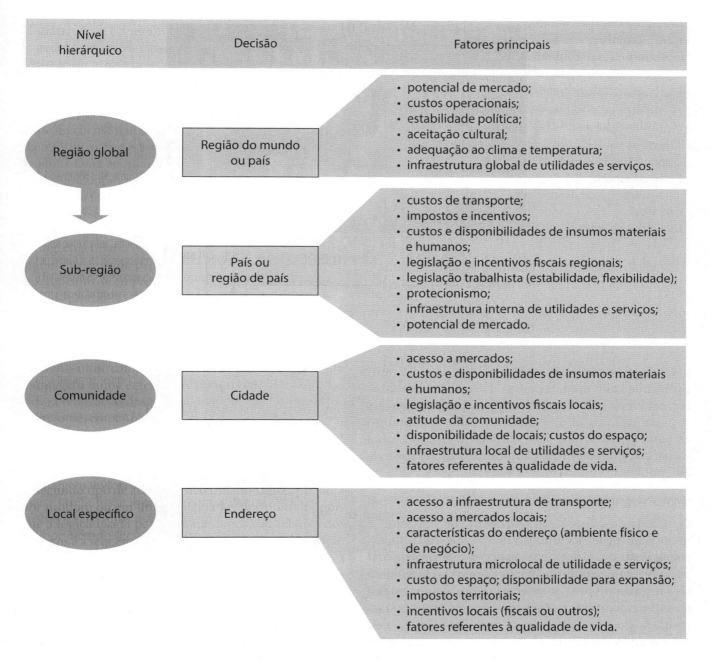

Figura 13.3 Ilustração da hierarquia das decisões de localização.

Método de ponderação de fatores

Talvez este seja o mais popular de todos. Constitui-se em um método racional de confrontar e avaliar alternativas de macrolocalização, que pondera vários fatores. Imagine que há três macrolocais (pensemos num exemplo de três diferentes cidades) sendo considerados. Imagine também que foram identificados oito fatores locacionais relevantes a serem considerados com diferentes pesos de ponderação. Notas de zero a dez (dez significando a avaliação mais favorável possível e zero significando a pior) são, então, dadas às diferentes cidades, levando em conta cada um dos oito fatores locacionais. A Figura 13.4 ilustra o método de ponderação de fatores locacionais.

Fator locacional	Importância (peso)	Notas Cidade 1	Notas Cidade 2	Notas Cidade 3	Notas ponderadas Cidade 1	Notas ponderadas Cidade 2	Notas ponderadas Cidade 3
Acesso a mercados	8	10	7	9	10 × 8 = 80	56	72
Custos e disponibilidades de materiais	5	6	6	8	30	30	40
Custo e disponibilidade de mão de obra	5	7	8	10	35	40	50
Atitude da comunidade	4	7	7	6	28	28	24
Disponibilidade de bons locais	4	5	7	7	20	28	28
Custo do espaço	4	9	7	6	36	28	24
Infraestrutura local de utilidades e serviços	3	6	9	7	18	27	21
Qualidade de vida	3	8	10	9	24	30	27
				Totais	271	267	286

Figura 13.4 Ilustração do método de ponderação de fatores locacionais.

Observe que as notas ponderadas são obtidas multiplicando cada uma das notas de cada um dos fatores, para cada cidade, pelo fator (peso) de ponderação. A pontuação total das cidades é obtida somando as notas ponderadas. No exemplo da Figura 13.4, a Cidade 3 obteve pontuação ponderada máxima de 286 pontos.

Método do centro de gravidade

O método do centro de gravidade ou do "centroide" é uma técnica para localização de uma unidade operacional, dadas as localizações existentes de suas principais fontes de insumos e clientes, além dos volumes a serem transportados entre esses locais. Essa técnica é muitas vezes utilizada para localizar armazéns intermediários ou de distribuição, dadas as localizações, por exemplo, das fábricas e dos clientes. Em sua forma mais simples, assume que os custos de transporte de material para a unidade a ser localizada, vinda das fontes de insumos e da unidade a ser localizada para seus destinos (clientes), são iguais e proporcionais às quantidades transportadas (não considera custos fixos por trecho transportado ou custos adicionais para despachos com cargas parciais).

O método começa localizando num *grid* simplificado as unidades já existentes (fontes de insumos e clientes). O propósito é estabelecer as distâncias entre os locais. A Figura 13.5 ilustra um *grid*.

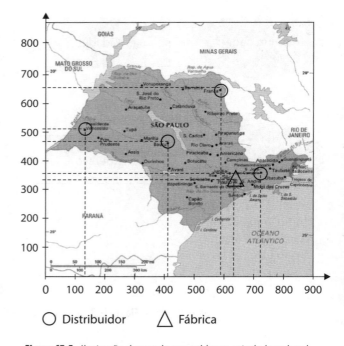

Figura 13.5 Ilustração do uso de um *grid* para estudo locacional.

No *grid* da Figura 13.5, há cinco unidades já existentes que devem ser levadas em conta em nosso exemplo hipotético de fabricação e distribuição de um produto petroquímico. Nosso problema de localização é "onde localizar um armazém intermediário entre a fábrica e os distribuidores independentes para que os custos de transporte sejam mínimos".

Uma fábrica, localizada em:

São Paulo – posição aproximada (630,330).

Quatro distribuidores, localizados em:

Presidente Venceslau – posição aproximada (120,510).
Bauru – posição aproximada (410,470).
Franca – posição aproximada (590,650).
São José dos Campos – posição aproximada (720,350).

As quantidades despachadas do produto fabricado em São Paulo para os distribuidores são as encontradas na Figura 13.6.

Local existente	Toneladas × 1.000 despachadas
São Paulo	15,5
Presidente Venceslau	2,5
Bauru	5,5
Franca	3,0
São José dos Campos	4,5

Figura 13.6 Volumes do produto petroquímico despachados da fábrica para cada um dos distribuidores.

A resolução desse problema pelo método do centro de gravidade seria conforme a seguir. O método procura encontrar o centro de gravidade dos pontos que representam os locais existentes, levando em conta os "pesos", os volumes transportados, ou a partir do ponto considerado ou *para* o ponto considerado (quando nesse método há um local que despacha material *para* outros locais e recebe material *de* outros locais, as quantidades de e para o local aparecem somadas). O método do centro de gravidade calcula as coordenadas do centro de gravidade da seguinte forma:

$$Cx = \frac{\sum dix\, Vi}{\sum vi} \quad e \quad Cy = \frac{\sum diy\, Vi}{\sum vi}$$

Onde:

Cx = coordenada x (eixo horizontal) do centro de gravidade;
Cy = coordenada y (eixo vertical) do centro de gravidade;
dix = coordenada x do $i$ésimo local;
diy = coordenada y do $i$ésimo local;
Vi = volume de bens movimentados para ou do $i$ésimo local.

Daí vem, para nosso exemplo:

$$Cx = \frac{(630 \times 15,5) + (120 \times 2,5) + (410 \times 5,5) + (590 \times 3,0) + (720 \times 4,5)}{15,5 + 2,5 + 5,5 + 3,0 + 4,5} = \frac{17.330}{31} = \text{aproximadamente } 560$$

$$Cy = \frac{(330 \times 15,5) + (510 \times 2,5) + (470 \times 5,5) + (650 \times 3,0) + (350 \times 4,5)}{15,5 + 2,5 + 5,5 + 3,0 + 4,5} = \frac{12.500}{31} = \text{aproximadamente } 403$$

Isso dá ao analista as coordenadas x e y (560,403) do *grid* como um ponto de partida para a decisão de macrolocalização do armazém intermediário. Isso no mapa leva a uma localização das proximidades de Piracicaba (veja Figura 13.5).

Localização de unidades de serviço

A localização de unidades de serviço segue os mesmos princípios gerais discutidos até agora, ou seja, a lógica é a de encontrar uma localização que maximize determinado benefício. No caso de operações que não podem prescindir da presença do cliente, pode ser relevante minimizar não os custos com o transporte de insumos físicos, mas minimizar o transporte de clientes. Isso implica que, em vez de se considerarem locais pontuais dos quais partem insumos físicos, como no caso da Figura 13.5, será necessário considerar, nas decisões de macrolocalização, sub-regiões e suas densidades populacionais, considerando o "centro de gravidade" destas sub-regiões como o ponto no *grid* a considerar e o tamanho da população-alvo presente na sub-região como o "peso" a ser considerado, por exemplo, para localização de uma unidade operacional. Evidentemente, existem métodos matemáticos mais sofisticados que permitem localização de várias unidades operacionais simultaneamente (inclusive para permitir as considerações de quantas unidades operacionais são adequadas para determinada região, pesando os custos de transporte contra os custos de construir e manter uma unidade adicional), mas que, como fogem ao escopo deste livro, não serão aqui tratados. Para um apanhado dessas técnicas, consulte Ballou (1999).

Observe, por exemplo, a rede Habib's (https://www.habibs.com.br/institucional/sobreo-habibs). A empresa oferta diversos produtos de produção própria com qualidade aceitável e principalmente preço baixo. Com as novas tecnologias, eles têm intensificado bastante o serviço de *delivery*; porém, as lojas físicas continuam importantes para a empresa e, quando olhamos para suas diversas unidades espalhadas por São Paulo, notamos sua presença em localizações estratégicas com tráfego intenso de pessoas. Essa decisão é importante para que a conveniência da localização crie um volume aumentado de clientes, que compense a oferta de produtos por um baixo preço, importante estrategicamente para a rede. Por isso, muitas de suas unidades da Capital Paulista estão localizadas em avenidas bem conhecidas e com tráfego intenso.

Ferramental tecnológico para análise de localização: simulação

Atualmente, com a facilidade e baixo custo de aplicação de tecnologia da informação, existem numerosas soluções tecnológicas para apoiar a decisão de localização de operações quando estas estão sujeitas a numerosas variáveis e restrições e que incorporam modelagem matemática. Explore uma das soluções mais conhecidas do mercado no *website* (https://www.paradoxsci.com/routing-and-scheduling-software):

Um desenvolvimento da análise de localização, depois de decidido qual "endereço" a operação deverá ocupar, é a decisão, ainda quanto à localização, mas em seu nível mais detalhado: como serão os departamentos, os equipamentos e outros recursos arranjados fisicamente dentro da instalação?

PARA REFLETIR

Localização no coração da estratégia da Walmart

Em 2020, a Walmart faturou US$ 560 bilhões com suas mais de 10.526 lojas (2021) em 24 países ao redor do mundo, empregando mais de 2,3 milhões de pessoas (é o maior empregador privado do planeta). Estima-se que em torno de 220 milhões de clientes visitem lojas da Walmart semanalmente (2021). Um fator que contribuiu bastante para o sucesso da Walmart foi a estratégia de localização e a habilidade de Sam Walton (1918-1992), seu fundador, de identificar bons locais para estabelecer suas lojas, desde a sua fundação. Inaugurando sua primeira loja em 1962, manteve-se fiel à sua estratégia de localizar lojas em pequenas cidades americanas, onde havia pouca ou nenhuma concorrência, aliada a uma agressiva política de preços baixos ("preço baixo todo dia"). Em qualquer oportunidade, Walton procurava identificar novos pontos potenciais para localizar suas lojas. Em seu próprio avião, ele sobrevoava a baixa altitude os locais potenciais para avaliar fluxos de pessoas, de veículos e a localização da concorrência. Antecipando-se ao crescimento das vendas, ele procurava envolver-se em exercícios de identificar tendências de construção de casas, permitindo-lhe, assim, prever melhor em que direção as comunidades estariam se expandindo. Com toda a informação do local em mãos, Walton comprava, então, uma porção de terra, que no momento poderia até ser localizada remotamente, mas que frequentemente se transformava logo em mais uma loja de sucesso.

Fonte: adaptada do *site* da Walmart (http://investor.walmartstores.com) e de Davis e Heineke, 2003.

Figura 13.7 Exterior e interior da loja Walmart.

Questões para discussão

1. Para quais outras empresas você imagina que a decisão de localização tem grande impacto estratégico?
2. Tente encontrar exemplos de empresas para as quais a decisão de localização não tenha grande impacto estratégico. Justifique.

13.2.2 ARRANJO FÍSICO

O arranjo físico de uma operação é a maneira segundo a qual se encontram dispostos fisicamente os recursos que ocupam espaço dentro da instalação de uma operação. Esses recursos podem incluir uma escrivaninha, um centro de trabalho, um escritório, uma pessoa, uma máquina, um departamento ou outros. Decisões sobre arranjo físico (*layout*) não são tomadas exclusivamente quando se projeta uma nova instalação, mas, dadas as implicações que o arranjo físico pode ter no próprio desempenho da operação, as decisões devem ser reavaliadas e eventualmente refeitas sempre que:

- Um novo recurso "consumidor de espaço" é acrescentado ou retirado ou se decide pela modificação de sua localização.
- Há uma expansão ou redução de área da instalação.
- Ocorre uma mudança relevante de procedimentos ou de fluxos físicos.
- Ocorre uma mudança substancial dos *mix* relativos de produtos que afetem substancialmente os fluxos.
- Ocorre uma mudança substancial na estratégia competitiva da operação (por exemplo, a operação enfatizando menos a produção de produtos com custo baixo, passando a enfatizar customização).

O objetivo das decisões sobre arranjo físico é apoiar a estratégia competitiva da operação, significando isso que deve haver um alinhamento entre as características do arranjo físico escolhido e as prioridades competitivas da organização. Não há um tipo de arranjo físico que permita a operação ter excelente desempenho em todos os critérios de desempenho simultaneamente. A decisão de arranjo físico é capaz de afetar os níveis de eficiência e eficácia das operações. *Dentro dos limites estabelecidos pela estratégia competitiva da operação*, um bom projeto de arranjo físico pode ajudar a:

- Minimizar os custos de manuseio e movimentação interna de materiais.
- Utilizar o espaço físico disponível de forma eficiente.
- Apoiar o uso eficiente da mão de obra, evitando que esta se movimente desnecessariamente.
- Facilitar comunicação entre as pessoas envolvidas na operação, quando adequado.
- Reduzir tempos de ciclo dentro da operação, garantindo fluxos mais linearizados, sempre possível e coerente com a estratégia.

No restante deste capítulo, serão discutidos os motivos pelos quais a decisão sobre arranjo físico é importante operacional e estrategicamente e serão descritas as principais opções de arranjo físico, suas implicações para o desempenho da operação e os métodos para chegar a um arranjo físico adequado.

Análise de arranjo físico

A decisão de arranjo físico é uma parte importante da estratégia da operação. Um projeto bem elaborado de arranjo físico será capaz de refletir e alavancar desempenhos competitivos desejáveis. Há, por exemplo, tipos de arranjo físico que favorecem a flexibilidade das operações, os fluxos múltiplos, a customização; já há outros que favorecem a eficiência dos fluxos e do uso dos recursos. Como muitas das decisões em operações, em determinadas situações pode haver *trade-offs* (conflitos) entre a obtenção de flexibilidade e eficiência, por exemplo, utilizando um projeto só de arranjo físico. Daí resulta a necessidade de subordinar a decisão de arranjo físico à estratégia competitiva da operação.

Tipos de arranjo físico

Há, basicamente, três tipos básicos de arranjo físico que têm características específicas e apresentam diferentes potenciais de contribuírem e até alavancarem diferentes desempenhos em distintos critérios de desempenho. São os chamados arranjos clássicos:

- Por processo.
- Por produto.
- Posicional.

Há também arranjos físicos híbridos, que procuram aliar características de dois ou mais arranjos básicos. O mais usual deles é o arranjo celular.

Esses quatro tipos de arranjo físico são agora discutidos.

Arranjo físico por processo (também chamado funcional)

A lógica desse tipo de arranjo é a de agrupar recursos com função ou processo similar. Por exemplo:

- Numa planta fabril com arranjo funcional, os tornos ficam todos agrupados na "tornearia", as furadeiras ficam agrupadas no "setor de furação" e assim por diante.
- Num supermercado com arranjo por processo, os produtos são também, em geral, agrupados de acordo com sua função: "material de limpeza", "congelados", "alimentos" etc.

Veja a Figura 13.8 para uma ilustração de arranjos físicos funcionais para acomodar (a) fluxos de materiais e (b) fluxos de clientes.

O arranjo físico funcional é, em geral, usado quando os fluxos que passam pelos setores são muito variados. Observe, na Figura 13.8, que as possibilidades de esse tipo de arranjo físico lidar com *diferentes roteiros* para os fluxos são enormes. Isso é o que faz esse tipo de arranjo físico ser bastante *flexível*. Por outro lado, esse tipo de arranjo, quando os fluxos começam a ficar intensos, faz com que os fluxos se cruzem, acarretando piora na *eficiência* e aumento no *tempo de atravessamento* dos fluxos. Esse é um *trade-off* desse tipo de arranjo: privilegia a flexibilidade dos fluxos à custa da eficiência.

Para visualizar o exemplo de um layout por processos simulado em um ambiente 3D, acesse o QR Code e assista ao vídeo:

uqr.to/16fpc

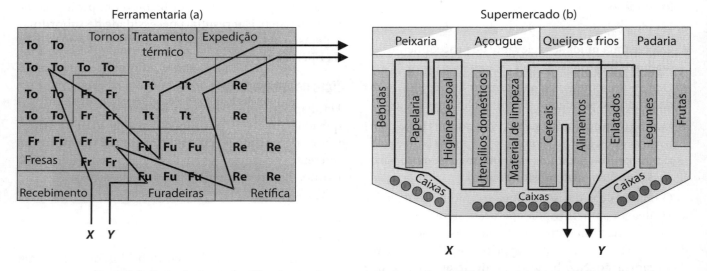

Figura 13.8 Ilustração de arranjos físicos funcionais e os correspondentes fluxos X e Y de materiais (a) e pessoas (b).

O desafio nas decisões sobre arranjo físico funcional, ou por processo, é procurar arranjar a posição relativa e as áreas de cada setor, de forma a aproximar setores que tenham fluxo intenso entre si. Arranjos físicos funcionais são bastante comuns e adaptam-se melhor a operações que lidam com grande variedade de produtos. As fases do processo são desconexas entre si. Saindo de um processo, o fluxo pode ir a qualquer outro. Em relação ao exemplo dos supermercados, vale lembrar que apesar de muitos deles terem seus arranjos similares (funcionais), alguns buscam diferenciar-se refletindo algum atributo de sua estratégia de operações. Alguns supermercados têm corredores mais largos e espaçosos, bem como gôndolas mais elaboradas e com diversidade maior de produtos e grande número de caixas efetivamente disponíveis e que atendem com presteza, provavelmente perseguindo uma melhor experiência e qualidade para seus clientes. Um exemplo é o supermercado Santa Luzia, em São Paulo, que visa a um público de alto poder aquisitivo.

Por outro lado, também temos supermercados com corredores mais estreitos, com gôndolas simples refletindo variedade baixa de produtos, poucos repositores que muitas vezes não são grandes conhecedores dos produtos que repõem. Esses mercados buscam redução de custos nas suas operações para conseguirem ter um preço mais baixo dos produtos ofertados, materializando a lógica de *trade-off*. Exemplos são as lojas normais do Carrefour.

Método *Systematic Layout Planning* (SLP) para arranjo por processo

Nos anos 1950, R. Muther (1961) propôs um método sistemático de análise e projeto de arranjo físico funcional que se tornou bastante popular, chamado método SLP. Embora o método não e contemple tendências modernas como o arranjo físico celular, pode ser útil em determinadas situações, principalmente quando se desenha o arranjo físico de operações que processam clientes. O SLP desenvolve-se em etapas (Schonberger e Knodd Jr., 1994):

Os passos da Figura 13.9 serão usados para ilustrar um exemplo de definição de arranjo físico funcional de um centro de distribuição, no qual cinco atividades devem ser alocadas em determinado espaço, e cada uma das cinco atividades tem os requisitos de espaço conforme a Figura 13.10.

Passos	Possíveis ferramentas
1. Análise de fluxos de produtos ou recursos	Diagrama de fluxo ou diagrama de – para
2. Identificação e inclusão de fatores qualitativos	Diagrama de relacionamento de atividades
3. Avaliação dos dados e arranjo de áreas de trabalho	Diagrama de arranjo de atividades
4. Determinação de um plano de arranjo dos espaços	Diagrama de relações de espaço
5. Ajuste do arranjo no espaço disponível	Planta do local e modelos (templates)

Figura 13.9 Passos de planejamento de arranjo físico funcional (SLP).

Atividades	Requisitos de espaço (m²)
1. Programação de materiais	100
2. Embalagem	150
3. Supervisor de materiais	50
4. Recebimento e despacho	300
5. Armazém	600

Figura 13.10 Áreas de trabalho principais do centro de distribuição.

SLP, Passo 1, Análise de fluxos: os fluxos de materiais de e para os vários departamentos são então explicitados e analisados num diagrama de – para (Figura 13.11-A). Os totais de fluxos entre setores – somando-se os fluxos em ambas direções – são os calculados e aparecem na Figura 13.11-B. A partir de então, com base nos fluxos, estabelecem-se as prioridades para proximidade entre setores (última coluna da Figura 13.11-B), levando em conta os critérios de Muther (1961), que relacionam as prioridades com valores a serem usados nas etapas subsequentes.

Critérios de Muther (1961) para definição de prioridade de proximidade:

A → proximidade absolutamente necessária, valor 4;
E → proximidade especialmente necessária, valor 3;
I → proximidade importante, valor 2;
O → proximidade regular, valor 1;
U → proximidade não importante, valor 0;
X → proximidade indesejável, valor – 1.

A – Diagrama de – para

De / Para	Embalagem	Recebimento/ despacho	Armazém	Totais
Embalagem	0	400	0	400
Recebimento/despacho	0	0	2.000	2.000
Armazém	400	1.600	0	2.000
Totais	400	2.000	2.000	

B - Total de fluxo entre

Pares de setores	Fluxo	Prioridade de proximidade
Embalagem e recebimento/despacho	400	E
Embalagem e armazém	400	E
Armazém e recebimento/despacho	3.600	A

Fonte: baseada em Shonberger e Knodd, 1994.

Figura 13.11 Volumes de materiais movimentados (kg por dia).

SLP, Passo 2, Análise e inclusão de fatores qualitativos: levando em conta uma avaliação de prioridades para proximidade entre setores. Faz-se isso utilizando um diagrama de relacionamento de atividades (que inclui os fatores quantificados de fluxo tratados anteriormente e outros). A Figura 13.12 ilustra um diagrama de relacionamento para o centro de distribuição analisado.

SLP, Passo 3, Avaliação dos dados e arranjo das áreas de trabalho: com base nos resultados do Passo 2, é elaborado um diagrama de arranjo de atividades, conforme mostra a Figura 13.13-A. Graficamente, representa-se a relação entre os setores com uma linha de ligação para representar o valor 1 (critérios de Muther), duas linhas de ligação para representar o valor 2 e assim por diante. Sugere-se que primeiro os setores que tenham em suas relações outros setores o maior valor somado sejam os primeiros a serem desenhados, no centro do diagrama. No caso de nosso centro de distribuição, os setores 1 – programação de materiais – e 4 – recebimento e despacho – são aqueles cujo valor total (13) é máximo. Evidentemente, a ideia é deixar os setores com maior número de linhas de ligação mais próximos entre si.

SLP, Passo 4, Determinação de um plano de arranjo de espaços: este passo é similar ao anterior, com a diferença de que as áreas agora são levadas em conta na representação, com retângulos proporcionais às áreas requeridas representando cada setor. A Figura 13.13-B ilustra o diagrama de relações de espaços.

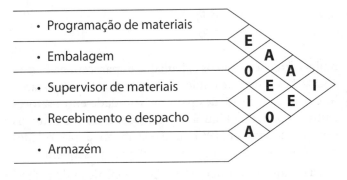

Figura 13.12 Ilustração de diagrama de relacionamento entre atividades.

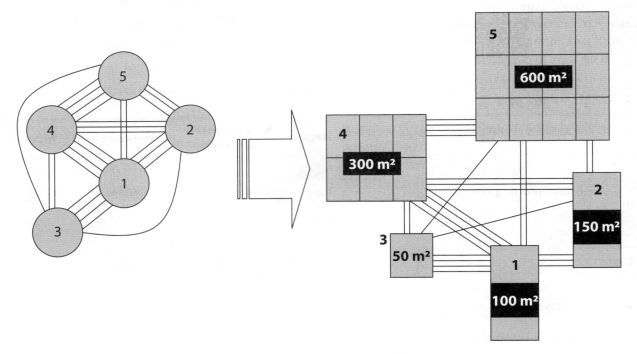

Figura 13.13 Ilustração dos passos 3 e 4 do método SLP.

SLP, Passo 5, Ajuste do arranjo no espaço disponível: neste ponto do método SLP, tenta-se, a partir das análises anteriores, acomodar da melhor forma possível os setores, respeitando suas áreas e as prioridades de proximidade, na área disponível. A Figura 13.14 mostra o que poderia ser um resultado do passo 5, para nosso centro de distribuição.

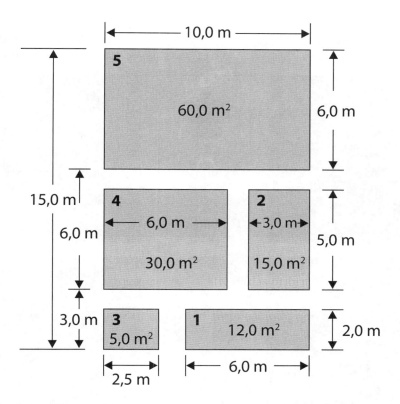

Figura 13.14 Ilustração de ajuste do arranjo no espaço disponível para o centro de distribuição.

Arranjo físico por produto (ou em linha)

O segundo tipo de arranjo físico tratado aqui é o arranjo por produto ou em linha. Chama-se "por produto" porque a lógica usada para arranjar a posição relativa dos recursos é a sequência de etapas do processo de agregação de valor. Só vale a pena arranjar os recursos segundo a sequência de etapas de um processo se ela for percorrida por um grande volume de fluxo. Ou seja, o arranjo físico por produto é mais adequado a operações que processam grandes volumes de fluxo que percorrem uma sequência muito similar. Exemplos são: linhas de montagem de veículos, aparelhos eletrônicos, como telefones celulares, impressoras, televisores, indústrias de processo, como as indústrias químicas e petroquímicas, de papel, de aço, entre outras. É comum nas operações que produzem *commodities* – produtos sem diferenciação (aço, alumínio, papel, vidro plano, entre outros), em geral com baixas margens de lucro. Para eles, os custos internos operacionais têm de ser baixos para que os níveis desejados de lucro aconteçam. Isso é coerente com os arranjos físicos por produto, porque esse é o arranjo de eficiência máxima.

Pense numa planta petroquímica: o fluxo é "conectado", entre etapas, flui por tubulações que o levam continuamente de etapa a etapa partindo da matéria-prima original e chegando ao produto. A eficiência desse tipo de fluxo é máxima, mas consegue apenas produzir um ou muito poucos produtos. Este é o *trade-off* envolvido nesse tipo de arranjo físico: privilegia a *eficiência*, mas é menos *flexível*. A Figura 13.15 ilustra exemplos de arranjo físico por produto.

Em arranjos físicos por produto, a alocação de quais tarefas devem ser executadas por qual estação de trabalho é conhecida como *balanceamento de linha* e terá impacto na configuração das estações de trabalho, no seu espaço e na posição relativa, ou seja, no seu arranjo físico.

A configuração das estações de trabalho deve ser tal que os tempos ociosos sejam minimizados ao longo da linha de produção, assim como minimizados os efeitos negativos de engargalamentos, e esse é o objetivo do método de balanceamento de linhas. Vejamos um exemplo.

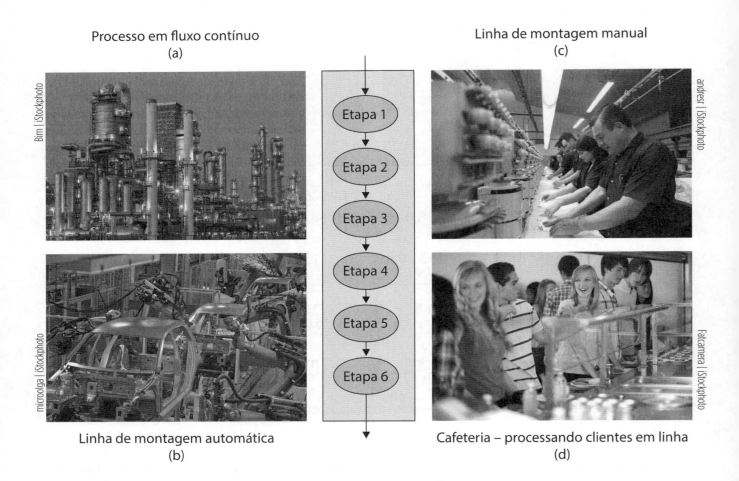

Figura 13.15 Ilustração de diferentes arranjos físicos por produto ou em linha.

Numa linha de produção, 320 unidades do produto A são produzidas num turno de oito horas. As tarefas envolvidas e suas relações de precedência são ilustradas na Figura 13.16.

Tarefa	Tempo (min.)	Depende
a	1,0	–
b	0,7	a
c	0,5	–
d	0,2	b, c
	2,4	

Figura 13.16 Ilustração das tarefas necessárias para produzir o produto A.

Nosso objetivo aqui é computar o tempo de ciclo, o mínimo número de estações de trabalho necessário e alocar tarefas a essas estações.

O tempo de ciclo e o número mínimo de estações de trabalho são calculados da seguinte forma:

- *Tempo de ciclo = tempo total disponível/número de produtos produzidos*
- *Tempo de ciclo$_{produto\,A}$ = (8 horas × 60 minutos)/320 produtos$_A$*
- *Tempo de ciclo$_{produto\,A}$ = 480 minutos/320 produtos$_A$ = 1,5 minuto/unidade*

Isso significa que a cada 1,5 minuto um produto deve sair da linha de produção.

O número mínimo de estações de trabalho é calculado assim:

Mínimo número de estações de trabalho = tempo total de processo/tempo de ciclo

Mínimo número de estações de trabalho$_{produto\,A}$ = 2,4/1,5 = 1,6 = ≈ 2 estações (sempre arredonde para cima, ou o trabalho não poderá ser completado).

Uma vez que o número mínimo de estações de trabalho é 2, primeiro podemos representar dois retângulos vazios que representem essas duas estações. Então, podemos alocar as tarefas de forma a preservar a ordem dada pelo diagrama de precedências da Figura 13.8 e também de forma a garantir que os tempos totais de operação nas estações não superem 1,5 minuto (tempo de ciclo).

A Figura 13.17 mostra uma alternativa de alocação.

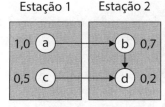

Figura 13.17 Alternativa I de alocação de tarefas a estações de trabalho para produção do produto A.

Alternativamente, podem-se alocar as tarefas de forma diferente, conforme a Figura 13.18.

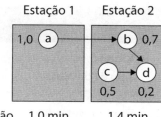

Figura 13.18 Alternativa II de alocação de tarefas a estações de trabalho para produção do produto A.

Depois da alocação de tarefas a estações de trabalho, os novos tempos de ciclo revisados devem ser computados; o tempo de ciclo revisado é o tempo de processamento mais longo entre as estações de trabalho, não sendo necessariamente o mesmo do cálculo anterior. Na alternativa I, o tempo de ciclo revisado é de 1,5 minuto, enquanto na alternativa II, o tempo de ciclo revisado é de 1,4 minuto. Os tempos ociosos são computados encontrando-se as diferenças entre os tempos de ciclo revisados e os tempos de processo na estação de trabalho.

A alternativa II é considerada aqui mais "balanceada", pois a percentagem de tempo ocioso é menor. A percentagem (%) de tempo ocioso é dada por:

% de tempo ocioso = tempo ocioso total por ciclo/ número de estações × tempo de ciclo

Para a alternativa I, % de tempo ocioso = (0 + 0,6)/2 × 1,5 = 0,2 ou 20%

Para a alternativa II, % de tempo ocioso = (0 + 0,4)/2 × 1,4 = 0,14 ou 14%

onde o tempo ocioso total por ciclo é a somatória das ociosidades das estações de trabalho, em relação ao tempo de ciclo revisado.

Quanto menor a porcentagem de tempo ocioso, mais balanceada a linha de produção. Um tempo ocioso total de zero significaria uma linha perfeitamente balanceada.

> **PARA REFLETIR**
> Do ponto de vista da eficiência, um tempo total ocioso igual a zero é desejável. Você vê alguma desvantagem, para uma linha, em trabalhar com ociosidade planejada igual a zero?

A Figura 13.19 traz um quadro comparativo entre os dois tipos de arranjo físico discutidos.

	Arranjo físico por processo	**Arranjo físico por produto**
Lógica	Recursos agrupados por função	Recursos arranjados sequencialmente
Tipo de processo	Por tarefa	Linha (manual ou automática)
	Por lote ou batelada	Fluxo contínuo
Fluxo processado	Interminente, variável	Contínuo
Volumes por produto	Baixos	Altos
Variedade de produtos	Alta	Baixa
Decisão de arranjo físico	Localização dos recursos	Balanceamento de linhas
Estoque em processo	Alto	Baixo
Sincronização entre etapas	Difícil	Fácil
Identificação de gargalos	Mais difícil	Mais fácil
Distâncias percorridas	Longas	Curtas
% de tempo agregando valor	Baixa	Alta
Espaço requerido	Grande	Pequeno
Natureza geral dos recursos	Mais polivalentes	Delicados
Custos com manuseio de materiais	Mais altos	Mais baixos
Critério competitivo priorizado	Flexibilidade	Custo, velocidade

Figura 13.19 Comparação entre arranjos físicos por processo e por produto.

É fácil notar que há pontos fortes e fracos em ambos os tipos de arranjo físico analisados até agora. Em geral, as forças de um são as fraquezas do outro. Uma tentativa de conciliar as forças dos dois é o arranjo físico celular, por muitos, por isso mesmo, considerado um tipo híbrido, que se encontra numa posição intermediária, buscando capitalizar as forças dos arranjos físicos por produto e por processo.

Arranjo físico celular

O arranjo físico celular busca aumentar as eficiências do geralmente ineficiente arranjo físico funcional, tentando, entretanto, não perder muito de sua desejável flexibilidade. Baseado num conceito às vezes chamado de tecnologia de grupo, recursos não similares são agrupados de forma que com suficiência consigam processar um grupo de itens que requeiram similares etapas de processamento. A Figura 13.20 mostra um grupo de peças com formatos similares.

Figura 13.20 Ilustração de grupo ou família de peças com formato e processo similares.

Um arranjo físico celular é desenvolvido em etapas:

1. Identificar famílias de itens produzidos que tenham, agregadamente, volume suficiente e conjunto de recursos similar para serem processados – deve-se estar preparado para que "sobrem" determinados itens de grande variedade que não conseguem ser colocados em nenhuma célula –, estes continuarão, em geral, a ser processados num setor com arranjo funcional.
2. Identificar e agrupar recursos (máquinas, pessoas) de forma que consigam, com suficiência, processar as famílias de itens identificadas, definindo células.
3. Para cada célula, arranjar os recursos, usando os princípios gerais do arranjo por produto, estabelecendo uma pequena operação dentro da operação, de forma que a movimentação e os fluxos daquelas famílias identificadas em 1 sejam mais ordeiros, simples e ágeis.
4. Localizar máquinas grandes ou que não possam ser divididas para fazerem parte de células específicas para próximo das células.

Os resultados são:

- Não se perde flexibilidade, pois o mesmo conjunto original de itens continua sendo processado.
- Ganham-se velocidade e eficiência de fluxo, pois os recursos da particular célula estão próximos.
- As distâncias percorridas dentro das células são muito menores.
- Simplificam-se os fluxos no restante da operação.
- Os tempos de preparação dos equipamentos nas células tendem a ser menores.
- Melhora-se a qualidade, já que o grupo de funcionários a cargo de gerenciar e operar os recursos das células tende a desenvolver mais a sensação de "propriedade" e responsabilidade por uma família inteira de itens e não apenas por uma etapa produtiva.

A Figura 13.21 ilustra o processo de "celularizar" os arranjos físicos funcionais originais.

Na Figura 13.21, foi identificada uma família de itens, Y, que é composta de vários itens que têm formato, porte e processo produtivo similar. Todos necessitam sofrer processamento nos setores de furação, fresagem, retífica e tratamento térmico. Os volumes foram checados e constatou-se que a utilização desses equipamentos seria aceitável se processassem só os itens da família Y. Foram então agrupados equipamentos necessários para processar a família de itens Y e foi estabelecida a Célula Y, com os equipamentos arranjados de forma a favorecer o fluxo e eventualmente permitir que um funcionário possa operar mais que uma máquina, aumentando eficiências. Observe o fluxo resultante, muito mais ordeiro e curto.

O mesmo conceito aplica-se quando se trata de processar informações, num escritório, em que um processo, por exemplo de aprovação de crédito num banco, originalmente dividido entre várias etapas de responsabilidade de funcionários dedicados em departamentos separados (Cadastro, Análise financeira de balanços, Verificação cartorial, Análise do projeto, Aprovação), passa a ser organizado em células (veja a Figura 13.21) que contêm funcionários trabalhando juntos, encurtando os tempos de atendimento, por exemplo: célula pequenos negócios, célula pessoa física, célula grandes contas.

No segmento B2B, algumas empresas que fornecem elementos estruturais para montadoras de veículos usam esse tipo de arranjo. Assim, dentro de suas unidades produtivas elas possuem células específicas de produção que produzem apenas um tipo de produto, como caixa de roda, coluna central, chassi, capô e outros. Às vezes, essas células são organizadas por cliente, por exemplo, dentro da planta industrial nos primeiros m^2 estão as células da "GM", depois as "Volkswagen", etc. Esse tipo de arranjo permite que se por algum motivo a célula responsável pela produção da caixa de roda para, a célula que produz a coluna central continua produzindo normalmente, pois são independentes.

Arranjo físico posicional

O arranjo físico posicional caracteriza-se pelo material ou pessoa processado pela operação ficar estacionário (por impossibilidade, ou por inviabilidade, ou por inconveniência de fazê-lo mover-se entre as etapas do processo de agregação de valor). Como o objeto da operação fica estacionado, são os recursos que se deslocam até ele. Exemplos:

Para visualizar o exemplo de um layout celular simulado em um ambiente 3D, acesse o QR Code e assista ao vídeo:

uqr.to/16fp8

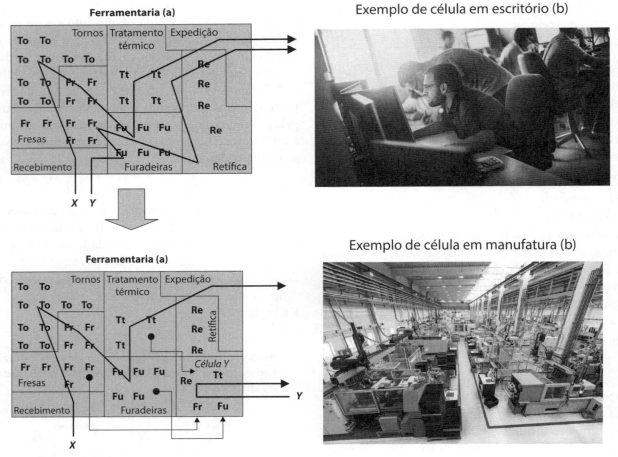

Figura 13.21 Ilustração de um exemplo de celularização e ilustração de células.

- Construção civil – é, em geral, impossível fazer um edifício mover-se entre etapas de um processo.
- Estaleiros.
- Restaurantes convencionais – o cliente fica sentado e os recursos vão a ele.
- Unidades de terapia intensiva.
- *Private banking*.

Trata-se de um tipo de arranjo físico cuja eficiência é baixa. Permite, entretanto, grau máximo de customização: as produções que se utilizam de arranjos posicionais geralmente dedicam-se a produtos únicos ou em muito pequenas quantidades.

Para visualizar o exemplo de um layout posicional simulado em um ambiente 3D, acesse o QR Code e assista ao vídeo:

uqr.to/16fp7

Ferramental tecnológico para projeto de arranjo físico

As abordagens discutidas neste capítulo dão uma boa ideia de como se abordam problemas de arranjo físico do ponto de vista conceitual. Entretanto, quando se consideram problemas maiores, mais complexos, pode tornar-se impossível um equacionamento adequado do problema da decisão sobre arranjo físico sem o apoio de ferramental tecnológico. Há muitos pacotes de *software* disponíveis no mercado para apoiar na escolha e no projeto de arranjo físico. Talvez o mais visível seja o *Computerized Relative Allocation of Facilities Technique* (CRAFT). O CRAFT utiliza como dados de entrada um diagrama resumido de cargas movimentadas (de – para) e um diagrama de blocos inicial e faz um procedimento de busca, alterando a localização dos blocos, dois a dois, até que a função objetivo estabelecida seja maximizada (por exemplo, redução de custos de movimentação). O resultado é um diagrama de blocos modificado, para uma área retangular, que pode ou não ser a solução ótima, pois o sistema é muito sensível ao diagrama de blocos "semente" (o que representa a entrada para o sistema partir). Geralmente, é útil na tentativa de melhorar arranjos físicos existentes. Assim como essa, há várias outras soluções tecnológicas, embutidas em sistemas computacionais comerciais que podem ser úteis na solução de problemas complexos de arranjo físico. Um *software* comercial popular e o Smart Draw, que pode ser explorado e experimentado no *site* https://www.smartdraw.com/floor-plan/plant-layout-software.htm.

INDÚSTRIA 4.0: LOCALIZAÇÃO E ARRANJO FÍSICO DE UNIDADES DA REDE DE OPERAÇÕES

A fim de se adequar às constantes mudanças nas necessidades do mercado, as empresas precisam estar preparadas para enfrentar variações das suas capacidades produtivas, atualização de equipamento e tecnologia, implementação de novos processos ou a criação de novos produtos e serviços. Dessa forma, a adoção de *layouts* dinâmicos no planejamento de arranjos dos centros de trabalho ou localização das próprias plantas industriais considerando flexibilidade, modularidade e fácil configuração dos sistemas de produção, é um processo crescentemente desejável.

O uso de ferramentas digitais torna-se cada vez mais necessário, principalmente durante o desenvolvimento do projeto das instalações, linhas de produção e estações de trabalho. *Softwares* especializados como *Computer Aided Design* (CAD), sistemas de informação vinculados à computação em nuvem e aplicações de simulação e otimização de processos produtivos, além de já ser amplamente utilizados de forma isolada, no contexto da I4.0 permitem realizar trabalhos de acordo com as atribuições específicas do projeto de *layout* ao analisar informações em tempo real obtidas por meio de sensores inteligentes, e considerar fatores referentes à análise de sistemas de gestão, controle e monitoramento. A Figura 13.22 mostra essa relação integrada baseada em sistemas colaborativos que contribuem para a diminuição de custos e tempo ao imitar modelos reais por meio de modelos computacionais antes da sua definitiva implantação.

		CAD
SOFTWARE CAD	• AutoCAD • SketcUp • Inventor • Onshape	• Projeto de componentes da planta, como máquinas e itens de fluxo. • Modificação de montagens e desmontagens. • Importação e exportação de componentes. • Geração de *layout* 2D e 3D. • Otimização e modificação do *layout* por meio do conceito de designer modular. • Geração e impressão de planos.

(Continua)

(Continuação)

		SIMULAÇÃO
SOFTWARE PARA EVENTOS DISCRETOS	• Flexsim	• Construção de um modelo abstrato que representa um sistema da vida real. • Incorpora incertezas (pedidos de clientes chegam em momentos aleatórios, quebra de máquinas com o tempo de reparo aleatório etc.). • Estudo e validação de tempos. • Aplicação de métodos estatísticos para a teoria de amostragem e experimentação com o modelo. • Visualização adequada dos resultados por meio de gráficos estatísticos simulados em tempo real. • Simulação de cenários em tempo real • Exploração de novos cenários. • Simulação de uso otimizado de recursos.
SIMULAÇÃO DA PLANTA	• Lumion	• *Tour* virtual por toda a planta. • Ambiente virtualmente realista de todos os componentes da planta. • Visualização modular de todas as áreas da planta. • Geração de vídeos e imagens de alta qualidade.

Fonte: adaptada de Alpala *et al.* (2018).

Figura 13.22 *Softwares* colaborativos para o planejamento da localização e arranjos físicos de unidades de redes de operações.

Por meio de aplicações de Realidade Virtual (VR) e Realidade Aumentada (AR) e modelos 3D, é possível realizar estudos ergonômicos dos ambientes de trabalho e avaliar de forma proativa as variáveis que possibilitam a otimização de fatores-chave da operação, oferecendo, assim, condições ideais para o desenvolvimento de configurações dos arranjos físicos necessários, e apoiando processos de tomada de decisão em fases preventivas. Por exemplo, sistemas de visualização de piso "aumentado" em fábricas oferecem uma visão holística e um ambiente interativo do posicionamento de equipamento e distribuição de linhas de acesso e montagem, que permitem a otimização dos recursos envolvidos na linha de produção.

Os HoloLens, óculos inteligentes de realidade mista desenvolvidos pela Microsoft, oferecem esta possibilidade ao importar modelos 3D e hologramas de alta qualidade para a criação e edição de ambiente em escala em espaços físicos ou realidade virtual.

Saiba mais sobre esta ferramenta em:

uqr.to/12zin
Acesso em: 12 fev. 2022.

Além de potencializar o impacto estratégico de localização de unidades de operação, a adoção das tecnologias I4.0 nestes processos possibilita a inovação substancial nos ambientes de produção existentes focado no bem-estar e segurança dos operadores, a fim de empregar todo o seu potencial na execução das suas atividades produtivas.

Figura 13.23 Planejamento do arranjo físico com base em tecnologias I4.0.

13.3 ESTUDO DE CASO

Hemocentro em Rio Vermelho

Rio Vermelho é uma cidade de 65.000 habitantes que conta com três hospitais, num total de 287 leitos. O hemocentro de Rio Vermelho foi inaugurado quatro anos atrás para fornecer as necessidades de sangue integral e plasma para emergências e cirurgias dos três hospitais. O hemocentro é parte do sistema estadual de saúde. Está localizado no quarto andar de um edifício de consultórios médicos, próximo do maior dos três hospitais.

Dado o tamanho da cidade, o hemocentro não tem tido grande sucesso em atrair doadores em número suficiente. O diretor do hemocentro de Rio Vermelho constantemente solicita, aos outros hemocentros do sistema estadual, sangue para atender às suas necessidades. Por outro lado, Rio Vermelho raramente consegue atender às necessidades de outros hemocentros do sistema em emergências. Durante os dois anos iniciais de operação, a administração pensou que os problemas eram em razão da recente inauguração – isso estaria causando o desempenho fraco do hemocentro em atrair doadores. Agora, entretanto, que o hemocentro está operando já há quatro anos, a "desculpa" da novidade não pode mais ser aceita. Os potenciais doadores constantemente reclamam da péssima localização do hemocentro (região central de Rio Vermelho), que causa dificuldades enormes para acesso e estacionamento. Um dos técnicos de laboratório, que recentemente se mudou para Rio Vermelho vindo de uma cidade maior, comentou o uso de uma unidade móvel de coleta de sangue e do estabelecimento de postos temporários de coletas em *shopping centers* e outros edifícios públicos. Ele indicou que várias subcomunidades, em sua antiga cidade, haviam ajudado muito no esforço de conseguir mais doadores: igrejas, clubes e até empresas. Foi até aventada a possibilidade de mudar o hemocentro do centro da cidade para um *shopping center* mais afastado. O diretor, um médico, entretanto, argumentava que o hemocentro estava onde deveria estar: próximo dos hospitais.

Questões para discussão

1. De que *trade-offs* as decisões envolvidas no caso tratam?
2. Qual o papel estratégico da decisão de localização de um hemocentro como o descrito no caso?
3. Analise a questão de proximidade dos "fornecedores" e dos "clientes" na decisão de localização do hemocentro de Rio Vermelho.
4. Que custos e benefícios deveriam ser considerados na comparação de vantagens e desvantagens de usar unidades móveis ou postos temporários de coleta de sangue?
5. Como você estruturaria um método de análise passo a passo para auxiliar o diretor do hemocentro de Rio Vermelho a relocalizar a operação?

13.4 RESUMO

- A localização de uma operação afeta tanto sua capacidade de competir no mercado quanto os custos incorridos na produção.

- Muitos fatores afetam a localização de unidades de operações: Proximidade de fontes qualificadas de suprimento, Proximidade de fontes de outros insumos (por exemplo, mão de obra), Proximidade dos clientes, Considerações referentes ao ambiente físico e de negócios, Considerações referentes à qualidade de vida dos colaboradores, Considerações referentes à comunidade e Considerações referentes à globalização.

- Há vários métodos para o estudo sistemático de localização de operações. O método de ponderação de fatores auxilia na sistematização de problemas com vários fatores intervenientes necessitando tratamento qualitativo. O método do centro de gravidade é uma técnica para localização de uma unidade de operações, dadas suas fontes de insumos e clientes e dados os custos de transporte de insumos e produtos. Também se pode usar a técnica de simulação para determinar a localização de unidades produtivas.

- O arranjo físico de uma operação é a maneira segundo a qual se encontram dispostos fisicamente os recursos que ocupam espaço dentro da instalação de uma operação. A decisão de arranjo físico é uma parte importante da estratégia de uma operação, pois pode afetar os custos, o tempo de atravessamento, a flexibilidade e outros aspectos de desempenho da operação.

- Há três tipos clássicos de arranjo físico: por processo (recursos agrupados baseados na sua "função"), por produto (recursos agrupados baseados na ordem necessária para atender a produção de um produto ou família de produtos), posicional (produto fica fixo numa posição e recursos vão a ele) e híbrido, como o arranjo celular, que procura ter as vantagens dos arranjos por produto e por processo sem as desvantagens.

- O arranjo físico por processo pode ser definido usando um método sistemático chamado SLP. O arranjo por produto pode ser definido pela técnica de balanceamento de linha, e o arranjo celular pode ser definido pela técnica de "tecnologia de grupo" (*group technology*).

13.5 EXERCÍCIOS

1. Por que a decisão de localização de operações, em geral, tem impactos estratégicos importantes? Pense numa operação que você conhece que tenha uma localização nitidamente ineficaz e justifique sua opinião.

2. Quais os fatores mais relevantes a serem levados em conta numa decisão de localização?

3. Explique o funcionamento do método do "centro de gravidade" para decisão de localização de operações e discuta seu potencial e suas limitações.

4. Você usaria o método do "centro de gravidade" para localização de um *call center*? Por quê? Você sabia que uma grande quantidade de empresas americanas está terceirizando seus *call centers* para empresas localizadas na Índia? Discuta.

5. Quais os impactos estratégicos da decisão de arranjo físico? Esses impactos são igualmente sérios para qualquer tipo de operação? Justifique sua resposta com exemplos.

6. Quais os tipos básicos de arranjo físico e as principais características de cada um? Dê exemplos não citados no livro.

7. Discuta o método SLP de definição de arranjo físico por processo e discuta seu potencial e suas limitações.

8. Quais as vantagens e desvantagens do uso de arranjo físico celular?

9. Analise a cantina (ou restaurante) onde você normalmente almoça. Descreva os aspectos do projeto de arranjo físico e critique-os. Desenvolva uma lista de sugestões de melhoria e, usando o ferramental discutido no capítulo, proponha um novo arranjo físico, mais eficaz.

10. O Estado de Santa Clara tem suas cidades principais espalhadas em seu território, conforme o mapa da Figura 13.24. Dr. Ângelo é a capital e cidade mais populosa. As populações são descritas pela tabela, também presente na Figura 13.24.

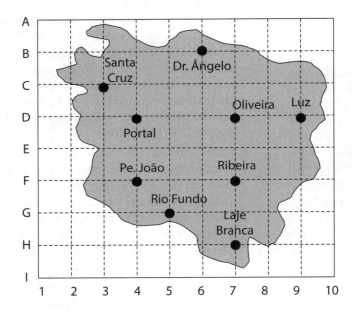

Figura 13.24 Estado de Santa Clara.

11. Você está apoiando a decisão de localização de um parque temático no Estado de Santa Clara. Use o método do "centro de gravidade" para sugerir uma localização para o parque, com as informações disponíveis.

12. Uma pequena empresa manufatureira está sendo planejada para alimentar três grandes fabricantes com peças. As localizações das três grandes plantas clientes são dadas pelas coordenadas da Figura 13.25, na qual também são informados os volumes de peças a serem transportadas. Use o mapa da Figura 13.5.

Localização	Coordenadas (x, y)	Volume (ton. por ano)
Botucatu	470, 400	4.000
Pirassununga	580, 490	6.000
Tupã	270, 500	3.000

Figura 13.25 Informações sobre localização e volumes.

13. Uma linha de produção vai operar oito horas por dia com uma saída desejada de 240 unidades por dia. A Figura 13.26 contém informações sobre precedências e durações das tarefas.

Tempo	Tempo de tarefa	Predecessora imediata
1	60 segundos	–
2	80 segundos	1
3	20 segundos	1
4	50 segundos	1
5	90 segundos	2,3
6	30 segundos	3,4
7	30 segundos	5,6
8	60 segundos	7

Figura 13.26 Informações do processo.

a) Desenhe o diagrama de precedência.
b) Qual o tempo de ciclo para as estações de trabalho?
c) Balanceie a linha.
d) Qual a eficiência dessa linha balanceada?

14. A empresa Controle Ltda. está construindo uma nova fábrica. Oito departamentos estão envolvidos. Parte da análise de *layout*, diagramas de relacionamento e necessidades de área para cada departamento foram levantados e encontram-se na Figura 13.27.

Atividade	Área (m²)
1. Recebimento e despacho	60
2. Armazém	150
3. Fabricação	80
4. Montagem	70
5. Pintura	50
6. Ferramental	30
7. Restaurante	60
8. Escritórios	120
Total	**640m²**

Figura 13.27 Diagrama de relacionamentos e outras informações sobre as necessidades da Controle Ltda.

15. Desenvolva um diagrama de arranjo de atividades com base nos dados do diagrama de relacionamentos da Figura 13.27.

16. Desenvolva um diagrama de relações de espaços para os oito departamentos.

17. Encaixe os departamentos num edifício de 10 por 80 metros, tão próximo do ótimo quanto possível. Inclua corredores entre os departamentos.

13.6 ATIVIDADES PARA SALA DE AULA

1. Discuta com seus colegas de grupo uma lista de critérios que você usaria para localizar uma unidade de *call center* e uma lista de critérios para a localização de um salão de cabeleireiros. Ambos são serviços. Suas duas listas são idênticas? Repita o exercício elaborando uma lista de critérios para a localização de uma fábrica de cimento e uma fábrica de embalagens plásticas (PET) para refrigerantes.

2. Discuta com seus colegas de grupo: por que um restaurante tradicional tem arranjo físico posicional e um restaurante tipo cafeteria (bandejão) tem arranjo físico por produto (linha)? Qual a implicação das diferenças dos arranjos físicos nos aspectos de desempenho das duas operações (custo, flexibilidade, velocidade, confiabilidade, qualidade)?

13.7 BIBLIOGRAFIA E LEITURA ADICIONAL RECOMENDADA

ALPALA, L. O., *et al*. Methodology for the design and simulation of industrial facilities and production systems based on a modular approach in an "industry 4.0" context. *DYNA*, v. 85, n. 207, p. 243-252, Oct./Dec. 2018.

BALLOU, R. H. *Business logistics management*: planning, organizing and controlling the supply chain. Instructor's Manual. Prentice Hall, 1999.

BLACK, J. T. *The design of the factory with a future*. New York: McGraw-Hill, 1991.

BOLLINGER, S. Fundamentals of plant layout. *Society of Manufacturing Engineers in Association with Richard Muther and Associates*, 1998.

BOWERSOX, D. J.; CLOSS, D. J.; HELFERICH, O. K. *Logistical management*. New York: McGraw-Hill, 1996. v. 6.

BUFFA, E. S.; ARMOUR, G. S.; VOLLMAN, T. E. Allocating facilities with CRAFT. *Harvard Business Review*w, v. 42, n. 2, p. 136-140, 1964.

CHASE, R.; JACOBS, R.; AQUILANO, N. *Operations management for competitive advantage*. New York: McGraw-Hill, 2003.

DAVIS, M. M.; HEINEKE, J. N. *Managing services*: using technology to create value. New York: McGraw-Hill, 2003.

DREZNER, Z.; HAMACHER, H. *Location*: applications and theory. Berlim: Springer, 2002.

FRANCIS, R. L.; WHITE, J. A. *Facility layout and location*: an analytical approach. Englewood Cliffs: Prentice Hall, 1992.

MEYRES, F. E. *Manufacturing facilities design and material handling*. Englewood Cliffs: Prentice Hall, 2000.

MUTHER, R. *Systematic layout planning*. Boston: Industrial Education Institute, 1961.

RUSSELL, R.; TAYLOR III, B. W. *Operations management*. Englewood Cliffs: Prentice Hall, 1998.

SCHONBERGER, R. J.; KNODD, E. M. *Operations management*. 5. ed. Chicago: Irwin, 1994.

SULE, D. R. *Manufacturing facilities*: location, planning and design. Boston: PWS Publishing, 1994.

Website relacionado

http://www.stern.nyu.edu/networks/location.html – Mantido por um acadêmico da Universidade de Nova York com referências e artigos para *download* sobre localização. Acesso em: 12 fev. 2022.

CAPÍTULO 14
Capacidade produtiva e filas em unidades da rede de operações

> **OBJETIVOS DE APRENDIZAGEM**
>
> - Entender a influência que a gestão e as medidas de capacidade produtiva têm no desempenho de unidades de operações.
> - Ser capaz de reconhecer as diferenças entre a tomada de decisão e o impacto da gestão estratégica (longo prazo), tática (médio prazo) e operacional (curto prazo) de capacidade.
> - Ser capaz de explicar e aplicar os importantes conceitos de "utilização" e "eficiência" na gestão de capacidade.
> - Ser capaz de aplicar diferentes técnicas de compatibilização entre a demanda e a capacidade, em longo, médio e curto prazos.
> - Entender a lógica por trás dos conceitos de "partição da demanda", "gestão de receitas" e *overbooking*.
> - Ser capaz de entender e avaliar diferentes sistemas de filas (por exemplo, de clientes).
> - Conhecer e saber aplicar modelos simples de "teoria das filas".

14.1 INTRODUÇÃO

Duas notícias da imprensa internacional, em épocas diferentes, ilustram como às vezes as empresas esforçam-se para aumentar sua capacidade e às vezes para reduzi-la.

Notícia 1:

> Os negócios vão tão bem para a Boeing que ela está perdendo dinheiro. Apenas três anos atrás, The Boeing Co., a maior fabricante do mundo de aviões, reduziu sua capacidade de produção, cortando 12.000 pessoas de sua força de trabalho por causa de quedas nas vendas. Recentemente, a Boeing viu-se frente a um aumento repentino de vendas que a fez contratar 32.000 pessoas, com planos de contratar ainda mais. Ironicamente, a duplicação do volume de pedidos da Boeing vai fazê-la perder US$ 2,6 bilhões no próximo ano, uma notícia que fez com que o preço de suas ações caísse mais de 7%. Num esforço de atender a estes novos pedidos, a Boeing mais que dobrou sua taxa de produção, de 18 aviões por mês para 43. Tentou aumentar sua capacidade o mais rapidamente possível. Infelizmente, problemas

com o planejamento de capacidade causaram um sem-número de dificuldades: falta de mão de obra qualificada, falta de peças, uma linha de montagem irregular e entregas atrasadas de aviões. Tentando resolver estes problemas, a Boeing teve de interromper a produção de alguns jatos e reduzir a produção de outros. Estima-se que de seis a nove meses sejam necessários para equacionar todos os problemas.

Notícia 2:

Os fabricantes mundiais de automóveis, fortemente atingidos pela crise econômica recente no Brasil, estão reagindo rápido. Até a crise econômica, esperava-se que as vendas de veículos fossem disparar no Brasil, no ano que vem. General Motors, Daimler-Chrysler, Toyota, Fiat, Honda, Renault e Mercedes, todas têm plantas ou em operação ou sendo finalizadas no Brasil. Agora, entretanto, as previsões são de queda drástica de vendas. Respondendo a isso, as montadoras estão tentando rapidamente cortar produção e capacidade produtiva. A General Motors está cortando a produção em 25%. Volkswagen começou a reduzir a jornada de trabalho em duas de suas fábricas em São Paulo, operando apenas três dias por semana em vez dos cinco. Os analistas consideram que as ações das montadoras são sensatas, dada a volatilidade recente da economia brasileira.

PARA REFLETIR

1. Para você, quanto tempo levaria para cada tipo de empresa das notícias 1 e 2 se ajustar, em termos de capacidade produtiva, a seus níveis de demanda se estes aumentassem muito de forma repentina?
2. E quais seriam as consequências que uma empresa enfrentaria se não tivesse a capacidade produtiva adequada para atender a sua demanda? Pense em empresas como uma agência de banco, um varejista *on-line*, um aeroporto e uma empresa produtora de *videogames* depois de um lançamento de extraordinário sucesso?

Este capítulo trata da gestão de capacidade produtiva em sistemas de produção e operações. Essa decisão tem implicações estratégicas, táticas e operacionais para o desempenho financeiro e competitivo das organizações. Também serão discutidas técnicas de gestão de receitas (*yield management*), que tentam maximizar as receitas obtidas pela operação, quando utilizando sua capacidade produtiva. Finalmente, serão também discutidas as importantes questões referentes à gestão de filas (diretamente relacionada com a gestão de capacidade), tanto nos seus aspectos quantitativos quanto nos seus aspectos psicológicos.

14.2 CONCEITOS

14.2.1 POR QUE GERENCIAR CAPACIDADE PRODUTIVA?

A principal função de uma unidade produtiva é atender adequadamente a sua demanda. É função do gestor de operações garantir que a operação tenha a *capacidade* necessária para que isso ocorra. A capacidade de uma unidade de operações define seu potencial de execução de atividades produtivas. Em geral, as decisões sobre capacidade produtiva têm impacto estratégico importante, pois:

- Envolvem muito capital investido – não raro, incrementos de capacidade produtiva podem custar dezenas ou centenas de milhões de reais, como em investimentos em novas fábricas, novos centros de distribuição, ampliações de malha logística, ampliação de frota, novos *data centers*.
- Muitas vezes, as decisões sobre alterações de capacidade requerem grande antecedência. Uma nova fábrica, por exemplo, pode levar anos para estar disponível.
- Uma vez que a capacidade produtiva é aumentada, reverter essa decisão é demorado e caro. Pense, por exemplo, na decisão de construção de uma nova fábrica. Uma vez implantada, há relativamente pouco a fazer para reverter a decisão se esta se mostra errada. É muito caro ou impossível "desinvestir" para readequar a capacidade produtiva.
- Uma decisão equivocada de capacidade produtiva tem impacto direto no desempenho operacional da unidade produtiva. Excesso de capacidade significa que a operação será subutilizada, prejudicando o retorno sobre o capital investido. Falta de capacidade, por outro lado, significa que a demanda não será adequadamente atendida, com perda de receita, baixos níveis de serviço e de atendimento ou ambos.

14.2.2 O QUE É CAPACIDADE PRODUTIVA E QUE DECISÕES ESTÃO ENVOLVIDAS EM SUA GESTÃO?

Capacidade produtiva de uma unidade de operações pode ser entendida como:

> O volume máximo potencial de atividade de agregação de valor que pode ser atingido por uma unidade produtiva sob condições normais de operação.

A capacidade deve ser vista como um *potencial*, um volume máximo possível de ser obtido, e não como os "níveis de saída" que a operação está produzindo em certo momento. Esse volume de saídas pode estar mais perto ou mais longe do potencial produtivo da unidade.

As decisões envolvidas na gestão de capacidade produtiva são diferentes, conforme o tempo que decorre entre a decisão de alteração de capacidade e a "inauguração" da nova capacidade. Nem todas as decisões sobre capacidade são estratégicas, requerendo grande antecedência. Há também decisões de capacidade tomadas no dia a dia, que requerem antecedência pequena. Pense, por exemplo, numa necessidade de capacidade extra de, digamos, 5% esta semana – esse adicional de capacidade pode ser obtido pelo uso de horas extras e organizá-las levará não mais do que algumas horas. As decisões sobre capacidade são múltiplas e uma forma útil de entender essa multiplicidade é classificá-las em termos de qual é sua "inércia" – ou, quanto tempo as decisões levam para tomar efeito. A Figura 14.1 ilustra a ideia.

As decisões sobre capacidade normalmente incluem as seguintes atividades:

- Avaliação da capacidade existente.
- Previsões de necessidades futuras de capacidade de curto, médio e longo prazos.
- Identificação de diferentes formas de alterar a capacidade a curto, médio e longo prazos.
- Avaliação do impacto da decisão de capacidade no desempenho da operação.
- Avaliação econômica, operacional e tecnológica de alternativas de incrementar capacidade.
- Seleção de alternativas para a obtenção de capacidade adicional.

Decisões sobre capacidade têm relação direta com a Estratégia de Produção e Operações de uma empresa. Vejamos, por exemplo, grandes clubes de futebol que, como empresas, têm relevantes rendimentos com seus diversos meios de arrecadação financeira. Alguns desses clubes, ao construírem ou reformarem seus estádios, têm projetado sua capacidade e instalações pensando não só nas partidas de futebol, mas também em outros serviços que podem ser ofertados para seus clientes, como, por exemplo, eventos e *shows* de grandes artistas. O *Allianz Parque*, arena do Palmeiras, por exemplo, tem disponível "42.000 lugares cobertos, que conta com anfiteatro para até 18.000 pessoas, centro de convenções, 160 camarotes e 6 *lounges*" (http://www.allianzparque.com.br/sobrea-arena/). Isto é, a Sociedade Esportiva Palmeiras oferta uma arena com capacidade "flexível" para seus "clientes", o que o Clube considera estrategicamente importante para suas operações.

Inércia	Horizonte	Questões principais	Nível decisório	Decisões típicas
Longa	Meses/anos	Que nível global de capacidade necessitaremos ao longo do horizonte? Que padrão de decisões devemos adotar para alteração dos níveis globais de capacidade?	Estratégico/direção	Novas unidades de operações Expansões de unidades Aquisição/alteração de tecnologia de processo
Média	Semanas/meses	Devemos utilizar produção nivelada, acompanhar a demanda com a produção ou um misto? Que composto de funcionários próprios e de terceiros usar para atender a flutuações de demanda?	Tático/média gerência	Turnos de trabalho ao longo do horizonte Terceirização de capacidade Dimensionamento de pessoal Aquisição recursos de porte menor
Pequena	Horas/dias/semanas	Que recursos alocar para que tarefas? Como acomodar flutuações de demanda no curtíssimo prazo?	Operacional/supervisão	Alocação de pessoal entre setores ao longo do tempo Horas extras Controle de entrada e saída de fluxo por recurso

Figura 14.1 Níveis diferentes de decisões sobre capacidade produtiva.

14.2.3 MEDIDAS DE CAPACIDADE PRODUTIVA (*INPUT* E *OUTPUT*)

Várias definições de capacidade referem-se a um volume fixo ou escala (um equipamento de 2.500 toneladas, um cinema com 300 lugares), não indicando capacidade de processamento, o que é também importante para a gestão das operações. Para isso, é necessário introduzir a dimensão **tempo** na medida e transformar a capacidade de volume fixo em **fluxo por período** (20.000 toneladas/dia, 900 espectadores/dia).

Com isso, a medida da capacidade de uma unidade de operações passa a ter mais sentido, por exemplo:

- Número de passageiros transportados pelo metrô do Rio de Janeiro, por dia.
- Número de toneladas de aço produzidas por uma aciaria, por semana.
- Quantidade de clientes a que uma empresa de manutenção atende por dia.
- Número de caminhões produzidos por uma montadora, por ano.
- Número de operações cirúrgicas realizadas por um hospital, por semana.

É importante ressaltar o aspecto "sob condições normais de operação" de nossa definição de capacidade produtiva, já que essas capacidades podem ser aumentadas em casos excepcionais, mas esses aumentos não poderiam ser sustentados por períodos maiores sem comprometer o desempenho. Por exemplo, uma companhia aérea pode, excepcionalmente, acomodar os passageiros de uma aeronave que teve problemas técnicos e ficou impossibilitada de decolar em outros voos. Passa a trabalhar, temporariamente, com uma taxa de 100% de ocupação de seus recursos, mas isso talvez não seja sustentável como operação regular.

Podemos medir capacidade pelo **volume de produção** possível de ser obtido, ou de "saídas" do processo (lavagens de carro por hora num lava-rápido, atendimentos a cliente por dia num banco, toneladas de resina produzidas por dia por uma petroquímica). Esse tipo de medida só será útil se a produção for bastante padronizada e repetitiva.

Quando não for, é mais adequado medir a capacidade pelo **volume de insumos** (*recursos*) com que consegue processar seus clientes (número de salas cirúrgicas, número de consultores seniores, número de horas-máquina de torno).

A informação sobre a medida da capacidade disponível será sempre aproximada devido a variações que podem ocorrer durante sua utilização. É também necessário considerar "redutores" de capacidade nominal. Nem sempre a capacidade teórica (ou nominal) é aquela da qual se dispõe para uso efetivo. Aqui, os conceitos de "utilização" e "eficiência" são importantes.

Utilização e eficiência na gestão de capacidade produtiva

A capacidade **teórica** (nominal) de uma operação não é necessariamente a quantidade de saídas que a operação consegue gerar. A quantidade de saídas **efetivas** que a operação consegue gerar depende de duas medidas que refletem como a operação está na realidade fazendo uso do total máximo de saídas que "teoricamente" poderiam ser geradas. Essas medidas são a **utilização** e a **eficiência**.

$$\text{Utilização} = \frac{\text{Capacidade efetivamente disponível}}{\text{Capacidade total teórica}}$$

Utilização dá uma ideia de **quanto** da capacidade teórica tem estado disponível para uso. A capacidade efetivamente disponível difere da capacidade teórica pelas chamadas "indisponibilidades": paradas do processo por quebras, falta de energia, trocas de turno e outras. Note que, dentre essas causas da indisponibilidade, há causas "evitáveis" (por exemplo, quebras, evitáveis por melhor manutenção) e "inevitáveis" (por exemplo, queda de energia na região, o que está fora do controle do gestor).

Eficiência, por outro lado, procura refletir **quão bem** o período efetivamente disponível do processo está sendo usado, ou seja, quanta saída de fato está sendo gerada em comparação com uma saída dita "padrão". A expressão **saídas-padrão** dá uma ideia da capacidade que o processo tem de gerar saídas enquanto está efetivamente trabalhando.

$$\text{Eficiência} = \frac{\text{Saídas demonstradas em capacidade efetivamente disponível}}{\text{Saídas-padrão em capacidade efetivamente disponível}}$$

Imagine um processo de prestação de serviços que trabalhe oito horas por dia. Sua "capacidade total teórica", então, é de oito horas/dia. Dessas oito horas/dia teóricas, o setor trabalhou apenas seis horas ontem. Isso significa que seu indicador de utilização foi:

$$\text{Utilização} = \frac{\text{Capacidade efetivamente disponível}}{\text{Capacidade total teórica}} =$$

$$= \frac{6\text{ h}}{8\text{ h}} = 0{,}750 = 75{,}0\%$$

Nessas seis horas, um funcionário bem treinado, trabalhando com eficiência-padrão, teria atendido, por exemplo, 24 clientes (pois a saída-padrão para esse processo é de quatro clientes/hora). O funcionário, ontem, entretanto, por vários motivos, atendeu, nas seis horas efetivamente trabalhadas, a apenas 21 clientes. Portanto, as saídas demonstradas durante o período efetivamente trabalhado foram de 3,5 clientes/hora. Isso significa que a eficiência do funcionário foi:

$$\text{Eficiência} = \frac{\text{Saídas demonstradas em capacidade efetivamente disponível}}{\text{Saídas-padrão em capacidade efetivamente disponível}}$$

$$\text{Eficiência} = \frac{3,5 \text{ clientes/hora}}{4 \text{ clientes/hora}} = 0,875 = 87,5\%$$

É sempre importante do ponto de vista da gestão de capacidade que se procure identificar ações no sentido de maximizar ambas as medidas, consideradas em conjunto com outras medidas de desempenho, como velocidade de entrega, cortesia e outras (veja Capítulos 2 e 5).

Quando se utilizam ambas as medidas para projeto e planejamento de capacidade, é importante usar o conhecimento adquirido de desempenho passado em utilização e eficiência para que um planejador ou projetista de operação considere qual capacidade total teórica estará disponível para uso e para gerar saídas.

No caso de nosso exemplo anterior, durante um dia de trabalho, o funcionário atendeu apenas a 21 clientes. Um projetista ou planejador inexperiente poderia, por exemplo, imaginar que, em 8 horas, 32 clientes seriam atendidos, já que "teoricamente" 32 clientes poderiam ser atendidos.

Capacidade para planejamento = Capacidade teórica total × Utilização × Eficiência

14.2.4 GESTÃO ESTRATÉGICA DE CAPACIDADE

A longo prazo, as empresas têm normalmente maior liberdade e uma gama maior de alternativas a escolher, assim como podem também alterar mais substancialmente seus níveis de capacidade. Entretanto, decisões requerem previsões, e quanto mais distante no futuro está o período previsto, maiores as incertezas da previsão. Além disso, as decisões de inércia alta são, em geral, as mais estratégicas, caras e difíceis de reverter. Algumas alternativas para alterar capacidade a médio e longo prazos são:

- Construção de novas unidades.
- Expansões/reduções da unidade existentes.
- Aquisição de unidades.
- Reduções por venda de ativos.

Em geral, a escala das expansões depende do tipo de operação. Operações mais intensivas em mão de obra, como as consultorias, podem agregar capacidade gradualmente, à medida que contratem mais pessoas. Um aumento gradual no volume de negócios pode ser acompanhado também, de forma gradual, por um aumento de quadros, na medida do necessário. Já uma planta petroquímica, mais intensiva em capital, para ter sua capacidade produtiva ampliada, deverá pensar numa nova planta, com equipamento completo adicional. A adição de capacidade dá-se em saltos, pois a tecnologia limita a escala dos incrementos. A Figura 14.2 ilustra os diferentes tamanhos de incrementos possíveis de capacidade a médio e longo prazos.

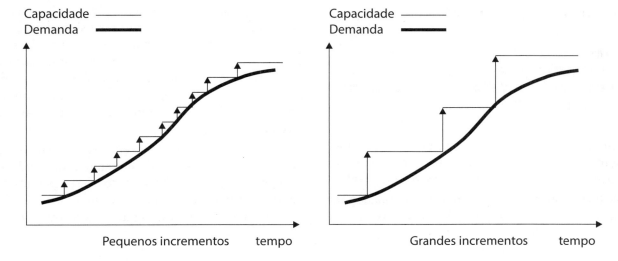

Figura 14.2 Incrementos de capacidade a médio e longo prazos: em geral, processos mais intensivos em mão de obra permitem incrementos menores que os intensivos em tecnologia.

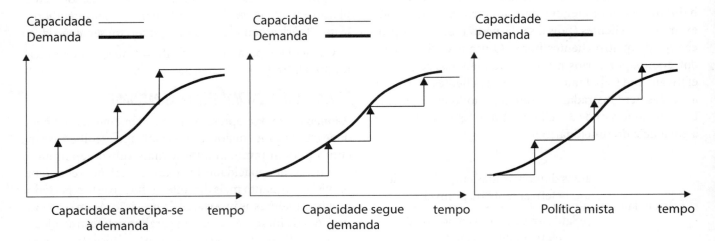

Figura 14.3 Diferentes políticas para o instante de incremento de capacidade.

Outro aspecto de importante consideração é o instante em que se dá o incremento de capacidade. O incremento pode antecipar-se ao aumento da demanda e pode seguir-se ao aumento da demanda, conforme mostra a Figura 14.3.

Alguns fatores influenciam a decisão sobre o momento quando se deve dar o incremento de capacidade. Um deles é a conveniência econômica de postergar investimentos. Essa conveniência faz com que a política de seguimento da demanda seja a mais desejável. Além disso, "seguimento de demanda" também garante que a ocupação da capacidade seja praticamente 100% ao longo do tempo. Isso faz com que se trabalhe com custos baixos. Esses dois motivos de ordem econômica parecem indicar que a política de seguimento de demanda seja a mais desejável; entretanto, cuidado, pois esta decisão tem efeitos colaterais com implicações estratégicas.

> Não se deve esquecer de que as análises em gestão de operações nunca devem obedecer a critérios exclusivamente econômicos. Devem obedecer também a critérios estratégicos, que refletem a forma como a empresa compete no mercado.

Há um claro *trade-off* aqui. Se, por um lado, a política de seguimento da demanda favorece os custos baixos, por outro penaliza o nível de serviço oferecido aos clientes.

Trabalhar muito próximo do limite de capacidade pode significar um mau serviço prestado a *todos* os clientes, além de significar também que uma parcela substancial de clientes simplesmente não é atendida. Imagine uma rede de restaurantes que trabalhe sempre com sua capacidade menor do que a demanda. Em uma grande quantidade de vezes, seus clientes terão que esperar por mesas, e muitos deles simplesmente teriam que ser recusados ou desistiriam da espera.

Quando, entretanto, opta-se por incrementar capacidade antecipando-se à demanda, o investimento em capital é antecipado, o sistema trabalha sempre com certo nível de ociosidade, com custos unitários mais altos, mas, em compensação, o nível de serviços será melhor e, principalmente nos aspectos relacionados com os tempos de atendimento, o desempenho competitivo deve ser melhor. Alguns hospitais, clínicas e laboratórios têm percebido oportunidades de negócios justamente em aspectos como tempo, cordialidade e instalações de atendimento. Com isso, têm montado suas estruturas físicas com elevada qualidade, profissionais extremamente preparados e atenciosos, além de um planejamento com alguma capacidade ociosa, que privilegia um atendimento mais rápido, humanizado e dedicado, consequentemente permitindo preços mais elevados com implicações positivas para a receita do hospital.

A decisão sobre o momento em que se dá o incremento de capacidade em relação ao aumento da demanda deve, portanto, considerar o balanço dos desempenhos competitivos (estratégicos) esperados que advirão da adoção das diferentes políticas. A Figura 14.4 ilustra o ponto.

Política / Critério	Capacidade antecipa-se à demanda	Política mista	Capacidade segue a demanda
Ocupação de recursos	Baixa	Média	Alta
Instante do desembolso	Antecipado	Médio	Postergado
Risco ao desempenho em velocidade	Baixo	Moderado	Alto
Risco ao nível de serviços	Baixo	Moderado	Alto
Flexibilidade de volumes	Alta	Média	Baixa
Custo unitário decorrente de utilização da capacidade	Alto	Médio	Baixo

Figura 14.4 Influência das políticas quanto ao instante de incrementar capacidade nos critérios competitivos da operação.

Para ilustrar diferentes estratégias de incrementos de capacidade produtiva, pense nas decisões de incremento de capacidade dos caixas de agências de um banco de massa, como, por exemplo, o Bradesco, contrastando-as com as decisões de um banco que seja mais focalizado em clientes de renda mais alta, como o Itaú Personnalité. É plausível que, num banco de massa, as decisões de incremento de capacidade de caixas na agência obedeçam a uma estratégia de seguir capacidade – só se incrementa a capacidade colocando um caixa a mais quando há a garantia de que ele será utilizado em praticamente 100% do tempo. Como para muitos clientes dos bancos de massa essa é a única opção que têm (devido às tarifas reduzidas e baixos níveis de saldo médio e salário exigidos do correntista), as filas não chegam a ser motivo de deserção de muitos clientes.

Nos bancos que visam a clientes com alto poder aquisitivo é mais plausível que os incrementos de capacidade sigam uma lógica diversa, de incrementos antecipando-se ao crescimento da demanda para garantir um atendimento mais rápido. Isso é necessário porque os clientes, tendo várias opções, podem desertar, caso tenham que esperar muito em filas. O excesso de capacidade onera os custos, mas as tarifas são mais altas justamente para compensar esse tipo de coisa. Não há estratégia de capacidade intrinsecamente pior ou melhor – o importante é haver coerência entre a estratégia de capacidade seguida e a estratégia competitiva da operação.

Nesse sentido, um exemplo relevante é o Nubank, que desde sua fundação já operava por meio digital e telefônico. Assim, em situações ou reclamações que necessitavam de uma ligação telefônica, sua capacidade de atendimento trabalhava com a estratégia de capacidade antecipando-se à demanda, pois o cliente percorria um *menu* simples e era atendido rapidamente pela equipe do SAC, que, além disso, usava linguagem fácil, simples e "jovem" para resolver possíveis problemas. Dessa forma, o Nubank consegue ofertar um serviço rápido, num segmento (*call centers* de bancos) que muitas vezes sofre queixas por ser moroso.

PARA REFLETIR

Pense no banco em que você possui conta e avalie a gestão de capacidade de sua agência. Em sua opinião, o que poderia ser feito pelo banco para melhorar essa gestão de capacidade na agência?

14.2.5 GESTÃO TÁTICA DE CAPACIDADE

Dada certa política estratégica de capacidade produtiva, a gestão tática (horizontes de médio prazo) de capacidade ocupa-se de ajustar o nível de capacidade produtiva às flutuações de mais curto prazo da demanda (por exemplo, flutuações de *mix* de produtos ou da demanda ao longo do tempo).

Imaginemos a demanda anual estimada do produto "Pro", para o ano que vem, ilustrada na Figura 14.5.

	Previsão de vendas
Janeiro	192
Fevereiro	185
Março	131
Abril	171
Maio	196
Junho	208
Julho	200
Agosto	313
Setembro	113
Outubro	128
Novembro	259
Dezembro	428

Figura 14.5 Previsão de vendas para o produto Pro.

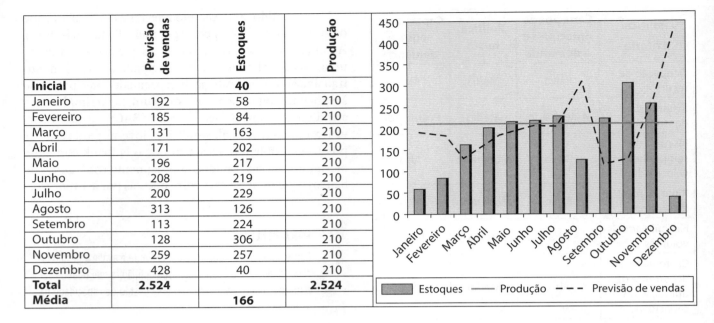

Figura 14.6 Ilustração da tática de manter a produção nivelada para atender à demanda do produto Pro.

Consideremos agora três opções ilustrativas que são possíveis para um gestor de operações, em relação à capacidade produtiva.

- *Opção ilustrativa 1*: manter a produção nivelada e acomodar a flutuação sazonal de demanda via estoques.

Nesta opção extrema, suponhamos que o gestor de operações conte com um estoque inicial de 40 unidades do produto Pro e que decida manter um nível de produção estável ao longo de todo o período. Para isso, calcula a média de demanda ao longo dos 12 meses futuros, encontrando um valor mensal aproximado de 210 unidades. Define, então, que a produção será nivelada e de 210 unidades por mês. A partir daí, é possível definir que *capacidade* produtiva ao longo do período futuro é necessária à produção de 210 unidades, estável ao longo do tempo. É possível também calcular como variará o nível de estoques com a decisão de nivelamento da produção. Por exemplo, se o mês de janeiro começa com 40 unidades em estoque, somando a produção de 210 unidades em janeiro e subtraindo a demanda de janeiro, de 192 unidades, o estoque resultante ao final do mês de janeiro é de 58 unidades, e assim por diante, conforme ilustrado na Figura 14.6. O estoque médio resultante dessa política é de aproximadamente 166 unidades.

- *Opção ilustrativa 2*: acompanhar a demanda de perto, mês a mês, com a produção.

Nesta outra opção extrema, a produção deve variar conforme a demanda, mês a mês. Para isso, é necessário que no mês de pico de demanda, dezembro, a produção seja de 428 unidades. Isso significa que a capacidade produtiva instalada em dezembro deverá ser de, no mínimo, 428 unidades. Isso pode significar que, em um mês de demanda baixa, como setembro (113 unidades), haverá custos altos de ociosidade da produção. Observe, entretanto, que o estoque permanece no nível do estoque inicial, de 40 unidades, ao longo do período inteiro. A Figura 14.7 ilustra a política de acompanhamento da demanda com o nível de produção.

Configura-se aí um *trade-off*, ou uma escolha tática necessária ao gestor da operação.

Por um lado, a política de nivelamento de produção faz com que se mantenham bons índices de utilização do ativo. Em compensação, o custo de manter estoques na política de nivelamento de produção é maior (média de 166 contra média de 40 no exemplo).

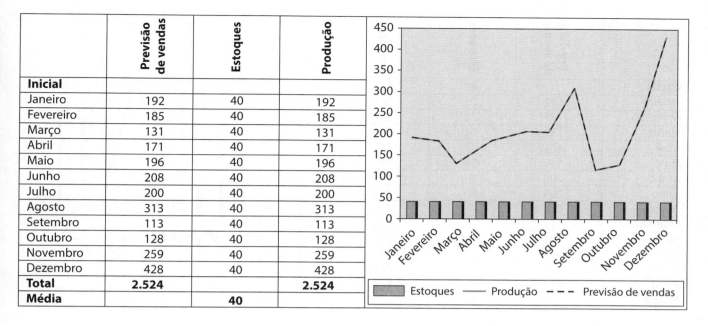

Figura 14.7 Ilustração de tática de acompanhar a demanda com os níveis de produção.

Por outro lado, a política de acompanhamento da demanda pela produção, que tem níveis baixos de estoques médios, incorre em custos maiores referentes à variação de nível de produção (ociosidade, entre outros).

- *Opção ilustrativa 3*: tática intermediária de "nivelamento da produção por blocos".

A Figura 14.8 ilustra uma situação intermediária entre os dois exemplos anteriores. Imagine que o gestor da operação se decida por uma tática de "nivelamento por blocos". Em outras palavras, resolve manter a produção nivelada num patamar equivalente à média de demanda dos meses de todo o primeiro semestre (aproximadamente 181 unidades mensais) e equivalente à demanda média dos meses do segundo semestre (aproximadamente 240 unidades mensais) durante o segundo semestre. Com essa política, uma só variação de nível de produção, ao final de junho, é necessária, ela necessita de capacidade produtiva num nível de 240 unidades e estoques médios mensais de 84 unidades. A Figura 14.8 ilustra essa tática.

Há a necessidade de consideração cuidadosa de custos para que decisões táticas sobre capacidade produtiva possam ser tomadas, levando em conta os seguintes:

- Custos de variação dos níveis de produção – horas extras, subcontratação, ociosidade em períodos de baixa utilização, *setups* (preparações de recursos para produzir), entre outros, resultantes da tática.
- Custos de manutenção de estoques médios (custos de armazenagem, seguro, obsolescência, capital empatado, entre outros) resultantes da tática.

O leitor versado em técnicas de programação matemática verá aqui oportunidades de modelagem matemática e possível otimização na definição dessas táticas de gestão de capacidade. O Excel tem uma ferramenta ("Solver") que pode ser usada para otimizar o planejamento de produção e capacidade em problemas como esse.

14.2.6 A GESTÃO DE CAPACIDADE EM OPERAÇÃO DEPENDE DO GRAU DE ESTOCABILIDADE DO PRODUTO

Além das decisões estratégicas e táticas, há também as chamadas decisões *operacionais* de capacidade.

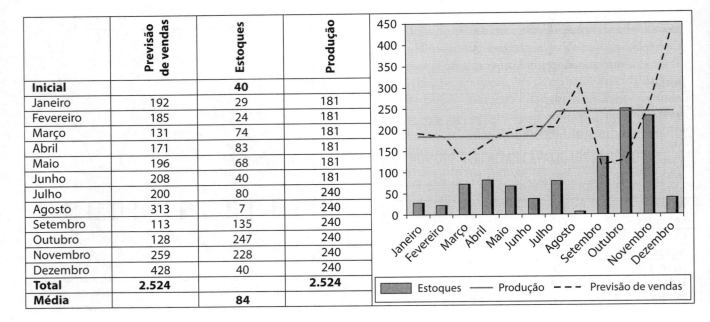

Figura 14.8 Ilustração de tática intermediária de "nivelamento de produção por blocos" (semestrais, no caso do exemplo).

Pensando no processo da tomada de decisões de capacidade, não devemos sobre-enfatizar a divisão entre decisões "estratégicas", "táticas" e "operacionais", tratando de forma global e integrada a gestão da capacidade.

O administrador de uma unidade produtiva em que predominem as saídas não estocáveis (**serviços**) tem que atender "prazos de atendimento" competitivos. Em operações que geram serviços, é impossível "estocá-los". Quanto menos estocáveis forem as saídas da operação, menos o gestor de operações poderá contar com as alternativas táticas que usam os "estoques" para acomodar as flutuações de demanda e mais terão de considerar as opções de acompanhamento da demanda com seus níveis de produção.

Ajustes entre demanda e capacidade

O administrador da capacidade, em operações que geram saídas menos estocáveis, tem que tomar decisões que tentem conciliar uma demanda variável com uma capacidade, em grande parte "fixa", pelo menos a curto prazo, devido a decisões estratégicas tomadas há muito tempo.

Para isso, ele pode adotar duas estratégias básicas ou uma combinação delas (note que nenhuma inclui "estoques"):

- Tentar influenciar a demanda para ajustá-la à capacidade disponível.
- Alterar a capacidade disponível, ajustando-a às variações da demanda.

Influenciar a demanda para ajustá-la à capacidade disponível

A produção, em operações de serviço, necessita de alguma manifestação (demanda) do cliente para o início do processo. Frequentemente, quando essa demanda supera a capacidade de atendimento, a avaliação da qualidade do serviço pelo cliente será prejudicada. Por outro lado, a falta de demanda gera capacidade ociosa e perda irrecuperável de receita devido à "perecibilidade" do serviço. Para remediar esses potenciais problemas, o gestor pode tentar influenciar o instante em que se dá essa demanda do cliente, nivelando-a, tanto quanto possível, o que pode ser feito por meio de:

- Promoções de preços.
- Mudança temporária de foco e dos componentes do pacote de serviço.
- Comunicação com os clientes.
- Acesso virtual dos clientes ao serviço.
- Sistemas de reservas.

Promoções de preços

São exemplos dessas iniciativas os descontos em períodos limitados de tempo (a meia entrada dos cinemas nas sessões de segunda a quinta-feira, as mensalidades mais baratas para frequentar academias de ginástica das 10h às 16h) ou ainda as tarifas mais baixas para voos e hospedagens em períodos de baixa estação.

PARA REFLETIR

Você conhece restaurantes que adotam a mesma estratégia de descontos em preço para períodos de baixa demanda? Você vê desvantagens nessa estratégia?

Agora, pense em outros tipos de serviço que você consome. Eles adotam esse tipo de estratégia? Se não, eles poderiam utilizar uma estratégia similar?

Mudança temporária de foco e dos componentes do pacote de serviço

Pode-se alterar temporariamente o segmento de mercado focado e, portanto, o pacote de serviços oferecidos para atrair demanda de segmentos de mercado diferentes que apresentem ciclicidades inversas de demanda. Muitos hotéis, por exemplo, oferecem suas instalações para convenções e congressos durante a semana e enfatizam o atendimento a famílias de turistas nos fins de semana. É fundamental para tal prática que o sistema operacional possa atender satisfatoriamente às diferentes expectativas dos diversos segmentos pretendidos.

PARA REFLETIR

Pense em empresas que poderiam utilizar uma estratégia similar a esta e não usam. Em sua opinião, por que essas empresas não adotam essa estratégia? Ela pode trazer desvantagens? Quais?

Comunicação com o cliente

Consiste em informar os clientes sobre quais são os melhores horários para consumirem o serviço. Isso acontece frequentemente em campanhas publicitárias que tentam antecipar o pico de Natal ("compre agora e evite a correria de Natal"). Muitos supermercados, como o Santa Luzia, na região dos Jardins, em São Paulo, tentam resolver o problema da falta de vagas no estacionamento, informando aos seus clientes qual o nível de ocupação do estacionamento em cada horário de funcionamento, afixando no seu elevador as taxas de ocupação do seu estacionamento a cada intervalo de duas horas de seu horário de funcionamento.

Acesso virtual dos clientes ao serviço

Esta tem sido uma tendência em inúmeras empresas de serviço como forma de tentar reduzir o fluxo de clientes às instalações prestadoras do serviço sem, com isso, perder receita. Quando o pacote de valor oferecido é quase totalmente composto por "informação", essa tendência é favorecida: todos os bancos têm enfatizado os serviços de pagamento de contas e transferências de valores por telefone e internet a partir do escritório ou da casa do cliente. Com isso, aumenta-se o período de atendimento (para praticamente 24 horas por dia), diluindo, assim, os picos da demanda (o cliente pode fazer pagamentos e transferências a qualquer hora do dia ou da noite), incrementando muito sua capacidade de atendimento em qualquer horário, mesmo nos tradicionais horários de pico. Essa política tem servido também para "afastar" o cliente das agências, o que facilita a prestação de um serviço com a qualidade esperada por ele, nas raras vezes em que de fato necessitar estar presente na agência, já que, com menos clientes para atender, a atenção àqueles poucos presentes pode ser melhor.

Sistema de reservas

O sistema de reservas é aquele no qual uma unidade de operações divide seu tempo disponível em intervalos e solicita aos seus clientes que reservem com alguma antecedência qual o horário em que desejam ser atendidos. Na medida em que os intervalos vão sendo reservados para clientes, um número menor de intervalos fica disponível para a escolha. Dessa forma, as unidades de operações procuram *nivelar* a sua curva de demanda de forma a evitar os picos de demanda que ou acarretam aumento nos tempos de atendimento, ou, por outro lado, a necessidade de maior disponibilidade de recursos operacionais para atender ao pico de demanda. O sistema de reservas é muito utilizado em consultórios, em hotelaria, companhias de transporte de passageiros e muitos outros setores.

Ajustando capacidade às variações da demanda

Normalmente, políticas de alteração de capacidade necessitam que se identifiquem aqueles setores cuja alteração de capacidade vai proporcionar o maior benefício: os gargalos do processo. Será inútil despender recursos aumentando a capacidade de um recurso que evidentemente não seja um gargalo, pois isso não resultará em alteração da capacidade do processo como um todo (veja o Capítulo 15).

Alterações da capacidade a curto prazo

Normalmente, a curto prazo (até seis meses), as alternativas de se alterar a capacidade estão restritas a mudanças moderadas devido a certas restrições estruturais (como o tamanho atual das instalações), que limitam aumentos substanciais de capacidade. Para alterações moderadas de capacidade, algumas alternativas podem ser pensadas:

- Programação de turnos de trabalho de modo a variar o número de funcionários conforme a hora do dia ou o dia da semana, como, por exemplo, com o uso de "bancos de horas" para funcionários de centrais de atendimento telefônico.

- Uso de horas extras e turnos extras.
- Subcontratação do serviço de terceiros, como no caso de empresas entregadoras que lançam mão de usar serviços de *motoboy* de terceiros em picos de entregas.
- Admissões e demissões, ajustando força de trabalho.
- Aumento da participação do cliente na prestação do serviço: utilizando o cliente como mão de obra, por exemplo, em *self-service* (autosserviço).

PARA REFLETIR

Qual a dificuldade de as empresas implantarem polivalência, treinando seus funcionários para exercerem múltiplas funções e assim conseguirem melhor ajustar sua capacidade à demanda?

O uso dessas alternativas deve ser pensado a partir de uma ótica estratégica, e não apenas levando em conta a alternativa mais econômica. Não se deve esquecer, por exemplo, de que não é tarefa fácil imbuir um trabalhador temporário do mesmo espírito e da mesma cultura dos trabalhadores permanentes.

Partição da demanda para maximizar a receita

Trata-se de identificar diversas fontes de demanda (grupos de clientes) com comportamento diferente e, a partir daí, procurar programar o atendimento aos diversos grupos, de forma a maximizar a utilização de capacidade e minimizar os tempos de espera desnecessários. Exemplos são caixas expressos em supermercados, para clientes com compras com menos de dez itens.

No caso de o pacote de serviços ser preponderantemente virtual, por exemplo, atendimento por telefone, a partição dá-se pela introdução de *menus* de escolha que encaminham clientes com demandas diferentes para diferentes atendentes que têm diferentes níveis de experiência e conhecimento.

A identificação de grupos de clientes com comportamentos diferentes em relação à demanda pode sugerir alguns procedimentos. Parte dos consumidores pode estar disposta a reservar um horário com antecedência, enquanto outros preferem ou necessitam ser atendidos "na hora". Numa clínica ou ambulatório médico, por exemplo, alguns clientes chegam com necessidade de atendimento de urgência e a clínica deve estar preparada para lhes dar atendimento (para mais detalhes, veja a próxima seção, que descreve a técnica de *yield management*); outros clientes, porém, ligam antes de ir, pretendendo agendar um horário para serem atendidos. Nesses casos, uma previsão da demanda de clientes do primeiro grupo (com urgência) pode ser feita com base em dados históricos de demanda, orientando o sistema de reservas para os dias em que deverão ser agendados os clientes do segundo grupo.

Yield Management (gestão da receita)

Um dos objetivos do administrador pode ser maximizar a receita de sua operação. Para tanto, ele conta com instrumentos como segmentação da demanda e discriminação de preço por segmento, como o que acontece com bancos, segmentando clientes e operação em categorias, por exemplo, "quatro", "três", "duas" e "uma" estrela. Porém, a utilização desses instrumentos torna-se mais complicada nas empresas prestadoras de serviços quando se tem a capacidade relativamente fixa e "perecível" no curto prazo, como as empresas de transporte aéreo, locadoras de automóveis, hotéis, promotoras de grandes eventos esportivos e artísticos, entre outras, e uma demanda que sempre terá parte de sua variação devida a causas aleatórias.

A questão, para o administrador, é decidir entre ter capacidade não vendida (e a receita perdida – um avião que decola com assentos vazios ou apartamentos não ocupados num hotel) e o risco de perder clientes fiéis por falta de capacidade de atendimento.

Por outro lado, em muitas situações, parte da demanda é constituída por clientes que aceitam pagar um preço mais alto por um maior grau de flexibilidade na data de contratação do serviço (passageiros que querem ou necessitam embarcar de imediato ou hóspedes que querem um apartamento num hotel sem ter feito reserva antecipada). Eles, portanto, têm menor elasticidade-preço: estão dispostos a continuar sua intenção de compra mesmo por preços mais altos. Isso introduz outra variável à questão a ser encarada pelo administrador: se tenho clientes que aceitam pagar um preço maior no último instante antes do início da prestação do serviço, por que vender antecipadamente a um preço menor?

O *Yield Management* (YM ou gestão da receita) tenta resolver essas questões com o objetivo de maximizar a receita da venda do serviço, por meio de um processo estruturado de aceitação ou recusa de pedidos de compra a um determinado preço. Nesse processo, interagem as áreas de operações, marketing e finanças, e seu conteúdo pode ser resumido em decisões a respeito de preços discriminados (diferentes) a serem praticados, possibilidade de realocação de capacidade entre os diversos segmentos da demanda e nível adequado de *overbooking* (aceitação de reservas além da capacidade disponível). Para uma prática eficaz da YM, a empresa precisa, normalmente, contar com tecnologia de informação para prever sua demanda com razoável precisão e facilidade operacional para realocar sua capacidade entre os diferentes segmentos de sua demanda.

A utilização adequada da YM pode resultar em acréscimos substanciais na receita, sem alteração da capacidade disponível. A rede de hotéis Marriott International estima que o impacto positivo da YM chegou a US$ 200 milhões ao ano em sua receita.

Um exemplo simples pode ilustrar a ideia de YM. Imagine que uma locadora de automóveis tenha a curva de elasticidade demanda – preço dada pela expressão:

$$D = 2.500/P$$

Onde:

$$D = \text{demanda e } P = \text{preço}$$

Suponha que a empresa tenha decidido por ter um preço só de aluguel de veículos de $ 50. A curva correspondente de elasticidade seria conforme a Figura 14.9-A. Observe que, nesse caso, a receita por dia seria de $ 2.500 (50 veículos alugados × $ 50 por veículo). Mas vê-se pela curva que há certa quantidade de pessoas que estaria disposta a pagar mais que os $ 50 cobrados. Isso significa receita "perdida". Se, entretanto, a empresa consegue cobrar diferentes preços para diferentes clientes conforme sua propensão a pagar mais ou menos, a empresa poderia estabelecer dois preços: $ 25 (para quem está disposto a pagar apenas esse preço, por exemplo, clientes "pessoa física") e $ 50 (para quem está disposto a pagar $ 50, por exemplo, clientes "pessoa jurídica"). Isso levaria à condição ilustrada na Figura 14.9-B. Observe que a receita nesse caso aumenta para:

$$\$ 100 \times 25 + \$ 50 \times 25 = \$ 2.500 + \$ 1.250 = \$ 3.750$$

Dessa forma, a receita fica aumentada pela utilização do conceito de que diferentes clientes podem estar dispostos a pagar diferentes preços.

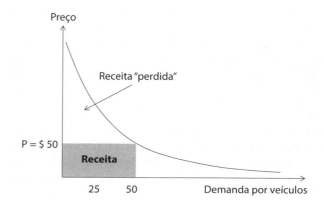

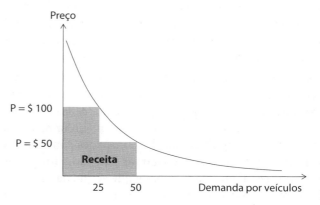

Figura 14.9 A (em cima, situação com um só preço) e B (embaixo, situação com dois preços).

Overbooking

Refere-se à decisão de vender antecipadamente uma capacidade maior do que a realmente disponível na data de prestação do serviço, tentando, com isso, minimizar as perdas de receita devidas ao não comparecimento do cliente que efetuou reserva antecipadamente. A questão que se coloca ao administrador é decidir qual o nível adequado de *overbooking*.

A resposta resulta da minimização da soma dos "custos" decorrentes, de um lado, da existência de capacidade não vendida (perda de receita) com aqueles resultantes do risco de algum cliente que comprou o serviço com antecedência não poder ser atendido, caso todos os clientes que fizeram reservas realmente apareçam.

Quanto maior o nível de *overbooking* previamente decidido, menor será o custo esperado de capacidade não vendida e maior será o custo esperado pelo eventual não atendimento de clientes por insuficiência de capacidade e decorrente insatisfação e eventuais multas e ressarcimentos decorrentes de legislação específica.

Como os dois custos têm direções contrárias, sua soma terá sempre um mínimo correspondente ao nível ótimo de *overbooking*.

Um exemplo simples pode ilustrar uma análise para *overbooking*. Imagine que, consciente dos custos envolvidos com reservas não honradas pelos clientes (*no-show*) e com a possibilidade de clientes com reserva confirmada não terem um quarto para dormir, o Hotel Brasil precisa determinar qual o número de reservas aceitar acima do número de quartos disponíveis. O custo de o hotel ficar com um quarto não ocupado é de $ 50 por noite e o custo de acomodar um cliente que chega com reserva mas não encontra um quarto disponível no hotel é de $ 120 (custo de perda de boa vontade do cliente mais custo de conseguir para ele uma vaga em outro hotel). Historicamente, o Hotel Brasil sabe a distribuição de probabilidades de diferentes números de clientes com reserva não aparecerem para honrar a reserva num dia. Essas informações estão computadas na tabela na Figura 14.10.

Observe que no "miolo" da tabela encontra-se o custo da ocorrência indicada por, por exemplo: se for feito um *overbooking* de quatro quartos (coluna marcada como "4") e houver um *no-show* de dois hóspedes (linha marcada como "2"), isso significa que dois hóspedes com reserva ficarão sem quarto. Isso custará $ 240 (dois hóspedes terão que ser acomodados). Note que acima da diagonal de "zeros" os custos representam custos de acomodar hóspedes com reserva e sem quarto, e abaixo da diagonal, os custos representam custos de quartos vazios.

Aplicando as probabilidades de *no-shows*, pode-se calcular, por exemplo, para um *overbooking* de três hóspedes, o custo total esperado será:

(5% × 0) + (10% × 50) + (20% × 100) + (20% × 150) + (15% × 150) + (15% × 200) + (5% × 250) + (5% × 300) + (5% × 350) + (5% × 400) + 5% × 450) + (5% × 500) = 146 (linha de baixo)

Calculando os custos esperados para cada um dos números de hóspedes *overbooked*, vê-se que o custo mínimo ocorre para um *overbooking* de dois quartos (custo de $ 137 – veja linha de baixo da Figura 14.10).

14.2.7 GESTÃO DE FILAS E FLUXOS

Praticamente todas as organizações que processam fluxos (quer sejam fluxos de pessoas, de materiais ou de informações) e que estão sujeitas a alguma restrição de capacidade encaram o problema de filas de espera. Se são fluxos de materiais, as filas de espera ganham o nome de "estoque em processo" (ou estoque aguardando processamento); se são fluxos de pessoas, são as antipáticas filas com as quais nos acostumamos a conviver, como clientes, em muitos serviços. Se são fluxos de informações, podem ser, nos escritórios, reclamações esperando serem respondidas. O gerenciamento dos sistemas de processamento de fluxo, de sua capacidade e das filas que eventualmente sejam formadas é uma parte fundamental da determinação do nível de serviço que uma unidade produtiva oferece. Quanto melhores os sistemas de gerenciamento de filas, menores os tempos de espera dos clientes, dado determinado nível de ocupação dos recursos. Esse é um fator importante na construção das vantagens competitivas das

		Número de reservas acima da disponibilidade de quartos (*overbookings*)										
No-shows	Probabilidade	0	1	2	3	4	5	6	7	8	9	10
0	5%	0	120	240	360	480	600	720	840	960	1080	1200
1	10%	50	0	120	240	360	480	600	720	840	960	1080
2	20%	100	50	0	120	240	360	480	600	720	840	960
3	15%	150	100	50	0	120	240	360	480	600	720	840
4	15%	200	150	100	50	0	120	240	360	480	600	720
5	10%	250	200	150	100	50	0	120	240	360	480	600
6	5%	300	250	200	150	100	50	0	120	240	360	480
7	5%	350	300	250	200	150	100	50	0	120	240	360
8	5%	400	350	300	250	200	150	100	50	0	120	240
9	5%	450	400	350	300	250	200	150	100	50	0	120
10	5%	500	450	400	350	300	250	200	150	100	50	0
Custo total esperado		203	161	137	146	181	242	319	405	500	603	714

Figura 14.10 Ilustração de cálculo de *overbooking* simples.

organizações. As perguntas que devem ser endereçadas ao tratamento de gestão de filas e que serão abordadas na parte restante deste capítulo são:

- Quais são os objetivos de um sistema de gestão de filas e como avaliar a consecução deles?
- Quais tipos de sistemas de filas existem e quais os fatores que os fazem diferentes?
- Que aspectos um gestor pode alterar para que, correspondentemente, alterem-se os níveis percebidos e objetivos de desempenho do sistema de gestão de filas?
- Que ferramentas existem para auxiliar a prever e gerenciar o comportamento dos sistemas de filas?

14.2.8 OBJETIVOS E AVALIAÇÃO DE SISTEMAS DE FILA

A questão da definição dos objetivos dos sistemas de gestão de filas não é tão trivial como possa parecer. Do ponto de vista da gestão preocupada com retornos sobre investimento, talvez a preocupação esteja com os níveis de utilização dos recursos de atendimento; do ponto de vista do funcionário, talvez esteja preocupado com uma distribuição mais uniforme de clientes a atender ao longo de um período para evitar picos estressantes. Do ponto de vista do cliente, talvez a métrica mais evidente de desempenho de um sistema de fila seja, por sua vez, o tempo de espera.

Mesmo dessas perspectivas diferentes, ainda pode haver interesses diversos dos envolvidos: alguns clientes preocupar-se-ão com o tempo médio de espera – ou seja, "qual o tempo que mais provavelmente eu terei de esperar?"; outros clientes estarão preocupados com a probabilidade de ter de esperar mais do que x minutos. Um gestor poderia estar preocupado, além dos níveis de ocupação dos recursos, com a quantidade máxima de clientes esperados que pode estar em fila simultaneamente (importante no dimensionamento de salas de espera). Os funcionários, por sua vez, também poderiam preocupar-se com a probabilidade de estarem intensamente ocupados por períodos maiores do que, digamos, x horas.

Há, inclusive, *trade-offs* (conflitos) a serem gerenciados entre os objetivos das várias perspectivas. É até mesmo intuitivo que uma ênfase numa maior utilização de recursos provavelmente penalize o desempenho do sistema em termos de tempo médio de espera.

São todas perspectivas importantes, correlacionadas e complexas, que devem ser levadas em conta juntamente com outras considerações (como, por exemplo, a psicologia das filas) para que uma boa gestão dos sistemas de fila ocorra.

14.2.9 TIPOS DE SISTEMAS DE FILA

Há vários tipos de sistemas de fila. Uma das mais importantes ferramentas de gestão de filas é a simples alteração do tipo de sistema. A Figura 14.11 ilustra uma primeira discriminação entre sistemas de fila.

Sistema de estágios múltiplos: são sistemas em que os elementos de fluxo (pessoas, informações ou materiais) que estão sendo processados têm de ser atendidos em estágios múltiplos e sequenciais. Uma cliente que faz um *check-up* de saúde, que conste de diversos exames sequenciais em diversos setores, num laboratório (coleta de sangue, ergometria, audiometria e outros), percorre um sistema de fila de estágios múltiplos.

Sistema de estágio único: são os sistemas mais simples; há uma estação de serviço atendendo a um fluxo em um único estágio. Os clientes que chegam para comprar seus bilhetes numa bilheteria do metrô ou os carros que chegam para pagar a tarifa de pedágio estão em um sistema de fila de estágio único.

Sistema de estágio único de servidores paralelos: os elementos de fluxo chegam, tomam a decisão de qual servidor os atenderá e são atendidos, indiferentemente, por algum dos servidores que trabalham paralelamente. Também chamado de sistema de estágio único de filas múltiplas, por exemplo, o caso das múltiplas cabines paralelas de um posto de pedágio.

Figura 14.11 Sistemas de fila de estágio único ou estagio múltiplo.

Sistema de estágio único de fila única: os elementos de fluxo chegam a uma fila única e aguardam até que sua vez chegue. Quando chega, o primeiro servidor a ficar disponível será aquele a fazer o atendimento. Todos os servidores, nesse tipo de sistema, podem executar indiferentemente as tarefas e são todos, de certa forma, "coordenados" pelas mesmas "disciplinas" de sequenciamento. Disciplinas de sequenciamento são as regras que definem quem, dentre os elementos de fluxo na fila, é o próximo a ser atendido. Em filas de pessoas, há uma regra ética básica e comumente aceita de FIFO (*First In First Out*), ou seja, o primeiro a chegar é o primeiro a ser atendido. Você já pode notar que, num sistema de filas múltiplas, a regra é "o primeiro a chegar ao servidor é o primeiro a ser atendido" e no sistema de fila única a regra é "o primeiro a chegar ao sistema é o primeiro a ser atendido". Evidentemente, a regra FIFO deixa de se aplicar se chegar ao sistema uma senhora grávida ou algum idoso ou pessoa que tenha dificuldade de locomoção, que passa a ter prioridade sobre "chegar antes". Note que a disciplina de sequenciação é um importante instrumento gerencial para influenciar o comportamento do sistema de filas. Considere, por exemplo, o terceiro tipo de sistema de filas de estágio único (Figura 14.12), o sistema de múltiplas filas concorrentes.

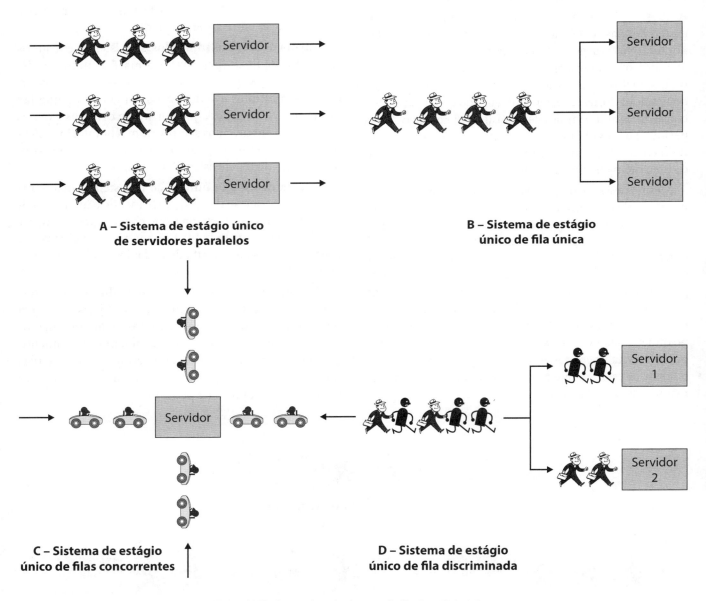

Figura 14.12 Quatro tipos de sistemas de fila de estágio único.

Sistema de estágio único de múltiplas filas concorrentes: exemplo típico são várias filas que aguardam a prioridade para passar num cruzamento com semáforo. Os tempos definidos de luz verde e vermelha para cada uma das ruas concorrentes fazem o papel da "disciplina de sequenciamento" (os veículos de uma ou outra rua terão como consequência prioridade na passagem). Às vezes, os sistemas de filas acham conveniente estabelecer regras de sequenciamento que escapem ao usual FIFO, discriminando clientes com base em algum critério e, então, reservando servidores para cada um dos grupos de clientes discriminados: são os sistemas de filas discriminadas.

Sistemas de filas discriminadas: um exemplo são os processos de *check-out* de supermercados, que têm determinados caixas dedicados a atenderem clientes com, por exemplo, até dez volumes. Ou a discriminação que os bancos fazem em seus caixas de agência, para seus clientes "especiais", atendendo-os em caixas especiais. As companhias aéreas utilizam-se desse expediente também para discriminar o atendimento de seus clientes no processo de *check-in*, priorizando os chamados *frequent fliers* (ou clientes frequentes). Veja a Figura 14.12 para uma ilustração dos quatro tipos de sistemas de fila de estágio único.

Na Figura 14.12-D, o sistema diferencia os servidores 1 e 2, que atendem a clientes diferentes.

> **VOCÊ SABIA?**
> Quando você liga para sua empresa de cartões de crédito e a Unidade de Resposta Automática (URA) pede que digite seu número de cartão, ou quando liga para seu banco e ocorre o mesmo, com o sistema pedindo que seja digitado o número de sua conta-corrente, você, na maioria das vezes, entra em um sistema de filas discriminadas – com base no número digitado que o identifica, o sistema direciona você para determinado servidor.

Dessa forma, mais eficiência pode ser obtida por uma maior especialização de determinados servidores a certas tarefas e um serviço diferenciado pode ser prestado para clientes *premium*.

Características que afetam o sistema de filas

Várias características podem afetar o comportamento dos sistemas de fila:

Número de estágios sucessivos dos sistemas de fila e gama de serviços prestados por cada um: dependendo de quantos estágios sucessivos o sistema tenha, os tempos de fila de cada estágio, somados, podem afetar substancialmente os tempos totais de atendimento.

Número de canais de atendimento e atribuições de cada um: conforme o número de canais de atendimento, os níveis de utilização de recursos servidores e os níveis de serviço (entendido como tempos médios de atendimento) são afetados. Aqui, a decisão gerencial mais relevante é equacionar o *trade-off* entre recursos – mais ou menos canais de atendimento paralelos (encarecendo, em geral, os custos) – e serviço – maior ou menor nível de serviço.

Disciplina de sequenciamento: as disciplinas de sequenciamento (o primeiro a chegar é o primeiro a ser atendido, prioridade por tipo de cliente em sistemas discriminados, prioridade por tipo de tarefa, ou outro) afetam o desempenho médio do sistema e, talvez mais importante, afetam o desempenho individual de determinados grupos de cliente, quando se usam disciplinas discriminantes.

Processo decisório dos clientes: em primeiro lugar, a decisão do cliente de entrar ou não na fila, em geral, baseado em seus níveis de disposição de espera para o tempo que ele imagina, quando chega, que levará para ser atendido. Em segundo lugar, em cada momento o cliente decide se está disposto a permanecer na fila. Ambos podem ter um impacto bastante substancial nos níveis de perda de venda ou até de perda de clientes, já que nem sempre um cliente que desiste da fila está adiando sua compra – muitas vezes, está desistindo em prol de um concorrente.

Taxa e distribuição probabilística de chegada dos clientes: outro fator que afeta o desempenho de sistemas de fila é o volume de fluxo a ser processado e a forma como esse volume distribui-se no tempo. Os volumes podem ser maiores e menores e podem ser mais ou menos concentrados ao longo do tempo. Os consultórios médicos usam o sistema de marcação de horário para atenuar os possíveis picos de fluxo de clientes em horários atraentes, como, por exemplo, o final do expediente normal de trabalho.

Taxa (velocidade) e distribuição dos tempos de atendimento dos servidores: evidentemente, quanto maiores os tempos de atendimento médios dos servidores, maiores serão as filas, estando constantes as outras condições. Além disso, a variação de tempo de atendimento entre clientes também tem papel importante na influência do comportamento dos sistemas de filas. Estando constantes as outras condições, o desempenho dos sistemas de fila será sempre melhor quanto mais uniformidade houver entre os tempos de atendimento para diferentes clientes. As ações gerenciais aqui se referem a, tanto quanto possível, tentar aumentar as velocidades de atendimento por meio de iniciativas de simplificação de processos bem como a iniciativas no sentido de uniformizar os tempos de atendimento.

A "psicologia da fila"

Uma forma de minimizar os "custos" da espera do cliente na fila sem recorrer ao aumento da capacidade de atendimento é utilizar a "psicologia da fila", desenvolvida por Maister (1985). Esse enfoque parte do pressuposto de que o importante, em termos de "custos de espera", não é o tempo real esperado, mas o tempo de espera *percebido* pelo cliente. Portanto, se o tempo percebido diminuir, os custos de espera diminuirão para o cliente, mesmo que o tempo real de espera permaneça inalterado.

Maister faz as seguintes observações:

- A maioria das pessoas superestima o tempo de espera (em mais de 20%).
- Tempo ocioso parece mais longo do que tempo ocupado.
- A espera pré-processo parece maior do que o tempo em processo.
- Esperas sem explicação são menos toleradas do que as explicadas.
- Quanto maior o "valor" dado pelo cliente ao serviço, maior a tolerância com a espera.
- Esperas sem previsão de atendimento parecem mais longas do que as com prazo conhecido.
- Esperas solitárias parecem mais longas do que em grupo.

14.2.10 TEORIA DAS FILAS: O FUNCIONAMENTO DE SISTEMAS SIMPLES

A teoria das filas é uma série de formulações matemáticas e modelos analíticos que existem para modelar diversas situações de filas, considerando diferentes distribuições probabilísticas para as taxas de chegadas de clientes e diferentes distribuições para os tempos de atendimento. A teoria das filas permite estimar probabilidades referentes a tempos médios de permanência no sistema, tamanho médio de fila, tempos médios de ocupação dos recursos operacionais, entre outras.

Segundo essa teoria, um sistema de filas consiste em três elementos principais:

- Uma população-fonte de clientes e a forma com que eles chegam ao sistema.
- O sistema de serviço que deve atender aos clientes que chegam.
- A condição dos clientes que saem do sistema (voltam à fila ou não?).

Chegada de clientes

A chegada de clientes a serem atendidos pode ser de uma população-fonte:

- **Infinita**: é uma população grande o suficiente para não ser afetada pela "saída" de um cliente que entre no sistema de filas.
- **Finita**: trata-se de sistemas cuja população-fonte é pequena e fica relevantemente afetada pelos clientes que estão sendo servidos. Por exemplo, um departamento de manutenção que tem que atender a cinco máquinas quebradas no dia.

Distribuição de chegadas dos clientes

Fórmulas da teoria das filas, em geral, requerem uma "taxa de chegada" de clientes (por exemplo, "seis clientes por hora") no sistema de filas. Uma chegada constante significa que os clientes chegam a intervalos regulares (como no caso de um sistema de marcação de consultas, em que clientes chegassem pontualmente, por exemplo, a cada 30 minutos). Numa grande maioria de sistemas de fila, as chegadas de clientes estão sujeitas não a uma chegada constante, mas a uma variação aleatória, descrita por distribuições de probabilidade. Em geral, assume-se que os tempos entre chegadas independentes de clientes numa unidade de serviço distribuem-se segundo uma distribuição exponencial. Se isso é verdade, a distribuição de número de clientes que chegam em determinado período obedece a uma distribuição de Poisson, e o número médio de chegadas por período é representado pela letra grega λ (lê-se lâmbda). Veja Costa Neto (1977) para uma abordagem sobre distribuições de probabilidade.

Distribuição de tempos de atendimento

Fórmulas da teoria das filas também, geralmente, requerem uma "taxa de atendimento", ou seja, uma noção de capacidade do sistema de atendimento, em número de clientes atendidos por unidade de tempo (por exemplo, um posto de pedágio que consegue atender, em média, a 120 carros por hora). Em geral, não se encontram muitos servidores com uma taxa de serviço totalmente constante. Estão, em geral, sujeitos à aleatoriedade e, quando isso ocorre, assume-se que os tempos de serviço também se comportam segundo uma distribuição exponencial. Nas fórmulas da teoria das filas, em geral a taxa de serviço (clientes servidos por unidade de tempo) é representada pela letra grega μ (lê-se mü ou mi).

14.2.11 MODELOS SIMPLES DA TEORIA DAS FILAS

A seguir, na Figura 14.13, são apresentados dois modelos simples da teoria das filas, de estágio único. Veja Winston (1994) para um tratamento completo da teoria das filas, com modelagem de sistemas de fila mais complexos.

Modelo	População-fonte	Padrão de chegadas	Disciplina	Padrão de atendimento	Exemplo
1	Infinita	Poisson	FIFO	Exponencial	Banco *drive-through*
2	Infinita	Poisson	FIFO	Constante	Montanha russa em parque

Figura 14.13 Modelos simples de configurações de sistemas de fila.

Notações para os modelos

λ = taxa de chegadas de clientes; $(1/\lambda)$ = tempo médio entre chegadas.

μ = taxa de atendimento; $(1/\mu)$ = tempo médio para um serviço.

ρ = taxa de utilização do recurso servidor (se $\rho \geq 1$, fila cresce indefinidamente).

Lq = número médio de clientes na fila.

Wq = tempo médio aguardando em fila.

Pn = probabilidade de *n* clientes no sistema (incluindo clientes na fila e o cliente sendo atendido).

Modelo 1

$$Lq = \frac{\lambda^2}{\mu(\mu - \lambda)}$$

$$Wq = \frac{Lq}{\lambda}$$

$$Pn = \left(1 - \frac{\lambda}{\mu}\right)\left(\frac{\lambda}{\mu}\right)^n$$

$$\rho = (\lambda/\mu)$$

Os modelos analíticos de teoria das filas são limitantes no sentido de só apresentarem solução para determinadas situações bastante particulares.

Para fazer o *download* do arquivo de simulação e ver na prática a simulação de diversos sistemas de filas, acesse o QR Code:

uqr.to/16fq1

14.2.12 USO DE SIMULAÇÃO PARA ANÁLISE DE FILAS

Outra ferramenta que apresenta ampla gama de possibilidades para auxiliar processos de tomada de decisão relacionados com a gestão da capacidade produtiva em sistemas de serviços, em sistemas de manufatura e em sistemas de logística é a modelagem por simulação de eventos discretos.

A Simulação é uma técnica conhecida há muito tempo, que vem sendo constantemente aprimorada ao longo dos anos, por meio do desenvolvimento de ambientes que permitem a construção de modelos até mesmo por usuários com pouca experiência. A construção é facilitada a partir do uso de bibliotecas previamente configuradas que reduzem o esforço computacional necessário e ao mesmo oferecem uma curva de aprendizado atraente.

Modelo 2

$$Lq = \frac{\lambda^2}{2\mu(\mu - \lambda)}$$

$$Wq = \frac{\lambda^2}{2\mu(\mu - \lambda)} = \frac{Lq}{\lambda}$$

$$Pn = \left(1 - \frac{\lambda}{\mu}\right)\left(\frac{\lambda}{\mu}\right)^n$$

$$\rho = (\lambda/\mu)$$

Figura 14.14 Sistema hospitalar representado no FlexSim®.

A Figura 14.14 exibe o modelo de simulação referente a um sistema de serviços, no contexto de um hospital, construído usando o *software* FlexSim®. Uma ampla biblioteca de objetos 3D é disponibilizada para auxiliar a representação visual dos ambientes, incluindo salas de espera e de triagem, laboratórios para a realização de exames, além dos locais de tratamento e de repouso, com seus respectivos equipamentos e equipes de trabalho. Os contornos considerados podem ser expandidos e englobar até mesmo as ambulâncias e os procedimentos de emergência dos sistemas hospitalares.

A integração desses ambientes envolve a parametrização do comportamento, da variabilidade e dos fluxos pertencentes ao sistema. Os itens que fluem pelo sistema são denominados entidades e são atendidos, no caso de pessoas, ou processados, no caso de peças, em objetos denominados servidores. É possível também customizar o visual, tanto das entidades como dos servidores, a partir da importação de desenhos 3D criados em *softwares* como o Google SketchUp, que possui o repositório 3D Warehouse (visite o repositório de armazém 3D em http://3dwarehouse.sketchup.com/) com uma infinidade de arquivos disponíveis para *download*. No caso do FlexSim®, além das telas de programação, as lógicas podem ser configuradas por meio do preenchimento de templates e também por meio de blocos de programação que colaboram para a definição precisa de sequências de tarefas condicionais e coordenadas. O FlexSim® possui uma plataforma *low code*, conhecida como Process Flow, que reduz ou elimina a necessidade de programação para desenvolvimento de lógicas complexas. Para maiores informações sobre o *software* FlexSim® e para o *download* da versão gratuita, acesse http://www.flexsim.com/pt/.

Em relação à coleta de dados, é necessário que sejam levantados os parâmetros que serão simulados, por exemplo, as taxas e distribuições probabilísticas de chegadas de clientes/veículos/peças, os tempos e distribuições de atendimento/processamento, informações de demanda e de ordens de serviço. Os sistemas também auxiliam na modelagem das distribuições probabilísticas, pois possuem várias armazenadas e muitos contêm ferramentas para que o usuário, com base em dados levantados do processo físico existente atual, encontre a distribuição probabilística que melhor se ajusta aos dados. Além disso, podem ser testadas diferentes disciplinas de atendimento, tais como primeiro que entra, primeiro que sai (do inglês, *First-in/First-out*, FIFO), ou último que entra, primeiro que sai (do inglês *Last-in/First-out*, LIFO), e outras regras específicas de priorização.

No caso de sistemas de manufatura, veja exemplo da Figura 14.15, o estudo de capacidade com o auxílio de um modelo de simulação pode levar em consideração diferentes alternativas de *layout*, a variação do número de máquinas e do número de colaboradores disponíveis,

Figura 14.15 Exemplo de modelo de simulação de sistema de manufatura representado no FlexSim®.

ou então até mesmo das regras de alocação de tarefas. Em outra perspectiva, é possível inserir informações referentes a programação de *setup* e tamanhos de lote, e a intervenções de manutenção, e tambéOm probabilidades associadas a parâmetros de qualidade do processo. Em sistemas que utilizam fluidos ou produtos a granel, é possível estudar a capacidade do sistema envolvendo o dimensionamento de tanques e silos, bem como de misturadores e sistemas de envase e escoamento. Outro recurso são as bibliotecas para a representação de recursos para manuseio de materiais, tais como empilhadeiras, esteiras, veículos autoguiados (AGV), e suas respectivas trajetórias, e de tipos específicos de prateleiras, possibilitando o estudo de sistemas de separação e de expedição.

Quando o modelo é rodado, o *software* de simulação gera "chegadas" de entidades e tempos de atendimentos de forma aleatória, seguindo as distribuições probabilísticas definidas, o que gera fluxos e filas, simulando o fenômeno e permitindo o controle de determinadas condições de entrada e de características do ambiente. Entre as métricas para avaliação do desempenho, pode-se contabilizar o número de clientes atendidos ou de peças processadas, o tempo médio de permanência no sistema e de espera, e o número médio de entidades no sistema, bem como os valores mínimos e médios. Também é possível acompanhar as taxas de ocupação/utilização de recursos, para serem analisadas questões referentes a ociosidade ou compartilhamento de recursos, bem como os custos correspondentes, para fins de decisões relacionadas com o nível de serviço. Com isso, o analista pode alterar aspectos referentes a variáveis de decisão e avaliar seu impacto no desempenho sob diferentes perspectivas, como, por exemplo, qual o impacto que o aumento do número de servidores teria para o tempo médio de permanência em fila das entidades, isto é, a adição de máquinas ou de postos de atendimento.

Em suma, as alternativas podem ser exploradas de forma detalhada, e o analista pode contar com saídas gráficas que podem dar uma ideia visual dos efeitos de alterações nas variáveis de decisão. Além disso, a análise de cenários que envolvem parâmetros estocásticos (probabilísticos), isso é, não exatos, requer o uso de experimentos. Nesse caso, o *software* de simulação realiza um número de replicações, ou seja, rodadas repetidas com diferentes valores gerados aleatoriamente, de modo a atribuir maior confiabilidade estatística aos resultados obtidos e, portanto, maior robustez para as descobertas. A Figura 14.16 mostra exemplos de gráficos gerados a partir dos modelos de simulação.

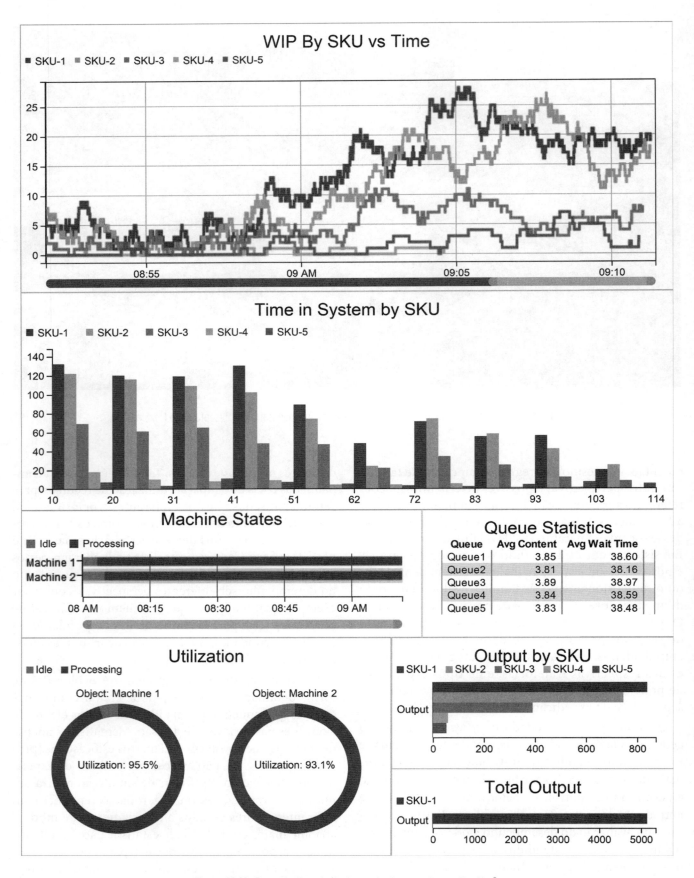

Figura 14.16 Exemplo de painéis de resultados gerados no FlexSim®.

Os modelos de simulação, se bem desenhados e utilizados, representam uma alternativa potencial e bem menos restritiva que o uso dos modelos analíticos da teoria das filas. A título de complementação, outras abordagens de simulação têm sido constantemente aprimoradas, por exemplo com o uso de modelos híbridos, que combinam simulação de eventos discretos com a simulação baseada em agentes, ou com a abordagem de dinâmica dos sistemas. Além disso, há as abordagens de realidade virtual e de realidade aumentada, e também o conceito de "gêmeo digital" (*digital twin*), frequentemente adotados para a digitalização de processos no âmbito da Indústria 4.0, incluindo também associações com soluções de *Machine Learning* e de Inteligência Artificial.

Alguns aspectos são importantes quanto à administração de filas de clientes:

- A existência de filas é mau sinal da ótica do serviço ao cliente e bom sinal da ótica estrita da utilização de recursos. O balanço adequado deve ser buscado.
- Deve-se procurar olhar a fila sob a ótica do consumidor para entender as suas expectativas, percepções e angústias.
- A espera normalmente pode ser considerada tolerável pelo cliente em horários de pico, mas não a qualquer momento.
- O tempo de espera deve parecer aceitável e razoável.
- A prioridade no atendimento deve ser percebida como justa.
- Deve haver baixa incerteza por parte do cliente quanto ao tempo que terá de esperar.
- Observar cuidadosamente as condições nas quais o cliente terá de esperar.
- Deve-se pensar em meios de distrair o cliente para reduzir sua sensação de espera, como dar a ele algo para fazer que lhe dê a sensação de que o atendimento já se iniciou, prover locais de espera confortáveis, entre outros. É preferível utilizar o tempo em fila para alguma atividade útil, como o treinamento do cliente.
- Pode-se tentar reduzir a aleatoriedade do processo de chegada de clientes, utilizando sistemas como o de reservas.
- Pode-se mudar o número de servidores para reduzir o tempo de espera em filas.
- Podem-se fornecer pontos de atendimento diferenciados para tipos específicos de serviços, para maior proporcionalidade entre demanda de serviços e tempos de espera.

INDÚSTRIA 4.0: CAPACIDADE PRODUTIVA E FILAS EM UNIDADES DA REDE DE OPERAÇÕES

Em um cenário de crescente competitividade, um dos maiores desafios de qualquer empresa é a redução de custos por meio da otimização dos seus recursos. Portanto, o planejamento e a implementação desses processos, estão levando às companhias a integrar seus sistemas de produção por meio das tecnologias I4.0 que permitem o desenvolvimento de sistemas logísticos internos muito mais eficientes e eficazes, e que permitem principalmente maximizar sua capacidade produtiva, uma vez que os métodos tradicionais estão sujeitos a erros por estarem baseados no fator humano.

Estudos recentes apontam que esse tipo de falhas, bem como o tempo de inatividade e estratégias de manutenção inadequadas em geral, podem atingir uma redução de entre 5% e 20% da capacidade produtiva dos fabricantes. Por conseguinte, serviços de manutenção preditiva ganham força ao oferecer o monitoramento em tempo real dos ativos das indústrias (equipamentos, sistemas, linhas de produção etc.), maximizando sua vida útil, identificando quebras futuras com bastante antecedência, evitando, assim, interrupções durante suas operações.

A manufatura preditiva combina muitas das tecnologias que sustentam a I4.0, começando por ampla integração de sensores ao longo dos processos de fabricação, *Internet of Things* (IoT), *Big Data* e análises avançadas, algoritmos de Inteligência Artificial (AI) e aprendizado de máquina (ML). Essa técnica identifica padrões complexos subtraídos de diversas variáveis e dados históricos, que permitem o desenvolvimento de uma compreensão mais profunda e orientada por dados do comportamento e prevenção de falhas dos ativos dentro da operação, melhorando o desempenho durante os processos de gestão estratégica de capacidade no longo, médio e curto prazo. Por outro lado, a simulação em 3D, como outra das ferramentas que tem evoluído com o apoio da I4.0 para as tecnologias *Digital Twin*, permite estudar diferentes cenários para identificar, por meio de algoritmos matemáticos, o cenário ideal para maximizar os resultados e melhorar a capacidade produtiva, mantendo um adequado equilíbrio de custos e benefícios.

No setor de serviços, a técnica de ML contribui para manter os padrões de qualidade, aliviando pressão e carga de trabalho adicionais dos funcionários. Na indústria hoteleira, por exemplo, o ML está sendo utilizado para o processo de reservas, segmentação, previsão de demanda, monitoramento de marca, avaliação de desempenho, preços e gestão de receita (*yield management*), este último, com apoio das IoT e AI, permitem alterar os preços de venda de acordo com as variações da demanda, alavancando as vendas e maximizando as receitas e extraindo o máximo valor quando utilizando sua capacidade produtiva.

Desde o início de 2020, repentinas mudanças foram adotadas com a chegada da pandemia Covid-19, a nova conjuntura fez empresas de diversos setores transformarem seus processos produtivos e adaptarem novas estratégias para manter estável sua capacidade produtiva. O setor de serviços foi um dos mais afetados, e teve que se moldar às operações sob diversas restrições, entre as quais, o número de clientes ou visitantes permitidos a permanecer nas suas instalações.

Portanto, a gestão de filas tornou-se essencial por razões operacionais e legais. Com o apoio da I4.0, dados precisos em tempo real e históricos sobre os tempos de espera possibilitam criar estimativas da afluência de clientes em tempos determinados, informações que permitem ajustar as práticas de negócios prevendo as variações da demanda. O seguinte vídeo mostra como a integração de diversas tecnologias está mudando a gestão de filas:

uqr.to/12zio
Acesso em: 12 fev. 2022.

Figura 14.17 Gestão de filas durante o período de confinamento devido à pandemia Covid-19.

14.3 ESTUDO DE CASO

Fast pass na Disney World e Universal Express no parque Universal Studios

Cada um dos parques temáticos do complexo Walt Disney World, em Orlando, Flórida, Estados Unidos, tem dezenas de atrações que atraem milhões de pessoas todos os anos em busca dos "momentos mágicos" que oferecem. Como em todo parque de diversões temático, há neles atrações mais populares e menos populares. As mais populares podiam apresentar filas de até duas horas, enquanto as menos populares podiam mesmo ter taxas de ocupação baixa ou ociosidade em determinados horários. Esse fator sempre foi motivo de preocupação para os gestores da Disney. Isso porque, por meio de pesquisas, é sabido que, em média, para que o visitante de um parque temático (como o *Fantasy Island*, por exemplo) sinta que seus US$ 194 pagos pelo "passaporte" (que dá direito ao visitante de divertir-se em quaisquer atrações por um dia inteiro) valeram a pena, é necessário que tenha conseguido aproveitar pelo menos dez atrações. Entretanto, criava-se um problema. Como alguns visitantes, ávidos por experimentar as atrações mais populares, passavam algumas horas de seu dia nas filas, não conseguiam, ao fechar do parque, ter aproveitado as dez atrações, ficavam, então, com a sensação de insatisfação, ou de "pouco valor pelo seu dinheiro". Ao mesmo tempo, enquanto algumas atrações tinham índice de ocupação de 100%, outras ficavam pouco ocupadas. Para remediar essa situação, criaram o chamado *fast pass*, que faz uso de tecnologia da informação para tentar equalizar a utilização de recursos e, ao mesmo tempo, melhorar a percepção de qualidade e satisfação do cliente. Trata-se, na verdade, de um sistema de reservas automatizado. Chegando a uma atração muito concorrida, por exemplo, o visitante que não faz questão de aproveitá-la imediatamente, tendo que, para isso, permanecer longo tempo na fila, usa seu "*magic band*", uma pulseira identificadora inteligente e um *app* para "reservar" um horário na atração. O *app* então informa: "Retorne entre 11h20 e 12h20".

Isso significa um sistema de reserva eletrônico, que "reserva" para certo número de visitantes que se interessaram em usar o sistema *fast pass* prioridade na atração durante o intervalo informado. O visitante aí tem a oportunidade de, durante o tempo que antecede seu horário "reservado", aproveitar outras atrações, muitas das quais menos populares (que de outra forma permaneceriam menos utilizadas). No horário reservado, o visitante volta à atração popular e faz um percurso numa fila prioritária (muito menor, praticamente inexistente) paralela à fila normal. Um visitante não pode fazer mais do que certo número de "reservas", usando o sistema *fast pass* dentro de determinado intervalo de tempo, para evitar "reservas" não "honradas" pelo visitante. Mesmo assim, com o sistema de reserva automático *fast pass*, aumentou bastante o número médio de atrações aproveitadas por visitante (e, consequentemente, aumentou a sensação de "saciedade" de dez atrações), ao mesmo tempo que aumentou o índice de utilização das atrações consideradas menos populares. Esse é um bom exemplo de uso da tecnologia da informação para um melhor uso de recursos com simultâneo aumento de índices de satisfação do cliente.

Outro parque temático também presente na região de Orlando, Estados Unidos, e também bastante popular é o parque Universal Studios. Construído mais recentemente que a maioria dos parques Disney, o Universal Studios tem uma configuração de atrações bastante similar a alguns dos parques Disney, muitas com motivações inspiradas nos filmes e desenhos animados da Universal. Da mesma forma que nos parques da Disney World, o Universal Studios também procura gerenciar suas filas da melhor forma e adotou uma lógica similar, mas levemente diferente, à do *fast pass* Disney.

Em períodos de alta procura e para atrações mais concorridas, o Universal Studios também possui máquinas que disponibilizam "passes" para atrações em determinados períodos, que dão acesso a filas especiais muito menores. Entretanto, há outra modalidade de "passe" disponível nos parques da Universal Studios. Em vários pontos de venda (veja a Figura 14.18) dentro do parque é possível comprar um passe (*Universal Express Unlimited*) para o dia (custa US$ 89 por pessoa por dia, adicional ao preço do ingresso, de em torno de US$ 109 por pessoa por dia) que dá acesso indiscriminado às filas expressas em todas as atrações, dispensando o cliente de "reservar" seu acesso especial nas máquinas.

Figura 14.18 Ponto de venda de cartão *Universal Express Plus* do parque Universal Studios, que dá acesso prioritário a qualquer atração, por US$ 69,99 por dia.

Questões para discussão

1. Quais possíveis desvantagens e riscos você imagina que o sistema *fast pass* da Disney pode trazer?
2. Compare o sistema *fast pass* da Disney com o sistema *Universal Express Plus* do parque da Universal Studios, do ponto de vista do potencial para alavancar desempenhos dos vários pontos de vista: do cliente, da utilização de recursos, dos funcionários. Por que você acha que a Disney, por política, não adota sistemas de discriminação de clientes com base em preço pago?
3. Analise o sistema *fast pass* da Disney e o sistema *Universal Express Unlimited*, pensando em outros tipos de serviço. Para quais você considera que o sistema poderia ser utilizado? Especule sobre possíveis utilizações de sistemas similares em outras situações de serviços.

14.4 RESUMO

- A capacidade de uma unidade de operações é o volume máximo potencial de atividade de agregação de valor que pode ser atingido por uma unidade produtiva sob condições normais de operação.
- A gestão de capacidade produtiva tem impacto estratégico porque envolve grandes investimentos de capital, porque as decisões sobre alteração de capacidade requerem grande antecedência e são difíceis e caras de reverter e porque essas decisões têm impacto direto no desempenho operacional da unidade produtiva no curto, médio ou no longo prazo.
- Diferentes decisões de capacidade são necessárias para a gestão de capacidade de curto, médio e longo prazos.
- As medidas de capacidade de unidades produtivas podem ser medidas de "entradas" (*inputs*) ou de saídas (*outputs*). Uma medida de entrada, por exemplo, pode ser "capacidade de 1.000 horas por semana de consultor júnior" numa empresa de consultoria (porque as "saídas" de uma empresa de consultoria são muito heterogêneas). Uma medida "saída", por exemplo, "para um lava-jato", poderia ser "capacidade de lavar 200 carros por dia" (porque as saídas" dessa operação são homogêneas).
- A "utilização" em capacidade produtiva refere-se à razão entre capacidade disponível e capacidade teórica; a "eficiência" e a razão entre saídas demonstradas e saídas-padrão da capacidade disponível.
- A gestão estratégica da capacidade envolve decisões de alteração substancial de capacidade em termos de momento e tamanho dos incrementos/decréscimo de capacidade.
- A gestão tática de capacidade deve ser consistente com os planos mestres de produção: produção seguindo demanda, produção nivelada ou algo intermediário.
- A gestão operacional de capacidade inclui opções de alteração de capacidade para ajustar-se à demanda e influenciar a demanda para esta ajustar-se a uma produção mais nivelada.
- Há várias técnicas para maximizar a receita gerada por certa capacidade produtiva, por exemplo "partição de demanda", "gestão da receita" e "*overbooking*".
- A gestão de filas em operações tem impacto estratégico porque os tempos de espera e os aspectos psicológicos das filas de espera influenciam diretamente os níveis de satisfação do cliente e, portanto, sua disposição de repetir a compra e recomendar o produto ou serviço.

- Há vários modelos analíticos disponíveis para dimensionar e avaliar sistemas simples de fila, mas, para sistemas mais complexos, normalmente se usa simulação para tal tipo de análise.

14.5 EXERCÍCIOS

1. Quais são as principais preocupações em termos de gestão de capacidade em um hospital?
2. Analise as vantagens e as desvantagens das decisões de se antecipar à demanda com incrementos de capacidade ou seguir a demanda com incrementos de capacidade.
3. Por que, às vezes, mede-se a capacidade produtiva de uma operação em termos de seus insumos e, outras vezes, de seus produtos? Como você definiria a capacidade produtiva de uma escola? E de uma empresa de consultoria?
4. Qual o conceito de "eficiência" e "produtividade" em gestão de capacidade produtiva? Para que servem esses conceitos?
5. Se incrementos pequenos de capacidade permitem que a capacidade acompanhe muito mais de perto a demanda, por que em algumas situações os gestores optam por incrementos grandes de capacidade?
6. Quais as vantagens e as desvantagens das táticas de (a) nivelar produção, usando estoques para acomodar as flutuações de demanda; e (b) acompanhar a demanda com variações correspondentes de nível de produção? Como definir a melhor tática?
7. Quais as opções disponíveis ao gestor de operações para tentar alterar as curvas de demanda? Quais são as vantagens e as desvantagens de cada uma?
8. O que é "teoria das filas" e para que serve? Quais suas limitações?
9. Quais os tipos básicos de sistemas de fila que você conhece e quais as vantagens e as desvantagens de cada um?
10. Quais os principais aspectos psicológicos que devem ser levados em conta quando se gerenciam filas?
11. Considere o perfil de demanda prevista mensal para a família de produtos FP1, dado pela Figura 14.18.
    a) Considere também que cada produto da família em análise consuma (tempo-padrão) 20 minutos do Recurso Crítico (RC). O RC tem índices de utilização de 90% e de eficiência de 95%.
    b) Desenhe um gráfico que descreva as horas efetivamente necessárias para a produção dos produtos da família FP1 para as seguintes políticas de produção:
    - Política de acompanhamento da demanda com a produção.
    - Política de nivelamento da produção.
    - Política de nivelamento da produção por blocos trimestrais.
    c) Considerando que o estoque inicial da FP1 é de 400 unidades, desenhe a curva de estoques ao longo do tempo para as três políticas.

Mês	Demanda prevista (unidades – FP1)
Janeiro	5.200
Fevereiro	3.200
Março	1.560
Abril	2.000
Maio	4.600
Junho	6.500
Julho	8.600
Agosto	9.100
Setembro	9.800
Outubro	8.200
Novembro	6.500
Dezembro	5.900

Figura 14.18 Perfil de demanda para a família de produtos FP1.

12. A fábrica de bocais de mangueira Mangue gostaria de determinar suas necessidades de capacidade para os próximos quatro anos. Atualmente, duas linhas de produção estão operando para bocais de plástico e de bronze. Três tipos (dimensões) de bocal estão disponíveis para os produtos de plástico e de bronze (10 cm, 13 cm e 16 cm). A demanda prevista para os próximos quatro anos é conforme a Figura 14.19.

	Demanda anual			
	Ano 1 (milhares)	Ano 2 (milhares)	Ano 3 (milhares)	Ano 4 (milhares)
Plástico 10	32	44	55	56
Plástico 13	15	16	17	18
Plástico 16	50	55	64	67
Bronze 10	7	8	9	10
Bronze 13	3	4	5	6
Bronze 16	11	12	15	18

Figura 14.19 Previsão de demanda para a fábrica de bocais de mangueira.

a) Tanto a linha de produção de bronze quanto a linha de produção de plástico podem produzir quaisquer tamanhos de bocais. Cada máquina de bocais de bronze pode produzir 12.000 bocais por ano e requer dois operadores. A máquina de injeção de plásticos que faz os bocais de plástico requer quatro operadores e pode produzir 200.000 bocais por ano. Três máquinas de bocais de bronze e uma máquina de injeção de plástico estão hoje trabalhando. Quais as necessidades de capacidade para os próximos quatro anos?

13. Suponha que o setor de marketing da Mangue decida-se por fazer uma grande campanha para venda de bocais de bronze, que são mais caros, mas duram bem mais. A nova previsão do marketing, considerando a promoção, dá-se conforme a Figura 14.20.

	Demanda anual			
	Ano 1 (milhares)	Ano 2 (milhares)	Ano 3 (milhares)	Ano 4 (milhares)
Plástico 10	32	44	55	56
Plástico 13	15	16	17	18
Plástico 16	50	55	64	67
Bronze 10	11	15	18	23
Bronze 13	6	5	6	9
Bronze 16	15	16	17	20

Figura 14.20 Nova previsão de demanda para bocais de mangueira, considerando a campanha promocional.

14. Quais as implicações, para a capacidade produtiva, da campanha de marketing?
15. Em antecipação à campanha, a Mangue compra uma nova máquina para bocais de bronze. Será suficiente para cobrir as novas necessidades?
16. Suponha que os funcionários da Mangue sejam polivalentes, ou seja, podem operar qualquer das máquinas. Há hoje dez funcionários no total. Em antecipação à campanha, a Mangue adquiriu duas máquinas de bocais de bronze. Quais as implicações da compra das duas novas máquinas para as necessidades de mão de obra?
17. O atendimento de um guichê do metrô do Rio de Janeiro tem, durante determinado período do dia, uma chegada de passageiros de $\lambda = 2,8$ clientes por minuto. O funcionário de atendimento consegue atender a um cliente, em média, a cada 18 segundos ($1/\mu$).

    a) Qual o número médio esperado de clientes na fila de espera durante o período?
    b) Para um cliente que chega em algum momento desse período, qual o tempo mais provável de espera em fila?
    c) Qual a probabilidade aproximada de, na chegada de um cliente, ele encontrar mais de cinco clientes na fila?
    d) Se o gerente de operações dessa estação do Metrô traça como objetivo a redução do tempo médio de espera dos clientes para 80% do atual, qual a redução necessária no tempo médio de atendimento do funcionário?

18. Uma estação de esqui tem o "elevador" (cadeiras individuais que, ligadas a um cabo, levam os esquiadores montanha acima) automatizado que roda continuamente com uma taxa de atendimento fixa de um cliente a cada seis segundos. A taxa de chegada de clientes em certa hora do dia é de oito clientes por minuto.

    a) Qual o tempo médio que um cliente tem de esperar para conseguir subir em sua cadeira no "elevador"?
    b) Qual a probabilidade de um cliente não achar nenhum cliente na fila em sua chegada?

19. Imagine um lava-rápido que tenha as seguintes opções de trabalho: todos os lavadores de carro trabalham num grupo ao mesmo tempo, cuidando de um carro por vez. Um lavador pode lavar um carro em 20 minutos em média ($1/\mu$). Dois lavadores lavam um carro em 12 minutos. Três lavadores o lavam em 8 minutos, 4 lavadores lavam um carro em 5 minutos e 5 lavadores o lavam em 5 minutos. Mais lavadores trabalhando ao mesmo tempo num carro é considerado contraproducente (um acaba atrapalhando o outro). Evidentemente, do ponto de vista econômico, o interesse é trabalhar com o menor número possível de lavadores, mas o mercado é tal que o gestor do lava-rápido imagina que, para ser minimamente competitivo, o tempo médio de espera de um cliente tem de ser menor que seis minutos. Entretanto, devido aos preços praticados pelo mercado e aos custos envolvidos, trabalhar com cinco pessoas é inviável. O lava-rápido pode ser viável, dadas as condições? Se sim, do ponto de vista econômico, com qual número de lavadores deveria trabalhar?

20. Os estudantes chegam para suas matrículas na secretaria em média a cada 15 minutos e requerem 10 minutos em média para serem processados. O guichê tem uma pessoa para atendimento que trabalha oito horas por dia.

    a) Que percentagem do tempo a funcionária fica ociosa?

b) Quanto tempo, em média, um estudante gasta na fila?

c) Qual o tamanho médio da fila?

d) Qual a probabilidade de um estudante, quando chega, achar só uma pessoa na fila de espera para atendimento?

14.6 ATIVIDADES PARA SALA DE AULA

1. Discuta com seu grupo que tipo de gestão de capacidade de curto, médio e longo prazos uma empresa como a Gol (linhas aéreas) deveria usar, baseado em como ela compete no mercado. Tenha a mesma discussão em relação à Apple. Compare suas respostas e conclua.

2. Discuta com seu grupo como você calcularia os custos de receber um cliente com reserva confirmada numa linha aérea e não ter um assento para ele. Discuta também como você calcularia o custo de um assento voar vazio num voo de São Paulo ao Rio (porque um passageiro não honrou a reserva), sendo que havia clientes interessados aos quais foi negada uma reserva.

3. Faça um cálculo mesmo que aproximado para esses dois custos, pensando na Gol. Considere que há uma probabilidade de 10% de haver 0 *no-show*, 20% de haver 1 *no-show*, 20% de haver 3 *no-shows*, 20% de haver 4 *no-shows*, 10% de haver 5 *no-shows*, 10% de haver 6 *no-shows* e 10% de haver 7 *no-shows*. Quantos passageiros deveriam ser *overbooked* no seu exercício?

14.7 BIBLIOGRAFIA E LEITURA ADICIONAL RECOMENDADA

BLACKSTONE, J. H. *Capacity management*. Cincinnati: South Western, 1989.

CHASE, R.; JACOBS, R.; AQUILANO, N. *Operations management for competitive advantage*. 10. ed. New York: McGraw-Hill, 2004.

CORRÊA, H. L.; GIANESI, I. G. N.; CAON, M. *Planejamento, programação e controle de produção*. 4. ed. São Paulo: Atlas, 2001.

COSTA NETO, P. L. O. *Estatística*. São Paulo: Edgard Blücher, 1977.

GAITHIER, N.; FRAZIER, G. *Operations management*. 9. ed. Cincinnati: South-Western, 2002.

JOHNSTON, R.; CLARK, G. *Gestão de operações de serviços*. São Paulo: Atlas, 2002.

MAISTER, D. A. The psychology of waiting lines. *In*: CZEPIEL, J. A.; SOLOMON, M. R.; SUPRENANT, C. F. (org.). *The service encounter*. Lexington: Hath, 1985.

MAISTER, D. A.. Note on the management of queues. *Harvard Business School Publications*, n. 9-680-053, Mar. 1995.

SLACK, N.; LEWIS, M. *Operations strategy*. London: Pitman, 2002.

VOLLMANN, T.; BERRY, W.; WHYBARK, D. C. *Manufacturing planning and control systems*. 3. ed. Chicago: Irwin, 1992.

WINSTON, W. L. *Operations research*. Belmont: Duxbury, 1994.

YU-LEE, R. T. *Essentials of capacity planning*. New York: John Wiley, 2002.

Websites relacionados

http://www.ascm.org – *Site* da antiga APICS (hoje, Association for Supply Chain Management), que tem muitas informações sobre gestão de capacidade. Acesso em: 12 fev. 2022.

http://www.sobrapo.org.br – *Site* da Sociedade Brasileira de Pesquisa Operacional, uma área que estuda a fundo a teoria das filas. Acesso em: 12 fev. 2022.

http://www.flexsimbrasil.com.br – Para informações sobre treinamentos no *software* de simulação FlexSim®. Acesso em: 12 fev. 2022.

CAPÍTULO 15
Teoria das restrições em redes de operações

> **OBJETIVOS DE APRENDIZAGEM**
>
> - Conhecer os conceitos da Teoria das Restrições e seu possível impacto na gestão de capacidade e desempenho das operações.
> - Entender como a Teoria das Restrições altera o ponto de vista segundo o qual, tradicionalmente, se analisavam operações e quais as implicações disso para a gestão de operações.
> - Entender os princípios da Teoria das Restrições e como podem ser usados na gestão de operações de bens físicos e de serviços.
> - Entender o funcionamento e o processo decisório da Teoria das Restrições em relação à programação e ao controle de operações.

15.1 INTRODUÇÃO

Este capítulo vai mudar a forma com que você enxerga as operações, a gestão de capacidade de sistemas de operações e fará de você um observador muito mais crítico de sistemas de filas e fluxos de pessoas, materiais e informações. Será apresentado o conceito da "Teoria das Restrições" (TdR), que prega que a gestão de qualquer sistema de agregação de valor deveria prestar especial atenção aos recursos "gargalos" ou os recursos de menor capacidade. Serão apresentados os princípios da TdR e será discutido como aplicá-los a situações práticas.

15.2 CONCEITOS

15.2.1 POR QUE TEORIA DAS RESTRIÇÕES?

Alguns pesquisadores que trabalhavam em Israel, nos anos 1960 e 1970, tentando construir um simulador em computador de sistemas puxados de produção (tipo *lean*, veja o Capítulo 20), perceberam que os recursos de menor capacidade em qualquer sistema frequentemente restringiam a capacidade do sistema todo. Passaram então a desenvolver uma lógica alternativa àquela vigente à época, de encarar a gestão de operações como se a capacidade de todos os recursos fosse igualmente relevante no tratamento da capacidade do sistema. A evolução dessas ideias levou à criação da chamada "Teoria das Restrições" (que considera os recursos "restritivos" de capacidade como sendo especialmente importantes, não só para tratamento e gestão de capacidade, mas para vários outros aspectos da gestão de operações também). Hoje, a Teoria das Restrições está popularizada pelos escritos de um de seus desenvolvedores, o (já falecido) físico e consultor Eliyahu Goldratt. Vejamos como essa teoria aplica-se para questões referentes à gestão de produção e operações.

15.2.2 *OPTIMIZED PRODUCTION TECHNOLOGY* (OPT)

Será apresentado o conceito que originou a chamada Teoria das Restrições, que é o conceito de OPT, uma abordagem relativamente nova se comparada às abordagens tradicionais. OPT é a sigla para *"Optimized Production Technology"*, uma técnica de gestão de produção e operações desenvolvida por um grupo de pesquisadores israelenses, do qual fazia parte o físico Eliyahu Goldratt, que acabou por ser o principal divulgador de seus princípios. Daqui para frente, o texto refere-se a OPT/TdR para enfatizar que o OPT é um sistema de programação de produção intrinsecamente conectado com a Teoria das Restrições. É importante que se esclareça, em primeiro lugar, que, apesar de o nome pelo qual a técnica ficou conhecida sugerir que se trate de "otimização" (a tradução do significado seria algo como "tecnologia de produção otimizada"), o OPT/TdR não é uma técnica otimizante no sentido científico do termo. Nada garante que por sua aplicação se atinjam soluções ótimas, já que a técnica é baseada em uma série de procedimentos heurísticos (procedimentos sistematizados de "bom senso").

Objetivos

A abordagem OPT/TdR advoga que o objetivo básico das empresas é "ganhar dinheiro". Considera também que a manufatura deve contribuir para esse objetivo básico por meio da atuação sobre três elementos: **aumentando** o **ganho** que advém de materiais, que passam pela fábrica, transformam-se em produtos e são vendidos (*throughput*), **reduzindo** os **estoques** (*inventory*) e **reduzindo** as chamadas **despesas operacionais** (*operating expenses*). Esses termos devem ser definidos para que se evite confusão com seus significados semânticos mais usuais. Segundo a abordagem do OPT/TdR:

- **Ganho** (*throughput*): é a taxa segundo a qual o sistema gera **ganho de dinheiro** por meio da venda de seus produtos. Deve-se notar que ganho refere-se ao fluxo de produtos **vendidos**. Os produtos feitos, mas não vendidos, ainda são considerados apenas como "estoques".
- **Estoque** (*inventory*): quantificado pelo dinheiro que a empresa empregou nos bens que pretende vender. Refere-se ao valor apenas das matérias-primas envolvidas. Não se inclui o "valor adicionado" ou o "conteúdo do trabalho". O tradicional "valor adicionado" pelo trabalho inclui-se nas despesas operacionais.
- **Despesas operacionais** (*operating expenses*): o dinheiro que o sistema gasta para transformar **estoque** em **ganho**.

Os proponentes do OPT/TdR argumentam que, se uma empresa atingir simultaneamente os objetivos de aumentar o ganho, reduzir o estoque e reduzir as despesas operacionais, estará também automaticamente melhorando seu desempenho nos objetivos de aumentar o lucro líquido, o retorno sobre investimento e o fluxo de caixa (medidas mais tradicionalmente aceitas no mundo financeiro corporativo).

Haveria vantagens de se adotarem os objetivos referentes a ganho, estoque e despesas operacionais em vez dos tradicionais lucro líquido, retorno sobre o investimento e fluxo de caixa: seria mais fácil, para as pessoas ligadas à operação, associarem suas ações e decisões aos novos objetivos do que associá-los aos tradicionais, podendo, dessa forma, tomar melhores decisões, no sentido de atingir o objetivo supra, "ganhar dinheiro" para a empresa. Por exemplo, um operador de máquina entende o que pode fazer no seu dia a dia para "reduzir estoques", mas tem mais dificuldade de imaginar o que pode ser feito por ele, para aumentar o "retorno sobre o investimento", um conceito muito mais abstrato para o operador.

No sentido de maximizar o atingimento desse objetivo, o sistema OPT/TdR questiona e nega alguns pressupostos que a administração de produção tradicional tem considerado como postulados, principalmente em relação ao aspecto programação de atividades. Basicamente, o OPT/TdR considera que há quatro áreas – Tipos de recurso, Preparação de máquina, Tamanho de lotes e os Efeitos das incertezas – que mereceriam ser repensadas. Essas quatro áreas serão discutidas a seguir neste capítulo.

Apesar da natureza complexa do conceito de gargalo e seus desdobramentos na teoria das restrições, sua lógica é muito importante, especialmente para empresas que têm sua estratégia de operações baseada em confiabilidade e velocidade de entrega. Imaginemos, por exemplo, os casos recentes de Magazine Luiza e Mercado Livre, empresas que têm desenvolvido competências diferenciadas de entrega. Ambas lidam com volumes cada vez maiores de processamento de produtos para entrega e, apesar disso, também têm desenvolvido operações que permitem a entrega de muitos produtos no dia seguinte ao da compra pelos clientes. Dessa forma, essas qualidades dependem de uma série de ações de gestão de operações e processos de entrega, considerando cuidadosamente os conceitos da Teoria das Restrições.

VOCÊ SABIA?
Eli Goldratt e seus colegas iniciaram seus estudos que resultaram na Teoria das Restrições enquanto trabalhavam como professores num departamento de Física em uma universidade em Israel. Eles tentavam modelar em computador os sistemas de produção "puxados" (como, por exemplo, o JIT). Logo notaram que em sistemas puxados os recursos de menor capacidade limitavam naturalmente o fluxo. Isso chamou a atenção deles para a ideia de tratar especialmente os "gargalos".

15.2.3 FERRAMENTAL ANALÍTICO PARA USO DE TEORIA DAS RESTRIÇÕES EM OPERAÇÕES

Tipos de recurso

Para programar as atividades adequadamente, no sentido de permitir o atingimento dos objetivos mencionados, o OPT/TdR considera que primeiro é necessário entender muito bem o inter-relacionamento dos dois tipos de recursos que estão normalmente presentes em todas as fábricas:

- Gargalos – os recursos restritivos de capacidade.
- Não gargalos – os recursos não restritivos de capacidade.

Os recursos podem aqui ser entendidos como qualquer elemento necessário à produção de um produto, como pessoas, equipamentos, dispositivos, instrumentos de medição, espaço etc. Considere um recurso gargalo X e assuma que o total de toda a demanda do mercado reflete a utilização desse recurso por 200 horas por mês. Como se trata de um recurso gargalo, considere ainda que essa demanda é exatamente igual à disponibilidade desse recurso, que, portanto, também é igual a 200 horas por mês. O recurso gargalo, por definição, fica ocupado durante todo o tempo de sua disponibilidade. Considere agora outro recurso, Y, não gargalo, possivelmente mais rápido, com as demandas do mercado exigindo que ele seja ocupado 150 horas por mês. Ele também, como o recurso X, tem uma disponibilidade total de 200 horas por mês.

> **VOCÊ SABIA?**
> Os recursos gargalos, por definição, não passam nenhum tempo ociosos; os não gargalos, também por definição, passam pelo menos algum tempo ociosos. Isso não parece muito importante, mas as implicações disso são o que originou a TdR.

Os nove princípios da teoria das restrições em operações

Analisemos agora quatro tipos possíveis de relacionamento entre esses dois recursos – o recurso gargalo e o recurso não gargalo (veja a Figura 15.1).

> **PARA REFLETIR**
> Se um gestor solicita a você que observe os casos descritos na Figura 15.1 e aumente a "utilização de todos os recursos" para 100% em cada caso (casos 1, 2, 3 e 4), qual seria sua resposta (para cada caso):
> 1. Sim, vamos fazer isso porque é possível e é a melhor coisa a fazer.
> 2. Sim, podemos fazer isso, mas não deveríamos fazê-lo.
> 3. Não, é impossível fazer isso.

- *CASO 1:* toda a produção flui do recurso X para o recurso Y. Nessa situação, deve-se utilizar totalmente o recurso X (100%), mas só se pode utilizar o recurso Y 75% do tempo. O recurso X, por ser um recurso gargalo, não consegue produzir o suficiente para manter o recurso Y trabalhando todo o tempo.

- *CASO 2:* toda a produção flui de Y para X. Novamente, deve-se utilizar o recurso X 100% do tempo e, se há matéria-prima suficiente, pode-se ativar o recurso Y 100% do tempo também. Entretanto, lembrando que um dos objetivos do OPT/TdR é simultaneamente aumentar o ganho e reduzir estoque e despesas operacionais,

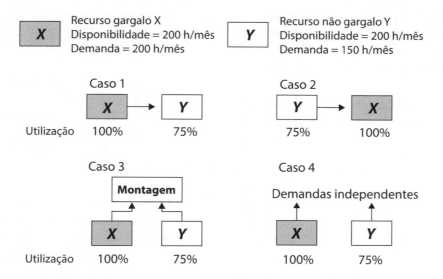

Figura 15.1 Relacionamento entre recursos gargalos e recursos não gargalos.

conclui-se que Y só deveria ser ativado 75% do tempo, pois ativar Y mais do que 75% do tempo implicaria a formação de estoque em processo entre o recurso Y e o recurso X, sem ter aumentado o ganho, limitado pelo gargalo (X). Nessa situação, dentro da ótica do OPT/TdR, a ativação do recurso Y por mais do que os 75% do tempo não deveria ser chamada *utilização* (mas apenas *ativação*) do recurso Y, pois essa ação estaria afastando (e não aproximando) o sistema da consecução de seus objetivos.

- CASO 3: os recursos X e Y, em vez de se alimentarem um ao outro, alimentam uma montagem que se utiliza de uma parte (um item) processada de cada. Novamente, o recurso X deve ser utilizado em 100% do tempo. Entretanto, se o recurso Y for ativado por mais do que 75% do tempo, o estoque se acumulará antes da montagem, já que esta estará também limitada pela capacidade de produção do recurso gargalo X. Portanto, o recurso Y deve, nessa situação também, segundo o OPT/TdR, ser ativado só em 75% de seu tempo disponível.
- CASO 4: os recursos X e Y não alimentam um ao outro nem alimentam uma montagem comum, mas suprem demandas de mercado independentes. Uma vez mais, o recurso X deve ser utilizado 100% do tempo, mas o recurso Y só deveria ser utilizado 75% do tempo, sob pena de acumular estoques de produtos acabados, já que a demanda continua limitada e, para atendê-la, a utilização do recurso Y por apenas 75% (150 horas por mês) do tempo é suficiente.

As muitas outras formas de relacionamento entre recursos gargalos e recursos não gargalos podem ser descritas por combinações das quatro situações anteriores.

Como consequência do que foi descrito, nove princípios do OPT/TdR podem ser enunciados.

Tradicionalmente, principalmente numa abordagem de produção em massa, a ideia era a de balancear a capacidade das várias etapas de um processo produtivo e, então, tentar estabelecer um fluxo de materiais suave, se possível contínuo.

OPT/TdR advoga que o balanceamento de capacidade é impossível de ser conseguido numa maioria de situações que fogem da "produção em massa", já que, com uma variedade crescente de produtos sendo processados em unidades produtivas, as produtividades relativas dos diferentes *mixes* de produtos fatalmente resultarão em desbalanceamentos. Já que é um fato que as unidades produtivas em sua maioria estarão sujeitas a capacidades desbalanceadas, o que se deveria procurar buscar é um melhor balanceamento do *fluxo de produção* na fábrica, garantindo que, em cada etapa de um processo produtivo, o fluxo que atravessa o sistema seja balanceado (igual).

Essa é uma forma de impedir que surjam os indesejáveis estoques em processo no sistema – que fatalmente surgirão sempre que num processo o fluxo de uma etapa superar o fluxo da etapa seguinte.

> Princípio 1: Balanceie o fluxo e não a capacidade.

Como mostrado na Figura 15.1, a utilização do recurso não gargalo não deve ser definida por sua própria disponibilidade, mas pela capacidade de processamento de alguma restrição do sistema, em geral, um gargalo. Nos casos 1, 2 e 3, por exemplo, a utilização dos recursos não gargalos Y deveria ser determinada pela utilização do recurso gargalo X. No caso 4, deveria ser determinada pela demanda do mercado, que é a restrição (gargalo) relevante daquele caso. Por intuitivo que isso possa parecer, é interessante também notar que, na prática das empresas, muitas vezes, esse princípio não é levado em conta. É muito comum acharem-se sistemas de avaliação de desempenho dentro de operações fabris que consideram como métrica central o chamado índice de "utilização de recursos" (percentual do tempo que o recurso passa ocupado) em alguma forma. Isso independentemente de se tratar de recurso gargalo ou não. Imagine isso sendo feito com nosso caso 2 da Figura 15.1. O resultado seria que o gestor da operação, no afã de maximizar seu desempenho (e seu bônus) na métrica central, procuraria manter o recurso não gargalo Y 100% do tempo ativado! Criaria estoques sem que o ganho se ampliasse, indo contra, portanto, o objetivo da organização de "ganhar dinheiro".

> Princípio 2: A utilização de um recurso não gargalo não deveria ser determinada por sua própria disponibilidade, mas pela utilização de alguma outra restrição do sistema (por exemplo, um gargalo).

Segundo a ótica do OPT/TdR, há importantes distinções a fazer entre *ativar* um recurso e *utilizar* um recurso. Ativar um recurso não gargalo mais do que o suficiente para alimentar um recurso gargalo não contribui em nada com os objetivos definidos pelo OPT/TdR. Ao contrário, o ganho se manteria constante, ainda limitado pelo recurso gargalo e, ao mesmo tempo, o estoque aumentaria e provavelmente também as despesas operacionais, com a administração desse estoque gerado e mantido. Como a ativação do recurso, nesse caso, não implica contribuição para o atingimento dos objetivos, essa não pode ser chamada de "utilização" do recurso (já que nada útil está sendo gerado) – é apenas "ativação".

> Princípio 3: Utilização e ativação de um recurso não são sinônimos.

> Princípio 4: Uma hora ganha num recurso gargalo é uma hora ganha para o sistema global.

Preparação de máquinas

Para entender os princípios seguintes, é importante que analisemos os recursos gargalos e não gargalos, mas fazendo-o sob outro ponto de vista: o que fazem os dois tipos de recurso com o tempo de que dispõem? Observe a Figura 15.2. Por definição, durante seu tempo disponível, o recurso gargalo, ou está sendo usado para efetivamente processar os fluxos (de materiais, informações ou pessoas) ou está sendo preparado (em processo de *setup*) para processar seus fluxos. Se houver um terceiro tipo de tempo, seria a "ociosidade" – mas se for encontrada ociosidade num recurso, por definição, o recurso será reclassificado para "não gargalo".

> **PARA REFLETIR**
> Num restaurante *fast food* como o McDonald's, qual você imagina que seja o recurso gargalo? Se o recurso gargalo restringe a capacidade da corporação toda, em termos de quanto dinheiro ganha, o que você poderia fazer para reduzir sua ociosidade ao mínimo durante o horário de pico de demanda?

Figura 15.2 Componentes do tempo disponível dos dois tipos de recurso.

Já um recurso não gargalo, diferentemente, gasta seu tempo disponível fazendo uma de três possíveis atividades: ou está processando seus fluxos, ou está preparando-se (*setup*) para processar seus fluxos, ou está ocioso. Isso porque, se não houver ociosidade, isso indica que se trata de um gargalo e não de um recurso não gargalo.

Num recurso gargalo, se uma hora do tempo de preparação é economizada, uma hora é automaticamente ganha para ser utilizada em processamento, ou seja, o recurso gargalo ganha uma hora de disponibilidade para processar material. Além disso, uma hora ganha para processamento num recurso gargalo não é meramente uma hora ganha no recurso em particular, mas uma hora de ganho a mais em todo o sistema produtivo, já que é o recurso gargalo que limita a capacidade de ganho do sistema. O OPT/TdR busca, quando possível, manter os lotes de produção tão grandes quanto possível nos recursos gargalos, exatamente para minimizar o número de preparações (*setups*) a serem feitas no gargalo e, portanto, minimizar o tempo total gasto com a preparação desses recursos, consequentemente, aumentando a capacidade de processar fluxo do gargalo e, assim, aumentando o ganho do sistema todo.

Observe, na Figura 15.2, os componentes do tempo disponível de um recurso não gargalo. Uma hora de preparação economizada num recurso não gargalo é apenas uma hora a mais de ociosidade para esse recurso, já que o tempo de processamento de um recurso não gargalo é determinado, não por sua própria disponibilidade, mas pela capacidade de processamento do gargalo.

> Princípio 5: Uma hora ganha num recurso não gargalo não é nada, é só uma miragem.

Quando se está programando recursos, portanto, em operações que envolvem uma máquina gargalo, é importante economizar tempo com preparação de máquina (*setup*), isto é, tanto pela redução do tempo gasto em cada preparação (via trocas rápidas) como pela redução do número total de trocas (ou, em outras palavras, processando lotes maiores), permitindo assim que o fluxo (e o *ganho*) aumente. Entretanto, numa operação que envolve um recurso não gargalo, não há benefício evidente da redução dos tempos de preparação. De fato, haveria até a conveniência de usar parte do tempo ocioso para fazer um maior número de preparações, pois, dessa forma, os tamanhos de lote (e, portanto, os estoques médios do sistema e a velocidade de atravessamento dos fluxos) seriam menores. Embora esses lotes menores não ajudassem a aumentar o ganho, ajudariam a diminuir o estoque em processo e as despesas operacionais, tornando o fluxo de produção mais suave, já que lotes menores fluem mais rapidamente pela unidade produtiva.

Tamanho de lotes

Segundo a filosofia OPT/TdR, a lógica anunciada anteriormente sugere que o cálculo do lote econômico (veja o Capítulo 17) não deveria ser aplicado da forma tradicional. O cálculo do lote econômico tradicional tem por hipótese que os custos de preparação de máquina por peça declinam à medida que o tamanho de lote processado aumenta (veja a Figura 15.3). Isso não seria válido sempre, se é verdade que uma hora ganha num recurso não gargalo não representa o mesmo que uma hora ganha num recurso gargalo, em termos de custo. Ganhar uma hora num recurso gargalo não é apenas ganhar uma hora de tempo de um preparador de máquina ou uma hora de produção numa máquina, mas também significa ganhar uma hora para o sistema todo. Da mesma forma, uma hora ganha num recurso não gargalo não significa nada. Isso quer dizer que a tradicional curva em U, usada por muito tempo e indiscriminadamente para todo tipo de recursos, não seria genericamente válida.

Outro ponto sugerido pelo OPT/TdR como importante, a respeito de tamanhos de lotes de produção, é a diferença entre os tamanhos de lote vistos do ponto de vista do fluxo de materiais e do ponto de vista do recurso. Os defensores do OPT/TdR usam, frequentemente, um exemplo para explicar esse ponto: imagine uma linha de produção contínua e dedicada. Qual é o tamanho de lote de um fluxo de produção numa linha de produção contínua? Dois tipos de resposta são possíveis: uma delas é que o tamanho de lote é 1, pois os produtos são movidos de um em um, de uma estação de trabalho para a próxima. Outra resposta possível é que o tamanho de lote é "infinito", pois a linha é dedicada e uma quantidade de produtos muito grande vai ser produzida antes que a linha seja interrompida para que se prepare para a produção de um produto diferente.

PARA REFLETIR

Não é interessante que as técnicas tradicionais de definição de tamanho de lote, como a lógica do "lote econômico de compra/produção", ignorem na sua formulação o fato de o recurso a que se referem ser ou não um recurso gargalo? Por que você acha que isso é assim?

Em princípio, as duas respostas poderiam ser consideradas corretas, dependendo exatamente do ponto de vista que se considera. Segundo o ponto de vista do fluxo ou, por exemplo, de uma unidade que esteja sendo processada, o tamanho de lote é 1, já que as unidades são passadas de uma em uma ao longo das estações de trabalho. Já do ponto de vista do recurso ou, por exemplo, de uma estação de trabalho, o lote é muito grande, já que por um longo tempo essa estação vai estar preparada para o mesmo tipo de produto a ser processado. De acordo com o OPT/TdR, é necessário considerar a questão dos tamanhos de lotes segundo estas duas perspectivas:

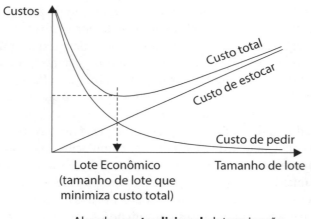
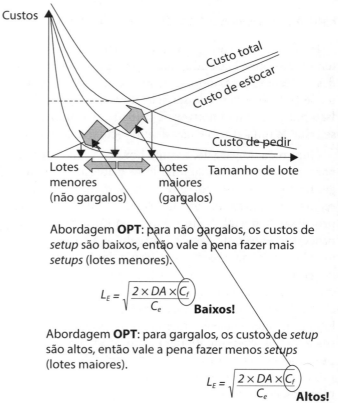

Figura 15.3 A lógica do lote econômico e o OPT/TdR.

- **A perspectiva do recurso:** relacionada com o que se chama, no OPT/TdR, "lote de processamento".
- **A perspectiva do fluxo:** relacionada com o que se chama, no OPT/TdR, "lote de transferência".

> Princípio 6: Num processo, o lote de transferência pode não ser e, frequentemente, não deveria ser igual ao lote de processamento.

No OPT/TdR, o lote de transferência é sempre uma fração do lote de processamento. O lote de processamento é o tamanho de lote que vai ser processado num recurso antes que este seja re-preparado para processamento de outro item. Já o lote de transferência é a definição do tamanho dos lotes que vão ser transferidos para as próximas operações. Como no OPT/TdR esses lotes não têm obrigatoriamente que ser iguais, quantidades de material processado podem ser transferidas para uma operação subsequente mesmo antes que todo o material do lote de processamento esteja processado. Isso permite que os lotes sejam divididos, podendo reduzir substancialmente o tempo de passagem dos produtos pela fábrica. Veja a Figura 15.4.

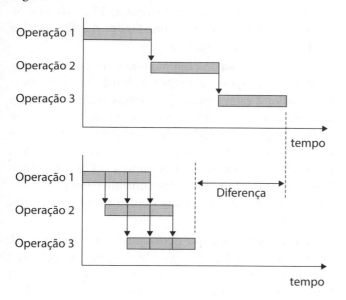

Figura 15.4 Lotes de transferência e lotes de processamento.

Ao contrário do OPT/TdR, muitos sistemas de programação da produção tradicionais assumem que há um só tamanho de lote para cada item, ou seja, consideram que o lote de transferência é sempre igual ao lote de processamento. Alguns sistemas tradicionais consideram também que esse tamanho de lote deve ser o mesmo para todas as operações que processam o produto. Isso traz uma dificuldade adicional para a determinação desse tamanho de lote, já que, para um processo que necessite do processamento de várias máquinas sequencialmente, é possível que para cada máquina o cálculo do lote econômico resulte num resultado distinto. Qual, então, adotar? Em sistemas OPT/TdR, essa restrição não existe e é possível que o tamanho de lote varie ao longo do processo de produção de determinado produto. Isso leva a outro princípio do OPT/TdR:

> Princípio 7: O lote de processamento deve ser variável e não fixo.

No OPT/TdR, contrariamente ao que ocorre na maioria dos sistemas tradicionais, o tamanho dos lotes de processamento é uma função da situação da fábrica, e pode, potencialmente, variar de operação para operação. Esses tamanhos de lote são estabelecidos pela sistemática de cálculo do OPT/TdR, que leva em conta os custos de carregar estoques, os custos de preparação, as necessidades de fluxo de determinados itens, os tipos de recurso (gargalo ou não gargalo), entre outros.

Efeitos das incertezas

Eventos incertos (com variabilidade) vão, fatalmente, ocorrer num sistema complexo, como são os sistemas de produção. Como é extremamente difícil antecipar onde, no sistema, os eventos vão ocorrer, é necessário que o sistema esteja protegido em seus pontos frágeis ou críticos. Além disso, a produção de um item, normalmente, envolve várias operações de processamento e transporte de materiais.

Para a maioria dessas operações, o tempo de execução varia segundo uma distribuição estatística. Em outras palavras, o tempo de execução de uma mesma operação varia a cada vez que a operação é executada. Isso significa que, no planejamento da produção, quando se usam tanto os "tempos de processamento" quanto os *lead times* para determinada operação, na verdade, estão sendo consideradas as médias, ou valor esperado, dos tempos de processamento ou dos *lead times*, os quais estão sujeitos a uma flutuação estatística, ou "variabilidade".

Essas flutuações podem dever-se a incertezas na operação, falta de consistência do operador, limites da capabilidade do equipamento, quebras de equipamentos, entre outras razões. Por mais que se possa controlar boa parte dessa flutuação estatística, via treinamento do operador, uniformização de métodos de trabalho, automação de tarefas, melhor manutenção preventiva, entre outras, é normalmente impossível para os sistemas de produção eliminar completamente a componente aleatória dos tempos de execução de suas operações. Portanto, praticamente em todos os processos produtivos as flutuações estatísticas existem, em maior ou menor grau, e afetam pelo menos boa parte das operações executadas.

Essas flutuações estatísticas têm uma distribuição aproximadamente normal, dado que são a resultante da ocorrência de uma série de eventos aleatórios ou fora de controle. Caso as operações de manufatura fossem isoladas, ou seja, não fossem parte de uma cadeia sequencial de operações que concorrem para a produção de determinado item, essas flutuações estatísticas tenderiam a somar zero. Simplificadamente, os atrasos em determinados ciclos tenderiam a compensar os adiantamentos em outros, de forma que, em média, o desvio do tempo médio esperado de execução da operação tenderia a zero. Entretanto, na verdade, a manufatura envolve o encadeamento de operações interdependentes, ou seja, normalmente determinada operação só pode ser executada quando a operação anterior na cadeia termina. Portanto, nesse caso, a flutuação estatística da cadeia não tem média zero, mas os atrasos tendem a se propagar ao longo da cadeia. Um atraso de cinco minutos numa operação da cadeia faz com que a operação subsequente só possa começar cinco minutos depois, porque as duas operações encadeadas são eventos dependentes. O efeito combinado das flutuações estatísticas e do encadeamento de eventos dependentes pode ser ilustrado por um exemplo mostrado na Figura 15.5.[1]

Nesse exemplo, há dois recursos (por exemplo, trabalhadores), A e B. O desempenho do recurso A varia de acordo com a distribuição normal mostrada. Ele, em média, leva 10 horas para processar cada peça, mas tempos entre 8 e 12 horas são considerados dentro da faixa aceitável "normal".

O trabalhador B opera uma máquina de controle numérico, cujo desempenho é altamente consistente, com média de 10 horas e variabilidade muito pequena. Ele produz cada peça em 10 horas (quase exatamente). Nesse exemplo, toda a produção flui do trabalhador A para o trabalhador B. O programa de produção inicialmente definido para produzir quatro itens mostra o trabalhador A trabalhando no item 1 do instante 0 até o instante 10 horas; no item 2 do instante 10 ao instante 20 horas, no item 3 de 20 a 30 horas e no item 4 no período 30 a 40. Como não há estoque inicial nesse problema hipotético, o programa prévio do trabalhador B mostra que ele deveria trabalhar no item 1 nos momentos de 10 a 20; no item 2, de 20 a 30; no item 3, de 30 a 40 e, finalmente, no item 4 de 40 a 50. Esse programa parece lógico.

Vamos agora observar o que realmente ocorreu na fábrica. Considere que o trabalhador A teve um fim de semana difícil e, quando veio trabalhar na segunda-feira pela manhã, não estava em seus dias mais eficientes. Por isso, ele levou 12 horas para terminar o primeiro item. Nesse ponto, ao terminar o primeiro produto, ele estava duas horas atrás do programa. Seu estado de desânimo prosseguiu durante a execução do segundo item e ele, para terminá-lo, teve de trabalhar do instante 12 ao instante 24, quando terminou. Agora, o trabalhador A estava quatro horas atrás de seu programa.

Como a empresa do exemplo tem um sistema de controle bastante ágil, o supervisor da linha percebeu que o trabalhador A estava quatro horas atrás e solicitou que ele se apressasse. Como o trabalhador A era muito consciente de suas responsabilidades, ele se esforçou e terminou o terceiro item em oito horas (24 até 32). Nesse momento, ele se encontrava apenas duas horas atrás do programa. Num esforço extra, ele também concluiu o item 4 em oito horas, terminando a semana dentro do seu programa individual.

Vamos agora ver o que ocorreu com o trabalhador B. O programa estabelece que ele deveria começar seu trabalho no item 1 ao final do instante 10, mas, como houve atraso, ele não pôde começar antes de 12. Ele, então, trabalhou no item 1 de 12 até 22. Nesse ponto, ele estava duas horas atrás de seu programa, apesar de ter trabalhado exatamente como esperado, em 10 horas. A demora do trabalhador A havia sido propagada e atingia o trabalhador B. No instante 22, então, o trabalhador B está pronto para começar a trabalhar no item 2, mas ele ainda tem de esperar pelo material, disponível apenas no instante 24.

Consequentemente, ele trabalha no item 2 do instante 24 até 34. O material do item 3 está pronto para ser trabalhado no instante 32, mas o trabalhador B não pode começar, porque ainda está trabalhando no item 2.

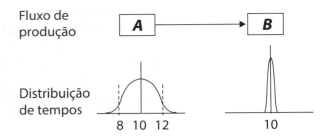

Item	A programa	A real	A desvio	B programa	B real	B desvio
1	0-10	0-12	2	10-20	12-22	2
2	10-20	12-24	4	20-30	24-34	4
3	20-30	24-32	2	30-40	34-44	4
4	30-40	32-40	0	40-50	44-54	4

Figura 15.5 Propagação do efeito de "flutuações probabilísticas" em eventos dependentes.

---

[1] Este exemplo, assim como alguns dos restantes, a respeito do funcionamento do OPT/TdR foram originalmente desenvolvidos por John Helliwell.

Ele completa, então, o item 3 no instante 44 e, finalmente, completa o item 4 no instante 54. Apesar do fato de ele ter-se desempenhado exatamente conforme o esperado na produção dos quatro itens, ele acaba o trabalho quatro horas atrás do seu programa e a linha como um todo atrasa. A conclusão é simples: com eventos dependentes, a flutuação estatística não tende a se anular a longo prazo, mas a se acumular. O trabalhador *B* acabou seu trabalho atrasado quatro horas, apesar de o trabalhador *A* ter terminado seu trabalho dentro do programa. Uma vez identificado o fenômeno, um dos principais causadores de atrasos na fábrica, é importante agora identificar também meios de estabelecer ações para conter e isolar o dano causado.

Se o trabalhador *B* representasse um gargalo do sistema, o sistema todo teria perdido, para nunca mais recuperar, as duas horas de fluxo, aguardando o item atrasado da operação do trabalhador *A*. Considerando, então, que tanto os eventos incertos (por exemplo, as quebras de máquinas e o absenteísmo) como a flutuação estatística somada à existência de eventos dependentes podem comprometer seriamente o cumprimento de programas (e mesmo comprometer a disponibilidade dos recursos), é importante que o sistema se proteja, agindo especialmente em seus recursos mais críticos, ou seja, seus recursos gargalos.

Essa constatação é um dos motivadores de outro princípio do OPT/TdR:

> Princípio 8: Os gargalos não só determinam o fluxo do sistema, mas também definem seus estoques.

VOCÊ SABIA?
O Princípio 8 ocorre porque o fenômeno é assimétrico. Quando um recurso tem fila aguardando processamento, estoque se acumula. Quando tem ociosidade, a "capacidade desperdiçada" não se acumula para ser posteriormente utilizada.

Os gargalos definem o fluxo do sistema produtivo, porque são o limitante de capacidade, conforme comentado anteriormente. Entretanto, são também importantes condicionantes dos estoques, pois estes são dimensionados e localizados em pontos tais que conseguem isolar os gargalos das flutuações estatísticas propagadas pelos recursos não gargalos, que as alimentam. Cria-se, por exemplo, um estoque antes da máquina gargalo, de modo que qualquer atraso (seja ele causado pela flutuação estatística, seja por eventos aleatórios) não repercute em parada do gargalo por falta de material.

Normalmente, isso é feito criando-se um *time buffer* antes do recurso gargalo. Em outras palavras, programam-se os materiais para chegarem ao recurso gargalo um determinado tempo (de segurança) antes do instante em que esse recurso está programado para começar sua operação. Dessa forma, se qualquer atraso ocorre com os recursos que alimentam o recurso gargalo, esse pode ser absorvido por esse tempo de segurança.

Um exemplo de *time buffer* (estoque de tempo) em operações de serviços é o que muitos médicos fazem em seus consultórios. Numa tentativa de reduzir as incertezas do processo de chegada de pacientes, que comprometeria a utilização de seu tempo ou o tempo de espera dos pacientes, eles estabelecem um sistema de marcação de consultas (se deixados livres para decidir a hora de ir ao médico, em muitas situações a chegada dos pacientes se concentraria no horário de saída do trabalho, por exemplo, aumentando as filas e o tempo de espera e, ao mesmo tempo, em horários como o meio da tarde, o médico poderia ficar com a sua capacidade de atendimento ociosa). Com marcação de consultas, as "taxas de chegada" de pacientes ficam mais uniformes, com menos "flutuação estatística". Entretanto, os clientes, mesmo com marcação de consultas, ficam ainda sujeitos a incertezas, por exemplo, do trânsito. Um atraso de um paciente pode fazer o médico ficar com sua capacidade ociosa. O que alguns médicos fazem, então, é agendar mais pacientes (chamado *overbooking*) do que sua capacidade estrita pode atender num período. Isso quer dizer que, mesmo marcando consulta, a probabilidade é que o cliente, mesmo chegando no horário, ainda espere um tempo na fila para atendimento. Isso, do ponto de vista do médico, significa que, se houver certo atraso dos pacientes, este não significará ociosidade. Ocorre, portanto, "estoque" de pacientes, os quais protegem o recurso gargalo, que, nesse caso, é o tempo escasso do médico.

PARA REFLETIR
Quais desvantagens você identifica no uso do *overbooking* para minimizar a ociosidade dos médicos em seus consultórios?

Agora, pense em outras situações em operação de serviços em que os princípios da TdR são utilizados, identificando cada um deles.

Lead times (tempos de ressuprimento) e prioridades

O sistema MRP, analisado no Capítulo 18, é baseado no pressuposto de que os *lead times* podem ser determinados *a priori* do processo de planejamento. Na verdade, o MRP necessita dos *lead times* como dados de entrada de seu processo de planejamento. Partindo da data de entrega prometida, o MRP vai subtraindo os *lead times* dos diversos componentes, para chegar às datas de início da produção e compra desses componentes (essa lógica é conhecida como "programação para trás"). Esses *lead times* são, por sua vez, dependentes dos tempos estimados de filas que aguardam processamento nas estações de trabalho. Uma vez que as prioridades foram estabelecidas pelo MRP (com base, principalmente, nos *lead times*), o sistema, então, vai checar se há no sistema capacidade suficiente para cumprir o programa. As prioridades ou, em outras palavras, a programação e a capacidade são consideradas sequencialmente e não simultaneamente no MRP – que primeiro programa e depois checa a capacidade.

O OPT/TdR, contrariamente, considera que os tempos de fila são dependentes de como a programação é feita. De fato, se determinada ordem de produção ganha prioridade por qualquer motivo numa fila que aguarda por certa operação, essa ordem vai ficar um tempo menor na fila. Como o tempo de fila é um dos principais componentes dos *lead times* dos itens, fica evidente que eles vão ser diferentes, de acordo com a forma com que se dá o sequenciamento das ordens. Ora, se os *lead times* são um resultado do processo de programação, não deveriam ser utilizados como um dado de entrada desse processo – que é exatamente o que faz o MRP.

O OPT/TdR, portanto, aborda o problema de forma distinta, considerando simultaneamente a programação de atividades e a capacidade dos recursos, principalmente os recursos gargalos, que são limitantes. Considerando as limitações de capacidade dos recursos gargalos, o sistema OPT/TdR, então, decide por prioridades na ocupação desses recursos e, com base na sequência definida, pode calcular, como resultado, os *lead times* muito mais precisamente e, portanto, pode programar mais adequadamente a produção. Isso pode ser consubstanciado pelo nono princípio do OPT/TdR:

> Princípio 9: A programação de atividades e a capacidade produtiva devem ser consideradas simultânea e não sequencialmente. Os *lead times* são um resultado da programação e não podem ser assumidos *a priori*.

Os defensores do OPT/TdR argumentam que essa característica faz com que os programas gerados pelo OPT/TdR sejam mais realísticos que os gerados pelo MRP.

Para visualizar e fazer o *download* do arquivo de exemplos dos Princípios da Teoria das Restrições, acesse os QR Codes:

uqr.to/16fpe

uqr.to/16fq1

Como funciona o OPT

Drum-buffer-rope

Um dos pontos considerados mais fortes do sistema OPT/TdR refere-se à maneira como ele programa atividades. A programação do OPT/TdR é baseada nos nove princípios anteriormente apresentados. A seguir, são descritos os principais aspectos dessa sistemática de programação.

Num ambiente de manufatura, há uma série de restrições a serem consideradas: de mercado, quanto aos fornecimentos, dadas pela política da empresa e da capacidade do processo produtivo propriamente.

Pode não haver gargalos reais, mas sempre haverá Recursos Restritivos Críticos (RRC). RRC, como os gargalos, controlam o fluxo e devem estar sincronizados aos outros de forma a poder controlar os estoques.

 VOCÊ SABIA?
A diferença entre gargalo e RRC é simples. Em algumas situações, pode não haver gargalos reais numa fábrica – todos os centros produtivos estão superdimensionados em relação à demanda; entretanto, sempre haverá algum recurso que restringe a produção – por exemplo, a montagem final, que responde à demanda de mercado (no caso de a demanda ser o limitante). Esse, então, será o RRC, apesar de não ser um gargalo real. Pode também haver o caso em que, pela definição, vários recursos sejam gargalos (vários recursos têm capacidade menor do que a demandada pelo mercado). Nesse caso, o RRC será o recurso, dentre aqueles considerados gargalos, que tiver menor capacidade produtiva.

> Este então limitará a capacidade produtiva de todo o sistema. Neste texto, exceto quando explicitado, os termos "RRC" e "gargalo" serão usados indistintamente.

Se um roteiro simples composto de nove recursos é considerado e se descobre que o recurso número 6 é o RRC, o sistema OPT/TdR começará a programação exatamente naquele ponto. Esse é o ponto em que é necessário "bater o tambor", que é a analogia usada pelos criadores do OPT/TdR para simbolizar que é esse o ponto que deve ditar o ritmo de todo o sistema produtivo.

Em primeiro lugar, o OPT/TdR carrega totalmente o recurso restritivo (RRC) de acordo com o total da demanda de trabalho a ser processado lá, para atingir máximo fluxo. Simultaneamente, estabelece-se a melhor sequência para os trabalhos, decidindo as prioridades entre as atividades, levando em conta as datas dos pedidos demandados. Em segundo lugar, o RRC deve ser protegido contra as possíveis incertezas que podem pôr em risco a chegada dos materiais para o cumprimento da sequência de trabalho que o RRC vai executar. Se se constata que um evento incerto com probabilidade considerável de ocorrer com o fornecimento de material para o RRC é a quebra da máquina fornecedora, com tempo esperado de conserto de dois dias, é necessário planejar a chegada dos materiais vindos da máquina fornecedora ao RRC pelo menos dois dias antes da data em que o RRC está programado para processá-los.

Esse estoque pode ser chamado de "estoque por tempo de segurança" (*time buffer*), pois os materiais passando por esse estoque vão estar constantemente mudando, mas no caso terão valor de no mínimo dois dias de processamento do gargalo. Em terceiro lugar, é necessário usar o RRC para programar e controlar a utilização dos recursos não gargalos.

Os recursos não gargalos que vêm, no roteiro de produção, depois do recurso gargalo são controlados diretamente pelos RRC, já que eles só podem processar o que foi liberado pelos RRC e na sequência na qual o RRC os liberar. Por definição, os recursos não gargalos têm folga no programa, ou seja, têm maior capacidade produtiva do que é demandado. Portanto, não deverão ter problemas em processar o material vindo dos gargalos.

Os RRC controlam, também, os estoques ao longo do processo produtivo. Isso é obtido "amarrando-se uma corda" que liga o estoque criado pelo "tempo de segurança" (*time buffer*) à operação inicial do sistema produtivo. Dessa forma, a primeira operação só é programada, ou, em outras palavras, matérias-primas só são admitidas no sistema para começarem a ser processadas, sincronizadamente, de acordo com as necessidades futuras (nas quantidades precisas e no momento certo) de chegada de material nos estoques protetores dos RRC (*time buffers*).

Dessa forma, os estoques não poderão subir a níveis mais altos do que aqueles predeterminados, levando em conta as possíveis incertezas às quais os recursos não gargalos anteriores aos RRC podem estar sujeitos (lembrando que a ideia dos *time buffers* é garantir que os RRC não fiquem ociosos).

A sincronização descrita é denominada na literatura sobre OPT/TdR *drum-buffer-rope*, numa referência ao trio de elementos que são chaves para o método: *tambor-estoque protetor-corda*. O tambor, representando o RRC, dita o ritmo e o fluxo e volume da produção do sistema. O estoque protetor, definido como um "estoque por tempo de segurança" antes do RRC e sincronizado com este, garante que o RRC não pare por falta de material, e finalmente, a "corda", que representa a sincronização entre a necessidade de chegada de materiais no estoque protetor e a admissão de matérias-primas no sistema.

O OPT/TdR procura colocar a ideia do *drum-buffer-rope* em prática, utilizando um programa de programação finita para a frente (carregando ordens nos recursos sequencialmente no tempo, considerando suas restrições de capacidade), veja o Capítulo 19, de forma a tentar maximizar o fluxo processado pelo recurso RRC. A sequência de programação obedece a um algoritmo que as empresas que detêm os direitos do OPT/TdR não tornam público. Entretanto, elas informam que esse algoritmo leva em conta:

- As datas de entrega dos pedidos.
- A conveniência de se reduzir a quantidade de preparações de máquina.
- Casos em que um RRC alimenta outro.
- Casos em que o RRC processa mais de um item para um mesmo produto.
- A situação de ordens da fábrica.
- Os *time buffers* secundários.

Considere uma fábrica que tem uma operação final de montagem. Considere também que o RRC dessa fábrica encontra-se num dos ramos que alimentam essa montagem, conforme a Figura 15.6.

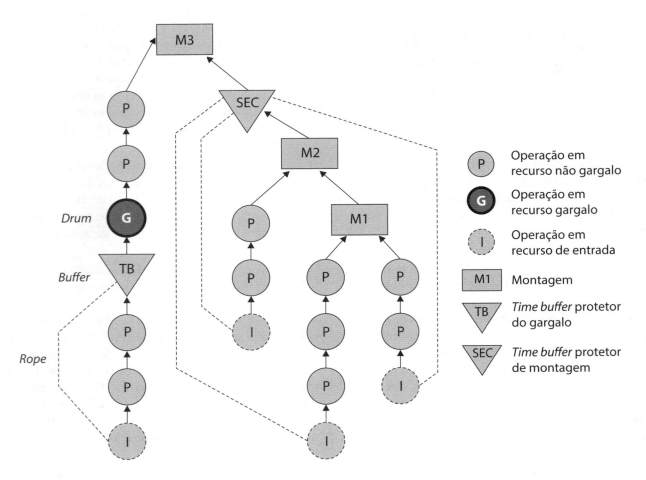

Figura 15.6 A lógica do *drum-buffer-rope* no OPT/TdR.

Para visualizar vídeo e fazer o *download* do arquivo de um exemplo de simulação do sistema *drum-buffer-rope*, acesse os QR Codes:

uqr.to/16fpg

uqr.to/16fq1

Considerando a situação da Figura 15.6, é necessário também prover o ramo que não contém o RRC de algum tipo de segurança, pois, sem isso, as partes processadas pelo RRC poderiam ter de esperar para ser montadas, caso as partes providas pelo ramo não gargalo sofressem algum tipo de atraso.

Como um dos objetivos do OPT/TdR é aumentar o fluxo, e este é definido como a passagem de material vendido pelo sistema produtivo, o OPT/TdR procura acelerar ao máximo a conclusão das ordens, uma vez que estas são processadas pelo RRC. Dessa forma, o OPT/TdR define alguns *time buffers* secundários (além daqueles descritos, que visam proteger os próprios RRC), que protegem as datas de entrega prometidas e o fluxo do sistema. Esses *time buffers* são formados por materiais que deverão participar de montagem juntamente com material que foi processado por um recurso RRC.

O objetivo é garantir que os materiais processados pelo RRC possam, tão cedo quanto possível, transformar-se em fluxo (vendido), ou *ganho*, não ficando sujeito a eventos incertos de operações não gargalos que possam vir a ocorrer e que, potencialmente, poderiam afetar o fluxo maximizado pretendido pelo sistema. O tamanho dos *time buffers* secundários é definido pela natureza e probabilidade da ocorrência dos eventos aleatórios que possam afetar o desempenho dos ramos não gargalos.

O OPT/TdR combina duas lógicas de programação – finita para a frente (*forward scheduling*) e infinita para trás (*backward scheduling*), respectivamente, veja o Capítulo 17 –, para programar recursos gargalos e não gargalos. Isso pode ser mais bem entendido por meio do esquema da Figura 15.6.

O componente $A1$ é processado inicialmente no recurso não gargalo $Y1$ e, então, no recurso RRC X. É, assim, processado em dois outros recursos não gargalos $Y2$ e $Y3$. O componente $A2$ é processado nos recursos não gargalos $Y4$ e $Y5$.

O RRC X também processa outros itens L, M, N, B, C, D, E e outros. A sequência de trabalho no RRC foi decidida exatamente para ser $L-M-N-A1-B-C-D-E$, isto é, programando para a frente e ocupando sequencialmente a capacidade do recurso X no tempo. A partir daí se definem os instantes de início e fim de processamento do componente $A1$ no recurso (RRC) X.

Com a definição do instante em que o processamento de $A1$ deve começar no recurso X, estabelece-se um *time buffer* antes do recurso X, para protegê-lo contra incertezas do ramo que processa $A1$. Isso significa programar a chegada de $A1$ no estoque antes do recurso X, para determinado tempo antes do instante previsto para o início do processamento.

O OPT/TdR, então, programa, a partir do instante em que é necessário que o material $A1$ chegue ao estoque de proteção, os instantes em que devem começar e acabar a operação $Y1$ e a compra de matérias-primas para $A1$ (programação para trás).

Com base no instante de término do processamento de $A1$ no recurso X, pode-se calcular, somando os tempos de processamento nos recursos posteriores ao recurso X ($Y3, Y4$ e a montagem final), o instante em que se espera terminar o processamento da ordem A. Mas não é apenas necessário que o componente $A1$ esteja disponível para a montagem final. Também é necessário que o componente $A2$ esteja disponível no momento do início da montagem final.

Para que não se corra o risco que o componente $A1$, proveniente do recurso X (RRC), fique parado aguardando que o componente $A2$ chegue para a montagem (algo

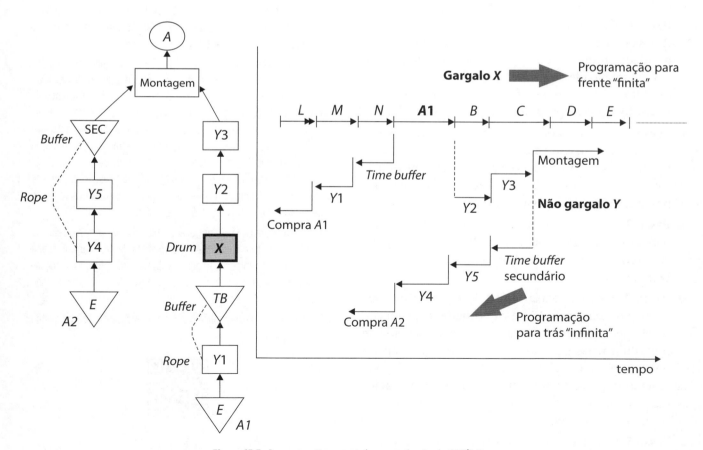

Figura 15.7 Programações para trás e para frente do OPT/TdR.

inesperado pode acontecer no ramo não gargalo), o OPT/TdR programa o componente $A2$ para ser completado e estar disponível para a montagem final um certo período antes do momento esperado para a chegada nessa montagem, do componente $A1$.

A partir da definição do instante em que o componente $A2$ deve estar disponível para montagem final, o OPT/TdR calcula, por meio da lógica de programação para trás, quais são os momentos em que as operações $Y4$ e $Y5$ e a compra de matérias-primas para $A2$ devem começar e terminar.

Dessa forma, a programação para a frente e para trás combinam-se para gerar um programa completo para o sistema produtivo. É importante notar que é absolutamente essencial que se saiba com precisão quais são os gargalos do sistema produtivo que se pretende gerenciar com o OPT/TdR. Caso contrário, toda a programação se fundará em premissas falsas, comprometendo totalmente a qualidade da solução OPT/TdR.

Processo de decisão OPT

Os criadores do OPT/TdR sugerem que o seguinte processo seja seguido para bem gerenciar um sistema produtivo que utiliza a ferramenta OPT/TdR:

- **Passo 1**: identificar a(s) restrição(ões) do processo (os RRCs ou os gargalos) – identificar os recursos cuja capacidade produtiva restringe a capacidade do sistema em sua totalidade de atender a seu fluxo de vendas de produtos. Atenção para o fato de que é possível que a restrição esteja na própria demanda do mercado.
- **Passo 2**: explorar a(s) restrição(ões) do processo – explorar as restrições significa simplesmente tirar o máximo delas. Não perder tempo algum nas máquinas gargalo, por exemplo. Usar as restrições ao máximo possível é o que este passo significa.
- **Passo 3**: subordinar todas as demais decisões às restrições – os gargalos definem o fluxo de produção e os estoques, a ocupação dos recursos não gargalos, entre outros.
- **Passo 4**: procure relaxar a restrição – significa aumentar de alguma forma a capacidade de produção do gargalo, no sentido de aumentar a capacidade de fluxo do sistema. Esse passo só deveria ser dado após a restrição ter sido explorada ao máximo, visto que pode repercutir em certo aumento nas despesas operacionais (por exemplo, com subcontratação, turnos extras, compra de máquinas etc.).
- **Passo 5**: se no passo 4 uma restrição foi relaxada, voltar ao passo 1 para identificar a próxima restrição do sistema.

INDÚSTRIA 4.0: TEORIA DAS RESTRIÇÕES EM REDE DE OPERAÇÕES

Atualmente, a aplicação de sistemas de informação e *softwares* como os Sistemas Integrados de Gestão Empresarial (ERP), sistemas de Planejamento das Necessidades de Materiais (MRP) e sistemas de Planejamento Avançado da Produção (APS), contribui amplamente para atingir os objetivos dos OPT/TdR, ao sincronizar a oferta e procura para programar a produção e preparar planos de estoques, maximizar a produção em recursos de gargalo para aumentar os ganhos, criar cronogramas otimizados a fim de potencializar a eficiência na produção e redução nas despesas operacionais, e desta forma, permitir a tomada de decisões baseada em dados atuais.

No entanto, o suporte desses sistemas nas operações de manufatura vê-se cada vez mais limitado ao enfrentar ambientes de produção variados e cada vez mais complexos, ainda a considerar que independentemente dos processos de transformação tecnológica e digital, sempre existirão restrições nos processos de qualquer tipo de organização, mesmo em fábricas totalmente automatizadas, desde que equipamentos e maquinaria, em algum momento da produção, acabarão sendo gargalos e, portanto, candidatos à aplicação da TdR.

No contexto da I4.0, a TdR incorpora-se principalmente na comunicação em tempo real entre os componentes das linhas de produção a fim de otimizar os *throughput* ou ganhos. Assim, em cenários mais eficientes, os avisos emitidos por máquinas inteligentes e ferramentas enxutas antecipará o funcionamento defeituoso que possa gerar qualquer tipo de gargalos. Consequentemente, essa previsão permite o planejamento proativo de recursos para gerenciar efetivamente as restrições e alcançar maior rendimento.

Nessa perspectiva, com apoio da análise do *Big Data* para a exploração de dados e *Machine Learning* como vertente da Inteligência Artificial, o desenvolvimento e aplicação de algoritmos preditivos orientados à previsão de gargalos em sistemas de produção é cada vez mais utilizado. Esses algoritmos são testados em ambientes de simulação a fim de imitar os sistemas reais com precisão, desta forma, a simulação permite a medição do desempenho e o rendimento dos equipamentos nas linhas de produção, revelando as possíveis restrições durante os processos. Assim, ambientes de simulação como ferramenta de validação podem ser combinados com o TdR.

Com o *software* FlexSim, por exemplo, é possível criar modelos de simulação discreto baseados em ambientes de Realidade Virtual e Digital Twin em processos 3D que possibilitam identificar as restrições do sistema, avaliando a eficácia em alternativas disponíveis e prevendo a transferência da restrição.

O seguinte vídeo exemplifica o uso da simulação e a TdR na gestão de operações:

uqr.to/12zip

Acesso em: 12 fev. 2022.

15.3 ESTUDO DE CASO

Imagine-se na seguinte situação: você tem de apoiar uma tomada de decisão sobre a compra ou não da fábrica de produtos Lucas Risso Ltda. Os produtos feitos pela Risso e seus processos produtivos estão representados na Figura 15.8.

A unidade produtiva em questão manufatura dois produtos, P e Q.

Insumos: o produto P parte de duas matérias-primas, MP1 e MP2, e de um item comprado, sendo necessária uma unidade de cada uma para produzir uma unidade do produto P. O produto Q parte de duas matérias-primas, MP2 e MP3, não utiliza o item comprado e também requer uma unidade de cada uma para que uma unidade do produto Q seja produzida. As matérias-primas têm todas o custo unitário de $ 20, e o item comprado tem custo de $ 5. Os fornecedores são absolutamente confiáveis, em termos de qualidade, quantidade e prazo (a entrega é sempre imediata, exatamente nas quantidades necessárias e com qualidade perfeita).

Processo: são quatro os tipos de recursos disponíveis para processar os insumos: recursos A, B, C e D. Não são intercambiáveis (cada tipo de recurso não executa atividades dos outros) e apenas uma unidade de cada recurso está disponível para uso durante um turno (oito horas), cinco dias por semana. A manutenção preventiva é perfeita e os recursos estão disponíveis durante 100% desse tempo. Os processos necessários ao processamento de cada uma das matérias-primas e sobre o item comprado estão representados na Figura 15.8. A matéria-prima MP1, por exemplo, deve ser processada no recurso A durante 15 minutos (por unidade) e no recurso C durante 10 minutos (por unidade), em qualquer ordem. O resultado é um "semiacabado" que, juntamente com o item comprado e com outro semiacabado (resultado do processamento por 15 minutos por unidade no recurso B e por 5 minutos por unidade no recurso C), é processado por 15 minutos (por unidade) no recurso D – resultando no produto final P. O produto Q tem processo também descrito na Figura 15.8. Não há tempo ou custo de *setup*, ou de preparação de recurso, quando se muda o produto processado. A qualidade dos processos é impecável e não são gerados defeitos, não havendo ocorrências de retrabalho ou refugo de matérias-primas. Os tempos de processamento descritos por atividade, na Figura 15.8, são absolutamente precisos e não estão sujeitos à variação de qualquer tipo.

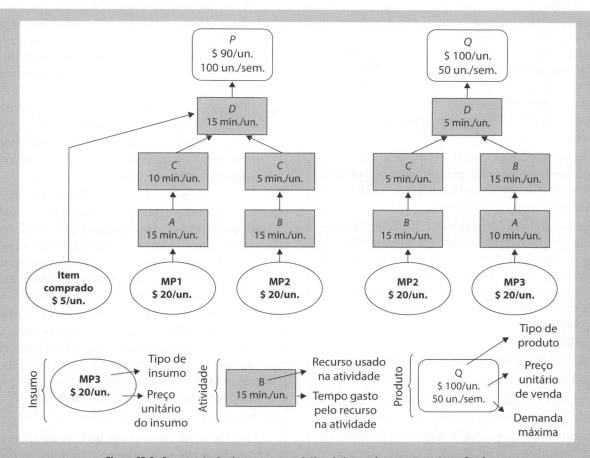

Figura 15.8 Representação de processo produtivo da Lucrando para os produtos P e Q.

Produtos: o produto final *P* é vendido no mercado por $ 90 por unidade e tem um mercado limite (máximo), líquido e certo, de 100 unidades por semana. O produto *Q* comanda preço mais alto, $ 100 por unidade, e tem mercado limite (máximo), igualmente líquido e certo, de 50 unidades por semana. O cliente só comprará menos que essas quantidades se a unidade produtiva não conseguir entregá-las (por exemplo, por limitações de capacidade).

Custos gerais: os custos gerais (administrativos, comerciais e outros) da unidade produtiva em questão são considerados custos *fixos* e conhecidos de $ 6.000 por semana e cobrem todas as despesas e os custos gerais, EXCETO as matérias-primas e o item comprado. Para esses materiais, quanto mais se produz, mais se compra e mais se paga. São custos, portanto, variáveis.

1. É possível ganhar dinheiro com essa unidade produtiva?
   a. Se sim, quanto dinheiro, no limite, você consegue ganhar – e com que *mix* de produção?
   b. Se não, quanto é o mínimo que se consegue perder e com que *mix* de produção?

15.4 RESUMO

- O OPT/TdR é um sistema de administração da produção que se compõe de pelo menos dois elementos fundamentais: sua "filosofia" – explicitada por seus nove princípios – e *softwares* "proprietários" que utilizam os conceitos.
- O OPT/TdR considera que o objetivo básico dos sistemas produtivos é "ganhar dinheiro".
- Os nove princípios do OPT/TdR são, por si sós, intuitivos e úteis para as organizações que pretendam atingir o objetivo principal que o OPT/TdR contempla – ganhar dinheiro.
- "Ganhar dinheiro", segundo o OPT/TdR, é conseguido por meio de altos níveis de desempenho em relação a três objetivos operacionais: maximizar o fluxo de produtos vendidos, reduzir os níveis de estoques no sistema e reduzir despesas operacionais com a transformação dos estoques em fluxo de produtos vendidos. O OPT/TdR obedece a nove princípios básicos.
- Os nove princípios da Teoria das Restrições são:
  1. Balanceie o fluxo, e não a capacidade.
  2. A utilização de um recurso não gargalo não é determinada por sua disponibilidade, mas por alguma outra restrição do sistema (por exemplo, um gargalo).
  3. Utilização e ativação de um recurso não são sinônimos.
  4. Uma hora ganha num recurso gargalo é uma hora ganha para o sistema global.
  5. Uma hora ganha num recurso não gargalo não é nada, é só uma miragem.
  6. O lote de transferência pode não ser e, frequentemente, não deveria ser, igual ao lote de processamento.
  7. O lote de processamento deve ser variável, e não fixo.
  8. Os gargalos não só determinam o fluxo do sistema todo, mas também definem seus estoques.
  9. A programação de atividades e a capacidade produtiva devem ser consideradas simultânea e não sequencialmente. *Lead times* são um resultado da programação e não podem ser assumidos *a priori*.

- A aplicação de alguns dos princípios do OPT/TdR pode auxiliar o processo de tomada da decisão, até certo ponto, prescindindo do uso dos *softwares* que usam o OPT/TdR. Entretanto, alguns dos princípios não podem ser aplicados (principalmente, os relativos aos tamanhos de lotes) sem o uso do *software*.
- Parece claro que, para que uma empresa possa aproveitar as vantagens plenas que o sistema OPT/TdR pode oferecer, deverá fazer uso de algum aplicativo que incorpore os princípios e conceitos do OPT/TdR.
- A filosofia OPT/TdR baseia-se no princípio de que, nos sistemas produtivos, há dois tipos de recursos fundamentalmente diferentes, em termos de sua importância para o desempenho do sistema: os gargalos e os não gargalos.
- Os gargalos, segundo o OPT/TdR, são os recursos que limitam a capacidade produtiva do sistema produtivo em sua totalidade e, portanto, deveriam ser tratados de forma especial. As decisões em relação a todos os outros recursos do sistema deveriam estar submetidas às decisões tomadas em relação aos recursos gargalos.
- Um dos pontos considerados fortes a respeito do sistema OPT/TdR é seu sistema de programação de atividades, que combina algoritmos de programação finita para a frente e programação infinita para trás para gerar os programas de atividades para os vários recursos produtivos da empresa.
- As vantagens do OPT/DtR são:
  1. O OPT/TdR parece ter uma vocação especial para auxiliar as empresas na redução de seus

lead times e estoques. Usuários reportam reduções de *lead times* da ordem de 30% e de estoques da ordem de 40% a 75%, segundo um levantamento recente. O OPT/TdR também parece ser um sistema que facilita a flexibilidade do sistema produtivo de alterar seu *mix* de produção, já que variações de *mix* podem ser avaliadas facilmente pela característica do OPT/TdR de trabalhar como um simulador da passagem das ordens na fábrica.

2. O OPT/TdR auxilia as empresas a focalizarem suas atenções em seus problemas. Como o OPT/TdR considera os recursos gargalos como merecedores de especial atenção e como esses recursos em geral são poucos, as empresas são incentivadas a não dispersar esforços, mas concentrá-los na resolução de problemas que possam comprometer o desempenho desses recursos gargalos.

3. Os nove princípios do OPT/TdR trazem nova "luz" para velhos problemas, o que contribui para o melhor entendimento dos problemas e a busca de novas soluções.

4. Os resultados da implantação do OPT/TdR parecem vir relativamente rápido, pois o esforço de implantação é menor devido à focalização da atenção em poucos pontos considerados críticos.

5. O OPT/TdR pode ser usado como um simulador da fábrica. Na verdade, o OPT/TdR trabalha com a lógica de um simulador. Perguntas do tipo "o que aconteceria se..." podem ser respondidas com mais segurança com o auxílio de uma ferramenta de simulação. Também por ser um simulador que considera as restrições de capacidade (pelo menos dos recursos gargalos), os *lead times* de produção do OPT/TdR não têm de ser assumidos *a priori*, mas são, na verdade, o resultado do processo de simulação.

6. O OPT/TdR restringe a necessidade de dados com alto nível de acuracidade, já que apenas os recursos gargalos demandam dados absolutamente precisos.

As limitações do OPT/TdR são:

1. O OPT/TdR é um sistema computadorizado e, como tal, centraliza a tomada de decisões. Resta pouca área de manobra para os operadores. Isso pode não favorecer um maior comprometimento da força de trabalho com os objetivos da empresa.

2. Os *softwares* com base no OPT/TdR são "proprietários" e não exatamente baratos. Isso significa que a empresa que os adote estará concordando em se tornar de certa forma dependente de um fornecedor.

3. A filosofia OPT/TdR depende basicamente da identificação dos recursos gargalos. Isso nem sempre é fácil de se fazer, já que muitos fatores podem contribuir para mascarar gargalos verdadeiros, como lotes excessivos, práticas tradicionais na produção, entre outros. Se o gargalo for erradamente identificado, o desempenho do sistema fica comprometido. Também pode haver o caso de o gargalo de uma fábrica ser "errante", ou seja, variar de recurso, conforme o *mix* de produção. Embora esse não seja o caso usual, a ocorrência de gargalos errantes pode comprometer os resultados do sistema.

4. O OPT/TdR é um sistema que demanda certo nível de habilidade analítica do programador, o que exige extensivo treinamento e entendimento perfeito dos princípios envolvidos.

5. O OPT/TdR demanda que se mudem substancialmente alguns pressupostos que, por muitos anos, cristalizaram-se na maioria das fábricas ocidentais. Isso pode levantar resistências à sua adoção por parte de pessoas mais resistentes a mudança. Um ponto que particularmente pode levantar polêmica são as novas medidas de desempenho propostas: o esforço no sentido de melhorar o desempenho do sistema nas novas medidas pode fazer com que o desempenho em medidas operacionais tradicionais (como o índice de ocupação de equipamentos, por exemplo) seja prejudicado.

15.5 EXERCÍCIOS

1. Quais os três objetivos operacionais básicos que o OPT/TdR considera? Discuta sucintamente cada um deles. Quais as vantagens, de acordo com os defensores do OPT/TdR, do uso desses três objetivos em vez dos tradicionais?

2. O OPT/TdR considera que há dois tipos de recursos dentro dos sistemas produtivos. Quais tipos são esses e por que mereceriam tratamento diferente do que faz o MRP (Capítulo 18)?

3. Explique o princípio do OPT/TdR segundo o qual o sistema de programação da produção deveria balancear fluxo e não capacidade dos recursos.

4. Qual a diferença entre "ativar" um recurso e "utilizar" um recurso?

5. Por que os benefícios não seriam iguais relativamente a reduzir o tempo gasto em preparação de máquinas para uma máquina gargalo e para uma máquina não gargalo?

6. Em termos do sistema OPT/TdR, o que são os lotes de processamento e de transferência, qual a relação entre eles para um recurso e quais as principais vantagens de considerar ambos como diferentes?

7. Descreva sucintamente o funcionamento do mecanismo de *drum-buffer-rope* do OPT/TdR.

8. Por que se diz que o OPT/TdR utiliza-se de ambas as lógicas de programação: para frente e para trás? Para quais situações o OPT/TdR utiliza-se de uma e para quais situações utiliza-se da outra?

9. O que é e por que existe a conveniência de o OPT/TdR estabelecer *time buffers* secundários?

10. Quais os passos a serem seguidos para bem gerenciar um sistema produtivo utilizando o OPT/TdR? Descreva sucintamente cada um.

11. A Figura 15.9 ilustra um processo produtivo. Segundo a teoria das restrições, defina claramente (a) onde você localizaria os estoques (e como faria para dimensioná-los); (b) onde você definiria posições de inspeção de qualidade.

12. A fábrica XY confecciona dois produtos, *X* e *Y*. Preços de venda e demandas de mercado são mostrados no diagrama da Figura 15.10. Cada produto usa matérias-primas com seus correspondentes custos, como mostrado. A fábrica tem três máquinas *A*, *B* e *C*. Cada uma processa uma unidade de matéria-prima por vez. Os tempos de processo também são mostrados no diagrama e a ordem dos processos é livre. Não há geração de defeitos nem tempos de *setup*.

Despesa operacional (fixa) que inclui tudo menos materiais (variáveis) monta a R$ 12.000 por semana.

1. Qual o gargalo dessa fábrica?
2. Qual o *mix* de produtos que maximiza o lucro da fábrica?
3. Qual o lucro máximo possível de obter por semana com essa fábrica?

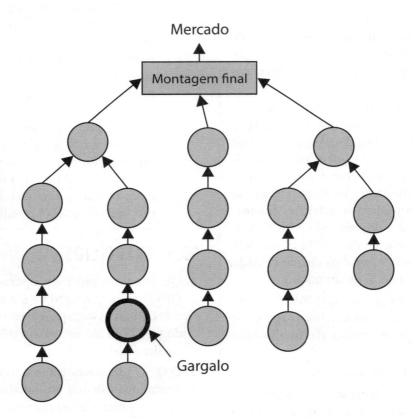

Figura 15.9 Diagrama representando processo produtivo.

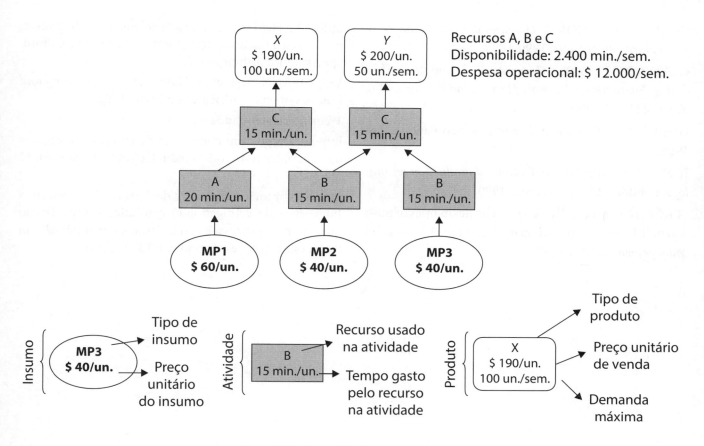

Figura 15.10 Fábrica XY – ilustração de processo.

15.6 ATIVIDADES PARA SALA DE AULA

1. Junto aos seus colegas de grupo, escolha uma situação em que você ou outro membro seja frequente cliente de uma operação que sofre de longas filas crônicas. Pode ser um *fast food* popular, um departamento de serviço público qualquer, o restaurante bandejão da sua universidade ou outro. Identifique o recurso gargalo; discuta formas práticas plausíveis de explorar esse recurso ao máximo; depois disso, pense como se poderia "elevar" essa restrição (gargalo) do processo também com sugestões práticas e plausíveis.

2. Discuta com seus colegas um processo passo a passo que vocês usariam se fossem contratados como consultores de uma fábrica gerenciada de forma totalmente intuitiva e tradicional, para implantar os princípios da Teoria das Restrições. Pense em atividades detalhadas, incluindo como executá-las e em que ordem.

15.7 BIBLIOGRAFIA E LEITURA ADICIONAL RECOMENDADA

CHASE, R.; JACOBS, R.; AQUILANO, N. J. *Operations management for competitive advantage*. 10. ed. New York: McGraw-Hill, 2004.

CORRÊA, H. L. *The links between uncertainty, variability of outputs and flexibility in manufacturing systems*. 1992. Tese (Doutorado) – University of Warwick, Coventry, Inglaterra, 1992.

CORRÊA, H. L.; GIANESI, I. G. N. *Just in time, MRP II e OPT*: um enfoque estratégico. São Paulo: Atlas, 1993.

CORRÊA, H. L.; GIANESI, I. G. N. CAON, M. *Planejamento, programação e controle de produção*. 6. ed. São Paulo: Atlas, 2018.

GOLDRATT, E.; COX, J. *The goal*. London: Sceduling Technology Group, 1986.

GOLDRATT, E.; COX, J. *The haystack syndrome*. New York: North River Press, 1990.

GOLDRATT, E.; COX, J. Computerized shop floor scheduling. *International Journal of Production Research*, v. 26, n. 3, p. 443-445, 1988.

GUERREIRO, R. *A meta da empresa*. São Paulo: Atlas, 1996.

JONES, G.; ROBERTS, M. *Optimised production technology*. London: IFS Publications, 1990.

SLACK, N. D. C.; CORRÊA, H. L. The flexibilities of push and pull. *International Journal of Operations & Production Management*, v. 12, n. 4, 1992.

SRIKANTH, M.; UMBLE, M. *Synchronous management*: profit-based manufacturing for the 21st century. Gilford: Spectrum Publishing, 1997.

VOLLMANN, T. E. et al. *Manufacturing planning and control systems*. 3. ed. Chicago: Irwin, 1992.

Websites relacionados

http://www.goldratt.com – *Site* da empresa do criador da "teoria das restrições", Eliahu Goldratt. Acesso em: 12 fev. 2022.

http://www.tocico.org – *Site* da Theory of Constraints International Certification Organization – organização que gerencia processos de certificação profissional em teoria das restrições. Acesso em: 12 fev. 2022.

Parte IV
PLANEJAMENTO E CONTROLE EM PRODUÇÃO E OPERAÇÕES

Nesta parte do livro, serão tratadas as questões referentes a planejamento e controle em produção e operações. Os temas referem-se, genericamente, à parte enfatizada em preto no quadro geral apresentado e descrito no Capítulo 1 e reproduzido a seguir. Os seguintes capítulos compõem a Parte IV:

Capítulo 16 – Planejamento mestre (agregado) de produção e operações (PMP).
Capítulo 17 – Gestão de estoques na rede de operações.
Capítulo 18 – MRP – Cálculo de necessidade de materiais na rede de operações.
Capítulo 19 – Sequenciamento, programação e controle de operações.
Capítulo 20 – *Just in time* (JIT) e operações enxutas.

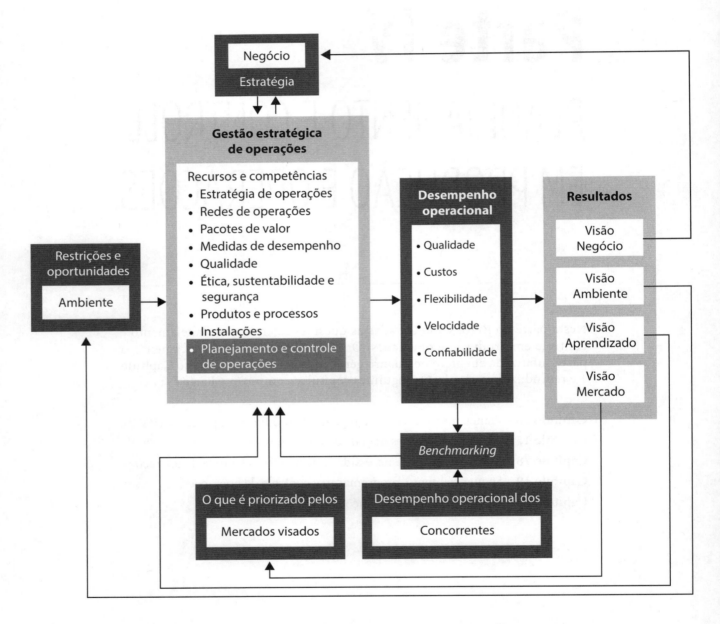

Figura IV.1 Quadro geral de referência de gestão estratégica de operações com aspecto tratado na Parte IV enfatizado com tarja cinza.

CAPÍTULO 16
Planejamento mestre (agregado) de produção e operações (PMP)

OBJETIVOS DE APRENDIZAGEM

- Entender os processos de planejamento e sua dinâmica em produção e operações.
- Ser capaz de explicar e aplicar o conceito de planejamento hierárquico de operações.
- Entender detalhadamente o papel do processo de *Sales & Operations Planning* (Planejamento de Vendas e Operações – PVO) e sua importância no processo hierárquico de planejamento.
- Poder explicar como o PVO serve de elo de integração de decisões entre as operações e outras funções na organização.
- Entender minuciosamente como o processo de PVO funciona.
- Entender em detalhe o papel do processo de Planejamento Mestre de Produção (PMP) e sua importância no processo hierárquico de planejamento.
- Conseguir explicar como o PMP funciona como elo de integração de decisões entre o PVO e os processos detalhados de planejamento e programação de produção.
- Entender como o processo de PMP funciona em detalhes.

16.1 INTRODUÇÃO

Marcelo Pereira, gerente comercial e de distribuição da Horizonte S.A., um grande fabricante brasileiro de produtos derivados de carnes suínas e de aves, localizado no sul do país, está preocupado com a recorrente reclamação das filiais sobre a falta de produtos embutidos (principalmente paio e linguiças, do tipo calabresa, toscana e outras). Pelo terceiro mês consecutivo, os gerentes das sete filiais regionais (que fazem a distribuição para suas respectivas regiões) não recebem as quantidades pedidas, o que tem feito com que a empresa, aparentemente, perca fatias de mercado importantes nessa família de produtos para concorrentes de peso, como a Brazil Foods, proprietária das marcas Sadia e Perdigão. Marcelo, investigando o problema, entra em contato com o gerente da fábrica, que lhe informa que infelizmente a capacidade produtiva da planta está em seu limite e que o não atendimento deve-se à total falta de capacidade, já que o mercado tem apresentado crescimento constante ao longo dos últimos dois anos. Marcelo, recém-contratado pela Horizonte, pergunta, então, ao colega como é feito o planejamento da planta. O gerente informa que, com base nas previsões de venda e ressuprimento de estoque das filiais para o mês subsequente, mandados até o último dia de cada mês, são preparados os programas de produção para o mês. "E nos últimos dois ou três meses, de fato, as previsões e posteriormente as vendas superaram nossa capacidade produtiva", disse o gerente da fábrica. Marcelo pensou e perguntou: "Mas quanto tempo leva para aumentar a capacidade produtiva deste setor que faz os embutidos?". "Pelo menos oito meses, pois temos de encomendar equipamento, você sabe... mas já mandei um memorando para o diretor industrial solicitando o investimento", respondeu o gerente da fábrica. Marcelo continuou a linha de perguntas: "Isso significa que ficaremos por mais oito meses sem atender ao mercado em parte do que ele solicita... Quem, oito meses atrás, estava fazendo a previsão da demanda, com estes oito meses de horizonte, para se antecipar ao atual engargalamento?... ou seja, quem está, por exemplo, agora, fazendo as previsões para a família de embutidos e para as outras famílias, com pelo menos oito meses de antecedência, para saber se não está na hora de dispararmos o processo de incremento de capacidade?". Marcelo notou um silêncio do outro lado da linha. "Ninguém, eu acho!", respondeu o gerente de fábrica.

Marcelo, nesse momento, percebeu que sua tarefa ia ser um pouco mais difícil do que havia imaginado. Notou que a Horizonte, simplesmente, não tinha o processo de planejamento mestre de operações, um nível de planejamento importantíssimo que procura: (a) prever os volumes agregados de demanda com larga antecedência; (b) planejar os níveis de produção e estoques necessários para atender a essa demanda, considerando os custos das várias alternativas; (c) calcular os níveis de recursos críticos necessários para permitir os níveis de produção planejados; e (d) disparar, em caso de necessidade, ações para obter os recursos, com a antecedência necessária, de forma que não faltem produtos para o atendimento da demanda.

PARA REFLETIR

Pense nas consequências para a Horizonte (para o mercado sendo servido, o pessoal da fábrica e a acionista da empresa) de não ter o processo de planejamento mestre de operações implantado e operando.
Agora, se você fosse o gerente Marcelo, quais seriam suas primeiras providências assim que desligasse o telefone?

Mais do que tentar relacionar o conceito de planejamento mestre (agregado) com alguns dos critérios competitivos da estratégia de operações de uma empresa, este capítulo tem relevância focada no negócio como um todo. Isto é, uma empresa que tem uma estratégia que olha com cuidado o planejamento mestre da sua área de produção e operações consegue sustentar efetivamente o seu negócio como um todo. Em outras palavras, se a Horizonte S.A observasse com zelo esse conceito em suas operações, o gerente Marcelo não precisaria se preocupar com questões que têm impacto central na sua área de comercialização e distribuição e sobre as quais infelizmente ele não tem controle. Afinal, os verbos **vender** ou **comercializar** só têm valor se é possível produzir e entregar.

16.2 CONCEITOS

16.2.1 PLANEJAMENTO

Um dos conceitos centrais na gestão de operações é o de planejamento. A necessidade de planejamento deriva diretamente de um conceito descrito anteriormente (veja o Capítulo 8): a inércia intrínseca dos processos decisórios que incluem recursos físicos. Essa inércia é entendida como o tempo que necessariamente decorre desde que se toma determinada decisão até que ela acarrete efeito. Se fosse possível decidir alterações nos processos de operações (como, por exemplo, aumentos de capacidade, da chegada de matérias-primas ou da contratação de recursos humanos) e elas acontecessem de forma instantânea, num piscar de olhos, não seria necessário planejar. Decidir no momento da necessidade seria suficiente.

Entretanto, não é esse o caso na maioria das situações reais. Diferentes decisões demandam tempos diversos para efeito. Portanto, é necessário que se tenha algum tipo de "visão" a respeito do futuro para que hoje se possam tomar as decisões adequadas que tenham os efeitos desejados no futuro. Em geral, a "visão" do futuro obtém-se a partir de algum tipo de sistema de "previsão" (por exemplo, de vendas) ou "decisão" tomada (por exemplo, uma decisão estratégica de implantar uma nova unidade fabril no próximo ano). Uma definição pode auxiliar o entendimento do conceito (Corrêa; Gianesi; Caon, 2019):

> Planejar é entender como a consideração conjunta da situação presente e da visão de futuro influencia as decisões tomadas no presente para que se atinjam determinados objetivos no futuro.

Desse conceito tiram-se várias lições:

- Um bom processo de planejamento depende de uma visão adequada do futuro. Essa visão do futuro pode depender de sistemas de previsão que, portanto, deverão ser adequados (veja o Capítulo 8).
- É necessário o conhecimento fiel sobre a situação presente.
- Um bom modelo lógico, que "traduza" a situação presente e a visão do futuro em boas decisões *hoje*, também é necessário para que um adequado processo de planejamento esteja em funcionamento.
- Para que se tenha um bom processo decisório a partir do planejamento, é necessário ter claros os objetivos que se pretendam atingir.

Cada um desses aspectos será abordado ao longo das discussões que se seguem.

16.2.2 DINÂMICA DO PROCESSO DE PLANEJAMENTO

O processo de planejamento é continuado. Em cada momento, deve-se ter a noção da situação presente, a visão de futuro, os objetivos pretendidos e o entendimento de como esses elementos afetam as decisões que se devem tomar **hoje**. À medida que o tempo passa, o "planejador" deve, periodicamente, estender sua visão de futuro, de forma que o horizonte de tempo futuro sobre o qual se desenvolva a "visão" permaneça constante. A esse processo dá-se o nome de "rolagem".

Em termos práticos, a dinâmica dá-se da seguinte forma:

Passo 1: levantamento da situação **presente**. O processo de planejamento deve "fotografar" (via "apontamento") a situação das atividades e recursos para que a situação atual se reflita no planejamento.

Passo 2: desenvolvimento e reconhecimento da "visão" de **futuro**. O sistema deve considerar a visão de futuro ("previsão") para que esta possa ter influência no processo decisório, respeitando inércias decisórias.

Passo 3: tratamento conjunto da situação **presente** e da "visão" de **futuro** transformando os dados coletados sobre ambos em informações disponibilizadas numa forma útil para a tomada de decisão.

Passo 4: tomada de decisão gerencial. A partir das informações disponibilizadas pelo sistema, os decisores efetivamente tomam suas decisões.

Passo 5: execução do plano. Decorre um período em que as diversas decisões vão tomando efeito.

Passo 6: como o mundo não é perfeito, algumas coisas não acontecem exatamente da forma planejada. Chega determinado momento em que é mais prudente tirar outra "fotografia" ("apontamento") da situação presente e recomeçar o processo. É hora de voltar ao passo 1. Isso é chamado de "ciclo de controle".

A Figura 16.1 ilustra a dinâmica do processo de planejamento.

Horizonte de planejamento

O período do tempo futuro sobre o qual se tenha interesse em desenvolver uma visão é chamado "horizonte de planejamento". Esse horizonte deve ser coerente com a inércia das decisões que serão tomadas. Inércias decisórias longas (como decisões sobre expansão de fábricas e armazéns) devem ser apoiadas por processos de planejamento de horizonte longo. Para inércias decisórias curtas, horizontes curtos poderão ser adotados.

Período de replanejamento

O período de replanejamento é o intervalo de tempo entre dois pontos em que se dispara o processo. Veja o passo 6. O replanejamento é disparado para que a realidade não "desgarre" muito (já que nem sempre o que se planejou acontece) em relação ao que se acreditava no último plano.

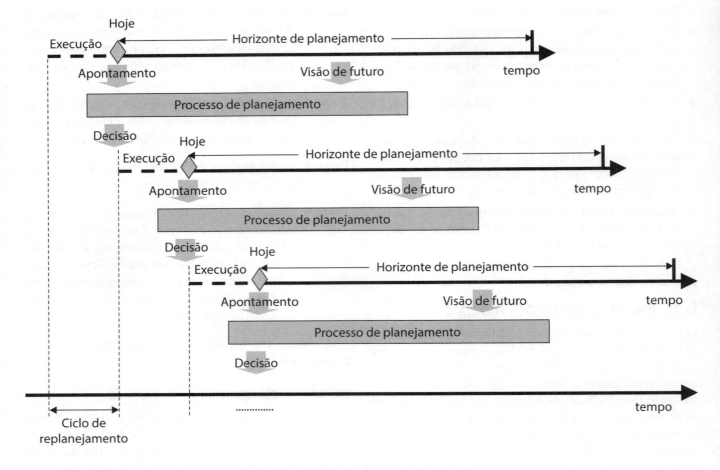

Figura 16.1 Dinâmica do processo de planejamento.

O dimensionamento do período de replanejamento vai depender de quanto a realidade em questão tem a capacidade de "desgarrar" em relação ao plano. Se se trata de um ambiente fabril relativamente estável, como um estaleiro, muito provavelmente pouca coisa terá mudado substancialmente de um dia para outro ou mesmo de uma semana para outra. Nesse caso, é um desperdício disparar o processo de replanejamento diária ou semanalmente. Períodos de replanejamento quinzenais ou mensais são preferíveis. Já uma indústria têxtil, que fabrica meias, por exemplo, tem um ambiente fabril mais dinâmico, que pode requerer frequência maior de replanejamento, podendo até mesmo ser diário. Deve-se estar atento também ao fato de que é inútil disparar o processo de replanejamento utilizando dados de entrada desatualizados.

Isso implica que a agilidade do processo de apontamento da situação presente deve ser compatível com a frequência de replanejamento. Caso isso não ocorra, o replanejamento se dará sobre bases irreais.

Conceito de planejamento hierárquico

Um bom processo de planejamento baseia-se no pressuposto de se ter uma boa "visão" do futuro, muitas vezes obtida a partir de previsões. Os horizontes de planejamento, por sua vez, devem ser coerentes com as inércias das decisões envolvidas. As operações, entretanto, têm uma infinidade de decisões com inércias diferentes, requerendo horizontes de planejamento diferentes. A visão do futuro deve incluir diversos "sub-horizontes": um "sub-horizonte" de curto prazo (para apoiar decisões de inércia pequena), um "sub-horizonte" médio (para apoiar decisões de inércia média) e um "sub-horizonte" longo (para suportar decisões de inércia maior). A Figura 16.2 ilustra essa ideia.

Geralmente, as decisões de inércia pequena envolvem níveis mais moderados de recursos – o efeito de uma decisão equivocada, portanto, não é tão relevante, por exemplo, a decisão de usar horas extras. As decisões de inércia maior, por outro lado, envolvem níveis mais elevados de

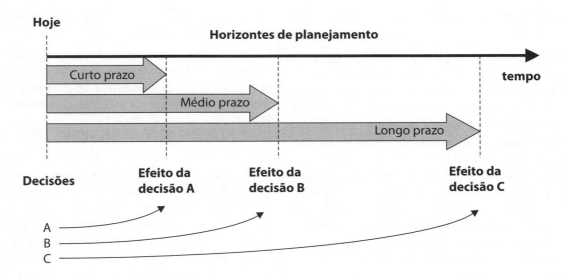

Figura 16.2 Sub-horizontes dentro do horizonte de planejamento.

recursos e os efeitos de uma decisão errada terão relevância maior. Uma decisão de expansão de fábrica deve ser tomada com muita antecedência e envolve escolha e compra de terreno, projeto industrial, construção, entre muitos outros.

Isso pode ser um pouco inquietante porque se sabe que decisões tomadas com maior antecedência requerem uma visão sobre um futuro mais longo e, portanto, com maior incerteza. A probabilidade de erro nas previsões cresce com o horizonte (veja o Capítulo 8). Se as decisões que envolvem maior volume de recursos têm de ser tomadas com maior antecedência e, portanto, com maior probabilidade de erro, isso resulta que justamente as decisões cujos erros podem ter consequências mais sérias são aquelas com maior probabilidade de erro. Nessa situação, o gestor de operações estaria tomando decisões cuja probabilidade de erro é alta e, simultaneamente, com custo de erro alto.

Entretanto, também discutimos no Capítulo 8 o efeito chamado *risk pooling*, segundo o qual previsões mais agregadas ficam em geral sujeitas a erro menor. Só para recordar o efeito, imagine a Avon Cosméticos tentando fazer previsões de vendas para cada cor de batom, com horizonte de 12 meses. Seria difícil até mesmo prever se determinada cor de batom ainda estará na linha de produtos da Avon nesse período. Imagine, agora, a mesma Avon fazendo previsões do consumo agregado de batons (isto é, do total de batons, independentemente da cor) com horizonte de 12 meses. As previsões estarão muito menos sujeitas a erro. Como as previsões de certas cores de batom terão sido superestimadas e outras subestimadas, esses erros tendem a compensar-se, resultando numa previsão agregada mais precisa que a desagregada. Quanto maior o número de itens e quanto mais "aleatoriamente" se distribuem os erros, mais esse efeito tende a ocorrer.

Questões relacionadas com tempo/inércia (médio e longo prazo), decisões estruturais e recursos operacionais caros precisam de análise estratégica cautelosa, pois terão impacto sensível na operação, podendo alavancar ou falir uma empresa. Por exemplo, a Pastas & Cia. produz e comercializa diversas massas, sua capacidade atual é de 500 toneladas/mês e sua demanda tem variado entre 400 e 480 toneladas/mês. Preocupada com a proximidade da demanda de sua capacidade total, a Pastas & Cia. encomendou uma pesquisa estruturada sobre seus clientes, especialmente em relação ao possível aumento da demanda. A empresa responsável pelo estudo concluiu que nos próximos cinco anos a demanda deve ficar entre 900 e 1200 toneladas/mês. Dessa forma, a Pastas & Cia. encomenda o projeto para a construção de uma nova fábrica, com novas instalações, máquinas, equipamentos e funcionários. Afinal, se ela não estiver preparada, vai perder praticamente metade da futura demanda. Porém, surge uma pergunta para reflexão: E se a demanda não se concretizar de verdade? Em quanto tempo a nova fábrica estará de fato "operando"? O custo para o novo projeto da fábrica é alto e a atual demanda ainda não está próxima da capacidade atual. Esse dilema é menos duro considerando que apenas a demanda agregada será necessária para a decisão da nova fábrica (isso será explicado adiante), mas reforça a necessidade de uma abordagem realmente estratégica que analise riscos e benefícios na tomada de decisão.

Decisões diferentes requerem níveis diferentes de agregação dos dados

Vamos agora analisar mais profundamente a questão dos batons da Avon. Por que a empresa desenvolveria uma "visão" de futuro com 12 meses de antecedência para batons? Certamente para apoiar decisões com inércia compatível. Quais seriam? Compra de insumos ou programação de turnos de trabalho? Provavelmente não. Essas são decisões de inércia menor, exigindo, assim, antecedência menor. Decisões com antecedência da ordem de 12 meses para a Avon podem ser aquelas referentes a aumento de capacidade de linha de produção. Como uma nova linha será capaz de produzir qualquer *mix* de batons, para esse tipo de decisão, uma previsão agregada (de menor erro) é suficiente. A decisão é assim tomada com menor incerteza.

A agregação da previsão, que faz reduzir o nível de sua incerteza, compensa, até certo ponto, o aumento de incerteza causado pelo necessário aumento do horizonte de previsão.

Entretanto, para o mesmo planejamento da Avon, em algum momento, será necessário tratar o futuro com uma visão desagregada. Por exemplo, em determinado momento, será necessário decidir quanto corante cor "Ocre 21" comprar. Nesse instante, necessariamente uma previsão desagregada terá de ser feita, pois, se a empresa vender mais ou menos batons dessa cor, usará mais ou menos do insumo; entretanto, a antecedência que essa decisão exigirá será muito menor que 12 meses, talvez algumas semanas sejam suficientes para permitir a reação do fornecedor. A previsão desagregada poderá ser feita com um horizonte bem menor.

Se, ao longo do horizonte de planejamento, forem trabalhados adequadamente os níveis de antecedência e agregação dos dados, pode-se trabalhar com um nível de incerteza mais uniforme ao longo do horizonte.

Estrutura do planejamento hierárquico

Nos princípios descritos está a lógica da *hierarquia* dos processos de planejamento. Como as decisões em operações têm inércias distintas, é necessário considerar diferentes horizontes de planejamento. Como as decisões de maior inércia em geral envolvem maiores recursos e são decisões mais estratégicas, elas, uma vez tomadas, passam a representar *restrições* às alternativas de decisão das decisões de menor inércia. Por exemplo, se em determinado momento do passado (12 meses atrás, por exemplo) foi decidido em relação à nossa fabricante de cosméticos que ela teria hoje a capacidade produtiva máxima de 200.000 unidades por semana, as decisões de quantos batons fazer, e, portanto, quanto insumo adquirir estarão *restritas* por aquela decisão anterior.

Essa "hierarquia" de decisões, em que as decisões *maiores*, de maior inércia, vão hierarquicamente restringindo as decisões *menores*, de menor inércia, deve ser respeitada, para que haja coerência entre os diversos "níveis hierárquicos" de decisão e, dessa forma, garantir coesão do processo de planejamento em sua totalidade.

A Figura 16.3 ilustra o conceito de hierarquia de decisões de planejamento.

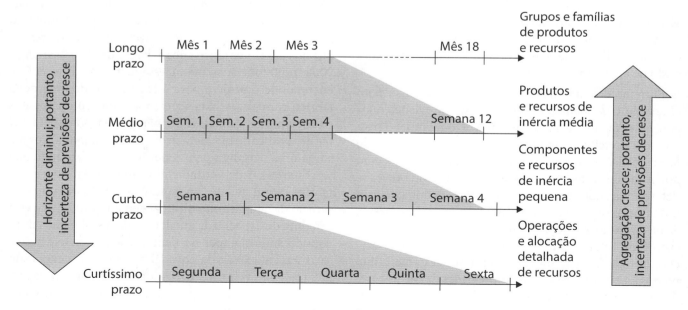

Figura 16.3 Conceito de hierarquia de decisões de planejamento: agregação e horizonte de previsões contra compensam-se em seus efeitos sobre as incertezas de previsões.

Num primeiro nível, estão as decisões de mais longo prazo, que têm inércia maior. Como a antecedência dessas decisões é grande, em geral seu nível de agregação também é. O horizonte aqui pode chegar a um ano ou mais, conforme o caso; o período de planejamento é também agregado (grande), podendo ser o mês. Os produtos são agregados em famílias de produtos e os recursos, em setores produtivos.

Num segundo nível, com decisões restritas pelas decisões do nível hierárquico superior, as decisões têm menor inércia. Isso define um sub-horizonte de planejamento menor que o do anterior; entretanto, o nível de desagregação necessário é maior. Ou seja, apenas uma parte do horizonte do primeiro nível hierárquico é "desagregada" nesse segundo nível de forma a garantir coerência entre esses dois níveis. É comum encontrar o segundo nível hierárquico com horizonte de alguns meses (três, por exemplo) e período de planejamento que pode ser a semana. As famílias de produtos são desagregadas em produtos individuais e os setores são desagregados em grupos de equipamentos similares.

Num terceiro nível de desagregação, os produtos são desagregados em seus componentes e os grupos de equipamentos similares são desagregados em equipamentos individuais; o horizonte pode ter de um a alguns meses de duração, o período de planejamento pode durar de um dia a uma semana.

Quando necessário, um quarto nível de desagregação pode ser definido, em que a primeira semana do terceiro nível é desagregada, por exemplo, em dias, os componentes são "desagregados" em operações e os recursos são aqueles de inércia mínima (por exemplo, providenciar horas extras). Nesse caso, o horizonte é de uma ou duas semanas e o período de planejamento é o dia ou os turnos.

Coerência entre decisões de níveis diferentes

Com essa estrutura hierárquica de desagregações sucessivas, garante-se que as decisões de nível imediatamente anterior são consideradas direcionadoras (ou restritivas) do nível imediatamente inferior e assim sucessivamente, até o nível mais desagregado.

Cumpre lembrar que o processo de planejamento não é feito apenas uma vez, mas continuadamente.

Por exemplo, se o horizonte de planejamento do primeiro nível hierárquico é de 18 meses, o mês 18 será considerado pela primeira vez no replanejamento presente (no mês anterior, o mês 18 era o mês 19 e, portanto, não entrava no horizonte máximo considerado). A partir desse replanejamento, o mês 18 será considerado sucessivamente por 18 meses; no mês seguinte, ele será o mês 17; dois meses depois, ele será o mês 16 e assim por diante, até que, quando ele passar a ser o mês 3, será considerado em semanas, sendo a partir desse ponto tratado de forma desagregada. Será a semana 12, tornando-se a semana 11 uma semana depois, semana 10 uma semana depois e assim por diante, continuando a ser considerado a cada replanejamento, agora mais frequentemente. Quando se tornar a semana 1, será desagregado em dias, sendo assim tratado daí por diante até que se torne o momento presente. A partir daí, sai do horizonte de planejamento, pois se tornou passado.

Dessa forma, um período é tratado repetidamente, por longo tempo, de forma gradualmente mais desagregada, à medida que se tenha sobre ele informações mais precisas (previsões terão menor horizonte).

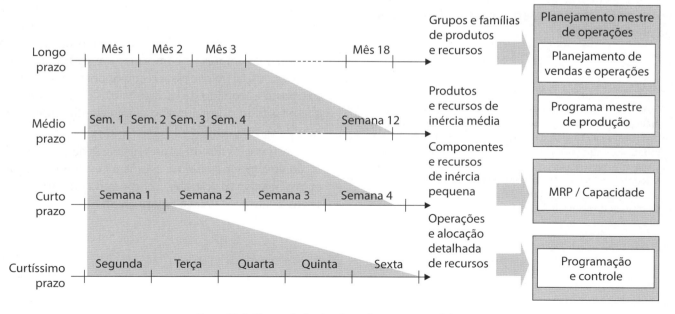

Figura 16.4 Hierarquia de planejamento e sua nomenclatura.

Planejamento mestre de operações

Os níveis mais altos da hierarquia do processo de planejamento de operações descrito até agora são exatamente os que representam a interface entre as estratégias da unidade de negócios e seu processo de planejamento. É nesses níveis superiores que a estratégia de negócios se refletirá no processo de planejamento operacional; é neles que se garantirá que a operação de fato trilhará os caminhos estratégicos para ela pensados pelos níveis mais estratégicos da organização.

Coerentemente com o esquema conceitual proposto na Figura 16.3, os processos de planejamento operacional se hierarquizam, conforme a Figura 16.4.

Como pode ser visto na Figura 16.4, o planejamento mestre de operações compõe-se de dois níveis hierárquicos:

- O planejamento de vendas e operações – PVO (ou, como na literatura de língua inglesa, *Sales & Operations Planning* – S&OP).
- A programação mestre de produção – PMP (ou, como na literatura de língua inglesa, *Master Production Scheduling* – MPS).

Mais do que uma simples função do processo de planejamento de operações, o planejamento de vendas e operações[1] pode e deve exercer uma função mais importante. Parte desse papel refere-se à integração entre níveis de decisão diferentes, isto é, estratégicos e operacionais, visando garantir que o que foi decidido estrategicamente seja efetivamente realizado por decisões operacionais. Outra parte refere-se à integração entre decisões de mesmo nível, mas de diferentes funções da empresa, como marketing, manufatura, finanças, entre outras. Desse ponto de vista, representaria também o elo entre as diferentes funções que garante que todos os envolvidos estejam colocando seus esforços na mesma direção.

---

[1] Empresas diferentes têm dado nomes diversos a esse nível de planejamento, como planejamento agregado de produção, planejamento estratégico de produção, planejamento de vendas e produção, entre outros. O nome, obviamente, não é importante, e sim as características que serão descritas adiante. Adotaremos a denominação consagrada *Planejamento de Vendas e Operações* (PVO), por entender o valor da uniformização de terminologia na difusão dos conceitos.

16.2.3 INTEGRAÇÃO DE ESTRATÉGIAS DE MARKETING, MANUFATURA, FINANÇAS E P&D

O processo de definição estratégica da organização estabelece três níveis de estratégia:

- **A corporativa**: trata de decisões que, por sua natureza, não podem ser descentralizadas sem que se corra o risco de subotimizações.
- **A de negócios**: é uma subdivisão do nível corporativo, para os casos em que a organização opere com unidades de negócios independentes, cujos respectivos planejamentos estratégicos deverão subordinar-se ao planejamento corporativo.
- **A funcional**: não somente consolida os requisitos funcionais demandados pela estratégia corporativa, mas também se constitui, acima de tudo, no arsenal de armas competitivas que se transformarão nas competências distintivas da empresa.

VOCÊ SABIA?
No caso de uma empresa operar com apenas uma unidade de negócio, pode haver apenas o nível corporativo. Em ambos os casos (com uma unidade de negócio ou várias independentes), o processo consiste na análise e na adequação de oportunidades aos recursos da empresa, visando à identificação de uma ou mais estratégias econômicas ou de mercado.

A principal preocupação de empresas, ao menos no setor privado, tem recentemente se voltado para como gerenciar suas áreas funcionais de modo a obter, manter e ampliar seu poder competitivo. Pode-se definir, então, as estratégias funcionais como ferramentas cujo objetivo principal é o aumento da competitividade da organização e, para tal, buscam organizar os recursos de cada área funcional da empresa e conformar um padrão de decisões coerente, para que esses recursos possam prover um composto adequado de características de desempenho que possibilite à organização competir eficazmente no futuro (veja o Capítulo 2).

As estratégias dos diferentes negócios de uma organização devem ser coerentes e, espera-se, sinérgicas, para que os objetivos da estratégia corporativa da organização sejam alcançados (veja a Figura 16.5).

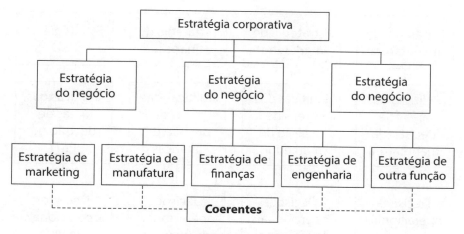

Fonte: Corrêa, Gianesi e Caon, 2007.
Figura 16.5 Estrutura hierárquica da gestão estratégica.

Há dois tipos de coerência que deveriam ser garantidos nos processos estratégicos das organizações: a coerência entre as estratégias funcionais (que chamaremos "horizontal alta") e a coerência entre os diversos níveis de decisão no âmbito de cada função ("vertical"). A Figura 16.6 ilustra esse ponto.

Dadas as dificuldades, não se pode esperar 100% de coerência, nem entre estratégias funcionais, nem entre os diversos níveis de decisão de determinada função. Um dos resultados práticos dessa falta de coerência são decisões conflitantes que acabam comprometendo o desempenho da empresa e seu poder de competitividade. Alguns exemplos de decisões conflitantes são ilustrados a seguir:

- Promoção de venda, feita pela área de marketing, de produtos que ainda não foram lançados/liberados pelo setor de engenharia e desenvolvimento de produto.
- Quando liberados pela engenharia, os produtos requerem componentes cujos *lead times* não foram adequadamente considerados, comprometendo mais ainda os prazos de entrega prometidos ao mercado.
- Decisão do setor de manufatura de formar estoque de matéria-prima sem cobertura de capital de giro, que foi utilizado, pelo setor de finanças, para investimento em ativos.
- Esforço de vendas do setor de marketing, baseado em *mix* de produtos desbalanceado em relação à capacidade, gerando ociosidade e atraso de entrega, por parte do setor de manufatura.

Figura 16.6 A necessidade de coerência entre as decisões operacionais das diversas funções da empresa.

Figura 16.7 PVO integrando as principais funções da empresa.

- Descontos de preço e financiamento a clientes para aumento de faturamento, decidido pelo setor de marketing, com comprometimento da margem bruta total e/ou sem cobertura de capital de giro.

O que se pode concluir dessa análise é que é necessário estabelecer mecanismos para garantir a coerência entre decisões de áreas funcionais diferentes em outros níveis que não apenas o nível de formulação das estratégias funcionais (horizontal alta), garantidas no processo de sua reformulação, em geral anual.

16.2.4 PLANEJAMENTO DE VENDAS E OPERAÇÕES (PVO)

O nível hierárquico do processo de planejamento de operações, mais adequado para atender aos requisitos citados de integração das diversas áreas funcionais, é o processo de *Planejamento de Vendas e Operações*, ou PVO. Esse processo deve integrar, tanto no nível de políticas como no de decisões, as funções de manufatura, marketing, finanças e engenharia e desenvolvimento de produtos, conforme ilustra a Figura 16.7.

Introdução ao PVO

Um dos principais objetivos do PVO é gerar planos de venda, de produção, financeiro e de introdução de novos produtos que sejam realistas, viáveis e coerentes uns com os outros e com os objetivos estratégicos da organização.

Isso é conseguido por meio de um processo do qual participam elementos de todas as principais áreas da empresa, para que se analisem os impactos de cada decisão em todas as áreas envolvidas.

É nesse nível de planejamento que as prioridades estabelecidas na estratégia de operações (em custos baixos, em confiabilidade ou velocidade de entrega, em flexibilidade, entre outras) devem ser explicitamente colocadas, condicionando as decisões de planejamento. Os níveis globais de estoques, os níveis de ociosidade e variação da carga de trabalho, a alocação de capacidade a diferentes linhas ou famílias de produtos, entre outros aspectos, são definidos no nível do PVO e devem levar em conta as prioridades estratégicas. A partir daí, as decisões do PVO são desagregadas aos níveis hierárquicos inferiores, garantindo a coerência entre a estratégia de manufatura e as decisões operacionais.

Objetivos do PVO

O processo de *Planejamento de Vendas e Operações* tem alguns objetivos específicos que podem servir para caracterizá-lo, ou seja, somente estaremos executando eficazmente o PVO se esses objetivos estiverem sendo alcançados:

- Suportar o planejamento estratégico do negócio.
- Garantir que os planos sejam realísticos.

- Gerenciar as mudanças de forma eficaz.
- Gerenciar os estoques de produtos finais e/ou a carteira de pedidos de forma a garantir bom desempenho de entregas (nível de serviço a clientes).
- Avaliar o desempenho.
- Desenvolver o trabalho em equipe.

A empresa deve definir grupos ou famílias de produtos para o planejamento no nível do PVO. Por que gerenciar num nível agregado? Como o PVO trata de horizontes longos, suas decisões em geral permitem maior agregação de dados. Também porque não é prático para a alta direção analisar cada produto que a empresa produz. Em vez disso, a ideia é gerenciar famílias e não produtos, taxas de produção e não ordens específicas. O problema implícito na formação das famílias de produtos é que as áreas de vendas e marketing veem as famílias de determinada forma – segundo a função dos produtos, sua aplicação, seus mercados, ou seja, uma visão orientada ao cliente –, enquanto a manufatura vê de outra –, segundo os processos produtivos, os recursos ocupados, ou seja, uma visão de fábrica. É necessária a adoção de um dos pontos de vista, sendo que para o outro deve haver uma tabela de conversão que determine o impacto de cada "família de marketing" sobre cada "família de manufatura".

Resultados do PVO

Os resultados esperados de cada ciclo de *Planejamento de Vendas e Operações* devem ser claramente estabelecidos. Alguns exemplos são:

- Estabelecimento das metas mensais de faturamento.
- Projeção de lucros.
- Projeção de estoques.
- Fluxo de caixa projetado.
- Determinação das quantidades mensais de produção para serem firmadas dentro do período de congelamento.
- Estabelecimento de orçamentos de compras e despesas de capital.
- Definição de limites de tolerância para variações no Plano Mestre de Produção (PMP).

Ferramenta para PVO

A ferramenta utilizada para o *Planejamento de Vendas e Operações* não precisa ser sofisticada. A maioria das empresas que realiza o PVO trabalha com planilhas eletrônicas desenvolvidas sob medida para suas necessidades. O mais importante é que as informações estejam disponíveis e visíveis para a tomada de decisões, para que as reuniões de PVO não sejam gastas "garimpando-se" as informações necessárias, e sim tomando-se decisões com base nelas. Três tipos de informação são importantes:

- O desempenho passado.
- A situação atual.
- Os possíveis planos para o futuro.

A Figura 16.8 ilustra um exemplo simples de planilha para o planejamento de uma família de produtos produzidos para estoque. A planilha está dividida em três partes: a primeira apresenta o plano de vendas, a segunda o plano de produção e a terceira o estoque projetado de produtos acabados. Em todas as três partes, a planilha apresenta dois planos: um deles, denominado plano atual, mostra o que foi decidido no ciclo de PVO do período anterior, o outro, denominado novo plano, representa a proposição de plano que está sendo discutida no ciclo atual.

O período de planejamento (também conhecido como *time bucket*) ideal é mensal e nesse exemplo o horizonte de planejamento é de 12 meses. É interessante perceber que a linha *plano atual* mostra um horizonte de 12 meses a partir do mês passado, ou seja, 11 meses a partir da data atual, enquanto o novo plano tem um horizonte de 12 meses. As três primeiras colunas (meses) representam as informações históricas dos últimos três meses; nelas, na linha *plano atual* são mostrados os últimos valores planejados para cada mês e na linha *novo plano* são mostrados os valores reais obtidos nos últimos meses. São também apresentados na planilha os desvios ou diferenças entre o que foi planejado e o que foi realmente obtido, tanto para vendas como para produção e estoques.

Uma vez que se estabelece um plano, ter bom desempenho significa cumpri-lo, pois desvios não planejados podem trazer custos também não planejados. As causas para os desvios, tanto de vendas como de produção, devem ser identificadas, devendo-se ter uma visão clara do cenário futuro: podem-se eliminar as causas dos desvios? Em que prazo? Os planos anteriores não eram realísticos? Está se trabalhando com dados irreais? Que desempenho é esperado no futuro? Essas questões devem estar respondidas antes que se possam propor novos planos.

	Histórico			Planejamento										
Meses	Jan.	Fev.	Mar.	Abr.	Maio	Jun.	Jul.	Ago.	Set.	Out.	Nov.	Dez.	Jan.	Fev.	Mar.
Dias do mês	20	17	20	21	19	21	23	21	22	22	20	17	20	17	22
Plano de vendas															
Plano atual	320	280	360	360	400	400	400	360	360	320	320	280	320	320	380
Novo plano	328	300	374	380	410	410	410	370	370	320	320	300	340	340	
Diferença	8	20	14												
Diferença acumulada	8	28	42												
Plano de produção															
Plano atual	340	310	340	360	400	400	400	400	320	320	320	300	340	340	
Novo plano	328	300	336	360	400	420	420	400	400	320	320	300	360	360	360
Diferença	–12	–10	–4												
Diferença acumulada	–12	–22	–26												
Estoques acabados															
Plano atual	200	230	210	210	210	210	210	250	210	210	210	230	250	270	
Novo plano	**180**	**180**	**142**	**122**	**122**	**122**	**132**	**162**	**192**	**192**	**192**	**192**	**212**	**232**	**212**
Diferença	–20	–50	–68												

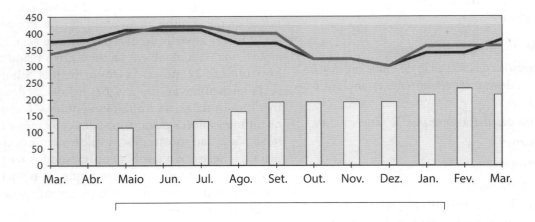

Figura 16.8 Exemplo de planilha PVO para produção para estoque de determinada família de produtos (Corrêa, Gianesi e Caon, 2007).

O plano de vendas deve refletir as informações tanto de previsão de vendas, ou seja, o quanto se espera que o mercado esteja disposto a comprar dessa família de produtos, como da disposição da empresa em oferecer determinada família de produtos ao mercado; afinal, tendo recursos limitados, nem sempre será interessante para a empresa procurar atender a todo o potencial de mercado para determinada família, alocando recursos que poderiam ser utilizados na produção de outros produtos estrategicamente mais interessantes. Portanto, o plano de vendas deve refletir, em termos operacionais, o posicionamento estratégico da empresa em relação aos produtos que fabrica e aos mercados que atende.

Dada uma proposta de plano de vendas, é sugerido o plano de produção que gere uma projeção de estoques de produtos acabados que atenda às políticas da empresa para aquela família de produtos. Esse plano de produção precisa ser verificado, tanto em termos de capacidade como em termos de materiais críticos (principalmente aqueles de longo *lead time*).

Informações para PVO

Para o processo de *Planejamento de Vendas e Operações*, é importante ressaltar algumas informações que devem ser especialmente bem tratadas:

- Desempenho passado.
- Estado atual.
- Parâmetros.
- Previsões.
- Restrições externas importantes.

Resultados do PVO

O PVO é o nível de planejamento para a resolução, pela alta administração, dos conflitos entre áreas funcionais. Esses conflitos geralmente surgem quando os diversos setores ou departamentos buscam miopemente atingir seus objetivos funcionais; como muitos desses objetivos são conflitantes (reduzir custos na produção e aumentar faturamento, aceitando pedidos de última hora, por exemplo), é necessário um mecanismo de arbitramento. O plano resultante do processo de PVO, traduzido para as diversas áreas, estabelece objetivos claros para cada uma delas: a manufatura deve atingir o plano de produção; a área de finanças deve prover os recursos do orçamento; a área comercial deve atingir o plano de vendas.

Processo do PVO

O processo de PVO consiste em cinco etapas sucessivas:

1. Levantamento de dados históricos que apresentem não só o estado atual da empresa em relação a vendas, produção, estoques, como também o desempenho passado em relação a estes e outros aspectos.
2. Planejamento de demanda, incluindo a gestão das previsões e a elaboração do plano de vendas.
3. Planejamento de materiais e capacidade.
4. Reunião preliminar de PVO, na qual são envolvidos os demais setores da empresa para análise dos planos e identificação de problemas e alternativas.
5. A reunião executiva de PVO, com participação da alta direção, deliberativa e, em geral, com periodicidade mensal, na qual os planos são validados junto à alta direção da empresa.

De forma resumida, vendas e marketing comparam a demanda real passada ao plano de vendas, verificando o potencial do mercado e projetando demandas futuras. O plano atualizado de demanda é, então, comunicado à manufatura, que elabora o plano de produção, verificando as necessidades de capacidade, em termos agregados, assim como as necessidades de materiais críticos. Todas as dificuldades em atender à demanda são trabalhadas, ou os planos de vendas são alterados, em um processo que é concluído numa reunião formal, liderada pelo diretor-geral da empresa. O resultado final é um plano atualizado de operações que deverá atender à demanda. Esse plano deve, então, ser desagregado para dar origem ao plano mestre de produção, o MPS. A Figura 16.9 ilustra esquematicamente o processo de PVO.

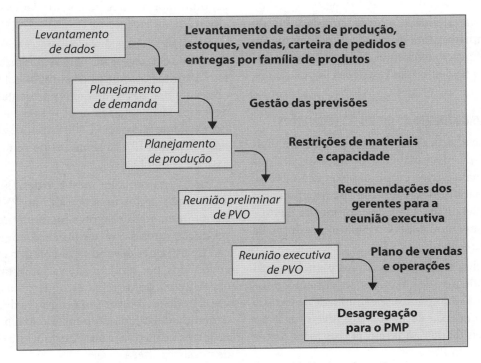

Figura 16.9 Processo mensal do Planejamento de Vendas e Operações.

16.2.5 PLANEJAMENTO MESTRE DE PRODUÇÃO (OPERAÇÕES) (PMP)

O Planejamento Mestre de Produção, PMP (ou, em literatura de língua inglesa, *Master Production Schedule*, MPS), coordena a demanda do mercado com os recursos internos da empresa de forma a programar taxas adequadas de produção de produtos finais, principalmente aqueles que têm sua demanda independente (quando a demanda futura tem de ser prevista, veja o Capítulo 8).

No processo de PVO, descrito anteriormente, os dirigentes principais de cada função se reúnem, pelo menos uma vez por mês, e desenvolvem um plano para a unidade de negócios, que visa sincronizar volumes agregados de produção com a demanda futura, normalmente também tratada de forma agregada.

A equipe de PVO considera os produtos agregados em famílias ou linhas de produtos, sendo função do planejador mestre de produção (responsável pelo PMP) desagregar esses níveis agregados de produção planejada em planos detalhados, por exemplo, semanais, para cada item de produto acabado individual (veja a Figura 16.4). O processo de PVO dirige e restringe o programa mestre de produção (PMP).

Um mau uso do PMP pode pôr a perder as vantagens obtidas por um bom processo de PVO. Bem gerenciado, por outro lado, o PMP colabora com a melhora do processo de promessa de datas e quantidades de produtos para clientes, com uma melhor gestão de estoques dos produtos acabados, melhor uso e gestão da capacidade produtiva e melhor integração entre funções.

Por meio da manutenção de uma acurada visão do balanço entre suprimento e demanda, o planejamento mestre permite oferecer aos clientes da operação um nível de serviço adequado, dentro das restrições impostas pela decisão de PVO.

Por que planejamento mestre de produção (operações)?

A gerência intermediária é responsável pelo desenvolvimento de planos de nível mais baixo (mais detalhados e de horizonte mais curto) e por sua execução. Nesse sentido, ela compatibiliza o PVO com sua programação e execução mais detalhada. O planejador mestre de produção é um desses importantes compatibilizadores de gerência intermediária.

A habilidade de compatibilização no planejamento mestre – sua habilidade de balancear suprimento, estoques e demanda – dá à empresa a oportunidade de evitar o caos na fábrica sem deixar de atender aos níveis variáveis e pouco previsíveis da demanda, em prazos mais curtos que aquele tratado no PVO.

Acadêmicos e práticos nos dizem que empresas de manufatura devem ter esses objetivos em mente: maximizar o serviço ao cliente, minimizar estoques e maximizar a utilização dos recursos produtivos.

Quando se considera o mundo real, entretanto, essa visão ideal de manufatura, que consegue atender a todos os objetivos possíveis de forma excelente, tende a ficar mais distante.

Respostas muito rápidas ao cliente, em geral, requerem algum nível de estoques, e fábricas não podem ser operadas a taxas de produção constantes e próximas à capacidade instalada com a demanda subindo e descendo de forma cada vez mais errática. Assim, em vez de ser minimizadores de estoques, ou maximizadores de serviços, ou, ainda, maximizadores de utilização de capacidade, programadores mestres devem ser compatibilizadores, achando a melhor solução compromissada, aquela capaz de compatibilizar adequadamente os possíveis objetivos conflitantes (também chamados *trade-offs* – veja o Capítulo 2) dentro da organização, seja entre diferentes funções, seja entre diferentes níveis hierárquicos de planejamento.

Imagine que o nível de PVO definiu que a intenção estratégica da organização é produzir "4.800 unidades nos próximos 12 meses da Família X, distribuídos, em média, em 400 unidades por mês". Esse nível de planejamento, agregado, em termos amplos, é adequado ao PVO; se as vendas são de 430 em um mês e 370 no outro, isso pode não trazer grandes problemas em nível de PVO. Também, em nível de PVO, não fará diferença crucial se as 400 unidades por mês forem, no detalhe, 150 unidades do produto específico XA e 250 unidades do produto específico XB, ou vice-versa.

Na fábrica, entretanto, é necessária informação mais detalhada e desagregada. Diferentes produtos específicos têm distintos conjuntos de componentes que devem ser obtidos. Quantos (e de quais apresentações específicas) devemos fazer esta semana? – essa é a pergunta que se faz. O cliente não quer "1.000 este ano". O cliente quer 100 nesta semana, 125 na semana que vem, 90 na próxima e assim por diante.

Para o programador mestre, o desafio é tentar planejar a operação de forma a atender ao PVO, quebrando-o numa demanda desagregada, mantendo suas taxas de produção o mais estáveis possível, com mínima formação de estoques, levando em conta, para isso, os custos envolvidos, por um lado, de variar as taxas de produção e, por outro, de carregar estoques. Mas como uma empresa pode estabilizar seu programa de produção com a demanda detalhada do mercado exigindo atendimento na forma de picos e vales? A seguir, está descrita uma lista de possíveis alternativas:

- Uso de estoques de produtos acabados – quando a demanda não supera o nível de produção desejável, criam-se estoques – que atenderão à demanda extra quando esta, em outro período, superar o nível de produção desejável.

- Gerenciamento do suprimento de recursos por meio do uso de horas extras, subcontratação, turnos extras etc. para se adequar melhor aos picos e vales.

- Gerenciamento da demanda sugerindo promoções, oferecendo vantagens para clientes que recebem mercadorias adiantado, oferecendo descontos para os que aceitarem postergar determinado recebimento etc., no sentido de atenuar os picos e os vales.

- Variar os tempos de promessa de entrega quando é prometido ou variar os tempos internos de atravessamento, alterando prioridades.

- Combinações das alternativas anteriores: gerenciando suprimento, demanda e *lead times*.

As opções citadas fazem parte da caixa de ferramentas do planejador mestre. Como se nota, algumas incluem decisões multifuncionais. Por isso, o PMP é um âmbito de planejamento que deve ser considerado multifuncional, não podendo ficar exclusivamente a cargo de uma ou outra função isolada.

Funcionamento do PMP

É importante entender o funcionamento do PMP para que se possa com ele gerenciar.

Registro básico do PMP

O PMP tem um registro básico que se utiliza da lógica de *Time Phased Order Point* (TPOP, ou ponto de ressuprimento escalonado no tempo). O registro é, de fato, um suporte informacional à tomada de decisão do planejador mestre, sendo que a principal ênfase está no processo decisório sobre quais produtos acabados, em que quantidades e em que períodos produzir.

A principal função do PMP é coordenar, ou, em outras palavras, balancear suprimento e demanda dos produtos acabados, período a período com um horizonte de médio prazo (de um a seis meses, tipicamente). Faz isso definindo programas detalhados de produção de produtos acabados, de forma a suportar os planos agregados desenvolvidos na etapa de PVO.

Isso significa ter uma visão de futuro da demanda, considerando todas as suas diferentes fontes, período a período, e entender quais recursos serão necessários para satisfazer a essa demanda. Há vários formatos de registro básico (também chamado "matriz") do PMP. Todos são, conceitualmente, similares àquele mostrado na Figura 16.10, um registro referente a uma lapiseira hipotética.

Cada coluna do registro contém todas as atividades referentes ao planejamento mestre esperadas para acontecer num período específico. Os períodos 1, 2, 3 etc., expostos nas colunas da Figura 16.10, representam os períodos futuros de planejamento mestre e estendem-se até o final do horizonte especificado para o PMP. A natureza da atividade – se relacionada a suprimento ou demanda – é determinada pela específica linha onde ocorre.

O número de períodos de um registro básico de PMP depende do horizonte e do período de planejamento escolhidos pela operação em questão, que dependerão, como já analisado, das inércias de suas decisões. Tecnicamente, cada período pode representar um dia, uma semana, uma quinzena ou mesmo um mês. Na prática, em geral, os eventos representados têm datas específicas: 2 de setembro, 9 de setembro, 16 de setembro e assim por diante.

Por convenção, o período corrente é o período 1, e assim permanece conforme passa o tempo. Dessa forma, numa semana, o período 1 poderia iniciar em 2 de setembro, na próxima semana o período 1 se iniciará em 9 de setembro e assim por diante. Os dados de cada coluna

Lapiseira P207	Atraso	1	2	3	4	5	6	7	8
Previsão de demanda independente		200	200	200	200	200	200	200	200
Demanda dependente									
Pedidos em carteira									
Demanda total		200	200	200	200	200	200	200	200
Estoque projetado disponível	240	40	240	40	240	40	240	40	−160
Disponível para promessa									
Programa mestre de produção (PMP)			400		400		400		

Figura 16.10 Registro básico do PMP.

mudam-se para a esquerda à medida que o tempo passa. A coluna imediatamente à esquerda do período 1 é a coluna de "Atrasos". Refere-se a ocorrências que deveriam ter acontecido (ou esperava-se que acontecessem) em períodos passados, mas não aconteceram. No computador, em geral as ocorrências são armazenadas por data e, portanto, qualquer período maior que o dia pode ser usado acumulando-se apropriadamente ocorrências nos dias em períodos maiores.

O PMP, tanto em relação à demanda como com relação a suprimentos, não é definido de forma totalmente livre pelo planejador mestre. Numa situação em que o planejamento hierárquico funciona bem, todas essas decisões subordinam-se, tanto quanto possível, às decisões previamente tomadas no nível de PVO.

As quatro primeiras linhas do registro do PMP mostrado na Figura 16.10 referem-se à demanda futura e são descritas a seguir.

Previsão de demanda independente

Identifica a "demanda independente" para este item de PMP. Significa a previsão da demanda que, se espera, ocorrerá. A previsão de demanda independente refere-se, por exemplo, à demanda que o mercado consumirá, com os itens sendo vendidos diretamente ao cliente. Para os produtos acabados, refere-se à previsão de demanda normal. Para outros, semiacabados, refere-se por exemplo a unidades vendidas como peças de reposição ou peças para atividades de serviço pós-venda.

Demanda dependente

A linha de demanda dependente identifica as quantidades do item em questão que serão vendidas no futuro como parte de algum outro produto ou que, conforme será definido no Capítulo 18, pode ser calculado como função de alguma *decisão* sob controle da operação ou da organização em que se insere. A parte da demanda futura do item que pode ser "calculada" aparece posteriormente ao cálculo, feito pelo sistema MRP (discutido no Capítulo 18), nesta linha.

Pedidos em carteira

Pedidos em carteira referem-se a ordens de clientes de produtos que já foram vendidos, mas ainda não foram despachados. Um cliente, por exemplo, colocou um pedido de compra para uma quantidade de lapiseiras, mas, por algum motivo (indisponibilidade imediata do material, indisponibilidade de capacidade produtiva, ou mesmo desejo do consumidor), essas lapiseiras deverão ser entregues em algum momento futuro.

Demanda total

Essa linha representa a combinação das três anteriores.

Como, entretanto, os pedidos colocados entram contra as previsões feitas, esses registros, à medida que os pedidos vão entrando e aparecendo na linha de "Pedidos em carteira", vão deduzindo as quantidades correspondentes da linha de "Previsão de demanda independente".

Linha de Programa Mestre de Produção (PMP) – o lado dos suprimentos

Essa é a linha em que o programador mestre, manual ou automatizadamente, define as ordens de produção (ou de compra, no caso de operações que simplesmente compram para revender) para que a demanda de cada período seja adequadamente satisfeita, período a período. Cada quantidade que aparece na linha do PMP representa uma quantidade definida de um item definido que precisa estar pronto, disponível num ponto definido do tempo.

Estoque projetado disponível

Essa linha projeta a quantidade que vai estar disponível em estoque do item de PMP em questão em determinado momento futuro. É também onde a lógica do algoritmo computacional do PMP, quando este é automatizado, baseia suas sugestões, visando balancear suprimento e demanda. A menos que a empresa tenha definido manter determinado nível de estoque de segurança para um item (baseada nos níveis dimensionados de incertezas de suas previsões, veja o Capítulo 17), o balanço perfeito buscado pelo PMP é o de manter o estoque disponível projetado dos itens de PMP em zero. Se a empresa decide definir estoque de segurança para um item de PMP de 100 unidades, o balanço perfeito visado pelo cálculo passa a ser, então, de estoque projetado disponível de 100 unidades. No mundo real, dificilmente, o balanço perfeito é conseguido. Uma quantidade maior que o balanço perfeito (seja ele zero ou o nível de estoque de segurança definido) sugere uma quantidade maior que a necessária de estoques, assim como uma quantidade menor de balanço perfeito sugere uma "falta".

Disponível para promessa

Essa linha é usada para suportar o processo de promessa de datas e quantidades para entrega a clientes e projeta, *grosso modo*, o suprimento de produtos, deduzidos os pedidos em carteira (ou seja, a demanda real já efetivada). O resultado dessa projeção informa aos setores comerciais da empresa quais as quantidades, período a período, que podem ser prometidas aos clientes sem que o programa mestre de produção tenha de ser alterado.

Figura 16.11 Estrutura da lapiseira P207 em apenas um nível.

Dinâmica da Programação Mestre de Produção

Imagine o uso do registro básico do PMP como uma ferramenta de programação de uma lapiseira (modelo P207). Por simplicidade, considera-se a estrutura de produto da lapiseira P207 apenas com um primeiro nível de componentes, conforme a Figura 16.11. Ela representa que, para a produção de uma unidade de nosso produto, a última atividade produtiva é uma montagem que necessita dos componentes representados a seguir (Figura 16.11).

Assume-se que a lapiseira P207 é feita para estoque. Assume-se também que a quantidade "em mãos" disponível hoje em estoque do item lapiseira P207 é de 240 unidades, o *lead time* da montagem final é de uma semana e a montagem final é feita em lotes de, no mínimo, 400 peças, por questões de dificuldade de preparação da linha. Veja a Figura 16.12.

Para esse exemplo, assume-se uma previsão de demanda uniforme de 200 lapiseiras por período, ao longo dos oito períodos considerados. Nenhum pedido em carteira aparece, pois as lapiseiras estão sendo produzidas exclusivamente para estoque. Nota-se que a coluna de "atraso" da linha de "Previsão de demanda independente" está em branco, significando que não há previsões passadas não consumadas. Uma previsão em "atraso" deveria ou ser transferida para a frente ou eliminada, dependendo da política da empresa. A quantidade de 240 unidades da linha "estoque projetado disponível" e da coluna "atraso" não significa que essa quantidade está atrasada, mas que a quantidade disponível em mãos é, hoje (ou, para manter a coerência formal com as outras células da linha, a quantidade disponível ao final do período passado), 240. Com base nessa informação, o sistema pode, então, iniciar seus cálculos do estoque disponível projetado para os períodos futuros.

Por exemplo, 240 unidades em mãos no início do período 1 menos 200 unidades que, espera-se, serão demandadas durante esse período (linha de demanda total) resultam num balanço positivo de 40 unidades, que é o estoque projetado para o final do período 1 (linha de "estoque projetado disponível").

No período 2, o cálculo é similar: 40 unidades disponíveis ao final do período anterior (linha "estoque projetado disponível", coluna 1), mais um suprimento de 400 (linha PMP, coluna 2), menos a demanda total durante o período 2, de 200 unidades, resultam num balanço positivo, ao final do período 2, de 240 unidades (linha "estoque projetado disponível", coluna 2). A lógica repete-se até o período 7, com suprimentos dados pela linha de PMP atendendo às necessidades dadas pela demanda prevista.

Lapiseira P207	Atraso	1	2	3	4	5	6	7	8
Previsão de demanda independente		200	200	200	200	200	200	200	200
Demanda dependente									
Pedidos em carteira									
Demanda total		200	200	200	200	200	200	200	200
Estoque projetado disponível	240	40	240	40	240	40	240	40	160
Disponível para promessa									
Programa mestre de produção (PMP)			400		400		400		

Figura 16.12 Registro básico do PMP do item lapiseira P207.

No período 8, a situação muda um pouco. O período 7 terminou com um estoque projetado de 40 unidades. Isso, como das outras vezes, representa o disponível em mãos para o início do período seguinte (período 8). A demanda prevista para o período 8 é, de novo, de 200 unidades. Nenhuma unidade, entretanto, está programada para ser recebida pronta no período 8 (como pode ser visto na linha de PMP zerada no período 8). Dada essa situação, o sistema corretamente projeta uma disponibilidade negativa de 160 unidades ao final do período 8, se o planejador nada fizer a esse respeito e se a demanda ocorrer de acordo com o previsto.

O cálculo (normalmente automatizado) identificará esse balanço negativo e imediatamente colocará uma ordem de produção no período 8 para corrigir a situação desse balanço. Essa ordem, pela lógica estrita do PMP, deveria ser de 160 unidades, mas, como o sistema foi parametrizado para tamanho de ordem mínimo de 400, a ordem será de 400 unidades. O balanço negativo de 160 unidades é convertido em balanço positivo de 240 (estoque de ciclo), conforme consta da Figura 16.13.

No exemplo, as primeiras três ocorrências de Programa Mestre de Produção (PMP) de 400 unidades nos períodos 2, 4 e 6 são referentes a ordens que chegarão nos períodos correspondentes.

PMP dirige o cálculo dos componentes necessários

O próximo passo do processo é comunicar esse plano de montagem final aos níveis de baixo da estrutura de produto da lapiseira para garantir que materiais e capacidade de produção estarão disponíveis quando necessários. Esse processo é descrito em detalhes no Capítulo 18.

Estoques de segurança no PMP

Estoques de segurança no PMP funcionam de forma simples. Se os estoques de segurança são definidos como zero, o cálculo do PMP vai procurar adequar as sugestões de colocação de ordens para que o balanço de estoque disponível projetado não fique negativo. Com a definição de certo nível de estoque de segurança, o procedimento será o mesmo, com a diferença de que as ordens serão colocadas de modo que o balanço de estoque projetado disponível não fique abaixo do nível definido como o estoque de segurança. A lógica "evolutiva" de gestão dos parâmetros, a ser comentada no Capítulo 17, vale aqui também.

Lapiseira P207	Atraso	1	2	3	4	5	6	7	8
Previsão de demanda independente		200	200	200	200	200	200	200	200
Demanda dependente									
Pedidos em carteira									
Demanda total		200	200	200	200	200	200	200	200
Estoque projetado disponível	240	40	240	40	240	40	240	40	240
Disponível para promessa									
Programa mestre de produção (PMP)			400		400		400		400

Figura 16.13 Registro básico do PMP do item lapiseira P207 com balanço positivo recuperado.

INDÚSTRIA 4.0: PLANEJAMENTO MESTRE (AGREGADO) DE PRODUÇÃO E OPERAÇÕES (PMP)

Com os avanços tecnológicos, a transformação digital, as redes sociais e a mobilidade, o conhecimento e entendimento das variáveis que compõem o perfil dos consumidores é um processo cada vez mais complexo. A atenção às necessidades do cliente, mantendo a lucratividade da organização é o que motiva a implementação de processos de Planejamento de Vendas e Operações (PVO) e Programação Mestre de Produção (PMP) otimizados nos sistemas produtivos de qualquer organização.

Dessa forma, as organizações começam a migrar do uso de planilhas simples para a aplicação de ferramentas tecnológicas vinculadas à I4.0 para apoiar os processos de PVO e PMP que permitem a integração e o compartilhamento de dados em tempo real, oferecendo um planejamento mais atualizado e preciso. De acordo com a APQC (*American Productivity & Quality Center* – https://www.apqc.org/), organização dedicada a *benchmarking*, melhores práticas, melhoria de processos e desempenho e gestão do conhecimento (KM), a computação em nuvem é a ferramenta mais popular utilizada nestes processos, seguida por ferramentas de *software* e colaboração, análise *Big Data* e Sistemas de Supervisão e Aquisição de Dados (SCADA), *Internet of Things* (IoT) e Inteligência Artificial (IA). A Figura 16.14 mostra algumas das aplicações e benefícios dessas ferramentas nos processos de PVO e PMP.

TECNOLOGIA	APLICAÇÃO	BENEFÍCIOS
Computação em nuvem	• Integra funções como vendas, operações, cadeia de suprimentos, manufatura, RH • Combina com várias fontes de dados sem a necessidade de revisar todo o sistema	• Aumenta a acessibilidade aos dados em funções e locais • Permite escalabilidade
Ferramentas e *software* de colaboração	• Permite integração segura e contínua entre funcionários em todos os locais e departamentos	• Facilita a tomada de decisão rápida • Aumenta a produtividade
Análise *Big Data*	• Suporta previsão de demanda, gerenciamento de preços e visibilidade da cadeia de suprimentos • Permite a modelagem de cenários hipotéticos • Identifica tendências de mercado, padrões ocultos, comportamento do cliente	• Gerencia o estoque • Gera inteligência acionável • Melhora a tomada de decisão e ajuda no lançamento de produto eficiente
AI, IoT, Tecnologia SCADA	• Identifica anomalias • Fornece visibilidade em tempo real dos principais indicadores de desempenho, estoque e despesas • Faz previsões em tempo real usando dados históricos	• Reduz ineficiência na cadeia de abastecimento • Permite planejamento ágil • Melhora a precisão

Fonte: adaptado de APQC, 2019.

Figura 16.14 Aplicação e benefícios das tecnologias I4.0 mais utilizados em PVO e PMP.

Ao fazer uso da computação em nuvem, planos de ação podem ser criados de forma colaborativa com apoio de todos os setores da empresa, com base no conjunto de dados interligados das diversas unidades de produção. Por sua vez, o *Big Data* contribui com a análise de dados, tanto de fontes internas quanto externas, clientes, parceiros e demais grupos interessados, já que o uso das tecnologias da I4.0 nos processos produtivos produz grande quantidade de dados que exigem maior poder de processamento para permitir uma melhor e mais rápida tomada de decisões. Dessa forma, implicações financeiras e conciliação entre oferta e demanda recebem melhor atenção e análise.

Por outro lado, com as ferramentas IoT e SCADA, obtêm-se resultados mais precisos quanto às previsões, diminuindo, assim, as variações nos processos PVO e PMP por meio de análise, avaliação e validação de métricas específicas obtidas de dados em tempo real, como o consumo, gerenciamento de despesas, estoques e passivos das cadeias de suprimentos. Finalmente, a IA oferece diretrizes para otimizar a análise de mercado por meio da coleta de dados e métricas referentes ao comportamento e perfil de clientes praticamente em tempo real. De forma similar, podem-se criar processos de planejamento mais precisos do nível adequado de produção, com base nos dados de previsão integrada e dinâmica de vendas. Seu uso permite um processo de tomada de decisão mais ágil, otimizando recursos na organização. Permite também reduzir problemas de excesso e falta de estoque com previsões mais precisas e diminuindo custos.

A Neogrid, empresa brasileira de soluções para a gestão automática da cadeia de suprimentos, integra em um dos seus sistemas estas tecnologias com apoio de inteligência estatística e análise de dados para um planejamento ágil e eficaz.

Saiba mais neste vídeo:

uqr.to/12zis

Acesso em: 13 fev. 2022.

16.3 ESTUDO DE CASO

Malharia Santa Gemma

A Malharia Santa Gemma, sediada em São Paulo, produz tecidos para confecção de peças de vestuário, com faturamento anual de cerca de R$ 750 milhões. Em 2015, ela produzia cerca de 900 produtos finais diferentes, entre tecidos lisos, listrados e estampados. O processo produtivo da maioria dos produtos envolve a fabricação do tecido, o tingimento e o acabamento. A empresa produz cerca de 70 tecidos diferentes, sendo que a grande variedade de produtos finais é decorrente da variedade de cores para cada tecido, cerca de 10 a 12 cores diferentes. Esses produtos atendiam a diversos mercados, alguns deles priorizavam preço baixo (confecções médias e grandes que compravam alto volume de uma variedade restrita de produtos), enquanto outros priorizavam variedade, inovação e flexibilidade (confecções pequenas que compravam pequenas quantidades de vários produtos diferentes).

Após um processo de decisão estratégica, no final de 2018 a empresa decidiu focar seus esforços para competir nos mercados que requeriam alto volume e baixo preço. Infelizmente, isso não poderia ser feito de uma hora para outra, pois a empresa ainda não se considerava apta para competir eficazmente em preço nesses mercados. No início de 2019, foi, então, iniciado um processo de substituição de equipamentos no setor de tinturaria, desativando máquinas de porte médio e pequeno, mais flexíveis, mas pouco produtivas, substituídas por máquinas de maior porte, mais produtivas, mas requerendo lotes mínimos maiores. A troca foi feita progressivamente e finalizada em meados de 2019.

Como a quantidade demandada pelos mercados de alto volume consumia apenas cerca de 65% da nova capacidade produtiva (a direção avaliou em seis meses o período necessário para que a troca dos equipamentos gerasse a esperada redução de custos e a empresa firmasse sua posição competitiva, aumentando sua fatia de mercado), a empresa considerou que seria adequado aproveitar a parte da capacidade que ficaria ociosa para fabricar produtos para os mercados de baixo volume e variedade. Esses produtos permitiam margens mais altas e, havendo capacidade disponível, não parecia fazer sentido abandoná-los de imediato. A empresa definiu que os produtos de alto volume seriam produzidos para estoque, a partir de um processo de previsão de vendas, enquanto os demais seriam produzidos contra pedido, requerendo um prazo de entrega de 15 dias.

No final de 2019, a Santa Gemma viu-se em dificuldades. Sua fatia de mercado nos produtos de alto volume não havia aumentado, como era esperado. Pior que isso; o mercado estava descontente com seu desempenho nas entregas, já que o objetivo de entrega imediata nesses produtos não havia se concretizado, ocorrendo frequentemente falta de produtos em estoque por atrasos na produção. A participação dos produtos de baixo volume havia aumentado e, pela falta de flexibilidade dos equipamentos, os estoques desses produtos estavam aumentando sem perspectiva de redução, já que muitos produtos (cores) eram praticamente exclusivos de um ou dois clientes. Altos custos com estoque, nível de serviço a clientes ruim e baixa produtividade eram os resultados da inadequação do novo setor produtivo ao mercado que a empresa estava efetivamente atendendo. Uma análise mais detalhada da situação mostrou, entre outros aspectos, o seguinte:

- O departamento de moda (equivalente à engenharia de produto), criado em meados de 2013, havia ficado fora das discussões referentes às mudanças na manufatura e continuava a lançar novos produtos, aumentando a variedade de tecidos e cores "em cartela" (produtos de baixo volume).
- Os representantes comerciais, responsáveis pela venda dos produtos em todo o Brasil, continuavam vendendo aquilo que o mercado queria comprar, sendo que a base existente de clientes continuava a solicitar produtos de baixo volume.

No dia a dia, o setor de programação de produção era obrigado a decidir sobre a prioridade de diversas ordens de produção, algumas referentes a produtos de alto volume para estoque e outras para de baixo volume, com pedidos já em carteira. Por pressão da área comercial e dos clientes que já tinham pedidos colocados, as ordens de fabricação de produtos de baixo volume acabavam ganhando prioridade, o que gerava atrasos na produção para estoque, dificultando a pronta-entrega de produtos que a empresa originalmente pretendia priorizar.

O que ficou patente para a direção da empresa foi que a Santa Gemma não havia conseguido implementar sua nova estratégia, pois no dia a dia as decisões operacionais, seja do planejamento da produção, seja da área comercial, seja do departamento de moda, não refletiam a estratégia definida.

Questões para discussão

1. O que você acha que está errado com o processo de planejamento da Malharia Santa Gemma?
2. O presidente da Santa Gemma pediu a você um plano de ação para resolver os problemas. Prepare uma proposta de trabalho para ele.
3. Em sua opinião, quais as principais fontes de resistência, dentro da Santa Gemma, à sua proposta? Como fazer para sobrepujá-las?

Fonte: Corrêa, Gianesi e Caon, 2019.

16.4 RESUMO

- Planejamento é necessário basicamente porque as decisões têm "inércia", ou seja, leva tempo para as decisões tomadas surtirem efeito.

- Planejar é entender como a consideração conjunta da situação presente e da visão de futuro influencia as decisões tomadas no presente para que se atinjam determinados objetivos no futuro.
- À medida que o tempo passa, o planejador deve, periodicamente, replanejar com base no acontecido no período passado e estender sua visão de futuro de forma que o horizonte de planejamento futuro permaneça constante.
- Previsões são essenciais para um bom processo de planejamento.
- Erros de previsão aumentam com o horizonte; agregação de informações reduz erros de previsão, para um mesmo horizonte; decisões de longo prazo tendem a poder ser tomadas com informações mais agregadas.
- Planejamento hierárquico significa que os planejamentos de longo, médio e curto prazos devem ser consistentes entre si e que, em geral, níveis de planejamento de mais longo prazo serão feitos com maior agregação de informações que níveis de planejamento de prazo mais curto.
- O Planejamento de Vendas e Operações é um nível de planejamento de médio prazo, agregado (famílias de produtos), que procura garantir consistência entre o planejamento de operações e o planejamento de outras áreas da organização.
- Pode-se definir PVO como um nível do processo de planejamento caracterizado por revisões mensais e ajustes contínuos dos planos à luz das flutuações de demanda do mercado, da disponibilidade de recursos internos e do suprimento de materiais, recursos e serviços externos.
- O plano resultante do PVO, traduzido para as diversas áreas da organização, estabelece objetivos claros e coerentes para cada uma delas.
- O Planejamento Mestre de Produção (PMP) é o nível hierárquico de planejamento imediatamente abaixo do PVO e coordena a demanda detalhada (por produto) com os recursos da empresa de forma a programar taxas adequadas de produção de produtos acabados, principalmente para demanda independente. O PMP detalha o plano de vendas e operações para um horizonte de alguns meses no futuro.
- O PMP dirige o nível imediatamente abaixo, nos sistemas de planejamento hierárquico, chamado MRP, que será responsável por determinar as necessidades de compra e produção dos componentes dos produtos planejados.

16.5 EXERCÍCIOS

1. Quais as funções mais importantes exercidas pelo módulo de planejamento de vendas e operações (S&OP) no processo de gestão da empresa?
2. Por que esse nível de planejamento deve ser estabelecido de maneira formal e sistemática?
3. Quais são os objetivos específicos a serem alcançados com o S&OP?
4. Que pré-requisitos são necessários para alcançar esses objetivos? Por quê?
5. Quais os benefícios que o uso adequado do S&OP traz para a empresa?
6. Por que é necessário o nível de MPS, além do nível de *Sales & Operations Planning*, que, também, de certa forma, faz a ligação entre estratégia e planejamento?
7. Explique como, a partir do registro básico do MPS, o planejador mestre pode cumprir sua tarefa de conciliar suprimento e demanda de produtos.
8. Pneus são itens de demanda independente para a Pirelli, mas são itens de demanda dependente para a General Motors. Discuta como essa constatação poderia ser usada por ambas as empresas na melhoria de seus processos de planejamento.
9. Um item pode ao mesmo tempo ter parte de sua demanda independente e parte de sua demanda dependente? Como e por quê?
10. Discuta as variáveis das quais depende o estabelecimento de níveis de estoque de segurança para itens de MPS.
11. A FT Ltda. planejou a produção de determinado produto acabado, para ser produzido em lotes de 60 unidades sempre que o estoque projetado para o final do mês for igual ou menor que 10 unidades. O *lead time* para produzir um lote desse produto é de um mês. Atualmente, a FT Ltda. tem 20 unidades em estoque. A previsão de vendas para os próximos quatro meses é mostrada na tabela a seguir:

Mês	1	2	3	4
Previsão de vendas	10	50	50	10

Prepare uma escala de tempo com registros do MPS, mostrando as previsões de vendas e o MPS para esse produto.

12. Qual é o estoque ao final de cada mês?

13. Durante o primeiro mês, nenhuma unidade foi vendida, e a previsão de vendas revisada para os próximos meses é:

Mês	2	3	4
Previsão de vendas	20	40	60

14. Que mudanças ocorrem no MPS?

    Considere a seguinte previsão de demanda para o produto XPTO.

Mês	Demanda
Abril	42.000
Maio	36.000
Junho	31.500
Julho	30.000
Agosto	25.000
Setembro	21.000
Outubro	26.000
Novembro	29.000
Dezembro	32.000
Janeiro	35.500
Fevereiro	39.000
Março	40.000

15. Considerando que o estoque inicial é de 26.000 unidades, que os lotes de fabricação são de 50.000 unidades e que o estoque de segurança é de 10.000 unidades, produza, usando uma matriz de PMP, um plano mestre de produção para o produto.

16. Considere a mesma previsão de vendas do exercício 15. Considere agora que não há mais restrições de lote, ou seja, é possível produzir em quaisquer quantidades. Produza um novo PMP.

17. Considere a mesma previsão de vendas do exercício 15. Considere agora uma política de PMP de nivelar completamente a produção, desconsiderando quaisquer restrições quanto a tamanho de lote.

18. Considere agora uma política de nivelamento de plano de produção por períodos (em um nível de abril a setembro e em outro de outubro a março), desconsiderando quaisquer restrições quanto a tamanho de lote.

19. Compare os estoques médios dos PMPs resultantes dos exercícios 16, 17 e 18. Que conclusões ou observações você pode fazer a partir das comparações?

20. Qual o efeito de variar o lote considerado no exercício 16 para 100.000 e para 150.000 nos níveis médios de estoques? Comente.

16.6 ATIVIDADES PARA SALA DE AULA

1. Discuta com seu grupo quais as diferenças e os ajustes nos conceitos e técnicas discutidas neste capítulo (principalmente em relação a PVO e PMP) quando uma empresa está planejando seus serviços e quando uma empresa está planejando seus produtos físicos. Lembre-se de que os serviços não podem ser estocados. Entretanto, talvez clientes possam ser "estocados" (na forma de clientes com "reserva" para serem servidos). Examine e proponha alterações que você usaria nos registros (tabelas) do PVO e do PMP quando planejando serviços.

2. Imagine que você é um novo gestor de operações de uma empresa no estágio da "Horizonte", discutida neste Capítulo. Imagine que você decida que o processo de PVO é necessário para a Horizonte. Discuta com seu grupo:

   a) Quais argumentos você usaria para convencer a empresa de que vale a pena colocar esforço e recursos na implantação do processo de PVO?

   b) Qual plano (passo a passo) você recomendaria para dirigir o processo de implantação do processo de PVO numa empresa como a Horizonte? Considere necessidades de treinamento (que treinamento para quais pessoas?), redesenhos de processo etc. Detalhe seu plano tanto quanto possível dentro do prazo que você tiver para realizar este exercício.

16.7 BIBLIOGRAFIA E LEITURA ADICIONAL RECOMENDADA

ARNOLD, T. *Administração de materiais*. São Paulo: Atlas, 2002.

CLEMENT, J.; COLDRICK, A.; SARI, J. *Manufacturing data structures*. Essex Junction, Oliver Wight, 1992.

CORRÊA, H. L.; GIANESI, I. G. N. *Just in time, MRP II e OPT*: um enfoque estratégico. São Paulo: Atlas, 1993.

CORRÊA, H. L.; GIANESI, I. G. N.; CAON, M. *Planejamento, programação e controle de produção*. 5. ed. São Paulo: Atlas, 2007.

FOGARTY, D. W.; BLACKSTONE, J. H.; HOFFMANN, T. R. *Production and inventory management*. 2. ed. Cincinnati: College Division South-Western Publishing, 1991.

GARWOOD, D. *Bills of materials*. 5. ed. Marietta: Dogwood Publishing, 1995.

LING, R. C.; GODDARD, W. E. *Orchestrating success*. New York: John Wiley, 1988.

PROUD, J. F. *Master scheduling*. Oliver Wight Publications, Essex Junction, 1994.

SILVER, E. A.; PYKE, D. F.; PETERSEN, R. *Inventory management and production planning and scheduling*. New York: John Wiley, 1998.

VOLLMANN, T.; BERRY, W.; WHYBARK, D. C. *Manufacturing planning and control systems*. 3. ed. New York: McGraw-Hill, 1992.

Websites relacionados

https://www.ascm.org/ – *Site* da Association for Supply Chain Management. A mais importante associação profissional em planejamento e controle de produção. Acesso em: 13 fev. 2022.

https://www.sap.com/brazil/index.html – A SAP é um dos maiores fornecedores de sistemas de planejamento de operações. Acesso em: 13 fev. 2022.

https://www.totvs.com/sistema-de-gestao/ – A Totvs é um dos maiores fornecedores de sistemas de planejamento do Brasil. Acesso em: 13 fev. 2022.

CAPÍTULO 17
Gestão de estoques na rede de operações

OBJETIVOS DE APRENDIZAGEM

- Compreender a importância estratégica que a gestão de estoques tem, não apenas em empresas de manufatura, mas também para empresas que prestam serviços.
- Entender os motivos pelos quais é comum encontrar operações que consideram seus níveis de estoques inaceitavelmente altos e, ao mesmo tempo, consideram seus níveis de serviço logístico ao cliente também inaceitavelmente baixos.
- Saber identificar as causas do surgimento de estoques indesejáveis e saber dimensionar níveis estrategicamente adequados dos vários tipos de estoques em sistemas de operações.
- Entender a diferença entre demanda dependente e demanda independente e sua implicação para a gestão de estoques.
- Conhecer o potencial e as limitações e saber aplicar os principais métodos, técnicas e modelos de gestão de estoques: ponto de reposição e revisão periódica.
- Conhecer os erros mais frequentes encontrados na prática de gestão de estoques nas empresas e como corrigi-los.
- Entender para que serve e saber aplicar o método ABC de classificação de itens de estoques em sistemas de operações.

17.1 INTRODUÇÃO

Como a Avon Brasil (parte do grupo Natura & Co.), com 1.200.000 revendedoras e dezenas de milhões de entregas para fazer a cada ano, persegue a qualidade total no serviço de atendimento a seus clientes.

Indicadores impressionantes cercam a operação da Avon, a maior varejista porta a porta do Brasil. Sua força de vendas é a mais numerosa do mercado brasileiro nesse tipo de mercado. A cada 19 dias, esse exército, predominantemente feminino (60% dos colaboradores Avon também são mulheres), levando na bolsa quase 10 milhões de novos catálogos, aborda dezenas de milhões de consumidores em mais ou menos 5.500 cidades brasileiras. Para satisfazer o rentável pecado da vaidade, a Avon oferece mais de 2.000 produtos que vão dos tradicionais cosméticos (em torno de 75% do total, muitos fabricados pela própria Avon, dados de 2018) a roupas, sapatos, utensílios domésticos e outros artigos fabricados por terceiros (25% do total). A Avon Brasil é a maior operação da Avon no mundo.

Esse volume, entretanto, representa um desafio para a Avon brasileira conseguir alto índice de "pedidos perfeitos". Trata-se de uma questão de logística e operações. O pedido perfeito é aquele entregue no lugar certo, no dia certo, à revendedora certa. A mercadoria também precisa chegar nas quantidades corretas, com a documentação certa e em condições impecáveis. O creme "Renew" não veio? O desodorante chegou amassado? A cor do batom foi trocada? Mesmo que internamente os produtos e as embalagens estejam intactos, se a caixa aparecer danificada ou tiver sido entregue à revendedora por um funcionário com ar carrancudo, a qualidade do pedido não será considerada perfeita. A meta é erradicar toda imperfeição que possa alterar a percepção que a revendedora tem da marca.

A Avon recebe diariamente dezenas de milhares de pedidos de revendedoras. Desse total, 76,6% foram atendidos com o padrão de excelência no início dos anos 2000, uma marca não muito impressionante. Entretanto, desde lá o índice vem crescendo ano a ano. Outras empresas de cosméticos, como a L'Oréal e a Beiersdorf/Nivea, distribuem os produtos apenas no varejo. Além disso, todas trabalham com diversidade menor. Quanto maior a variedade de produtos e o número de clientes, mais complexo é o desafio de alcançar altos níveis de "pedido perfeito" (Baseado em artigo da *Revista Exame*. Disponível em: https://exame.com/revista-exame/o-pedido-perfeito-m0044593/. Acesso em: 26 fev. 2022.).

PARA REFLETIR

Em 2019, a Avon contava com 1,2 milhão de revendedores e atingia mais de 80 milhões de pessoas no Brasil. Em sua opinião, em que uma empresa como a Avon difere, em termos da gestão dos seus estoques, de uma empresa como a Unilever, que utiliza distribuidores, atacadistas e varejistas para fazer seus produtos chegarem aos consumidores finais?
Em que aspectos você imagina que gerenciar estoques em uma empresa como a Avon seja mais (ou menos) complexo que gerenciar estoques em uma empresa como a Unilever?

Imagine tomar as milhares de decisões semanais (obtenção de quais materiais, em que quantidades, em que momentos...) necessárias para garantir os altos níveis de serviços exigidos pela Avon, descritos anteriormente. Esse é o desafio da função de gestão de estoques, que será discutida neste capítulo.

17.2 CONCEITOS

Os estoques estão, em geral, no topo da agenda de preocupações não só dos gestores de operações, mas também dos gestores financeiros, que se preocupam com a quantidade de recursos financeiros que os estoques "empatam" e seus correspondentes custos, dos gestores comerciais, que se preocupam com o problema de atendimento aos clientes que uma possível falta do estoque de produtos pode causar, dos gestores de fábrica, que se preocupam com o custo de ociosidade de sua fábrica, que uma possível falta de matéria-prima pode acarretar, isso só para citar alguns.

Ao mesmo tempo, é frequente encontrar operações com altos níveis de estoques e, ao contrário do que se poderia esperar, também com baixos níveis de atendimento a seus clientes. Isso parece contraditório, porque poder-se-ia esperar que altos níveis de estoque aumentassem as chances de que os clientes encontrassem os produtos disponíveis. Isso seria verdade, se os itens corretos estivessem em estoque nas quantidades corretas. O que ocorre frequentemente, entretanto, não é isso, mas a manutenção dos níveis errados de estoques para os diversos itens. Pelo mau uso de conceitos e técnicas, acaba-se tendo excesso de estoques de certos itens ao mesmo tempo que se tem falta de estoques de outros itens. É disso que o restante deste capítulo trata.

17.2.1 ESTOQUES

Em muitas operações, os estoques e sua gestão têm papel essencial.

Pense numa linha aérea e na necessidade de gerenciar bem seus estoques, digamos, de peças sobressalentes. Uma empresa como a LATAM, por exemplo, pode ter várias centenas de milhões de dólares em estoques de peças sobressalentes. Uma turbina para um jato de tamanho médio como o Boeing 737-800, apenas, tem valor unitário de alguns milhões de dólares e pode, apenas ela, ter em torno de 10.000 itens componentes – um deles que esteja necessitando de troca e não esteja prontamente disponível mantém o investimento do avião todo, de em torno de 100 milhões de dólares, inativo a um enorme custo.

Os hospitais têm as despesas com materiais como o seu segundo item de dispêndio. Talvez ainda mais importante que o impacto financeiro disso seja o impacto de uma melhor ou pior gestão de estoques no nível de serviço (disponibilidade) dos materiais médicos quando necessários. Imagine, por exemplo, para uma montadora, deixar de vender um carro por não ter disponível, ou sua linha de montagem parar porque os eixos não estão disponíveis quando necessários. Imagine, num hospital, uma linha de sutura essencial para uma cirurgia faltar nesta hora delicada. Imagine um restaurante sem um ingrediente importante de um prato popular, há uma infinidade de outras situações similares.

PARA REFLETIR

Em termos práticos, o que significa gestão de estoques?

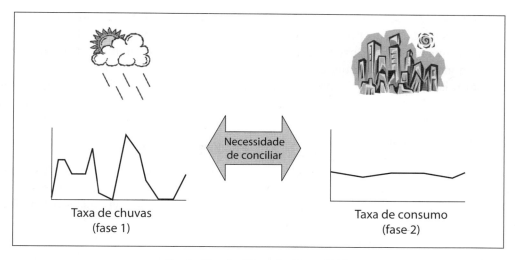

Fonte: Corrêa, Gianesi e Caon, 2019.
Figura 17.1 Duas fases do processo de fornecimento de água para uma cidade.

17.2.2 FUNÇÃO DOS ESTOQUES

Estoques são acúmulos de recursos materiais entre fases de processos de transformação. Esses acúmulos de materiais têm uma propriedade fundamental, que é uma *arma* – no sentido de que pode ser usada para "o bem" e para "o mal": esses acúmulos (ou estoques) proporcionam independência às fases dos processos de transformação entre as quais se encontram. Quanto maiores os estoques entre duas fases, mais *independentes* entre si essas fases são; a interrupção de uma fase não acarreta, automaticamente, interrupção da subsequente. Imagine duas fases no processo de transformação de água de chuva em água potável disponibilizada para uso pela população de uma cidade: a fase de *suprimento* da água, via chuvas, e a fase de *demanda* da água potável pela população. A Figura 17.1 ilustra essas duas fases do processo de transformação.

O fornecedor de água de nosso caso não é plenamente "confiável". Às vezes, atrasa a entrega, às vezes passa longos períodos sem entregar, às vezes entrega menos do que se necessita e, às vezes, entrega muito mais que o necessário no período. Por outro lado, a disponibilização de água para a população não pode ficar à mercê das incertezas de nosso "fornecedor". Em outras palavras, se as duas fases, fornecimento e distribuição, forem altamente dependentes uma da outra, a população não ficará nada satisfeita, pois a cada estiagem (falta de chuvas) ficará rapidamente sem água. Que fazem, então, as cidades para garantir que essas duas fases não fiquem dependentes uma da outra? Estabelecem um acúmulo do recurso material água entre essas duas fases. Esse acúmulo, ou estoque, nesse caso é chamado de *represa*. A Figura 17.2 ilustra esse conceito.

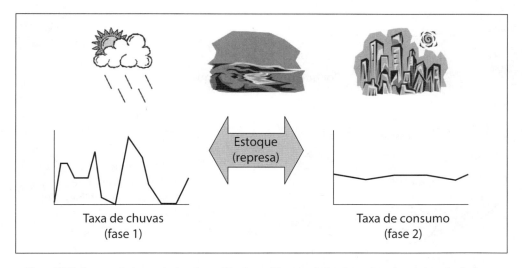

Figura 17.2 Represa (estoque de água) conciliando as diferentes taxas de consumo e suprimento de água.

É importante notar que a necessidade de que se fala aqui é a de regular as diferentes *taxas* de suprimento e consumo. Não basta, portanto, que em determinada região, ao longo de um ano, a quantidade total de água que chove seja maior ou igual à quantidade total de água consumida. É necessário que a água esteja disponível sempre, momento a momento, mesmo sem chuva.

O governo estabelece vários desses acúmulos (ou estoques) para regular as fases de oferta e consumo de vários bens. O Banco Central do Brasil mantém estoques de dólares, por exemplo, para desová-los quando a taxa diária de demanda pela moeda americana supera muito a taxa diária de oferta – o objetivo disso é manter as cotações (ou o "preço" do dólar) estáveis. Também com objetivo de garantir disponibilidade e segurar preços, o governo mantém estoques reguladores de grãos, de petróleo e outros bens considerados *commodities*. Chamam-se estoques *reguladores* justamente por objetivarem *regular* ou acomodar diferentes taxas (ainda que temporariamente) de oferta (ou de suprimento) e de demanda do item estocado. Num ambiente de operações, pode-se pensar em vários tipos de estoques "reguladores".

Estoques de materiais (insumos)

Servem para regular diferentes taxas de suprimento – pelo fornecedor – e de demanda pelo processo de produção. A diferença das taxas ocorre por vários motivos: o fornecedor pode não entregar ou no prazo ou nas quantidades esperadas; o fornecedor pode entregar em quantidades maiores do que as necessárias, fazendo crescer os estoques; a taxa de consumo pelo processo pode sofrer crescimento temporário inesperado (por exemplo, porque uma batelada de ingredientes de um prato numa empresa de *catering* estragou e terá de ser comprada de novo, ou porque determinado equipamento quebrou e parou de consumir material).

Estoques de produtos

Servem para regular diferenças entre as taxas de produção e de demanda do mercado. Essas diferenças podem decorrer de decisões gerenciais ou por ocorrências inesperadas, que chamamos de *incertezas* do processo ou da demanda – por exemplo, um equipamento pode ter quebrado, reduzindo a taxa de produção por um período enquanto a demanda continua a requerer produtos; a demanda pode, por sua vez, ter crescido de forma mais acentuada do que o esperado, fazendo com que a taxa de demanda superasse temporariamente a taxa de produção, tendo que ser suprida a partir do estoque regulador previamente criado.

17.2.3 RAZÕES PARA O SURGIMENTO E A MANUTENÇÃO DE ESTOQUES

Quais são os motivos que levam a uma diferença entre as taxas de suprimento e o consumo de determinado item? Quais as razões por trás do surgimento dos estoques? São várias. As principais são tratadas a seguir e mostradas esquematicamente na Figura 17.3.

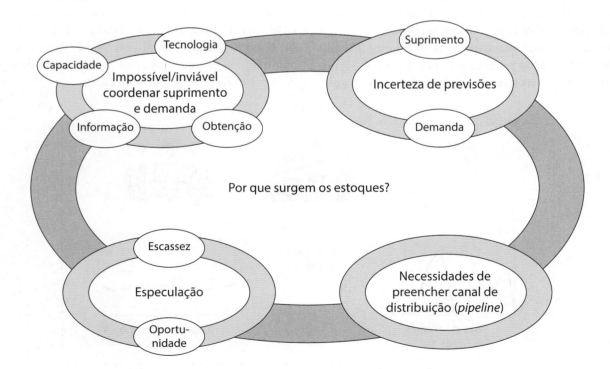

Figura 17.3 Alguns motivos para o surgimento dos estoques.

Falta de coordenação

Pode ser impossível ou inviável coordenar as fases do processo de transformação. Tipicamente, o caso do processo descrito, que transforma água de chuva em água potável disponível para a população. É impossível alterar substancialmente as curvas de chuvas sobre os mananciais de uma cidade de forma que as chuvas ocorressem regularmente, numa quantidade equivalente ao consumo do dia. Se isso fosse possível, não seria necessária nenhuma grande represa. Não é viável, também, alterar substancialmente a curva de consumo de água pela população para que esta ficasse idêntica à curva das chuvas – as pessoas só usariam água quando chovesse. Dificilmente, um político se elegeria com essa plataforma.

Pode, de forma similar, ser impossível ou inviável coordenar perfeitamente fases de um processo fabril de operações. Imagine, por exemplo, determinado fornecedor que, por inflexibilidade de seu processo, só forneça lotes maiores do que dez toneladas de determinado material. Se o consumo mensal do processo que utiliza esse material é de 500 quilos, as duas fases – suprimento e consumo – estão descoordenadas. A cada compra de matéria-prima, algum estoque será formado, até que a taxa de consumo de 500 quilos por mês o consuma e justifique uma nova compra. Pode também ser muito caro, por exemplo, fazer as taxas de produção de determinada fábrica acompanharem as variações sazonais de consumo do mercado. A gerência pode, nesse caso, decidir que é mais compensador manter as taxas de produção estáveis e atender às variações de taxas de consumo do mercado a partir de estoque de produtos acabados.

Altos tempos de preparação de máquina, ou *setup*, do processo produtivo, também levam a decisões de lotes de produção maiores do que a necessidade do momento, com o objetivo de aproveitar os custos de troca, que independem da quantidade a ser produzida. Esses estoques são atribuídos ao *custo de obtenção* do item, fazendo com que não seja economicamente viável coordenar com perfeição a demanda e o fornecimento. Problema similar ocorre quando os custos do processo de compra, tanto administrativos, de frete ou do processo de cotação e negociação, são muito altos, fazendo com que se compre em lotes maiores do que a necessidade, também com o intuito de amortizar o custo de obtenção do material, incluídos aí os custos logísticos de obtenção (fretes e outros). Aos estoques que surgem em virtude da impossibilidade ou inviabilidade de coordenação entre as taxas de obtenção e consumo dá-se o nome de *estoques de ciclo*, pois estão relacionados com os ciclos de ressuprimento do item em questão.

Incerteza

Em certas situações, há a possibilidade de coordenar perfeitamente as taxas de suprimento e consumo entre determinadas etapas de um processo de transformação, desde que haja informações sobre essas taxas. Suponhamos que determinado distribuidor tenha alta previsibilidade de sua demanda, por exemplo, trabalhando com pedidos em carteira colocados com grande antecedência. Nesse caso, é possível, dada a informação perfeita sobre as vendas futuras, desenvolver sistemas que coordenem essa taxa de consumo futuro (previsível) com as taxas de suprimento. Há tempo disponível para se coordenar suprimento e consumo.

Nos casos, entretanto, em que as taxas futuras (tanto de consumo como de suprimento) não são perfeitamente previsíveis, há incerteza quanto às taxas de consumo e suprimento. Nesse caso, estoques são necessários para fazer frente a essas incertezas. Alguns exemplos são: incertezas quanto às entregas de determinado fornecedor – será necessário estabelecer estoques do material cuja entrega é *incerta*; uma demanda pouco previsível de um parque de diversões no verão: depois de um possível dia de sol virá uma demanda grande, e com ela uma demanda muito maior por refrigerantes. A solução evidentemente passa por se manter algum nível de estoques, chamados de *estoques de segurança*: são dimensionados de forma deliberada para ajudar o processo prestador a lidar com taxas futuras *incertas* de fornecimento ou de demanda.

Especulação

Em muitas situações, a formação de estoques não se dá para minimizar problemas como falta de coordenação ou incerteza, mas com a intenção de criação de valor com a correspondente obtenção de lucro. Isso se dá por meio de especulação com a compra e a venda de materiais. Estoques especulativos não serão discutidos com maior profundidade neste livro por fugirem ao seu escopo principal.

Disponibilidade no canal de distribuição e nas cadeias de suprimento (*pipeline inventory*)

Algumas situações logísticas demandam que produtos sejam disponibilizados próximos dos mercados consumidores. Isso ocorre com produtos de consumo (alimentos, produtos de higiene pessoal, entre outros). Entretanto, nem sempre as fábricas que os produzem encontram-se próximas dos mercados de consumo. É necessária, portanto, uma operação logística de transporte dos produtos das fábricas que os produzem para os mercados que os consomem. Como o consumo desses produtos dá-se continuamente, tem de haver um fluxo contínuo de produtos, sendo escoados pelos canais de distribuição das suas cadeias de suprimento (que podem incluir armazéns, transporte por vários meios – rodoviário, aéreo, fluvial, marítimo; distribuidores regionais e locais, até chegar ao ponto de venda em que o consumidor final vai adquiri-los, ou mesmo a porta do consumidor em processos de *delivery*. O canal de distribuição precisa estar preenchido, da mesma forma que, para que o consumidor de água tenha o líquido disponível em sua casa, todos os canos (*pipelines*), desde a represa até sua casa, devem estar cheios. São os chamados "estoques no canal de distribuição" (*pipeline inventory*), e é um problema enfrentado pela maioria das cadeias de suprimento e pode envolver quantidades importantes de materiais.

17.2.4 TIPOS DE DEMANDA QUE AFETAM OS ITENS DE ESTOQUE

Os estoques têm, em geral, inércia decisória, isto é, decorre algum tempo entre o momento da tomada de decisão sobre ressuprimento e a efetiva disponibilidade do item. Isso requer que na hora da tomada de decisão sobre ressuprimento se tenha uma *visão futura* sobre o consumo do item.

Demanda independente

Para alguns itens dentro da operação, não há outro jeito – é necessário recorrer a previsões para que se possa ter essa visão de consumo futuro. É o caso de muitos dos produtos acabados com os quais as empresas lidam. Não está sob controle da organização o consumo futuro desse item; está, sim, sujeito a muitos fatores fora do controle da organização, como o desempenho e promoções dos concorrentes, as condições de mercado. A esse tipo de demanda, que tem necessariamente que ser prevista (veja o Capítulo 8), dá-se o nome de *demanda independente* porque a demanda futura desses itens não depende de fatores que estejam sob controle da operação.

Demanda dependente

Nem todos os itens de estoque, entretanto, exigem que seus gestores *prevejam* seu consumo futuro. Permitem, ao contrário, que seu consumo futuro seja *calculado* com base em fatores, estes, sim, sob controle da operação. O consumo futuro dos componentes necessários para a montagem de determinado produto, por exemplo, está diretamente relacionado com a quantidade que a operação *decidiu* produzir desse produto (uma decisão sob completo controle da operação). De posse de informações sobre a quantidade do insumo necessária por unidade do produto produzido, obter a informação sobre o consumo futuro passa a ser uma questão de *cálculo* (mais que de *previsão*). A esse tipo de demanda dá-se o nome de *demanda dependente* porque ela depende de fatores sob controle da operação. Os exemplos mais eloquentes de demanda dependente são os de matérias-primas e componentes de produtos.

Um mesmo item pode ter parte de sua demanda dependente e parte independente. Imagine um para-lama que uma montadora tenha de gerenciar. Uma parte do consumo futuro desse item vem da necessidade de atender à linha de montagem, sujeita a um plano de produção inteiramente sob controle da operação (demanda dependente). Outra parte substancial do consumo futuro desse item vem da necessidade de atender à rede de concessionárias para que estas possam fazer reparos. Essa parte do consumo futuro do item tem que ser prevista e, portanto, é uma demanda independente. Há vantagens de se tratar com demandas dependentes – elas têm incerteza muito menor, pois são derivadas de cálculos. Demandas independentes, por terem de ser previstas, estão sempre sujeitas a incerteza. Isso significa que, sempre que possível, o gestor de operação deve tentar "transformar" a demanda de um item de independente para dependente. Ou seja, buscar fatores sob controle da operação nos quais seja possível "amarrar", via cálculo, o consumo futuro do item em questão. Isso com intuito de reduzir as incertezas presentes no processo de gestão.

Os modelos de gestão de estoques tratados neste capítulo referem-se exclusivamente a itens sujeitos à *demanda independente*. A gestão de estoques de itens sujeitos à demanda dependente é tratada por outras técnicas, genericamente chamadas MRP (*Material Requirements Planning*, ou cálculo de necessidades de materiais), e é o objeto de análise do Capítulo 18.

17.2.5 TIPOS DE ESTOQUE

Há vários tipos de estoque em processos de operações.

- **Estoques de matérias-primas e componentes comprados**: são quantidades de itens que a organização adquiriu na expectativa de transformar em produto, mas ainda não o fez.
- **Estoques de material em processo**: quantidades de itens que foram adquiridos, já sofreram alguma operação de processamento, mas ainda não estão prontos para venda, encontrando-se em estágio de semiacabado.
- **Estoques de produtos acabados**: são quantidades de itens de produto acabado, pronto para comercialização.

Encaixam-se aqui também os itens produzidos para atender às necessidades do chamado "pós-venda", como as peças sobressalentes para conserto pós-venda de produtos.

- **Estoques de materiais para MRO (Manutenção, Reparo e Operação)**: são quantidades de itens adquiridos pela operação, não para se transformar em partes componentes dos produtos, mas que são necessários como apoio à atividade de produção. Os itens de peças sobressalentes para o processo, os lubrificantes e os consumíveis são exemplos desse tipo de item.

Sistemas de gestão de estoques: escopo de atuação

É fácil perceber agora que, pelo simples fato de um sistema de gestão de estoques ser bem implantado, uma das razões para o surgimento dos estoques deixa de existir: a falta de coordenação *informacional* entre fases de um processo de transformação. Uma das principais razões de ser dos sistemas de gestão é exatamente propiciar esta coordenação: disponibilizar informações aos tomadores de decisão sobre quais, quantos e quando serão necessários os suprimentos de recursos materiais, para atender a determinadas necessidades de consumo pelo mercado.

Entretanto, as outras razões do surgimento de estoques não serão eliminadas pelo simples fato de um novo sistema ser implantado: se determinado fornecedor era pouco confiável, acarretando incerteza no fornecimento de determinado(s) item(ns), não é porque se implanta um novo sistema num de seus clientes que ele se transformará num fornecedor confiável. Não é porque se tem um novo sistema de gestão implantado que as máquinas deixarão de quebrar de forma imprevisível, se era assim que ocorria. Os tempos de preparação de máquina também não serão reduzidos automaticamente; tampouco os custos do processo de compra.

Em outras palavras, muitas das incertezas e dos problemas de coordenação não relativos à informação continuarão presentes e, se há a intenção de não permitir interrupção de fluxo de produção pela falta de determinado material ou por um equipamento ter disponibilidade *incerta*, algum nível de estoque (chamado de segurança) continuará sendo necessário até que, por meio de ações, normalmente externas ao sistema de gestão de estoques, sejam eliminadas. O mesmo vale para os altos tempos de *setup* e custos do processo de compra.

Ao longo das últimas páginas, você deve ter percebido que a gestão de estoques é uma decisão operacional que pode ter grande impacto em diferentes critérios competitivos e objetivos de desempenho de uma empresa. Pense, por exemplo, na última vez que você comprou um livro (talvez seja este que você está lendo agora). É provável que você tenha realizado a compra na *Amazon.com.br* porque o preço era menor e a entrega imediata, demonstrando que a empresa americana consegue ser rápida com preço baixo, inclusive no Brasil. Esses benefícios provavelmente estão atrelados à compra de um grande volume de livros que ela fez com a editora, bem como um estoque próprio para entrega. A entrega desse item na data prometida e na sua casa transmite também uma imagem de qualidade do serviço oferecido.

17.2.6 MODELO BÁSICO DE GESTÃO DE ESTOQUES

Agora que estão claros os principais conceitos sobre o que são e por que surgem os estoques em sistemas de transformação, imagine o desenvolvimento de um modelo de gestão para esses estoques. Não se esqueça de que os modelos aqui tratados aplicam-se só para itens sujeitos à demanda independente (aquela que tem de ser prevista por não poder ser calculada).

As principais definições para a gestão de estoques de determinado item referem-se a quando e quanto ressuprir esse item, à medida que ele vai sendo consumido pela demanda. A Figura 17.4 ilustra essa ideia.

A forma de determinação do momento do ressuprimento e da quantidade a ser ressuprida é o que, de fato, diferencia os diversos sistemas de gestão de estoques disponíveis.

Gestão de estoques de itens de demanda independente

Um dos modelos mais usados tradicionalmente é o chamado de "ponto de reposição com lote econômico".

Modelo de ponto de reposição

O modelo de ponto de reposição funciona da seguinte forma: todas as vezes que determinada quantidade do item é retirada do estoque, verifica-se a quantidade restante. Se essa quantidade é menor que uma predeterminada (chamada "ponto de ressuprimento"), compra-se (ou produz-se internamente, conforme o caso) determinada quantidade, chamada "lote de ressuprimento". O fornecedor leva certo tempo (chamado "tempo de ressuprimento" ou *lead time*) até que possa entregar a quantidade pedida, ressuprindo o estoque. O funcionamento do modelo de ponto de reposição é ilustrado na Figura 17.5.

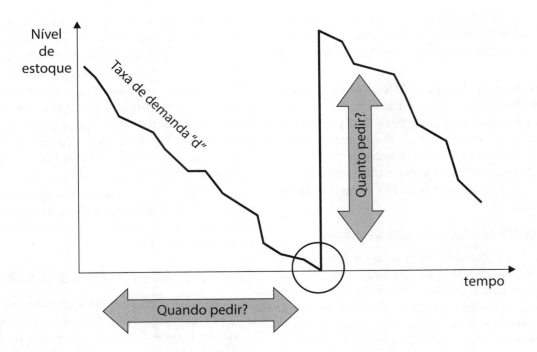

Figura 17.4 Modelo genérico de curva de nível de estoques.

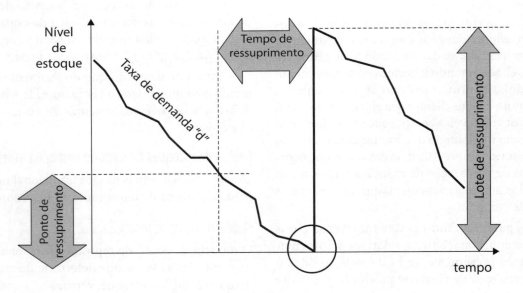

Figura 17.5 Modelo de "ponto de reposição".

Para que esse tipo de modelo possa ser usado, é necessário definir seus parâmetros: o ponto de reposição e o tamanho do lote de ressuprimento. Para defini-los, pode-se usar modelagem matemática simples. Quando a demanda se dá de forma mais ou menos estável, pode-se, por exemplo, aproximar o modelo ilustrado na Figura 17.5 pelo modelo da Figura 17.6.

Para determinar os parâmetros do sistema, pode-se adotar uma abordagem de custos. Os custos envolvidos com o sistema são:

Modelagem simplificadora, assumindo demanda "d" constante.

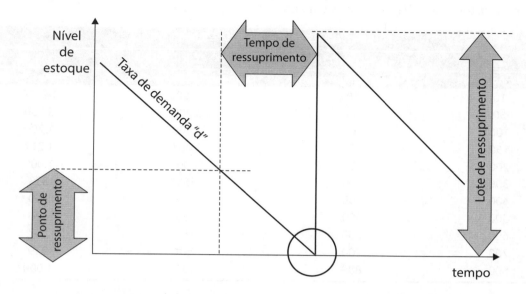

Figura 17.6 Modelagem para determinação dos parâmetros do sistema de ponto de reposição.

- **Cf**: custo fixo de fazer um pedido de ressuprimento. É considerado "fixo", pois é um custo que não varia com a quantidade pedida: quando se trata de um item comprado, esses custos incluem em geral os custos de cotação, os de recebimento e inspeção do lote comprado, os incorridos no processo de pagamento, o frete (se pago pelo comprador) e outros – referentes ao processo de realizar o ressuprimento. Quando se trata de item produzido internamente, um dos custos dominantes é o de preparação do equipamento para a produção do lote.

- **Ce**: custo unitário anual de estocagem. É o custo anual de armazenagem de uma unidade do item. Inclui todos os custos incorridos por manter o item em estoque: em geral, o custo de oportunidade do capital investido, o seguro, os custos com pessoal de armazenagem responsável pela movimentação e manipulação, contagem e outras atividades, custos com roubo, estrago e dano, custos com obsolescência, eventuais impostos incorridos, custos com o espaço de armazenagem em si, depreciação e manutenção de equipamentos de movimentação (transelevadores, carrinhos paleteiros, empilhadeiras, prateleiras, manutenção dos sistemas de gestão de armazém, entre outros).

Calculemos os custos totais envolvidos em gerenciar o sistema de estoques ilustrado na Figura 17.6.

Custos anuais de armazenagem (CA): os custos anuais de armazenagem são calculados multiplicando o estoque médio (dado pelo tamanho do lote dividido por dois) pelo custo unitário anual de estocagem. Isso porque, num modelo simplificado como o da Figura 17.6, o nível médio de estoques da curva está exatamente no ponto equivalente ao tamanho do lote (pico do "dente de serra") dividido por dois:

$$CA = C_e \times \frac{L}{2}$$

Custos anuais de pedidos (CP): os custos anuais com pedidos são calculados multiplicando os custos fixos de um pedido Cf pelo número total de pedidos feitos ao longo do ano (dado pela demanda anual DA dividida pelo tamanho de lote L):

$$CP = C_f \times \frac{DA}{L}$$

Suponha, por exemplo, uma situação em que se tenha um sistema de gestão de estoques conforme os seguintes parâmetros:

Custo de preparação (ou de pedido) → C_f = R$ 20
Custo unitário anual de carregar estoque → C_e = R$ 2
Demanda Anual → DA = 8.000 unidades

Analise os custos envolvidos, tanto os custos anuais de carregar estoques (*CA*) como os custos anuais de fazer pedidos (*CP*), e os custos totais *CT*, para vários tamanhos de lote possíveis:

L	$C_A = C_e \times (L/2)$	$C_P = C_f \times (DA/L)$	$C_T = C_A + C_P$
Tamanho de lote	Custo de carregar estoque	Custo anual de fazer pedidos	Custo total
10	10	16.000	16.010
50	50	3.200	3.250
100	100	1.600	1.700
150	150	1.067	1.217
200	200	800	1.000
300	300	553	833
400	400	400	800
500	500	320	820
600	600	267	867
700	700	229	929
800	800	200	1.000

C_f = R$ 20; C_0 = R$ 2; DA = 8.000

Figura 17.7 Custos anuais envolvidos com a gestão de estoques.

Note que para o caso desse exemplo, para valores de lote variando de 10 até 800, a situação de custo total (*CT*) mínimo ocorreu para um tamanho de lote igual a 400. Note que, nessa situação, os custos de carregar estoque *Ce* e de fazer pedidos *Cf* são iguais. Isso ocorre para toda situação com essa modelagem.

Podem-se desenhar em um gráfico essas duas curvas de custo em função do tamanho de lote, para determinar o ponto em que os custos totais (dados pela soma dos custos de pedidos – *CP* – com os custos de armazenagem – *CA*) são mínimos (veja a Figura 17.8).

Pode-se demonstrar que, para essa modelagem, os custos mínimos de operação do sistema ocorrem quando os custos totais de armazenagem igualam-se aos custos totais com pedidos. Estabelece-se, então, a equação:

$$C_f \times \frac{DA}{L} = C_f \times \frac{L}{2}$$

De onde sai que o lote econômico é dado por (resolvendo para *LE*):

$$L_E = \sqrt{\frac{2 \times DA \times C_f}{C_e}}$$

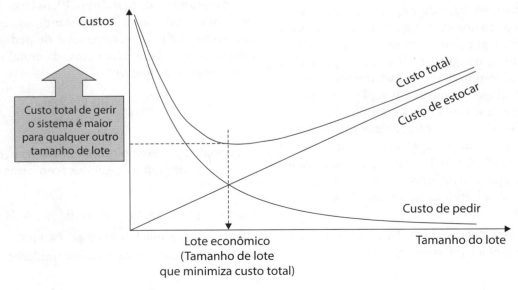

Figura 17.8 Custos totais do sistema de gestão de estoques da Figura 17.7.

Para calcular o outro parâmetro, o ponto de ressuprimento ou reposição, basta multiplicar a taxa de demanda *D* pelo tempo de ressuprimento *TR* (na mesma unidade de tempo da taxa de demanda), pois quando o ressuprimento é disparado, é necessário ter em mãos uma quantidade suficiente para atender a demanda durante o TR:

$$PR = D \times TR$$

Considerações para definição de estoques de segurança

Em situações reais, nem sempre os pressupostos do desenvolvimento da formulação anterior mantêm-se estritamente da forma que foram assumidos. Sabe-se que, na maioria de casos, as demandas não são exatamente constantes. Há uma flutuação aleatória em torno da média, nos casos em que se pode assumir que a demanda é (agora *aproximadamente*) constante. Portanto, pode ser que a demanda durante o tempo de ressuprimento seja maior que a média assumida, então para evitar faltas, o ponto em que se deveria disparar um pedido de ressuprimento é uma quantidade maior do que a *média* da demanda durante o TR, ela inclui uma quantidade de "segurança" *Eseg* para fazer frente a uma certa quantidade que tem probabilidade de ocorrer acima da média:

$$PR = D \times TR + Eseg$$

Se *Eseg* for definido como zero, ou, em outras palavras, se for definido que não se vai trabalhar com estoques de segurança, isso significa que um pedido de reposição vai ser disparado quando houver uma quantidade em estoque equivalente à média da demanda durante o *lead time*. Entretanto, como a demanda na verdade não é totalmente estável, é possível que, assim que um pedido seja disparado, a demanda sofra uma dessas variações aleatórias para maior, e lá permaneça durante o período do *lead time*. Isso significa que a demanda durante esse período, na verdade, será maior do que aquela assumida quando se dimensionou o ponto de ressuprimento. Isso significa que o estoque chegará a zero antes que o ressuprimento chegue, causando falta. Para fazer frente a essas situações de variações aleatórias da demanda, em torno de sua média, muitas empresas resolvem lançar mão de manter alguma quantidade de estoque (chamado estoque de segurança) para que, nos casos em que, depois de emitido o pedido de ressuprimento, a demanda aumentar, não haja falta. A pergunta, a partir daí, passa a ser: que quantidade de estoques de segurança manter?

Parece claro que deveria ser mantida uma quantidade de estoque de segurança que fosse de certa forma proporcional ao nível de incerteza da demanda, ou seja, de quanto a demanda real terá probabilidade de variar em torno da média assumida.

Surge a necessidade de quantificar a incerteza. Em outras palavras, de saber quais as probabilidades associadas aos diferentes níveis de crescimento da demanda, após a emissão do pedido de ressuprimento. Para isso, é necessário conhecer as características das variações passadas da demanda em torno da média. Vamos imaginar, por exemplo, que as demandas semanais por determinado produto ao longo das últimas 40 semanas sejam as seguintes ilustradas na Figura 17.9.

Semana	Demanda	Semana	Demanda	Semana	Demanda	Semana	Demanda
1	120	11	118	21	121	31	119
2	118	12	120	22	119	32	123
3	124	13	117	23	116	33	119
4	119	14	120	24	120	34	123
5	118	15	121	25	123	35	118
6	121	16	117	26	117	36	120
7	120	17	121	27	122	37	123
8	121	18	120	28	120	38	121
9	122	19	119	29	118	39	122
10	119	20	121	30	122	40	122

Figura 17.9 Amostra de 40 demandas semanais passadas.

A partir da amostra de 40 demandas semanais, se gostaria de ter uma boa estimação da distribuição de probabilidades da demanda real. Assumindo que a demanda real comporta-se segundo uma distribuição normal, os dois valores que são necessários para caracterizar uma distribuição normal são:

- A média μ (normalmente simbolizada pela letra grega μ, lê-se "mi").
- O desvio-padrão σ (simbolizado pela letra grega sigma).

A média μ da demanda semanal, então, seria estimada a partir da média da própria amostra de demandas semanais. Em nosso caso, para as 40 demandas passadas, a média seria dada por:

$$\mu \approx d_{méd} = \frac{d_1 + d_2 + d_3 + d_4 + ... + dn}{n}$$

e o desvio-padrão seria dado por:

$$\sigma = \sqrt{\frac{(d1 - dméd)^2 + (d2 - dméd)^2 + (d3 - dméd)^2 + (dn - dméd)^2}{n - 1}}$$

A partir, então, da média e do desvio-padrão estimados, podem-se usar essas estimativas para inferir quais seriam as probabilidades, por exemplo, de a demanda semanal ser maior que determinado valor. Da mesma forma, é possível determinar, por exemplo, qual o valor da demanda semanal cuja probabilidade de a demanda real ser maior seja de apenas 5%. Isso permite que se estimem probabilidades de a demanda ser maior do que determinados valores. O que significa que, em certo momento, é possível, a partir do conhecimento dos valores de desvio-padrão e média da demanda, definir que quantidade de estoque deveria ser mantida para que apenas 5% ou 1% (ou seja qual for o valor que se define) da demanda não sejam atendidos – em outras palavras, qual o nível de estoque de segurança necessário para atender a determinado nível de serviço oferecido ao cliente. A relação entre nível de serviço ao cliente e nível de estoque de segurança é dada por:

$$Eseg = FS \times \sigma \times \sqrt{\frac{LT}{PP}}$$

Onde:

$Eseg$ = estoque de segurança.
FS = fator de segurança, que é uma função do nível de serviço que se pretende.
σ = desvio-padrão estimado para a demanda futura.
LT = *lead time* de ressuprimento.
PP = periodicidade à qual se refere o desvio-padrão.

Na Figura 17.10, pode ser encontrado o fator de segurança correspondente a vários possíveis níveis de serviço:

Nível de serviço	Fator de serviço
50%	0
60%	0,254
70%	0,525
80%	0,842
85%	1,037
90%	1,282
95%	1,645
96%	1,751
97%	1,880
98%	2,055
99%	2,325
99,9%	3,100
99,99%	3,620

Figura 17.10 Fatores de segurança.

Por exemplo, suponha que se esteja interessado em dimensionar o estoque de segurança para a situação representada na Figura 17.9. Fazendo as contas, achamos, para aqueles dados, os seguintes valores:

$$\mu = d_{med} = 120,1$$
$$\sigma \approx s = 1,911$$

Usando a fórmula e supondo que o *lead time* de obtenção do item em questão é de três semanas, e que se pretenda um nível de serviço de 95% (em média deixando 5% não atendidos a partir da disponibilidade de estoque), vem:

$$Eseg = FS \times \sigma \times \sqrt{\frac{LT}{PP}}$$

$$Eseg = 1,645 \times 1,911 \times \sqrt{\frac{3}{1}}$$

= 5,44 ou, arredondando, 6.

O ponto de ressuprimento dessa situação seria, então,

$$PR = D_{méd} \times LT + E_{seg} = (120,1 \times 3) + 5,44 = 365,64$$

ou, arredondando, 366.

PARA REFLETIR
Definindo níveis de serviço adequados para itens de estoques
Uma questão que sempre vem à tona em discussões sobre gestão de estoques é a definição de níveis de serviço para itens. Às vezes, veem-se pessoas mais voltadas para atividades comerciais advogando que níveis de serviço deveriam ser sempre 100%; qualquer coisa menor que isso seria ruim. Na verdade, em geral, isso é uma falha conceitual em grande quantidade de situações. Muitas vezes, a decisão gerencial correta é deliberadamente desenhar um sistema de gestão de estoques que, para determinados itens, *não*

apresentem 100% de disponibilidade (ou nível de serviço). Pode-se pensar numa situação em que uma empresa, gerenciando seus níveis de estoques de peças sobressalentes para atender a suas necessidades de manutenção corretiva, classifica seus itens em classes *A*, *B* e *C* (referentes ao valor de uso – veja seção "Curva ABC" neste capítulo) e *X*, *Y* e *Z* (referente à criticidade da peça, ou seja, ao custo de falta da peça). Imagine, por exemplo, que um item *X* seja um que, se quebrar e faltar no estoque, faça um importante equipamento (por exemplo, um gargalo) parar, com custos muito altos associados, portanto, à falta. Um item *Y*, por sua vez, é um que, se quebrar e faltar no estoque, faz uma máquina importante trabalhar a uma velocidade inferior a sua velocidade máxima, mas não a faz parar, e um item *Z* é um item que, se quebrar e faltar, não altera a produção, ainda que seja trocado. Quando se tenta relacionar essas duas classificações para que se definam os níveis de serviços, pode-se achar a situação dada pela Figura 17.11.

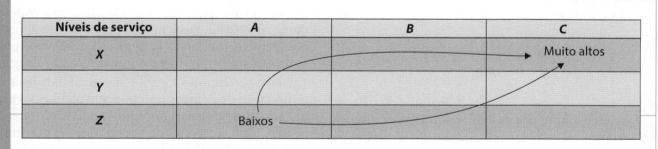
Figura 17.11 Relação possível entre classificações de itens e níveis de serviço.

Nessa situação, por exemplo, é plausível que a empresa opte *deliberadamente* por ter níveis de serviço baixos dos itens que, por um lado, não são críticos (por exemplo, *Z* na escala de criticidade) e, por outro, são caros de se manter em estoque (por exemplo, classificados como *A* no valor de uso). Também é plausível que a empresa opte por níveis de serviço altos para aqueles itens que, por um lado, são baratos de manter em estoque (por exemplo, classificados como *C*) e, por outro, são críticos, não podendo faltar. Também é plausível que, em situações intermediárias da relação entre criticidade e valor de uso, mereçam níveis intermediários de serviço.

Questões para discussão
1. É muito comum que empresas definam um mesmo nível de serviço para todos os seus itens de estoque. Quais as consequências que esta prática pode trazer?
2. Como você faria para definir, o mais objetivamente possível, o "custo de falta" de um item de estoque?

Explicando, foi usado o desvio-padrão da amostra como estimador do desvio-padrão da demanda real, igual a 1,911. Foi usado o fator de segurança (para aqueles versados em estatística, trata-se do *Zscore*) 1,645 da tabela de fatores de segurança para um nível de serviço de 95%. E, finalmente, foi usado um corretor para o desvio-padrão de 3, porque o período ao qual se refere o desvio-padrão considerado é a semana (de fato, a lista de demandas da Figura 17.9 refere-se a demandas *semanais*, então, o *PP* foi assumido como sendo de valor 1). Como o que se quer é o desvio-padrão da variação de três semanas de demanda e não de apenas uma, aplica-se esse corretor. Para detalhes sobre os cálculos estatísticos e probabilísticos usados aqui, recomenda-se a consulta a qualquer bom manual de probabilidades e estatística.

Há situações em que variabilidade ocorre tanto na demanda como no *lead time* de ressuprimento. Aí, o cálculo do estoque de segurança pode assumir a seguinte formulação (Brown, 1982) para o desvio-padrão da demanda durante um *lead time* igualmente distribuído de maneira normal:

$$\sigma = \sqrt{LT \times \sigma_D^2 + (D^2 \times \sigma_{LT}^2)}$$

Onde:

σ_D = desvio-padrão dos desvios da demanda em relação à previsão.

σ_{LT} = desvio-padrão dos desvios do *lead time* em relação à média.

σ = desvio-padrão da demanda durante o período do *lead time*.

A partir daí, o cálculo do estoque de segurança *Eseg* fica apenas:

$$Eseg = FS \times \sigma$$

O mais comum de se encontrar na literatura e na prática das empresas é a formulação assumindo *lead time* constante e conhecido, com estoque de segurança sendo calculado como:

$$Eseg = FS \times \sigma \times \sqrt{\frac{LT}{PP}}$$

Essa formulação nos dá a oportunidade de discutir as variáveis envolvidas no cálculo dos estoques de segurança necessários a atingir determinado nível de serviço ao cliente. Nota-se que, numa abordagem trivial, um aumento de nível de serviço ao cliente só poderia ser atingido por uma elevação no nível de estoques (pois, conforme mostra a Figura 17.10, os Fatores de Segurança – *FS* – crescem, até mais que proporcionalmente, conforme cresce o nível de serviço requerido). Entretanto, essa colocação, embora usual em discussões presenciadas nas empresas, carrega algumas simplificações excessivas. Assume, por exemplo, que o termo

$$\sigma \times \sqrt{\frac{LT}{PP}}$$

é uma constante sobre a qual não se pode agir. Engano. Tanto o σ (desvio-padrão das previsões) como o *LT* (*lead time* de ressuprimento) podem ser alterados respectivamente por:

1. Melhores previsões que farão com que o desvio-padrão das previsões caia. A experiência dos autores nas empresas é de negligência quanto ao uso de técnicas adequadas para a elaboração de previsões, muitas vezes a cargo do setor comercial da empresa.
2. Menores *lead times*, que, se reduzidos, farão também os estoques de segurança baixarem. Isso, em geral, está a cargo dos setores de suprimentos (internos ou externos).

A observação desses dois aspectos coloca a discussão mais em contexto. A responsabilidade de definição e os *drivers* do estoque de segurança não estão sob total controle do setor de logística interna. Na verdade, estão sob controle de vários setores dentro da organização que devem agir coordenadamente para que se possa de fato baixar o nível dos estoques de segurança sem prejudicar os níveis de serviços a clientes: marketing, suprimentos, logística interna, produção.

Pressupostos e limitações do sistema de ponto de reposição e lote econômico

Embora com algum apelo analítico e de uso disseminado, o modelo de ponto de reposição exige alguns pressupostos fortes para que o modelo seja aderente à realidade modelada. No desenvolvimento do modelo, assumiu-se, por exemplo, constância na demanda. Esse pressuposto, às vezes, é plausível de ser assumido, mas nem sempre.

Outro pressuposto forte é o da possibilidade de determinação dos custos unitários envolvidos – custos unitários de armazenagem e custos unitários de fazer um pedido. Nem sempre é simples ou possível determinar esses custos. Por vezes, a hipótese de linearidade (a ideia de que se paga proporcionalmente mais quanto mais se tem armazenado) não é verdadeira. A empresa pode pagar um valor fixo pelo espaço total de armazenagem e não proporcional à quantidade de produtos armazenados. O mesmo vale para os custos de fazer pedidos. Na maioria dos casos, é muito difícil ter-se segurança de quanto custa de fato colocar um pedido ao fornecedor (seja ele interno ou externo).

O resultado de não aderências no uso do modelo leva à determinação de um tamanho de lote que de fato não é o que minimiza os custos envolvidos. A empresa pensa, então, estar trabalhando no ponto de custos mínimos quando na verdade não está. Quando se multiplicam esses pequenos erros por dezenas de milhares de itens, isso pode levar a desempenhos perigosamente pobres dos sistemas de gestão de estoques.

Uso do *time phased order point* (caso em que não se pode assumir demanda constante)

Para os casos em que não se pode assumir demanda constante, o modelo usado é o chamado *Time Phased Order Point* (TPOP), ou, numa tradução livre, "ponto de reposição escalonado no tempo".

Estoque de segurança = 20 Quantidade pedida = 200 Lead time = 3		Períodos							
		1	2	3	4	5	6	7	8
Demanda prevista		100	100	100	100	100	100	100	100
Recebimentos programados			200						
Estoque projetado	120	20	120	20	120	20	120	20	120
Recebimentos planejados					200		200		200
Liberação de pedidos planejados		200		200		200			

Figura 17.12 *Time Phased Order Point* (TPOP) para o item *A* com demanda constante.

Inicialmente, suponha o caso da gestão de um item ("item *A*"), cuja demanda projetada seja constante e no nível de 100 unidades por semana. Suponha que para ele se determinou que o estoque de segurança deveria ser de 20 unidades (para fazer frente às incertezas dessa demanda projetada), que os lotes econômicos de compra fossem de 200 unidades e que o *lead time* envolvido fosse de três semanas. Suponha também que um pedido aberto há duas semanas determine que há um recebimento programado de 200 unidades a chegar no início da semana dois. O TPOP para o item *A* seria conforme a Figura 17.12.

Note que tudo se passa como se o modelo de "ponto de reposição" estivesse sendo usado: o estoque vai sendo consumido gradual e uniformemente até que, no ponto em que atingiria (e infringiria) o nível de estoque de segurança (aqui definido como 20 unidades), uma quantidade de 200 unidades (tamanho do lote econômico de compra) deveria chegar do fornecedor. Para isso, é feito o *off set* ou o desconto do *lead time* de três semanas para trás no tempo, definindo o momento em que deve ser emitido um pedido. O resultado, a exemplo dos modelos anteriores, é que as reposições acabam se dando de forma regular, nos mesmos momentos que os parâmetros do modelo de ponto de reposição discutido anteriormente teriam definido se estivessem sendo usados. Note, entretanto, que a hipótese de demanda constante poderia ser relaxada. Observe a Figura 17.13, em que a mesma mecânica é usada para gerenciar um item cuja demanda não é constante, mas tem alguma ciclicidade.

Note que a mecânica é exatamente a mesma, mas os pontos de reposição (no tempo) não mais se distribuem uniformemente, devido ao fato de que as taxas de consumo do estoque variam ao longo do período analisado. Isso significa, em termos práticos, que o uso do TPOP pode ser feito mesmo para situações em que não se pode assumir demanda projetada constante. Tudo passa a ser agora uma questão de definir os parâmetros para o sistema informatizado: horizonte de planejamento, periodicidade de planejamento, estoque de segurança (sempre com base nas incertezas que envolvem ambos – o processo de suprimento e a demanda projetada) e tamanhos de lote. Desse ponto em diante, o sistema gerenciará as sugestões de emissão de pedidos de forma escalonada no tempo, procurando fazer com que os níveis dos estoques de segurança não sejam infringidos. Esse tema também é tratado no Capítulo 16, já que no planejamento mestre de produção é usada a técnica de TPOP.

Estoque de segurança = 20 Quantidade pedida = 200 Lead time = 3		Períodos							
		1	2	3	4	5	6	7	8
Demanda prevista		100	70	40	10	40	70	100	70
Recebimentos programados			200						
Estoque projetado	120	20	150	110	100	60	190	90	20
Recebimentos planejados							200		
Liberação de pedidos planejados				200					

Figura 17.13 *TPOP* para o item *A*, sem pressuposto de demanda projetada constante.

Cálculo do estoque de segurança para demanda não assumida constante pelo modelo de previsão

Para os casos em que a permanência de demanda não pode ser assumida, entretanto, o cálculo do estoque de segurança não pode ser conforme descrito anteriormente neste capítulo, pois a estimativa de demanda futura não será a média das demandas do passado e, portanto, o erro de previsão não será simplesmente o cálculo estatístico do desvio-padrão da série histórica de vendas. No caso de se ter usado um modelo não baseado em médias para estimar a demanda futura, deve-se usar, em vez do desvio-padrão da série histórica de vendas, a raiz quadrada do desvio-médio quadrático dos erros históricos de previsão, desde que o histórico seja longo (maior que 30 dados seria o ideal). Isso porque, dessa forma, se terá uma boa estimativa do desvio-padrão dos erros de previsão (desde que a hipótese de normalidade dos erros esteja presente). Resumindo, quando não há permanência da demanda, o cálculo do estoque de segurança deve ser:

$$Eseg = FS \times \sqrt{\text{Desvio-médio quadrático dos erros de previsão}} \times \sqrt{\frac{LT}{PP}}$$

17.2.7 MODELO DE REVISÃO PERIÓDICA

É de operação mais simples que o anterior e funciona da seguinte forma: periodicamente, verifica-se o nível de estoque do item e, baseado no nível de estoque encontrado, determina-se a quantidade a ser ressuprida, de modo que, ao recebê-la, seja atingido um nível de estoques predeterminado. Esse sistema pode ser ilustrado pela Figura 17.14.

Definição de parâmetros para sistemas de revisão periódica

A definição dos parâmetros (quantidade a ressuprir, por exemplo), para o sistema de reposição periódica, é feita a partir da formulação a seguir:

$$Q = M - (E + QP)$$

Onde:

Q = Quantidade a pedir.

M = Estoque máximo.

E = Estoque presente.

QP = Quantidade pendente (já pedida) – eventual.

Entretanto,

$$M = D \times (P + LT) + Eseg$$

Onde:

M = Nível máximo de estoques (atingido logo que um recebimento é feito).

D = Taxa de demanda.

P = Período de revisão.

LT = Tempo de ressuprimento (*lead time*).

E_{seg} = Estoque de segurança.

Então,

$$Q = D \times (P + LT) + E_{seg} - (E + QP)$$

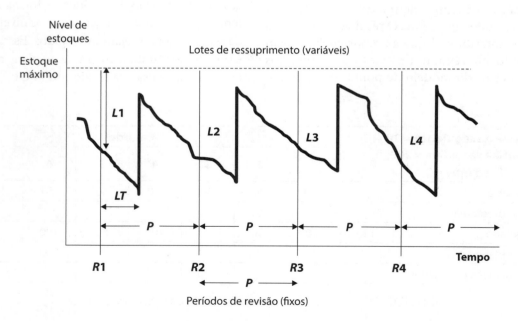

Figura 17.14 Sistema de revisão periódica.

Por exemplo, imagine uma situação em que o período de revisão de um sistema de revisão periódica para leite em uma lanchonete é $P = 15$ dias, o *lead time* $LT = 3$ dias, a taxa de demanda $D = 6$ litros/dia, o estoque de segurança foi definido em 8 litros, o estoque presente é de 18 litros e a quantidade pendente é 0, ou seja, não há pedidos pendentes.

De quanto seria a quantidade a pedir se fosse feita agora uma revisão?

$$Q = D \times (P + LT) + Eseg - (E + QP)$$
$$Q = 6 \times (15 + 3) + 8 - (18 + 0) = 98$$

A quantidade a pedir seria de 98 litros.

O estoque de segurança para sistema de revisão periódica é calculado de forma similar ao estoque de segurança de sistemas de ponto de ressuprimento, mas com algumas diferenças:

$$Eseg = FS \times \sigma \times \sqrt{\frac{(P + LT)}{PP}}$$

Onde:

- FS = Fator de segurança (que vem da tabela da Figura 17.10) – depende do nível de serviço requerido.
- σ = Desvio-padrão dos erros de previsão.
- P = Período de revisão.
- LT = *Lead time*.
- PP = Período a que se refere o desvio-padrão dos erros de previsão.

Suponha, por exemplo, que se pretenda para o exemplo anterior um nível de serviço de 95%. Isso significa que o $FS = 1,645$ (da Figura 17.10). Suponha também que o desvio-padrão dos erros de previsão seja de 1 unidade/dia, que o período de previsão seja de 15 dias e o *lead time* de 3 dias. Qual seria o nível de estoque de segurança necessário?

$$Eseg = 1,645 \times 1 \times \sqrt{\frac{(15 = 3)}{1}} = 6,98$$

Ou, arredondando, 7 litros de leite.

A diferença principal está no período ao qual se refere a possível incerteza de demanda – em vez de ser apenas o período do *lead time*, passa a ser o do *lead time* mais o período de revisão, pois é esse o tempo que a demanda estará exposta às variações reais, na situação mais desfavorável.

Pressupostos e limitações do modelo de revisão periódica

O sistema de revisão periódica é mais fácil e barato de operar (não exige a verificação do saldo do estoque a cada movimentação) e não assume, em princípio, que a demanda seja constante. Entretanto, os riscos associados a faltas são normalmente maiores, dado que as revisões de níveis de estoque se dão a intervalos fixos. O sistema fica menos capaz de responder rapidamente a aumentos de demanda repentinos. Isso faz com que o uso de reposição periódica esteja, em geral, associado a níveis mais altos de estoques de segurança (fixando um nível alto de estoque "máximo"), para minimizar a probabilidade de ocorrência de faltas. Portanto, faz com que os sistemas do tipo revisão periódica sejam normalmente escolhidos para gerenciar itens de menor valor e menor custo de armazenagem, para os quais a manutenção de um nível mais alto de estoques não tenha implicações tão graves. Ao mesmo tempo, o menor custo com a operação do sistema de revisão periódica é uma vantagem de seu uso para o gerenciamento de itens menos relevantes em termos de custo ou valor movimentado. As secretárias em escritórios usam o sistema de revisão periódica – a cada virada de mês, checam seus estoques de lápis, papel, clipes etc. e encomendam quantidades complementares para que seus estoques de material de escritório iniciem o mês com determinado nível preestabelecido. Esse nível tende a não ser muito justo em relação à demanda, pois o custo de falta é alto, mas o custo de manutenção dos estoques nem tanto.

Um uso recente e bastante importante para os modelos de revisão periódica é nas técnicas de *Vendor Managed Inventory* (VMI), explicadas no Capítulo 3.

17.2.8 ENFOQUE EVOLUTIVO PARA GESTÃO DE ESTOQUES

Quando se discutem os modelos de gestão de estoques e, principalmente, a definição dos estoques de segurança, é fácil perceber que há uma série de pressupostos assumidos pelos modelos. Como os modelos são bastante simplificados, é importante que, em termos de uso prático, eles e seus resultados sejam vistos pelo usuário como boas aproximações, mas não como verdades absolutas. Imaginemos a decisão de dimensionamento de nível de estoque de segurança. No nível de planejamento, é pressuposto que a demanda se comporte de maneira estável, conforme o "dente de serra" ilustrado na Figura 17.6, em linha tracejada. Entretanto, *a posteriori*, quando se analisa a curva de estoques conforme ela realmente aconteceu, vê-se que ela, por exemplo, obedeceu à curva sólida da Figura 17.15.

Isso implica que a variação da demanda em relação à expectativa levou a que os estoques de segurança tenham sido utilizados (note que, em ambos os momentos de chegada do ressuprimento, o nível real encontra-se abaixo do nível definido como o de estoque de segurança). Imagine agora, por exemplo, que, ao longo de, digamos, seis meses e numerosos ciclos de reposição, o nível mínimo ao qual o estoque real chegou tenha sido o assinalado na Figura 17.15. Isso pode significar que esse nível de estoques, uma parcela substancial dos estoques de segurança dimensionados, simplesmente não foi utilizado! Talvez o gestor não ouse, a partir dessa constatação, livrar-se completamente dessa quantidade não utilizada, reduzindo o parâmetro "estoque de segurança" do item desta quantidade. Entretanto, poderá, por exemplo, reduzir o parâmetro "estoque de segurança" do item de uma fração dessa quantidade não utilizada, digamos, 25%. Ao final de mais um período de observação e para a eventualidade de os níveis mínimos de estoques reais aos quais se chegou serem uma quantidade considerável, o gestor pode resolver reduzi-lo ainda mais... e assim por diante.

Isso sinaliza para uma prática chamada evolutiva de dimensionamento de parâmetros que pode ser resumida nos seguintes passos, por exemplo, aplicáveis aos estoques de segurança:

- Dimensionar o estoque de segurança de acordo com os melhores e mais adequados modelos analíticos disponíveis.
- Acompanhar o nível mínimo ao qual chega o estoque real durante um período suficientemente longo (digamos, seis meses).
- Reduzir os valores dos estoques de segurança dos itens acompanhados de uma percentagem dos valores mínimos identificados no item anterior.

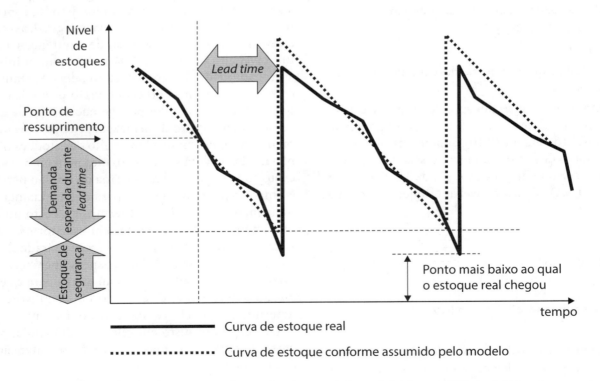

Figura 17.15 Ilustração para entendimento do enfoque evolutivo na definição paramétrica em estoques.

- Sistematizar e automatizar, quando possível, a aplicação do enfoque evolutivo.
- Em caso de mudanças substanciais das condições de contorno, voltar ao passo 1.
- Repetir indefinidamente o ciclo.

Dessa forma, será possível ao gestor de estoques beneficiar-se das vantagens dos modelos analíticos sem perder de vista que os sistemas são quase "organismos vivos", que devem ser acompanhados evolutivamente.

17.2.9 CURVA ABC

Quando se começa a considerar que determinados itens de estoque têm custo de manutenção maior que outros, passa a ser interessante pensar em formas de classificação desses itens por algum critério de importância, de forma que se possa definir quais são os itens que merecem maior atenção (e alocação de recursos) em sua gestão. Isso porque o ganho marginal por uma gestão mais apertada é mais compensador para determinados itens que para outros, ao passo que a quantidade total de recursos para a gestão do total dos itens é limitada. Uma das formas de se pensar classificação de importância de itens de estoque é a chamada curva ABC ou curva de Pareto. A curva ABC é descrita a seguir.

A técnica ABC é uma forma de classificar todos os itens de estoque de determinado sistema de operações em três grupos, baseados em seu valor total anual de uso. O objetivo é definir grupos para os quais diferentes sistemas de controle de estoque serão mais apropriados, resultando em um sistema total mais eficiente em custos. Usam-se, dessa forma, sistemas mais caros de operar que permitem controle mais rigoroso de itens mais importantes, enquanto sistemas mais baratos de operar e menos rigorosos são utilizados para itens menos "importantes" (em valor de uso).

Os passos para a aplicação da técnica ABC são os seguintes:

- Para cada item de estoque, determinar a quantidade total utilizada no ano anterior (em alguns casos, quando possível, prefere-se trabalhar com as quantidades projetadas para uso no futuro).
- Determinar o custo médio de cada um dos itens de estoque, usando moeda forte.
- Calcular para cada item de estoque o custo anual total de uso, multiplicando o custo médio de cada item, levantado em 2, pela quantidade correspondente utilizada, levantada em 1.
- Ordenar em uma lista todos os itens em valor decrescente do valor de uso estabelecido em 3.
- Calcular os valores acumulados de valor de uso para toda a lista, na ordem definida em 4.
- Calcular os valores acumulados determinados em 5 em termos percentuais, relativos ao valor total acumulado de valor de uso para o total dos itens.
- Plotar os valores (percentuais) num gráfico.
- Definir as três regiões conforme a inclinação da curva resultante: região A, de grande inclinação; região B, de média inclinação (em torno de 45º); região C, de pequena inclinação.

Veja a Figura 17.17 para um exemplo de aplicação. Em uma quantidade muito grande de vezes, os primeiros 20% dos itens são responsáveis por, aproximadamente, 80% do valor de uso total dos itens de estoque. Por esse motivo, essa curva também é conhecida como curva "80-20".

Note como, na região classificada como A, poucos itens são responsáveis por grande parte do valor de uso total. Logo, esses deveriam ser os itens a merecerem maior atenção gerencial, para os quais vale mais a pena manter controles de estoque precisos e rigorosos. Os benefícios do esforço de redução de estoques médios de itens A são muito maiores do que os benefícios de um esforço gerencial similar despendido para manter estoques mais baixos de itens C, que são responsáveis por uma parcela muito menor do valor de uso total dos itens de estoque.

INDÚSTRIA 4.0: GESTÃO DE ESTOQUES NA REDE DE OPERAÇÕES

Desde a aquisição de matérias-primas até a distribuição de produtos acabados e na prestação de serviços, as tecnologias I4.0 estão transformando, pela digitalização, as redes de operações quanto a sua visibilidade, operatividade e conectividade. Na gestão de estoques, a avaliação e análise do desempenho dos *stakeholders* em tempo real permite conhecer em detalhe as características precisas de clientes e fornecedores para a estruturação de modelos para otimização de estoques. Pedidos a fornecedores baseados em informações e dados em tempo real, por exemplo, possibilitam acionar automaticamente pedidos no momento e quantidade certa. No atendimento dos clientes, por outro lado, o apoio da I4.0 aos sistemas de estoque possibilitam a previsão de demanda, principalmente com o estreito vínculo entre as tecnologias de Internet das Coisas (IoT), computação em nuvem, análise de dados e *big data*.

O conjunto de dados *big data*, quando bem analisado, revela padrões, correlações e tendências que são peças-chave para uma gestão inteligente, eficiente e eficaz de estoques, possibilitando aumento da lucratividade das empresas e garantindo a máxima satisfação dos seus clientes. A integração de dispositivos de Internet das Coisas (IoT) junto com as tecnologias *blockchain* nas cadeias de suprimentos, por sua vez, contribuem no rastreamento em tempo real e de forma harmoniosa de qualquer tipo de estoque, seja de matérias-primas, produtos em processo (WIP), materiais consumíveis ou produtos acabados, estoques próximos do vencimento ou expirados, ou estoques em trânsito. Assim, os riscos de falta ou excesso de estoques são determinados e alertas são feitos, possibilitando aumentar os níveis de desempenho em eficiência e níveis de serviço.

Nesse sentido, a portabilidade de informações em cada produto quanto a várias informações, incluindo localização, permite a automação e atualização de classificação dos estoques, por exemplo, na análise da Curva ABC. Com apoio da Inteligência Artificial (IA), é possível cruzar dados de previsões com dados de vendas reais a fim de propor melhorias no ciclo de vida de produtos, níveis de estoque e disparar reabastecimento. A transição digital está abrindo espaço para a implementação desse tipo de análise não apenas no contexto industrial, mas também no de grandes organizações do setor de serviços como bancos e hospitais.

Com a atualização dos dados de demanda em tempo real, as tecnologias I4.0 também podem melhorar a qualidade dos serviços logísticos, mantendo estoque adequado e definindo a frequência de novos pedidos a fim de minimizar as necessidades de espaço físico e diminuição de custos de armazenamento e transporte. A partir dessas atualizações constantes, possibilita-se também a criação de estratégias mais adequadas de gerenciamento de estoques e de investimento de capital que permitem implementação mais eficaz de modelos de gestão de estoques como, por exemplo, o *Economic Order Quantity* (EOQ – Lote Econômico de pedido).

Figura 17.16 Gestão de estoque por meios digitais.

17.3 ESTUDO DE CASO

Distribuidora de medicamentos Santa Ifigênia

A Santa Ifigênia começou suas atividades em 1982, distribuindo medicamentos para cerca de 60 laboratórios farmacêuticos, entre médios e grandes, na região oeste do estado de Santa Catarina. Seus dois proprietários são ex-colegas de empresa; ambos trabalhavam no setor comercial de um grande laboratório multinacional com interesses importantes no Brasil. Percebendo uma oportunidade de negócio, decidiram empreender na década de 1980 e começaram a distribuir medicamentos para pequenas farmácias do interior. Desde lá, o negócio não parou de crescer e hoje a empresa tem um faturamento bastante considerável, em torno de R$ 6 milhões. A empresa iniciou-se num pequeno galpão, numa próspera cidade de Santa Catarina, mas rapidamente teve de se mudar para uma maior e hoje tem dois centros de distribuição próprios com 10.000 m². Nos últimos anos, entretanto, os proprietários notaram que a necessidade de espaço de armazenagem cresceu mais que proporcionalmente ao faturamento e lucro. Além disso, com a entrada dos medicamentos genéricos no mercado, a pressão competitiva sobre todos os elos da cadeia produtiva de medicamentos cresceu sobremaneira, tanto em termos da necessidade de redução de custos, como em termos da necessidade de aumentar os níveis de serviço com os quais se servem as farmácias (que, por sua vez, podem comprar livremente de uma grande gama de distribuidores, todos bastante agressivos no mercado), sob pena de se perderem vendas. Calcula-se (embora não haja dados precisos a esse respeito) que a empresa esteja perdendo vendas de cerca de 10% da demanda por indisponibilidade. Tentando remediar a situação, os sócios resolveram, pela primeira vez na história da empresa, contratar um executivo de fora dos quadros da empresa para a gerência de materiais. Contrataram um rapaz chamado Marcos Vasconcellos, formado em Engenharia de Produção há quatro anos, com alguma experiência acumulada como supervisor de materiais de uma grande empresa de informática, para cuidar dos estoques de pós-venda. A tarefa à sua frente parecia bastante demandante. Deveria ter como meta a redução dos valores de estoque, além do aumento dos níveis de serviço. Eram em torno de 1.500 itens de estoque ativos. Marcos sabia que seria interessante rever as políticas de estoque vigentes, que ele não considerava totalmente adequadas. Os tamanhos de lote de compra vigentes eram de 150 caixas para o Bisovil e 600 caixas para o Liparase (nomes fictícios). Os sócios da distribuidora consideravam que, nas condições atuais de mercado, pelo menos uma disponibilidade dada por um nível de serviço de 98% seria adequada. Marcos resolveu, então, que deveria ir por partes. Inicialmente, selecionou dois itens, ambos com período de validade de mais de dois anos: o Bisovil e o Liparase. Resolveu, então, tentar rever as políticas de estoque, aplicando melhores técnicas para identificar preliminarmente o potencial de economia de custos com a política de estoques vigente.

Itens têm importância relativa diferente

Devem merecer atenção gerencial diferente

Seq.	Uso anual (unid.)	Custo médio	Uso anual ($)	Uso anual acum. ($)	Uso anual acum. (%)
1	117	49	5.840	5.840	11,3
2	27	210	5.670	11.510	22,3
3	212	23	5.037	16.547	32,0
4	172	27	4.769	21.317	41,2
5	60	57	3.478	24.796	48,0
6	94	31	2.936	27.732	53,7
7	100	28	2.820	30.552	59,1
8	48	55	2.640	33.192	64,2
9	33	73	2.423	35.616	68,9
10	15	160	2.407	38.023	73,6
11	210	5	1.075	39.098	75,6
12	50	20	1.043	40.142	77,7
13	12	86	1.038	41.180	79,9
39	2	59	119	51.230	99,1
40	2	51	103	51.333	99,3
41	4	19	79	51.412	99,5
42	2	37	75	51.488	99,6
43	2	29	59	51.547	99,7
44	1	48	48	51.596	99,8
45	1	34	34	51.630	99,9
46	1	28	28	51.659	99,9
47	3	8	25	51.684	100,0

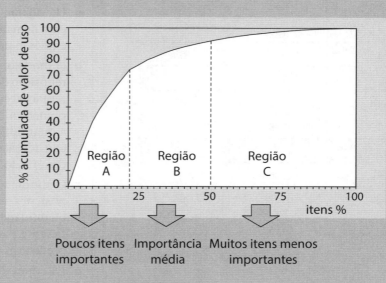

Poucos itens importantes   Importância média   Muitos itens menos importantes

Figura 17.17 Conceito de curva ABC.

O Bisovil tinha preço de venda de R$ 16,00 por caixa, representando uma margem de contribuição de 30%. O Liparase era vendido por R$ 8,40 a caixa, com margem de contribuição de 20%. Não foi muito fácil levantar os dados para isso, mas Marcos estimou, ao final de um estudo, que fazer um pedido de compra ao fornecedor, na Santa Ifigênia, custava em média R$ 26,00. Para entregar o Bisovil, o laboratório fornecedor levava uma semana e, para entregar o Liparase, o fornecedor levava duas semanas. Os custos de oportunidade de capital somados aos demais custos incorridos para manter um item em estoque por um ano (incluindo custos do armazém, seguro, roubo, estrago e dano, pessoal de manipulação etc.) estavam na casa dos 29%. A demanda semanal para ambos os medicamentos nas últimas 23 semanas encontra-se na Figura 17.18.

Semana	Bisovil	Liparase
1	80	61
2	143	86
3	123	78
4	157	92
5	144	87
6	139	85
7	132	82
8	165	95
9	159	92
10	153	90
11	121	77
12	162	94
13	151	89
14	141	85
15	130	81
16	97	68
17	113	74
18	133	82
19	119	77
20	121	77
21	185	103
22	137	84
23	116	76

Figura 17.18 Série histórica de vendas dos medicamentos estudados.

Questões para discussão

1. Ajude Marcos a conceber uma melhor política de estoques para os dois medicamentos em análise.
2. Calcule, para a nova política de estoques proposta por você, as diferenças de custo para a política em vigência.
3. Quais seriam os próximos passos que você aconselharia que Marcos tomasse?

17.4 RESUMO

- Estoques são acúmulos de recursos materiais entre fases específicas de processos de transformação.
- Estoques podem, se bem dimensionados e utilizados, ser muito importantes na eficiência e no desempenho em serviço ao cliente de uma operação; se mal dimensionados e mal utilizados, por outro lado, podem acarretar ineficiências e baixos níveis de serviço.
- Estoques proporcionam "independência" às fases do processo de transformação entre as quais se encontram.
- Há várias razões para o surgimento dos estoques: impossibilidade/inviabilidade de coordenação perfeita entre suprimento e demanda; incerteza de previsões; especulação; e necessidade de preencher canais de distribuição.
- Há duas classes de demanda de itens que requerem gestão de estoques diferentes: demanda independente (a qual não pode ser calculada, tem necessariamente que ser prevista) e demanda dependente (a qual não precisa ser prevista porque pode ser calculada).
- Há vários tipos de estoques: matérias-primas; material em processo; produtos acabados; materiais de manutenção, reparo e operação.
- Há dois modelos básicos de gestão de estoques para demandas independentes: ponto de reposição e revisão periódica.
- O modelo de ponto de reposição determina uma reposição de quantidade fixa sempre que o estoque remanescente cai abaixo de um nível de estoque predeterminado chamado "ponto de reposição"); a quantidade fixa a repor pode ser definida por considerações econômicas pelo uso de métodos como o do "lote econômico".
- O modelo de revisão periódica determina reposições a intervalos fixos predeterminados e a quantidade a ser reposta é aquela necessária e suficiente para completar o estoque até um nível predeterminado.
- Estoques de segurança são usados para ajudar o sistema a lidar com as incertezas envolvidas, tanto no suprimento como na demanda do item. O nível de estoque de segurança depende dos erros de previsão, dos níveis de serviço desejados e dos tempos envolvidos no processo de reposição.
- Os sistemas de ponto de ressuprimento e revisão periódica assumem demanda aproximadamente constante. Para a gestão de itens de demanda não constante, usa-se o modelo chamado *Time*

Phased Order Point (ponto de reposição escalonado no tempo).

- Nem todos os itens podem ter a mesma "importância" ou "relevância" para uma operação. Para diferenciar os poucos itens que merecem mais atenção gerencial dos muitos itens menos gerencialmente relevantes, usa-se a técnica ABC, que é a aplicação do princípio de Pareto à gestão de estoques.

17.5 EXERCÍCIOS

1. Estoques, num sistema produtivo, são um "bem" ou um "mal"?
2. Dê exemplos de negócios de seu conhecimento que conseguem ganhar um bom dinheiro com estoques especulativos.
3. Qual a relação entre altos tempos de preparação de máquina (*setup*) e surgimento de estoques por "falta de coordenação" entre etapas de um processo produtivo?
4. Por que processos sujeitos a incertezas, tanto de fornecimento como de demanda, podem ter necessidade de usar estoques para lidar com elas?
5. Que são *pipeline inventories* ou estoques no canal de distribuição?
6. Quais os riscos que se corre em utilizar o modelo de gestão de estoques de "ponto de reposição e lote econômico" para todos os itens de um sistema produtivo?
7. Proponha uma medida numérica para avaliar a "concentração" de uma curva ABC (que avalie o grau com que o valor analisado de um fenômeno classificatório se concentra em poucos itens principais).
8. Por que, em princípio, os modelos de ponto de reposição e lote econômico não se aplicam a itens de demanda dependente?
9. A M. M. Computadores compra anualmente 9.000 placas de rede para os microcomputadores que comercializa. O custo unitário de cada placa de rede é de R$ 15, e o custo unitário anual de estocagem é de R$ 4. O custo para se fazer um pedido é de R$ 25 por ordem. Calcule:

   a) O tamanho do lote econômico.

   b) O número esperado de pedidos por ano.

   c) O tempo esperado entre dois pedidos.

   Considere que a M. M. opere por 200 dias durante o ano.
10. A demanda anual de sapatos da Shoes & Cia. é de 12.000 unidades. A Shoes & Cia. opera durante 280 dias por ano, e o tempo de ressuprimento do estoque de sapatos é de 6 dias úteis. Calcule o ponto de ressuprimento para os sapatos.
11. Qual deve ser o estoque de segurança mantido pela C. R. Corporation se durante o período de ressuprimento a média de suas vendas é de 95 unidades e o desvio-padrão é 6, sabendo que a C. R. pretende ter um nível de serviço de 95%?
12. Na tabela a seguir constam as demandas anuais das peças comercializadas pela Pan Autopeças:

Produto	Demanda anual	Preço unitário (R$)
A	85	295
B	85	88
C	40	63
D	150	200
E	120	94

Use esses dados para criar uma Curva ABC.

13. Uma empresa de cosméticos tem dez itens em seu estoque. O diretor dessa empresa pergunta a você, um recém-formado em Gestão de Operações, como dividir esses itens com base numa Curva ABC. O que você responderia?

Item	Demanda anual	Custo unitário (R$)
1	4.000	37,5
2	3.500	13,7
3	1.200	56,3
4	5.600	10,7
5	1.300	15,4
6	450	555,5
7	280	1.607
8	540	22,2
9	1.600	10,9
10	2.300	5,5

14. Márcia C. Arruda está tentando fazer a análise do estoque de um de seus mais populares produtos. A demanda anual desse produto é de 4.500 unidades; o custo unitário é R$ 180; o custo unitário de estocagem é considerado como sendo aproximadamente 20% do custo unitário. Os custos de pedido para sua companhia são da ordem de R$ 30 por ordem e o tempo de ressuprimento é de 10 dias. (Assuma 250 dias por ano.)

    - Qual é o tamanho do lote econômico?
    - Qual é o ponto de ressuprimento?

- Qual é o custo total de armazenagem + pedidos?
- Qual é o número ideal de ordens por ano?
- Qual é o número ideal de dias entre as ordens?

15. A Total Games, uma grande loja especializada em videogames, comercializa o "Futsal 2003", um de seus jogos, por R$ 150. A demanda anual do "Futsal 2003" é de 720 unidades, constante durante todo o ano. O custo unitário de estocagem é de R$ 15 por ano, e o custo de pedido é de R$ 50 por ordem. Atualmente, a Total Games faz 12 pedidos por ano (60 unidades cada pedido). Sabendo que a loja funciona por 250 dias e que o tempo de ressuprimento é de 10 dias:

    - Dada a atual política de 60 unidades por ordem, qual é o custo anual de pedido e qual é o custo de armazenagem total?
    - Se a Total Games usar a política do lote econômico, qual deve ser o número de pedidos e o custo de armazenagem?
    - Qual é o ponto de ressuprimento?

16. Durante o tempo de ressuprimento de um amortecedor automotivo, a demanda tem distribuição normal com média de 40 unidades e desvio-padrão de 12 unidades. Qual deve ser o estoque de segurança mantido para que se obtenha um nível de serviço de 90%? Qual é o ponto de ressuprimento ideal?

17. Uma grande oficina mecânica faz a revisão de seu estoque a cada 10 dias. Um de seus itens, a pastilha de freio NX200, tem uma demanda de 5 unidades/dia, e seu *lead time* é de 5 dias. Foi definido um estoque de segurança de 12 unidades para a NX200, o estoque atual é de 15 pastilhas NX200. Sabendo que a quantidade pendente é de 5 pastilhas, se fosse feita hoje uma revisão, quantas pastilhas seriam pedidas?

18. Em relação ao exercício 17, se a revisão fosse feita a cada 15 dias e não a cada 10, e sabendo que o desvio-padrão da venda da NX200 é de 1 unidade por dia, qual seria o estoque de segurança para um nível de serviço de 95%?

17.6 ATIVIDADES PARA SALA DE AULA

1. Como você faria para apurar os custos unitários de armazenagem (para produtos acabados) de uma fábrica de computadores portáteis (*notebooks*)? Discuta com seu grupo o quão fácil ou difícil seria levantar estes custos numa situação real e quanto confiáveis seriam os valores levantados.

2. Como você faria para apurar os custos de "pedir" numa empresa distribuidora de produtos farmacêuticos? Discuta com seu grupo o quão fácil ou difícil seria levantar estes custos numa situação real e quão confiáveis seriam os valores levantados.

17.7 BIBLIOGRAFIA E LEITURA ADICIONAL RECOMENDADA

ARNOLD, T. *Administração de materiais*. São Paulo: Atlas, 2002.

BROOKS, R. B.; WILSON, L. W. *Inventory record accuracy*. New York: Oliver Wight Publishing, 1995.

BROWN, R. G. *Advanced service parts inventory management*. Norwich: RG Brown Materials Management Systems, 1982.

CORRÊA, H. L.; GIANESI, I. G. N. *Just in time, MRP II e OPT*: um enfoque estratégico. São Paulo: Atlas, 1993.

CORRÊA, H. L.; GIANESI, I. G. N.; CAON, M. *Planejamento, programação e controle da produção*. 5. ed. Atlas, 2007.

CORRÊA, H. L.; GIANESI, I. G. N.; CAON, M. *Planejamento, programação e controle de produção*. 4. ed. São Paulo: Atlas, 2001.

FOGARTY, D. W.; BLACKSTONE, J. H.; HOFFMANN, T. R. *Production and inventory management*. 2. ed. Cincinnati: College Division South-Western Publishing, 1991.

SILVER, E. A.; PYKE, D. F.; PETERSON, R. *Inventory management and production planning and scheduling*. New York: John Wiley, 1998.

VOLLMANN, T.; BERRY, W.; WHYBARK, D. C. *Manufacturing planning and control systems*. 3. ed. New York: McGraw-Hill, 1992.

Website relacionado

http://www.ascm.org – *Site* da antiga APICS (hoje Association for Supply Chain Management). Acesso em: 13 fev. 2022.

CAPÍTULO 18
MRP – Cálculo de necessidade de materiais na rede de operações

> **OBJETIVOS DE APRENDIZAGEM**
>
> - Entender o valor do uso do sistema MRP para itens de demanda dependente no planejamento e controle de componentes de processos produtivos.
> - Ser capaz de definir estruturas de produtos (também chamadas árvores de produto) para itens manufaturados e entender a importância da qualidade das informações para o uso do MRP.
> - Entender as variáveis intervenientes e formulações envolvidas no dimensionamento de parâmetros do MRP: estoques de segurança, lotes e *lead times*.
> - Entender a lógica e ser capaz de usar as técnicas de "explosões de necessidades brutas", o "escalonamento de necessidades no tempo" e os "cálculos de necessidade líquida", importantes para o MRP.
> - Saber interpretar e tomar decisões baseadas em informação disponibilizada pelo MRP nos chamados "registros básicos".

18.1 INTRODUÇÃO

Imagine-se gerenciando o planejamento de produção de uma montadora de veículos nos anos 1940. Observe que àquela altura os veículos já tinham um grau de complexidade, em termos de materiais, similar ou maior que o dos veículos de hoje. Isso significa, não raro, uma montadora ter de gerenciar grande variedade de produtos, cada um deles com mais de 3.000 componentes, num ambiente que é qualquer coisa, menos estático ou estável: demandas mudam, novos modelos são lançados, componentes são constantemente substituídos por outros mais baratos, mais leves ou tecnologicamente mais avançados.

Agora, imagine-se tendo de garantir as disponibilidades desses componentes nas quantidades corretas requeridas (nem menos nem mais) e nos momentos corretos (nem antes nem depois), sem contar com uma ferramenta que nos é tão familiar hoje: o computador. Não se está falando de lidar com o alto nível de complexidade descrito com computadores lentos ou antiquados – está-se falando de lidar com aquela complexidade sem apoio algum de computadores, pois eles não existiam ainda nos anos 1940. Imagine simplesmente a tarefa de manter atualizadas as listas de materiais dos produtos, que é a que descreve todos os itens que compõem determinado produto. Se numa folha de papel A4 podem-se escrever 50 linhas, a lista de materiais de um veículo ocupa em torno de 60 páginas – e estas, sem computadores, tinham que ser datilografadas em máquinas de escrever convencionais. A substituição de um componente – já àquela altura bem frequente –, então, requereria um esforço substancial de redatilografia.

Agora, imagine que, além de gerar essas listas de materiais, elas devem ser disponibilizadas em várias cópias (usando "papel carbono", pois não havia copiadoras eletrônicas) para uso de setores como engenharia, compras, planejamento de produção, custos e outros. Até agora você se imaginou simplesmente administrando a lista de materiais.

Considere agora que, além disso, você necessita levar em conta, para cada produto, que ele pode ter várias alternativas de opcionais: teto solar, alarme, navegador, rádio, ar condicionado, tipos de interior, cores, motorização, câmbio, entre outros. Leve em consideração também que acessórios e componentes têm diferentes tempos de obtenção: um tem de ter sua encomenda feita ao fornecedor com semanas de antecedência, já outro pode requerer apenas alguns dias. Imagine também que os diversos componentes são necessários em diferentes fases do processo produtivo, o que pode significar que um deverá estar disponível logo nas primeiras operações; outro pode ser necessário apenas na operação de montagem final. Acrescente a tudo isso que cada tipo diferente de veículo é requerido várias vezes ao longo do tempo, pois um mesmo carro é vendido em diferentes quantidades semana após semana. Tudo isso feito num ritmo de mais de mil veículos por dia – isso mesmo, aproximadamente um carro saindo da linha a cada minuto. Como compatibilizar todas essas condições sem sistemas de informação automatizados?

Não é de se admirar que, a partir dos anos 1950, quando os computadores passaram a estar disponíveis, um dos primeiros desenvolvimentos em gestão de operações foi o de sistemas que auxiliassem a automatizar a manutenção de listas de materiais. Logo em seguida, baseados nessas listas de materiais automatizadas, sistemas foram desenvolvidos para que auxiliassem no cálculo das quantidades e momentos nos quais os materiais seriam necessários para atender às necessidades de produtos prontos nas quantidades e momentos corretos. A esses sistemas foi dado o nome MRP (acrônimo para *material requirements planning*), ou sistema de cálculo de necessidade de materiais.

PARA REFLETIR

Quais consequências você acha que o desenvolvimento desses sistemas (MRP) trouxe para os níveis de estoque das empresas? E para a mão de obra utilizada para fazer planejamento de produção e estoques? E para a eficiência das fábricas? Por quê? Como você vê o perfil e a formação do profissional adequado para trabalhar na gestão operacional de um aeroporto?

Os sistemas de MRP podem ter impacto direto em diferentes critérios competitivos da operação de uma empresa, seja ela pequena, média ou grande. Portanto, custo, velocidade, qualidade e flexibilidade são critérios que podem ser afetados em diferentes níveis, caso não exista um sistema de MRP seguro, não só em relação ao *software*, mas na sua forma correta de uso. Porém, é grande o impacto que o MRP pode ter no critério de confiabilidade. Considere um restaurante (*mix* de serviços e produtos) ou uma fabricante de roçadeiras (produtos). Considerando os diversos itens necessários para a produção de seus produtos/serviços, um sistema MRP bem articulado pode ter relevância estratégica na gestão das operações desses negócios. Ao final deste capítulo, o estudo de caso Ferramentas Reyfar exemplifica essa lógica.

18.2 CONCEITOS

18.2.1 POR QUE CALCULAR NECESSIDADE DE MATERIAIS?

É conveniente, sempre que possível, *calcular* as necessidades futuras dos itens em vez de *prevê-las*. Até meados dos anos 1950, a lógica usada para a gestão de itens componentes de produtos era a mesma usada para a gestão de itens como os produtos acabados (veja Capítulo 17), ou seja, com base em *previsões* de consumo futuro. O consumo futuro dos produtos acabados tem de ser previsto, pois não há como calculá-lo. Isso é inconveniente: como as previsões de consumo futuro estão, por natureza, sujeitas a incerteza (veja Capítulo 8), as empresas precisam de recursos "extras" (como os estoques de segurança) para auxiliar a empresa a fazer frente a essa incerteza.

Entretanto, fazer previsões de consumo futuro de itens que *podem* ser calculados fazia com que as empresas trabalhassem com níveis de estoques muito maiores que o necessário. Há dois tipos diferentes de demanda à qual os itens estão sujeitos:

- Demanda independente.
- Demanda dependente.

Demanda independente e demanda dependente

Demanda independente: é a demanda futura de um item que, pela impossibilidade de se *calcular*, tem obrigatoriamente de ser *prevista*. Exemplos são a maioria dos produtos acabados que têm sua demanda futura amarrada a fatores alheios ao controle do planejador, como as ofertas concorrentes, as condições climáticas, os "humores" do mercado, as condições macroeconômicas e outros.

Demanda dependente: é a que, a partir de algum evento (como uma decisão interna, por exemplo) sob controle do planejador, pode ser calculada. Exemplo é um componente de um produto acabado. A partir de

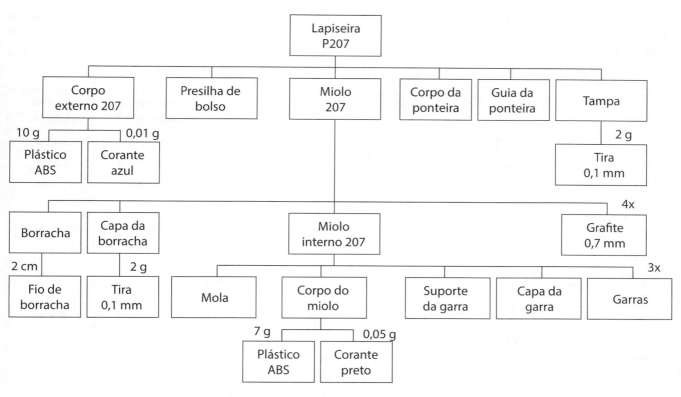

Figura 18.1 Estrutura de produtos de uma lapiseira.

uma decisão interna sobre seu programa mestre de produção (veja Capítulo 16), e do conhecimento das quantidades de componentes necessárias por unidade do produto acabado, *calculam-se*, então, as necessidades futuras dos itens componentes. A vantagem de calcular precisamente o consumo futuro dos itens é a possibilidade de trabalhar sem "estoques de segurança" que sempre acabam sendo necessários quando os consumos futuros estão sujeitos a incerteza.

Para que seja possível o cálculo de consumo futuro dos itens, é necessário que haja informações precisas sobre quais são os componentes de determinado produto. Isso é feito usando *estruturas de produto*, descritas a seguir.

18.2.2 ESTRUTURA DE PRODUTO

Em MRP, os componentes *diretos* de um item são chamados de itens "filhos" deste item. Este item, por sua vez, é chamado de item "pai" de seus componentes diretos. Informações sobre composição de produtos podem ser organizadas conforme a Figura 18.1, também chamada de "estrutura de produto", que traz todas as relações pai/filho entre todos os itens de determinado produto.

Note que, nos diversos "níveis", os retângulos representam os itens componentes devidamente identificados. Acima dos retângulos encontra-se um número que representa a quantidade do item filho necessário por unidade do correspondente item pai.

18.2.3 EXPLOSÃO DE NECESSIDADES BRUTAS

Estas representações de estruturas de produtos auxiliam na resposta a duas das questões fundamentais a que os sistemas de gestão da produção buscam responder: o quê e quanto produzir e comprar. Por exemplo, sabemos que, se 1.000 lapiseiras devem ser fabricadas, é necessário comprar 4.000 grafites, produzir 1.000 corpos do miolo etc. Veja a Figura 18.2 para o cálculo de quantidades necessárias de componentes a partir da necessidade de produção de 1.000 lapiseiras.

Esse cálculo é conhecido como "explosão" de necessidades brutas, significando a quantidade total de componentes que necessita estar disponível para a fabricação das quantidades necessárias de produtos.

18.2.4 ESCALONAMENTO NO TEMPO DA OBTENÇÃO DOS ITENS

 PARA REFLETIR

Quando efetuar essas ações gerenciais de comprar ou produzir? Devem-se comprar todos os componentes possíveis o mais cedo possível? Ou esperar até o último momento?

Hoje, há nas empresas a preocupação de não se carregar mais estoques do que seja estritamente necessário. Portanto, há o interesse de não se comprar materiais nem um dia antes do que seja estritamente necessário ao fluxo produtivo. Em outras palavras, a lógica mais desejável seria a de se comprar os materiais não no momento mais cedo, mas no momento mais tarde possível.

Item	Quantidade	Comprado/produzido
Lapiseira P207	1.000	Produzido
Corpo externo 207	1.000	Produzido
Presilha de bolso	1.000	Comprado
Miolo 207	1.000	Produzido
Corpo da ponteira	1.000	Comprado
Guia da ponteira	1.000	Comprado
Tampa	1.000	Produzido
Plástico ABS	10 kg	Comprado
Corante azul	10 g	Comprado
Tira 0,1 mm	2 kg	Comprado
Borracha	1.000	Produzido
Capa da borracha	1.000	Produzido
Miolo interno 207	1.000	Produzido
Grafite 0,7 mm	4.000	Comprado
Fio de borracha	20 m	Comprado
Tira 0,1 mm	2 kg	Comprado
Mola	1.000	Comprado
Corpo do miolo	1.000	Produzido
Suporte da garra	1.000	Comprado
Capa da garra	1.000	Comprado
Garras	3.000	Comprado
Plástico ABS	7 kg	Comprado
Corante preto	50 g	Comprado

Figura 18.2 Ilustração de explosão de necessidades brutas de materiais.

O MRP programa atividades para o momento mais tarde possível, de modo a minimizar os estoques carregados. Para isso, parte das necessidades de produtos acabados: por exemplo, imagine que nosso pedido de 1.000 lapiseiras esteja colocado para entrega na semana 21 e que em nosso calendário estamos na semana 10. Para que seja possível determinar os momentos de início e fim de cada atividade necessária para atender ao pedido de 1.000 lapiseiras para a semana 21, além da estrutura de produto e das quantidades de itens filhos necessários à produção de uma unidade dos itens pais, é necessário ter informações sobre *tempos*: especificamente, os tempos de obtenção dos diversos itens, sejam eles comprados ou produzidos. Imagine que os tempos de obtenção dos diversos itens (a partir de seus componentes disponíveis) sejam dados conforme a Figura 18.3.

Item	Tempo de obtenção	Comprado/produzido
Lapiseira P207	1 semana	Produzido
Corpo externo 207	2 semanas	Produzido
Presilha de bolso	1 semana	Comprado
Miolo 207	1 semana	Produzido
Corpo da ponteira	2 semanas	Comprado
Guia da ponteira	1 semana	Comprado
Tampa	1 semana	Produzido
Plástico ABS	1 semana	Comprado
Corante azul	2 semanas	Comprado
Tira 0,1 mm	1 semana	Comprado
Borracha	1 semana	Produzido
Capa da borracha	1 semana	Produzido
Miolo interno 207	3 semanas	Produzido
Grafite 0,7 mm	2 semanas	Comprado
Fio de borracha	1 semana	Comprado
Tira 0,1 mm	1 semana	Comprado
Mola	1 semana	Comprado
Corpo do miolo	2 semanas	Produzido
Suporte da garra	2 semanas	Comprado
Capa da garra	3 semanas	Comprado
Garras	1 semana	Comprado
Plástico ABS	1 semana	Comprado
Corante preto	2 semanas	Comprado

Figura 18.3 Ilustração de tempos de obtenção dos componentes de um produto.

Imagine uma forma de representação que inclua as informações da estrutura do produto e os tempos de obtenção de cada um dos itens. Representemos cada item não mais como um retângulo, mas como um segmento de reta que tenha um comprimento proporcional ao tempo de obtenção do item. Como estamos mais acostumados a enxergar representações do tempo que variam na direção horizontal, giremos 90 graus a representação anterior de estruturas de produtos. Ajustemos, ainda, a nova "estrutura" resultante, escalonada no tempo, de forma que sua ponta coincida com o momento em que se necessitam as 1.000 lapiseiras prontas, ou seja, na semana 21, obtendo a representação ilustrada na Figura 18.4.

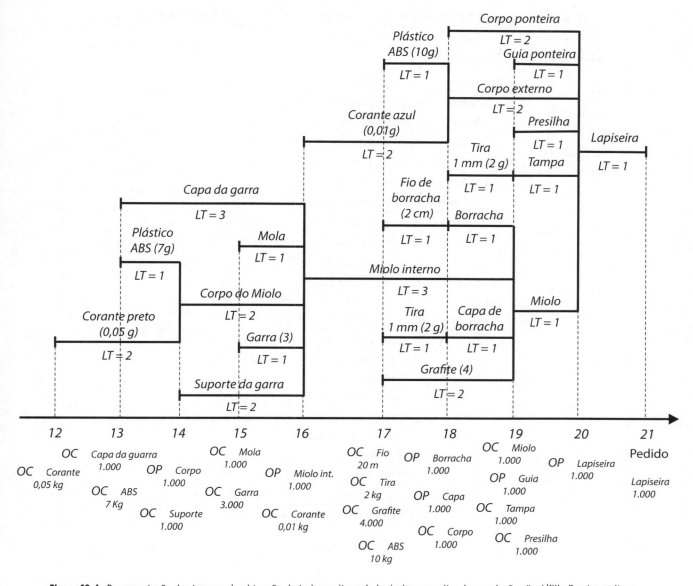

Figura 18.4 Representação dos tempos de obtenção de todos os itens da lapiseira, respeitando as relações "pai/filho" entre os itens.

A partir da representação obtida da Figura 18.4, pode-se ver com clareza quais os momentos em que as diversas ações gerenciais deverão ser tomadas ao longo do tempo, para que as quantidades certas dos itens, nos momentos certos, sejam disponibilizadas para a produção. A sequência de ações gerenciais deve ser (lembrando que estamos na semana 10) conforme a representação da Figura 18.5.

18.2.5 CÁLCULO DE NECESSIDADES LÍQUIDAS

Um aspecto importante é a sugestão dada pelo cálculo do MRP, de compra, por exemplo, de 7 kg de plástico ABS. Ora, os fornecedores de plástico ABS, uma matéria-prima vendida em geral em grandes quantidades, podem nem mesmo ter embalagens para fornecer 7 kg desse plástico.

Em frequentes casos, os fornecedores impõem quantidades mínimas (ou múltiplas) para pedidos de compra, por exemplo, 50 kg. Se esse é o caso, quando se necessita apenas 7 kg, compram-se os 50 kg mínimos, usam-se os 7 kg e os 43 kg restantes são armazenados para uso futuro. Isso implica que, quando o MRP faz suas contas, em situações reais, ele deveria, antes de sugerir determinadas quantidades de compra ou produção, verificar se a referida quantidade não se encontra já disponível em estoque, resultado de alguma compra (ou produção) anterior em quantidades maiores do que as necessárias. Só então o sistema poderia, com segurança, sugerir compras dos materiais não disponíveis ou quantidades suplementares às já disponíveis em estoque para atender às necessidades de produção.

Semana	Ação gerencial referente a pedido de 1.000 lapiseiras para a semana 21
Semana 10	Nenhuma
Semana 11	Nenhuma
Semana 12	Liberar ordem de compra de 50 g de corante preto
Semana 13	Liberar ordem de compra de 1.000 capas da garra Liberar ordem de compra de 7 kg de plástico ABS
Semana 14	Liberar ordem de produção de 1.000 corpos do miolo Liberar ordem de compra de 1.000 suportes da garra
Semana 15	Liberar ordem de compra de 1.000 molas Liberar ordem de compra de 3.000 garras
Semana 16	Liberar ordem de produção de 1.000 miolos internos Liberar ordem de produção de 10 g de corante azul
Semana 17	Liberar ordem de compra de 20 m de fio de borracha Liberar ordem de compra de 2 kg de tira de 0,1 mm Liberar ordem de compra de 4.000 grafites Liberar ordem de compra de 10 kg de plástico ABS
Semana 18	Liberar ordem de produção de 1.000 borrachas Liberar ordem de produção de 1.000 capas da borracha Liberar ordem de produção de 1.000 corpos externos Liberar ordem de compra de 2 kg de tira de 0,1 mm
Semana 19	Liberar ordem de compra de 1.000 presilhas de bolso Liberar ordem de produção de 1.000 miolos Liberar ordem de produção de 1.000 tampas Liberar ordem de compra de 1.000 guias da ponteira
Semana 20	Liberar ordem de produção de 1.000 lapiseiras P207
Semana 21	Entregar as 1.000 lapiseiras P207 conforme pedido

Figura 18.5 Representação de ações a serem disparadas a partir das explosões de necessidades brutas de componentes de um produto.

A consideração das quantidades em estoque, deduzindo-as das necessidades brutas calculadas, para então sugerir as ordens de compra e produção, chama-se "explosão das necessidades líquidas" e é explicada a seguir.

Considere nosso pedido de 1.000 lapiseiras a serem entregues na semana 21. Observe como o MRP faria os cálculos de necessidades de colocação de ordens de compra e produção, agora considerando a possível ocorrência de estoques de determinados itens ao longo do tempo. Para simplicidade, apenas parte da estrutura de produto da lapiseira será analisada aqui. Tudo, entretanto, se passa como se fosse analisada a estrutura inteira.

Nota-se que, a partir da mesma necessidade de disponibilidade de produtos acabados (1.000 lapiseiras a serem entregues na semana 21), os cálculos agora obedecem a uma dinâmica diferente. Suponha que, por decisão gerencial, nossa empresa tenha decidido não manter produtos acabados em estoque. Isso significa que, se na semana 21 é necessário disponibilizar 1.000 lapiseiras prontas, na semana 20 (ou seja, um "tempo de obtenção" antes) é necessário começar a montar 1.000 lapiseiras. Nesse caso, a necessidade "bruta" (necessidade de disponibilidade) é igual à necessidade líquida (necessidade de obtenção via compra ou produção) pelo fato de que não se projeta ter nenhuma lapiseira em estoque na semana 21. Para que 1.000 lapiseiras possam começar a ser montadas na semana 20, é necessário que haja disponibilidade (necessidade bruta) de quantidades suficientes de todos os itens filhos da lapiseira. Isso significa disponibilidade de 1.000 corpos

Item (filhos do item lapiseira P207)	Necessidade (bruta) de disponibilidade para a semana 20	Estoque projetado disponível na semana 20	Necessidade (líquida) de obtenção
Corpo externo	1.000	200	1.000 - 200 = 800
Miolo	1.000	400	600
Tampa	1.000	0	1.000
Corpo da ponteira	1.000	1.300	0
Guia da ponteira	1.000	500	500
Presilha de bolso	1.000	1.500	0

Figura 18.6 Estoque projetado disponível e cálculo de necessidades líquidas para um produto.

externos, 1.000 miolos, 1.000 corpos da ponteira, 1.000 guias da ponteira e 1.000 presilhas de bolso na semana 20. A questão agora é: na semana 20, qual o estoque que se projeta ter de cada um desses componentes (não se esqueça de que estamos na semana 10)? Vamos assumir que temos uma pequena "bola de cristal" que nos informa, sempre que perguntamos, qual a quantidade de estoque projetado, disponível para uso, de determinado item em certa semana do futuro. Nossa pergunta seria, então, para a "bola de cristal": Qual será o estoque projetado, disponível para uso, dos itens componentes filhos da lapiseira na semana 20? Nossa bola nos responderia: o conteúdo da coluna "Estoque projetado disponível na semana 20" da Figura 18.6.

Com base nessa informação, é possível, então, calcular as necessidades líquidas de todos os itens filhos da lapiseira P207. Essas são as quantidades a serem obtidas a partir da liberação de ordens de compra ou de produção dos itens analisados. No caso do item miolo, por exemplo, a quantidade de 600 miolos que têm que ser produzidos para serem colocados disponíveis na semana 20 requer uma abertura de ordem de produção de 600 miolos na semana 19 (pois o tempo de obtenção do item miolo é de uma semana). A partir daí, o raciocínio é repetido sequencialmente para trás no tempo: para que seja possível liberar uma ordem de produção de 600 miolos na semana 19, é necessário que os filhos do item miolo estejam disponíveis em quantidades suficientes na semana 19. Isso significa que é necessária uma disponibilidade (necessidade bruta) de 600 miolos internos, 2.400 grafites (são necessários quatro grafites para cada miolo) e 600 capas da borracha. A pergunta agora, de novo, é: Dessas quantidades que precisam estar disponíveis, quantas já estarão em estoque (podemos perguntar para nossa "bola de cristal") na semana 19 e quantas deverão ser obtidas (necessidades líquidas)?

As respostas podem ser encontradas na Figura 18.7.

Item (filhos do item miolo)	Necessidade (bruta) de disponibilidade para a semana 19	Estoque projetado disponível na semana 19	Necessidade (líquida) de obtenção efetiva
Miolo interno	600	250	600 − 250 = 350
Capa da borracha	600	200	400
Grafites	2.400	1.500	900
Borracha	600	300	300

Figura 18.7 Ilustração de cálculo de necessidades líquidas de componentes de um produto.

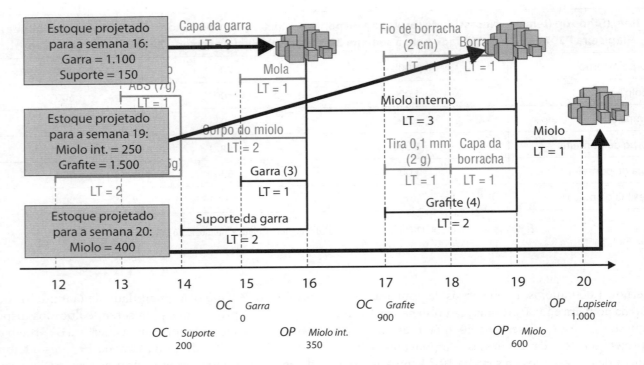

Figura 18.8 Explosão de necessidades brutas em líquidas para alguns itens da lapiseira.

Com a repetição desse raciocínio, chega-se a um panorama de necessidades de liberação de ordens de compra e produção, conforme representado de forma simplificada (apenas para alguns itens) na Figura 18.8.

Essa é a lógica fundamental do sistema MRP. Note-se que, por ela, em determinadas situações, é possível que uma intenção de disponibilizar produtos acabados em certa quantidade em dado momento futuro acarrete, por causa dos "tempos de obtenção" envolvidos, algum tipo de ação gerencial necessária que já deveria ter sido tomada no passado. Isso é o que, em MRP, chama-se de a ocorrência de "atraso".

Na próxima seção, é descrita a mecânica usada pelos sistemas MRP reais para fazer a explosão de necessidades de materiais.

18.2.6 REGISTRO BÁSICO E PROCESSO DO MRP

A lógica descrita na seção anterior é executada pelo MRP utilizando um registro de informações chamado "registro básico do MRP". É importante entender sua mecânica perfeitamente, pois essa é uma interface essencial entre o sistema MRP e seus usuários.

O registro básico do MRP é organizado na forma de uma matriz. A Figura 18.9 traz um exemplo de registro básico que será usado como ilustração para as explicações a seguir. Será usado, para maior coerência com as explicações passadas, o registro básico do item miolo interno de nossa fábrica de lapiseiras. Cada item tem um único registro básico no MRP. Tudo o que se refere a esse item, em termos de movimentações logísticas e planejamento, consta de seu registro básico.

		HOJE							
	Períodos	1	2	3	4	5	6	7	8
Miolo interno Lote = 1 (mínimo) LT = 3 ES = 0	Necessidades brutas	100			230	400		380	600
	Recebimentos programados		100						
	Estoque projetado 380	280	380	380	150	0	0	0	0
	Recebimento de ordens planejadas					250		380	600
	Liberação de ordens planejadas		250		380	600			

Figura 18.9 O registro básico do MRP.

Colunas do registro básico

As colunas do registro básico representam os períodos de planejamento. No MRP, o horizonte de planejamento é dividido num número finito de períodos, representados pelas colunas do registro. É importante notar que o MRP não trata o tempo como uma variável contínua, mas como uma variável discreta. Tudo o que ocorre no período 1, por exemplo, será representado na coluna 1. O mesmo vale para os outros períodos de planejamento, mais distantes no futuro. Uma convenção importante é que no registro básico o momento presente é sempre o início do período 1. O período 1, portanto, é o próximo período de planejamento, o período 2 é o seguinte e assim por diante, até o fim do horizonte de planejamento. Os períodos do registro básico, portanto, representam períodos futuros.

À medida que o tempo decorrer, por exemplo, quando o período considerado como o 1 no replanejamento anterior passa, o registro o elimina e faz com que o período 1 do próximo planejamento seja o período considerado como 2 no planejamento passado. Para manter um horizonte futuro de duração constante, a cada período eliminado pelo passar do tempo um período é incluído ao final do horizonte anterior, que no replanejamento passado não era considerado. Dessa forma, dá-se, no registro básico do MRP, o processo de "rolagem" do planejamento.

Linhas do registro básico

As linhas do registro básico representam o seguinte:

- **Necessidades brutas**: a linha de necessidades brutas traz as necessidades de disponibilidade do item representado em cada período futuro, ou seja, representa, em termos físicos, saídas esperadas de material do estoque, durante o período em que as quantidades aparecem no registro.

- **Recebimentos programados**: assim como a linha de necessidades brutas representa saídas de material do estoque, a linha de recebimentos programados representa chegadas de material disponibilizado ao estoque.

- **Estoque disponível projetado**: representa as quantidades do item em questão que, espera-se, estejam disponíveis em estoque ao final dos períodos (feito o balanço entre a quantidade em estoque ao final do período anterior, mais as entradas esperadas em estoque no período, menos as saídas esperadas de estoque no período). Essa é nossa "bola de cristal", usada na explicação da lógica do MRP anteriormente. A célula destacada, à esquerda, representa a quantidade em estoque disponível ao final do período passado, ou, pelo princípio da continuidade do tempo, ao início do período 1.

Para entender melhor as duas últimas linhas do registro básico, é conveniente nesse momento descrever como é a mecânica de cálculo do registro no que se refere às três primeiras linhas. Note que, ao final do período passado, a quantidade em estoque do item miolo interno era de 380 unidades. No início do período 1, não há nenhuma chegada de material programada (conforme descreve a célula correspondente à linha de recebimentos programados e à coluna 1) e há uma necessidade bruta (saída esperada de material) de 100 unidades para ocorrer durante a semana 1. Como resultado, há uma disponibilidade de estoque de 280 unidades ao final do período 1 (como demonstra a célula correspondente ao cruzamento da coluna 1 com a linha "estoque disponível projetado"). O cálculo prossegue da mesma forma (estoque disponível ao final do período anterior + recebimentos programados para o período − necessidades brutas do período = estoque disponível projetado ao final do período), resultando em uma sequência de estoques disponíveis projetados de 380 no período 2, 380 no período 3, 150 no período 4. No período 5, há uma necessidade bruta maior do que o estoque disponível projetado ao final da semana anterior. Isso significa que, se nenhuma ação gerencial for tomada, a necessidade bruta do período 5 não será atendida e provavelmente faltará material para a produção de algum item que seja pai deste.

Entretanto, o planejamento de materiais faz-se exatamente para evitar faltas de materiais que comprometam o fluxo produtivo desejado. Portanto, o MRP, notando que no período 4 o estoque disponível projetado ao final do período é insuficiente, sugere uma chegada *planejada* de material para o início do período 5, na quantidade de 250, que é exatamente a quantidade suplementar em relação àquela já presente em estoque, para atender à necessidade bruta do período 5.

Para que essa chegada planejada de material ocorra, é necessário que, com a antecedência dada pelo "tempo de ressuprimento" do item miolo interno, seja planejada uma liberação de abertura de ordem na quantidade de 250. Isso é representado pelos números 250 no período 5 da linha "recebimento de ordens planejadas" e 250 no período 2 (um "tempo de ressuprimento" antes da chegada), na linha "liberação de ordens planejadas". Ambas se referem à mesma quantidade de material; a diferença entre as linhas é que uma define o momento de abertura da ordem de obtenção (compra ou produção) e a outra informa qual o momento do recebimento do material.

	Períodos		1	2	3	4	5	6	7	8
Grafite	Necessidades brutas		200		800	1.200	400		1.200	200
Lote = 500	Recebimentos programados									
(múltiplo)	Estoque projetado	550	350	350	50	350	450	450	250	50
LT = 2	Recebimento de ordens planejadas				500	1.500	500		1.000	
ES = 0	Liberação de ordens planejadas		500	1.500	500		1.000			

Figura 18.10 Registro básico do item grafite, com ocorrência de lote múltiplo de 500 unidades.

Podem-se, agora, formalmente definir as duas últimas linhas:

- **Recebimento de ordens planejadas**: as quantidades informadas nesta linha referem-se a quantidades de material que deverão estar disponíveis no início do período correspondente, para atender a necessidades brutas que não possam ser atendidas pela quantidade disponível em estoque ao final do período anterior.
- **Liberação de ordens planejadas**: as quantidades informadas nesta linha referem-se às liberações das ordens planejadas a serem recebidas conforme consta da linha de recebimento de ordens planejadas. A diferença entre as duas é o "tempo de obtenção" do item.

Parâmetros fundamentais do MRP: políticas e tamanhos de lote, estoques de segurança e *lead times*

Políticas e tamanhos de lote

O registro da Figura 18.9 mostra o cálculo estrito do MRP. Apenas as quantidades estritamente necessárias são planejadas para chegarem ao último momento possível (respeitados os "tempos de obtenção" de cada item), de forma a minimizar o estoque. Nem sempre, entretanto, as situações reais de produção permitem que se trabalhe segundo a lógica estrita do MRP. Às vezes, há restrições nos processos logísticos que devem ser respeitadas e consideradas pelo cálculo do MRP. Consideremos, por exemplo, o registro básico do item grafite, mostrado na Figura 18.10.

Nesse caso, o grafite, um item adquirido de um fornecedor, só pode ser comprado em caixas de 500. Diz-se, portanto, que os lotes de grafite são múltiplos de 500. Em outras palavras, cada vez que for necessário comprar grafite, essas compras deverão ocorrer em quantidades múltiplas de 500, conforme mostrado na Figura 18.10. Note que o fato de os lotes serem múltiplos de 500 (maiores que as necessidades estritas) faz com que os estoques médios mantidos de grafite subam. Experimente recalcular o registro do item grafite sem a restrição de tamanho de lote. Você notará que, para o número de períodos considerados, a diferença entre os estoques médios é de 56% (de 317 de estoque médio ao longo do período, considerando o lote de 500, para 139 de estoque médio ao longo do período, não considerando restrições de lote).

No caso do item grafite, diz-se que a política adotada é de lotes múltiplos e o tamanho deles é de 500 unidades. Há também outras políticas de lote, além da política de lotes múltiplos, possíveis de serem definidas na maioria dos sistemas MRP comerciais:

- **Política de lotes mínimos**: indica a quantidade mínima de abertura de uma ordem, permitindo, desse nível mínimo para cima, qualquer quantidade.
- **Política de lotes máximos**: indica uma quantidade de lote máxima a ser aberta, usada nos casos em que há uma restrição física de volume no processo, por exemplo, que não permita produções de quantidades acima do máximo definido.
- **Política de períodos fixos**: o sistema calcula todas as necessidades ao longo de períodos futuros, de duração definida, período a período, e concentra no início deles os recebimentos planejados do total das necessidades calculadas. Usada para situações em que se deseja ter liberações de ordens periódicas com periodicidade predefinida.

Estoques de segurança

Outro motivo para parametrizar o sistema MRP a fim de que ele faça seus cálculos fora de sua lógica estrita é a existência de incertezas nos processos. Quando há incertezas, tanto no fornecimento quanto no consumo esperado de determinado item, os tomadores de decisão podem optar por manter determinados níveis de estoque de segurança.

O efeito da definição de determinado nível de estoque de segurança para o cálculo do registro básico de um item

	Períodos	1	2	3	4	5	6	7	8
Miolo interno Lote = 1 (mínimo) LT = 3 ES = 200	Necessidades brutas	100			230	400		380	600
	Recebimentos programados			100					
	Estoque projetado 380	280	380	380	200	200	200	200	200
	Recebimento de ordens planejadas				50	400		380	600
	Liberação de ordens planejadas	50	400		380	600			

Figura 18.11 Registro do item miolo interno, considerando estoque de segurança de 200 unidades.

pode ser visto no exemplo da Figura 18.11, em que está representado o registro básico do item miolo interno, para o qual foi definido um estoque de segurança de 200 unidades. Note que o sistema, nesta situação, calcula seus recebimentos planejados, não de forma a zerar os estoques disponíveis projetados, ao final dos períodos, mas de forma a manter, ao menos, um nível determinado de estoques: os estoques de segurança definidos.

Lead times

Lead time é o jargão mais usual, dentro do escopo do MRP, para denominar o que temos até agora chamado de "tempos de obtenção ou de ressuprimento". Pela lógica utilizada pelo MRP, a definição de *lead time* deve ser a seguinte: o tempo que decorre entre a liberação de uma ordem (de compra ou produção) e o material correspondente estar pronto e disponível para uso. Todas as atividades entre esses dois momentos devem ser incluídas na definição do *lead time* de um item. Neste livro, usaremos os dois nomes indistintamente, representando o mesmo conceito: "tempo de obtenção" e *lead time*.

Registro básico do MRP usado ao longo da estrutura de produtos

Até aqui, descrevemos o cálculo do registro básico do MRP para um item. Agora é hora de analisarmos como os registros básicos são usados para correlacionar vários itens pais e filhos, já que constatamos que as demandas dos itens filhos são dependentes das demandas dos itens pais.

Imaginemos as necessidades de aberturas de ordens de produção para a montagem final de lapiseiras P207, conforme o registro da Figura 18.12.

Observe, por exemplo, que há a necessidade de iniciar a montagem de 300 lapiseiras no início do período 2. Para que isso ocorra, é preciso que, nesse momento, os itens que são seus filhos estejam disponíveis em quantidades suficientes. Portanto, a partir dessa necessidade de abertura de ordem planejada do item pai (no caso, lapiseira P207), são geradas as necessidades brutas (necessidades de disponibilidade) de todos os seus itens filhos: 300 unidades de corpo externo, 300 unidades de presilha de bolso, 300 unidades de corpo da ponteira, 300 unidades de guia da ponteira e 300 unidades de miolo. Nos casos em que são necessárias mais unidades de determinado item filho por unidade de item pai produzido, a linha de necessidade bruta do item filho é gerada multiplicando a linha de abertura de ordens planejadas do item pai pela quantidade do item filho necessária para a produção de uma unidade do item pai.

Na Figura 18.12, apenas um dos itens filhos do item lapiseira está representado – o item miolo. Observe na estrutura de produtos (parcial) da lapiseira à esquerda da Figura 18.12. O item miolo tem vários itens filhos, mas na Figura 18.12 apenas dois deles ("miolo interno" e "grafite") estão representados. Da mesma forma, apenas os itens "suporte da garra" e "garras" estão representados, entre os itens "filhos" do item "miolo interno". Para os itens representados, é feito um cálculo de necessidades de materiais, obedecendo ao plano mestre de produção ilustrado, para produção da lapiseira. Observe que, gradualmente, os cálculos vão sendo feitos com base nas necessidades brutas dos itens (dadas pelas necessidades líquidas dos itens pais), respeitando os parâmetros básicos (dados pelas informações à esquerda dos registros básicos dos itens), registro a registro. Quando é definida a linha de "liberação de ordens planejadas" de um item, essa informação é usada para gerar a linha de "necessidades brutas" de seus itens filhos. O MRP é um método que executa essa rotina, gradualmente, dos itens mais altos na estrutura do produto aos itens mais baixos, até que todos estejam calculados.

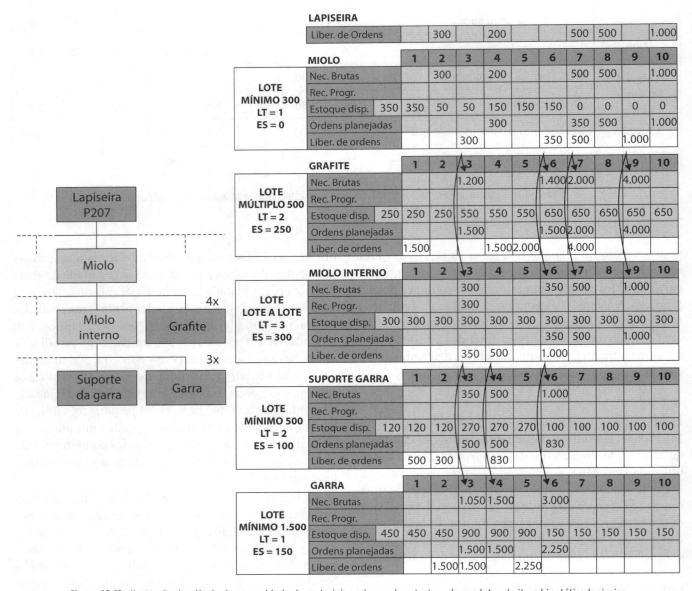

Figura 18.12 Ilustração de cálculo de necessidade de materiais ao longo da estrutura de produtos do item hipotético lapiseira.

18.2.7 MRP: POR QUE É DIFÍCIL ENCONTRAR EMPRESAS QUE O USEM BEM?

Erros frequentes no uso do MRP

São muitos e constantes os erros encontrados nas empresas que frequentemente têm sistemas MRP implantados, mas não conseguem tirar deles os benefícios esperados. Os principais são:

- **Competência insuficiente dos usuários**: por mais que o MRP tenha uma lógica básica simples, é crucial que os usuários do sistema a conheçam muito bem para poderem tirar do sistema o máximo em termos de apoio à tomada de decisão. O treinamento e a reciclagem no treinamento é tanto importante quanto negligenciado em muitas empresas que têm dificuldade no bom uso de MRP.

- **Qualidade insuficiente da informação**: como o sistema MRP baseia-se em dados para apoiar a tomada de decisão e estes, em grande medida, são resultado de processos de apontamento e digitação pelas pessoas, é importante que os processos que os gerem estejam controlados, que as pessoas tenham níveis adequados de disciplina e que os procedimentos sejam seguidos, sob pena de degradação da qualidade da informação e correspondente perda de qualidade da decisão tomada com base no sistema.

- **Qualidade insuficiente no processo de definição e manutenção dos parâmetros do sistema**: os parâmetros do sistema MRP (por exemplo, tamanhos de lote, estoques de segurança e tempos de ressuprimento) são a forma como a realidade e as particularidades da empresa "manifestam-se", alterando a forma básica padrão como os MRP calculam necessidades de materiais. Como a realidade é dinâmica, as características da realidade alteram-se frequentemente. Muitas vezes, os processos internos das empresas não são ágeis o suficiente para atualizarem os parâmetros do sistema de forma a mantê-los coerentes com a situação da realidade. O resultado é um sistema não aderente às características da realidade, com evidentes efeitos negativos sobre a qualidade das decisões tomadas.

PARA REFLETIR
Imagine uma empresa que usa MRP e apresenta um desses três erros mais frequentes. Que consequências práticas essa empresa teria devido a cada tipo de erro?

INDÚSTRIA 4.0: MPR – CÁLCULO DE NECESSIDADE DE MATERIAIS NA REDE DE OPERAÇÕES

Com a aplicação das tecnologias I4.0 nos processos produtivos, espera-se obter redes de operações mais complexas, maior customização dos produtos e menor tempo de resposta ao (e também de tolerância do) cliente. No entanto, apesar do seu uso e aplicação no planejamento e análise, muitas empresas sofrem com a falta de sincronização da oferta e demanda, o que, em muitos casos, deve-se à forma como ainda são planejadas as cadeias de suprimento com o uso de técnicas de cálculo de necessidades de materiais e previsão de vendas de forma tradicional, às vezes ineficiente em redes globais e complexas, sujeitas a prazos de entrega variáveis e demandas voláteis.

O Planejamento de Necessidades de Materiais (MRP) é um dos sistemas mais amplamente utilizados para a automatização dos processos de planejamento da fabricação, partindo do inventário de materiais e componentes disponíveis, identificando as necessidades adicionais e programando sua produção ou compra, conforme detalhado anteriormente neste capítulo. O vínculo entre as tecnologias IoT, Computação em nuvem e *big data* (ver Capítulo 17), acompanhado do método de Identificação por Radiofrequência (RFID), são atualmente ferramentas importantes na otimização de estoques, ao contribuir para o desenvolvimento de armazéns inteligentes com base na conectividade e a análise em tempo real, permitindo, assim, soluções eficazes para a redução de custos de manutenção de estoques de materiais.

Por exemplo, com apoio de *software* ou aplicativos para o Gerenciamento de Armazém (WMS), os componentes codificados com etiquetas RFID são rastreados, permitindo o controle sobre os níveis de estoque, possibilitando, com base neles, a emissão de novos pedidos. Os materiais colocados sob essas condições registram automaticamente, por meio de protocolos de intercâmbio de dados, as variações em operações de separação e reabastecimento. De igual forma, ao definir e programar os períodos de produção, iniciam-se as operações de *picking*, que oferecerão dados em tempo real dos níveis de estoque resultantes da recarga e utilização de materiais mapeados e rastreados previamente. Assim, o risco de erro praticamente desaparece e não há mais tanta necessidade de inventários físicos e/ou manuais para reconciliação entre dados do sistema e a situação física dos estoques.

Empresas multinacionais como Toyota, Hyundai, Sodexo e Danone estão apostando no sistema Odoo (https://www.odoo.com/pt_BR/app/manufacturing), uma solução multifuncional de gestão empresarial (ERP) que integra os processos de MRP, Qualidade, Manutenção e Gerenciamento de Ciclo de Vida de Produtos (PLM). Com esse sistema, possibilita-se a captura de dados e comunicação em tempo real, obtendo um planejamento preciso com base nos tempos reais de fabricação. Essa ferramenta permite o uso de regras de fabricação conforme o pedido, regras de lote mínimo ou a automatização de compras por meio de cronogramas de produção mestre.

Saiba mais do Odoo no seguinte vídeo:

uqr.to/12ziu
Acesso em: 13 fev. 2022.

Figura 18.13 Uso de RFID e I4.0 para o cálculo de necessidades de materiais na rede de operações.

18.3 ESTUDO DE CASO

Ferramentas Reyfar

O início da empresa

Marcos Rey e Antônio Farias, dois ex-colegas de faculdade nos anos 1980, fundaram uma pequena empresa em 1997, Ferramentas Reyfar, que fabricava pequenas ferramentas para jardinagem, como garfos e pás de jardineiro. Marcos e Antônio começaram as atividades trabalhando em uma pequena oficina, localizada nos arredores de Atibaia, interior paulista. Quando a empresa começou (e fazia principalmente apenas dois produtos, garfos e pás de jardineiro), era razoavelmente fácil para os sócios calcular quanto e quando cada produto deveria ser feito. As vendas ficavam normalmente a cargo de Marcos Rey, que, de posse de amostras, visitava pequenas lojas de ferragens e de jardinagem pelo interior paulista, vendendo os produtos da Reyfar. Quando conseguia uma venda, ele e seu sócio calculavam quanto material era necessário e, então, compravam-no e faziam a quantidade necessária de produtos para aquele pedido específico. Quando ocorria de entrarem muitos pedidos ao mesmo tempo, Antônio tendia a se concentrar nos problemas de fabricação, enquanto Marcos ficava responsável pelo contato com os clientes, compra de materiais e componentes e procurava garantir que os produtos fossem entregues nos prazos.

Marcos Rey compra madeira para os cabos das ferramentas de uma serraria local, Madepar, que garantia bons preços, desde que as compras fossem feitas em quantidades razoáveis. Por isso, Marcos tendia a colocar um pedido com a serraria a cada três meses e, portanto, mantinha alguma quantidade de madeira estocada nos fundos da oficina. Ele compra os elementos de fixação (pregos e rebites) quando notava que as gavetas onde eram guardados estavam-se esvaziando. Isso também tendia a ocorrer em intervalos de dois a quatro meses, dependendo do consumo. As lâminas usadas nas ferramentas eram forjadas, as quais a Reyfar comprava de uma forjaria de porte médio em Campinas. Era proibitivamente caro comprar os forjados quando necessário, então, Marcos procurava prever aproximadamente quantas lâminas de cada tipo seriam necessárias para os próximos meses e colocava um só pedido, maior, para que as lâminas pudessem ser forjadas de uma batelada só, de forma a obter descontos por quantidade. Isso era sempre feito de forma aproximada e até certo ponto inexata, porque as pequenas lojas para as quais a Reyfar vendia normalmente não costumavam comprometer-se quanto a suas demandas futuras; Marcos procurava obter delas uma "melhor estimativa" dos pedidos futuros e, então, passava a "torcer" para que os pedidos efetivamente entrassem quando previsto. Ocasionalmente, os sócios tinham problemas quando acontecia de os estoques da empresa serem consumidos repentinamente por um pedido maior inesperado; em geral, entretanto, eles conseguiam manter uma quantidade razoavelmente segura de estoques de todos os itens.

Desde a fundação da empresa, ela cresceu rapidamente em volumes produzidos e também expandiu de forma considerável sua linha de produtos, passando a produzir também ferramentas para construção civil e para casa, explorando o crescimento do mercado dos adeptos do "DIY" ("*Do it yourself*", ou "Faça você mesmo"), e também ferramentas de porte maior, como enxadas, pás e picaretas. Por volta de 2006, a Reyfar já estava faturando em torno do equivalente a 1 milhão de dólares anuais e empregando 28 pessoas, 18 delas sendo mão de obra direta.

A Reyfar, a essa altura, já havia mudado para um novo local, um galpão industrial, ainda no interior paulista (entre Campinas e Atibaia), mais moderno e com muito mais espaço, suficiente para uma possível futura expansão. Mesmo com o crescimento da empresa, os papéis dos sócios permaneceram inalterados; Antônio cuidando das áreas de projeto do produto, produção e operações e Marcos cuidando para que os clientes estivessem satisfeitos e para que a empresa tivesse saúde financeira. Com o crescimento das vendas e da produção ("apesar da crise", como costuma enfatizar Marcos Rey), eles chegaram, em determinado momento, à conclusão de que necessitavam contratar um diretor financeiro e um diretor comercial. Marcos já havia trazido para a empresa sua esposa Mari para auxiliar com a contabilidade básica, folha de pagamento e correspondência em geral. Ainda que todos na empresa respeitassem a habilidade que Marcos Rey tem de vender, ele nunca, de fato, havia conseguido entrar no mercado dos grandes clientes, como as grandes cadeias de supermercados (Makro, Carrefour etc., que possuem seções que vendem para o mercado "DIY"). Estêvão Barros havia sido contratado como Diretor de Marketing e Vendas especificamente devido a sua experiência em lidar com esses clientes; ele havia previamente sido gerente comercial de uma grande multinacional que produz ferramentas elétricas na região de Campinas. Depois de seis meses trabalhando para a Reyfar, Estêvão Barros já havia conseguido um pequeno pedido da cadeia Peg-Faça, para parte da linha de produtos de ferramentas de construção e para toda a linha de ferramentas de jardinagem. Estava claro que era um pedido experimental e, se a Reyfar se desempenhasse bem e conseguisse cumprir os prazos determinados, haveria a possibilidade de obter outros pedidos substanciais da Peg-Faça no futuro.

Peg-Faça era uma organização de porte aproximadamente 20 vezes maior do que o maior dos atuais clientes da Reyfar. Eles eram uma organização profissional acostumada a tratar com fornecedores que têm departamentos de vendas organizados e com sistemas de informação para a produção eficientes (os sistemas da Reyfar provavelmente chocariam os compradores da Peg-Faça...).

Os sistemas

Os sistemas de Planejamento e Controle da Produção (PCP) da Reyfar ainda eram, em sua maioria, manuais, complicados e demorados de operar. Eles também estavam bastante sujeitos a erros, como duplicatas arquivadas erradamente, pedidos de compra feitos por telefone e nunca confirmados por escrito e muitas outras ocorrências, muitas vezes irritantes e sempre prejudiciais. Erros em quantidade já haviam sido cometidos devido a esses subdimensionados sistemas manuais.

Geraldo Batista, o jovem Diretor Administrativo e Financeiro contratado, havia previamente sido o gerente financeiro de uma empresa fabricante de cosméticos de São Paulo, onde foi responsável pela informatização da contabilidade, do faturamento e da folha de pagamento. Ele havia, logo que contratado, sugerido a compra de um servidor maior e um sistema integrado de gestão administrativo-financeira, incluindo o controle de pedidos de compra e o faturamento. Mari Rey já insistia há algum tempo com seu marido para que um sistema integrado de controladoria fosse comprado e adotado, pois o movimento de lançamentos já estava atingindo níveis difíceis de lidar com os sistemas "caseiros" (basicamente Excel) disponíveis até então.

Depois de checar os sistemas disponíveis nas *software houses* de Campinas, uma decisão rápida foi tomada: a de adquirir os seguintes módulos do *software Compumation*, um sistema integrado de gestão empresarial:

- Faturamento.
- Contabilidade.
- Gestão de pedidos.
- Controle de estoques.
- Custos.
- Folhas de pagamento.

Geraldo Batista passou os detalhes do módulo de controle de estoques para Pedro Chinobo, o gerente de produção, para implantação.

Quando Pedro levou os detalhes do módulo de controle de estoques para o supervisor de planejamento de produção, Haroldo Prata, este ficou, de fato, animadíssimo. Até então, Haroldo tinha que calcular manualmente as necessidades de compras para os próximos três meses, dos já 850 diferentes itens usados na empresa. A cada semana do mês, ele analisava as fichas de estoque de um quarto dos itens. Para cada item, ele checava a ficha de estoque (o balanço), verificava o uso do item nos últimos meses e, então, colocava pedidos com os fornecedores para cobrir os próximos meses, com o cuidado de procurar manter certo nível de estoque de segurança (geralmente, algumas semanas de consumo) para todos os itens. Uma cópia de uma ficha de estoque é mostrada na Figura 18.14.

Ficha de Estoque				
Código do Item:				
Descrição:				
Fornecedor:				
Baixa/recebimento	Balanço	Baixa/recebimento	Balanço	

Figura 18.14 Ficha de estoque.

O trabalho de Haroldo Prata tem sido bastante rotineiro. Às segundas-feiras, ele define as ordens de produção para a semana e libera todas elas para a fábrica. Nas terças e quartas-feiras, ele checa o estoque e libera pedidos de compra. Às quintas ele vai à faculdade (está cursando especialização em administração) e às sextas ele trabalha no plano de produção para a próxima semana, levando em conta as ordens já abertas (em andamento) na fábrica. Ele define um plano de produção para cada um dos itens de produto acabado, uma parte do qual é mostrado na Figura 18.15.

	Andamento	24	25	26	27	28	29	30
00265	290	400	450	400	400			
00310	680	0	1.000					
00311	3.500	1.200	1.400	1.200	1.200			
00326	890	60						

Figura 18.15 Plano de produção, produtos acabados.

Haroldo, analisando o material passado por Pedro, perguntou se poderia participar de um treinamento de um dia na *software house*, de quem a Reyfar havia comprado o módulo de controle de estoques. Um dia de treinamento para cada módulo estava incluído no pacote, portanto, Pedro consentiu de bom grado. Haroldo estava matriculado num curso noturno com um dia por semana de aulas diurnas, numa matéria eletiva de especialização em administração industrial em que ele procurava se especializar. Grande parte do curso havia sido a respeito de sistemas de planejamento e controle da produção, particularmente sistemas MRP. Quando ele retornou à empresa, depois do dia de treinamento na *software house*, Haroldo estava impressionado com tudo o que o sistema *Compumation* poderia oferecer em termos de planejamento e controle da produção; alguns dos módulos adicionais, não comprados pela Reyfar, eram:

- *Bill of materials* (listas de materiais).
- Cálculo de necessidade de materiais (MRP).
- Controle e gestão de compra.
- Controle de produção.

Nessa época, Pedro estava enfrentando um problema dos grandes. Haroldo deixou folhetos com ele a respeito dos módulos adicionais, para que ele os estudasse quando tivesse algum tempo livre. O problema no qual Pedro estava trabalhando era calcular as implicações para a produção de um grande pedido que acabara de entrar da Peg-Faça. Estêvão Barros, o Diretor de Marketing e Vendas, estava inteiramente envolvido com esse problema e distribuindo ordens e instruções especiais para todos os cantos da Reyfar para garantir que esse importante cliente ficasse inteiramente satisfeito.

Mais tarde, naquele mesmo dia, ainda enquanto tentava achar uma forma de lidar com o grande pedido da Peg-Faça, Pedro tomou em mãos os folhetos dos módulos de gestão da produção do sistema *Compumation*. Ele já estava convencido há algum tempo de que Haroldo Prata seria mais bem aproveitado se gastasse seu tempo resolvendo problemas excepcionais, em vez de fazer cálculos de rotina. Ele viu a luz do escritório de Antônio Farias acesa e resolveu ir até lá para falar a respeito disso.

Parado fora da sala, ele ouviu a voz de Estêvão Barros. O Diretor de Marketing e Vendas estava falando ao telefone na sala de Farias. Batendo antes de entrar, Pedro pôs sua cabeça para dentro da sala. Antônio Farias e Marcos Rey estavam lá. Antônio acenou para que Pedro entrasse e se sentasse. Estêvão estava obviamente falando com a Peg-Faça e sua parte da conversa era a seguinte:

"Não, não é impossível entregar nos prazos que vocês solicitaram. Mas, por favor, vocês têm de entender que este aumento repentino no pedido justamente na parte da frente do programa de entregas pode nos causar algum problema... (pausa)... Claro, nós estamos conscientes disso, e de fato estamos bastante reconhecidos pela oportunidade. Não, nós não vamos deixar vocês na mão... (pausa)... Não, vocês não precisam fazer isso, podem confiar... Nós fazemos..."

Marcos explicou para Pedro que era absolutamente essencial que eles fizessem tudo para que esse pedido fosse atendido 100% perfeitamente. Ele achou que a fábrica da Reyfar tinha espaço físico suficiente para o trabalho extra e ele já estava contratando mais pessoal para poder lidar com o pico inicial. O principal fornecedor, Forjas Forjaço, tinha capacidade suficiente para lidar com o aumento nos volumes e ele já tinha negociado pessoalmente um bom contrato com um novo fornecedor de madeira (para os cabos), um atacadista de porte nacional com preços melhores. Esse pedido da Peg-Faça poderia ser a "virada" para a empresa, a porta de entrada para as grandes cadeias de supermercados. Quando Estêvão desligou o telefone, ele e Marcos saíram para um bar para continuar a conversa, deixando Pedro com Antônio na sala.

Pedro Chinobo explicou o que significaria para a Reyfar, em termos de velocidade na obtenção de informações e redução no tempo gasto com cálculos manuais e emissão de ordens de produção, ter o planejamento e o controle da produção informatizados. Mas, mais importante que todo o resto, haveria os benefícios de gerenciar uma fábrica planejada, em vez de gerenciar a operação errática que eles eram forçados a administrar naquele momento. Pedro expressou sua preocupação com o sistema manual, que usava informações sobre o uso histórico dos itens para calcular as necessidades de materiais; ele não tinha como *garantir* que eles seriam capazes de atender 100% o novo pedido da Peg-Faça. O sistema MRP, cujos detalhes Haroldo havia trazido da *software house*, permitiria que eles projetassem à frente as necessidades de materiais e informaria exatamente quando esses materiais seriam necessários. Antônio concordou em discutir o problema com Marcos e em apoiar a ideia de informatizar o sistema de planejamento e controle da produção.

O conflito

Estava evidente que algo não ia bem quando Antônio entrou no escritório de Pedro no dia seguinte. Ele colocou os folhetos do *Compumation* em cima de sua mesa e se sentou. Ele explicou que se havia encontrado com Marcos no bar na noite anterior e que tinha mencionado a preocupação de Pedro com a habilidade da Reyfar de lidar com o pedido da Peg-Faça. A reação de Marcos tinha sido repentina e até bastante hostil à ideia de informatizar o PCP. Estêvão havia participado da conversa sempre para enfatizar que eles *tinham* que conseguir lidar com o pedido: não havia escolha. Além de tudo, estava óbvio para ele que havia capacidade de produção suficiente para executar o pedido.

Antônio havia sugerido que eles, ao menos, comprassem os módulos de planejamento da produção (possivelmente o MRP) para ajudar a aliviar a carga de trabalho de Pedro e Haroldo. Marcos pareceu acreditar que, se isso fosse feito, eles estariam perdendo tempo precioso se "divertindo" com o sistema novo, enquanto na verdade o que eles deveriam estar fazendo era tomar todas as providências para que a ordem da Peg-Faça fosse cumprida bem e no prazo.

Nesse meio tempo, Haroldo tinha recebido as primeiras ordens do pedido da Peg-Faça, bem como as primeiras informações sobre o programa de entregas esperado. Ele estava fazendo alguns cálculos para definir quanto material seria necessário para cumprir o programa. A primeira parte, um modelo novo de pá de melhor qualidade, item código 00289, tinha o seguinte programa:

- Período 24 – 300.
- Período 25 – 200.
- Período 27 – 400.
- Período 29 – 500.

Como se tratava de um novo modelo, ele obteve a lista de materiais junto a Antônio Farias. Antônio já havia calculado os tamanhos de lote que permitiriam à empresa "diluir" adequadamente os custos de preparação das máquinas. Ele também já havia definido quanto tempo era necessário para os diferentes lotes serem comprados ou produzidos. Essas informações são mostradas na Figura 18.16.

Nível	Código item	Descrição	Quantidade
0	00289	Pá	1
.1	10.089	Montagem manopla	1
..2	10.278	Manopla	1
..2	10.062	Prego	2
1	10.077	Cabo	1
.1	10.023	Conector	1
.1	10.062	Prego	4
.1	10.045	Rebite	4
.1	10.316	Montagem lâmina	1
..2	10.992	Lâmina	1
..2	10.045	Rebite	2

Figura 18.16 Lista de materiais para novo modelo de pá.

Como a maioria das partes era já usada nos modelos atuais, Haroldo checou rapidamente a posição dos estoques dos diversos itens necessários, olhando suas fichas

Haroldo começou seu trabalho de calcular manualmente quanto de cada item seria necessário e quando. Para facilitar, desenhou um formulário similar àqueles usados em sistemas MRP (cópia no Apêndice A). A partir de seus cálculos, ele imediatamente viu um problema para satisfazer ao pedido da Peg-Faça.

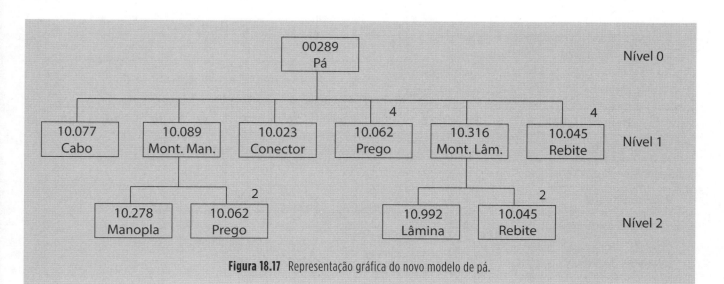

Figura 18.17 Representação gráfica do novo modelo de pá.

Questões para discussão

Que problema ficou evidente para Haroldo? Preencha os registros para descobrir. Considere lotes múltiplos das quantidades indicadas na Figura 18.18.

Quais são as prováveis dificuldades que a Reyfar pode encontrar se continuar usando o sistema existente de cálculo de materiais?

Quais problemas práticos você acha que Pedro Chinobo agora enfrenta?

Item nº	Tamanho de lote	*Lead time*
00289	500	1
10.089	1.500	1
10.278	500	2
10.062	2.000	1
10.077	400	1
10.023	700	1
10.045	2.000	1
10.316	200	1
10.992	200	4

Figura 18.18 Dados de produção para novo modelo de pá.

Item nº	Posição de estoque
00289	300
10.089	350
10.278	800
10.062	0
10.077	50
10.023	350
10.045	400
10.316	0
10.992	30

Figura 18.19 Posição de estoque.

Apêndice A

Item nº 00289	21	22	23	24	25	26	27	28	29	30
Necessidades brutas										
Recebimento de programados										
Balanço estoque										
Recebimento de ordens planejadas										
Liberação de ordens planejadas										

Item nº 10.089	21	22	23	24	25	26	27	28	29	30
Necessidades brutas										
Recebimento de programados										
Balanço estoque										
Recebimento de ordens planejadas										
Liberação de ordens planejadas										

Item nº 10.278	21	22	23	24	25	26	27	28	29	30
Necessidades brutas										
Recebimento de programados										
Balanço estoque										
Recebimento de ordens planejadas										
Liberação de ordens planejadas										

Item nº 10.062	21	22	23	24	25	26	27	28	29	30
Necessidades brutas										
Recebimento de programados										
Balanço estoque										
Recebimento de ordens planejadas										
Liberação de ordens planejadas										

Item nº 10.077	21	22	23	24	25	26	27	28	29	30
Necessidades brutas										
Recebimento de programados										
Balanço estoque										
Recebimento de ordens planejadas										
Liberação de ordens planejadas										

Item nº 10.023	21	22	23	24	25	26	27	28	29	30
Necessidades brutas										
Recebimento de programados										
Balanço estoque										
Recebimento de ordens planejadas										
Liberação de ordens planejadas										

Item nº 10.045	21	22	23	24	25	26	27	28	29	30
Necessidades brutas										
Recebimento de programados										
Balanço estoque										
Recebimento de ordens planejadas										
Liberação de ordens planejadas										

Item nº 10.316	21	22	23	24	25	26	27	28	29	30
Necessidades brutas										
Recebimento de programados										
Balanço estoque										
Recebimento de ordens planejadas										
Liberação de ordens planejadas										

Item nº 10.992	21	22	23	24	25	26	27	28	29	30
Necessidades brutas										
Recebimento de programados										
Balanço estoque										
Recebimento de ordens planejadas										
Liberação de ordens planejadas										

Item nº	21	22	23	24	25	26	27	28	29	30
Necessidades brutas										
Recebimento de programados										
Balanço estoque										
Recebimento de ordens planejadas										
Liberação de ordens planejadas										

Item nº	21	22	23	24	25	26	27	28	29	30
Necessidades brutas										
Recebimento de programados										
Balanço estoque										
Recebimento de ordens planejadas										
Liberação de ordens planejadas										

18.4 RESUMO

- É conveniente, sempre que possível, calcular a demanda futura de itens, para efeito de gestão de estoques, em vez de prever a demanda futura de item.
- Há duas classes de demanda de itens que requerem gestão de estoques diferentes: demanda independente (a qual não pode ser calculada, tem necessariamente que ser prevista) e demanda dependente (a qual não precisa ser prevista porque pode ser calculada).
- Para gerenciar estoques de itens de demanda dependente, usa-se a técnica conhecida como MRP, que usa estruturas de produtos e outros parâmetros para calcular as necessidades futuras de obtenção de itens componentes para atender aos planos mestres de produção da organização.
- Estruturas de produto são representações de produtos que incluem todas as relações "pai/filho" (itens/componentes) de um produto.
- A explosão de necessidades brutas de materiais refere-se ao cálculo das quantidades totais de componentes que serão necessários para atender às necessidades futuras de produção dos produtos.
- O escalonamento no tempo das necessidades de materiais refere-se à consideração dos *lead times* de todos os itens componentes de um produto para determinar os momentos no tempo em que serão necessárias disponibilidades de componentes para a produção de produtos.
- O cálculo de necessidades líquidas parte da explosão de necessidades brutas, desconta as quantidades que estão ou estarão disponíveis em estoque e calcula as necessidades de efetiva obtenção de itens para viabilizar a produção futura de produtos.
- O registro básico do MRP é uma representação em forma de tabela, que traz todas as informações referentes a um item, quanto a seu suprimento e sua demanda, período a período.
- Os vários registros básicos dos itens componentes de determinado produto são relacionados obedecendo às relações pai/filho (item/componente).

18.5 EXERCÍCIOS

1. Explique por que se diz que o MRP II tem um algoritmo de geração de programas "para trás" ou *backward scheduling*.
2. Discuta a influência do "formato" das estruturas de produto (verticais – muitos níveis e poucos componentes por nível; horizontais – muitos componentes por nível e poucos níveis; e quadradas – muitos níveis e muitos componentes por nível) de uma unidade produtiva na maior ou menor adequação do uso do MRP para geração de programas.
3. Qual a diferença que existe entre necessidades brutas e líquidas de materiais em MRP?
4. Qual(is) a(s) diferença(s) entre a linha de "Recebimento de ordens planejadas" e a de "Recebimentos programados"?
5. Qual a influência das políticas de lotes e dos tamanhos de lotes nos níveis médios de estoques para determinado item?
6. Pela lógica de cálculo vista, as informações geradas pelos sistemas MRP são muito dependentes da acurácia dos registros de estoque. Quais as ações práticas que você pode implementar para melhorar os índices de acurácia dos registros de estoque de sua empresa?
7. "A parametrização dos sistemas MRP II é uma forma de fazermos com que as particularidades da nossa realidade específica sejam reconhecidas e consideradas pelo sistema." Discuta essa afirmativa.
8. Do que depende a definição dos estoques de segurança de itens de estoque no MRP?
9. Dadas as informações a seguir sobre a fabricação da cadeira Max Conforto, desenhe a estrutura do produto.

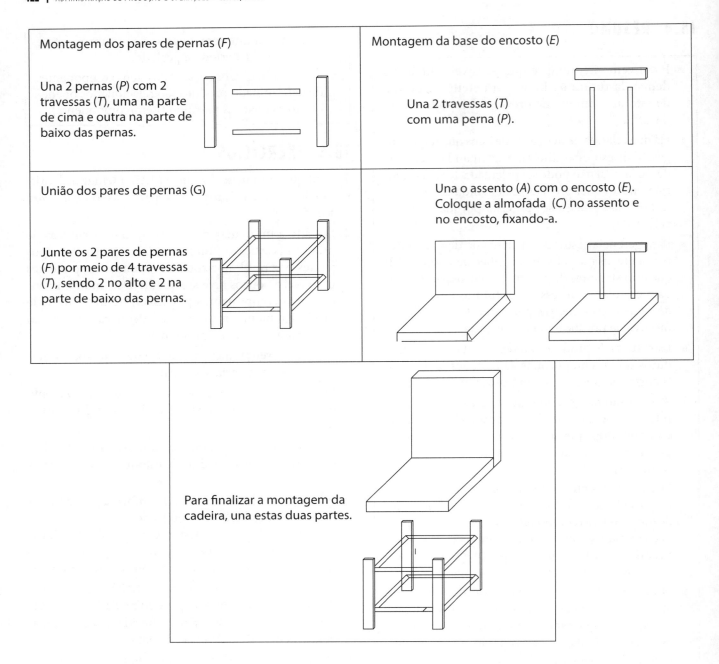

Desenvolva uma folha de registro de MRP para seis semanas, usando os seguintes parâmetros para os itens:

- Demanda 20 unid./semana
- *Lead time* 1 semana
- Tamanho do lote 40 unidades
- Estoque de segurança 0 unidade
- Estoque atual 2 unidades

Em quais períodos devem ser liberadas ordens de pedidos planejadas?

O que acontece com a quantidade e com as datas das ordens de pedidos liberadas se o estoque de segurança requerido for dez unidades?

10. A J. C. Móveis fabrica dois tipos de armários para cozinha, o modelo A e o B. Jorge, seu dono, planeja montar 10 armários do modelo A e 5 do B para entrega aos clientes nos períodos 6 e 7, respectivamente. Usando essas informações e os diagramas de cada produto, preencha as tabelas com os registros do MRP para os componentes X e Z para as próximas sete semanas.

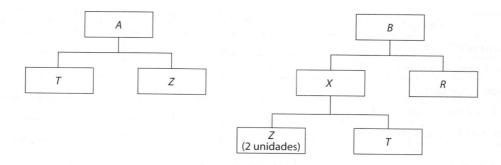

Componente X		1	2	3	4	5	6	7
Necessidade bruta								
Recebimento programado		7						
Estoque projetado	0							
Recebimento de ordens planejadas								
Liberação de ordens planejadas								

Tamanho do lote = Indefinido; *Lead time* = 1; Estoque de Segurança = 0.

Componente Z		1	2	3	4	5	6	7
Necessidade bruta								
Recebimento programado		10						
Estoque projetado	28							
Recebimento de ordens planejadas								
Liberação de ordens planejadas								

Tamanho do lote = Indefinido; *Lead time* = 2; Estoque de Segurança = 0.

Suponha que sejam requeridas dez unidades como estoque de segurança para o componente Z. Que mudanças ocorrerão nos resultados da tabela?

11. Dada a estrutura do produto a seguir, complete as tabelas com os registros do MRP para os componentes A, B e C.

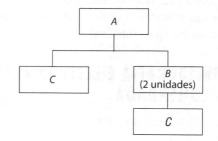

Componente A		1	2	3	4	5	6
Necessidade bruta		5	15	18	8	12	22
Recebimento programado							
Estoque projetado	21						
Recebimento de ordens planejadas							
Liberação de ordens planejadas							

Tamanho do lote = 20; *Lead time* = 1; Estoque de Segurança = 0.

Componente B	1	2	3	4	5	6
Necessidade bruta						
Recebimento programado	32					
Estoque projetado	20						
Recebimento de ordens planejadas						
Liberação de ordens planejadas						

Tamanho do lote = 40; *Lead time* = 2; Estoque de Segurança = 0.

Componente C	1	2	3	4	5	6
Necessidade bruta						
Recebimento programado						
Estoque projetado	50						
Recebimento de ordens planejadas						
Liberação de ordens planejadas						

Tamanho do lote = Indefinido; *Lead time* = 1; Estoque de Segurança = 10.

18.6 ATIVIDADES PARA SALA DE AULA

1. "O estoque de segurança desta matéria-prima deve ser pelo menos igual à quantidade de material necessária para suprir a produção durante um *lead time* do item." Discuta se essa afirmação tem ou não sentido e por quê.

2. "Como este fornecedor tem entregas com grande incerteza, os lotes comprados dele devem ser grandes, não?" Como você responderia a essa pergunta formulada por um funcionário seu do setor de planejamento da empresa em que trabalha?

18.7 BIBLIOGRAFIA E LEITURA ADICIONAL RECOMENDADA

ARNOLD, T. *Administração de materiais*. São Paulo: Atlas, 2002.

CLEMENT, J.; COLDRICK, A.; SARI, J. *Manufacturing data structures*. Essex Junction: Oliver Wight, 1992.

CORRÊA, H. L.; GIANESI, I. G. N. *Just in time, MRP II e OPT*: um enfoque estratégico. São Paulo: Atlas, 1993.

CORRÊA, H. L.; GIANESI, I. G. N. CAON, M. *Planejamento, programação e controle de produção*. 6. ed. São Paulo: Atlas, 2019.

COX III, J. F.; BLACKSTONE, JR., J. H. *Apics dictionary*. 9. ed. Alexandria: Apics, 1998.

FOGARTY, D. W.; BLACKSTONE, J. H.; HOFFMANN, T. R. *Production and inventory management*. 2. ed. Cincinatti: College Division South-Western Publishing, 1991.

GARWOOD, D. *Bills of materials*. 5. ed. Marietta: Dogwood Publishing, 1995.

LING, R. C.; GODDARD, W. E. *Orchestrating success*. New York: John Wiley, 1988.

MABERT, V. A.; SONI, A.; VENKATARAMANAN, M. A. Enterprise resource planning: common myths versus evolving reality. *Business Horizons*, May/June 2001.

SHTUB, A. *Enterprise resource planning*: the dynamics of operations management. Boston: Kluwer Academic Publishers, 1999.

SILVER, E. A.; PYKE, D. F.; PETERSON, R. *Inventory management and production planning and scheduling*. 3. ed. New York: John Wiley, 1998.

TINCHER, M. G.; SHELDON. D. H. *The road to class a manufacturing resource planning (MRP II)*. Chicago: Bucker, 1995.

VOLLMANN, T.; BERRY, W.; WHYBARK, D. C. *Manufacturing planning and control systems*. 3. ed. New York: Irwin: Apics, 1992.

WALLACE, T. F. *MRP II*: making it happen. 2. ed. Essex Junction: Oliver Wight, 1990.

CAPÍTULO 19

Sequenciamento, programação e controle de operações

> **OBJETIVOS DE APRENDIZAGEM**
>
> - Entender a importância das atividades de sequenciamento, programação e controle para o desempenho da produção e operações.
> - Saber listar os principais fatores que afetam o sequenciamento e a programação de produção e operações.
> - Saber o que são regras de sequenciamento e quando utilizá-las.
> - Entender a lógica e saber as vantagens e desvantagens de sistemas de programação finito, infinito, para frente e para trás em operações.
> - Ser capaz de desenhar sistemas de controle de produção e operações, como o *input-output control*.

19.1 INTRODUÇÃO

Uma questão frequente que deve ser enfrentada pelos gestores de operações refere-se à sequência em que as atividades devem ser realizadas nos diferentes recursos de operação: por exemplo, imagine que você tem dez ordens de produção, com roteiros produtivos (sequências de operações a serem executadas) diferentes, devendo ser processados por cinco centros produtivos. Não parece um problema tão grande, parece?

Como ilustração da complexidade que pode chegar a ter a questão de encontrar o sequenciamento ótimo de tarefas mesmo num problema simples, Costa (1996) e o Prof. Eduardo Jardim da UFRJ mencionam o exemplo a seguir.

Imagine o problema de formulação relativamente simples, de n itens (por exemplo, ordens de produção) sendo processados por m máquinas. Imagine que todos os itens devam ser processados pelas m máquinas, mas em qualquer sequência. Suponha agora o exame exaustivo (todas as possibilidades) do universo de soluções existentes por um computador potente, capaz de gerar e avaliar o impacto de 3.000.000 de sequências alternativas por segundo. Veja a Figura 19.1 para entender os tempos que esse computador levaria para analisar exaustivamente as possibilidades para várias situações.

Itens	Máquinas	Universo de soluções	Tempo de processamento
4	5	7.962.624	0,26 segundo
5	5	2,49 × 1010	5,6 horas
6	5	1,94 × 1014	2,5 meses
7	5	3,25 × 1018	34,4 séculos
8	5	1,07 × 1023	112,6 milhões de anos

Figura 19.1 Tempos de processamento necessários para um computador de média potência analisar exaustivamente o problema de alternativas de sequenciamento de *n* itens processados por *m* máquinas. O universo de soluções é calculado por $(n!)^m$ (atualizado para a velocidade de computadores de 2021).

Costa (1996) esclarece que possíveis restrições tecnológicas (necessidade, por exemplo, de certas máquinas processarem determinados itens antes de outras) reduzem o universo de soluções em situações reais, mas não de forma a tornar possível uma análise exaustiva. Por outro lado, se, além de considerarmos as possíveis alternativas de sequenciamento, levarmos em conta a programação dessas atividades no tempo, possibilitando, por exemplo, que houvesse alternativas de consideração de tempos de espera entre operações, as possíveis alternativas "explodiriam" ainda mais em números inadministráveis. Considere agora que em situações reais, muitas vezes, há centenas de ordens de produção (itens) competindo pela prioridade de dezenas de centros produtivos, e você perceberá que as ordens de grandeza das possibilidades exaustivas de sequências de processamento possíveis são até difíceis de imaginar.

PARA REFLETIR
Se é impossível escolher a melhor de todas as alternativas de sequenciamento em situações reais, mesmo com os mais velozes computadores, como você acha que soluções de sequenciamento poderiam ser geradas?

É nesse contexto que as discussões deste capítulo se inserem. Tendo nas mãos problemas dessa ordem de grandeza, os gestores de operações têm de encontrar soluções que não podem ser: "testar todas as alternativas e escolher a melhor". Estamos falando de sequenciamento, programação e controle de operações.

Da perspectiva de estratégia de operações, este capítulo pode mostrar desdobramentos importantes em relação a como uma empresa configura seus recursos operacionais, por exemplo, buscando perseguir o critério competitivo de velocidade ou de confiabilidade de entregas. Nos últimos anos, empresas de diversos segmentos têm vivenciado, de diferentes formas, a Transformação Digital (TD). Empresas de jornalismo impresso, por exemplo, agora além de continuarem sendo confiáveis, precisam ser ágeis para publicação de suas notícias, em diferentes formatos (*storytellings*, *podcasts* etc.) também nas redes virtuais. Antigamente, essas empresas trabalhavam principalmente ao longo da tarde e início da noite do dia anterior para "produzir" o jornal do dia seguinte. Agora, porém, passaram a produzir 24 horas com as notícias sendo veiculadas pela internet.

Parte dessa "produção" ao longo das 24 horas é selecionada e refinada para o produto impresso do dia seguinte. Essa nova dinâmica traz impacto relevante, especialmente relacionado aos jornalistas que agora, em vez de se concentrarem na redação em horário comercial, precisam ser alocados ao longo das 24 horas, em turnos. Será que os jornalistas mais experientes algum dia pensaram que esse tipo de rotina pudesse vir a acontecer?

19.2 CONCEITOS

19.2.1 SEQUENCIAMENTO, PROGRAMAÇÃO E CONTROLE DE OPERAÇÕES

Conforme discutido no Capítulo 16, as decisões referentes ao planejamento do sistema de operações ocorrem em diferentes horizontes de tempo, têm diferentes períodos de replanejamento, bem como consideram diferentes níveis de agregação da informação. Essas decisões são usualmente classificadas em três níveis de planejamento – de longo, médio e curto prazos – e controle. Esse conceito está relacionado com o denominado *planejamento hierárquico da produção*, uma metodologia que propõe decompor o problema do planejamento da produção em subproblemas menores, resolvendo-os sequencialmente – do maior horizonte de tempo para o menor –, e iterativamente as decisões nas hierarquias superiores são restrições aos problemas seguintes, bem como são realimentadas por estes.

Dessa forma, as decisões relacionadas aos três níveis de planejamento e à função de controle estão intrinsecamente inter-relacionadas, o que implica que um sistema de administração deve ser projetado considerando esse conjunto de decisões, bem como a importância relativa de cada nível de decisão dentro do contexto particular de cada empresa.

O **sequenciamento** e a **programação** da produção e operações abordam o planejamento de curto prazo:

- **Sequenciamento das operações**: refere-se a definir as prioridades (a ordem) segundo as quais as atividades devem ocorrer num sistema de operações, no intuito de atingir um conjunto de objetivos de desempenho.
- **Programação das operações**: consiste em alocar no tempo as atividades, obedecendo ao sequenciamento definido e ao conjunto de restrições considerado.
- **Controle de operações**: consiste na atividade de coletar e analisar informações realimentadas (automaticamente por sensores da Internet das Coisas - IoT – ou manualmente) do desempenho efetivo de dado conjunto de funções ou processos, com o intuito de monitorar e sistematicamente disparar ações úteis no caso de discrepâncias significativas em relação ao plano. Hoje, este disparo geralmente é feito de forma automática com apoio de inteligência artificial (IA) e aprendizado de máquina.

Esse conjunto de decisões, conforme o tipo de sistema produtivo, pode ser muito complexo dentro da área de gestão de produção e operações, sendo terreno fértil para o uso de algoritmos que usam IA. Isso se deve principalmente ao volume de diferentes variáveis que podem estar envolvidas e à sua capacidade de influenciar os diferentes e, às vezes, conflitantes objetivos de desempenho do sistema produtivo (como, por exemplo, velocidade e custo). Assim, as decisões decorrentes da programação da produção tornam-se um problema combinatório de tal ordem que soluções intuitivas são inadequadas pelas limitações humanas de administrar informações.

> **VOCÊ SABIA?**
> O sequenciamento, a programação e o controle de operações estão no coração do que é hoje comumente chamado "sistema de execução da manufatura" (*Manufacturing Execution System* – MES). Esse sistema, segundo a Apics (http://www.apics.org), é:
>
> "um sistema de informação e comunicação com várias funções e competências. Inclui funções como alocação e acompanhamento da situação de recursos, programação detalhada de operações, despacho de unidades produzidas, controle de documentação, coleta e aquisição de dados, gestão de mão de obra, gestão de qualidade, gestão de processos, gestão de manutenção, rastreabilidade e rastreamento de produtos e análise de desempenho. Pode prover realimentação do que ocorre na unidade fabril em tempo real. Interfaceia com e complementa os sistemas de planejamento de recursos".

19.2.2 FATORES QUE AFETAM O SEQUENCIAMENTO E A PROGRAMAÇÃO DE PRODUÇÃO E OPERAÇÕES

Um conceito importante para entender questões referentes à programação de operações é o de centro de trabalho. Um centro de trabalho é uma área ou setor de um negócio no qual recursos são organizados e o trabalho é realizado por atividades agregadoras de valor. O centro de trabalho pode ser composto de um recurso ou de um grupo de recursos (recursos podem ser pessoas, máquinas, equipamentos, computadores ou outros elementos que participam do processo de agregação de valor). Eles podem ser organizados e agrupados de várias formas, de acordo com a função dos recursos, numa configuração chamada funcional ou *job-shop*, ou de acordo com a sequência de atividades que o produto produzido requer, numa configuração chamada por produto, ou em linha. Pode também adotar uma configuração híbrida, em células de produção (veja o Capítulo 10 para uma discussão mais detalhada sobre esse tema).

No caso de *job-shops*, múltiplas tarefas necessitam ser realizadas, passando por múltiplos centros de trabalho; para tanto, elas têm de ser roteirizadas ao longo de sequências de centros de trabalho para que possam ser completadas. Quando uma tarefa (uma ordem de produção derivada de um pedido de um cliente, por exemplo) chega a determinado centro de trabalho, possivelmente, no setor de tornos de uma ferramentaria, ela entra numa fila, aguardando que algum torno fique livre para que possa, então, ser preparado e, então, executar a operação de torneamento requerida. É necessário, assim, que a gestão da operação decida qual a posição na fila que a ordem merece (e essa posição altera-se contínua e dinamicamente à medida que mais ordens cheguem ao centro de trabalho), levando em conta diversas variáveis, como as listadas a seguir.

Em termos de ordens:

- As ordens de produção apresentam datas de entrega diferentes, conforme o prometido pelos setores comerciais das organizações, buscando atender a solicitações dos clientes.

- Cada ordem, geralmente, está em um estado diferente de realização – para algumas, muitas operações ainda faltam ser executadas, para outras, poucas operações ainda faltam.
- As ordens podem apresentar *setup*[1] com tempos e atividades variáveis, em função da ordem anterior – às vezes, vale a pena colocar duas ordens em sequência por terem a mesma preparação ou preparação similar.
- Cada ordem pode ter vários roteiros alternativos, dependendo das características tecnológicas dos equipamentos.
- Os roteiros alternativos podem ter produtividade diferente, uns dos outros.
- Cada ordem pode eventualmente ser feita em máquinas alternativas com eficiências diferentes.
- As ordens podem ser de clientes com importância diferente.

Em termos de recursos:
- Máquinas quebram, bem como demandam manutenção, podendo não estar disponíveis em determinados momentos.
- Matérias-primas podem não estar sempre e confiavelmente disponíveis.
- Ferramentas podem não estar disponíveis.
- Funcionários podem faltar.

Em termos de operações:
- Problemas relacionados com a qualidade às vezes ocorrem, requerendo retrabalho – isso quer dizer que uma ordem pode necessitar revisitar um centro onde já foi processada.
- Operações podem demandar tempo de pós-produção (cura, secagem etc.).
- Operações podem ter restrições para a definição de tamanhos de lote – por exemplo, requerem quantidades mínimas de produção.
- Operações podem ser feitas em recursos gargalos, demandando máxima utilização, sempre que possível.
- Operações podem demandar a disponibilidade simultânea de diversos recursos, por exemplo, determinada máquina trabalhando com uma ferramenta ou operador especializado, sendo que essas disponibilidades devem ocorrer de forma simultânea.

---

[1] Preparação do equipamento ou setor para início da produção.

Para fazer o *download* do arquivo de simulação de um fluxo de materiais em diferentes etapas de produção em um sistema *job-shop*, acesse o QR Code:

uqr.to/16fq1

19.2.3 SISTEMAS DE SEQUENCIAMENTO

O processo de decidir que tarefa fazer primeiro em determinado centro de trabalho é denominado **sequenciamento** ou definição de prioridades.

Regras ou disciplinas de sequenciamento são as regras utilizadas na obtenção dessa definição de prioridades. Estas podem ser simples ou mais complexas, levando em conta mais ou menos variáveis, podem ser mais locais ou mais globais. Essas regras levam em conta informações como:

- Tempo de processamento da ordem no centro de trabalho, que está sendo sequenciado.
- Data prometida de entrega da ordem de produção.
- Momento de entrada da ordem na fábrica.
- Momento de entrada da ordem no centro de trabalho.
- Importância do cliente solicitante da ordem.
- Tempo de operação restante – tempo somado de processamento nas operações que ainda precisam ser feitas na ordem.
- Outras.

A forma com que se sequenciam as ordens de produção em sistemas *job-shop* é influenciadora do desempenho da operação em termos de aspectos que têm repercussão estratégica, como:

- Percentual de ordens de produção completadas no prazo.
- Tempo médio de "atravessamento" da ordem – o tempo médio que as ordens permaneceram na unidade produtiva.
- Níveis de estoques em processo na unidade produtiva.
- Níveis de utilização de recursos – percentual do tempo durante o qual os recursos estão sendo efetivamente utilizados.
- Outros.

Há várias regras de sequenciamento que são utilizadas em sistemas de gestão de operações. Algumas são ilustradas na Figura 19.2.

	Sigla	Regras de sequenciamento usuais para determinar prioridades em job-shops
		Definição
1	FIFO	*First In First Out* – primeira tarefa a chegar ao centro de trabalho é a primeira a ser atendida.
2	FSFO	*First in the System, First Out* – primeira tarefa a chegar à unidade produtiva é a primeira a ser atendida.
3	SOT	*Shortest Operation Time* – tarefa com o menor tempo de operação no centro de trabalho é a primeira a ser atendida.
4	SOT1	Mesma SOT, mas com limitante de tempo máximo de espera para evitar que ordens longas esperem muito.
5	EDD	*Earliest Due Date* – a tarefa com a data prometida mais próxima é processada antes.
7	SS	*Static Slack* – folga estática, calculada como "tempo até a data prometida menos tempo de operação restante".
8	DS	*Dynamic Slack* – folga dinâmica, calculada como "folga estática dividida pelo número de operações por executar".
9	CR	*Critical Ratio* – razão crítica, calculada como "tempo até a data prometida dividido pelo tempo total de operação restante".

Figura 19.2 Ilustração de regras de sequenciamento usuais.

Que regra de sequenciamento utilizar?

Por muitos anos, a pesquisa em sequenciamento de operações debruçou-se sobre descobrir qual é a regra de sequenciamento mais eficaz. Como se trata de problema multiobjetivo e complexo, logo ficou claro que não há uma regra de sequenciamento mágica que maximize o desempenho da unidade produtiva em todos os aspectos.

Mais tarde, Costa (1996) demonstrou claramente que, para determinada unidade fabril e para certo conjunto de ordens de produção a serem processadas em um conjunto de centros de trabalho, uma regra de sequenciamento que se mostrou a melhor para uma condição de disponibilidade de capacidade produtiva (por exemplo, um setor trabalhando em um turno) não se mantém, necessariamente, como a melhor quando se alteram essas condições (por exemplo, quando se permite que o setor que estava trabalhando em um turno passe a trabalhar em dois). Isso significa que, embora as regras de sequenciamento tenham um papel em influenciar o desempenho da unidade produtiva, sua influência já não é considerada tão grande.

Para visualizar um exemplo de simulação de sequenciamento de itens envolvendo otimização, acesse o QR Code e assista ao vídeo:

uqr.to/16fpm

De qualquer forma, o resultado da pesquisa sobre regras de sequenciamento sinaliza para que na escolha de regras se devessem preferir:

- As dinâmicas em oposição às estáticas (que contemplem as alterações que as condições analisadas sofrem ao longo do tempo, como ordens que estão sendo gradualmente processadas, por exemplo).
- As globais em oposição às locais (as que consideram o conjunto de operações mais que as que consideram só a operação local).

 VOCÊ SABIA?
As abordagens mais contemporâneas sugerem que uma combinação de sistemas computacionais baseados em inteligência artificial e aprendizado de máquina com a experiência de programadores bem treinados seja utilizada para a geração de programas em situações de problemas de sequenciamento complexos.

19.2.4 SISTEMAS DE PROGRAMAÇÃO

Há algumas características que diferenciam conceitualmente os diferentes sistemas de programação de operações:

- Carregamento *infinito versus* carregamento *finito* dos recursos.
- Programação para trás (*backward*) *versus* programação para frente (*forward*) no tempo.

Carregamento infinito ocorre quando se alocam tarefas a recursos simplesmente com base nas necessidades de atendimento de prazos. Chama-se infinito, pois programa as atividades, desconsiderando restrições de capacidade, ou seja, considerando os recursos como se fossem infinitos. Os sistemas de MRP, por exemplo (veja o Capítulo 18), são sistemas de programação infinita. Com base nas datas prometidas de entrega dos produtos, nas estruturas de produto e nos *lead times* de cada componente, cálculos são feitos e são definidos os momentos em que as atividades, por exemplo, fabris, devem ser executadas. No momento da geração do programa, não se checa se há de fato capacidade suficiente para executar o plano de prioridades sugerido. Em sistemas infinitos, essa checagem, em geral, é feita *a posteriori*. É possível, portanto, que uma situação como a da Figura 19.3 ocorra em sistemas de carregamento infinito. Observe as atividades A, B, C e D programadas com base nas datas solicitadas/prometidas e em suas durações (similarmente ao que ocorre com a lógica MPR). Imagine que cada atividade necessita de um recurso (por exemplo, uma pessoa) alocado pelo período de duração dela. Na somatória período a período, percebemos que, durante a semana 2, três recursos serão necessários para cumprir o programa. Entretanto, imaginemos que só 2 recursos estejam disponíveis ao longo do período analisado. A lógica de carregamento infinito faz com que sejam alocadas atividades em períodos do tempo sem que se cheque a disponibilidade dos recursos **durante** a geração do programa – e, portanto, o sistema fica suscetível a uma alocação que se mostra excedendo o limite disponível de recursos (de dois recursos no exemplo).

Carregamento finito ocorre quando a programação considera a utilização de recursos e sua disponibilidade detalhada no momento do carregamento e não programa uma ordem ou atividade para um período em que não haja disponibilidade de recursos. Em outras palavras, considera que os recursos são finitos durante o processo de geração do programa. No caso de carregamento finito, se retomarmos o exemplo da Figura 19.3, a programação não obedeceria apenas às datas solicitadas, mas a uma checagem de disponibilidade de recursos. No momento da programação da atividade C, por exemplo, imaginando que as alocações das atividades A e B já estivessem feitas, pela não disponibilidade de recursos na semana 2, sua programação seria, então, possivelmente postergada para a semana 3, em que há disponibilidade de recursos. A Figura 19.4 mostra a situação ilustrativa de carregamento finito.

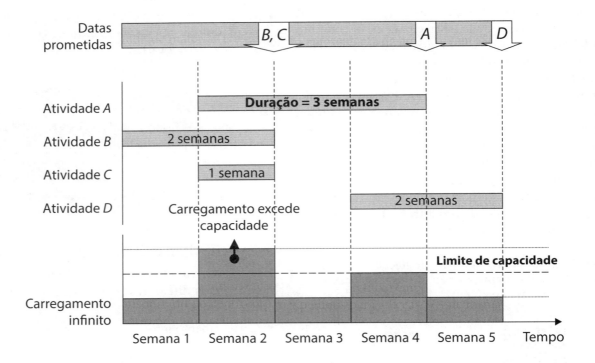

Figura 19.3 Ilustração de sistema de carregamento infinito.

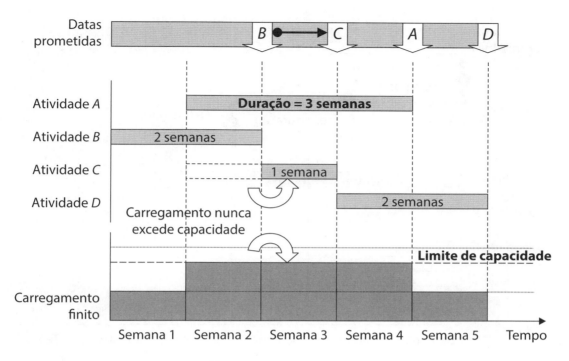

Figura 19.4 Ilustração de carregamento finito.

A **programação para trás (backward) no tempo** inicia o processo de alocar atividades no tempo em algum ponto no futuro (em geral, o momento em que a atividade precisa estar finalizada) e, considerando as durações delas, programa suas datas de início "descontando", para trás, no tempo, a duração da atividade. A Figura 19.5 ilustra a programação para trás, retomando o exemplo da Figura 19.3.

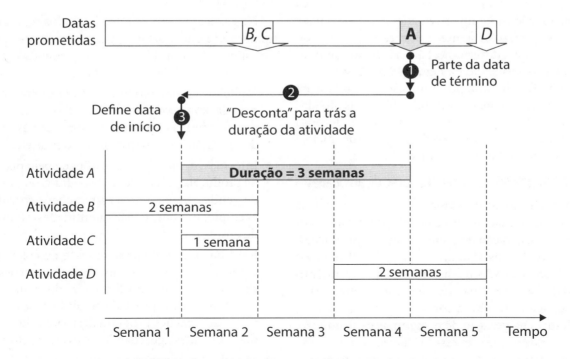

Figura 19.5 Ilustração da programação para trás (*backward*) da atividade A.

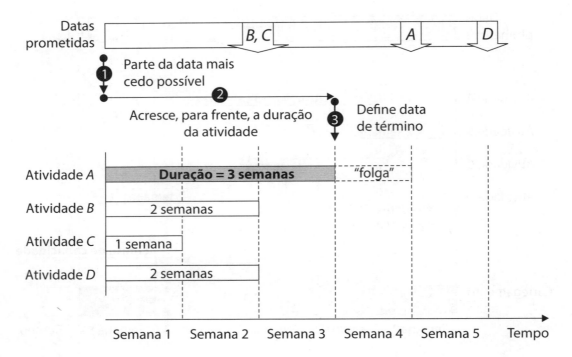

Figura 19.6 Ilustração de programação para frente (*forward*), com destaque para a atividade A.

Note que as atividades são programadas, na lógica de programação "para trás", no último momento possível, para que não acarretem atraso, deixando "folga" zero.

A **programação para frente (forward) no tempo** opera diferentemente. Em vez de programar as atividades na data mais tarde, programa atividades para a data mais cedo e acrescenta, para frente, a duração da atividade para definir sua data de término. Para o mesmo conjunto de atividades da ilustração da Figura 19.5, a Figura 19.6 mostra como ficaria uma programação feita de forma estritamente para frente (*forward*). Note que as atividades são, na lógica de programação para frente, alocadas no tempo de forma a ficarem com suas datas de início e término nas datas mais cedo possível.

Ferramental tecnológico para programação de atividades

Nesse contexto de complexidade, visando apoiar as decisões no âmbito da programação da produção (e, em alguns casos, na geração do plano mestre de produção), foram desenvolvidos sistemas chamados *Advanced Planning Systems*, (APS ou sistemas de planejamento avançados). Esses sistemas têm a característica principal de conseguir levar em conta uma grande quantidade de fatores na geração de programas de produção, buscando garantir que esta resulte viável, ou seja, caiba dentro da capacidade disponível, além de buscar auxiliar o sistema de operações a atingir seus objetivos de desempenho.

Nesse ponto, é importante relembrar que o sistema MRP (veja o Capítulo 18) tem recursos limitados para lidar com ambientes produtivos que apresentem grau de complexidade alta em termos de sua programação detalhada de fábrica.

Nos sistemas APS, muitos baseados na lógica de simulação (e que, portanto, permitem modelagens mais sofisticadas do problema de programação, utilizando inteligência artificial), o usuário:

- Modela o sistema produtivo – por exemplo, máquinas, mão de obra, ferramentas, calendário, turnos de trabalho – e informa os roteiros de fabricação, as velocidades de operação, as restrições tecnológicas etc.
- Informa a demanda – determinada pelo plano mestre de produção, pela carteira de pedidos ou por previsão de vendas, bem como as alterações ocorridas – por exemplo, mudanças nas quantidades ou nos prazos de entrega.
- Informa, utilizando apontamento ou coleta de dados automatizada usando sensores, as condições reais do sistema produtivo em determinado momento – por exemplo, matéria-prima disponível, situação de máquinas, manutenções programadas, situação das ordens, filas existentes aguardando processamento.
- Modela alguns parâmetros para a tomada de decisões – por exemplo, define algumas regras de liberação (regras que definem as prioridades a serem obedecidas

no sequenciamento das ordens nas filas aguardando processamento nos recursos) ou pondera determinados objetivos a serem atingidos, de modo que o programa de produção resultante atenda às condições particulares do sistema produtivo modelado, ou seja, do "chão de fábrica", e busque maximizar os múltiplos e possivelmente conflitantes objetivos de desempenho do sistema de administração da produção.

> **VOCÊ SABIA?**
> O MRP é tipicamente um sistema de programação para trás infinito, enquanto muitos dos APS são sistemas de programação para frente finitos, com base na simulação da passagem de ordens de produção pelo sistema produtivo modelado em computador.

See the future

Existe um vácuo entre as estratégias decididas nos níveis mais altos das corporações e as decisões que são tomadas diariamente no chão de fábrica. Essa lacuna pode ser explicada segundo três perspectivas:

Lacuna 1: na maioria das companhias, os sistemas de informação tendem a instrumentar o planejamento de médio e longo prazos tratando mais do provisionamento de materiais para o sistema do que para a programação das atividades de produção. Mesmo em empresas multinacionais, líderes em seus ramos de negócio, a programação do dia a dia muitas vezes continua a ser feita intuitivamente, sendo normalmente apoiada pelo uso de planilhas. Fornecedores de sistemas computacionais e soluções para gestão industrial tentam ocupar esse espaço, mas – procurando ganhos de escala – padronizam suas soluções, tornando-as parametrizáveis. Entretanto, esse esforço de generalizar soluções tende a torná-las pesadas, desfocadas, enfatizando muitos aspectos que são irrelevantes e deixando de considerar outros que são decisivos para uma aderência entre plano e realidade.

Lacuna 2: a cultura da produção é tradicionalmente reativa. O gerente de fábrica é comumente valorizado por sua capacidade de "apagar incêndios", no que toca a atender a solicitações da área comercial ou atingir metas de eficiência estabelecidas pela área financeira. Nessa busca, sobra para o gerente em geral pouco tempo para atuar proativamente prevenindo incêndios em lugar de combatê-los. Também, ao não prospectar outras alternativas de processamento além das que tradicionalmente utiliza para produzir, o gerente deixa de explorar inúmeras oportunidades de melhoria da produtividade que passam ao largo sem que nem sequer sejam percebidas.

Lacuna 3: a cultura do "atendimento" que tradicionalmente move o ambiente fabril muitas vezes obstrui a visão global do negócio. Concretamente, na grande maioria das empresas industriais, decisões de sequenciamento ou gestão de capacidade a curto prazo são tomadas sem uma avaliação do impacto financeiro global de tais decisões.

> **PARA REFLETIR**
> Você acha que as tarefas de sequenciamento, programação e controle de produção em operações de tamanho de médio para cima podem ser bem-feitas apenas com o apoio de sistemas como o Excel? Qual a consequência que o uso apenas de Excel poderia ter para o desempenho de uma empresa de manufatura de complexidade moderada a média?

INDÚSTRIA 4.0: SEQUENCIAMENTO, PROGRAMAÇÃO E CONTROLE DE OPERAÇÕES

O grande volume de dados emitidos e coletados durante os processos produtivos, ciclos de vida e cadeias de valor de bens e serviços, oferecem informação valiosa sobre problemas de desempenho, manutenção e resíduos gerados, que podem ser analisados para a identificação de padrões que seriam impossíveis de fazer de forma manual em um período razoável de tempo. Como a maior disponibilidade de dados significa maior agilidade, flexibilidade e capacidade de resposta, os sistemas de sequenciamento, programação e controle de operações direcionados pelo paradigma I4.0 precisam em primeiro lugar preencher a lacuna entre o mundo físico e digital, modelando com precisão todos seus elementos.

Nos processos de sequenciamento baseado em simulação, por exemplo, os elementos do sistema podem ser modelados, simulando o fluxo de trabalho e mostrando o uso exato de recursos e materiais em cada unidade, sendo atualizados em tempo real. Estes *softwares* de programação são capazes de realizar cálculos e permutações em todos os aspectos do processo produtivo, sendo que esta capacidade, combinada com a quantidade de dados fornecidos pelas estações de trabalho, significa que o sequenciamento e programação de operações é ágil, detalhado e preciso.

Como mencionado no início deste capítulo, o sequenciamento, a programação e o controle de operações fazem parte fundamental dos Sistemas de Execução de Manufatura (MES), sistemas que podem permitir a incorporação e integração das novas tecnologias da I4.0 acomodando o ambiente de produção para o processo de transformação digital. Principalmente, com o uso da Internet das Coisas (IoT), que fornece transparência de dados por meio de redes e serviços conectados oferecendo maior precisão ao identificar soluções para a otimização de operações de forma rápida, eficiente e com maior flexibilidade e automação nos processos de produção, identificando vantagens competitivas onde quer que estas possam ser obtidas. Essas redes estão formadas por integração horizontal e vertical, conforme mostrado na Figura 19.7.

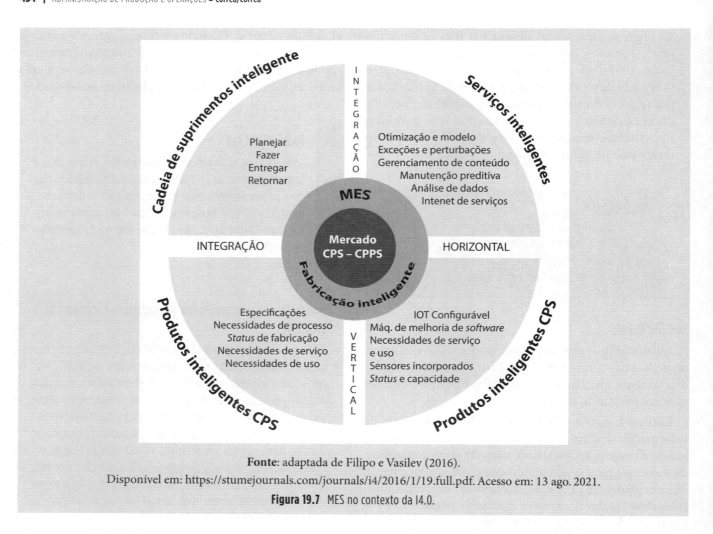

Fonte: adaptada de Filipo e Vasilev (2016).
Disponível em: https://stumejournals.com/journals/i4/2016/1/19.full.pdf. Acesso em: 13 ago. 2021.

Figura 19.7 MES no contexto da I4.0.

Com base no que foi apresentado, é possível identificar que, embora o MES seja um elemento crítico no cenário de TI da manufatura, é necessária uma geração completamente nova para lidar com os novos desafios criados pela I4.0 (Assista ao seguinte vídeo: https://youtu.be/tnx6DszmjK4). A Figura 19.8 mostra as diversas funções que as MES irão adotando com o apoio das novas tecnologias.

Saiba mais em:

uqr.to/12ziv
Acesso em: 13 fev. 2022.

Ocupar o centro da cadeia de abastecimento inteligente e do ciclo de vida do produto
Monitorar e coordenar os Sistemas Ciber-físicos (CPS) e Sistemas Ciber-Físicos de Produção (CPPS)
Incorporar dados CPS em atividades de qualidade e conformidade *off-line*
Atuar como substituto para quaisquer produtos, materiais ou equipamentos que não sejam totalmente habilitados para CPS
Coordenar a integração horizontal e vertical da Indústria 4.0
Entregar informações agregadas para atendimento ao cliente e outras atividades do ecossistema

Fonte: adaptada de Iyno Advisor e Critical Manufacturing (2016).
Disponível em: https://www.criticalmanufacturing.com/en/resources/documents/white-paper-industry-4-0.
Acesso em: 13 ago. 2021.

Figura 19.8 Funções do MES no âmbito da I4.0.

19.2.5 CONTROLE DE PRODUÇÃO E OPERAÇÕES

Sequenciamento e programação de atividades e tarefas são apenas parte da atividade de um sistema de execução de operações (*Manufacturing Execution System*, ou MES). Outro aspecto crucial é o de sistema de controle de operações (*Shop Floor Control*, ou SFC), que, num contexto fabril, é definido pela APICS como:

> Um sistema que se utiliza de dados do chão de fábrica para manter e comunicar informações de situação corrente sobre ordens de fabricação e centros de trabalho.

As maiores subfunções do SFC são:

- Definir prioridades para cada ordem de produção.
- Manter informação sobre quantidades de estoque em processo.
- Comunicar situação corrente de ordens de produção para a gestão.
- Prover dados sobre saídas efetivas para suportar atividades de controle de capacidade produtiva.
- Prover informações de quantidade por local por ordem de produção para efeito de controle de estoque em processo (operacional e contabilmente).
- Prover mensuração de eficiência, utilização e produtividade da força de trabalho e dos equipamentos" (Cox III e Blackstone, 1998).

As atividades de controle de fabricação podem ser auxiliadas por métodos e ferramentas, muitas delas automatizadas na forma de sistemas computacionais (muitas vezes embutidos nos sistemas integrados de gestão MRP II/ERP).

19.2.6 MÉTODOS DE CONTROLE DE OPERAÇÕES

Um dos mais simples métodos usados para controle é o baseado nos chamados gráficos de Gantt. Os Gráficos de Gantt são ferramentas criadas por um discípulo de Frederick Taylor, chamado Henry Gantt. Os chamados Gráficos de Gantt mudaram pouco desde seu desenvolvimento na década de 1910 e são usados não só para controle de projetos (como visto no Capítulo 9), mas também para o controle de fabricação. A Figura 19.9 ilustra um Gráfico de Gantt usado para controle de fabricação.

Controle de entrada e saída (*input – output control*)

Controle de entrada e saída é um importante recurso dos sistemas de controle de produção. Visa controlar as entradas e as saídas de fluxo dos diversos centros de trabalho, de forma a manter sob controle as quantidades de estoques em processo (filas que aguardam processamento) nos centros. A análise de entradas e saídas de fluxos dos centros de trabalho é um método que auxilia o monitoramento do consumo real da capacidade disponível durante a execução dos planos detalhados de materiais. Quando os fluxos de entrada superam os de saída, isso significa que o centro de trabalho está acumulando estoque em processo; quando os fluxos de saída superam os de entrada, isso quer dizer que o centro de trabalho está tendo seu estoque em processo diminuído. Um sistema de informação que permita ao gestor gerenciar esses fluxos, influenciando assim suas decisões de liberação de ordens de fabricação para os centros de trabalho, pode

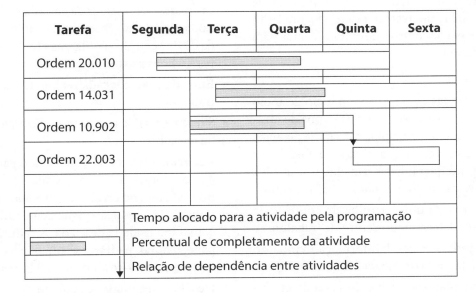

Figura 19.9 Ilustração de Gráfico de Gantt usado para controle de fabricação.

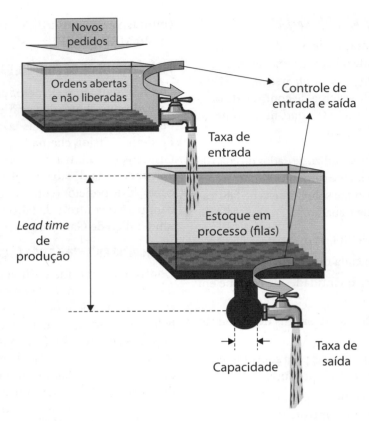

Figura 19.10 Analogia ilustrativa de controle de entrada e saída para fluxos.

ter importante papel em manter os estoques em processo sob controle, os tempos de atravessamento em níveis aceitáveis e, como consequência, pode auxiliar o sistema produtivo a atingir seus objetivos estratégicos de adequados índices de utilização e retorno sobre capital e serviços ao cliente. A Figura 19.10 ilustra a ideia de controle de entrada e saída, utilizando uma analogia com fluxos de água, de entrada e saída num reservatório, e a Figura 19.11 ilustra uma ferramenta de controle de entrada e saída para um centro de trabalho.

Relatório de entradas e saídas

Os relatórios de entradas e saídas são um meio de apoio ao gerenciamento de filas e *lead times* (tempos de atravessamento), aplicando os princípios básicos de planejar, executar, medir e corrigir. As quantidades exibidas nos relatórios são, em geral, quantidades semanais de trabalho, muitas vezes expressas em "horas-padrão" de trabalho.

A Figura 19.11 ilustra uma planilha de controle de entrada e saída para determinado centro de trabalho.

- **Entrada planejada**: em geral, informação vinda do planejamento detalhado de capacidade.
- **Saída planejada**: planos de fluxo de saída do centro de trabalho são feitos, considerando disponibilidades e restrições de capacidade do momento e intenções de reduções/aumentos de filas. Se isso requer aumento de capacidade, esse aumento deve ser providenciado via horas extras, subcontratação etc.
- **Fila planejada**: diretamente calculada dos planos de entradas e saídas, levando em conta a fila inicial do período analisado, no exemplo da figura, de 100 horas-padrão, acrescidas da entrada real e diminuídas da saída planejada. Observe que a intenção (fila planejada) é de redução da fila das atuais 100 horas-padrão para 64 nas próximas semanas.
- **Entrada real**: chegada real de trabalho ao centro de trabalho.
- **Saída real**: saída real de trabalho realizado pelo centro de trabalho.
- **Fila real**: diretamente calculada, a partir da fila inicial de 100 horas-padrão, acrescida da entrada real e diminuída da saída real. Observe que, no exemplo, até a semana 55 a redução planejada da fila não aconteceu com a intensidade desejada. A redução planejada era para 59 horas-padrão na semana 55 e a fila real, entretanto, encontra-se ainda em 73 horas-padrão.
- **Desvio acumulado**: calculado de forma cumulativa, a partir dos cálculos de desvios entre o planejado e o real, tanto de entrada como de saída.

Centro de trabalho 14 – Tornos revólver (horas-padrão) Semana atual: 56									
Semana atual: 56									
Semana	52	53	54	55	56	57	58	59
Entrada								
Planejada	184	205	170	200	206	199	200	200
Real	200	205	175	194				
Desvio acumulado	16	16	21	15				
Saída								
Planejada	200	200	200	200	200	200	200	200
Real	195	205	203	198				
Desvio acumulado	−5	0	3	1				
Fila (Fila inicial = 100 horas)								
Planejada	84	89	59	59	65	64	64	64
Real	105	105	77	73				

Figura 19.11 Exemplo ilustrativo de planilha de controle de entrada e saída para um centro de trabalho.

Alocação de pessoal em operações intensivas em mão de obra

Em operações intensivas em mão de obra, como muitas operações de serviços, às vezes a questão de programação e sequenciamento refere-se à alocação de pessoal em programações diárias, semanais e mensais de pessoal.

Os objetivos do gestor de operações são, basicamente, definir um plano de pessoal que requeira o menor número possível de pessoas para completar o trabalho e que represente a menor variação possível entre a produção planejada e a real, dada determinada taxa de entrada de fluxo a ser processada no sistema.

Imagine um exemplo de operação de processamento de documentos numa retaguarda de uma seguradora, por exemplo. A gestão define as entradas a serem processadas, por exemplo, solicitações de orçamento, análise de propostas, análise de solicitações, análise de sinistros e cobrança. Esses "produtos" têm de ser roteirizados e processados em diferentes processos ou funções (recebimento, pré-processamento, análise, verificação e assim por diante). Para resolver o problema, uma previsão de demanda diária é gerada, e a partir daí um planejamento para alocação de pessoal é feito por produto para cada função. Isso é, então, convertido em horas de trabalho necessárias por função, detalhadamente. Procede-se a partir daí a uma sumarização, e calculam-se as chamadas tolerâncias (por absenteísmo, férias e outros fatores). Em seguida, divide-se o número de horas necessárias pelo de horas de trabalho (por dia) para chegar ao número de trabalhadores necessários (por dia). Essa é, então, a base para a definição da programação de mão de obra. Veja a Figura 19.12 para uma ilustração.

19.3 ESTUDO DE CASO

Equipamentos Guilhon[2]

Era sexta-feira e eu tinha até o final do dia para responder se aceitava ou não aquela encomenda. Uma oportunidade de ouro. Aquele equipamento sozinho garantiria a sobrevivência da nossa empresa por uns bons seis meses. Isso sem falar nos possíveis desdobramentos com que o cliente acenava. O problema é que nós nunca tínhamos feito nada igual e eles queriam saber nosso preço e nosso prazo. Ou, melhor dizendo, queriam saber se éramos capazes de entregar o equipamento no prazo que eles estipulavam: quatro meses! "Nem um dia a mais, é questão de vida ou morte", meu cliente frisou, antes de desligar o telefone.

Não havia tempo a perder, tínhamos que tomar a decisão em poucas horas. Desci, então, à fábrica pessoalmente e marquei uma reunião de produção de urgência para avaliar a situação. Convoquei todo nosso primeiro time: o engenheiro-chefe do setor de projetos, o gerente de planejamento e controle, o responsável pela produção, o responsável pela compra de materiais e, evidentemente, meu sócio, o diretor de finanças.

Quem primeiro falou foi o chefe de projetos. Ele havia rascunhado, a meu pedido, um croqui da obra,

---

[2] Este caso foi desenvolvido pelo Prof. Dr. Ricardo Sarmento Costa.

Plano diário de mão de obra necessária									
		Recebimento		Pré--processamento		Análise		Verificação	
	Volume diário	Por hora	Horas	Por hora	Horas	Por hora	Horas	Por hora	Horas
Produto									
Solitação de orçamento	120,0	12,0	10,0	4,0	30,0	4,0	30,0	12,0	10,0
Análise de propostas	150,0	12,0	12,5	4,0	37,5	2,0	75,0	25,0	10,0
Análise de solicitações	20,0	10,0	2,0	4,0	5,0	2,0	10,0	8,0	2,5
Análise de sinistros	40,0	10,0	4,0	4,0	10,0	2,0	20,0	8,0	5,0
Total de horas necessárias			28,5		82,5		135,0		27,5
Tolerância (X 1,3) – faltas, férias, ausências			37,1		107,3		175,5		35,8
Dividido por 8 horas/dia trabalhador			4,6		13,4		21,9		4,5

Função	Pessoal necessário	Pessoal disponível	Variação	Ação gerencial
Recebimento	4,6	4	– 0,6	Usar horas extras
Pré-processamento	13,4	12	– 1,4	Usar pessoal da análise
Análise	21,9	24	2,1	Auxiliar pré-processamento
Verificação	4,5	5	0,5	ok

Figura 19.12 Ilustração de cálculo para plano de mão de obra.

assinalando os grandes conjuntos que teriam que ser fabricados e os materiais críticos. Era ainda um embrião de projeto, mas como não dispúnhamos de nada mais detalhado, fizemos com base nele uma primeira estimativa das horas de projeto, fabricação e montagem que seriam necessárias. O resultado, infelizmente, não foi nada animador. Se trabalhássemos dia e noite no projeto do produto, poderíamos ter a lista de material e os desenhos prontos, na melhor das hipóteses, em dois meses. Além disso, só na fabricação das peças gastaríamos mais dois meses e meio. Depois, com sorte, outro mês e meio para a montagem final.

Fiz as contas. Seis meses depois, com boa vontade... Nem um mágico conseguiria entregar aquela encomenda no prazo que eles queriam. Coube ao gerente de compras dar o tiro de misericórdia: além do projeto, da fabricação e da montagem, tínhamos que considerar ainda o tempo para encomendar os fundidos, as chapas metálicas e os outros itens necessários para começar a fabricação. "Trinta dias, se os fornecedores estiverem de muito bom humor", resmungou.

Minha intuição dizia: melhor não arriscar. Mas o pragmatismo habitual de meu sócio falou mais alto e não nos deu margem a desânimo. Sem rodeios, ele nos trouxe a verdade, que todos, aliás, já sabíamos: a questão não era aceitar ou não a encomenda, mas o que fazer para aceitar. Em outras palavras, nossa situação de caixa era de tal modo crítica que aceitar a obra seria a única forma de a empresa continuar existindo.

O instinto de sobrevivência nos fez, então, explorar com mais cuidado outras possibilidades. Meu projetista, por exemplo, sugeriu começar a fabricação já no fim do primeiro mês, assim que os primeiros desenhos e listas de material fossem sendo liberados. Não havia necessidade de esperar dois meses até que todo o projeto ficasse pronto. Na mesma linha de raciocínio, o chefe de compras acrescentou que poderíamos identificar os itens de compras sabidamente críticos e antecipar desde já sua aquisição. Dessa forma, os tempos de projeto, compras e fabricação correriam de algum modo paralelamente.

Refizemos as contas. Trinta dias para termos os primeiros desenhos... Enquanto isso, 10 dias para a liberação da lista de itens críticos, 20 dias para a entrega desses itens pelos fornecedores... Total, portanto, 30 dias para começar a fabricação. Depois seriam os dois meses e meio de usinagem, mais um e meio de montagem... Nada mal. Cinco meses. Um pouquinho mais e chegaríamos lá.

Continuamos o esforço concentrado. O chefe de planejamento sugeriu que trabalhássemos em dois turnos e também aos sábados como forma de reduzir o tempo total de fabricação. A ideia suscitou polêmica. Alguns objetavam ser inviável conseguir mão de obra qualificada disponível para o serviço noturno, tanto mais porque uma grande empresa da vizinhança já nos tinha roubado metade do pessoal. Mais realista seria trabalharmos fazendo horas extras com o pessoal da casa, já treinado.

Raciocinei: com uma jornada extra de três horas por dia, por exemplo, teríamos uma expansão da capacidade disponível da ordem de quase 30%. E, portanto, os cincos meses se transformariam em menos que quatro. Então, bastaria um pouquinho de boa conversa com os fornecedores e, quem sabe, não seria possível viabilizar a entrega pontual.

Euforia total: dez dias para a primeira definição do projeto, 20 dias para compras, dois meses de fabricação, um de montagem... Viável... O prazo era viável. Tudo pronto em quatro meses exatos.

Eu já ia propor uma cerveja para as comemorações quando percebi, porém, rugas inesperadas no rosto de meu sócio. Ele não disse nada, mas era como se em sua testa um grafite imenso anunciasse em letras garrafais: hora extra igual a custo extra. A animação caiu dois tons. Eu caí em mim. As horas extras eram a solução, mas eram também o problema.

"Não temos caixa para isso. O que temos não paga os juros dos empréstimos, quanto mais esse mundo de horas extras que vocês querem fazer. Além do mais, pelo que me consta, já estamos fazendo horas extras nos pedidos que estão na fábrica e nem por causa disso eles estão saindo no prazo. Pelo contrário, está tudo atrasado. Sabem o que significa isso? Faturamento adiado, multa, cliente perdido, caixa baixo", meu sócio avisou lacônico.

E o pior é que ele tinha razão. Tentando manter a chama acesa, ponderei com ele que havia certa margem de manobra junto ao cliente. Era uma empresa muito grande, muito maior que nós. A obra ocuparia nossa fábrica toda, mas para eles não era mais que um grão de areia. Desde o primeiro contato, a coisa ficara clara: o prazo era intocável, mas o preço e a forma de pagamento poderiam ser negociados.

Quem sabe, não poderíamos, de alguma forma, antecipar parte do faturamento ou embutir um pouco desses custos adicionais de horas extras no preço orçado, propus com olhar interrogativo. "Poder pode, mas o lucro vai embora", a resposta veio tão curta quanto óbvia. "Margem para negociação realmente existe, só que a concorrência está aí na porta ao lado. Já nos tiraram nossos melhores funcionários. Se aumentarmos demais o preço, nos tiram também nossas melhores encomendas."

Os argumentos, as ideias brilhantes e as lamentações ficaram, então, ali durante horas, vagando nas vozes de cada um de nós, até que juntos nos demos conta de que não haveria mágica. Era um jogo de soma nula. Para entregar a obra nos quatro meses que o cliente pedia, outros teriam que ser prejudicados e, consequentemente, teríamos que pagar multas. Fazer horas extras ou, como sugeriu alguém, subcontratar parte dos serviços talvez resolvesse a questão dos prazos, mas corroeria certamente os lucros.

Conclusão: era preciso priorizar obras em detrimento de outras. Expandir a jornada de trabalho, sim, mas de preferência só dos recursos críticos, os "gargalos" (se é que sabíamos quais eram eles). Identificar os materiais comprados para os quais precisaríamos negociar pedidos antecipados com os fornecedores. Apressar os itens importantes na fábrica. Talvez fazer alguma coisa fora, subcontratar serviços. Enfim, com a nova obra seria necessário refazer toda a programação dos próximos meses.

Liberei o pessoal para a noite de sexta-feira com um convite não muito agradável para um novo encontro na manhã de sábado. Quando saíram todos da sala, pensei comigo: pobre de meu gerente de planejamento e controle! A meu pedido, ele passara literalmente a semana toda com seus estagiários montando um enorme quadro que temos na parede da fábrica: "programação das máquinas no mês". Meticulosamente, haviam programado o início e o fim de cada uma das centenas de operações de produção, colando uns papelotes no quadro com a identificação de cada item, de cada operação. De manhã, orgulhosamente, ele me trouxera as previsões de entrega de todas as obras. Por um instante, pensei que seria mais fácil recusar o tal pedido do que dizer a ele que aquela trabalheira toda já não valia mais nada.

Ossos do ofício. Às oito da noite em ponto, passei o *fax* dando conta de que estávamos preparados para aceitar a encomenda e de que na segunda-feira mandaríamos um cronograma aproximado detalhando as etapas da obra ao longo do tempo. Então, fui até a janela respirar um pouco de ar puro.

Havia sete anos tínhamos a empresa e, havia sete anos, era a mesma coisa. No primeiro dia de cada mês, fazíamos uma reunião, eu e meu sócio. Avaliávamos o desempenho do mês que terminava e definíamos estratégias para o futuro. Nos outros 29 dias do mês, víamos as estratégias serem atropeladas pelos fatos do dia a dia.

"Incêndios" pipocando por todo lado. Oportunidades não previstas surgindo, máquinas quebrando, funcionários faltando, fornecedores falhando, juros vencendo, planos fracassando... Sempre urgentes, sempre inadiáveis, as decisões cotidianas eram tomadas pelo faro, pela experiência. Às favas iam as estratégias.

Pois estava eu ali de novo, mais uma vez encurralado pelas decisões de curto prazo e olhando a noite gelada pela janela da fábrica, quando surpreendi em meu pensamento uma ideia clara e inequívoca: as mudanças e as incertezas não eram, na verdade, o problema. Eram, simplesmente, os dados do problema. O inesperado não era outra coisa senão o nosso próprio negócio. Nós fabricávamos coisas fora de série, por encomenda. Era óbvio.

Inútil imaginar que seria diferente. Procurei olhar as coisas com distanciamento e vi que, apesar de nunca serem cumpridos, nossos planos estratégicos, e mesmo os programas de trabalho no chão de fábrica, não eram maus; pelo contrário, refletiam o conhecimento de gente muito boa, muito experiente. A questão, de fato, não era definir esses planos, mas como redefini-los quando as coisas mudavam. E como recriá-los rapidamente, sempre, no ritmo das oportunidades e ocorrências do dia a dia.

Então, foi como se um cometa cruzasse o céu e uma luz forte iluminasse meu pensamento: pelo simples fato de que não éramos capazes de replanejar rápido, tomávamos decisões no chão de fábrica que frequentemente contradiziam as prioridades estabelecidas ou refletiam prioridades passadas. Meu entendimento ficou cristalino como água. A dinâmica das oportunidades contrastava com a inércia de nossos planos. O que precisávamos era encontrar um jeito de fazer com que a decisão tomada por mim e meu sócio imediatamente repercutisse nas decisões que os encarregados estavam tomando na fábrica.

Pensei nos computadores que havíamos adquirido, nos sistemas de controle que havíamos implantado... Pensei nos cursos de atualização que eu e meu sócio vínhamos fazendo. Técnicas japonesas, Reengenharia, Qualidade Total... Mas, afinal de contas, o que essas coisas todas tinham a ver com o meu problema?

Fugaz como veio, a luz do cometa se foi rapidamente, e logo voltei a me ver diante da mesa de trabalho, preparando meu sábado e domingo, com os rascunhos do cronograma de fabricação da maldita obra. Afinal, pelo menos no papel, aquela encomenda seria entregue pontualmente. Outros pedidos haveriam de ser prejudicados, mas paciência. A decisão era essa e estava tomada. Pelo menos até segunda-feira.

Questões para discussão

1. Caracterize o tipo de produção da Equipamentos Guilhon e descreva os principais desafios que o sequenciamento, a programação e o controle de produção devem enfrentar.
2. Analise as alternativas de programação finita e infinita, para frente e para trás, apontando pontos favoráveis e desfavoráveis de todas as alternativas para programação da Equipamentos Guilhon.
3. Discuta o papel que deve ter o sistema de sequenciamento, o sistema de programação e o sistema de controle de produção da Equipamentos Guilhon.
4. Discuta sobre a conveniência de usar ferramental tecnológico para auxiliar nas atividades de programação e controle da Equipamentos Guilhon.
5. Que métricas de avaliação de desempenho você crê seriam adequadas para controlar o desempenho da Equipamentos Guilhon?

19.4 RESUMO

- Sequenciamento, programação e controle de produção é o nível mais detalhado dos sistemas hierárquicos de planejamento e controle de produção. Refere-se a colocar atividades num cronograma factível, no nível mais detalhado possível.
- Sequenciamento das operações refere-se a definir as prioridades (sequência) segundo as quais as atividades devem ocorrer num sistema de operações, visando atingir um conjunto de objetivos de desempenho.
- Programação das operações consiste em alocar no tempo as atividades, obedecendo ao sequenciamento definido e ao conjunto de restrições considerado.
- Controle das operações consiste na atividade de coletar e analisar informações realimentadas do desempenho efetivo de dado conjunto de funções e processos, com intuito de monitorar e sistematicamente disparar ações úteis no caso de discrepâncias significativas em relação ao plano.
- *Manufacturing Execution Systems* é como são chamados os sistemas a cargo de fazer sequenciamento, programação e controle de operações.
- Há vários fatores que deveriam influenciar o sequenciamento e a programação de ordens de produção, por exemplo, em termos de ordens: datas de entrega, *status* de completude, *setups*, roteiros produtivos, importância dos clientes; em termos de recursos: máquinas que quebram, disponibilidade

- de matérias-primas, disponibilidade de ferramentas, absenteísmo de pessoal; em termos de operações: qualidade, pós-produção, tamanhos de lote, gargalos, entre outros.
- Há várias regras ou disciplinas de sequenciamento para a tomada de decisão sobre sequenciamento: tempo de processamento mais curto, momento de entrada da ordem na fábrica, momento de entrada da ordem no centro produtivo, importância do cliente, tempo de operação restante. São usadas alternativa ou combinadamente na tentativa de melhorar desempenhos em termos de: ordens completadas no prazo, tempo médio de atravessamento na produção, níveis de estoque, níveis de utilização de recursos.
- Sistemas de programação podem ser de dois tipos: carregamento finito ou infinito e programação para trás e para frente.
- Carregamento infinito ocorre quando se alocam tarefas a recursos apenas olhando para necessidades de cumprimento de prazos; carregamento finito ocorre quando a programação considera a disponibilidade de recursos no momento do carregamento.
- Programação para trás no tempo inicia o processo de alocar atividades no tempo de algum ponto no futuro e, considerando sua duração, programa datas de início, descontando a duração da atividade.
- Programação para frente no tempo programa o início das atividades no momento mais cedo possível e acrescenta a duração da atividade para definir sua data de término.
- Há uma multiplicidade de soluções tecnológicas baseadas em *software* para apoiar as empresas em termos de suas necessidades mais complexas de sequenciamento, programação e controle de produção.
- O sistema de controle de produção utiliza dados do chão de fábrica para manter e comunicar informações de situação corrente sobre ordens de fabricação e centros de trabalho.
- O controle de entradas e saídas visa controlar entradas e saídas de fluxos de diversos centros produtivos de forma a manter sob controle os estoques em processo.

19.5 EXERCÍCIOS

1. Por que se considera que soluções otimizantes são muito difíceis e, às vezes, impossíveis de obter, para o problema de sequenciamento de produção, mesmo para problemas relativamente simples?

2. Quais são os principais fatores que afetam o problema de programação e sequenciamento de produção? Discuta quais as dificuldades de considerá-los em situações fabris.

3. Como você acha que problemas de inacurácia (imprecisão) de dados e informações podem afetar o desempenho de uma operação quanto à sua programação de tarefas? Pense, por exemplo, no problema de programar tripulações de cabine numa companhia aérea.

4. Que são regras ou disciplinas de sequenciamento e como elas podem afetar o desempenho estratégico da operação? Dê exemplos de regras de sequenciamento e de operações que as utilizam.

5. Explique as diferenças essenciais entre os sistemas de programação para trás e para frente. Discuta as limitações e as vantagens de cada um.

6. Quais as diferenças entre sistemas de programação de operações com carregamento finito e com carregamento infinito?

7. Por que controlar operações? Qual o papel estratégico que o controle de operações pode ter?

8. Explique o uso do Gráfico de Gantt como ferramenta para controle de operações. Você acha que ele é uma boa ferramenta também para sequenciamento e programação? Por quê?

9. O que é o "controle de entrada e saída" (*input – output control*) em operações e para que serve?

10. Os seguintes trabalhos estão esperando para serem processados pelo mesmo centro de produção. Os trabalhos estão colocados na ordem em que chegaram:

Trabalho	Data de entrega	Duração (dias)
A	313	8
B	312	16
C	325	40
D	314	5
E	314	3

a) Em que sequência os trabalhos devem ser ranqueados de acordo com cada uma das regras a seguir:

FIFO.

EDD.

SOT.

b) Todas as datas são baseadas nos dias do calendário de planejamento de produção. Assuma que todos os trabalhos chegaram no dia 275. Qual o melhor sequenciamento e por quê?

c) Suponha que hoje é o dia 300 no calendário de planejamento e nós não começamos nenhuma das tarefas dadas no Problema 10. Usando a regra de sequenciamento *critical ratio*, em qual sequência você planejaria os trabalhos?

11. Os trabalhos a seguir estão esperando para serem processados em um pequeno centro de produção:

Trabalho	Dia de recebimento da ordem	Tempo de produção (dias)	Data de entrega
A	110	20	180
B	120	30	200
C	122	10	175
D	125	16	230
E	130	18	210

a) Em que sequência os trabalhos devem ser ranqueados, de acordo com cada uma das regras a seguir:

FIFO.

EDD.

SOT.

b) Todas as datas são baseadas nos dias do calendário de planejamento de produção. Assuma que todos os trabalhos chegaram no dia 130. Qual o melhor sequenciamento?

12. Seis trabalhos estão aguardando para serem processados por uma operação de duas etapas consecutivas. A primeira etapa faz a moldagem da peça e a segunda faz a pintura. Os tempos de processamento são mostrados na tabela a seguir:

Trabalho	Operação 1 (horas)	Operação 2 (horas)
A	10	5
B	7	4
C	5	7
D	3	8
E	2	6
F	4	3

Determine a sequência que minimiza o tempo total para a execução dos trabalhos. Ilustre graficamente.

13. A tabela a seguir mostra os registros *input/output* de um pequeno centro de produção. Complete a tabela e comente os resultados.

Período	1	2	3	4	5	Total
Input planejado	50	55	60	65	65	
Input real	40	50	55	60	65	
Desvio						
Output planejado	50	55	60	65	65	
Output real	50	50	55	60	65	
Desvio						
Fila	10					

19.6 ATIVIDADES PARA SALA DE AULA

1. Quando você e seu grupo têm algum trabalho complexo para entregar numa certa data, qual a lógica que vocês usam para "programar" suas atividades: programação para frente ou programação para trás? Quais as vantagens e desvantagens de cada uma dessas duas alternativas? Considere seu desempenho escolar e sua vida pessoal e social como variáveis a maximizar. Discuta.

2. Considere o Capítulo 18. Nele é explicada a técnica de MRP para planejamento de produção e materiais. Qual a lógica que o MRP usa para programar suas atividades? Para trás ou para frente? Finita ou infinita? Quais os problemas que a lógica de programação usada pelo MRP pode trazer ao desempenho de uma organização? Discuta.

19.7 BIBLIOGRAFIA E LEITURA ADICIONAL RECOMENDADA

ARNOLD, T. *Administração de materiais*. São Paulo: Atlas, 2002.

CHASE, R.; JACOBS, R.; AQUILANO, N. *Operations management for competitive advantage*. 10. ed. New York: Irwin: McGraw-Hill, 2004.

CLEMENT, J.; COLDRICK, A.; SARI, J. *Manufacturing data structures*. New York: Oliver Wight, 1992.

CORRÊA, H. L.; GIANESI, I. G. N.; CAON, M. *Planejamento, programação e controle de produção*. 4. ed. São Paulo: Atlas, 2001.

CORRELL, J. G.; EDSON, N. W. *Gaining control*. New York: Oliver Wight, 1990.

COSTA, R. S. *Pontualidade total na produção sob encomenda*. 1996. Tese (Doutorado) – Departamento de Engenharia de Produção, Universidade Federal do Rio de Janeiro, Rio de Janeiro, 1996.

COX III; JAMES, F.; BLACKSTONE, JR.; JOHN, H. *Apics dictionary*. 9. ed. Alexandria: Apics, 1998.

FOGARTY, D. W.; BLACKSTONE, J. H.; HOFFMANN, T. R. *Production and inventory management*. 2. ed. Cincinnati: College Division South-Western Publishing, 1991.

SILVER, E. A.; PYKE, D. F.; PETERSON, R. *Inventory management and production planning and scheduling*. 3. ed. New York: John Wiley, 1998.

TAYLOR, S. G.; BOLANDER, S. F. *Process flow scheduling*. Falls Church: Apics, 1994.

VOLLMANN, T.; BERRY, W.; WHYBARK, D. C. *Manufacturing planning and control systems*. 3. ed. Irwin: Apics, 1992.

Websites relacionados

http://drum.lib.umd.edu/handle/1903/4375 – Repositório de relatórios de pesquisa da Escola de Engenharia da Universidade de Maryland, nos Estados Unidos, que inclui numerosos trabalhos sobre sequenciamento, programação e controle de operações. Acesso em: 12 fev. 2022.

http://www.ifm.eng.cam.ac.uk – *Site* do Institute for Manufacturing (Instituto para a Manufatura) da Universidade de Cambridge, no Reino Unido. Tem vários recursos, mas requer inscrição. Acesso em: 12 fev. 2022.

CAPÍTULO 20
Just in time (JIT) e operações enxutas (Lean)

OBJETIVOS DE APRENDIZAGEM

- Entender os termos *Toyota Production System* (Sistema Toyota de Produção), *Just in Time* e *Lean production* (Operações enxutas) e como evoluíram ao longo do tempo.
- Ser capaz de descrever os objetivos, a filosofia, os princípios e as principais técnicas da lógica JIT/*lean* e como eles diferem das abordagens tradicionais.
- Ser capaz de explicar as diferenças entre sistemas puxados e empurrados de fluxos produtivos.
- Entender a mecânica do *kanban* (a forma de os sistemas JIT/*lean* controlarem fluxos produtivos puxados).
- Entender a relação e a sinergia entre os conceitos de qualidade total e a lógica JIT/*lean*.
- Entender a técnica *lean* de mapeamento e análise de processos chamada VSM (*Value Stream Mapping*).

20.1 INTRODUÇÃO

"Lembra o modelo de produção enxuta da Toyota? Funcionou nas fábricas. Agora, as empresas tentam levá-lo para a administração."

Desde que começou a ser desenvolvido, após a Segunda Guerra Mundial, o modelo de produção enxuta da montadora japonesa Toyota chamou a atenção e passou a ser copiado, com maior ou menor sucesso, por milhares de empresas em todo o mundo. Até aí, nenhuma novidade. Agora, vamos ao fato novo: palavras, expressões e conceitos que remetem ao modelo – como *kanban*, redução de estoques, *just in time*, nivelamento da produção e melhoria contínua – estão deixando de permear apenas o ambiente das fábricas para fazer parte do dia a dia dos escritórios das empresas.

O objetivo é aproveitar o sistema da Toyota – famoso por ajudar as corporações a eliminar desperdícios e, com isso, tornar mais eficientes os processos fabris – e tornar enxutos também os processos administrativos. A ideia vem despertando o interesse de empresas no Brasil e no mundo. Mas a tarefa de transpor os conceitos da linha de montagem para o escritório não é simples. 'É fácil visualizar processos que envolvem matérias-primas, máquinas e produtos', diz Flávio Picchi, diretor de projetos do Lean Institute, uma entidade com sede em São Paulo dedicada à difusão do conceito de produção enxuta no Brasil. 'Enxergar o processamento de algo intangível, como a informação, é bem mais difícil.'

Em um treinamento para implementação do sistema Toyota numa fábrica, os líderes não têm muito trabalho para mostrar aos funcionários os focos de desperdício. 'Basta mostrar os produtos defeituosos ou levá-los até o estoque para que eles contem os itens', diz Picchi. No escritório, o desperdício também existe, mas se apresenta de maneira menos óbvia aos olhos dos funcionários. Onde estão os estoques? Nas dezenas de relatórios produzidos por um departamento e parados há dias nos computadores à espera de uma análise que deve ser feita por outra área. Os defeitos? Nos dados incorrectos registrados nos contratos e no retrabalho de corrigi-los para que possam ser aprovados. Se na fábrica a parada repentina de uma máquina ou a falta de insumos pode causar desperdício, no escritório pode haver descontinuidade devido à perda de informações na passagem entre pessoas e departamentos.

A dificuldade não está apenas em aprender a enxergar desperdícios. Para colher os benefícios da aplicação do sistema Toyota, é preciso seguir à risca seus preceitos. Nem todos eles são vistos com naturalidade pelo pessoal do escritório. Um dos que causam mais estranhamento é a padronização. Os adeptos da mentalidade enxuta afirmam que é possível especificar a maneira e o tempo exato para realizar qualquer tarefa repetitiva. Assim, as atividades são sempre feitas da maneira mais segura e eficiente. 'Mas o funcionário do escritório tende a achar que o seu trabalho, ao contrário das tarefas de um colega da linha de produção, não está submetido a uma rotina', diz José Roberto Ferro, presidente do Lean Institute.

Os resultados colhidos por empresas que já começaram a transferir o modelo levam a crer que enfrentar os desafios vale a pena. Uma delas é a americana Alcoa, a maior produtora mundial de alumínio. Adepta há anos do sistema da Toyota, batizado internamente de *Alcoa Business System* (ABS) em suas fábricas, a empresa já economizou mais de 1 bilhão de dólares com redução de estoques, mudanças de *layout* e especificação minuciosa de tarefas. Agora, a Alcoa também começa a ter bons casos de processos administrativos aprimorados com o uso do ABS. A operação brasileira da empresa é considerada um dos exemplos mais adiantados de uso do modelo da Toyota em escritórios. 'Passamos a enxergar a informação como um produto', diz Carlos Feitosa, consultor do ABS na América Latina. 'A partir daí, adaptar os conceitos ficou fácil.' Menos avançada está a operação brasileira da alemã Bosch, fabricante de autopeças, equipamentos e ferramentas. Na Bosch, a produção enxuta foi introduzida nos escritórios há vários anos. Curiosamente, apenas seis meses após chegar ao chão de fábrica. 'Se não fizéssemos isso, nossa produção acabaria tropeçando em processos administrativos pouco eficientes', diz o diretor de finanças, controladoria e contabilidade da Bosch."

PARA REFLETIR

Em sua opinião, quais são as vantagens e os desafios de se tratar "informação como um produto"?

Essa reportagem, de Ana Luiza Herzog, publicada na revista *Exame* já há alguns anos, ilustra as ideias por trás do *Just in Time*, uma técnica de gestão fabril surgida no Japão dos anos 1940 e 1950, e mostra como ganhou ares de filosofia de gestão em anos mais recentes, inclusive passando a ter seus princípios fundamentais aplicados em operações não fabris e adotados largamente por empresas no mundo todo já há muito tempo. Este capítulo trata das técnicas e da filosofia *Just in Time* (mais recentemente expandida e conhecida como *lean*).

20.2 CONCEITOS

O *Just in Time* (JIT) surgiu no Japão, no período de pós-Segunda Guerra Mundial, sendo sua ideia básica e seu desenvolvimento creditados à Toyota Motor Company, que buscava um sistema de administração que pudesse coordenar, precisamente, a produção com a demanda específica de diferentes modelos e cores de veículos com o mínimo atraso. O sistema de "puxar" a produção a partir da demanda, produzindo em cada estágio somente os itens necessários, nas quantidades e no momento necessários, ficou conhecido no Ocidente como sistema *kanban*, que é o nome dado aos cartões utilizados para autorizar a produção e a movimentação de itens, ao longo do processo produtivo, como será visto mais adiante. Contudo, o JIT tornou-se mais do que uma técnica ou um conjunto de técnicas de administração da produção, sendo considerado como uma completa filosofia (que doravante chamaremos JIT/*lean*), que inclui aspectos de administração de materiais, gestão da qualidade, arranjo físico, projeto do produto, organização do trabalho e gestão de recursos humanos, entre outros.

Embora haja quem diga que o sucesso do sistema de administração JIT/*lean* esteja calcado nas características culturais do povo japonês, mais e mais gerentes têm-se convencido de que essa filosofia é composta de práticas gerenciais que podem ser aplicadas em qualquer parte do mundo. Algumas expressões são geralmente usadas para traduzir aspectos da filosofia *Just in Time/lean*:

- Produção sem estoques.
- Produção enxuta (*lean production*).
- Eliminação de desperdícios.
- Manufatura de fluxo contínuo.
- Esforço contínuo na resolução de problemas.

Vejamos com mais detalhe os porquês, os elementos dessa filosofia e os pressupostos para sua implementação. Ao longo das próximas páginas, você vai perceber que o JIT/*lean* influencia muitos aspectos da estratégia de operações de uma organização, com um conjunto de decisões operacionais, com desdobramentos em diferentes recursos e processos da área de operações. Você verá, por exemplo, uma lógica própria e distinta sobre como gerenciar estoques, recursos e processos. Por outro lado, você também observará uma lógica de produção diferente, que necessita de mudanças substanciais na organização da fábrica e no papel dos colaboradores. Sem exaurir outros tópicos enriquecedores que também serão abordados, esses dois conjuntos de decisões trazem um impacto relevante sobre como gerenciar falhas, desperdícios e melhoria, construindo assim uma ideia de qualidade interna da operação, que se reflete em produtos e serviços também de qualidade.

20.2.1 COMO SURGIU O *JUST IN TIME/LEAN*?

No Japão, após a derrota na Segunda Guerra Mundial, foram disparados enormes esforços pela indústria e pela sociedade no sentido da reconstrução e da retomada da atividade industrial, no que seriam as sementes do desenvolvimento do *Just in Time*. O *Just in Time* foi desenvolvido na Toyota Motor Co. por um gerente de produção chamado Taiichi Ohno. Não é surpresa que o sistema revolucionário japonês tenha nascido e florescido na indústria automobilística. Isso, de certa forma, foi deliberado pelo poderoso Miti (*Ministry for International Trade and Industry* – ou Ministério de Comércio Exterior e Indústria), que definiu muito claramente as políticas industriais do Japão no pós-guerra, e a indústria automobilística estava em seu centro.

O Miti proveu direcionamento estratégico, proteção alfandegária (carros importados eram taxados em até 40% na alfândega) e financiamento para as principais duas empresas automobilísticas japonesas da época: a Toyota e a Nissan. A ideia era criar um mercado interno forte e desenvolver capacitação de produção compatível com as necessidades de exportação de produtos japoneses.

A Toyota era uma empresa que tradicionalmente produzia teares para a indústria têxtil. Começou a produção de automóveis em 1934, sendo que em torno de 1940 interrompeu sua produção de veículos de passeio para apoiar o esforço nacional de guerra, produzindo apenas caminhões. Quando terminou a Segunda Grande Guerra, o líder da empresa à época, Kiichiro Toyoda, o presidente, falou: "Alcancemos os americanos em três anos (em termos de produtividade). Caso contrário, a indústria automobilística japonesa não sobreviverá." Isso significava multiplicar a produtividade japonesa por 8 ou 9, o que não é de fato tarefa fácil. Trabalho que estava sendo feito por 100 trabalhadores deveria então passar a ser feito por apenas 10! Ohno e seus colegas perguntaram-se: será mesmo que um americano é capaz de um esforço físico 10 vezes maior que um trabalhador japonês? Por certo, os japoneses estavam desperdiçando alguma coisa. Se fossem capazes de eliminar todo e qualquer desperdício, a produtividade se decuplicaria. E essa se tornou a pedra fundamental do Sistema Toyota de Produção, renomeado mais tarde como *Just in Time*.

JIT e *lean production*

Mais recentemente, nos anos 1990, um estudo feito por um consórcio internacional de instituições de pesquisa, liderado pelo Massachusetts Institute of Technology (MIT), chamado International Motor Vehicle Program (IMVP), que estudou detalhadamente as práticas e as técnicas de gestão na indústria automobilística, concluiu que, para os anos vindouros, os fabricantes de automóveis teriam que utilizar o modelo usado nas empresas líderes. Os pesquisadores batizaram esse "novo modelo" de *lean production* (traduzido no Brasil como "produção enxuta").

Esse novo modelo diferia pouco dos princípios do *Just in Time*. Fato é que, depois da publicação do livro *A máquina que mudou o mundo*, que popularizou as conclusões do estudo, muitas pessoas passaram a adotar essa denominação para se referir aos modelos baseados no JIT.

Reembalagem de um conjunto de técnicas para alavancar novos contratos de consultoria, novo nome mais "ocidental" para tentar descaracterizar o conjunto de técnicas como algo de origem japonesa; muitas têm sido as razões apontadas para a "nova denominação". O fato é que, de concreto, os princípios do JIT e da chamada *lean production* são bastante parecidos. Os proponentes da lógica de *lean production* mais recentemente têm desenvolvido algumas ferramentas adicionais, como o *Value Stream Mapping*, uma ferramenta para criar mais disciplina na aplicação dos princípios *lean*. O VSM será discutido adiante neste capítulo.

> **PARA REFLETIR**
>
> Apesar de os princípios do JIT e da *lean production* serem bastante parecidos, eles apresentam diferenças. Procure estabelecer as diferenças entre seus conceitos.

20.2.2 OBJETIVOS DO JIT/*LEAN*

O JIT/*lean* tem como objetivos operacionais fundamentais a *qualidade* e a *flexibilidade*, e, como consequência, efeito substancial também no *custo*. Faz isso colocando duas metas de gestão acima de qualquer outra: a melhoria contínua e o ataque incessante aos desperdícios. A atuação do sistema JIT/*lean* no atingimento desses dois objetivos dá-se de maneira integrada. Os objetivos de qualidade e flexibilidade, quando estabelecidos quanto ao processo produtivo, têm um efeito secundário sobre a eficiência, a velocidade e a confiabilidade do processo.

A perseguição desses objetivos dá-se, principalmente, por meio de um mecanismo de redução dos estoques, os quais tendem a "esconder" os problemas do processo produtivo.

Tradicionalmente, os estoques eram utilizados para evitar descontinuidades do processo produtivo (veja o Capítulo 17), em face de diversos problemas de produção que podem ser classificados principalmente em três grandes grupos:

- **Problemas de qualidade**: quando um estágio do processo de produção apresenta problemas de qualidade, o estoque, colocado entre este estágio e seguintes, permite que esses últimos possam trabalhar sem sofrer interrupções, conforme visto no Capítulo 17.
- **Problemas de quebra de máquina**: quando uma máquina quebra, os estágios posteriores do processo teriam que parar, caso não houvesse estoque para que o fluxo de produção continuasse. Nessa situação, como a descrita acima sobre qualidade, o estoque gera independência entre os estágios do processo produtivo.
- **Problemas de preparação de máquina**: quando uma máquina processa, é necessário prepará-la para cada mudança de item a ser processado. Essa preparação tem custos. Quanto maiores esses custos, maior o lote a ser produzido, para que eles sejam "diluídos" por uma quantidade razoável de peças, reduzindo o custo médio das unidades produzidas.

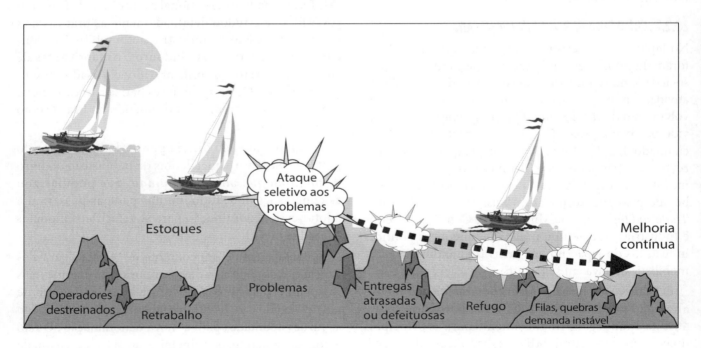

Figura 20.1 Lógica JIT/*lean*: reduzindo os estoques para expor os problemas do processo.

O estoque, portanto, funciona como um colchão necessário quando problemas como os citados estão presentes no processo produtivo. O objetivo da filosofia JIT/*lean* é *reduzir* os estoques, de modo que os problemas fiquem visíveis e possam ser eliminados por meio de esforços concentrados e priorizados.

Conforme ilustrado pela Figura 20.1, o estoque e o investimento que ele representa podem ser simbolizados pela água de um lago que encobre as pedras no fundo, estas representando os diversos problemas do processo produtivo. Desse modo, a produção (representada pelo veleiro) não se interrompe, mas às custas de altos investimentos em estoque. Reduzir os estoques assemelha-se a baixar o nível da água, tornando visíveis os problemas que, quando eliminados, permitem um fluxo mais suave da produção, com menos necessidade de estoques. Reduzindo-se os estoques gradativamente, estabelece-se um ataque priorizado aos problemas. À medida que esses vão sendo eliminados, reduzem-se mais e mais os estoques, buscando continuamente novos problemas escondidos.

Com essa prática, o JIT/*lean* visa fazer com que o sistema produtivo alcance melhores índices de qualidade, maior confiabilidade de seus equipamentos e maior flexibilidade, principalmente por meio da redução dos tempos de preparação de máquinas, permitindo a produção de lotes menores e mais próximos à demanda do mercado.

20.2.3 FILOSOFIA E PRESSUPOSTOS POR TRÁS DO JIT/*LEAN*: COMPARAÇÃO COM ABORDAGEM TRADICIONAL

O sistema JIT/*lean* apresenta diversas diferenças de abordagem em relação aos sistemas tradicionais de produção. Talvez a principal seja sua característica de "puxar" a produção ao longo do processo, respondendo à demanda. No sistema "puxado", o material somente é processado se ele for requerido pela operação subsequente, que, quando necessita, envia um sinal (que funciona como a "ordem de produção") à operação fornecedora para que esta a abasteça. Se um sinal não é enviado, nada é produzido.

Os sistemas tradicionais são sistemas que, diferentemente, "empurram" a produção, desde a compra de matérias-primas e componentes até os estoques de produtos acabados. Nesse caso, as operações são disparadas por três condições:

- Disponibilidade de material e componentes a processar.
- Disponibilidade dos recursos necessários.
- Existência de uma ordem de produção, gerada por algum sistema centralizado que, a partir de previsões de demanda, elaborou programas de produção baseados nas estruturas dos produtos.

Um representante típico dos sistemas empurrados é o MRP, descrito no Capítulo 18. Nesse tipo de sistema, as três condições citadas são necessárias e suficientes para uma atividade de produção ser disparada. Uma vez completada a operação, o lote é "empurrado" para a operação seguinte. Note que, no caso empurrado, se uma máquina quebrar, por exemplo, as operações anteriores continuarão a "empurrar" para ela material, causando acúmulo de estoques. No sistema "puxado" isso é impossível de ocorrer porque, se a máquina quebrou, ela para de enviar a seu fornecedor imediato os sinais solicitando material.

Outra característica importante do sistema JIT/*lean* é a de ser um sistema *ativo*, enquanto os sistemas tradicionais são sistemas *passivos*. Na abordagem tradicional, os sistemas de gestão da produção assumem uma série de características do processo produtivo, como, por exemplo, níveis de qualidade geralmente obtidos, entre outros. Conhecidas essas características, os sistemas tradicionais procuram sugerir a tomada de decisões para minimizar os custos envolvidos no processo.

Consequentemente, sugerem ordens de produção maiores, em função do índice esperado de peças defeituosas; sugerem a produção de lotes que diluem os custos fixos de preparação de máquina por uma quantidade maior de itens processados; e excesso de capacidade para dar conta das paradas de máquina por problemas de manutenção. O sistema JIT/*lean*, por outro lado, incentiva o ataque àquelas características do processo produtivo que não agregam valor à produção. Desse modo, os problemas do processo não são aceitos passivamente; ao contrário, a eliminação desses problemas constitui um pressuposto para a utilização do sistema JIT/*lean*. O objetivo de redução dos estoques, presente na filosofia JIT/*lean*, é atingido, principalmente, pela eliminação das causas geradoras da necessidade de se manterem estoques.

Figura 20.2 Diferença entre sistemas puxados (JIT/*lean*) e empurrados (por exemplo, MRP).

Para visualizar e fazer o *download* do arquivo de simulação com a comparação do comportamento de um processo utilizando os princípios de produção puxada e de produção empurrada, acesse os QR Codes:

uqr.to/16fpq

uqr.to/16fq1

Conforme discutido no Capítulo 17, pode-se dizer que os estoques são mantidos por duas causas principais. A primeira refere-se à dificuldade de coordenação entre a demanda de um item e o seu processo de obtenção. Essa dificuldade pode vir do grande número de itens diferentes a serem produzidos, da complexidade da estrutura dos produtos, da presença de custos de preparação de equipamentos, entre outros.

A segunda razão para a manutenção de estoques é dada pelas incertezas associadas à demanda e/ou ao processo de obtenção ou produção dos itens. As incertezas em relação à obtenção referem-se à qualidade dos itens produzidos, e referem-se, também, ao momento em que os itens estarão disponíveis (por atrasos ou não confiabilidade de qualidade de fornecedores, internos ou externos).

Enquanto sistemas do tipo MRPII procuram atacar o problema da coordenação entre demanda e obtenção dos itens, aceitando passivamente as incertezas, o sistema JIT/*lean* ataca prioritariamente essas incertezas e os problemas de coordenação. A seguir, são discutidos alguns elementos da filosofia JIT/*lean* que a diferenciam do enfoque tradicional.

O papel dos estoques

Na abordagem tradicional, os estoques são considerados úteis por proteger o sistema produtivo contra a parada do fluxo de produção. Os estoques promovem *independência* entre as fases produtivas, de modo que os problemas de uma fase não atinjam as subsequentes.

Na filosofia JIT/*lean*, os estoques são considerados nocivos, também por ocuparem espaço e representarem altos investimentos em capital, mas, principalmente, por esconderem os problemas da produção que, geralmente, resultam em baixas qualidade e produtividade. Ainda que a gerência procure manter a atenção na eliminação dos problemas do processo, a presença de estoques dificulta a identificação desses problemas. Quando há grande quantidade de estoque entre duas operações de produção, um problema gerado na operação anterior custa a ser identificado pela operação seguinte, fazendo com que seja produzida uma grande quantidade de peças defeituosas, tornando inúteis o material e a mão de obra gastos em sua produção.

Com a redução dos estoques proposta pela filosofia JIT/*lean*, o problema gerado na operação anterior é rapidamente identificado pelo operador da operação posterior, que, não podendo prosseguir em seu trabalho por falta de peças, é incentivado a auxiliar seu companheiro a resolver o problema. As empresas que empregam a filosofia JIT/*lean* reconhecem a necessidade de algum estoque em processo para que a produção possa fluir; contudo, argumentam que esse estoque é menor do que se imagina.

No JIT/*lean*, reduzem-se deliberadamente os estoques ou, ainda, transferem-se trabalhadores da linha de produção para outros serviços, de modo a identificar os gargalos e os problemas de qualidade do processo para que possam ser atacados e eliminados.

Tamanho de lote de produção e compra

Um dos principais pilares da filosofia JIT/*lean* é a redução dos lotes de produção e de compra. Tradicionalmente, os princípios da boa gestão de estoques mandam que se determine o tamanho dos lotes de compra e produção, balanceando o custo da manutenção de estoques e os custos de preparação de equipamento (veja o Capítulo 17).

Na abordagem tradicional, assume-se que esses custos podem ser determinados de forma relativamente fácil pelos gerentes. Contudo, essa teoria pressupõe a aceitação dos parâmetros utilizados na equação, estando aí a principal crítica da filosofia JIT/*lean*. Inicialmente, pode-se argumentar que os estoques podem apresentar custos bem maiores do que apenas do espaço ocupado e do investimento em capital, e estes não são considerados na fórmula do "lote econômico". Depois, é necessário que se tomem medidas para reduzir os tamanhos de lote, que são considerados desperdícios (já que se produz mais que o necessário).

No caso de compra de materiais, medidas podem ser tomadas visando reduzir a burocracia dos pedidos, e envolvendo uma mudança no relacionamento com os fornecedores. No caso da produção, a redução do custo de obtenção dá-se principalmente pela redução do tempo e custo necessários à preparação do equipamento, quando da troca do produto a ser produzido.

Erros

A abordagem tradicional encara os defeitos como inevitáveis, devendo ser considerados no planejamento para que a operação não seja surpreendida. A filosofia JIT/*lean* não considera os defeitos como inevitáveis, assumindo explicitamente a meta de eliminá-los totalmente. A situação pretendida de não ocorrência absoluta de defeitos pode ser considerada inatingível; contudo, o estabelecimento dessa meta é o que leva ao movimento de melhoria ou aprimoramento contínuo, que pode resultar em índices de defeitos extremamente baixos.

Aderir à meta de "zero defeito" implica assumir o espírito do aprimoramento contínuo em todos os aspectos da empresa, desde o projeto dos produtos até o desempenho do processo. O monitoramento da qualidade do produto e do processo exige que o desempenho nesses aspectos esteja visível a todos que podem contribuir para o aprimoramento. Gráficos de controle podem ser encontrados em toda parte nas fábricas que adotaram a filosofia JIT/*lean*. A própria organização da fábrica deve favorecer a visibilidade dos erros para sua fácil identificação.

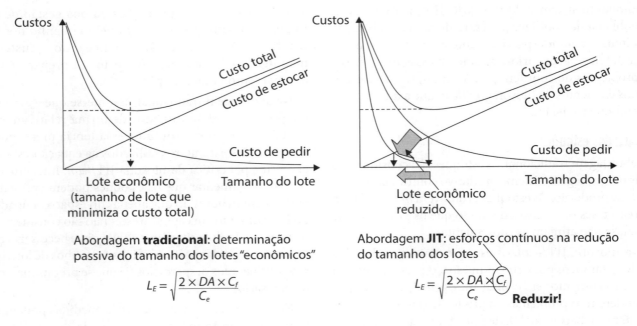

Figura 20.3 Filosofia JIT/*lean* aplicada a "lotes" em operações.

A filosofia JIT/*lean* coloca a ênfase da gerência no fluxo de produção, procurando fazer com que os produtos fluam suave e continuamente através das diversas fases do processo produtivo. Com esse objetivo, não há sentido em priorizar o alto índice de utilização dos equipamentos, quando estes são analisados individualmente. O princípio já citado de "puxar" a produção a partir da demanda garante que os equipamentos sejam utilizados apenas nos momentos necessários.

Nesse ponto, pode surgir a questão: o que ocorre se a demanda for muito variável no tempo? Ou ainda, o que ocorre se a variedade de produtos e componentes for muito grande? Produzir apenas segundo as necessidades não exigiria muita capacidade produtiva para garantir o atendimento aos picos de demanda, ao mesmo tempo que se teriam períodos de alta ociosidade, resultando em taxas de utilização muito baixas? A resposta é sim. Exatamente por esses motivos impõem-se alguns pressupostos para a implementação da filosofia JIT/*lean*: demanda razoavelmente estável ao longo do tempo e faixa de produtos restrita. Contudo, é bom que se diga que a ênfase no fluxo se traduz em taxas de utilização de equipamentos geralmente mais baixas do que aquelas que se obtêm com a abordagem tradicional, exigindo certa capacidade em excesso.

A estabilidade da demanda, quando esta não é a característica do mercado a ser atendido, pode ser conseguida às custas de estoques de produtos acabados. O problema da faixa de produtos será analisado com mais detalhe quando tratarmos do projeto para a manufatura JIT/*lean*.

O papel da mão de obra direta e indireta

A filosofia JIT/*lean* define um novo papel para a mão de obra direta da produção, a qual passa a ser responsável por atividades antes atribuídas a departamentos de apoio. Segundo a filosofia JIT/*lean*, se a empresa pretende fazer as coisas certas da primeira vez, são os operários que as devem fazer, ou seja, são os operários os responsáveis pela qualidade dos produtos produzidos.

A mão de obra indireta, gerentes e engenheiros, tem o papel de apoiar com conhecimento técnico mais sofisticado o trabalho do pessoal de linha de frente, ou seja, os operários, no processo de aprimoramento do produto e do processo. A identificação e a resolução dos problemas cabem aos operários, apoiados pelos especialistas. Nesse sentido, torna-se importante que os operários conheçam métodos de identificação e análise de problemas, controle estatístico do processo, entre outras técnicas, para que possam assumir as novas responsabilidades previstas pela filosofia JIT/*lean*. Obviamente, nem todos os problemas poderão ser resolvidos diretamente pelos operários, a presença dos especialistas continua fundamental, porém, com outro enfoque: os especialistas deverão apoiar os operários em sua tarefa e não traçar as diretrizes e os métodos de trabalho para que sejam seguidos sem questionamento.

Organização e limpeza da fábrica

Na filosofia JIT/*lean*, a organização e a limpeza são itens fundamentais para o sucesso de aspectos como a confiabilidade dos equipamentos, a redução de desperdícios, o controle da qualidade, a condição moral dos trabalhadores, entre outros. A complacência com equipamentos sujos não incentiva os trabalhadores a executarem adequadamente a manutenção preventiva, requisito fundamental para garantir a confiabilidade dos equipamentos e permitir a redução dos estoques.

Quando o piso da fábrica está limpo, qualquer coisa que caia no chão é imediatamente identificada e recolhida. Os desperdícios ficam facilmente visíveis, assim como tudo o que está fora do lugar.

A influência da organização da fábrica sobre a qualidade também é fundamental, pois torna os problemas visíveis. Recipientes padronizados para a movimentação de material permitem identificar rapidamente os problemas. Identificar os problemas rapidamente contribui para sua rápida resolução.

A limpeza induz, também, à disciplina dos trabalhadores em relação a todos os principais aspectos da filosofia JIT/*lean*. A preocupação da gerência com esses itens deixa claro aos trabalhadores que a empresa está realmente levando a sério a implementação de uma nova filosofia na fábrica.

20.2.4 USO DO JIT/*LEAN*: FIM PARA DESPERDÍCIOS E MELHORIA CONTÍNUA

Alguns autores definem a filosofia JIT/*lean* como um sistema de manufatura cujo objetivo é otimizar os processos e os procedimentos por meio da redução contínua de desperdícios.

Eliminar desperdícios significa analisar todas as atividades realizadas na fábrica e descontinuar as que não agregam valor à produção. Para que se possa compreender melhor de quais atividades estamos falando, utilizaremos a classificação de sete desperdícios proposta por Shigeo Shingo, uma reconhecida autoridade em JIT/*lean* e engenheiro da Toyota Motor Company, no Japão:

- **Desperdício de superprodução**: o JIT/*lean* considera um desperdício o hábito de produzir antecipadamente à demanda, para o caso de os produtos serem requisitados no futuro. A produção antecipada, isto é, maior do que a necessária no momento, provém, em geral, de problemas e restrições do processo produtivo, tais como: altos tempos de preparação de equipamentos, incerteza da ocorrência de problemas de qualidade e confiabilidade de equipamentos, falta de coordenação entre as necessidades (demanda) e a produção. A filosofia JIT/*lean* sugere que se produza somente o que é necessário no momento e, para isso, que se reduzam os tempos de *setup* (preparação do equipamento para mudança de atividade), que se sincronize a produção com a demanda.

- **Desperdício de espera**: esse desperdício refere-se ao material que espera para ser processado, formando filas que visam garantir altas taxas de utilização dos equipamentos. A filosofia JIT/*lean* coloca a ênfase no fluxo de materiais e não nas taxas de utilização dos equipamentos, os quais somente devem trabalhar se houver necessidade. A sincronização do fluxo de trabalho e o balanceamento das linhas de produção contribuem para a eliminação desse tipo de desperdício.

- **Desperdício de transporte**: a atividade de transporte e movimentação de material não agrega valor ao produto produzido e é necessária devido a restrições do processo e das instalações. As atividades de transporte e movimentação devem ser eliminadas ou reduzidas ao máximo, por meio da elaboração de um arranjo físico adequado, veja o Capítulo 17.

- **Desperdício de processamento**: no próprio processo produtivo pode estar havendo desperdícios que podem ser eliminados. Deve-se questionar, por exemplo, "por que determinado item ou componente deve ser feito", "qual a sua função no produto", "por que esta etapa do processo é necessária". É importante a aplicação das metodologias de engenharia e análise de valor, que consistem na simplificação ou redução do número de componentes ou operações necessários para produzir determinado produto.

- **Desperdício de movimento**: os desperdícios de movimento estão presentes nas mais variadas operações que se executam na fábrica. A filosofia JIT/*lean* adota as técnicas de estudo de métodos e do trabalho (veja o Capítulo 11), visando alcançar economia e consistência nos movimentos. A importância das técnicas de estudo de tempos e métodos é justificada, pois o JIT/*lean* é um enfoque essencialmente de baixa tecnologia.

- **Desperdício de produzir produtos defeituosos**: problemas de qualidade geram os maiores desperdícios do processo. Produzir produtos defeituosos significa desperdiçar materiais, mão de obra, equipamentos, movimentação de materiais defeituosos, armazenagem destes, inspeção de produtos, entre outras ações. O processo produtivo deve ser desenvolvido de maneira tal que previna a ocorrência de defeitos, para que se possam eliminar as inspeções. Os defeitos não devem ser aceitos e não devem ser gerados. É comum nas fábricas que adotaram a filosofia JIT/*lean* a utilização de "dispositivos à prova de falhas", os quais procuram evitar os erros comuns causados pelo homem. Os *poka yoke*, como são chamados em japonês, são encontrados nas mais diversas formas e nas várias etapas do processo produtivo (veja o Capítulo 6).

- **Desperdício de estoques**: os estoques, como foi comentado, além de ocultarem outros tipos de desperdício, significam desperdícios de investimento e espaço. A sua redução deve ser feita por meio da eliminação das causas geradoras da necessidade de se manterem estoques. Reduzindo todos os outros, reduzem-se, por consequência, os desperdícios de estoque.

Além do esforço de eliminação de desperdícios, a filosofia JIT/*lean* tem a característica de não aceitação da situação vigente ou mesmo de padrões de desempenho.

As metas colocadas pelo JIT/*lean* são nada menos do que:

- *Zero defeito.*
- *Tempo zero de preparação* (*setup*).
- *Estoques zero.*
- *Movimentação zero.*
- *Quebras zero.*
- *Lead time zero.*
- *Lote unitário* (uma peça).

Embora pareçam muito ambiciosas, senão inatingíveis aos olhos da abordagem tradicional, essas metas garantem o processo de esforço para melhoria contínua e não aceitação da situação atual, qualquer que seja.

20.2.5 FORNECIMENTO DE MATERIAIS JIT/*LEAN*

Os elementos mais importantes do fornecimento de materiais no sistema JIT/*lean* são extensões lógicas da produção JIT/*lean* e, em grande medida, são pré-requisitos necessários para uma implementação de sucesso. Esses elementos são:

- Lotes de fornecimento reduzidos: nesse caso, muitas vezes é necessário obter-se consolidação logística para conseguir entregas em pequenos lotes – veja o Capítulo 3.
- Recebimentos frequentes e confiáveis.
- *Lead times* de fornecimento reduzidos.
- Altos níveis de qualidade.

A esses elementos deve-se acrescentar um relacionamento cooperativo com os fornecedores, em vez de um relacionamento entre adversários, além da ênfase na redução do número de fornecedores, objetivando uma única fonte de fornecimento para cada material comprado. Na prática, a condição de fornecedor único é impraticável, podendo ser bastante arriscada; contudo, é um objetivo a ser perseguido.

> **VOCÊ SABIA?**
> **Os processos por tarefa, em lotes, em linha e em fluxo contínuo são os chamados processos clássicos.**
> Há mais de 30 anos, a filosofia JIT/*lean* prega a gestão de toda a rede de suprimentos, do fornecedor de matéria-prima ao consumidor final, enfatizando a cooperação e a crescente integração dos atores da rede.

Redução da base de fornecedores

Há duas razões principais para a redução do número de fornecedores:

- Demonstração do estabelecimento de compromissos de longo prazo.
- Limitar esforços no desenvolvimento de fornecedores.

Especificamente, o objetivo do JIT/*lean* é tentar alcançar a condição de fornecedor único na maioria dos casos.

O coração do fornecimento de materiais no sistema JIT/*lean* é o estabelecimento de compromissos de longo prazo junto aos fornecedores. Os contratos de longo prazo com um único fornecedor oferecem em retorno altos níveis de qualidade e entregas confiáveis.

Alguns fornecedores podem não ser capazes de atingir os níveis de qualidade desejados ou, ainda, de garantir entregas confiáveis. Nesses casos, o auxílio da empresa cliente na forma de especialistas em qualidade ou administração da produção pode ser de grande valia. Esse processo é conhecido por desenvolvimento de fornecedores.

Informações comerciais compartilhadas

A eficiência da produção é influenciada pelo processo de seu planejamento, o qual depende da confiabilidade da previsão de demanda realizada. Não há melhor maneira de se prever a demanda do que conhecer o programa de produção dos clientes. Por isso, é importante dar conhecimento aos fornecedores dos programas de produção da empresa. Isso permite que os fornecedores possam planejar-se com a antecedência necessária, principalmente em relação à capacidade requerida.

Informações de projeto compartilhadas

O relacionamento cooperativo de longo prazo também permite que os fornecedores sejam trazidos ao processo de desenvolvimento de produtos ou componentes, nos primeiros estágios de projeto. Com isso, a utilização das técnicas de engenharia e análise de valor, associada ao conhecimento que os fornecedores têm de seus processos produtivos, tendem a gerar produtos que podem ser produzidos economicamente.

Redução dos custos de aquisição

Como os fornecedores não mudam com frequência, há redução imediata nos custos de negociação de pedidos. A confiabilidade nas entregas praticamente elimina a necessidade de acompanhamento (*follow-up*) dos pedidos dos fornecedores. A garantia da qualidade pode eliminar, também, os custos de inspeção e contagem do material recebido. Custos de movimentação de materiais podem ser reduzidos, da mesma forma, se o material já for entregue no local de uso.

Localização dos fornecedores

Com certeza, a distância que separa os fornecedores dos clientes pode ser um obstáculo para o fornecimento de materiais segundo a filosofia JIT/*lean*. Grandes distâncias exigem lotes de transporte mais volumosos para não tornar elevados os custos de frete. Assim, da mesma forma que o JIT/*lean* trata das distâncias internas transformando o *layout* em celular, a localização dos fornecedores deve ser um aspecto a ser considerado em sua escolha.

VOCÊ SABIA?
No Brasil, apesar de suas dimensões continentais, a concentração no parque industrial no Sudeste, principalmente no estado de São Paulo, faz com que, na maioria dos casos, as distâncias entre fornecedores e clientes não sejam muito maiores do que são no Japão.

O estudo racional da logística de fornecimento pode trazer grandes economias de transporte, possibilitando entregas frequentes de pequenos lotes. Nesse sentido, pode ser interessante que o controle do transporte fique sob a responsabilidade da empresa cliente, a qual deverá coordenar as entregas de diferentes fornecedores para que, eventualmente, vários componentes, provenientes de diferentes empresas, possam ser agregados em determinado ponto geográfico, de modo a utilizar um mesmo meio de transporte até a empresa cliente.

20.2.6 PLANEJAMENTO, PROGRAMAÇÃO E CONTROLE DA PRODUÇÃO PARA JIT/*LEAN*

Como foi visto, os objetivos fundamentais do JIT/*lean* são reduzir custos, obter alta qualidade e dar flexibilidade ao processo para que possa adaptar-se às variações da demanda. Essa flexibilidade é conseguida, principalmente, por meio da redução dos *lead times*, já que os estoques são retirados do sistema produtivo, esperando-se obter um fluxo suave e contínuo de materiais na fábrica. Foi comentado, também, que a necessidade dessa flexibilidade está limitada principalmente no que se refere a mudanças no *mix* de produtos, já que no sistema JIT/*lean* toma-se o cuidado de:

- Restringir relativamente a variedade de produtos feitos, trabalhando-se com uma faixa de produtos limitada, produzidos em grande quantidade.

- Utilizar técnicas de projeto adequadas à manufatura e à montagem, de modo que o mercado perceba certa variedade de produtos, enquanto a fábrica perceba a produção de uma gama restrita de componentes.

A transformação de todo o fluxo de produção em uma linha de fluxo contínuo que inclua não só a montagem final dos produtos, mas também a fabricação de componentes e submontagens, não admite grandes variações de curto prazo no volume de produção. Contudo, para ajudar a produção a responder efetivamente às variações possíveis de curto prazo da demanda, o sistema JIT/*lean* procura adequar a demanda esperada às possibilidades do sistema produtivo, além de organizar esse sistema de modo que variações relativamente pequenas de demanda a curto prazo possam ser acomodadas sem muito problema para o sistema de produção. A técnica utilizada para esse fim é conhecida como *amaciamento da produção*.

Por meio dessa técnica, as linhas de produção podem produzir vários produtos diferentes a cada dia, de modo a responder adequadamente à demanda do mercado. É fundamental, para essa técnica, a redução dos tempos envolvidos no processo, principalmente os tempos de preparação e os tempos de fila. A técnica de amaciamento da produção envolve duas fases, a da programação mensal e a da programação diária da produção. A primeira fase adapta a produção mensal às variações da demanda ao longo do ano, enquanto a segunda adapta a produção diária às variações da demanda ao longo do mês.

A programação mensal é efetuada a partir do processo de planejamento mensal da produção, que resulta em um programa mestre da produção, expresso em termos da quantidade de produtos finais a serem produzidos a cada mês. Esse programa fornece, também, os níveis médios de produção diária de cada etapa do processo.

Com um horizonte de três meses, o *mix* de produção e as quantidades são sugeridos com dois meses de antecedência e o plano detalhado é fixado ou "congelado" com um mês de antecedência ao mês corrente. Os programas diários serão, então, definidos a partir desse programa mestre de produção.

Estabelecido o programa mestre de produção e balanceada a linha de montagem final para atingi-lo, é necessário "puxar" a produção dos componentes.

Puxando o fluxo de materiais: o sistema *kanban*

Kanban é o termo japonês que significa *cartão*. Esse cartão age como disparador da produção de centros produtivos em estágios anteriores do processo produtivo, coordenando a produção de todos os itens de acordo com a demanda de produtos finais. O sistema de cartões *kanban* mais difundido é o sistema de dois cartões, utilizado inicialmente na fábrica da Toyota no Japão. Esse sistema consiste na utilização de dois cartões *kanban*, um deles denominado *kanban de produção* e o outro *kanban de transporte*.

O *kanban* de produção dispara a produção de um lote (geralmente, pequeno e próximo à unidade) de peças de determinado tipo, em um centro de produção da fábrica. Esse cartão contém, em geral, as seguintes informações: número e descrição da peça, tamanho do lote a ser produzido e colocado em contêiner padronizado, centro de produção responsável e local de armazenagem. A Figura 20.4 mostra um exemplo de *kanban* de produção. Nenhuma operação de produção é executada, exceto na linha de montagem, sem que haja um *kanban* de produção autorizando.

Figura 20.4 *Kanban* de produção.

O *kanban* de transporte autoriza a movimentação do material pela fábrica, do centro de produção que determinado componente fábrica para o centro de produção que o consome. Esse cartão contém, em geral, as seguintes informações: número e descrição da peça, tamanho do lote de movimentação (igual ao lote do *kanban* de produção), centro de produção de origem e centro de produção de destino. A Figura 20.5 mostra um exemplo de *kanban* de transporte. Nenhuma atividade de movimentação é executada sem que haja um *kanban* de transporte autorizando.

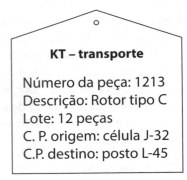

Figura 20.5 *Kanban* de transporte.

Para ilustrarmos o processo de puxar a demanda empregando o sistema *kanban*, utilizaremos um exemplo de uma planta que produz bombas hidráulicas, em particular os processos de produção dos rotores das bombas e sua montagem na linha. Em determinado posto da linha de montagem de bombas, o operador monta os rotores nas carcaças das bombas. Nesse local, o operador armazena determinada quantidade de rotores dos três tipos de bombas, para que possa utilizá-los, na medida do necessário. Vejamos a sequência dos passos do sistema *kanban*, analisando as Figuras 20.6, 20.7 e 20.8.

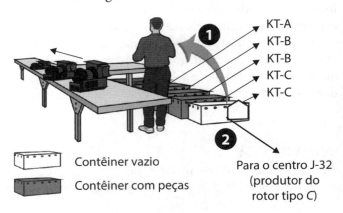

Figura 20.6 *Kanban* na linha de montagem.

- O operador retira o último rotor de um contêiner padronizado que se encontra em seu posto de montagem.
- O contêiner tem preso a ele um *kanban* de transporte que permite sua movimentação até o centro produtivo que finaliza a fabricação dos rotores. Funcionários responsáveis pela movimentação de materiais levam o contêiner vazio e o *kanban* de transporte ao centro produtivo marcado no cartão.
- Na Figura 20.7, funcionários responsáveis pela movimentação de materiais dirigem-se ao centro de produção de finalização dos rotores (J-32), deixam

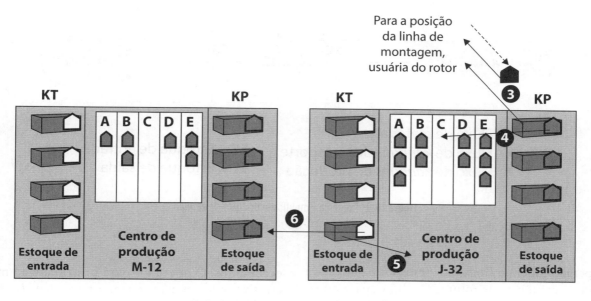

Figura 20.7 Caminho do *kanban* na fabricação.

o contêiner vazio e levam um completo de rotores para a linha de montagem. O *kanban* de transporte que acompanhava o contêiner vazio é, então, transferido para o contêiner cheio levado à linha de montagem.

- O *kanban* de produção que estava preso ao contêiner cheio de rotores é transferido para o painel de produção do centro J-32, para que um novo lote de rotores seja finalizado.
- Para produzir um lote de rotores que irá repor o estoque consumido, o operador do centro J-32 utiliza um contêiner de rotores semiacabados.
- O operador libera o *kanban* de transporte que estava preso ao contêiner de rotores semiacabados, para que o pessoal de movimentação possa transferir mais um lote de rotores semiacabados do centro M-12 para o centro J-32.
- Na Figura 20.8, funcionários responsáveis pela movimentação de materiais dirigem-se ao centro de produção de fabricação dos rotores (M-12), deixam o contêiner vazio e levam um completo de rotores para o centro J-32. O *kanban* de transporte acompanha toda a movimentação.
- O *kanban* de produção que estava preso ao contêiner cheio de rotores semiacabados é transferido para o painel de produção do centro M-12, para que um novo lote de rotores seja fabricado.
- Para produzir um lote de rotores que irá repor o estoque consumido, o operador do centro M-12 utiliza um contêiner de rotores fundidos.

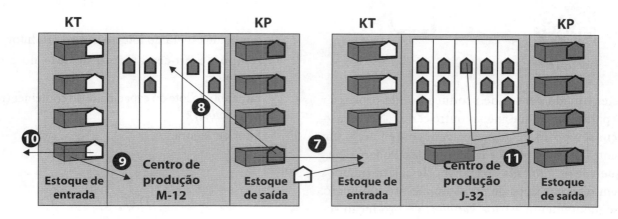

Figura 20.8 Caminho do *kanban* na fabricação.

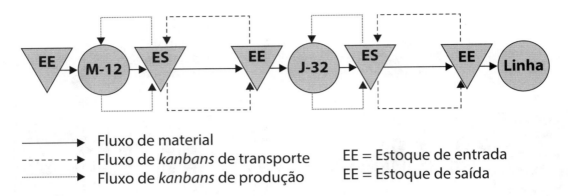

→ Fluxo de material
----→ Fluxo de *kanbans* de transporte
······→ Fluxo de *kanbans* de produção

EE = Estoque de entrada
EE = Estoque de saída

Figura 20.9 Esquema simplificado do fluxo de *kanban*.

- O operador libera o *kanban* de transporte que estava preso ao contêiner de rotores fundidos, para que o pessoal de movimentação possa transferir mais um lote de rotores fundidos do centro fornecedor para o centro M-12.
- O operador do centro J-32 termina o processamento no lote de rotores, prende o *kanban* de produção ao contêiner e deposita o conjunto no local de armazenagem.

Desse modo, o sistema *kanban* coordena a produção dos diversos centros de trabalho, em qualquer estágio do processo. O *kanban* de transporte circula entre os postos de armazenagem de dois centros de produção contíguos. O *kanban* de produção circula entre um centro de produção e seu posto de armazenagem respectivo. O esquema simplificado de fluxo é ilustrado na Figura 20.9.

Para ver na prática um exemplo de simulação do sistema *kanban*, acesse o QR Code e assista ao vídeo:

uqr.to/16fpr

Determinado centro de produção pode processar peças para mais do que apenas outro centro. Nesse caso, terá em seu posto de armazenagem contêineres com diferentes tipos de peças e componentes. Poderá ocorrer que vários *kanbans* de transporte sejam trazidos e levem diversos tipos de peças no mesmo momento. Consequentemente, vários *kanbans* de produção serão colocados no painel de produção do centro, indicando que vários lotes de diferentes peças deverão ser executados. O operador dará prioridade ao material que tiver relativamente o maior número de *kanbans* no painel, pois isso indica que existe menos estoque entre seu centro de produção e o seguinte.

O número de cartões *kanban* entre dois centros de produção determina o estoque de material entre esses dois centros, pois a cada um corresponde um contêiner padronizado de peças. Em geral, o número de cartões *kanban* de transporte é igual ao número de cartões *kanban* de produção, distribuindo o estoque entre os postos de armazenagem dos dois centros. Uma redução gradual do estoque pode ser conseguida retirando-se cartões *kanban* e *contêineres* do sistema. Sem *kanban* de produção, o centro de trabalho não é acionado; sem *kanban* de transporte, o material não é movimentado.

O dimensionamento de cartões *kanban* entre dois centros de produção, considerando a soma entre o *kanban* de produção e o de transporte, é feito da seguinte maneira:

Sejam:

X = número total de *kanbans*;
D = demanda do centro consumidor por unidade de tempo;
T_e = tempo de espera do lote no centro produtor;
T_p = tempo de processamento do lote no centro produtor;
C = tamanho do lote ou capacidade do contêiner (peças por *kanban*);
F = fator de segurança.

então:

$$X = \frac{D(T_e + T_p)(1 + F)}{C}$$

O número mínimo de cartões *kanban* pode ser obtido fazendo $F = 0$. Mas esse número somente será alcançado quando todas as incertezas do processo forem eliminadas, eliminando-se, também, a necessidade de estoques de segurança. De forma inversa, a retirada deliberada de cartões do sistema deixa o processo mais vulnerável aos problemas que se tornam visíveis, permitindo ser atacados.

Just in Time Distribution (JITD)

> **PARA REFLETIR**
> Imagine quais resistências uma empresa esperaria encontrar ao se lançar no projeto de implantar JIT/*lean* internamente.
> E se implantasse o JITD envolvendo seus parceiros na rede de suprimentos? Quais seriam as possíveis resistências?

20.2.7 PROJETO DO SISTEMA DE PRODUÇÃO PARA JIT/*LEAN*

Projeto para manufatura JIT/*lean*

Tradicionalmente, a maioria das empresas deseja aceitar todos os pedidos de clientes, ou ao menos oferecer uma larga faixa de opções de produtos para que os clientes possam escolher. Contudo, essa prática gera confusão na missão da manufatura (perda de foco), aumenta a probabilidade de ocorrência de erros e eleva os custos. Nas empresas que adotam o JIT/*lean*, o mercado-alvo é geralmente limitado e as opções de produtos são igualmente limitadas.

Como o JIT/*lean* dá ênfase no fluxo de materiais, incentivando a velocidade de passagem dos materiais pela fábrica, o ideal é que os produtos sejam relativamente padronizados e produzidos em grande quantidade. Nessas condições, os princípios da filosofia JIT/*lean* são mais aplicáveis e geram melhores resultados. Contudo, numa era de constantes mudanças nas demandas do mercado, como a que estamos vivendo, é importante que as empresas ofereçam ao mercado uma diversidade de produtos, dentro de determinada faixa. Conforme discutido no Capítulo 2, a competitividade envolve, entre outros aspectos, projetar produtos que antecipem as necessidades do mercado e incluam uma variedade suficiente para atender às expectativas dos diferentes consumidores, ao mesmo tempo que sejam produzidos a um preço que o mercado esteja disposto a pagar. Isso pode ser conseguido de diversas formas, e uma delas é aumentar a variedade de produtos oferecidos sem simultaneamente aumentar a variedade do processo, a qual vem sempre acompanhada de complexidade e elevação de custos. Entende-se por processo mais variado aquele com o qual se podem fabricar produtos mais diversificados. O enfoque dado pela filosofia JIT/*lean*, por meio de técnicas como projeto adequado à manufatura e projeto adequado à montagem, equipamentos flexíveis, mão de obra flexível, além de uma grande ênfase na redução do tempo de preparação de máquinas, é reduzir a variedade e complexidade do processo, mantendo alta variedade de produtos oferecidos ao mercado, como representada na Figura 20.10.

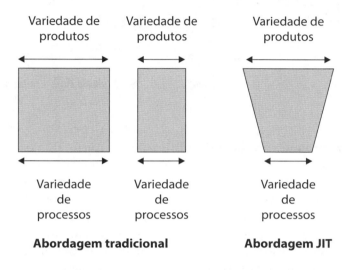

Figura 20.10 Relação entre variedade de produto e processo, segundo as abordagens clássica e JIT/*lean*.

A abordagem dada pelo JIT/*lean* consiste principalmente no projeto inteligente de produto (veja o Capítulo 10), associado a considerações sobre o processo durante o estágio de projeto do produto.

Algumas das técnicas associadas ao projeto adequado à manufatura e à montagem, adotadas pela filosofia JIT/*lean*, são comentadas a seguir.

- **Projeto modular**: um dos resultados de um bom projeto é, frequentemente, a redução do número de componentes necessários à produção de determinado produto e, consequentemente, a redução do *lead time* de produção. Da mesma forma, os produtos podem ser projetados segundo um enfoque modular, de tal modo que vários componentes e submontagens sejam comuns dentro da faixa de variedade de determinado produto, conforme ilustra a Figura 20.11. É possível, também, ampliar a variedade de produtos oferecidos ao mercado, por meio da combinação múltipla de um número restrito de componentes e submontagens alternativos. Uma fábrica de motocicletas, num exemplo simplificado, pode, com três modelos de quadro, quatro modelos de motores e três modelos de tanque, oferecer ao mercado até 36 modelos de motocicletas diferentes, ao mesmo tempo em que cada etapa do processo de fabricação está trabalhando com uma pequena variedade de componentes.

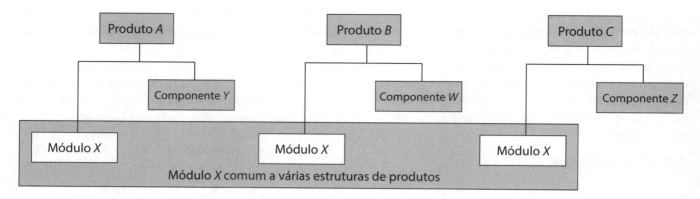

Figura 20.11 Utilização de módulos comuns.

- **Projeto visando à simplificação**: o projeto visando à simplificação procura projetar produtos que sejam relativamente simples de fabricar e montar. Os projetos de novos produtos devem, na medida do possível, incluir itens "de prateleira", padronizados, ou componentes que possam ser fabricados com um mínimo de testes de ferramentas e moldes no início de produção. As características dos produtos, como tolerâncias e acabamento superficial, entre outras, devem ser determinadas, considerando as consequências, no processo produtivo e nos custos de produção, da sofisticação desnecessária. Essa abordagem pode resultar em grandes simplificações nos processos de manufatura e montagem.

- **Projeto adequado à automação**: o projeto adequado à automação consiste em conceitos gerais, ideias que irão, no caso de componentes montados, por exemplo, ajudar a simplificar os processos de alimentação, posicionamento e montagem das peças. Nesse contexto, sugere-se que a montagem seja feita trabalhando-se em um número mínimo de faces do produto, preferencialmente com movimentos de cima para baixo, evitando montagens laterais ou de baixo para cima. Desse modo, os processos de montagem podem mais facilmente ser automatizados, eventualmente com o uso de robôs.

Layout para JIT/lean

Os objetivos de redução de estoques, redução dos lotes de fabricação, envolvimento da mão de obra, fluxo contínuo de produção e aprimoramento contínuo, presentes na filosofia JIT/*lean*, impõem algumas mudanças na forma de arranjar os recursos produtivos no espaço disponível da fábrica.

O *layout* tradicional para empresas que produzem certa variedade de produtos era o *layout* por processo ou funcional (veja o Capítulo 13). Nesse tipo de arranjo físico, a movimentação de material é intensa e os recursos são agrupados por função, isto é, agrupam-se máquinas semelhantes. As grandes distâncias a movimentar e o fato de que os equipamentos processam vários produtos diferentes, requerendo tempo para sua preparação, impõem a produção em lotes, gerando filas, maior estoque em processo e maior *lead time* de produção.

O arranjo físico geralmente utilizado nas empresas que adotam o sistema JIT/*lean* é o *celular*. O *layout* celular é uma tentativa de linearização do *layout* funcional ou por processo (para maiores detalhes, veja o Capítulo 13). O *layout* linear é o arranjo mais eficiente, pois reduz ao mínimo a movimentação de materiais, assim como as filas e tempos gastos com preparação. O estoque em processo é bastante reduzido, limitando-se, no caso ideal, ao material que está sendo processado em determinado momento.

O *layout* linear, também denominado *layout* por produto, é mais aplicável a processos que se destinam a produzir grandes quantidades de poucos produtos mais padronizados. O arranjo físico celular procura trazer as vantagens do *layout* linear, sem restringir demais a variedade possível de produtos.

As células de manufatura serão formadas pelos equipamentos necessários para processar completamente os componentes de determinada família de peças, dispostos segundo o roteiro de fabricação característico dela.

A redução na movimentação de material é grande no *layout* celular. Consequentemente, a necessidade de espaço devido à movimentação também é reduzida.

Em geral, a forma das células em JIT/*lean* é em "U". O *layout* celular apresenta algumas vantagens, compatíveis com as necessidades JIT/*lean*:

- Menos estoque de produtos em processo.
- Menores custos de movimentação de materiais.

- Menores *lead times* de produção.
- Planejamento da produção mais simplificado.
- Melhor controle visual das operações.
- Menos trocas de ferramentas (menores tempos de preparação).

A célula de manufatura permite, também, obter as vantagens provenientes da aplicação do conceito de foco, discutido no Capítulo 2, ou seja, maior conhecimento do trabalho por parte dos operadores da célula com consequente redução dos custos operacionais e melhoria da qualidade. É fundamental que os funcionários sejam flexíveis e multi-habilitados para operar várias máquinas próximas e substituir operadores ausentes.

Gerência da linha para JIT/*lean*

As linhas de produção não são exclusivas do sistema JIT/*lean*, tendo sido aplicadas em um número muito grande de empresas neste século. Contudo, o sistema JIT/*lean* traz algumas diferenças na aplicação das linhas de produção, assim como na forma de gerenciá-las.

Balanceamento da linha

A gerência de uma linha de produção geralmente tem ênfase no balanceamento da linha, ou seja, na alocação das diversas tarefas necessárias para a execução completa da montagem ou fabricação, aos postos de trabalho que compõem a linha, de modo a garantir que todos os postos tenham cargas de trabalho equivalentes. Quando a linha está desbalanceada, determinada estação de trabalho tem um tempo de ciclo maior do que o das outras, fazendo com que esse seja o tempo de ciclo da linha. As estações que levam menos tempo para executar suas tarefas permanecem ociosas, pois somente recebem outro produto para processar a intervalos iguais ao tempo de ciclo da linha em sua totalidade.

Flexibilidade e mão de obra flexível

A ênfase prioritária do sistema JIT/*lean* para as linhas de produção é a flexibilidade, ou seja, espera-se que as linhas de produção sejam balanceadas muitas vezes, para que a produção esteja ajustada às variações da demanda. Para conseguir essa flexibilidade, a gerência da linha no sistema JIT/*lean* apresenta algumas características especiais.

Um dos requisitos importantes para a flexibilidade da linha de produção é a utilização de mão de obra flexível. Utilizando trabalhadores flexíveis, a linha de produção pode ser rebalanceada com mais facilidade, pois os trabalhadores podem ser deslocados para os pontos de maior carga de trabalho, sem que seja necessário um período de aprendizagem para que a linha esteja trabalhando de forma produtiva novamente. Para isso, as fábricas que trabalham sob o regime JIT/*lean* incentivam seus trabalhadores, por meio da remuneração, a conhecer e dominar várias funções.

Autonomia

Outra característica importante é a autonomia dada aos encarregados pela linha para modificar o balanceamento, assim que percebam a ocorrência de gargalos, devido a mudanças nas características da demanda. Obviamente, isso requer habilidade dos encarregados para que possam rebalancear a linha rapidamente, eliminando os gargalos.

O princípio de não aceitação dos erros e, de forma geral, da situação vigente, assim como o princípio de aprimoramento contínuo, estão incorporados na gerência das linhas no sistema JIT/*lean*. Não existe a prática tradicional de afastar os produtos defeituosos da linha, evitando seus atrasos, para que sejam reprocessados numa linha especial. Os funcionários, sendo flexíveis e participantes, são deslocados para onde os problemas estão ocorrendo, até que sejam sanados, para que a linha possa acelerar-se novamente, quando a qualidade for satisfatória. Por outro lado, quando não estão ocorrendo problemas, de qualidade ou de balanceamento (gargalos), a primeira atitude dos encarregados é desconfiar que haja trabalhadores em excesso na linha. Assim, a providência é retirar alguns trabalhadores, forçando a ocorrência de gargalos para que possam ser prontamente resolvidos, restabelecendo-se o balanceamento, agora com menos funcionários. Dessa forma, impõe-se um processo de melhoria contínua, seja em termos de qualidade ou de produtividade, característica da filosofia JIT/*lean*.

Outras características da administração das linhas de produção no sistema JIT/*lean* são:

- Ênfase na manutenção preventiva dos equipamentos, procurando minimizar a ocorrência de paradas não previstas, reduzindo a necessidade de estoques entre os postos de trabalho, tão usuais nas linhas tradicionais.
- Utilização de equipamentos menores, mais flexíveis, em geral desenvolvidos pela equipe de engenharia da fábrica, de manutenção simples, podendo-se agregar novas unidades para ajustar a capacidade à demanda.

O esforço na redução dos tempos de preparação de equipamentos e a busca da flexibilidade da produção, por meio da aplicação de todos os conceitos mencionados, refletem-se na ênfase que o sistema JIT/*lean* dá à produção de modelos mesclados na montagem final dos produtos. Isso significa, em vez de se definir, em nível de plano mestre de produção, quantidades de, por exemplo, 200 bombas do tipo *A*, 300 do tipo *B* e 400 do tipo *C*, com intuito de redução de custos totais de preparação, por trabalhar com lotes maiores, programar a produção de ciclos repetitivos de duas bombas do tipo A, três do tipo B e quatro do tipo C, de forma que a produção aproxime-se ao máximo do perfil de consumo dos produtos e, com isso, mantenham-se níveis mais suaves de flutuação das taxas de produção de todos os produtos, numa lógica o mais repetitiva possível.

Qualidade total e JIT/*lean*

A qualidade é um benefício gerado pelo sistema JIT/*lean* e um pressuposto para sua implementação. Assim, constitui-se num dos elementos mais importantes da filosofia, ao lado da busca por flexibilidade. O conjunto de conceitos que traduzem a visão do JIT/*lean* sobre a gestão da qualidade tem sido denominado *controle da qualidade total*. Foi desenvolvido no Japão, a partir dos trabalhos de Joseph M. Juran, W. Edwards Deming e A. V. Feigenbaum (veja o Capítulo 6).

O principal conceito do controle da qualidade total é a atribuição da responsabilidade pela qualidade à produção. De forma mais ampla, isso quer dizer controle de qualidade na fonte, ou seja, garantir que os produtos sejam produzidos com qualidade e não apenas inspecioná-los após sua produção. Com a atribuição da responsabilidade pela qualidade à produção, passam a caber ao departamento de controle de qualidade as seguintes funções:

- Treinar os funcionários da produção em como controlar a qualidade.
- Conduzir auditorias de qualidade aleatórias nos diversos setores da produção e nos fornecedores.
- Dar consultoria aos funcionários da produção no tocante aos problemas de qualidade que estão enfrentando.
- Supervisionar os testes finais de produtos acabados.
- Auxiliar a difusão e a implementação dos conceitos de controle de qualidade pela empresa toda. Esta última tarefa está relacionada com uma inovação japonesa bastante difundida atualmente no mundo todo, denominada *círculos de controle da qualidade*.

A seguir, são listados alguns dos aspectos importantes do controle da qualidade total que são complementares ao JIT/*lean*:

- **Controle do processo**: controle de todas as fases do processo durante a produção.
- **Visibilidade da qualidade**: estabelecimento de padrões de qualidade mensuráveis e exposição da situação da produção em relação a esses padrões, por meio de quadros e cartazes por toda a fábrica.
- **Disciplina da qualidade**: enquadramento das atitudes de todos em relação às metas de qualidade, não permitindo relaxamento dos esforços de aprimoramento contínuo ou valorização de objetivos que se oponham às metas de qualidade. É necessário o total comprometimento da alta direção.
- **Paralisação das linhas**: prioridade total para a qualidade, ficando em segundo lugar a quantidade produzida. As linhas devem reduzir sua velocidade, ou mesmo parar, caso a qualidade não esteja satisfatória, para que os problemas sejam resolvidos.
- **Correção dos próprios erros**: os problemas de qualidade e os erros cometidos devem ser sanados por quem os gerou.
- **Inspeção 100%**: deve haver esforço para inspecionar todas as peças produzidas, principalmente utilizando os próprios operários responsáveis por sua produção.
- **Lotes pequenos**: os lotes pequenos constituem um dos pontos fundamentais da produção JIT/*lean* e também do controle da qualidade total. A fabricação em lotes pequenos permite que as peças cheguem rapidamente ao posto de trabalho posterior, no qual eventuais problemas de qualidade serão prontamente identificados. Lotes pequenos não geram grandes estoques, que tendem a esconder os problemas de qualidade.
- **Organização e limpeza da fábrica**: a importância deste aspecto foi evidenciada anteriormente, assim como sua importância para a obtenção da qualidade na fonte.
- **Excesso de capacidade**: manter certo excesso de capacidade contribui para viabilizar o princípio de paralisação da linha de produção ou redução de sua velocidade, caso estejam ocorrendo problemas, referentes ou não à qualidade.
- **Verificação diária dos equipamentos**: atividades como lubrificação, ajustes, regulagens, afiação de ferramentas, entre outras, devem ser executadas diariamente, ao início do turno.

Ilustra-se a inter-relação do controle da qualidade total e outros elementos do JIT/*lean* formando um ciclo positivo de aprimoramento contínuo da seguinte forma: o JIT/*lean*, com sua política de redução incessante dos estoques para pôr às claras os problemas, localiza-os de forma seletiva. Localizado o problema, os conceitos denominados qualidade total encarregam-se de ir buscar as causas mais essenciais dos problemas de qualidade e atacá-las, de forma a resolver o problema. Resolvido o problema, o fluxo produtivo é restaurado, criando-se, segundo a filosofia JIT/*lean*, oportunidade de maior redução de estoques, de forma a se perpetuar o esforço de melhoramento contínuo. A Figura 20.12 ilustra esse ciclo interminável.

Figura 20.12 Relações positivas entre o JIT/*lean* e a qualidade total.

Redução de tempos envolvidos no processo

A redução dos tempos envolvidos no processo de produção JIT/*lean* tem um efeito muito importante: a flexibilidade.

A importância da meta de reduzir a zero o *lead time* de produção não pode ser subestimada, principalmente considerando a pressão exercida pelo mercado junto às empresas de manufatura, no sentido de responder rapidamente a pedidos de uma grande variedade de produtos.

Para a redução do *lead time* de produção, os produtos, o sistema de manufatura e o processo de produção devem ser projetados de forma a facilitar o rápido fluxo das ordens de produção.

A ideia de reduzir os *lead times* é reforçada pela constatação de que apenas em uma pequena parcela do *lead time* total estão sendo realizadas atividades que agregam valor aos produtos. Para que se analisem estratégias de redução dos *lead* times, é conveniente que se entenda sua composição. Em geral, o *lead time* de produção, tempo que decorre desde o momento que uma ordem de produção é colocada até que o material esteja disponível para uso, é composto pelos seguintes elementos:

- Tempo de tramitação da ordem de produção.
- Tempo de espera em fila.
- Tempo de preparação da máquina.
- Tempo de processamento.
- Tempo de movimentação.

A Figura 20.13 ilustra a composição do *lead time* de produção, mostrando o tamanho relativo aproximado dos diferentes elementos, principalmente quando se trata de um processo do tipo *batch* ou *job shop*. Analisemos o tratamento que o sistema JIT/*lean* dá a esses elementos, na tentativa de reduzi-los ao máximo.

Tempo de tramitação da ordem de produção: o tempo de tramitação burocrática da ordem de produção geralmente não é muito relevante, mas pode chegar a um ou dois dias, dependendo da empresa. Esse tempo tende a ser maior quando o sistema que emite as ordens de produção é centralizado, como no caso do sistema MRP II. No JIT/*lean*, o sistema de liberação de ordens está no nível da fábrica, sendo extremamente ágil, podendo utilizar cartões (*kanban*) ou outro meio de fácil comunicação. Dessa forma, esse tempo é praticamente reduzido a zero.

Tempo de espera em fila: esta parcela do *lead time* responde, geralmente, por mais de 80% do tempo total, em processos *batch* ou *job shop* que utilizam a

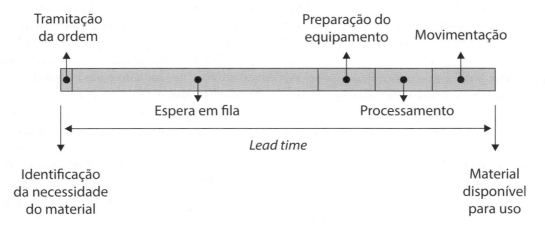

Figura 20.13 Composição do *lead time*.

abordagem tradicional de administração da produção. Consequentemente, esse é o elemento do *lead time* mais importante de ser atacado pela filosofia JIT/*lean*. O tempo que uma ordem de produção deve esperar em fila é resultante da soma dos tempos de preparação de máquina e processamento de cada uma das ordens que serão executadas anteriormente a esta. Consequentemente, uma forma de reduzir o tempo de fila é reduzir os lotes de produção de todas as ordens na fábrica, assim como reduzir os tempos de preparação de máquina.

Tempo de preparação do equipamento: a redução dos tempos de preparação de máquina pode ser obtida com a ajuda das seguintes prescrições práticas:

- Enfoque a redução do tempo de preparação com as mesmas técnicas de engenharia industrial e métodos de melhoria que são geralmente aplicados ao projeto do trabalho. Isso significa documentar como o *setup* é feito atualmente (o uso de vídeo é bastante comum) e procurar eliminar etapas e reduzir o tempo das etapas remanescentes.
- Separe o *setup* interno do externo. O primeiro refere-se à parcela do tempo de preparação que requer que a máquina esteja parada para que seja realizado.
- Converta, na medida do possível, o *setup* interno em externo. Essa talvez seja a providência prática mais importante na tentativa de reduzir o tempo de preparação a um período de apenas um dígito em minutos (SMED – *Single Minute Exchange of Die*). Para isso, deve-se ter todo o material necessário pronto e próximo à máquina antes que o processo de preparação inicie-se.
- Prepare o próximo processo de *setup* cuidadosamente e bem antes do momento em que será necessário.
- Modifique o equipamento para permitir uma preparação fácil e pequena necessidade de ajustes. Isso significa projetar conexões do tipo macho-fêmea com engate rápido, com múltiplos pinos ou grampos especiais, usar código de cores para identificação de peças e posições, entre outras medidas. Os ajustes representam a maior parcela do tempo de preparação e devem ser eliminados ao máximo.
- Possibilite a uma pessoa executar a maior parte do *setup*. Isso significa projetar dispositivos especiais para armazenagem de ferramentas e dispositivos de fixação na mesma altura do ponto em que serão utilizados na máquina, além de usar mesas com roletes para partes pesadas, permitindo um mínimo de esforço.
- Saiba para que a máquina deverá ser preparada. Não dê à máquina mais usos do que o necessário. Isso significa programar para uma máquina produtos e componentes que utilizem a mesma preparação ou exijam preparação simples na troca de um produto para outro.
- Pratique o processo de preparação da máquina. A prática é tão importante para a redução do tempo de *setup* quanto o é para a redução do tempo de execução das tarefas de operação.

Tempo de processamento: segundo a filosofia JIT/*lean*, o tempo de processamento é o único que vale a sua duração, pois agrega valor ao produto. Consequentemente, o enfoque é utilizar o tempo necessário para que se produza com qualidade e sem erros.

Tempo de movimentação: o tempo de movimentação é naturalmente reduzido pela utilização do *layout* celular, descrito anteriormente, reduzindo-se as distâncias a serem transportadas.

Acesse o QR Code e assista ao vídeo da simulação de um processo de troca de piso da quadra de uma arena multiúso, utilizada para partidas de hóquei e de basquete:

uqr.to/16fpx

Análise de processos para JIT/*lean*: Value Stream Mapping (VSM ou mapeamento do fluxo de valor)

O modelo de *Value Stream Mapping* (VSM) é uma variação do mapeamento de processos que enfatiza a aplicação de princípios de JIT/operações enxutas (*lean*). O VSM em geral inclui muito mais informações a respeito do processo que o mapeamento mais simples (ilustrado no Capítulo 11), como o tempo de cada processo, tempos e distâncias percorridas nos transportes, custos agregados e detalhes de características do desempenho do processo, fluxos físicos e de informação. Quais informações considerar na análise vai depender dos objetivos da análise ou sua ênfase. Por exemplo, se o objetivo que motivou o disparo do processo de análise é o de reduzir estoques, informações sobre as quantidades de estoques médios encontrados em cada uma das etapas do processo terão relevância especial (Corrêa, 2010).

Em geral, o uso do VSM é mais frequente na análise de processos mais agregados e não na análise de processos detalhados, por exemplo o de torneamento de uma peça, para o que se usam ferramentas como o *diagrama de processo* descrito no Capítulo 11.

Mapear os processos oferece a possibilidade de aumentar a visibilidade do que de fato ocorre nas operações, criando oportunidades de eliminação de desperdícios e de questionar práticas. Isso é importante no projeto e aperfeiçoamento de redes de suprimento. Há, inclusive, vários *softwares* disponíveis no mercado para facilitar a aplicação de VSM, como o Microsoft Visio, que é bastante fácil de usar.

O VSM baseia-se no uso de uma simbologia padronizada que facilita as análises de processo para melhoria e eliminação de desperdícios. A Figura 20.14 traz os principais símbolos utilizados pelo método de VSM. Você notará que muitos dos símbolos são derivados de conceitos JIT/*lean*, como, por exemplo, *Kanban*, Retirada (puxando produção) e outros.

- **Processo produtivo**: um processo, uma operação, máquina ou departamento, por meio do qual o material passa e é processado. Em geral, a unidade representada é um departamento, já que o interesse é analisar o fluxo mais macro do processo.
- **Fornecedor/cliente**: representa uma empresa externa, parceira na rede de suprimentos. Pode ser um cliente (para quem o fluxo se direciona) ou um fornecedor (de quem o fluxo parte).
- **Caixa de dados**: em geral, aparece abaixo dos símbolos que representam áreas de interesse para melhoria e traz várias informações importantes para análise, como, por exemplo, o tempo de ciclo, o tempo de preparação (*setup*), tamanhos de lote de transferência e produção, percentual de defeituosos, percentual de tempo disponível para produção, entre outras.
- **Armazém (externo)**: simboliza pontos de armazenagem fora da unidade produtiva analisada, podendo pertencer à empresa ou a terceiros parceiros da rede de suprimento.
- *Cross dock*: pontos na rede de suprimentos em que operações de *cross docking* ocorrem. Um exemplo pode ilustrar. Um supermercado que tem centenas de fornecedores pode estabelecer uma operação de *cross docking* para receber as cargas que chegam de cada um deles em grandes caminhões, diariamente, descarregá-las e imediatamente montar cargas mistas, com materiais dos vários fornecedores, em vans menores que se destinam a entregas nas suas lojas. Dessa forma, o material não espera em estoque para ir às lojas, flui quase diretamente dos fornecedores às lojas, ao mesmo tempo evitando que cada uma das centenas de fornecedores tenha que fazer entregas individuais a cada uma das lojas (veja o Capítulo 10 para uma discussão mais detalhada sobre o conceito).

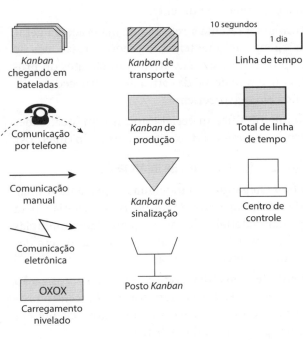

Fonte: Corrêa, 2010.

Figura 20.14 Simbologia padrão para *Value Stream Mapping*. Símbolos do VSM para fluxos de materiais

- **Despacho rodoviário**: simboliza quantidades de material despachadas via terrestre, com transporte rodoviário.
- **Despacho aéreo**: simboliza quantidades de material despachadas via aérea.
- **Despacho ferroviário**: simboliza quantidades de material despachadas via terrestre, com transporte ferroviário.
- **Fluxo com sequência FIFO**: fluxo que atravessa determinada atividade com sequência *Fist In First Out* (primeiro a chegar é o primeiro a ser processado ou despachado).
- **Supermercado de componentes**: indica uma posição interna de armazenagem de componentes, em geral próxima ao ponto de uso.
- **Despacho externo**: indica fluxo de materiais despachado ou de fornecedores para a empresa ou da empresa a fornecedores ou ainda de um parceiro a outro da rede de suprimentos.
- *Milk run*: simboliza entrega ou coleta programada, sistemática. O nome é uma referência aos trajetos, sempre iguais e realizados na mesma hora, que os leiteiros tradicionais faziam quando o leite era entregue diariamente na porta de casa (o Capítulo 10 traz uma descrição e discussão do uso deste conceito).
- **Transporte urgente**: representa transporte feito de forma expeditada ou urgente.
- **Retirada**: representa a retirada de material, em geral, pelo "cliente", frequentemente usado em sistemas do tipo "puxado", quando as atividades clientes do processo puxam material das atividades fornecedoras na medida em que precisem.
- **Estoque**: significa material estocado em localidades internas à empresa (almoxarifados, armazéns internos).

Símbolos do VSM para fluxos de informação

- *Kanban* **chegando em bateladas**: representa o sinal, usado em sistemas puxados de fluxos de materiais, para requisitar material a chegar em quantidades múltiplas de um *kanban*. O sistema *kanban* foi descrito em detalhe anteriormente neste capítulo.
- *Kanban* **de transporte**: representa uma autorização para que o material seja transportado do centro produtivo fornecedor para o centro produtivo cliente, em sistemas puxados de fluxo de materiais.
- *Kanban* **de produção**: representa uma autorização para que o material seja produzido. Num sistema de fluxo puxado de materiais, o material só pode ser processado caso haja uma autorização dada por um *kanban* de transporte que se originou num centro cliente.
- *Kanban* **de sinalização**: usado em operações mais simples quando apenas um tipo de *kanban* autoriza produção e transporte.
- **Posto** *kanban*: local onde as autorizações (*kanbans*) estão visíveis para orientar produção/transporte de materiais.
- **Comunicação por telefone**: simboliza um fluxo de informação realizado por telefone.
- **Comunicação manual**: comunicação não eletrônica – pode ser pessoal, por papel ou outro meio.
- **Comunicação eletrônica**: comunicação feita por alguma modalidade de EDI (*Electronic Data Interchange* ou troca eletrônica de dados).
- **Carregamento nivelado**: simboliza que neste ponto o carregamento dos recursos a seguir é feito de forma a mesclar produtos numa proporção compatível com o seu consumo, evitando assim as bateladas.
- **Linha de tempo**: usada para representar os tempos dispendidos no processo. Num nível mais baixo em geral aparecem os tempos de processamento (agregação de valor) e, num nível mais alto, os *lead times* ou tempos totais para o atravessamento do material na atividade.
- **Total da linha de tempo**: quadro que totaliza os tempos de agregação de valor e os tempos totais (*lead times*) do processo analisado.
- **Centro de controle**: representa um centro de planejamento e controle de produção.

Representação de processo com VSM

Uma representação de processo produtivo usando *Value Stream Mapping* é mostrada na Figura 20.15. Nela, uma empresa (Peças S/A) recebe matéria-prima de um fornecedor (Aços Brasil), produz peças de aço e entrega-as para um fornecedor de segunda camada da indústria automobilística chamado Freios São Paulo.

O processo produtivo consiste em cinco etapas sequenciais: Estampagem, Furação, Solda, Rebarbação e Montagem. As características básicas de cada uma dessas operações aparecem nas caixas de dados abaixo do símbolo correspondente a cada uma. O processo é gerenciado por um sistema tipo MRP (veja o Capítulo 18), que gera programas semanais de produção para a fábrica – portanto, com fluxo empurrado. O cliente envia diariamente pedidos para a Peças S/A de forma eletrônica e também eletronicamente envia previsões de vendas para os próximos 30, 60 e 90 dias.

A Peças S/A comunica-se eletronicamente com seu fornecedor de matérias-primas quanto às suas previsões para as próximas seis semanas e confirma os pedidos semanais por fax. O VSM captura e mapeia os fluxos físicos e de informação.

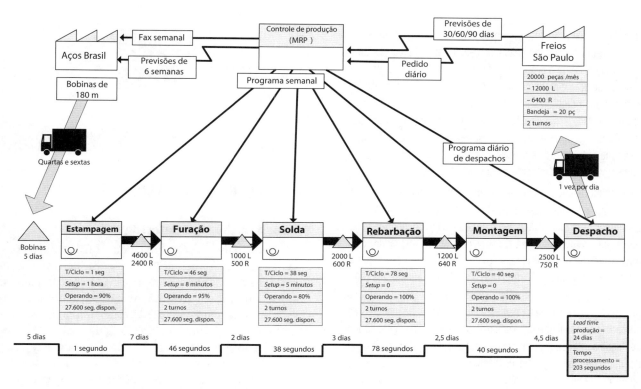

Figura 20.15 Representação de *Value Stream Mapping* para um processo da Peças S/A.

Observe a linha de tempo, abaixo das caixas de dados das etapas do processo, as estimativas de tempo de processamento (num nível ligeiramente mais baixo) – o tempo em que efetivamente o material está sofrendo a operação – e de *lead time*, que é o tempo total para a operação ser realizada (incluindo movimentação do material até o centro produtivo, tempo de espera em fila, tempo de preparação da máquina etc.).

A caixa de total da linha do tempo dá uma ideia da comparação do tempo total de atravessamento do processo com o tempo efetivo de agregação de valor ao produto (no caso do exemplo, o tempo total de atravessamento de uma peça é de 24 dias, dos quais ela está sofrendo operações de agregação de valor em apenas 203 segundos). A diferença é tempo gasto realizando atividades, que, ao menos teoricamente, poderia ser eliminado, por não agregarem valor ao produto.

O mapeamento de processo usando VSM deveria ser o primeiro passo para a implantação de JIT/*lean*. A partir da representação do "estado atual" identificado, e aplicando, sempre que possível, os princípios JIT/*lean* discutidos anteriormente neste capítulo, gera-se uma versão melhorada do processo que representa o "estado futuro" desejado. A partir da representação do "estado futuro" e de uma análise das diferenças entre o estado atual e o estado futuro, a gestão da operação define, então, uma lista de ações concretas de melhoria para eliminar as diferenças identificadas. Em outras palavras, a gestão gera uma lista de ações priorizadas para levar a operação do "estado atual" para o "estado futuro".

> **PARA REFLETIR**
>
> Imagine quais seriam as principais dificuldades que uma empresa enfrentaria ao decidir implantar os conceitos do JIT/produção enxuta em suas fábricas e em seus escritórios.
>
> Agora, reflita sobre quão aplicáveis seriam os conceitos do JIT/produção enxuta para uma operação com baixo grau de estocabilidade, alto grau de simultaneidade produção-consumo, alto grau de intensidade e extensão da interação e baixo grau de objetivação possível na avaliação do desempenho (Capítulo 4).

INDÚSTRIA 4.0: *JUST IN TIME* (JIT) E OPERAÇÕES ENXUTAS (*LEAN*)

Uma vez que os sistemas de produção tradicionais evoluíram para sistemas de produção digitalizados devido à implementação de tecnologias I4.0, surge a interrogante se o JIT/*lean* poderá evoluir e acompanhar os novos ecossistemas digitais, integrados e altamente adaptáveis. Ambos os paradigmas industriais oferecem uma base central para projetar as operações de manufatura, no entanto, ao contrário do JIT/*lean* cuja filosofia está concentrada em pessoas, processos e cultura de melhoria contínua, a I4.0 conta com moderna tecnologia para a resolução de problemas que as indústrias atualmente enfrentam.

Embora, com base no anterior, possa parecer que os princípios JIT/*lean* contrariam à I4.0, a implementação destas tecnologias requer de pessoas durante o processo de planejamento, projeção, programação, operação e manutenção de maquinaria e equipamentos que possibilitam a digitalização e automação dos processos. Assim, a compatibilidade e sinergia entre as soluções JIT/*lean* e as tecnologias I4.0 é evidente, oferecendo às empresas a oportunidade de alcançar níveis mais elevados de eficiência e eficácia em suas cadeias de suprimentos e sistemas integrais de produção.

Por exemplo, a automação (*Jidoka*), como um dos pilares do JIT/*lean*, fornece por meio de sistemas ciberfísicos, inteligência às máquinas, permitindo otimizar o rastreamento de dados a fim de conduzir análises de causa raiz das possíveis falhas ou problemas e efetuando ações corretivas de forma automática. No contexto da Manutenção Produtiva Total (TPM), a Realidade Virtual (RA) e Realidade Aumentada (RA), estas tecnologias fazem uso de dispositivos HMD (*head-mounted display*) em processos de treinamento de operadores em manutenção autônoma. De igual forma, tecnologias como *Big Data* e Aprendizado de Máquina estão sendo considerados nos cálculos de da Eficácia Geral de Equipamentos (OEE), a fim de medir o aproveitamento integral das operações de manufatura por meio do monitoramento e avaliação de equipamentos em linhas de produção, localizando falhas com antecedência, reduzindo danos e evitando custos desnecessários de manutenção.

Métodos *Lean* como o Nivelamento da Produção (*Heijunka*) atualmente são suportados de igual forma pela análise de dados *Big Data* e Computação em nuvem, por meio de previsões de demanda mais precisas que resultam em planos de produção mais estáveis, focados na redução da desigualdade em variedade ou volume de itens, eliminando a produção em lotes, diminuindo desperdícios e processando os pedidos de acordo com a demanda dos clientes.

A Internet das Coisas (IoT) e Identificação por Radiofrequência (RFID) estão transformando o tradicional Mapeamento do Fluxo de Valor (VSM) em e-VSM, considerado uma das ferramentas JIT/*lean* indispensáveis para analisar e melhorar a eficiência nos ciclos de vida de produtos e serviços. Assim, é possível a construção de um mapa integral nos diversos estádios do processo produtivo, alimentado pela coleta de dados em tempo real. Além dessas tecnologias, os cartões de sinalização Kanbans, por outro lado, se complementam com uso da simulação, a fim de compreender e determinar os parâmetros quanto ao uso de materiais, nível de estoques, tamanho e localização de lotes, frequência de entregas e alterações na programação.

O vídeo a seguir mostra como a fusão entre JIT/*lean* e a I4.0 consegue integrar os diversos recursos das linhas de produção, estabelecendo uma conexão contínua e em tempo real para o desenvolvimento dos processos de análise por meio das ferramentas Kaizen, Kanban, 5S, Six Sigma, TPM, VSM, OEE, Toyota System, Hejunka, Jidoka, SMED, etc.

uqr.to/12ziy
Acesso em: 12 fev. 2022.

20.3 ESTUDO DE CASO

Lunch in the Box Catering

A "Lunch in the Box Catering Ltda." (LIB) é uma empresa brasileira de alimentação que fornece desde refeições rápidas em caixinhas (do tipo servido em companhias aéreas ou ônibus) até alimentação para festas e convenções. É hoje uma empresa respeitada no mercado e foi fundada em 1986 por um casal de advogados, Ana Maria e José Carlos Castanheda. Os proprietários e até hoje gestores da empresa dividem a demanda dos clientes em "*delivery* apenas" (as refeições são entregues aos clientes, mas não são servidas pelo pessoal da LIB) e "*delivery* e serviço" (refeições entregues e servidas pelo pessoal da LIB).

O lado "*delivery* apenas" consiste em caixinhas que podem conter sanduíches, saladas simples, frutas e barras de cereais, por exemplo. O cardápio para esse tipo de demanda é restrito a seis tipos básicos de sanduíches, três tipos de saladas ou batatas fritas tipo *chips* e poucos tipos de sobremesas simples. Pode ser solicitada uma bebida em caixinha longa vida para acompanhar a refeição. O nível geral de demanda desse tipo de produto é mais ou menos constante ao longo do ano, embora o *mix* solicitado possa variar. O *lead time* (tempo de entrega demandado pelo cliente) para esse lado do negócio é bem curto. Os clientes, em geral, solicitam seus pedidos não mais do que um dia antes da entrega. A LIB exige que os pedidos cheguem até às 10 horas da manhã para que a entrega seja feita no mesmo dia.

O lado "*delivery* e serviço" focaliza-se em atender a festas e convenções. O cardápio é bastante amplo e inclui uma completa seleção de entradas, salgadinhos, pratos principais, sobremesas e bebidas e permite pedidos especiais. A demanda para esse tipo de produto é muito mais sazonal, com a demanda mais pesada ocorrendo nos meses de abril, maio, novembro e dezembro. Entretanto, o horizonte de planejamento para esse "lado" do negócio da LIB é bem mais longo. Clientes reservam seus pedidos com semanas e até meses de antecedência.

As instalações da LIB atendem aos dois lados do negócio e são organizadas como um *job shop* (veja o

Capítulo 10). Há cinco grandes áreas de trabalho: uma de fogões e forno para produtos "quentes", uma fria para preparação de saladas, uma para preparação de "entradas" e salgados, uma de preparação de sanduíches e uma de montagem das caixinhas e embalagens em geral. Três câmaras frias (grandes armários frigorificados) armazenam alimentos perecíveis e uma grande despensa armazena alimentos que não requerem refrigeração. O espaço e a perecibilidade dos alimentos limitam a possibilidade de armazenar grandes volumes (tanto de matérias-primas como de alimentos preparados) por longos períodos. A LIB compra as sobremesas de fornecedores externos. Alguns entregam na própria LIB e outros, menores e mais especializados, exigem que a LIB colete as sobremesas.

A programação dos pedidos ocorre em dois estágios. Nas segundas-feiras, são programados os pedidos de "*delivery* e serviço" a serem entregues em cada um dos dias da semana. Tipicamente, são vários pedidos desse tipo a serem programados e entregues em cada dia. Esse nível de volume de pedidos permite que se tenha algum nível de ganho de escala (componentes de vários pedidos processados juntos). Os pedidos de "*delivery* apenas" são programados dia a dia devido ao pouco tempo de antecedência com que chegam. Às vezes, itens para "*delivery* apenas" faltam devido às incertezas da demanda combinadas com o limitado espaço para armazenagem.

A LIB tem dez funcionários operacionais fixos, além dos administrativos: dois cozinheiros e oito preparadores, que também trabalham eventualmente servindo no "*delivery* e serviço". Em períodos de mais alta demanda, são contratados funcionários temporários, e também pessoal para servir (incluindo garçons) é contratado por tarefa. A tarefa do cozinheiro é especializada e requer treinamento e experiência. A tarefa de preparação nem tanto, permitindo que se realoquem funcionários de forma flexível entre diferentes atividades e áreas de trabalho.

O mercado de *catering* sempre foi bem competitivo e ficou mais ainda a partir dos anos 1990. As prioridades competitivas para o específico mercado da LIB são: qualidade da comida em si, confiabilidade, flexibilidade nas entregas e preço – nesta ordem. "Quem não prepara comida boa está fora do mercado", diz José Carlos. Qualidade da comida é medida pelo frescor e sabor. Confiabilidade de entrega, segundo José Carlos, "inclui não só atender pontualmente como entregar rapidamente". Flexibilidade inclui variedade do *menu* e capacidade para atender a pedidos especiais (na parte de "*delivery* e serviço").

Recentemente, a LIB passou a sentir mais pressão competitiva: clientes mais exigentes (por variedade e rapidez) e a entrada de empresas de *catering*

especializadas, temáticas (refeições árabes, japonesas etc.) ou de nichos específicos (por exemplo, focalizando as empresas de ônibus que oferecem lanches, percebe-se que, para esse mercado, *preço* é a prioridade competitiva principal).

Os Castanheda tiveram contato com conceitos de *Just in Time* num curso de especialização em gestão industrial que fizeram e ficaram impressionados com o potencial do *Just in Time* de aumentar a flexibilidade, reduzir os *lead times* (tempos de entrega) e baixar custos. O que o professor mencionou soou como música para eles, pois lhes parecia exatamente do que a LIB precisava.

Questões para discussão

1. As operações da Lunch in the Box prestam-se à aplicação dos princípios JIT/*lean*?
2. Se não, por quê? Se sim, quais as principais barreiras à implantação que os Castanheda podem esperar?
3. Imagine que os Castanheda contrataram você para orientá-los nesta tarefa de trazer ao máximo só princípios e técnicas do JIT/*lean* ao ambiente da LIB. Que tipo de recomendações você faria?

Fonte: baseado em Krajewski e Ritzman, 1996.

20.4 RESUMO

- O JIT surgiu dentro da Toyota, no Japão, no período imediatamente posterior à Segunda Guerra mundial; daí às vezes ser referido como TPS (*Toyota Production System*).

- O JIT, mais recentemente, foi expandido, passando a ser mais conhecido como "produção enxuta" ou *lean production*; a grande maioria dos conceitos do JIT e da lógica *lean* é comum.

- O JIT/*lean* prega fluxos de produção "puxados" a partir da demanda, produzindo em cada estágio produtivo somente os itens necessários, nas quantidades e nos momentos necessários, em oposição aos sistemas tradicionais, como o MRP, que produz itens em antecipação à demanda.

- O JIT/*lean* tem como objetivos globais fundamentais a melhoria contínua e o ataque aos desperdícios e como objetivos operacionais fundamentais a qualidade e a flexibilidade, e tem, como consequência imediata, influência positiva também na eficiência e redução de custos.

- O JIT/*lean* focaliza-se na identificação e eliminação de sete tipos principais de desperdício:
  — Desperdício de superprodução.
  — Desperdício de espera.

- Desperdício de transporte.
- Desperdício de processamento.
- Desperdício de movimento.
- Desperdício de defeitos.
- Desperdício de estoques.

■ No JIT/*lean*, estoques são considerados perniciosos ao desempenho pela sua característica de "esconder" problemas no processo. Pela gradual e deliberada redução de estoques, o JIT/*lean* usa as possíveis interrupções de fluxo para evidenciar problemas que são, então, resolvidos por técnicas da qualidade total.

■ O JIT/*lean* tem como pedra fundamental a redução de tamanhos de lote de produção (aumentando a flexibilidade do processo) com os consequentes efeitos positivos sobre tempos, custos e qualidade.

■ O JIT/*lean* impõe um novo papel para a mão de obra direta de produção, que passa a ser responsável por atividades antes alocadas a atividades de apoio: manutenção básica, controle de qualidade, melhoramento de métodos, entre outros; a supervisão torna-se facilitadora e removedora de barreiras para que a mão de obra direta possa cumprir bem seu novo papel.

■ *Kanban* é o termo japonês que significa "cartão". O *kanban* é o sistema usado para programar e controlar o fluxo produtivo "puxado", necessário ao sistema JIT/*lean*. Um *kanban* de produção age como uma "autorização" para a produção de um pequeno lote de um item num centro de produção; um *kanban* de transporte age como uma "autorização" para o transporte de um pequeno lote de itens entre centros produtivos.

■ O JIT/*lean* propõe que o aumento na variedade de produtos não deveria necessariamente resultar num aumento da variedade de processos. Isso é conseguido por intermédio de padronização, modularização e simplificação em projetos de produto.

■ Os *layouts* preferidos pelo JIT/*lean* são a linha e a célula em "U", com estações de trabalho necessárias a processar itens ficando próximas umas das outras.

■ O JIT/*lean* usa o VSM como ferramenta de mapeamento de processos e definição de potencial melhoramento. O VSM deveria ser o ponto de partida operacional quando uma empresa resolve abraçar a filosofia JIT/*lean*, logo depois de sensibilizar e treinar seus colaboradores.

20.5 EXERCÍCIOS

1. Quais são os principais objetivos da filosofia JIT/*lean*?
2. Comente a afirmativa: "O sistema JIT/*lean* é mais do que um conjunto de técnicas, é uma filosofia de trabalho."
3. Explique como a redução dos estoques pode ajudar a encontrar problemas no processo produtivo. Quais são os tipos de problemas geralmente escondidos pelos estoques?
4. Quais são os principais aspectos que diferenciam a filosofia JIT/*lean* da abordagem tradicional de administração da produção?
5. Quais são os principais tipos de desperdícios encontrados na produção? Como a filosofia JIT/*lean* propõe eliminá-los?
6. Faça uma correlação entre as características do sistema JIT/*lean* para a fábrica e as características do fornecimento de materiais JIT/*lean*.
7. Qual a principal preocupação do planejamento da produção ao elaborar o programa mestre de produção, no sistema JIT/*lean*?
8. Explique o funcionamento do sistema *kanban* de dois cartões.
9. Como o sistema JIT/*lean* contribui para os objetivos estratégicos da empresa?
10. O que é *Just in Time Distribution* e quais relações ele tem com o JIT/*lean* tradicional, interno a uma unidade produtiva?
11. Imagine que uma empresa pretenda começar a utilizar *kanban* para a produção de três peças: A, B e C. Calcule o número de *kanbans* necessários para as peças A, B e C, dadas as seguintes informações:

	A	B	C
Demanda	150 por dia	120 por semana	200 por dia
Lead time	1 semana	1 semana	2 semanas
Tamanho do lote	25 unidades	2 unidades	50 unidades
Estoque de segurança	10%	20%	0

12. Caixas de câmbio são entregues para a linha de produção em contêineres com cinco unidades. O *lead time* para a entrega das transmissões é de uma hora. Na linha de produção, aproximadamente cinco caminhões são produzidos por hora, e a administração decidiu que um estoque de segurança equivalente a

40% da demanda esperada deve ser mantido. Quantos cartões de *kanban* são necessários?

13. Uma estação de montagem é solicitada a produzir 150 circuitos eletrônicos por hora. Demora 30 minutos para receber os componentes necessários da estação que a antecede. Após terminada a montagem dos circuitos, estes são colocados em um contêiner, que deve ter 25 peças para poder partir para a próxima estação. Sabendo que a fábrica opera com fator de segurança de 10%, determine o número de *kanbans* utilizados no processo de montagem do circuito.

14. Com base no exercício anterior, determine o número de *kanbans* necessários em cada caso:

    a) A demanda aumenta para 250 circuitos por hora.
    b) O *lead time* aumenta para 40 minutos.
    c) O tamanho do contêiner cai para 15.
    d) O fator de segurança aumenta para 20%.

20.6 ATIVIDADES PARA SALA DE AULA

1. Se há pelo menos um membro de seu grupo que já visitou como cliente uma lanchonete McDonald's, discuta e mapeie com um fluxograma do processo de atendimento de clientes/processo produtivo (use, por exemplo, como modelo o fluxograma da Figura 10.16). Você considera que o fluxo do McDonald's é "empurrado" ou "puxado"? Faça a mesma análise de um restaurante "bandejão". Por que você imagina que as duas operações fizeram a escolha que fizeram quanto aos seus fluxos serem "puxados" ou "empurrados"?

2. Imagine que você e seu grupo foram contratados como consultores de uma farmácia tradicional em sua cidade (escolha uma com a qual pelo menos um membro do grupo é familiar) para trazer o conceito de operações *lean* (enxutas) para o negócio. Observe a lista de sete desperdícios discutida neste capítulo e analise a farmácia tentando achar formas *lean* de eliminá-los. Faça uma lista priorizada de ações que você recomendaria.

20.7 BIBLIOGRAFIA E LEITURA ADICIONAL RECOMENDADA

BERGGREN, C. *The volvo experience*: alternatives for lean production. London: Macmillan, 1992.

CORRÊA, H. L. *Gestão de redes de suprimento*. São Paulo: Atlas, 2010.

CORRÊA, H. L.; GIANESI, I. G. N.; CAON, M. *Planejamento, programação e controle da produção*. 5. ed. São Paulo: Atlas, 2007.

GUNASEKARAN, A. (Ed.). *Agile manufaturing*: the 21st century competitive strategy. New York: Elsevier, 2001.

HARRISON, A. *Just in time manufacturing in perspective*. London: Prentice Hall, 1992.

HUTCHINS, D. *Just in time*. São Paulo: Atlas, 1993.

JACOBS, F. R.; CHASE, R. B. *Operations and supply chain management*. 14. ed. New York: McGraw-Hill: Irwin, 2013.

KRAJEWSKI, L. J.; RITZMAN, L. P. *Operations management*. 4. ed. Reading: Addison-Wesley, 1996.

MELNYK, S. A.; DENZLER, D. R. *Operations management*. New York: McGraw-Hill: Irwin, 1996.

OHNO, T. *O Sistema Toyota de Produção*. São Paulo: Bookman, 1997.

SCHONBERGER, R. J.; KNOD, E. M. *Operations management*. Chicago: Irwin, 1994.

SHINGO, S. *A revolution in manufacturing*: the SMED system. Stanford: Productivity Press, 1985.

TAGUCHI, G. *Introduction to quality engineering*. Tóquio: Productive Organization, 1986.

WOMACK, J. P.; JONES, D. T. *Lean thinking*. 2. ed. New York: The Free Press, 2003.

WOMACK, J. P.; JONES, D. T.; ROOS, D. *The machine that changed the world*. New York: Rawson Associates, 1990.

Websites relacionados

http://www.lean.org – O *website* do Lean Enterprise Institute é talvez o melhor e mais atualizado sobre operações enxutas. Permite buscas por palavra-chave, tem material para *download*, programação de *webinars*, congressos sobre o tema, entre outras atividades, além de comercializar material bastante vasto sobre a lógica de produção enxuta. Recomendamos explorar. Acesso em: 12 fev. 2022.

http://www.lean.org.br – Lean Enterprise Institute no Brasil. Praticamente os mesmos tipos de materiais e atividades do *site* internacional, mas com ênfase em atividades no Brasil e com materiais em Português. Recomendamos explorar. Acesso em: 12 fev. 2022.

http://www.youtube.com/watch?v=hj-FvgCf0VQ (Parte I) – Vídeo interessante sobre as origens e características do Sistema Toyota de Produção, que originou o *just in time* e a lógica de produção enxuta. Acesso em: 12 fev. 2022.

http://www.youtube.com/watch?v=nGS0av1MC7I (Parte II) – Continuação do vídeo anterior.

http:/https://www.lean.org/Search/Documents/492.pdf – Interessante e simples apostila sobre implantação de sistemas *lean* (em inglês), para *download* gratuito. Acesso em: 12 fev. 2022.

ÍNDICE ALFABÉTICO

18 therbligs, 254

A

Ações sobre a demanda, 70
Alargamento do trabalho, 245
Ambiente físico, 282
American System of Manufactures (ASM), 6
Amostragem do trabalho, 257
Análise
    de filas – simulação, 321
    de manutenção preditiva, 66
    de Pareto, 114
    de processos, 235
    de transações, 50
Aparência, 268
Áreas de decisão
    capacidade, 35
    demanda, 35
    em produção e operações, 35
    força de trabalho, 35
    gestão do relacionamento, 35
    instalações, 35
    medidas de desempenho, 35
    organização, 35
    processo, 35
    projeto de produtos e serviços, 35
    qualidade, 35
    redes de suprimento, 35
    sistemas de informação, 35
    sistemas de melhoria, 35
    tecnologia, 35
Arranjo físico, 286
    análise, 286
    celular, 294
    ferramental tecnológico, 297
    método *Systematic Layout Planning* (SLP), 288
    por produto, 291
    posicional, 295
    tipos, 286
Atitudes interpessoais, 267
Automatically Guided Vehicles (AGV), 229
Avaliação de desempenho, 85
    acirramento da competitividade, 83
    como processo, 93
    conceitos, 82
    em operações, 270
    erros frequentes. 90
    mudança nas demandas externas, 84

B

Back office, 77
Balanced ScoreCard (BSC), 86
Benchmarking, 131
    competitivo, 132
    funcional, 132
    orientações, 133
Bens-serviços – dicotomia, 69

C

Cadeia de fornecimento, 105
Cadeias de suprimento – evitar previsões, 183
Cálculo de necessidade de materiais, 401
Capabilidade do processo, 128
Capacidade produtiva, 303
    ajustes entre demanda e capacidade, 312
    alterações, 313
    comunicação com o cliente, 313
    conceitos, 304
    decisões envolvidas, 305
    em unidades da rede de operações, 303
    gestão estratégica de capacidade, 307
    medidas, 305
    mudança temporária de foco, 313

partição da demanda, 314
por que gerenciar, 304
sistema de reservas, 313
utilização na gestão da cadeia produtiva, 306
Carregamento finito, 431
Carregamento infinito, 430
Cartas
    de atividades, 252
    de controle – análise, 126
    de controle de processos, 120
    de controle por atributos, 129
    de operação, 253
    de processos, 252
Ciclo de vida do produto
    declínio, 224
    introdução, 224
    maturidade, 224
Ciclo PDCA, 134
Códigos de ética, 146
Competências
    centrais, 48
    conceito, 48
    contínuo de centralidade, 49
Competição no mercado – múltiplas formas, 23
Componente social do trabalho, 10
Componentes
    do trabalho, 244
    psicológicos do trabalho, 245
Compostos bens-serviços, 65
Conceito estratégico controverso, 27
Contratos
    de longo prazo, 51
    de médio prazo, 51
Controle da qualidade
    autocontrole, 111
    como controlar, 111
    controle de processos, 111
    controle de produtos, 111
    custo do controle *vs.* risco de não controlar, 106
    grau de extensão, 110
    grau de intensidade, 111
    planejamento, 104
    quando controlar, 112
    quem controla, 111
    tomada de decisões, 106
Controle de entrada e saída, 435
Controle de operações, 425, 435
Controle de qualidade – por realidade aumentada (RA), 130
Controle de qualidade total (TQC), 135
Controle estatístico do processo (CEP), 120
Critérios
    ganhadores de pedido, 30
    pouco relevantes, 30
    qualificadores, 30
Critical Path Method (CPM), 200
Cross dock, 465
Custos de transação, 50

D

Decisões de inércia, 167
Decomposição de séries temporais, 174
Desempenho
    comparado à concorrência, 32
Desempenho do funcionário – avaliação em operações, 270
Desenvolvimento do produto
    ciclo de vida, 224
    fases, 216
    projeto para manufatura, 222
    resolução de conflitos, 220
Desenvolvimento sustentável, 148
Desperdício
    de espera, 453
    de estoques, 453
    de movimento, 453
    de processamento, 453
    de superprodução, 453
    de transporte, 453
Diagramas
    de causa e efeito, 116
    de correlação, 117
    de fluxo, 251
    de Ishikawa, 116
    de processo – clareza, 114
    de processo – fidelidade, 114
    PERT resultante, 199

Dilemas éticos em operações, 147
Distribuição de *e-business*
    modelos contemporâneos, 57

E

Efeito chicote
    impactos da indústria 4.0, 55
Empowerment, 246, 268
Engenharia
    de valor, 222
    simultânea em três dimensões, 234
Enriquecimento do trabalho, 246
Ergonomia, 241, 248
Erros de previsão, 177
Erros na avaliação de desempenho, 90
Especialização do trabalho, 242
Especificidade de ativos, 50
Estimação da média, 122
Estocabilidade do resultado, 78
Estoques, 378
    conceitos, 378
    de materiais, 380
    de produtos, 380
    de segurança, 387
    demanda dependente, 382
    demanda independente, 382
    demandas de impacto, 382
    enfoque evolutivo para gestão, 394
    função, 379
    modelo básico de gestão, 383
    modelo de ponto de reposição, 383
    modelo de revisão periódica, 392
    papel, 451
    razões para surgimento, 380
    sistema de gestão, 383
    time phased order point (TPOP), 390
    tipos, 382
Estratégia
    clientes e concorrência, 30
    conceito controverso, 27
    de manufatura, 12
    de operações, 23
    de operações – prioridades de ação, 35
    de operações – quando repensar, 36
    de operações – *vs.* gestão de operações, 22
    de produção e operações, 19
    de produção e operações – conceito, 21, 23
Estratégias de marketing
    integração, 360
Estrutura analítica do trabalho (WBS), 197
Estrutura organizacional
    divisional, 272
    em redes, 272
    funcional, 272
    hierárquica, 272
    matricial, 272
    tipos, 271
    virtual, 272
Estudos de tempos, 256
Ética
    códigos, 146
    conceitos, 145
    em produção e operações, 143
    nos negócios, 146
Excesso de capacidade, 462
Expansão do trabalho, 245

F

Flexible Manufacturing System (FMS), 229
FMEA, 107
    causa do modo de falha, 108
    componente, 108
    controle previsto, 108
    detecção, 109
    efeito do modo de falha, 108
    frequência, 109
    modo de falha, 108
    risco, 109
    severidade, 109
Foco operacional, 24
    análise, 24
    na prática, 24
Folhas de verificação, 120
Formas de competição, 67
    diferenciação, 67
    proteção da operação manufatureira, 68
    retenção, 68

Fornecimento de materiais, 454
Franqueados, 44
Front office, 77

G

Gerência da linha para JIT, 461
Gerenciamento e controle do projeto, 204
Gestão da qualidade, 71
Gestão de capacidade em operações, 311
Gestão de demanda
    impacto estratégico, 184
Gestão de estoques
    na rede de operações, 377
Gestão de filas, 316
Gestão de operações, 23
    de operacional para estratégica, 12
    papel estratégico hoje, 14
Gestão de pessoas
    atitudes interpessoais, 267
    camaradagem, 265
    comunicação, 268
    conceitos, 264
    credibilidade, 264
    feedback, 271
    funcionários terceirizados, 271
    guerra por talentos, 266
    habilidade de vendas, 268
    habilidades interpessoais, 267
    interação do funcionário com o cliente, 267
    justiça, 264
    orgulho, 265
    recrutamento em operações, 266
    respeito, 264
Gestão de produção e operações
    conceitos, 4
    evolução histórica, 3
    origens da área, 5
Gestão de projetos, 189
    ações corretivas, 205
    análise de recursos, 202
    conceitos, 190
    controle, 193
    DDP, 197
    definição, 192, 194
    desenvolvimento do cronograma, 199
    desenvolvimento do plano de gestão de risco, 204
    estrutura analítica do trabalho (WBS), 197
    fechamento, 205
    gerenciamento, 193
    gerenciamento e controle, 204
    importância, 190
    método CPM, 200
    método PERT, 202
    organização, 192, 194
    origens, 190
    otimização de *trade-offs*, 204
    parâmetros, 196
    planejamento do ferramental, 196
    planejamento, 192, 197
    tecnologia, 205
    visão geral, 191
Gestão de saúde e segurança, 154
Gestão do relacionamento, 35
Gestão do sistema de avaliação do desempenho – como processo, 93
Gestão estratégica de capacidade, 307
Gestão estratégica de operações
    abordagem genérica, 30
Gestão estratégica de produção e operações
    quadro geral, 14
Gestão estratégica do melhoramento, 134
Grau de extensão, 110
Grau de intensidade, 111
Guerra por talentos, 266

H

Habilidades interpessoais, 267
Hierarquia das necessidades de Maslow, 247
Histogramas, 118

I

Indústria 4.0
    impactos no efeito chicote, 55
    surgimento, 13
Instalações em produção e operações, 277
Intangibilidade, 76
Integração vertical, 51
Interação com cliente, 72

Interação do funcionário com o cliente, 267
Intercambialidade de peças, 6
ISO 14001, 150
    vs. OHSAS 18001, 152
ISO 45001
    estrutura geral, 153

J

Joint ventures, 51
Júri de executivos, 173
Just in Time (JIT)
    conceitos, 446
    filosofia, 449
    fornecimento de materiais, 454
    layout, 460
    melhoria contínua, 453
    objetivos, 448
    origens, 447
    papel dos estoques, 451
    pressupostos, 449
    projeto para manufatura, 459

K

Kaizen, 131
Kanban, 456

L

Layout para JIT, 460
Lead times, 339
Lean production, 447
Lei dos grandes números, 166
Localização
    ambiente físico, 282
    análise, 280
    análise de arranjo físico, 287
    arranjo físico, 286
    clientes, 282
    comunidade, 282
    conceitos, 280
    e arranjo físico, 279
    fatores de impacto, 281
    fontes qualificadas, 281
    globalização, 282
    mercados, 282
    método de ponderação de fatores, 283
    método do centro de gravidade, 284
    método *Systematic Layout Planning* (SLP), 288
    métodos para unidades de operações, 282
    qualidade de vida dos colaboradores, 282
    unidades de serviço, 283
Logística
    origens, 10
Loja de serviços, 233

M

Machining centers, 229
Manutenção preditiva, 66
Mão de obra direta, 452
Mão de obra indireta, 452
Mapa de processo de alto nível, 236
Mapa detalhado de processo, 237
Matriz importância *vs.* desempenho, 33
Matriz produto-processo em operações de serviço
    análise de processos, 235
    mapa de processo de alto nível, 236
    mapa detalhado de processo, 237
    serviços de massa customizados, 233
    serviços de massa, 232
    serviços profissionais, 233
Matriz produto-processo em operações fabris, 228
    processo em fluxo contínuo, 229
    processo em linha, 228
    processo em lotes, 228
    processo por tarefa, 228
Médias móveis, 174
Medição de desempenho
    eficácia, 84
    eficiência, 84
    sistema, 84
Medição de desempenho, 84
Medição do trabalho, 256
Medidas de desempenho, 35
    avaliação da eficiência, 94
    evolução no tempo, 85
    fórmula, 90
    frequência, 90

padrões absolutos, 90
padrões arbitrários, 90
padrões com base na concorrência, 90
para redes de operações e suprimentos, 94
produtividade parcial, 95
produtividade total, 95
produtividade, 94
retorno sobre o investimento, 85

Medidas do trabalho, 241
Medidas e avaliação de desempenho em produção e operações, 81
conceito, 82

Melhoramento
gestão estratégica, 134

Melhoramento de processos
metas não alcançáveis, 134

Melhoramento em produção e operações, 101
Melhoramentos em operações, 130
Melhoria com saltos qualitativos, 131
Melhoria contínua, 130
Mercado puro, 51

Método
CPM, 200
de trabalho, 251
Delphi, 173
PERT, 202

Missão, 4
Modelo básico de gestão de estoques, 383
Modelo de revisão periódica, 392

Modelos de previsão
calibração, 179

Modelos quantitativos
para demanda relativamente estável, 174

Motivação no trabalho, 10
Motivação, 268

MRP
cálculo da necessidade de materiais, 401
colunas de registro básico, 409
conceitos, 402
demanda dependente, 402
demanda independente, 402
erros frequentes no uso, 412
estoques de segurança, 410
explosão de necessidades brutas, 403

lead times, 411
linhas de registro básico, 409
parâmetros fundamentais, 410
políticas, 410
políticas de lotes máximos, 410
políticas de lotes mínimos, 410
políticas de períodos fixos, 410
registro básico e processo, 408
registro básico para estrutura de produtos, 411
tamanho do lote, 410

N

Necessidade de materiais
cálculo de necessidades líquidas, 405
conceitos, 402
explosão de necessidades brutas, 403

Net Promoter Score (NPS), 92
Nivelamento de produção, 70
Número de fornecedores, 50

O

Operações
controle, 425, 426, 435
desenvolvimento sustentável, 148
dilemas éticos, 147
melhoramentos, 130
métodos de controle, 435
no século XX, 6
programação, 425, 426
saúde e segurança no trabalho, 150
sequenciamento, 425, 426
sustentabilidade, 148

Operações fabris
machining centers, 229
matriz produto-processo, 228
robôs industriais, 229
tecnologia, 229
tecnologia *software*, 230

Optimized production technology (OPT), 332
drum-buffer-rope, 340
funcionamento, 340
objetivos, 332
processo de decisão, 344

Organização em operações, 271
Os 18 *therbligs*, 254
Otimização de *trade-offs*, 204
Overbooking, 315

P

Pacotes de valor, 110
    bens-serviços, 66
    conceitos, 66
    entregues, 65
    gerados, 65
Padrões e medição do trabalho, 256
Parceria
    estratégica, 51
    para desenvolvimento, 51
Pareto
    análise, 114
Partição da demanda, 314
Participação do cliente, 72
PCP
    conflitos, 416
    para JIT, 455
    sistemas, 414
PDCA, 134
Pessoas e sua organização em produção e operações, 263
Planejamento da qualidade, 105
Planejamento de vendas – operações, 362
Planejamento e controle da qualidade, 104
Planejamento e controle em produção e operações, 351
Planejamento hierárquico
    conceito, 356
    estrutura, 358
Planejamento mestre de produção e operações
    conceitos, 354
    dinâmica do processo, 355
    horizonte, 355
    período de replanejamento, 355
Planejamento mestre de produção e operações, 353, 360
    planejamento, 355
PMP
    demanda dependente, 368
    demanda total, 368
    disponível para promessa, 368
    estoque projetado disponível, 368
    estoques de segurança, 370
    funcionamento, 367
    pedidos em carteira, 368
    previsão de demanda independente, 368
    registro básico, 367
Poka yoke no projeto de produto, 215
Política de S&SO, 155
    ação corretiva, 156
    verificação, 156
Preparação de máquinas, 335
Previsão
    processo, 169
Previsão de demanda, 167
Previsão de vendas
    analogia histórica, 173
    calibração de modelos, 179
    coeficientes de ciclicidade, 181
    de curto prazo, 171
    de longo prazo, 172
    de médio prazo, 171
    decomposição de séries temporais, 174
    definição de parâmetros, 179
    erros, 177
    força de vendas, 173
    informações, 169
    júri de executivos, 173
    médias móveis, 174
    método Delphi, 173
    métodos qualitativos, 173
    métodos quantitativos com tendência e ciclicidades, 179
    métodos quantitativos, 174
    pesquisa de mercado, 173
    processo, 169
    suavizamento exponencial, 175
    tratamento de informações, 172
Previsões em cadeias de suprimento
    como evitar, 183
Previsões em produção e operações
    conceitos, 164
    erros, 165
    lei dos grandes números, 166
    risk pooling, 166

Prioridades competitivas estratégicas, 87
    confiabilidade, 88
    custo, 87
    flexibilidade, 88
    qualidade, 87
    velocidade, 88
Processo
    capabilidade, 128
    cartas de controle por atributos, 129
    controle estatístico, 120
    de previsão, 169
    dispersão natural, 122
Processo produtivo
    critério competitivo de vocação, 226
    incrementos de capacidade, 226
    recurso dominante, 226
    tipos, 225
    variedade de fluxo processado, 226
Produção e operações
    áreas de decisão, 35
    avaliação de desempenho, 81
    conceitos, 4
    estratégia, 19
    ética, 143
    evolução histórica, 3
    gestão de demanda, 163
    instalações, 277
    medidas, 81
    melhoramento, 101
    origens da área, 5
    pessoas e sua organização, 263
    planejamento mestre, 353
    previsões, 163
    produtos e processos, 161
    qualidade, 101
    regiões de matriz prioridades competitivas, 34
    segurança, 143
    sustentabilidade, 143
Produção-consumo
    simultaneidade, 69
Produtividade, 94
Produtividade Total dos Fatores (PTF), 95
Produtos e processos em produção e operações, 161

Programação
    de operações, 425
    ferramental tecnológico, 432
    para frente, 432
    para trás, 431
    sistemas, 429
Projeto do produto, 213
    conceitos, 214
    engenharia de valor, 222
    evolução do pensamento, 215
    fases do desenvolvimento, 216
    justificativa, 214
    poka yoke, 215
    QFD, 219
    serviços, 35
    voz do cliente, 219
Projeto do serviço
    conceitos, 214
    evolução do pensamento, 215
    justificativa, 214
Projeto do trabalho
    alargamento, 245
    anatomia, 249
    componentes psicológicos, 245
    componentes, 244
    conceitos, 242
    empowerment, 246
    enriquecimento, 246
    ergonomia, 248
    especialização, 242
    expansão, 245
    hierarquia das necessidades de Maslow, 247
    motivação, 247
    psicologia, 249
    respeito às limitações, 259
    rotação, 246
    semiautonomia, 246
Projeto para manufatura, 459
Projeto verde para sustentabilidade, 149
Projetos
    controle, 193
    definição, 192
    desenvolvimento do cronograma, 199

gerenciamento, 193
gestão, 189
método CPM, 200
organização, 192, 194
parâmetros, 196
planejamento do ferramental, 196
planejamento, 192, 197
Psicologia da fila, 320
PVO
ferramenta, 363
informações, 365
introdução, 362
objetivos, 362
processo, 365
resultados, 363
resultados, 365

Q

Qualidade
as sete ferramentas, 112
benchmarking, 131
gestão, 71
planejamento, 105
pós-taylorista, 104
Qualidade em produção e operações, 101
conceitos, 104
histórico, 104
Qualidade total, 135
Qualidade total
JIT, 462

R

Realidade aumentada
controle de qualidade, 130
Recompensa, 268
Recrutamento em operações, 266
Rede de operações
cálculo da necessidade de materiais, 401
Rede de operações, 13
conceitos, 45
evolução, 45, 47
gestão de estoques, 377
localização e arranjo físico, 279

na cadeia de valor, 43
teoria das restrições, 331
Redes de suprimento, 35
efeito chicote, 52, 54
elos fortes, 52
elos fracos, 52
fluxos de informações, 52
fluxos de materiais, 52
gestão, 52
Redução de tempos, 463
de espera na fila, 464
de movimentação, 464
de preparação do equipamento, 464
de processamento, 464
de tramitação da ordem de produção, 463
Reengenharia, 131
Regiões de matriz prioridades competitivas em produção e operações, 34
Regras de sequenciamento, 429
Relacionamento com fornecedores
contratos de longo prazo, 51
contratos de médio prazo, 51
integração vertical, 51
joint ventures, 51
mercado puro, 51
parceria estratégica, 51
parceria para desenvolvimento, 51
tipos, 51
Respeito a limitações, 259
Risk pooling, 166
Robôs industriais, 229
Rotação do trabalho, 246

S

Satisfação do funcionário
avalição, 270
Saúde no trabalho, 150
Seguimento da demanda, 70
Segurança
em produção e operações, 143
Segurança no trabalho, 150
administração simples, 156
campanha abrangente, 155
escolha de prêmios, 155

ISO 14001, 150
ISO 45001, 153
planos de incentivo, 155
programas tradicionais, 155
revisão gerencial, 156
Seis sigma, 137
lógica, 137
métricas de desempenho, 138
origens, 137
processos de melhoramento, 138
quase estrutura organizacional, 137
Seleção de processos, 213
Semiautonomia, 246
Sequenciamento de operações 425
conceitos, 426
Séries temporais, 174
Serviços
de massa, 232
de massa customizados, 233
profissionais, 233
Sete ferramentas para a qualidade, 112
análise de Pareto, 114
cartas de controle de processos, 120
diagramas de causa e efeito, 116
diagramas de correlação, 117
diagramas de processo, 112
folhas de verificação, 120
histogramas, 118
Simultaneidade produção-consumo, 69, 78
Sistema de avaliação do desempenho
como processo, 93
Sistema de medição de desempenho, 84
Sistema *kanban*, 456
Sistemas de fila
avaliação, 317
características de impacto, 319
disciplina e sequenciamento, 319
discriminada, 319
estágio único, 317
estágios múltiplos, 317
objetivos, 317
psicologia da fila, 320
tipos, 317
Sistemas de melhoria, 35

Sistemas de programação, 429
Sistemas de sequenciamento, 428
Suavizamento exponencial, 175
Supply chain managers, 46
Sustentabilidade
benefícios da I4.0, 152
em produção e operações, 143, 148
ISO 14001, 150
projeto verde, 149

T

Tamanho de lotes, 335
Tecnologia de processos fabris, 229
Tecnologia *software* em processos fabris, 230
Teoria das filas
chegada de clientes, 320
distribuição de chegadas dos clientes, 320
distribuição de tempos de atendimento, 320
modelos simples, 320
sistemas simples, 320
Teoria das restrições
conceitos, 331
efeitos das incertezas, 337
em redes de operações, 331
ferramental analítico, 333
optimized production technology (OPT), 332
preparação de máquinas, 335
tamanho de lotes, 335
Therbligs, 254
Tipos de estrutura organizacional, 271
TQC, 135
ciclo industrial, 135
escopo, 135
Trade-offs
entre critérios competitivos, 28
natureza dinâmica, 28
Treinamento, 268

V

Visão, 4
VSM, 465

Y

Yield Management, 314